KB147842

AI 시대의 정치이론

지은이 **마티아스 리스** Mathias Risse

프린스턴대 철학과에서 박사 학위를 취득하고 하버드 케네디 스쿨 교수로서 인권, 글로벌 문제 및 철학 등을 강의하고 있으며 카 인권정책센터 소장이다. 주로 인권, 불평등, 조세, 무역, 이민, 기후 위기, 미래 세대에 대한 의무, 기술의 미래, 인공지능의 규범적 문제 등 세계 정의에 관한 문제를 주요한 연구 주제로 다루고 있다. 또한 윤리학, 의사 결정 이론, 19세기 독일철학, 특히 니체에 대해 연구해 왔다. 대표 저서로는 *On Global Justice*(2012), *Global Political Philosophy*(2012), *On Justice: Philosophy, History, Foundations*(2020) 등이 있다.

옮긴이 **박성진**

인하대 철학과에서 '니체의 정치철학' 연구로 석사 학위를 취득하고 성균관대 정치외교학과에서 '새로운 자유주의'(New Liberalism) 연구로 박사 학위를 받았다. 현재 광주교대 윤리교육과에 재직 중이다. 한국 사회에서 정치철학자로 산다는 것이 무엇인지 고민하지만 늘 해답을 찾지 못하고 있다. 미래 사회의 정치적 주체인 '포스트데모스'(Post-demos)와 '고통과 공포의 민주주의'라는 주제로 연구를 진행하고 있다. 기술혁명 시대의 정치와 정치적 주체 그리고 절망이 고여 있는 공간에서의 민주주의에 대해 고민 중이다. 지은 책으로 『현대철학 매뉴얼』(공저), 『근대 사회정치철학의 테제들』(공저)이 있으며, 대표 연구로는 「포스트휴먼과 포스트데모스」(2022), 「Applying Two-level Utilitarianism and the Principle of Fairness to Mandatory Vaccination during the COVID-19 Pandemic」(2022), 「Theodor W. Adorno, Artificial Intelligence, and Democracy in the Postdigital Era」(2023) 등이 있다.

AI 시대의 정치이론

인공지능이 민주주의를 파괴할 것인가?

마티아스 리스

박성진 옮김

그린비

For Kozue

코즈에를 위해

Political Theory of the Digital Age by Mathias Risse
© Mathias Risse 2023

Korean translation copyright © 2024 Greenbee Publishing Company
This translation of Political Theory of the Digital Age is published by arrangement
with Cambridge University Press through KOLEEN AGENCY, Korea.
All rights reserved.

한국어판 저자 서문

— 한국의 독자들에게

우선 이 책이 한국어로 출간된 것을 매우 기쁘게 생각하며 번역을 맡아 주신 박성진 교수께도 깊은 감사를 드린다. 그리고 이렇게 한국어판의 서문을 작성하게 되어 영광스럽다.

지난 15년 동안 인공지능(AI)의 모든 영역에서 변화의 속도는 놀라울 정도로 빨랐다. 그리고 컴퓨터는 거대한 머신러닝 모델을 실행할 수 있을 만큼 강력해졌다. 인터넷은 이러한 알고리즘이 학습하는 데 필요한 엄청난 양의 학습 데이터를 제공하기 시작했다. 또한 프로그래밍의 개념적 혁신은 더욱 복잡하고 정교한 소프트웨어로 이어졌다. 인공지능 분야의 최첨단 연구는 유럽연합과 한국을 포함한 많은 곳에서 이루어지고 있다. 하지만 현재는 미국과 중국만이 기술적으로나 경제적으로 실현 가능한 최고 수준에서 혁신을 확장할 역량을 갖추고 있다.

딥마인드의 알파고가 바둑에서 한국의 이세돌 9단을 처음 이겼던 때가 바로 엊그제 같은데 이제는 과거의 일이 되었다. 알파고가 바둑 챔피언을 이긴 것이 처음은 아니었지만 2016년 3월에 있었던 이세

돌파의 대국에서 주목할 점은 알파고가 세계 최고의 바둑 기사를 상대로 인간이라면 생각지도 못한 수를 두었다는 점이다. 특히 두 번째 대국에서 유명한 서른일곱 번째 수는 기존의 바둑 전략으로 알려진 레퍼토리에서 완전히 벗어난 것이었다. 이 책이 출간되기 8년 전의 일이며 이후 바둑계는 급변하기 시작했고, 인공지능도 엄청난 발전을 이루었다. 2016년 3월의 사건은 새로운 종류의 지능이 인간의 다양한 업적을 새롭게 평가한다는 점에서 앞으로 일어날 일들을 미리 맛보게 해 준 사건으로 기억된다. 이것은 확실히 새로운 종류의 지능이지만 외계의 지능은 아니다. 우리가 알고 있는 인공지능은 유기물질에 기반을 두지 않는다. 따라서 수억 년 전으로 거슬러 올라가는 공통의 기원을 가진 생물학적 이야기로 서로 연결되어 있는 생명체들의 진화 나무에서 완전히 벗어난 존재다. 동시에 우리의 인공지능은 외계에서 온 것도 아니기에 우리가 알고 있는 그리고 우리가 해낸 모든 유기적 생명체의 업적에서 비롯된 존재이기도 하다.

변화의 속도는 정말 놀랍다. 2022년 여름, 구글 엔지니어 브레이크 르모인은, 자신이 상호작용하는 인공지능을 의식이 있는 존재로 볼 뿐 아니라 실제로는 인간으로 본다는 견해를 발표했다. 그는 이 발표로 인해 직장을 잃었을 뿐만 아니라 인공지능에 대한 자신의 견해를 밝히기 위해 많은 위험을 감수하기도 했다. 이 모든 사실이 우리를 놀라게 한다. 2022년 여름 이전에는 인공지능 분야의 저명한 인물이 이러한 선언을 하는 것은 불가능했을 것이다. 이 사건은 우리에게 중요한 철학적 과제를 상기시켜 준다. 의식이란 무엇일까? 유기체가 아닌 개체에서는 말할 것도 없고 인간이 아닌 개체에서 어떻게 의식을 감지할 수 있을까? 의식과 인격 그리고 의식과 도덕적 지위 사이의 연관성은 무엇일까?

이 책의 영문판은 2023년 2월에 출간되었다. 이 분야의 변화 속도는 놀라울 정도로 빠르기에 이 책을 작업할 당시는 OpenAI의 챗-GPT4와 다른 버전의 이른바 생성형 인공지능이 출시되기 전이었다. 생성형 인공지능은 언어 영역에서 거의 모든 주제에 대한 텍스트를 생성할 수 있다. 한 주제에 관해 인간이 쓴 글의 거의 모든 부분을 살펴보고 그것을 바탕으로 문의에 대한 답변을 작성한다. 기본적으로 텍스트를 조합하고, 주어진 내용을 바탕으로 다음에 무엇을 말해야 하는지, (말 그대로 다음에 어떤 단어가 나와야 하는지) 확률적으로 판단한다. 이러한 진행 방식은 종종 기괴한 결과를 만들어 내며, 이러한 현상을 설명하기 위해 '환각'(hallucination)이라는 용어를 사용하기도 한다. 이러한 알고리즘은 책의 내용과 거의 관련이 없는 방식으로 책을 한 장씩 요약하거나 존재하지 않는 출판물로 가득 찬 참고문헌을 만들 수도 있다. 따라서 실제로 결과를 확인할 수 있는 경우에만 이러한 장치로 작업하는 것이 중요하다. 하지만 현대의 대규모 언어 모델은 효율성뿐만 아니라 실제 통찰력 측면에서도 거의 기적에 가까운 작업을 수행할 능력을 갖추고 있다. 사람들이 인터넷과 상호작용하는 방식에 거의 즉각적인 혁명을 일으킨 것은 당연한 일이다. 대학들은 이러한 현상에 적응하기 위해 매우 바빴다. 신기한 일이지만, 나는 내가 수행하는 개념적인 철학적 작업에 이러한 알고리즘이 제공하는 도움의 수준에 놀라기도 했다.

생성형 인공지능에 관한 한, 우리는 이제 시작 단계에 불과하다.

이제 대규모 언어 모델이 인간 언어가 만들어 낸 모든 것에 접근할 수 있게 되었으므로 놀라운 발전이 이루어질 가능성도 있지만, 매우 재앙적인 상황으로 이어질 수도 있다. 이러한 종류의 생성형 인공지능은 금융 시스템과 같은 다른 시스템에 연결되거나 고도로 개인화된 방식으로 유권자와 상호작용하여 선거 캠페인에 관여할 수도 있다. 이미지 생성 영역에서는 미드저니와 같은 알고리즘이 지금까지 생성된 이미지의 전체 레퍼토리를 바탕으로 명령에 따라 거의 즉각적으로 세상에 존재하는 않는 사실적인 이미지를 생성할 수 있다. 우리는 크리에이티브 분야에서 이 모든 것이 엄청난 영향을 이미 미치고 있음을 목격하는 중이다.

따라서 이 책은 2023년에 발생된 인공지능 영역의 주요한 혁신보다 과거의 것이라 할 수 있다. 하지만 디지털 시대가 제기하는 철학적 질문은 그렇게 빨리 낡지 않는다. 이 책은 디지털 시대의 가능성이 이미 우리와 함께 해 온 철학적 질문 그리고 이제 막 등장한 새로운 질문과 어떻게 맞물려 있는지를 평가하는 데 관심을 둔다. 디지털 시대에 등장한 기존 권리의 틀에 대해 어떻게 생각해야 하는가? 데이터 소유권이 중요해진 지금, 사회정의(social justice)에 관한 질문에 어떻게 접근해야 하는가? 근본적으로 기술은 인간의 가능성과 어떻게 결합되는가? 기술과 민주주의의 관계에 대해 생각할 때 중요한 것은 무엇인가? 삶의 의미에 대한 우리의 생각은 궁극적으로 여러 측면에서 인간을 훨씬 능가하는 초지능이 제공하는 기술 발전으로 인해 어떤 방식으로 변화할 수 있는가? 이러한 인공지능의 등장이 인간의 개성과 독립성에 대한 계몽주의적 이상을 훼손하게 되는가? 디지털 혁신은 인류 역사의 흐름에 어떻게 부합할 수 있는가? 기술 발전은 예정된 수순을 따를 것이고 우리는 결국 아무것도 할 수 없다는 결론에 도달할 수밖에 없는가?

이 책은 이러한 질문들을 다룬다. 다양한 시간대를 구분하고, 지난 시대의 철학자들을 새로운 대화에 끌어들임으로써 이러한 질문을 새롭게 제기한다. 또한 이 책은 현대 자유주의적 전통에 기반을 두지만, 기술에 대해서 마르크스주의 전통과 현상학적 전통이 훨씬 오랫동안 더 많은 것을 분명히 말해 왔다는 점을 충분히 인식하고 있다. 새로운 도전은 대화를 만들어 내지만 그 대화는 때때로 낯설게 느껴지기도 한다. 전반적으로 이러한 현상은 꽤 오랫동안 지속될 것이다. 챗-GPT4나 미드저니 같은 특정 혁신에만 집중하는 것이 아니라 디지털 혁신 자체가 우리 삶에 어떤 영향을 미치는지에 초점을 맞춰야 한다.

이러한 성찰에 많은 것이 걸려 있다. 이 책은 정치철학과 기술철학의 교차점에 관한 책이다. 이 시대의 '빅 퀘스천'들은 바로 이 교차점에 있다. 인간으로서, 시민으로서 우리는 이러한 질문들에 관심을 가져야 하며, 지금 당장 그 질문에 참여해야 한다. 미래는 여전히 우리가 만들어 가는 것이다.

2023년 12월
매사추세츠주 케임브리지에서

차례

일러두기

1   이 책은 Mathias Risse, *Political Theory of the Digital Age: Where Artificial Intelligence Might Take Us*, Cambridge University Press, 2023을 완역한 것이다.

2   외국어 고유명사는 2002년에 국립국어원에서 펴낸 외래어 표기법을 따라 표기했으며, 단행본·정기간행물에는 겹낫표(『 』)를, 논문·단편·영화·회화 등에는 낫표(「 」)를 사용했다.

3   이 책의 주석과 강조는 모두 저자의 것이다. 단, 원서에서는 주석을 모두 각주 처리한 것과 달리 출처주에 숫자를 매겨 후주로 묶었다. 옮긴이 주석은 '—옮긴이'를 붙여 표시했다.

머리말

기계가 생각을 시작하게 되면 우리의 능력을 넘어서는 데 그리 오래 걸리지 않을 것이다.
어느 단계에서 우리는 기계가 통제권을 갖게 될 것을 예상해야 한다.
- 앨런 튜링[1]

미래의 세상은 편안한 침대에 누워서 로봇 노예를 기다리는 것이 아니라,
지능의 한계에 맞서는 더 힘든 투쟁의 장이 될 것이다.
- 노버트 위너[2]

1. 디지털 시대 새로운 정치이론의 필요성

정치사상을 통해 우리는 세상을 어떻게 더불어 살아야 하는지를 탐구한다. 그런데 우리의 삶은 디지털로 상호 연결이 되어 있다. 그래서 디지털 시대를 어떻게 살아갈 것인지에 대한 연구도 필요하다. 디지털 분야의 혁신은 엄청난 양의 데이터(빅데이터)를 분석하여 트렌드나 경향을 예측하는 일련의 방법인 머신러닝에 의해 주도되고 있다. 기존의 프로그램과 달리 머신러닝은 공급된 데이터를 바탕으로 스스로 학습한다. 머신러닝 알고리즘은 인간의 뇌세포가 상호작용하는 방식을 모방한 것으로 이른바 '신경망' 기술을 기반으로 한다. 그리고 이러한 알고리즘은 인공지능(AI)을 개발하기 위한 노력의 결과물로서 정교하고 광범위하게 적용될 수 있기에 세상을 급격히 변

화시킬 수 있다. 일각에서는 인공지능에 대해 열광적인 반응을 보이고 있으며 어느 개발자는 '그것'(it)이 언제 '누구'(who)가 되는지에 대한 확실한 대답은 불가능하다고 말하며 "컴퓨터에서 실행되는 이 신경망 기술이 가까운 미래에 임계점을 넘길 가능성이 있다"고 경고하기도 하였다.[3]

현재 인공지능 모델의 생산은 수공업적 소량 생산의 단계를 벗어나 독자적인 산업의 형태를 구성하고 있다. 그리고 이러한 발전은 2010년대, 즉 인공지능의 황금기를 지나오면서 구성되었다. "2010년대는 딥러닝 연구와 발전의 황금기였다"[4]는 구글의 수석 연구 부사장의 말처럼 하드웨어 기술이 머신러닝 모델을 소화할 수 있을 정도로 발전했고 인터넷이 머신러닝 알고리즘이 학습할 수 있는 충분한 데이터를 제공하기 시작하면서 인공지능 기술은 획기적인 전기를 맞이하게 되었다. 이후 프로그래밍의 개념적 혁신은 더욱 복잡하고 정교한 소프트웨어의 탄생으로 이어졌다. 그런데 가장 진보한 인공지능 모델을 사용하기 위해 필요한 슈퍼컴퓨터가 워낙 고가이기 때문에 국가적 차원에서의 전략이 뒷받침되지 않는 한, 결국 상당한 자원을 보유한 민간 기업이 이 분야에서 주도적 역할을 하게 될 것이다.

전문화된 인공지능이라고 하면 체스나 바둑을 두는 알고리즘을 생각할 수 있는데 여기서 중요한 것은 인공지능이 인간에게 승리를 거둔다는 것뿐만 아니라 그 놀라운 발전 과정과 속도이다. 처음에는 인공지능이 인간의 활동에 대한 기록과 교본 등으로 학습하고 수차례 연습 경기를 통해 실력을 키웠지만, 지금은 인공지능이 경기 규칙을 학습하고 판단하여 결국 게임에서 승리할 수 있는 시스템을 스스로 만들어 낼 정도로 발전하였다. 그리고 이러한 발전은 단 몇 년 안에 이루어졌다. 여전히 고급 기술이라고 하면 음성 인식과 자연어 처리 그리고 인간과 유사한 결과를 생성할 수 있는 대규모 언어 모델의 출현을 떠올릴 수 있다. 하지만 이러한 고급 기술이 아니더라도 이미 일상에서 사용하는 다양한 기기에서 전문화된 인공지능이 작동하고 있다. 그리고 이렇게 전문화된 작업만을 하는 인공지능과 달리 일반 인공지능은 여러 영역에서 인간의 능력에 근접하고 있다. 만약 인간보다 뛰어난 일반 인공지능이 존재한다면, 그 인공지능은 자신보다 더 뛰어난 인공지능을 매우 빠르게 만들어 낼 수 있을 것이다. 그 순간을 '특이점'(singularity)이라고 하는데 이 순간이 지나면 인류 역사는 지금까지와는 전혀 다른 방식으로 바뀔 것이다. 스튜어트 러셀은 2021년 BBC 강연(인공지능과 함께 살아가기Living With Artificial Intelligence)을 시작하면서 범용 인공지능의 출현은 특이점의 도달 여부와 상관없이 궁극적으로 인류 역사상 가장 큰 사건이 될 것이라고 선언하기도 하였다.[5]

물론 특이점에 대한 실현 가능성이나 성격, 시기 등에 대해서는 여전히 치열하게 논쟁 중이며 아직 특이점에 근접하지 못한 것이 사실이다. 하지만 '근접하지 못했다'는 것은 시간의 문제이기보다는 개발자 역량의 문제라 할 수 있다. 최근에 보이는 몇 가지 근본적인 혁신이나 게임 플레이 및 언어 처리 기술의 발전은 이 분야에 근본적인 변화가 가능하다는 것을 증명하고 있다. (마이크로소프트의 최고 기술 책임자는 2022년에 "지난 20년 동안 AI 과학자와 연구자들이 이룬 성과에 수없이 놀랐고, 아서 클라크의 첫 번째 법칙——어떤 뛰어난 그러나 나이든 과학자가 무언가가 '가능하다'고 말했을 때, 그것은 거의 확실한 사실에 가깝다. 그러나 그가 무언가가 '불가능하다'고 말했을 경우, 그의 말은 틀릴 확률이 매우 높다*——후반부에 귀를 기울이는 법을 배웠다"[6]라고 말했다.) 기술 발전의 속도를 생각하면 정치이론이 이러한 발전에 개입한다는 것은 필연적으로 한계를 가질 수밖에 없다. 하지만 인공지능 발전으로 인한 지능의 폭발적인 증가는 의심할 여지 없이 정치적 혁명을 가져올 것이며 이에 따라 우리 주변의 모든 영역에서 수많은 정치적 질문들이 제기될 것이다.

물론 이러한 정치적 질문들은 근본적으로 새로운 것이 아닐 수 있다. 하지만 이것은 새로운 의미를 가질 수 있고 다시 생각해 볼 필요가 있는 경우가 많다. 우리는 디지털 시대에 적합한 정치이론을 만들어야 한다. 왜냐하면 우리가 사는 이 시대는 언젠가 새로운 종류의 초지능(superintelligences)으로 가득 찬 완전히 다른 세상으로 변모할지 모르기 때문이다. 나의 출발점은 존 롤스 같은 사람들이 주장했던 '자유주의적 평등주의'의 관점이다. 이러한 관점을 논의의 '출발점으로' 삼는다고 해서 이 책의 목적이 "롤스라면 이에 대해 뭐라고 했을까?"라는 질문에 대한 대답은 결코 아니다. 우리가 당면한 문제들은 완전히 새로운 것들이며 경험해 보지 못한 것들이다. 하지만 새로운 영역을 향한 모든 여정은 출발점을 가지며 한 지점으로부터의 시작이다. 물론 자유주의적 평등주의의 관점은 우리 시대의 문제에 대한 혁신적

---

* 　　아서 클라크의 '과학 3법칙'은 아이작 아시모프의 로봇 3원칙과 함께 미래학에서 주로 사용하는 개념이다. 여기서 말하는 첫 번째 법칙은, 과학 기술의 발전은 매우 빠르게 진행되기 때문에 나이 든 과학자의 예측은 틀릴 가능성이 높다는 것을 의미한다. 다시 말해 기술 발전의 속도가 예상보다 빠르게 진행된다는 것을 뜻한다 —— 옮긴이.

인 접근 방식이라는 매력에도 불구하고 디지털 시대에 제기된 두 가지 중요한 점을 간과해 왔다.[7] 우선 자유주의적 평등주의는 기술(technology)의 중요성을 간과해 왔으며, 동시에 '데이터'와 '정보' 보유자이자 제공자의 문제, 즉 '아는 자'와 '알려지는 자'로서의 시민이 가진 이중성의 문제를 외면해 왔다. 더군다나 인공지능 같은 초지능의 출현 가능성은 롤스와 같은 철학자의 이론에 포착되지도 않는다.

하지만 자유주의적 평등주의를 출발점으로 삼는 것이 가치가 없다고 하기는 힘들다. 왜냐하면 자유주의적 평등주의가 기술에 관심을 집중할 수 없으며 기술 자체를 파생적인 문제로 보는 것이 아니라 철학적 문제를 창출하는 것으로 인식하는 데 다른 정치철학보다 부족하다는 어떠한 증거도 없기 때문이다. 오히려 기술과 인공지능에 관련된 문제를 자유주의적 평등주의 철학의 의제로 삼는 것은 마르크시즘이나 현상학과 같이 기술을 중심으로 고찰했던 기존의 전통적 정치철학에 새로운 시각을 제시한다는 장점이 있다. 마르크스주의 전통은 이 책에 자주 등장한다. 마르크스주의와 마찬가지로 인식적 정의와 인식적 권리(사람들이 알 수 있는 것과 알려질 수 있는 것의 범위와 관련된 정의와 권리)의 문제를 설명하는 데 있어 자유주의적 평등주의도 충분한 가능성을 가지고 있다. 물론 인식적 정의의 문제는 자유주의적 평등주의에서 주요 의제가 아니었고 인식적 권리에 관한 문제 역시 다소 새로운 주제라 할 수 있다. 따라서 여기서는 자유주의적 평등주의의 한계를 보완하기 위해 미셸 푸코의 과학과 기술 그리고 사회학적 이론들을 함께 고찰할 것이다. 초지능의 출현이 현재로서는 사변적 차원에 머무는 것이라 할지라도 그것은 완전히 새로운 형식의 분석을 필요로 하기 때문이다.

이 책은 빠르게 변화하는 새로운 세상에서 새로운 철학적 의제를 발굴하는 데 큰 도움이 될 것이다. 마이클 로젠은 정치이론을 '만물보따리'로 표현한 적이 있다.[8] 정치이론은 정치 영역의 안팎에서 이루어지는 다양한 주장의 깊이에 초점을 맞추고 사회적 배경뿐만 아니라 당면한 질문과 관련하여 다양한 종류의 탐구 방식을 배제하지 않는다는 점에서 정치철학과 다르다. 정치이론은 심층적이며 형이상학적인 철학적 검토보다는 광범위한 지점을 살펴보고 더 많은 관점들을 비교하는 경향이 있다. 내가 정치사상을 디지털 영역으로 이전하는 과정에서 정치철학이라는 좁은 관점보다는 정치이론이라는 보다 포괄적인 관점을 취하려는 이유가 바로 여기에 있다. 따라서 이 책의 제목에 '정치이론'이라는 말이 들어간 것이다.

이 책은 AI와 빅데이터 그리고 특이점의 시대라는 디지털 시대에 전통적으로 정치사상가들이 관심을 가졌던 주제들을 자유주의적 평등주의의 관점에서 고찰하는 것을 목적으로 한다. 동시에 이러한 관점을 바탕으로 이 책은 기술철학과 인식적 권리와 인식적 정의에 관한 더 나은 논의의 토대를 마련하고자 한다. 따라서 이 책은 인물보다는 주제에 초점을 맞추고 있다. 물론 이 책에서는 다양한 정치철학자들의 이론을 연결하고 통합하는 일종의 이상한 현상이 야기될 수도 있다. 하지만 인공지능의 도래가 정치사상에 어떤 영향을 끼치게 될지를 밝히는 것이 이 책이 가진 주요한 동기이며, 동시에 인공지능 시대의 다양한 전통적 정치철학 들의 관계에 대해 재평가하는 것이 이 책이 가진 또 하나의 목적이다. 따라서 나는 롤스의 접근 방식에 기반하여 일관성을 창출하고 보다 폭넓은 정치철학적 대화가 이루어질 수 있는 무대를 마련하고자 한다.

2. 롤스로부터 출발하기(마르크스와 더불어)

내가 롤스 철학의 핵심 요소와 마르크스주의와의 관계를 바탕으로 롤스를 논의의 출발점으로 삼고자 하는 이유는 분명하다. 우선 롤스는 정치이론에서 매우 중요한 인물이다. 왜냐하면 그는 지난 두 세기에 걸친 정치철학적 아이디어를 통합하여 사회를 조직하고 운영하는 데 가장 중요한 문제라 할 수 있는 분배정의의 문제를 포괄적으로 제시한 인물이다. 지난 두 세기 동안 산업화된 사회의 연결이 고도화되면서 공동체 내부 다양한 집단의 절대적 지위와 상대적 지위에 대한 새로운 차원의 의문이 제기되기 시작하였으며 '사회정의'의 문제는 정치적으로 그리고 학문적으로 매우 주요한 주제로 부상하였다.

  롤스는 1971년 『정의론』을 발표하면서 자신의 '공정으로서의 정의' 이론을 발전시켜 왔다.[9] 그는 경제 체제 안에서 평등한 시민이 동등한 기본권을 갖고 어떻게 협력적 사회를 구성해야 하는지를 분석했다. 시민들은 각각 사회적 제도에 대해 자신의 의견을 주장할 권리가 있다는 점에서 자유로운 존재들이다. 또한 시민은 적절한 기회와 자원이 제공된다면 자신의 삶에 대한 책임을 질 수 있다는 점에서 자유롭다. 그리고 시민은 자신의 인생 모두를 바쳐 사회적 협력에 참여해야 한다는 인위적 제약을 가지고 있지 않다는 점에서 모두 평등하다.

롤스는 이러한 자유로운 시민들을 전제로 자유주의 사회의 주요한 정치·사회제도인 헌법, 법률 시스템, 경제, 가족 등의 정의로운 형태를 설명하는 것을 목표로 하였다. 그리고 이러한 제도들을 기본 구조로 개인은 그 범위 안에서 협력해야 하며 경찰, 법원 및 기타 기관을 통해 규정의 준수를 강제당하는 것이 사회의 기본적 형태이다.

사회의 기본 구조를 구성하는 방법에는 여러 가지가 있으며, 어떤 규칙이나 제도는 사회적 산물의 더 많은 몫을 차지할 가능성을 높임으로써 특수한 집단에 유리하게 작용할 수 있다. 따라서 롤스는 누구도 태어날 때부터 사회적 우위나 불이익을 가지지 않아야 하며 다른 사람보다 더 많이 혹은 더 적게 받지 않아야 한다고 주장한다. 이러한 이유에서 시민들은 태어날 때부터 자산의 불평등으로 인해 피해를 받지 않아야 한다. 하지만 어떤 사회든지 사회적 규칙을 준수하고 다른 사람보다 더 노력했을 경우 정당한 보상을 기대할 수 있어야 한다. 따라서 롤스는 누군가 규정을 준수하며 성과를 낸다면, 기준에 따라 정당한 보상을 요구할 수도 있어야 한다고 말한다. 그러나 누구도 자신의 재능이나 능력이 사회적 생산물의 많은 부분을 차지하는 방식, 즉 자신의 재능에만 유리한 방식으로 구성된 사회를 누릴 권리는 없다. 결국 사회의 규칙이나 제도는 모든 사람이 수긍할 수 있어야 한다. 이러한 기본 조건을 근거로 롤스는 법규를 준수하는 조건에서 협력적으로 생산되는 모든 사회적 기본재의 불평등한 분배는 모든 사람에게 이익이 되는 조건에서만 가능하고 그렇지 않다면 평등하게 분배되어야 한다고 주장한다.

노동의 분업은 기본 구조를 구성하는 기관 내부에서 발생한다.

이러한 기관은 사회생활을 위한 사회적 기본재를 분배한다. 이 기본재는 기본적 권리와 자유, 이동의 자유와 직업 선택의 자유, 개방된 공직 그리고 자기 존중감이라는 사회적 기반을 포함한다. 또한 시민이 자신의 계획을 실행할 수 있으려면 사회 기관의 승인이 뒷받침되어야 한다.[10] 사회적 기본재를 현대 분배정의 이론의 주요한 대상으로 인식하면서 우리는 사회 전체의 수준에서 공동생활을 통해 우리가 서로에게 제공하는 것의 범위가 얼마나 넓은지를 알 수 있다.

롤스에게 분배정의는 실질적으로 평등한 정치적·시민적 자유와 교육에서의 평등한 기회를 요구하며, 이러한 조건에서 경제적 불평등은 모든 사람의 이익, 특히 최소 수혜자에게 최대 이익이 돌아갈 경우에만 허용된다. 좀 더 구체적으로 롤스는 다음과 같은 분배정의의 두 원칙을 제안한다. 첫 번째 원칙은 정치적 지위에 관한 것으로, 모든 사람은 평등한 기본적 자유에 대한 완전히 적절한 제도, 즉 모든 사람을 위한 동일한 자유제도와 양립할 수 있는 제도에 대해 동일한 불가침의 권리를 갖는다는 것이다. 두 번째 원칙은 경제적 지위에 관한 것으로 두 부분으로 구분된다. 첫 번째 부분은 사회적·경제적 불평등은 공정한 기회균등의 조건에서 모든 사람에게 개방된 공직과 직책에 부여되어야 한다는 것이고 두 번째 부분은 사회경제적 불평등은 최소 수혜자의 최대 이익에 부합할 경우만 정당화될 수 있다는 것이다(차등의 원칙).[11] 여기서 정치적 지위에 관한 첫 번째 원칙이 두 번째 원칙보다 우선한다. 그리고 두 번째 원칙에서 공정한 기회의 평등이 차등의 원칙보다 우선한다.

정치·경제적으로 모두 연결된 상호 의존 시대에 사회정의를 이론화하려는 시도는 우리의 삶이 어느 정도 공유되고 있다는 것을 의미한다. 롤스의 원칙들은 다양한 아이디어가 결합된 것이고 우선순위가 있다. 롤스는 어느 한 가지 사상을 사회정의의 핵심 원리로 규정하는 것이 아니라 19세기와 20세기의 다양한 관점들을 통합한다. 사람들이 마땅히 누려야 할 것과 사람들에게 필요한 것 그리고 자유와 평등의 관념이 통합되어 있는 것이다. 롤스가 제시하는 분배정의에 대한 고려의 영역이 넓다는 것은 단일한 사상이나 기준이 분배의 문제를 결정할 수 없다는 것을 의미한다. 첫 번째 원칙은 시민적·정치적 자유를 보호함으로써 각 개인의 평등한 시민권을 보장하며, 이것은 각 시민이 정치 과정에 대해 비슷한 수준의 영향력을 행사할 수 있도록 규정하는 것에 도움을 준다. 두 번째 원칙의 첫 번째 부분은 출생에 의해 개인의 미래가 결정되지 않도록 보장하는 것이며 두 번째 부분은 사회의 가장 취약한 계층을 보호하기 위한 것이다. 이러한 원칙을 구성하는 구체적인 방법은 실현 가능한 다른 합의안이나 원칙들을 파악하고 그 원칙들이 가장 취약한 계층의 사람들에게 현재의 제도보다 더 많은 혜택을 줄 수 있다고 판단하는 것이다. 그리고 그러한 원칙이 발견된다면 우리는 그 합의안을 바탕으로 원칙과 제도를 수정해야한다.

롤스는 공리주의를 포장지로 활용한다. 공리주의는 제러미 벤담, 존 스튜어트 밀 그리고 현대의 피터 싱어와 같은 학자들의 관점이며 경제학자 및 정책 입안자들 사이에서 영향력을 발휘하는 것이다. 공리주의는 올바른 행위를 전체의 공리의 극대화와 동일시한다. 하지만 롤스는 자유롭고 평등한 시민이 서로 존중하며 공존할 수 있는 사회를 설계하면서 그러한 공리의 극대화를 올바른 행위라 생각하지 않는다. 롤스는 집단적 차원에서 수립된 목표가 아닌 각 개인에 대한 존중이 중심 주제가 되는 칸트적 전통을 공유하고 있다. 사회적 기본재는 협력을 통해 생산되는 것이다. 따라서 분배는 모두에게 정당해야 한다. 그렇기 때문에 공리주의에서 주장하는 것처럼, 사회 전체 복지의 증진을 위해 한 개인의 희생을 요구하는 것은 정당화될 수 없다.

롤스는 현대 사회 체제의 유형을 다섯 가지로 구분하고 있다[12]: 자유방임주의적 자본주의(생산수단의 사적 소유를 중심으로 정의되는 정치·경제 체제로서 주로 공공의 안전과 개인의 권리를 보장하기 위해 국가의 간섭이 매우 제한적); 복지국가 자본주의(저소득층에 대한 지원과 복지를 제공한다는 측면에서 자유방임주의적 자본주의와 구분되며 다양한 형태로 나타날 수 있는 재분배적 요소를 함의); 중앙 통제형 국가 사회주의(국가가 생산수단을 소유하고 규제하는 방식); 민주적 사회주의(생산수단의 사적 소유를 허용하지는 않지만, 기업에 대한 통제권이 분산되어 있는 형태); 그리고 재산 소유 민주주의(생산수단의 사적 소유가 광범위하게 분산되어 있는 경우). 롤스에게 사회정의는 민주적 사회주의와 재산 소유 민주주의를 중심으로 구성된다. 무엇보다 롤스는 자유방임주의적 자본주의와 복지국가 자본주의를 거부하는데 이는 재산과 기술의 초기 분배에서 상당한 불평등을 용인하고 단지 일부 소득을 사후에 재분배하는 것에 불과하기 때문이다. 롤스에게 이러한 제도는 평등한 시민권이라는 이상을 훼손하는 것이다.

마르크스주의 전통과 달리 롤스는 자본주의의 병폐는 사회적 개혁을 통해 극복 가능하다고 보았다. 다시 말해 자본주의 사회에서 발생하는 많은 문제들을 해결하기 위해 반드시 자본주의를 떠난 사회를 상상할 필요는 없다는 것이다. 그에게 문제를 해결하는 방안은 사회적 협력의 혜택을 공정하게 분배하는 상호 연결된 시스템의 합리적 이해를 바탕으로 더 나은 정의의 이상을 제시하고 실현하는 것이다. 제도 개혁 측면에서 보면, 이는 재산 소유 민주주의(개혁된 자본주의 체제)나 민주적 사회주의(통제권을 광범위하게 분배하여 매우 개방적인 통제 체제)로 나아갈 수 있다. 마르크스는 계급 갈등이 사회의 정치적 주제를 주도하며 혁명이 계급 갈등을 해결하는 유일한 해결책이라고 보았다. 마르크스는 산업 사회의 갈등에 대해 단순한 개념을 가지고 있었고 이러한 갈등은 극복될 수 있고 또한 필연적으로 극복될 것이라 생각했다. 나중에 설명하겠지만, 롤스는 오늘날 사회가 직면하고 있는 이러한 갈등에 대해 마르크스보다 더 복잡한 이해를 가지고 있었다. 롤스는 이러한 갈등이 극복될 수 있다거나 극복되어야 한다고 생각하지 않는다. 대신 갈등에 적절하게 대처하는 것이 중요하다고 판단했다. 이와 관련하여 중요한 역할을 하는 것이 바로 '공적 이성'(public reason)이라는 개념이다.[13]

공적 이성은 시민들에게 각자가 가지고 있는 공적인 가치와 기준을 가지고 근본적인 정치적 문제를 정당화하기를 요구한다. 이러한 맥락에서 시민이라면 다른 시민(자신과 동등하다고 인정되는 사람)에게 설득력 있는 이유를 제시해야 하며, 이를 위해 시민은 다른 사람이 다른 생각과 이유를 가질 수 있음을 인식하고 그것에 대한 감각을 갖추어야 한다. 이러한 과정에서 롤스가 염두에 둔 근본적인 문제는 어떤 종교가 사회에서 용인될 수 있는지, 누가 투표권을 가져야 하는지,

누가 재산을 소유할 자격이 있는지 그리고 취업이나 고용에 차별이 의심되는 것은 무엇인지에 대한 질문을 포함한다. 롤스가 말하는 헌법의 본질과 기본적 정의에는 이러한 분배정의의 원칙이 함의되어 있다. 또한 공적 이성은 사람들 사이의 관계에서 발생하는 모든 질문에 대해 포괄적인 지침을 제공하는 '포괄적 도덕 교리'와는 다른 방식을 작동한다. 세계의 주요한 종교가 포괄적 도덕 교리를 제시하는 사례라고 할 수 있는데, 공적 이성의 관점은 시민이 시민으로서 토론하고 사유해야 한다는 차원에서 훨씬 더 제한된 맥락에만 적용된다.

오늘날 사회가 직면하고 있는 근본적인 갈등은 우선 현대 사회의 상호 연결된 삶에서 경제적 재화와 기타 이익을 공유하는 방법에 대한 분쟁과 가치관이나 이념 등 선(善)에 대한 관념적 분쟁이다. 후자의 분쟁은 형이상학적 그리고 인식론적 이견이 심한 서로 다른 교리를 신봉하는 사람들이 공공의 장소를 공유하기 때문에 발생하는 문제이다. 오랫동안 지적인 연구와 논쟁 그리고 도덕 및 진화심리학에 대한 깊은 이해를 통해 가치관이나 신념이 사람들의 삶에 어떤 영향을 미치는지에 대해 많은 것을 인식하게 됨에 따라 우리는 사람들이 필연적으로 그리고 지속적으로 인간의 경험을 다르게 해석한다는 사실을 깨닫게 되었다. 롤스와 같은 방식, 즉 사회적 이익의 공유에 대한 경쟁적인 아이디어와 포괄적 교리들 사이의 충돌이 발생했을 때 공적 이성과 분배정의의 개념에 호소하는 것은 중요한 단계라 할 수 있다.

그리고 이러한 롤스의 방식이 우리의 출발점이다. 롤스의 관점은 이 책 전체에 걸쳐 지속적으로 등장하고 일관성을 부여한다. 이 책은 디지털 시대에 유용한 지침을 제공하는 것을 목적으로 한다. 따라서 롤스의 관점으로 구성된 질문에는 일반적으로 나타나지 않는 내용들이 포함될 것이다. 이 때문에 롤스뿐만 아니라 다른 학자들의 의견이나 생각도 등장하게 될 것이다. 다시 말하지만, 이 책은 롤스의 학술적 레이더에 잡히지 않는 질문들을 다루고 있다. 내가 『글로벌 정의에 대하여』라는 책을 저술한 2012년만 해도 이러한 질문들은 나의 학술적 레이더에도 잡히지 않는 것이었다.[14] 따라서 이 책의 출발점이 롤스이기는 하지만 롤스가 전혀 등장하지 않는 장도 있다.

마르크스와의 비교는 이미 위에서 언급하였다. 마르크스주의를 때로는 비판하고 때로는 자유주의적 평등주의를 보완하는 기재로 사용하지만 이 두 가지가 모두 유익한 이유는 두 가지 전통이 상당히 많은 부분을 공유하고 있기 때문이다. 두 이론의 공통점 중 한 가지는 하나의 사회에서 협력적이고 강제적 요소들을 적절한 이론적 이해를 바탕으로 올바른 방식으로 배열하고자 한다는 것이다. 더군다나 마르크스 자신도 공적 이성의 관점을 인정하고 있기도 하다. 1843년의 그의 중요한 에세이 「유대인 문제에 관하여」를 보면 이를 알 수 있다.[15]

이 에세이는 유대인에게 종교적 관용을 허용하는 것은 일관성이 없다는 당대의 작가 브루노 바우어의 주장에 대한 답변이다. 바우어는 종교적 관용이라고 하는 것은 서로 다른 종교들에 동등한 지위를 부여하는 것인데 유대인들은 다른 종교에 대해 그렇지 않으므로 이들이 유대교를 여러 종교 중 하나의 종교로 볼 때만 관용이 허용될 수 있다고 주장한다. (바우어나 마르크스의 관심사는 아니지만 좋은 삶에 대한 종교적 혹은 세속적 관점도 이 논리를 적용할 수 있다.) 이에 대해 마르크스는 관용을 허용하는 것은 좋은 삶에 대한 견해의 차이와 정치적 혹은 법적 문제와는 서로 다른 것이라고 주장한다. 이러한 관점은 마르크스가 '인간의 관점'이라고 부르는 것과 '시민의 관점'이라고 부르는 것이 서로 다르다는 의미를 포함한다. 특히 자신의 삶에 대한 결정을 내릴 때는 전자의 경우, 즉 인간의 관점에 따라 영향을 받는다. 그러나 롤스에 따르면 헌법적 본질에 대한 결정이나 기본적 정의의 문제와 같이 정치 생활에서 특정한 결정을 내릴 때는 시민의 관점을 채택해야 한다. 이는 마르크스가 말하는 시민의 관점이 공적 이성의 관점이라는 것을 의미한다.*

3. 요약

1) 들어가며

— 인류 역사와 디지털 세계

이 장에서는 현대 정치이론이 직면한 상황에 대해서 살펴본다. 여기서는 디지털 세계의 개념에 대해 소개하고 인류의 역사와 디지털 세계의 관계에 대해 분석한다. 특히 맥스 테그마크가 구분한 라이프

---

* 물론 마르크스 에세이의 두 번째 요점은 시민의 관점을 채택하는 데서 오는 정치적 해방이 진정한 인간 해방에 불충분하다고 주장하는 것이기에 유사점은 여기까지만 진행한다. 인간의 관점과 시민의 관점을 구분하기 때문에 인간은 내부적으로 분열되고 종교와 계급의 차이로 인해 서로 분리된다. 마르크스에게 진정한 인간 해방은 두 가지 형태의 소외를 모두 제거하는 것이다. 이에 반해 롤스는 이러한 갈등을 현대인의 피할 수 없는 특징으로 정의한다. 8장에서는 마르크스의 '유대인 문제에 관하여'라는 주제로 돌아간다. 마르크스와 롤스의 관계에 대한 것은 Scanlon, "Some Main Point in Rawls' Theory of Justice" 참조.

1.0, 2.0, 3.0에 대해 설명하고 역사 속에서 디지털 세계의 위치를 찾는다. 물론 라이프 3.0(자신의 문화와 신체적 형태를 모두 디자인할 수 있는 삶)이 실현될 수 있을지는 아무도 알 수 없다. 그러나 만약 라이프 3.0이 현실화될 수 있다면 그것은 현재의 디지털 세계, 즉 현재 우리 삶을 근본적으로 변화시키고 있는 현재 상황으로부터 비롯된 것이므로 라이프 3.0이 오지 않더라도 이에 대해 알아보는 것은 매우 중요하다. 우리의 생활세계를 이해하기 위해서는 '데이터', '정보' 그리고 '지식'에 대한 개념적 정의가 필요하고 이러한 개념들이 서로 어떻게 연결되어 있는지를 알아야 한다. 따라서 이 장에서는 프레드 드레츠키의 정보 흐름에 대한 개념이 활용될 것이다. 그의 지식의 개념은 기존 인간만이 지식을 소유하거나 사용할 수 있다는 생각을 넘어선다. 다시 말해 고전적 분석이 지식을 사유할 때 인간만을 고려했던 것과는 달리 여기서는 동물과 인공지능 등을 지식의 소유자로 포함한다. 또한 여기서는 루치아노 플로리디의 정보철학의 관점을 바탕으로 디지털 세계를 좀 더 다른 관점, 즉 '인포그'(inforg)*들로 채워진 '인포스피어'(infosphere)**라는 시각에서도 살펴볼 것이다.

---

*   인포그는 인포스피어 속에서 살고 있는 존재들이다. 플로리디는 정보를 주고받을 수 있는 모든 정보 행위자, 즉 정보적 유기체를 인포그로 정의한다 — 옮긴이.
**   인포스피어는 생명체 중심의 기존 관점을 넘어서는 것으로 인공지능 등의 기계를 포함하는 존재론적 틀이다. 정보를 주고받는 존재자들이 상호작용하는 환경 전체가 인포스피어로 정의된다 — 옮긴이.

2) 아미시(Amish)에서 배우기
— 디지털 시대 기술철학으로서의 정치철학

아미시는 매우 특이한 공동체로서 기술이 미래를 변화시키는 것에 저항하는 주요한 사례이다. 이 공동체가 문명을 거부하고 옛날 방식으로 살아가는 모습이 때로는 사람들을 당황하게 한다. 하지만 아미시공동체가 자신들의 생활을 규제하는 행위는 인공지능 시대에 우리가 그 기술을 규제하고 통제하는 것이 정치에서 얼마나 중요한지를 말해 주고 있다. 기술은 중립적인 것이 아니라 매우 정치적인 것이다. 이는 또한 정치철학과 기술철학이 일반적으로 생각하는 것보다 훨씬 더 밀접하게 관련되어 있어야 한다는 것을 의미한다. 사실 기술철학과 정치철학은 서로 별개로 전개되었으며 각자 발전하여 왔다. 물론 예외가 있기는 한데 마르크스주의 전통에서는 (여기에는 H. 마르쿠제의 경우도 포함하여) 역사적 변증법의 발전에서 기술의 역할이 중요하기는 하다. 그러므로 이 장에서는 마르크스주의 전통에서 사용하는 기술의 정치적인 세 가지 이해(근본적 이해, 구성적 이해, 상호작용적 이해)를 살펴보고 롤스적 시각에서 이러한 이해들이 어떻게 사용될 수 있는지 알아보고자 한다. 인공지능과 기술혁신의 시대인 지금의 정치철학은 기술철학이어야 한다.

***   아미시파는 재세례파 계통의 개신교 종파로서 주로 스위스나 독일에서 미국으로 이주한 집단이다. 이들은 종교적 이유로 자동차나 전자 제품, 전화, 컴퓨터 등을 사용하지 않으며 현대 문명을 거부한 채로 살아가고 있다 —— 옮긴이.

3) 인공지능과 민주주의의 과거, 현재 그리고 미래

현대 민주주의는 소수의 사람들에 의해서 사회의 전체 방향이 결정될 수 있는 구조이고 이들은 정기적으로 선거라는 집단 선택에 의해 교체되는 모습을 보이고 있다. 모든 형태의 거버넌스와 마찬가지로 기술은 이러한 거버넌스가 어떻게 전개될 수 있는지를 결정한다. 정치이론가들은 일반적으로 민주주의를 이상향이나 제도적 장치로 취급해 왔다. 그래서 이들은 민주주의의 가능성을 실질적으로 구현하는 데 필요한 '물질성'을 고려하기보다 추상적 이상이나 제도에 집중했던 것이 사실이다. 전문화된 인공지능은 도구로서 민주주의의 변화를 추동하기도 하지만 또한 민주주의의 본질적 측면을 변화시키기도 한다. 인공지능은 집단 의사 결정의 전개 방식과 인간 참여자의 모습 자체를 변화시킨다.

이 장에서는 민주주의의 과거, 현재, 미래의 모습을 살펴본다. 그리고 디지털 시대 인공지능이 민주주의를 어떻게 변화시킬 수 있는지 그 도전과 가능성에 대해 탐구한다. 또한 민주주의의 목적에 걸맞게 공적 영역과 정치 및 경제권력이 공적으로 활용될 수 있도록 인공지능을 어떻게 설계해야 하는지도 구체적으로 살펴볼 것이다. 그리고 이 장에서는 근본적인 차원에서 기술이 어떻게 정치적인 것으로 발전되는지에 대한 2장의 논의를 이어 갈 것이다. 초지능이 민주적 절차의 일부가 될 수 있는지는 11장에서 주로 검토한다. 하지만 다른 장에서도 이에 관한 주제가 지속적으로 등장하게 될 것이다.

4) 진리는 우리를 자유케 하지 않는다: 진리에 대한 권리는 존재하는가?

— 라이프 2.0에서 공적 이성의 역할

여기서는 먼저 디지털 세계에서 거짓 정보가 얼마나 큰 피해를 줄 수 있는지 살펴본다. 디지털 세계에서는 일반적으로 아날로그 환경에서는 상상할 수 없었던 속도와 양으로 정보가 확산된다. 그리고 가짜 뉴스와 허위 정보는 동일한 방식으로 확산되기 때문에 유사한 성향을 가진 사람들이 모인 공간에서는 훨씬 광범위하게 유통될 수 있다. 이러한 상황은 진리와 관련된 권리에 대해 진지하게 고민하게 만든다. 하지만 동시에 우리는 이 지점에서 비진리가 삶에 매우 중요한 요소라는 것 역시 알 수 있다. 이것이 사람들이 진리를 선호하지 않는다는 뜻은 아니다. 중요한 것은 비진리가 심리적·사회적 동학에 의미 있는 역할을 한다는 사실이다. 결과적으로 현대 사회에서 가짜 뉴스와 허위 정보가 만연할지라도 포괄적인 진리에 대한 권리는 존재하기 힘들다.

잘 알려진 성경 구절과는 달리, 진리는 우리를 자유케 하지 않는다. 만약 자유롭다는 것이 세상에 대한 방향성을 갖는다는 의미라고 한다면, 자유라는 것은 곧 같은 생각을 가진 사람들과 함께 세계관(특히 비진리를 많이 포함하는 경향이 있는 세계관 또는 포괄적인 도덕적 교리)을 받아들이는 것으로 정의된다. 그러므로 진실에 대한 포괄적 권리를 요구한다는 것은 특정 맥락에서의 진실에 대한 권리를 요구한다는 것과 같다. 물론 3장에서 말한 것처럼 국가는 공적 이성의 관점에서 시민권을 행사하는 공적 영역을 가짜 뉴스나 허위 정보로부터 보호해야 한다. 하지만 일반적으로 우리는 진리를 추구하고자 하는 도덕적 의지가 실제 현실에서는 제대로 작동하지 않는다고 결론을 내리게 된다.

5) 알게 되는 것과 알려지는 것
── 디지털 세계의 인식론적 자격

미셸 푸코는 지식과 권력의 관계에 대해 기존의 전통적인 인식적 방법과는 다른 방식으로 문제를 제기한다. 그에 따르면 권력은 항상 우리가 지식이라고 여기는 것을 미리 형성한다. 권력과 지식의 관계를 파악하기 위해 푸코는 '에피스테메'(episteme)라는 용어를 사용한다. 이 용어는 특정 시점에 지식으로 간주되는 것의 총체 그리고 그것이 어떤 규칙에 의해 구조화되는지, 특히 권력관계에 의해서 어떻게 형성되는지에 관한 내용을 담은 것이다. 한 시대의 에피스테메의 중요성은 한 사람의 인식 가능성에 이것이 어떤 영향을 미치는지를 보면 쉽게 알 수 있다. 따라서 이 장에서는 푸코의 개념에 대한 이론적 깊이가 소개될 것이며 이를 바탕으로 디지털 세계에 적합한 푸코의 사상을 재정립하고자 한다.

여기서 나는 에피스테메라는 용어를 바탕으로 주어진 인식의 바탕에서 개인의 위치를 파악할 수 있는 '인식적 행위자성'(actorhood)이라는 개념을 소개하고자 한다. 바로 이 지점에서 우리는 인식적 권리와 인식적 정의의 개념으로 나아갈 수 있다. 인식적 행위자성은 네 가지 역할과 관련이 있는데 그것은 개별 인식 주체, 집단 인식 주체, 개별 인식 객체, 집단 인식 객체와 연관된다. 나는 이 용어를 사용하여 인식적 권리와 인식적 정의 개념을 명확히 하며 디지털 세계에서 이

두 가지 권리와 정의의 개념을 발전시킬 것이다. 디지털 세계는 새로운 방식으로 개인을 '알게 되는 자'와 '알려지는 자'로 변화시킨다. 이 장에서는 개인에 대한 이러한 이중적 구조를 설명할 것이다.

6) 포르노와 불신을 넘어
— 딥페이크 기술의 인식론적 가능성과 위험성

딥페이크는 2017년에 등장한 새로운 형태의 합성 미디어이다. 포토샵을 동영상에 도입한 딥페이크는 기존 동영상에 등장하는 인물을 다른 사람의 모습으로 대체할 수 있다. 현재 이 기술은 대부분 음란물이나 다른 사람의 명예를 훼손하고자 하는 데 사용되고 있다. 그런데 이 딥페이크 기술에는 많은 인식론적 잠재력과 위험이 동시에 존재한다. 이는 알게 되는 것과 알려지는 것에 대한 우리의 태도와 관련이 있다. 따라서 이 장에서는 딥페이크 기술에 대한 것을 의제로 삼아 인식적 권리와 정의를 어떻게 실현해야 하는지 살펴본다. 아울러 이 기술이 인간의 창의성 발휘에 도움이 될 수 있는지도 함께 알아볼 것이다. 딥페이크 기술은 계속 발전하고 있으며 이에 대한 철학적 논의도 진행 중이다. 이 장에서는 5장에서 사용했었던 인식적 행위자성이라는 프레임을 가지고 이 기술에 대해 검토해 볼 것이다.

7) 4세대 인권
— 라이프 2.0의 라이프 3.0의 인식적 권리

영국의 공상과학소설 작가이자 사회 운동가인 H. G. 웰스는 1948년에 통과된 「세계 인권 선언」(UDHR)의 주요한 옹호자였다. 하지만 그는 실제로 인권 선언문에 반영된 것보다 그 시대 지식의 중요성에 더 많은 관심을 기울였다. 인식적 권리가 인권 운동에서 중요한 역할을 하는 것은 사실이다. 역사의 현 단계에서 5장에서 소개한 네 가지 역할과 관련된 인식적 행위자성을 보호하기 위해서는 기존 인권을 강화하는 향상된 인식적 권리가 필요하다. 즉 4세대 인권이 필요한 것이다.

라이프 2.0에서 디지털 세계의 인식 침해로 인해 인식적 권리는 이미 매우 중요한 것이 되었다. 적절하게 정의된 '잊혀질 권리'(인터넷 검색을 통해 쉽게 접근할 수 있는 특정 정보가 삭제될 수 있는 권리)도 이에 포함된다. 라이프 3.0이 등장한다면 현재 인권으로 인정되는 것과는 전혀 다른 권리, 즉 인간이 지능을 행사할 수 있는 권리 등이 필요할 수도 있다. 이 권리는 1장에서 다시 중요하게 다룰 것이다. 인권은 다른 사람들로부터 '나 자신'을 보호하는 것을 넘어 '우리'를 보호하는 것으로 확장되어야 하며 그것이 우선시되어야 한다. 인간이 자신의 지능을 행사할 수 있는 권리의 정당성을 구성하는 데 필요한 논거는 일상적인 삶에 대한 세속적 문헌을 활용할 수 있을 것이다. 그리고 나는 제안된 권리의 세부적인 내용에 관해서는 거시적 관점에서 「세계 인권 선언」처럼 선언문의 형식을 따르고자 한다.

8) 감시 자본주의, 도구적 권력 그리고 사회물리학에 대하여
─ 디지털 세계를 위한 계몽

'감시 자본주의'라는 말은 쇼샤나 주보프가 현재의 자본주의 경제구조의 단계에서 데이터의 수집이 매우 중요해졌다는 것을 알리기 위해서 만든 단어이다. 그리고 '도구적 권력'은 현재의 경제구조에서 기능하는 권력으로 개인들에 관한 더 많은 지식과 데이터를 확보하기 위해 기술을 활용하여 행동을 예측하고 이를 통해 수익을 창출하는 능력을 의미한다. 또한 '사회물리학'은 컴퓨터 과학자 알렉스 펜트랜드가 빅데이터를 유익하게 사용하며 활용할 수 있는 정량적 사회과학의 잠재력을 설명하기 위해 고안한 용어이다. 이 장의 주요 목표는 디지털 세계에서 감시 자본주의가 칸트와 뒤르켐이 논의한 개성 혹은 개인성이라는 계몽주의적 이상을 어떻게 위협하는지 그리고 디지털 세계에서 계몽주의를 확보하기 위한 방안이 무엇인지 알아보는 것이다. 즉 민주주의와 인식적 권리를 바탕으로 디지털 세계에서 계몽주의적 이상을 어떻게 확보할 수 있는지 논의하는 것이 이 장의 목적이다.

이 장은 권리에 대해 논의하는 마지막 장이다. 따라서 권리, 특히 인권이라는 것이 사회를 위한 올바른 규범적 이상이 될 수 있는지에 대해서도 논의해 본다. 이러한 논의는 호르크하이머와 아도르노의 『계몽의 변증법』에서 얻은 통찰력을 바탕으로 진행되며 이는 주보프의 연구와 결합되어 시너지를 발휘할 것이다. 신자유주의적 세계관이 주류를 차지하고 있는 현대 사회에서 권리 기반 이론의 범위와 한계를 명확히 하는 것은 매우 중요한 일이다. 따라서 3장에서 논의한 것처럼 사회에 적절한 규범적 대안을 제시하기 위해서는 아주 강력한 민주주의적 관점이 필요하다. 9장에서 다룰 분배정의에 관한 것도 이와 연관된 것이다.

9) 사회적 사실로서의 데이터

─ 분배정의와 빅데이터의 만남

데이터 마이닝 기술이 확장되고 있는 빅데이터와 머신러닝의 시대에는 누가 데이터를 제어하고 데이터를 통해 분석된 결과를 어떻게 활용할지가 경제의 핵심적 요소이다. 따라서 이 문제는 분배정의 관점에서 고찰되어야 한다. 누가 데이터를 소유하는지에 대한 다양한 견해가 존재하는데 이는 다른 종류의 소유권 사이의 유사성을 논의하면서 촉발되었다. 이 장에서는 데이터에 대한 소유권 논쟁을 법적 소유권이 아닌 도덕적 소유권의 개념으로 접근해야 하는 필요성에 대해 고찰한다. 이에 관해 17세기 정치이론가 휴고 그로티우스의 '자유해'(Freedom of the seas)*와 공해(公海)의 소유 가능성에 관한 연구를 바탕으로 집단적으로 생성된 데이터 형식의 공적 소유권에 대해 논의하고 이에 대한 반론을 살펴본다. 물론 이 장은 내가 이전에 서술했던 『정의에 대하여』와 『글로벌 정의에 대하여』와 연결되기도 한다.

21세기의 문제를 조명하면서 17세기의 인물을 등장시키는 데 의아해할 수도 있다. 그러나 바다의 소유권에 대한 그로티우스의 설명은 어떤 것이 사적 소유의 대상인지 그리고 어떤 것이 사적 소유 금지의 대상이어야 하는지에 대한 근본적이며 설득력 있는 아이디어를 제공하고 있다. 이는 데이터에 관한 현재의 논쟁에 많은 시사점을 주고

---

*   17세기 네덜란드의 정치이론가인 휴고 그로티우스는 자연법에 기초한 국제법의 원조로 평가받는 인물이다. 그는 『자유해론』을 통해 모든 나라는 자유롭게 해양을 이용할 권리가 있다고 주장하였다 ─ 옮긴이.

있다. 데이터에 관한 소유 문제는 그 중요성에 비해 덜 알려져 있는 것이 너무 많다. 그러므로 우리는 이 문제를 열린 자세로 받아들여야 한다. 여기서는 데이터 소유권에 대해 다른 생각을 할 수 있는 좋은 기회를 제공한다. 5장에서는 인식적 정의를 소개했고 6장에서는 새로운 인식적 인권에 대해 언급하였다. 이 두 가지 이론 모두 데이터 소유권에 관한 문제에 적용 가능하다.

10) 신, 골렘 그리고 기계 숭배
― 디지털 시대에서 삶의 의미

삶의 의미가 무엇인지에 대한 질문은 인간의 삶이 주변의 다른 사물이나 가치들과 어떻게 연결되어 있는지를 물어보는 것이다. 하지만 지금까지 삶의 의미와 기술의 관계는 아직 구체적으로 이론화되지 않았다. 인간의 모든 활동이 항상 기술적으로 매개된다는 사실을 깨닫고 나면, 개인적인 의미를 추구하는 행위 역시 기술적으로 매개된다는 사실을 알게 된다. 또한 이러한 성찰은 기술이 인간의 의미 추구에 있어 잘못된 방식으로 개입할 수 있다는 가능성을 알려 주기도 한다. 그래서 이 장에서는 이러한 가능성에 대해 살펴볼 것이다.

나는 여기서 삶의 의미에 대해 생각하는 방식으로 로버트 노직의 제안을 출발점으로 삼고자 한다. 노직의 설명은 '제한된 초월성'(limited transcendence)이라는 개념을 핵심으로 하는데 이는 일반적으로 신성함과 상호작용하는 인간의 유한한 삶에 초월적인 가치를 접목한다는 특징을 가지고 있다. 노직의 이러한 방식은 유한한 인간의 삶 자체가 바로 인간에게 의미의 원천이 된다는 측면에서 가치가 있다고 할 수 있다. 하지만 노직의 이 같은 고차원적인 관점은 기술이 어떻게 삶의 의미와 관련되는지 충분히 설명하지 못한다. 그러므로 여기에 돈 아이디와 한나 아렌트의 아이디어를 활용하여 인간의 삶과 기술의 문제를 살펴보고자 한다. 그리고 다음으로 노버트 위너의 대표작인 『신과 골렘』을 살펴본다. 위너는 '기계 숭배자', 즉 기계가 할 수 있는 일이 아님에도 불구하고 자신의 삶에 대한 통제권을 기계에 넘겨주는 사람들에 대해 우려한다. 그래서 나는 이를 통해 기술이 어떻게 잘못된 방식으로 인간의 의미 추구에 개입할 수 있는지를 조명하고 이러한 도전에 대응할 수 있는 몇 가지 방법에 대해 조언하고자 한다.

11) 도덕적 지위와 정치적 소속감
— 라이프 3.0을 위한 정치이론

나는 여기서 인공지능을 인간의 삶에 통합하는 것과 관련하여 '느리고 상대적으로 조화로운 방식'과 '빠르고 급진적인 방식'을 비교하여 설명하고자 한다. '느리고 상대적으로 조화로운 방식'의 시나리오에서 나는 기계에 인간 수준의 지위와 역할을 부여하는 것이 과연 합리적일 수 있는지에 관한 다양한 질문들을 살펴본다. 이와 더불어 자의식을 가진 인공지능이 인간과 완전히 동등한 도덕적 존재가 될 수 있는지도 묻지 않을 수 없다. 따라서 나는 여기서 기계의 도덕적 지위 상승이 정치적으로 어떤 의미를 갖는지를 탐구함으로써 이 문제를 분석하고자 한다. 3장에서 인공지능이 근미래 사회의 민주주의에 어떤 영향을 미칠 수 있는지를 살펴보았다. 여기서는 인공지능과 같은 지능형 기계가 정치적 구성원이 될 수 있는지에 대한 문제를 실제로 발생할 수 있는 가상의 시나리오를 통해 살펴본다. 여기서 주요하게 살펴볼 것은 정치적 구성원의 조건으로 어떤 지능과 자의식 이상의 인지 능력이 필요한지에 관한 것이다. 이러한 점에서 동물에 대해 우리가 어떤 지위를 부여하고 있는지 살펴보는 것이 매우 유용하다. 따라서 나는 이 문제를 살펴보기 위해 크리스틴 코스가드와 수 도널드슨 그리고 윌 킴리카의 동물에 관한 최근의 논의를 살펴볼 것이다.

'빠르고 급진적인' 시나리오와 관련해서 여기서는 먼저 우리가 초지능에 어떤 도덕적 지위를 인정할 수 있는지에 관해 초점을 맞춰 철학적으로 우리가 아직 지능의 폭발, 즉 특이점에 대처할 준비가 전혀 되어 있지 않은 이유에 대해 알아볼 것이다. 마지막으로 나는 지능의 폭발 이후 발생할 수 있는 정치적 시나리오에 대한 맥스 태그마크의 논의에 동의하며, 특정 상황에서 인간과 초지능 기계가 공존할 수 있는 정치적 맥락에 대한 비전 제시가 가능한 공적 이성의 시나리오를 제시하고자 한다.

4. 누락된 논의들

자주 등장하는 주제이기는 하지만 그만큼 자세히 다루지 않는 주제가 바로 사회 집단 간의 불평등과 공정성이 인공지능과 빅데이터의 영향을 받는다는 것이다. 알고리즘이 차별의 패턴을 고착화하고 경제적 불평등을 악화시킨다는 것은 최근 몇 년 동안 이 분야에서 가장 많이 다루어지는 주제이다. 루하 벤자민, 사피야 노블, 캐시 오닐, 버지니아 유뱅크스, 조슈아 시몬스를 비롯한 학자들이 저술한 책들과 상당수의 논문은 이러한 주제에 대한 논의를 진전시켰으며 나의 논의는 이것에 미치지 못한다. 하지만 나의 롤스적 관점(나는 『글로벌 정의에 대하여』 그리고 『정의에 대하여』라는 책에서 이 문제를 다루었었다)에는 이미 이러한 논의가 포함되어 있으며 디지털 시대로 이어진 불평등에 관한 문제를 다루고 있기도 하다.

한 가지 더 짚고 넘어가야 할 점은 나는 이 책에서 인공지능의 발전으로 인한 실존적 위험에 대한 결론을 내리지 않는다는 점이다.[16] 마르틴 하이데거, 루이스 멈퍼드, 자크 엘륄 그리고 허버트 마르쿠제와 같은 사상가들은 인간의 기술 사용에 대해 심각한 우려를 표현하고 있으며 우리는 기술의 발전으로 인한 디스토피아적 시나리오를 곳곳에서 접할 수 있다. 물론 이 책에서도 실존적 위험에 관한 최신 문헌을 다루고 있다. 하지만 나는 인공지능 개발을 갑자기 멈추거나 유예하는 것이 적절한 선택인지 아직 결정을 내리지 못했다. 물론 앞에서 언급한 디스토피아적 시나리오가 보내는 경고는 충분한 설득력과 가치가 있다. 하지만 디스토피아적 시나리오의 내용이 모호하고 방대하여 이것이 우리의 미래라고 믿기에는 아직 검증의 한계가 있으며 세밀한 검토가 필요한 것 역시 사실이다. 또한 각 국가 간 지정학적 경쟁으로 당분간 어떤 식으로든 기술 발전과 인공지능 개발은 멈춰지지 않을 것이다. 따라서 이 책에서는 디지털 시대에 관해 새로운 정치이론을 제안하는 것을 목적으로 우리에게 다가올 일들에 대해 생각하고 그러한 일들이 발생하는 (라이프 2.0과 라이프 3.0 같은) 시대를 구분하며 기술과 인공지능의 발전으로 인해 발생할 문제들에 민주주의 사회가 어떻게 대처해야 하는지를 고찰하고자 한다.[*]

---

[*] 이 책의 큰 목차는 '장'으로 표시하고 각각 아라비아숫자로 표기한다. 각 장의 세부 항목은 '절'로 나타내며 다음과 같이 표기한다. 예) 1장 2절은 본문에서 1.2절로 표기.

일러두기

함부르크대학교. 펜실베이니아대학교 와튼스쿨, 도쿄대학교, 하버드 로스쿨, 프라이부르크대학교, 하이델베르크대학교, 쾰른대학교, 유니버시티 칼리지 런던, 앨라배마대학교 버밍햄캠퍼스, 매사추세츠공과대학교(MIT), 노스이스턴대학교에서 강연을 들은 청중들과 수년 동안 본 저서의 자료들을 검토해 준 관계자분들께 감사드린다. 아울러 이 책이 나오기 전 초기 작업의 공동 저자인 캐서린 커너와 스티븐 리빙스턴에게도 감사의 말씀을 올린다. 그리고 다이애나 아코스타 나바스Diana Acosta Navas, 존 바슬John Basl, 엘레트라 비에티Elettra Bietti, 가브리엘라 블럼Gabriella Blum, 매튜 브래햄Matthew Braham, 마리아 카노발레Maria Carnovale, 함자 초드리Hamza Chaudhry, 오스틴 최-피츠패트릭Austin Choi-Fitzpatrick, 크리스토프 더트Christoph Durt, 린다 에거트Linda Eggert, 샘 길버트Sam Gilbert, 존 골드버그John Goldberg, 아만다 그린Amanda Greene의 도움에 고마움을 표하고 싶다. 또한 이 책의 자료에 대해 의견을 주고 이에 대한 강연과 토론회를 조직해 준 윌프라이드 힌쉬Wilfried Hinsch, 필립 하워드Philip Howard, 실라 재서노프Sheila Jasanoff, 피터 니센Peter Niesen, 수시마 라만Sushma Raman, 존 셰턱John Shattuck, 실야 뵈네키Silja Vöneky 그리고 짐 왈도Jim Waldo에게 감사드린다. 특히 팀 스캔론과의 철학적 교류는 다양한 방식으로 이 책의 많은 부분에 영향을 미쳤다.

　　그리고 나는 기술혁신의 규범적 차원에 대한 논의에 있어 하버드 케네디 스쿨 카 인권정책센터의 인권 및 기술 연구원들로부터 많은 영감을 받았다. (감사하게도 나는 이 센터의 총괄 책임자인 수시마 라만과 함께 센터의 운영을 책임지는 위치에 있기도 하다.) 그리고 나는 니키타 아가르왈Nikita Aggarwal, 제이 애런슨Jay Aronson, 론 데이버트Ron Deibert, 테레사 호지Teresa Hodge, 로린 레너드Laurin Leonard, 실라 재서노프, 알렉사 코닉Alexa Koenig, 필립 하워드, 사벨로 움람비Sabelo Mhlambi, 사피야 노블, 프랭크 파스콸레, 브루스 슈나이어, 존 타시올라스John Tasioulas, 쇼샤나 주보프 등 '라이프 3.0으로'라는 웹 세미나 시리즈에 참여한 연사들에게도 큰 빛을 지고 있다.

이와 더불어 하버드의 에드먼드J. 사프라 윤리 센터의 대학원 펠로우십 콜로키움(나는 운이 좋게도 대니얼 앨런, 에릭 비어봄Eric Beerbohm, 메이라 레빈슨Meira Levinson과 공동으로 이 콜로키움의 디렉터를 맡고 있다)의 구성원들이 내 연구에 대해 토론하고 때로는 매우 통찰력 있는 시사점을 제공한 것에 대해 구성원들에게 매우 감사하게 생각한다. 그리고 최근 몇 년간 하버드 케네디 스쿨, 하버드 디자인 대학원, 하버드 칼리지의 기술철학에 관한 내 강의에 참여한 학생들에게도 고마움을 전하고 싶다. 그들이 제공한 깊이 있는 통찰력에 감사드린다. 특히 이 강의가 두 번 진행되는 데 도움을 준 조교 캣 웨이드Cat Wade와 자신의 역할을 훌륭히 수행한 강의 조교 그레이스 스톤Grace Stone, 스티븐 드위어Stephen Dwyer에게도 감사를 표하고 싶다. 여러 장소에서 다양한 방식으로 진행했던 강의들이 이 책을 쓰는 데 큰 도움이 되었다. 수년 동안 이 강좌에 기여해 주신 모든 분께 감사드린다.

아울러 문법적 미묘함에 대한 캐서린 윌리엄스Katherine (Kate) Williams의 예리한 안목과 교정은 최종 원고가 나오는 데 큰 도움이 되었다. 케이트가 원고를 검토한 이후 모든 장의 글들이 눈에 띄게 좋아졌다. 그리고 나는 몇 년 전 이 주제에 관한 책을 쓰자고 내게 제안해 준 케임브리지대학교 출판부의 매트 갤러웨이Matt Gallaway와 수년 동안 이 주제에 대한 지속적인 관심을 가져준 출판부에 큰 빚을 지고 있다. 익명의 언론사 관계자 네 분의 유용한 조언에도 감사를 표하고 싶다.

* 6장은 Catherine Kerner and Mathias Risse, "Beyond Porn and Discreditation: Epistemic Promises and Perils of Deepfake Technology in Digital Lifeworlds", *Moral Philosophy and Politics* 8, no. 1, 2021, pp. 81~108의 자료를 사용하여 재편집하였다.

* 7장은 Mathias Risse, "The Fourth Generation of Human Rights: Epistemic Rights in Digital Lifeworlds", *Moral Philosophy and Politics* 8, no. 2, 2021, pp. 351~378을 활용하였음을 밝힌다. 이 원고의 사용을 허락해 주신 데 대해 그루이터 출판사에 감사드린다.

* 또한 이 책에서는 Mathias Risse, "Human Rights and Artificial Intelligence: An Urgently Needed Agenda", *Human Rights Quarterly* 41, no. 1, 2019, pp. 1~16의 자료도 활용했다. 이를 허락해 주신 존스홉킨스대학교 출판부에도 깊은 감사를 드린다.

1. 들어가며

―인류 역사와 디지털 세계

우리는 적절하게 대응할 수 있을까? 완벽한 방안을 미리 요구하는 것은 무리다. 우리는
다만 인내심, 유연성, 지성 등 인간적 자질만을 제시할 수 있을 뿐이다.
- 존 폰 노이만

1.1 생활세계, 아날로그 그리고 디지털

현상학은 20세기의 대표적인 철학 사조로서 현상의 기원에 대한 인
과적인 설명보다는 사람들이 의식하고 경험하는 현상 자체를 조사
하고 설명하는 것에 중점을 두는 학문이다. 현상학의 발전과 확산으
로 독일어로 '레벤스벨트'(Lebenswelt)'인 '생활세계*'라는 용어는 학
계에서는 친숙한 말이 되었다. 이것은 한 사람이 경험하는 것으로서
그리고 같은 맥락에 있는 사람들이 함께 경험하는 것으로서 세상을
구성하는 직관이나 활동, 관계를 특징으로 하는 용어이다.**

---

*　　현상학에서 사용하는 'Lebenswelt'라는 용어는 영어로는 'Lifeworld'로 번역되고 한국
　　의 학계에서 주로 '생활세계'로 번역된다. 하지만 이후에는 독자의 이해를 위해 '세계'
　　라고 번역하도록 하겠다 — 옮긴이.

**　　이 용어의 배경은 에드문트 후설의 저작에 기초해 있다. 나는 '디지털 생활세계'라는
　　말을 제이미 서스킨드의 『미래 정치학』(Future Politics)에서 참고하였다. 현상학에 대
　　해서는 Moran, Introduction to Phenomenology 참조.

1940년대까지만 해도 우리 세계는 말 그대로 '아날로그'였다. '아날로그'라는 말은 '~에 따라'(according to)라는 그리스어 '아나'(ana)와 비례 또는 비율을 의미하는 '로고스'(logos)에서 유래한 것이다. 아날로그 세계는 촉각, 청각을 비롯하여 기타 물리적 경험에 기반한 상호작용과 기술들로 구성된다. 시곗바늘이 얼마나 움직였느냐에 따라 시간이 측정되는 것처럼, 아날로그 세계는 측정 대상을 나타내는 측정값을 중심으로 구성된다. 전기 회로에 있어 '아날로그'는 정보 또는 신호를 연속적인 전압 또는 전류의 범위로 표현하는 것을 의미한다. 실제 전자 컴퓨터(전자의 흐름을 제어하는 방식으로 작동하는 것)를 발전시킨 많은 혁신은 아날로그 방식이었다. 하지만 시간이 지남에 따라 우리는 점점 더 많은 개별 수준에서 전기 회로로 작동하는 전자 장치와 코드화된 정보('디지털' 정보는 라틴어로 손가락을 의미한다)를 중심으로 구성된 디지털 세계에 살게 되었다.[*] 디지털 세계는 정보의 안

---

*　디지털과 아날로그를 구분하는 데에는 복잡한 문제가 있다. 이러한 문제에 대해서는 다음 참조. Lewis, "Analogue and Digital"; Haugeland, "Analog and Analog"; Lesne, "The Discrete vs. Continuous Controversy in Physics" 및 Floridi, *The Philosophy of Information*, 14장. 간혹 '디지털 기술'을 '컴퓨터'나 '전자 제품'과 동일시하는 경우가 있다. 그러나 '아날로그'와 '디지털'은 그러한 구분이 아니라 정보 또는 신호가 나타나는 방식의 차이에 따라 나누어진다. 계산이나 처리는 두 가지 형식 모두에서 수행될 수 있으며, 이는 서로 다른 종류의 에너지('전자 제품'의 경우 전자의 방출 및 흐름에 대한 특정 종류의 제어)를 사용하여 구동된다. 어떤 전자 장치의 경우 두 가지 유형의 회로를 모두 사용할 수도 있다. 그럼에도 불구하고 우리가 디지털 혁명이라고 부르는 것은 아날로그에서 디지털 컴퓨터로, 텔렉스(telex)에서 팩스(fax)로, 비디오 홈 시스템(VHS)에서 디지털 비디오 디스크(DVD)로, 카세트와 레코드판에서 콤팩트디스크로, 필름에서 디지털 사진으로, 필름 촬영에서 디지털 영화 촬영으로 그리고 전화기에서 스마트폰으로 등 완전한 아날로그에서 디지털 기술로 전환되는 것을 의미하기도 한다. '디지털 생활세계'에 대한 이야기는 아날로그 구성 요소를 완전히 대체하는 것이 아니라 우리 삶에서 디지털 기기의 관련성이 '점점 더 커지고 있음'을 나타낸다.

정적인 전송과 저장을 가능케 하였고 반도체 회로의 발명과 소형화 기술은 연산 능력의 폭발적인 증가를 가져와 디지털 세계의 발전을 더욱 가속화시켰다.

불과 몇십 년 만에 디지털화된 컴퓨팅 기술은 더 많은 삶의 영역에서 지배적인 위치를 차지하게 되었다. 디지털 세계는 인간과 컴퓨터 그리고 데이터를 정교한 방식으로 연결하기 시작했으며, 우리가 살고 있는 지금의 현실 세계를 형성하고 있다. 이러한 변화는 '21세기'를 '디지털 세기'라고 부를 수 있을 만큼 충분히 진행되었다. 오늘날 디지털 세계는 인터넷으로 연결된 기기들을 통해 업무를 수행하며 멀리 떨어진 곳에 있는 사람들이 거의 동시에 상호작용할 수 있다는 점에서 연결성을 가진다. 또한 수많은 센서들이 더 많은 사물을 연결하고 정보를 추적한다는 점에서 민감성을 가지고 있으며 기계가 중심인 사회에서 사이버 세상이 부가적 요소가 아닌 현실에 필수적이라는 점에서 구성적이기도 하다. 더군다나 우리가 몸으로 느끼는 물리적 현실을 보완하고 풍부하게 하는 증강현실과 가상현실이 점점 더 많이 제공됨에 따라 몰입감을 배가시키고 있다.[2] 1966년 마르틴 하이데거는 『슈피겔』과의 인터뷰에서 철학을 대체할 것이 무엇이냐는 질문에 사이버네틱스(cybernetics)라고 대답했다.[3] 실제로는 하이데거의 말대로 사이버네틱스가 철학을 대체하지 않았을 수도 있다. 하지만 이 말은 기술이 새롭고 포괄적이며 강력한 방식으로 우리의 삶을 장악하고 있다는 수많은 징후와 상황을 고려했을 때 현실이 될 수도 있다.

그런데 여기서 중요한 것은 디지털 세기라 할 수 있는 21세기는 지구를 중심으로 삶을 영위하는 시대(라이프 2.0)의 마지막 단계일 수 있으며 결국 새로운 시대(라이프 3.0)로 대체될 수 있다는 사실이다. 라이프 3.0은 각 객체가 자신의 겉모습이나 물리적 형태 그리고 문화적 맥락을 모두 스스로 디자인할 수 있다는 점에서 지금까지와는 다를 것이다. 라이프 2.0의 개체들은 문화적 맥락을 설계(개별적으로 혹은 집단적으로 학습)하고 물리적 형태는 스스로 디자인할 수 없었다. 라이프 1.0의 개체는 학습에 참여하거나 자신의 물리적 형태를 바꿀 수가 없었고 처음부터 세상에 대한 고정된 이해와 특정한 신체적 형태를 가지고 있었다. 물론 라이프 3.0은 존재하지 않을 수도 있고, 현재 일반적인 인공지능 이론가들이 상상하는 것과 완전히 다를 수도 있다. 하지만 분명한 것은 라이프 3.0이 도래할 가능성이 매우 높다는 사실과 우리 주변에서 일어나고 있는 변화들 그 자체가 라이프 3.0으로 이어질 수 있다는 것이다. 그리고 무엇보다 가장 확실한 것은 만약 라이프 3.0이 존재한다면, 그것은 이미 우리가 살고 있는 라이프 2.0의 디지털 세계에서 등장하게 될 것이라는 점이다. 그러므로 여기서는 디지털 세계와 인류 역사에서 디지털이 차지하는 위치를 이해하는 데 필요한 몇 가지 주요한 주제와 개념에 대해 소개하고자 한다. 1948년을 시작으로 이야기를 전개하는 1.2절에서 20세기 중반의 발전에 나타난 21세기의 몇 가지 특징에 대해 살펴볼 것이다. 그리고 1.3절에서는 이 주제에 대해 더 깊이 살펴보고 디지털 세계(그리고 AI)의 핵심인 데이터와 정보의 개념에 대해 알아본다. 1.4절에서는 데이터와 정보에 대한 논의가 어떻게 중요한 가치로 부상하게 되었는지를 통해 역사에서 디지털 세계가 차지하는 위치를 더 명확히 살펴본다. 정보라는 개념이 우리의 레이더에 포착되었다면 우리는 우선 정보와 지식의 관계에 대해 살펴보아야 한다. 따라서 1.5절에서는 정보와 지식의 관계를 루치아노 플로리디의 정보철학과 연관해서 알아볼 것이다. 플로리디는 이 세계를 서로 연결된 정보 유기체(인포그)로 가득 찬 공간으로 보고 있다. 미래의 인포그에 대한 주요한 질문은 그들이 가지게 될 도덕적 지위에 관한 것이다. 1.6절에서는 기계가 결국 의식을 갖게 될지에 대해 탐구함으로써 열린 결말을 가지고 있는 인포그의 도덕적 지위에 관한 질문에 대해 자세히 알아볼 것이다. 1.7절에서는 지금까지 다루었던 다양한 주제들을 바탕으로 라이프 1.0과 2.0 그리고 3.0의 차이점에 대해 자세히 설명하고 디지털 세계를 인류 역사의 큰 흐름에 포함시키고자 한다.[*]

1.2 1948년 그리고 그 이후

엄청난 변화의 시작점으로 특정 연도를 지목하는 것은 위험할 수 있다. 하지만 컴퓨터에 의해 세상의 변화가 시작되었다는 점에서 1948년은 주목할 만한 해이다. 우선 1948년 MIT의 수학자 노버트 위너는 『사이버네틱스 또는 동물과 기계에 있어서의 제어와 통신』을 출간하였고, 벨 연구소의 클로드 섀넌은 「커뮤니케이션의 수학적 이론」이라는 논문을 발표하였다. 위너의 책은 사이버네틱스의 개념

---

[*]　라이프 1.0과 2.0 그리고 3.0의 구분은 맥스 테그마크의 『라이프 3.0』이라는 책에서 가져온 것이다. 그리고 디지털 시대 커뮤니케이션이 어떻게 영향을 받는지에 대한 고찰에 관해서는 O'Neill, *A Philosopher Looks at Digital Communication* 참조.

과 이론을 더 많은 사람에게 소개하는 것이었다. '조타수' 혹은 '키잡이'를 뜻하는 그리스어에서 유래한 사이버네틱스는 동적 시스템(dynamic systems)의 행위에 대해 다루며 이 행위가 상호작용에 의해서 어떻게 변화하는지를 탐구한다. 섀넌의 논문은 커뮤니케이션에 대한 수학적 이론을 공식화하였는데 그는 발신자가 수신자에게 정보를 전달한다는 것이 무엇을 의미하는지에 대한 정형화된 모델을 제시하였고 정보의 전송을 정량적으로 분석하여 전달되는 정보의 양을 측정할 수 있도록 하였다. 이 두 가지 저서와 논문은 점점 더 풍부해지는 정보와 빠르게 발전하고 있는 연산 능력을 탐구하기 위한 학제 간 연구에 있어 중요한 역할을 하였다.[4]

이 무렵 영국의 수학자 앨런 튜링은 규칙적인 목록에 따라 테이프의 기호를 조작하는 가상 기계를 정의하는 계산 모델인 '튜링 머신'을 개발하였다. 이 덕분에 모든 컴퓨터 알고리즘을 시뮬레이션할 수 있는 튜링 머신을 구축할 수 있게 되었다. 1943년 사이버네틱스 학자 워런 맥컬록과 논리학자 월터 피츠는 튜링 머신과 유사한 무언가가 정신 활동에 대한 유익한 모델을 제공할 수 있다고 제안했고 이 이론은 '정신 활동의 계산이론'으로 알려지게 되었다. 그리고 시간이 지나면서 앨런 튜링은 마치 코페르니쿠스, 다윈, 프로이트가 인간의 자기 이해에 대한 혁명적 변화의 상징이 되었던 것처럼 계산의 혁신으로 촉발된 과학혁명의 대표적 상징이 되었다.[5]

1950년, 튜링은 기계가 '지능적'이라고 간주되는 기준을 정의하려는 시도인 소위 튜링 테스트로 알려진 실험을 제안하는 「컴퓨터 기계와 지능」이라는 글을 발표하게 된다.[6] 이로 인해 1956년, 지금은 너무도 유명한 다트머스 여름 학회에서 '인공지능' 분야의 연구를 본격적으로 시작할 수 있었고 바로 여기서 인공지능이라는 용어가 탄생하게 된다.[7] 그리고 1940년대와 1950년대 초 프린스턴의 존 폰 노이만이 디지털 전자 컴퓨터의 이론적 설계를 발전시키고 하드웨어 개발을 가속화시켰다. 또한 그는 DNA 발견에 앞서 자기 복제 구조를 분석하고 최초의 자기 복제 '오토마타'를 만들기도 하였다. 조지 다이슨은 이러한 선구자들의 공헌을 다음과 같이 표현했다.

> 앨런 튜링은 기계가 지능을 갖추기 위해서 무엇이 필요한지 궁금해했다. 존 폰 노이만은 기계가 스스로 재생산하려면 무엇이 필요한지 궁금해했다. 클로드 섀넌은 아무리 많은 노이즈가 개입하더라도 기계가 안정적으로 통신하려면 무엇이 필요한지 궁금해했다. 그리고 노버트 위너는 기계가 통제권을 갖기까지 얼마나 걸릴지 궁금해했다.[8]

대서양 반대편에서는 독일 엔지니어 콘라드 추제가 1930년대 중반부터 비슷한 프로젝트를 진행했다. 추제는 베를린의 한 아파트에서 홀로 고립된 채 일했기 때문에 대서양 반대편 미국의 일을 전혀 알지 못했고 다이슨이 인공지능의 선구자라고 부르는 리스트에 이름을 올리지도 못했다. 1945년 폭격으로 추제의 노력은 성과를 이루지 못했지만, 그는 세계 최초로 제대로 작동하는 프로그래밍 가능한 디지털 컴퓨터를 만들었다고 전해지기도 한다. 시대는 점점 디지털화되었고 1948년 위너와 섀넌이 발표한 두 편의 글은 그 디딤돌 역할을 하였다.[9]

폰 노이만은 과학을 군사적 목적으로 활용하고자 한 정부의 연구에 깊이 관여한 인물이다(위너는 이 연구에 본격적으로 참여하지 않아 학계에서 소외되기도 하였다)[*]. 폰 노이만은 1957년 사망하기 직전 미국원자력위원회 위원 자격으로 「우리는 기술로부터 살아남을 수 있는가?」라는 글을 발표하게 되는데 이 글에서 그는 끊임없이 발전하고 있는 기술에 의해 변화되는 세상에 대해 성찰한다.[10] 폰 노이만은 여기서 현재 우리가 살고 있는 행성이 너무 작기 때문에 기술의 발전으로 발생하는 모든 문제를 해결할 수 없고, 정치적으로 탈중심화되어 있기에 발전되는 기술을 관리하기도 어렵다고 지적한다. 폰 노이만은 기술의 발전으로 인해 발생할 수 있는 몇 가지 문제들을 지적한 후, 우리가 확실하게 아는 것은 '인내심, 유연성, 지성'이 필요하다는 사실뿐이라고 결론을 내린다.[11] 사람들은 이 글을 읽고 이것이 절망의 충고인지 아니면 기술의 파괴적인 잠재력에 대해 누구보다 잘 아는 사람이 우리에게 어떤 행동을 촉구하는 것인지 알 수 없었다.

이러한 위험성은 기술 회의주의의 주요한 주제이기도 하다. 기술에 대해 회의주의적 생각을 가진 사상가들은 기술이 인류를 어떻게 변화시켰는지, 누가 기술 발전으로 이득을 보는지에 대한 구체적인 탐구 없이 기술 발전을 그대로 방치할 경우 매우 위험할 수 있다고

[*] 제2차 세계대전 중 위너는 새로운 무기를 개발하는 연구를 진행하기도 하였다. 하지만 히로시마와 나가사키에 원자폭탄이 투하된 이후 이를 후회하게 된다. 이후 위너는 살상 무기를 개발하는 연구를 더 이상 진행하지 않았다. 그가 살상 무기 연구를 더 이상 진행하지 않은 이유에 대해서는 Wiener, "A Scientist Rebels" 참조. 존 폰 노이만과 대조되는 위너의 전후 평화주의에 대해서는 Heims, *John von Neumann and Norbert Wiener* 참조.

경고해 왔다. 루이스 멈퍼드라는 인물도 기술 발전에 대한 비판적 시각을 가진 작가 중 한 명이었다. 그는 1934년 발표한 『기술과 문명』이라는 저서에서 서양의 역사를 되돌아보며 기계와 기술에 대한 숭배가 인간의 창의성과 정신의 독립성을 얼마나 파괴했는지 역설하고 이에 대해 경고했다.[12] 기계와 기술을 인간 생활의 중심에 위치시키고자 했던 노력은 특별한 사고방식에서 출발하는데 그것은 사람들이 물리적 기계의 도입을 받아들여야 한다는 사회적 구조에 기반한다. 물론 이러한 사고방식의 조장은 권력의 이해관계와 연결되어 있다.

몇십 년 후, 멈퍼드는 두 권으로 구성된 『기계의 신화』라는 책을 출간한다. 여기서 그는 자신의 초기 연구를 발전시켜 기술 발전이라는 것을 고대 이집트 파라오 시대부터 권력자들이 권력을 유지하기 위해 과학적으로 발전시킨 정당화 방식이라고 규정한다.[13] 오랫동안 인류를 지배한 다양한 거대 기계의 본질은 엘리트들이 기술 지식을 지배하는 것이었다. 이러한 지배는 엘리트들에게 큰 이익을 가져다주는 동시에 대중들을 '거대 기술의 황무지'로 이끌었다.[14] 디지털 시대를 초기 단계부터 예리하게 관찰한 멈퍼드에게 디지털은 문명이 시작된 이래로 계속되어 온 인간 능력의 효율화에 대한 위험성을 다시 드러내는 것에 불과했다. 그리고 이 책의 뒷부분에 등장하는 하이데거, 자크 엘륄, 마르쿠제 등과 같은 기술 회의주의 전통에 속하는 다른 사상가들과 마찬가지로 멈퍼드는 그 대상과 범위가 너무 넓어 단정적으로 평가하기 어려운 이론을 제시한다. 이와 더불어 그는 자신만의 분석적 렌즈를 사용하여 우리에게 경고를 하고 있는데 그 경고는 우리가 앞으로 살아갈 세상이 회의론자들이 묘사하는 세상과 비슷할지도 모른다는 가정에 기초한다.

　기술이 가져올 미래에 대한 우려는 디스토피아 공상과학소설이라는 장르를 탄생시키기도 했다. 공교롭게도 조지 오웰이 20세기의 가장 큰 공포를 담은 소설『1984』의 원고를 출판사에 보낸 때가 바로 1948년 12월이었다.[15] 1984년이라는 상상 속 미래를 배경으로 하고 있는 이 책은 거대한 감시와 통제의 현실을 고찰하는 것이었다. 조지 오웰의 상상력은 당시의 아날로그적 현실에 비추어 볼 때, 한계가 있는 것이었다. 하지만 디지털 시대의 초기에『1984』와 같은 소설이 등장했다는 사실은 매우 놀라운 일이다. 결국 오웰의 디스토피아적 두려움은 현실이 되었고 그것을 가능하게 한 것은 바로 디지털 시대이다. 그의 디스토피아적 우려와 두려움은 기술적 발전을 가능하게 한 컴퓨터 과학의 선구적 연구와 이 모든 것이 가능할 수 있도록 전쟁 이후의 세계 질서를 형성한 정치적 선택과 함께 디지털 시대가 도래하는 발판을 마련했다.

　이러한 정치적 선택에 관한 한 1948년은 새로운 세계 질서가 성립되는 데 매우 중요한 해이기도 하다. 유엔(UN)은 제2차 세계대전의 재난을 딛고 1945년에 설립되었으며, 컴퓨터 과학의 기초 연구를 촉진하는 데 많은 기여를 했다. 유엔이 창립되고 3년이 지난 1948년 12월 10일(조지 오웰이『1984』원고를 제출했을 즈음), 유엔은 20세기 들어서면서 인류의 문제가 반복적으로 그리고 극적으로 점점 악화되고 있다는 인식을 공유하고 총회에서 역사적인 투표를 통해「세계 인권 선언」을 발표한다. 이러한 인식 덕분에 세계가 냉전 체제로 접어들기 바로 전인 1940년대 후반은 인권에 관한 제도들이 발전한 시기이기도 했다. 물론 그날 유엔 총회에서 통과된 「세계 인권 선언」은 구속력이 없는 선언이었다. 시간이 한참 지나서야 서명국들을 구속하는 국제 협약이 탄생했으며 유엔은 모든 사람이 일정 수준의 보호를 받을 자격과 권리가 있다는 조항을 핵심 가치로 채택했다.[16]

이와 더불어 1948년에는 국제무역을 촉진하고 구조화하기 위한 법적 장치인 「관세 및 무역에 관한 일반 협정」(GATT)이 발효되기도 하였다. 이 협정은 제2차 세계대전 이후에 나타난 세계 체제의 일부였다. 이 체제를 대체하고자 했던 국제무역기구(ITO)는 결국 미국의 반대를 극복하지 못하고 출범이 무산되기도 하였다.[17] 미국의 주도로 세계 질서가 재편되었고 「세계 인권 선언」의 비구속적 성격 그리고 제국주의 열강에 저항하려는 강대국들의 협력 의지가 한계를 나타내기도 하였지만, 유엔의 창립은 이전에는 볼 수 없었던 글로벌 공조를 위한 노력이었고 세계는 상호 연결을 강화하였다. 따라서 새롭게 고안된 전후 질서, 즉 글로벌 정치, 경제 시스템과 그 속에 내재된 욕망에 의해서 디지털 세계는 성장을 거듭하였고 이 성장과 발전은 경계를 허무는 무한한 상호 연결의 가능성을 지닌 사물 인터넷을 탄생시켰다.

1.3 알고리즘, 머신러닝 그리고 인공지능

아날로그에서 변화된 디지털 세계를 설명하기 위해서는 알고리즘, 머신러닝 그리고 인공지능에 대해 이야기할 필요가 있다. '알고리즘'

이란 잘 정의된 명령어들에 대한 일련의 배열이라고 할 수 있다. 컴퓨터로 시행되는 알고리즘은 필요한 데이터에 적절한 속도로 접근하여 작동하며, 결정된 작업을 실행할 수 있는 프레임에서 모든 코딩 가능한 작업을 수행한다. 지난 수십 년 동안 컴퓨터로 구현 가능한 알고리즘은 모든 영역에서 엄청난 발전을 이루었다. 전 세계 모든 것에 대한 방대한 양의 데이터, 즉 빅데이터와 함께 하드웨어 기술의 발전으로 이 기술은 더욱 향상되었다. 점점 더 많은 데이터가 디지털의 형식으로 전환되고, 저장 공간이 점점 더 저렴해지며, 디지털 정보의 복제 및 전송이 쉬워짐에 따라 더 많은 데이터가 수집되고 있다. 알고리즘은 모든 테스트에서 인간보다 뛰어나며 오류가 적다. 같은 문제에 두 번 직면해서도 항상 같은 결론을 내린다. 하지만 인간이 설계한 시스템은 결국 인간의 편견을 반영할 수밖에 없다. 인공지능은 우리의 과거를 기록한 데이터에 의존한다. 따라서 우리가 이를 제어하지 않는 한 현상 유지는 계속될 것이다.[18]

기존의 프로그램들과 달리 '머신러닝 알고리즘'은 스스로 학습한다. 프로그래머가 데이터를 제공하면 머신러닝을 통해 추세와 추론을 분석해 낸다. 이러한 기술은 그 정교함과 광범위한 응용 분야 덕분에 세상을 크게 변화시킬 준비가 되어 있는 듯이 보인다. 알고리즘은 일반적으로 '인공지능'을 의미하지만, 개념적으로 이 용어는 자연 지능 혹은 인간의 지능에 근접하도록 설계된 모든 노력을 포괄하는 용어로 사용된다.

지금은 너무도 유명한 1956년 다트머스 여름 학회의 제안서(존 매카시, 마빈 민스키, 너대니엘 로체스터, 클로드 섀넌)는 다음과 같이 시

작된다.[19]

우리는 1956년 여름 뉴햄프셔 하노버에 있는 다트머스대학교에서 열 명으로 구성된 인공지능 연구를 2개월 동안 진행할 것을 제안합니다. 이 연구는 학습의 모든 측면이나 지능의 다른 특징들 모두 원칙적으로 기계로 시뮬레이션할 수 있을 정도로 정확하게 설명될 수 있다는 생각에 기반합니다. 기계를 생산하고, 언어를 사용하고, 추상화와 개념을 형성하고, 현재 인간의 영역으로 남겨진 문제를 해결할 뿐만 아니라, 스스로 발전하는 방법을 찾으려는 시도가 이루어질 것입니다. 엄선된 과학자 그룹이 여름 동안 함께 연구한다면 이러한 문제 중 하나 이상에서 상당한 진전을 이룰 수 있을 것이라 믿습니다.

이처럼 과학자들의 야심 찬 목표와 의욕적인 계획과 함께 '인공지능'이라는 용어가 과학의 세계에 처음 등장하였다. '지능' 자체는 이제 더 이상 분석의 대상이 아니며 극복의 관점에서 고찰될 뿐이다. 오늘날까지 지능 연구의 세부 사항들은 인간의 것으로 간주되었기에 인공지능 연구에서 주로 다루어지지 않았다. 따라서 기계에서 '일반적인' 지능은 문제 해결에 있어서는 인간의 성공에 근접했다는 것을 의미할 뿐이었다.

지능은 최근 몇십 년 동안 특히 심리학자들 사이에서 많은 논쟁의 대상이 되어 왔다. 일반적으로 지능은 정보를 효과적이고 효율적으로 활용하여 상황을 예측하고 문제를 해결하는 능력으로 이해되어 왔다. 한 가지 주요한 의견 차이는 일반적인 지능이 하나인지(지능을 측정하는 사람들은 이것을 영문자 'g'라고 부른다), 아니면 다면적인지에 대한 것이다. 지능이 다면적이라고 주장하는 대표적인 견해는 하워드 가드너가 제안한 다중지능 이론으로 이러한 지능은 서로 충분히 독립적이어서 복수의 지능을 적절히 사용할 수 있는 상대적으로 개별적인 지적 능력을 나타낸다. 가드너는 지적 능력을 시각-공간, 언어-구두, 논리-수학, 신체-운동, 음악, 대인관계(사회적), 내적(자기 이해), 자연주의 지능(자연의 영역에서 결과적 구분을 내릴 수 있는 능력)으로 구분한다. 그리고 그는 실존적 지능(근본적 질문과 관련된 지능)과 교육적 지능(다른 사람에게 지식이나 기술을 전달하는 것과 관련된 지능)도 존재할 수 있다는 가능성에 흥미를 가졌다.[20]

정도의 차이는 있지만 '전문화된' 인공지능 연구 분야에서는 현재 가드너가 말하는 지능들(특히 실존적 지능과 내적 지능 그리고 교육적 지능)을 가로지르며 연구가 진행되고 있다. 물론 전문화된 인공지능이라고 하면 체스를 두는 인공지능이나 바둑을 두는 알파고 등을 떠올릴 수 있다. 하지만 전문화된 인공지능은 스마트폰(시리, 구글 번역 등), 가정용 기기(알렉사, 구글 홈, 네스트 등), 개인화된 고객 서비스와 GPS 시스템에서 더 흔히 접할 수 있다. 전문화된 인공지능은 법집행 기관, 군대, 검색 포털, 광고 및 오락, 의료 진단, 물류, 금융(신용 평가부터 거래 신고까지), 음성 인식, 음악 제작이나 기사 초안 작성(GPT-3 등의 언어 생성 모델) 등에 사용되며 다양한 분야에서 활용되고 있다.[21] 정부는 얼굴, 음성 및 걸음걸이 인식에 인공지능을 활용하여 사람들을 추적하고 있다. 스마트 시티는 교통 데이터를 실시간으로 분석하여 대중교통 시스템을 설계하고 조정한다. 그리고 지난 코비드-19 사태는 신약 개발에서의 인공지능 활용을 가속화시키기도 하였다. 일반적으로 사용되는 자연어 처리 기술은 이제 바이러스의 유전적 변화를 해석하고 있다. 그리고 아마존 웹서비스, 마이크로소프트의 애저, 구글 클라우드 등의 저비용 노코드 서비스는 이제 사람들이 웹사이트를 디자인하는 것만큼이나 쉽게 인공지능 애플리케이션을 만들 수 있게 하고 있다.[22]

앞에서 언급했듯이 '일반' 인공지능은 여러 영역에서 인간의 능력에 도달하기 위해 도전하고 있다. 가드너의 말이 맞다면, 일반 인공지능은 다중지능 혹은 복수의 지적 영역에서 인간의 능력에 도전하고 있다. 하지만 우리가 그러한 인공지능을 만들어 낼 수 있다면 그 결과물은 스티븐 핑커가 말하는 '무한한 힘의 연속체'라고 불리는 인간의 지능과 관련이 없을지도 모른다.[23] 우리는 인공지능을 인간의 지적 능력을 능가하는 것으로 생각하지 말고 아예 다른 것으로 인식해야 한다. 하지만 어떤 의미로든 우리보다 '더 똑똑한' 인공지능이 존재한다면 그 인공지능은 곧 자신보다 더 똑똑한 인공지능을 만들어 낼 수 있을 것이며 그 속도는 매우 빠를 것이다. 그 순간은 상상할 수 없을 정도로 심각한 결과를 초래할 수 있는 지능 폭발의 순간이며 우리는 그 순간을 아직은 도래하지 않은 특이점이라 부르고 있다. 여기서 '아직'이란 의미는 엔지니어의 역량이 아직 특이점에 근접하지 못했다는 것을 뜻한다. 순발력과 성찰의 능력 그리고 상호작용이 결합된 인간의 일상적인 작업을 모방하는 것은 쉬운 일이 아니다. 하지만 몇 가지 돌파구가 마련된다면 그 속도는 엄청나게 빨라질 것이다.[24]

일반 인공지능이 언제 나타날지 혹은 존재할 수 있을지 알 수 없지만, 인공지능 연구를 지켜봐 왔던 사람들은 일반 인공지능이 나타날 가능성을 무시할 수 없다고 말하고 있다. 현재 컴퓨터 과학자와 엔지니어들은 인간 뇌 구조의 비밀을 점점 더 많이 발견하고 있다. 수백만 년의 진화를 통해 뇌가 생성된 것에서 영감을 얻은 신경망 기술은 머신러닝 분야에서 획기적인 방식으로 활용되고 있다. 과학자들이 인간 뇌의 분석을 통해 미래로 향하는 새로운 통로를 발견한 것이다. 탄소 기반 유기체를 모방한 일반 인공지능을 만들어 낸다면 그 인공지능은 인간의 지능에 비해 지속적인 이점을 갖게 된다. 왜냐하면 설계 과정에서부터 인간의 취약성과 한계를 제거하고 진화가 가져온 모든 역량을 확장할 수 있는 다양한 기회가 있을 것이기 때문이다. 실리콘은 정보처리 기능에 있어 유기체의 뇌 조직보다 우수한 재료이다. 실리콘으로의 업로드는 거의 불멸에 가까운 생명체를 탄생시킬 것이며 치명적인 환경에서도 탄소 기반 생명체가 생존할 수 있게 할 것이다.

우리의 뇌는 다른 생명체와 진화적 맥락을 공유하고 있다. 지구상에 있는 모든 신경계 유기체는 10억 년 전에 출현한 동일한 전기화학적 정보처리 원리에 의해 움직인다. 척추동물과 무척추동물은 놀라울 정도로 인지 능력을 공유하고 있다. 하지만 일반 인공지능은 인간이 만들었더라도 유기체처럼 진화하지 않는다는 점에서 완전히 다른 지능이라고 할 수 있다. 또한 일반 인공지능은 계산 능력과 저장 능력 그리고 저장된 데이터에 접근할 수 있는 능력도 일반 유기체보다 뛰어나다. 인간이 세상과 관계 맺는 인지 능력과 인류가 구축한 과학은 바로 인간이 가진 한계에 의해서 지배되었다. 따라서 인간 뇌의 모방을 통한 방식이 인공지능 연구를 획기적으로 발전시킬 수는 있으나, 인간 뇌가 가진 한계와 능력의 차이로 인해 일반 인공지능은 인간의 지능보다 우월한 것이 되기보다는 완전히 다른 유형의 지능이 될 가능성이 높다.[25]

1.4 데이터와 정보

쇼샤나 주보프의 '감시 자본주의'라는 용어는 오늘날 기업의 성공과 실패에 있어 데이터를 수집하는 것이 얼마나 중요한지를 잘 설명하고 있다. 브루스 슈나이어는 데이터를 산업화 시대의 대기오염에 비유하여 정보화 시대의 '배기가스'라고 불렀다.[26] 유발 하라리와 다른 사람들은 '데이터주의'(dataism)에 대해 이야기하며 현대 사회에서는 정보의 흐름 그 자체가 가장 중요하다고 말한다.[27] 실제로 데이터와 정보에 대해 이야기하지 않고 디지털 세계를 이해하기는 힘들다. 반대로 데이터와 정보에 대한 논의가 왜 이렇게 중요하게 되었는지를 이해한다면 인류 역사에서 디지털 세계가 차지하는 위치를 이해할 수 있다.

　'데이터'라는 말은 라틴어로 '주어진'이라는 뜻을 가진 것으로 18세기 초에 주로 수학과 신학 분야에서 사용되기 시작했다.[28] 원래 이 말은 논증의 출발점이 되고 의심의 여지가 없는 성경의 원리나 구절을 설명하는 데 사용했던 용어이다. '사실'은 존재론적 용어로서 세상에 존재하는 것을 가리킨다. '증거'는 인식론적 용어로서 어떤 주장의 신빙성을 뒷받침하는 근거를 의미한다. 그리고 '데이터'는 원래 이 둘 중 어느 것도 아니었으며, 토론에서 어떤 규칙을 지정하는 수사학적 용어로서, 의문을 제기할 수 있는지와 상관없이 반박할 수 없는 어떤 절대적인 것을 규정할 때 사용하는 것이었다.

그런데 18세기 말에 당시의 경험주의에 힘입어 이러한 수사학적 용어의 사용 방식에 변화가 생기기 시작했다. 경험적 탐구가 지적 진보의 중심이 되기 시작하면서 정신의 삶을 안내하는 이 어휘가 재해석되었다. 따라서 '데이터'는 이제 전제가 아닌 조사 결과를 의미하게 되었으며 '조사를 통해 발견한'이라는 의미 안에서 '주어진'이라는 뜻을 가지게 되었다. 20세기까지 '데이터'라는 말은 존재론적으로나 인식론적으로 복잡한 개념이 섞이지 않은 잘 정립된 개념이었다. 하지만 계산과 정보이론이 이 개념에 새로운 의미를 부여하기 시작했다. 이 용어가 컴퓨터가 연산을 수행하는 수량 또는 기호(저장, 전송 또는 기록)를 나타내는 데 사용되기 시작한 것이다. 그리고 다음 단계에서 '정보'라는 개념이 등장했는데 이는 특정한 조건을 충족하는 방식으로 구문적으로 배열되어 의미를 전달하는 (의미론적 기능이 있는) 데이터를 뜻하는 것이었다.

'정보'라는 것 역시 경험주의 철학이 주류가 되기 이전부터 영어권에서 사용되었지만, 이 용어도 경험주의로 인해 의미가 바뀌게 된다.[29] 라틴어로 '정보'(information)는 '형상화된다'(in-formed)는 뜻을 가지고 있다. 형이상학적으로 볼 때, X가 Y에 의해 형상화된다는 것은 Y에 의해 X에 형태가 주어진다는 것을 의미했다. 원칙적으로 우주적 혹은 신학적 원리가 형상화, 곧 물질에 형태를 부여하는 임무를 수행하게 되지만, 이후 경험주의로 인해 X가 Y에 의해 형상화된다는 의미는 X가 Y로부터 보고를 받는다는 의미로 변하게 된다. 세상에는 더이상 신학적인 원리로 구현된 '형상'은 존재하지 않고 관찰을 통한 형상만이 존재하게 되었다. 우주론과 신학에서 관찰로 형태를 부여하는 방식이 바뀌게 된 것이다. 물론 정보의 가치는 수신자가 평가하는 신선함, 유용성 그리고 영향력 등에 의해 평가된다는 것은 크게 바뀌지 않았다. 여기서 기본적인 수학적 원리 중 하나(예를 들자면 오일러 항등식)를 정보로 규정하는 것이 이상하게 들릴 수도 있다. 오일러 항등식이 누군가에게는 참신하다는 사실은 일반적으로 그 수식이 가진 심오함 때문에 가려진다. 그럼에도 수학을 공부하는 학생들이 오일러 항등식을 진정으로 증명하는 것이 매우 유용하다고 발견하는 것은 별다른 문제가 없다.

오랫동안 정보를 받는 X, 즉 수신자는 오직 인간이었으며 인간의 정신이었다. 다른 어떤 것도 정보의 수신자가 되지 못했다. 하지만 존 더럼 피터스는 "18세기 중반에서 19세기 중반 사이에 더 이상 인간의 신체에 얽매이지 않는 새로운 정보의 수신자가 탄생했"고 말하며 "국가는 정보의 수신자가 되었고 관료주의는 그것의 의미를 그리고 통계는 정보를 제공했"라고 설명했다.[30] 따라서 '정보'의 의미는 국가의 변화와 밀접한 관련이 있다. 실제 어원적으로도 '국가'(state)라는 용어에서 파생된 통계(statistics)라는 학문의 등장과 함께 정보는 새로운 의미를 갖기 시작했다. 통계를 통해 정보를 파악하는 존재는 개인의 한계에 구애받지 않는다. 통계 데이터는 '인간에 의해 수집'되지만, 그 분석을 통해 '육체는 없지만 모든 것을 볼 수 있는 존재'가 탄

생한다.[31]

    컴퓨터는 등장하면서부터 국가가 해 왔던 일을 더 효율적이고 우아하게 수행했다. "컴퓨터는 보이지 않았던 방대한 집합체와 대중들을 이해할 수 있게 하였고 통제 및 관리할 수 있게 하였다."[32] 정보는 이제 새로운 수신자, 곧 국가의 관점에서 볼 때, 일개 개인이 사용할 수 없는 것이 되었다. 카프카의 소설 『소송』은 이에 대한 인상적인 예시를 제공한다. 소설에서 주인공은 자신에 대한 모든 관련 정보를 알 수가 없다.[33] 탈인간화 경향에 대한 두려움에 때문에 기술 사용에 회의적이었던 철학자 이반 일리치는 '정보'라는 단어 자체가 비인간적이라고 생각했다.[34]

    "데이터! 데이터! 데이터! 그는 조바심을 내며 외쳤다." "나는 아무 재료 없이 벽돌을 만들 수 없어요." 1800년대 후반 셜록 홈스가 외쳤던 이 말은 데이터 과학자들이 데이터가 무엇인지 설명할 때 자주 사용된다.[35] 컴퓨터 과학에서 정보는 데이터라는 재료를 통해 구성된다. 데이터와 정보가 적절히 구조화되고 해석 가능한 현재의 표준적인 의미로 결합될 수 있었던 것은 두 가지 발전이 융합된 데서 비롯된 것이다. 하나는 특정 맥락에서 '주어진' 것을 경험적 탐구의 결과물로 생각하는 것이 자연스러워진 것이고, 다른 하나는 인간의 정신에 독립적인 어떤 감시자를 만든 것이다. 멈퍼드의 말처럼 컴퓨터는 기계로 존재하기 훨씬 이전부터 관행으로 존재했다.[36] 섀넌이 글을 썼던 1940년대에 사람들은 커뮤니케이션을 정보의 관점에서 이론화하는 방식을 받아들였고, 이는 "더 많은 커뮤니케이션을 끊임없이 장려하는" 형태로 나아갔다.[37]

1.5 정보와 지식

정보라는 개념을 전통적인 인식론적 논쟁 속에서, 특히 지식과 어떤 관련이 있는지 파악하는 작업은 중요한 것이다. '지식'은 '정보'와 다른 방식으로 개인의 주체성과 연관되어 있다. 그리하여 사람들은 지식이라는 것을 인간만이 가질 수 있는 소유물로 생각해 왔다. 그렇다면 디지털 세계에 존재하는 비인간 존재들에게 지식이 어떤 의미인지 살펴볼 필요가 있다. 아니면 지식의 개념 자체에 대해 다시 고민해야 한다.

'지식'은 철학적 분석으로 다루기 어려운 개념이다. 지식은 진정한 믿음을 넘어 사람들이 우연히 옳다고 생각하게 된 경우를 배제한다. 아마도 지식은 플라톤이 『테아이테토스』에서 언급한 것처럼 올바른 방법의 사용과 관련이 있을 것이다.[38] 플라톤은 지식을 "근본적 원리, 즉 로고스(logos)가 포함된 참된 믿음"이라고 정의한다.[39] 지식이 일반적인 믿음과 다르다는 것은 쉽게 알 수 있다. 만약 누군가 "지금은 정오다"라고 하루 종일 말한다면, 그 말은 계속 틀리지만 하루에 딱 한 번은 옳다. 지식은 원리에 따른 설명 가능성을 내포하는 것이지 옳다고 믿는 단순한 주장이 아니다. 물론 지금 사람들이 지식으로 받아들이고 있는 많은 것들 중에는 설명할 근거가 없는 것이 많다.

플라톤은 진정한 로고스가 무엇인지 탐구했지만 결국 그 해답을 찾지는 못했다. 역사적으로 인식론에 대한 많은 연구들이 참된 믿음이 정당화되기 위해 필요한 것이 무엇인지 규명하고자 했다. 하지만 이러한 노력은 정당한 믿음이나 진술이 사실로 드러나는 많은 사례들이 원리가 아닌 우연에 의한 경우가 많아 한계에 부딪히고 있다. 몹시 더운 날 당신이 사막을 걷고 있다고 가정해 보자. 그런데 갑자기 당신의 시야에 물이 보이기 시작했다. 사실 신기루였다. 그런데 실제 그 지점에 도착해 보니 실제 바위 밑에 물이 있었다.[40] 이것은 믿음이 정당화된 사례처럼 보이지만, 이것이 사실이 된 것은 순전히 우연에 의한 것이다. 이러한 예는 믿음이 사실로 드러났다고 해서 그것이 곧 지식이 될 수 없다는 것을 나타낸다.*

이러한 도전에 직면하여 지식의 개념을 정보로서 이해하려는 대표적인 노력 중 하나가 바로 프레드 드레츠키의 1981년 저서 『지식과 정보의 흐름』이다.[41] 드레츠키에게 정보란 인간의 정신이나 인식에 독립적으로 존재하는 세계의 특징이며 섀넌이 포착한 방식으로 정량화될 수 있는 것이다. 드레츠키의 설명은 앞서 '정보'라는 단어의 역사에서 언급했던 수신자의 관점을 그대로 유지하는 것이다.

신호 r은 's는 F이다'라는 정보를 전달한다 = r과 k라는 신호가 주어졌을 때, s가 F일 조건부 확률은 1이다(단, k만 주어졌을 경우는 1보다 작다). 여기서 k는 수신자의 배경지식을 의미한다.[42]

드레츠키는 다음 수신자 K가 '알고 있다'는 것에 대해 다음과 같

---

* 이것에 관한 현대의 논쟁에서 '게티어의 사례'가 중요한 예시라 할 수 있다(게티어 문제는 1960년대에 처음 글을 쓴 미국 철학자 에드먼드 게티어의 이름을 따서 명명되었다). 현대 인식론에 대해서는 Nagel, *Knowledge*; Goldman and McGrath, *Epistemology*; Sosa et al., *Epistemology* 참조. 지식에 대한 역사적 분석에 대해서는 Dutant, "The Legend of the Justified True Belief Analysis" 참조.

이 정의한다.

> K가 's는 F이다'라는 것(지식)을 알고 있다 = 's는 F이다'라는 K의
> 믿음은 s가 F라는 정보에 의해 발생(또는 인과적으로 유지)된다.

이에 따르면, 지식이라고 하는 것은 정보에 의한 믿음이다. 드레츠키의 설명은 참된 믿음이 무엇인지에 대한 설명을 불필요하게 만든다. "앎이라고 하는 것은 정당화된 믿음이다"라는 것에 기초하여 지식을 설명하는 방식은 지식을 습득하는 사람이 논리적 태도를 가져야한다는 것을 의미한다. 또한 이는 정당화 논증과 관련이 있다는 것을 의미하기도 한다. 하지만 정보라는 개념은 논리적 태도를 견지해야한다거나 정당화 논증에 참여할 수 있는 능력을 전제하지 않는다. 이점은 피터스의 어원론적 논의와 다시 연결된다. 피터스의 요점은 국가가 정보를 보유, 처리, 배포할 수 있다는 것이다. 하지만 정부의 관료적 시스템 자체는 논리적 태도를 견지할 수 없고 정당화 논증에 참여할 수도 없다. 정보와 지식에 대한 드레츠키와 피터스의 관점은 서로 다르지만, 이 둘은 모두 지식의 주체가 훨씬 더 넓은 범위에서 고찰될 수 있다는 것에는 동의하고 있다.

사실 드레츠키는 "동물들(개구리, 쥐, 원숭이, 개 등)이 무언가를 안다는 것, 곧 지식을 소유할 수 있다는 사실을 최소화하고자 했으며 동물들이 지적 작업을 수행할 수 있다는 사실을 가정하기를 원하지 않았다."[43] 하지만 디지털 세계에서 지식에 대해 생각할 때, 드레츠키의 논의는 인공지능을 비롯한 다른 새로운 존재들이 지식을 소유할

수 있는 주체가 될 수 있는 길을 열어 주고 있다.

루치아노 플로리디는 실생활에서 정보의 개념을 철학적으로 고찰하고자 하였다. 그리고 윤리학은 정보에 입각한 선택과 책임 있는 행동을 조명하기 위해 정보에 대해 이야기하고 있다. 논리학에서는 정보의 개념을 컴퓨터 과학으로 확장시켰으며 존재론에서는 정보의 패턴을 연구하고 인식론에서는 정보에 기반한 심리 상태를 탐구하였으며 언어철학에서는 의사소통을 중시하는 다양한 분야에서 정보 개념을 활용하고 있다. 플로리디에게 정보통신기술(ICT)의 확장은 세계와 인류가 차지하는 위치에 대한 우리의 이해를 혁신적으로 변화시켰다. 앞에서 이미 살펴보았듯이 플로리디는 1950년대 이후 우리가 살고 있는 세상은 점점 더 ICT에 의해 점령당하고 있으며, 이는 우리가 독립된 개체가 아니라 상호 연결된 정보 유기체(플로리디는 이러한 존재를 인포그라고 정의한다)라는 사실을 증명하는 것이라고 말한다. 인포그 중 하나로서 우리는 정보로 구성된 환경, 즉 인포스피어라는 세상을 다른 생물학적 행위자 및 기계들과 공유한다. 플로리디는 정보라는 개념 자체가 존재, 지식, 생명, 지능, 의미, 선과 악의 개념만큼이나 근본적인 개념이 되었다고 주장한다. '정보'는 이제 다른 개념들로 표현할 수 있을 정도가 되었으며 정보철학은 이제 철학적 탐구에 대한 포괄적인 접근 방식이 되었다.[44]

플로리디는 환경 윤리적 시각에서 인포스피어를 구성하는 모든 존재자들이 내재적 가치를 지니고 있다는 생각을 중심으로 조직된 'e-환경 윤리'(e-vironmental ethics)를 제안한다. 그에 따르면, 모든 정보 개체는 윤리적 대상으로 인정받아야 한다. 하지만 지금까지의 환경 윤리는 유기적 자연에 초점을 맞추고 있기에 인식 가능한 전체 영역을 포괄하지 못하고 있었다. 플로리디는 자신의 정보 윤리를 공리주의, 의무론, 덕 윤리와 같은 전통적인 인간 중심적 '행위자 기반'의 윤리학과 다른 '대상 중심'의 비인간 중심주의적 접근으로 보고 있다. 인포스피어에 있는 객체와 프로세스는 데이터 구조가 변경됨으로써 손상되거나 파괴될 수 있다. 플로리디는 이러한 손상이나 파괴를 '엔트로피'(entropy)라고 부르고 있다. 따라서 인포스피어를 취약하게 하는 엔트로피는 비도덕적인 것으로 간주되며 최소화되어야 한다. 라이프 3.0으로의 전환과 관련하여 철학의 큰 영역을 정보적 관점에서 재조명하고 있는 플로리디의 철학은 우리에게 예리한 통찰력을 제시하고 있다.[45]

1.6 의식과 도덕적 지위

미래의 (플로리디의 용어를 그대로 사용하자면) 인포그에 대한 한 가지 질문은 그들이 어떤 도덕적 지위를 갖게 될 것인가 하는 것이다. 여기서는 이 질문이 현재의 단계에서 열린 질문이라는 사실을 명확히 하고자 한다. 어떤 X가 도덕적 지위를 갖는다는 것은 X가 그 자체로 중요하고 다른 사람들이 그 중요성을 인식하며 그 기준에 따라 X를 배려해야 한다는 것을 의미한다.[*] 이에 관한 일반적인 견해로서

---

[*] 이 책의 11장에서 도덕적 지위에 관한 내용을 더 자세히 다루기 때문에 여기서는 도덕

도덕적 지위를 갖기 위해서는 '의식'이 필요하기에 의식이 없는 기계는 결코 도덕적 지위를 가질 수 없다는 주장이 있다. 하지만 (설사 의식을 도덕적 지위의 중요 요소로 인정하더라도) 인간은 의식이 있고 기계는 의식이 '없다'는 것이 과연 타당한 주장인가?[46]

위 질문에 대한 일반적인 대답은 인간에게는 '영혼'이 있다는 것이다. 이 대답은 형이상학적인 '실체 이원론'(substance dualism)으로 비물리적인 정신적 현상의 존재를 믿는 관점이다. 이 견해는 여러 종교에서 두드러지게 나타난다. 철학에서는 데카르트의 이원론으로 유명하다. 자연과학이 제공하는 세계관 안에서 정신적인 혹은 영혼의 실체를 수용하기 어렵다는 이유로 이러한 견해를 옹호하는 철학자는 현재 많지 않다. 그럼에도 이러한 관점을 옹호하는 사람들로 종교인들만 있는 것은 아니다. 일부 현대 철학자들은 의식이 자연의 원초적 구성 요소라고 주장하기도 한다. 토마스 네이글과 같은 학자는 '의식'은 물리적 원천에서 생겨날 수 없으며 우리가 아직 이해하지 못하는 방식으로 자연과는 독립적으로 존재해야 한다고 생각한다. 그는 "의식을 생물학적 현상으로 이해하려고 할 때, 주관과 객관 사이의 차이가 얼마나 급진적인지 잊어버리기 쉽다"고 주장한다.[47] 물론 수잔 슈나이더가 '의식의 경계'라고 부르는 것이 존재할 수 있으며 인간의 뇌와 달리 마이크로칩과 유사한 기술이 의식적 경험을 구현하지 못한다는 것이 밝혀지면 우리는 이 경계에 도달하게 될 것이다.[48] 그러나 실제로 신체가 영혼을 담는 것이라면 정교한 기계는 절대 영혼을 담지

적 지위와 의식의 연관성을 파악하기 위한 예비적 논의만을 다루도록 하겠다.

못한다고 누가 확신할 수 있는가? 만약 신이 영혼을 부여하는 것이라면 우리의 경험으로는 기계가 영혼을 담을 자격을 갖추고 있는지는 결코 알 수 없다. 의식이 세상과 자연에 독립적으로 존재하는 것이라면 어떻게 기계는 의식을 가질 수 없다고 확신할 수 있는가? 성행위를 통해서만 번식하고 탄소로 구성된 개체만이 의식과 정신을 소유할 자격이 있다는 것은 이해하기 어려운 일이다. 현재로서는 기계가 의식을 가질 수 있는지 아니면 그렇지 않은지 확정해서 말할 수 없다.*

실체 이원론 이외도 '속성 이원론'(property dualism)이라는 것이 있는데 세상은 물리적 실체로 구성되어 있지만 정신과 물질이라는 두 가지 다른 속성으로 나누어진다는 이론이다. 정신적 속성은 물질적 속성과 동일하지 않으며 환원될 수도 없지만, 물질적 속성을 실체

---

* 이 점은 의식이라는 것이 다양한 형태로 존재하며, 이러한 다양성은 기계가 결국 어떤 방식으로든 의식을 가질 수 있다는 견해의 타당성에 도움이 된다는 점을 고려함으로써 더욱 강화된다. 의식의 종류에는 다양한 것이 있는데, 우선 세상을 감지하고 반응하는 능력인 지각이 있다. 그리고 이보다 더 심오한 의미는 각성인데 이는 단순히 감각하고 반응하는 능력만을 가지고 있는 것이 아니라 실제로 그 능력을 발휘해야 한다. 그리하여 '정상적으로 깨어' 있을 때만 의식이 있는 것으로 간주된다. 자의식은 이보다 더 복잡한 것으로 의식이 있는 생명체를 인식하는 것뿐만 아니라 인식하고 있다는 것 자체를 인식하는 것으로 이해되는 개념이다. 만약 자의식이 개념적 자의식(conceptual self-awareness)을 필수 조건으로 하는 것이라면 많은 비인간 동물과 심지어 어린아이들도 자의식을 가지지 못했다고 간주될 수 있다. 그러나 보다 초보적인 수준의 내적인 형태의 자의식만 요구된다면 다양한 비언어적 생물이 자의식을 가진 것으로 간주될 수 있다. 이러한 분류법에서 조금 벗어나 우리는 의식에 대한 이해를 네이글이 발전시킨 **"그것**과 같이 되는 어떤 느낌"으로 이해할 수도 있다. 네이글의 「박쥐가 된다는 것은 어떤 것인가?」(What Is It Like to Be a Bat?)라는 논문의 견해에 따르면 의식의 본질은 생물의 경험적 관점에서 세계를 바라보는 주관적인 방식에 기반한다. 박쥐가 의식이 있는 이유는 인간이 이해할 수는 없지만 박쥐가 반향 탐지 능력을 통해 자신의 세상을 경험하는 것과 같은 것이 있기 때문이다. 이에 대해서는 Van Gulick, "Consciousness" 참조.

화하는 것과 동일한 방식에 의해 실체화될 수 있다. 이러한 견해는 실체 이원론과 물질주의 사이의 중간을 지향하는 것이다. 이러한 속성 이원론의 한 가지 버전이 바로 '창발론'(emergentism)이라고 하는 것인데 이것은 물질이 적절하게 조직화되면 (예를 들어 살아 있는 인간의 신체가 조직화된 것처럼) 물리적 법칙만으로는 설명할 수 없는 정신적 속성이 나타난다는 것이다. 이러한 내용을 주장하는 대표적인 사람이 바로 데이비드 찰머스이다.[49] 정신적 속성은 전기신호에 의한 것으로 전자기 전하와 같은 기본 물리적 속성과 동등한 수준의 현실적인 기본 구성 요소이다. 물론 이것은 다른 성질과 인과적으로 상호작용할 수 있지만, 그 존재가 다른 성질에 의존하지는 않는다. 따라서 우리는 탄소 기반이 아닌 기계가 동일한 성질을 일으키는 방식으로 조직화될 수 없다고 생각할 아무런 이유가 없는 것이다.

찰머스의 방식이 선험적인 추론에 의존해 있는 것이라면, 신경과학자 크리스토프 코흐는 경험적 탐구를 통해 비슷한 결론에 도달했다. 코흐는 의식이라고 하는 것을 물리학이 일반적으로 사물을 설명하는 방식과는 다른 방식인 생명체의 속성으로 설명할 수 있다고 생각했다. 그는 통합 정보의 척도를 의식의 척도로 사용하는 통합정보이론(Integrated Information Theory, IIT)을 주목한다. 물론 코흐는 기계가 의식을 가질 수 있다고 생각하지 않았다. 그는 지능과 의식을 별개로 보고 기계가 아무리 똑똑해지더라도 결코 의식을 가질 수 없다고 보았다.[50] 하지만 그가 옳다 하더라도, 현재로서는 이원론의 두 가지 버전에 따르면 결국 기계가 '의식'을 가질 수 있는지는 아직 열린 질문으로 남아 있는 것이 사실이다.

세상에는 물질적/물리적 존재와 비물질적/정신적 존재라는 두 가지 종류의 것이 있다고 믿는 형이상학적 이원론자들과 달리, 물리학자들은 세상을 설명하는 것은 물리적 설명 단 하나라고 믿는다. 이들의 견해에 따르면, 결국 기계는 도덕적 지위를 가지게 될 것이며 이원론자들이 믿는 것, 즉 존재론적으로 두 가지 범주가 있다는 믿음은 충분히 논박 가능한 이야기에 불과하다. 기본적으로 물리학자들은 이러한 구분을 지지하지 않는다.

가장 유명한 현대 철학자이자 대중 지식인 중 한 명인 대니얼 데닛은 철저하게 물질주의적 관점을 가지고 있다. 데닛은 우리 자신에 대한 이해에는 신체와 신경계뿐만 아니라 정교한 감각, 감정 그리고 인지적 특징을 비롯하여 다른 사람과 비인간 종에 대한 의식도 포함된다고 주장한다. 하지만 데닛에게 의식이라고 하는 것은 다른 사람과의 관계와 자기 관리를 위해 없어서는 안 될 일종의 '사용자 차원의 허상'이다. 주관적인 내면의 삶을 가진 의식적인 생명체에 대한 우리의 일반적 관념은 그 생명체가 어떻게 행동할지 예측할 수 있게 해 준다. '인간'의 의식은 대부분 문화적 진화의 산물이다. 데닛은 '타자현상학'(heterophenomenology)이라는 용어를 만들었는데 이것은 내면의 세계 표상에 대해 3인칭 시점을 고수하며 설명하는 것으로 개인적 발화를 제3자의 시각에서 보는 것이다.[51] 즉 우리 각자는 세계의 내적 표현을 다른 사람에게 귀속시켜야 한다. 데닛은 일반 인공지능을 만드는 것이 '원칙적'으로 가능하다고 주장한다. 다만 그는 일반 인공지능을 만드는 것이 "비용이 너무 많이 들고 그것이 정말 우리에게 필요한 것을 제공하지는 못할 것"이라고 말한다.[52] 또한 이것은 매우 위험한 일이라고 경고하기도 한다. 왜냐하면 우리가 우리의 능력을 과대 평가하여 섣불리 기계에 많은 권한을 부여할 수 있기 때문이다.

오늘날 철학자들 사이에서 의식이 무엇인지에 대한 가장 일반적인 이해는 바로 기능주의적 관점이다. 의식과 뇌를 동일한 것으로 생각하는 이론은 한때 유행했지만 지금은 사라진 물리주의 진영의 견해로 의식의 상태와 과정이 뇌의 상태와 과정과 동일하다는 주장이다. 기능주의는 이러한 관점을 계승한 것으로 우리가 어떤 것을 생각하고 고통을 느끼며 기타 어떠한 정신 상태가 되는 것은 그 내부의 구성이 아닌 인지 체계가 어떤 기능이나 역할을 하는지에 달려 있다고 본다. 기능주의는 의식의 정신 상태를 비정신적인 기능적 구조로 특징화하여 물리적 작용의 산물로 파악한다. 예를 들어 신장은 신체의 화학적 균형을 유지하는 역할에 의해 과학적으로 특징지어진다. 신장이 유기 조직이나 실리콘칩으로 구성되어 있는지는 중요하지 않다. 신장은 그것이 하는 역할과 다른 장기와의 관계에 따라 신장으로 구분되는 것이다.[*]

기능주의는 행동을 유발하는 역할 측면에서 정신 상태를 특성화하여 인과적 효능을 부여한다. 또한 기능주의는 정신 상태가 다양한 방식에 의해 구현될 수 있다고 본다. 따라서 기능주의는 뇌만이 의식을 가질 수 있다고 생각하지 않으며 의식이나 정신이 있는 존재의 범주를 인간과 유사한 뇌의 형태를 가진 생물로 제한하지 않으면서도

---

* 　데닛은 다른 철학자들이 사용하는 어휘를 사용하는 것을 싫어하는 것으로 악명이 높지만 그는 자신의 견해를 일종의 기능주의로 분류한다. 이에 대해서는 Dennett, *Consciousness Explained* 참조.

물질주의와 양립 가능한 방식으로 의식의 상태를 설명하고자 한다. 그리고 이 이론은 컴퓨터 과학에서 많은 영감을 받은 것이다. 소프트웨어가 하드웨어와 밀접하게 관련되어 있듯 의식은 뇌와 관련되어 있다. 소프트웨어는 다양한 유형의 하드웨어에서 실행될 수 있다. 마찬가지로 매우 다른 유형의 물리적 실체도 의식을 가질 수 있는 것이다.

이에 대해 다른 의견이 있는 사람들은 의식이라는 것을 이처럼 쉽게 얻을 수는 없다고 주장한다. 존 설의 '중국어 방'이라는 유명한 사고실험이 있다. 설은 방 안에서 문 아래 놓인 한자에 반응하는 컴퓨터 프로그램을 조작할 수 있는 자신을 상상한다. 자신은 중국어를 전혀 이해하지 못하지만 컴퓨터의 반응을 보고 중국어 질문에 대응할 수 있다. 따라서 그는 다른 사람들이 중국어를 할 줄 아는 사람이 내부에 있다고 착각하도록 할 수 있다. 이 사고실험이 주는 시사점은 컴퓨터를 프로그래밍하면 언어를 이해하는 것처럼 보일 수 있지만 실제로는 그렇지 않다는 것이다. 하지만 넓은 의미에서 이 사고실험은 인간의 의식이라고 하는 것이 계산이나 정보처리 시스템과는 다르다는 일종의 비판이라고 할 수 있다.[53]

심리철학에서 계속되는 논쟁은 이 책의 주요 주제는 아니다. 하지만 중요한 것은 과학자들에게 기능주의는 인간의 의식에 대한 가장 주요한 관점이라는 것이다. 이 관점에 따르면, 기계가 도덕적 지위를 갖게 된다는 것은 당연한 일이다. 이러한 관점은 의식이 여러 가지 방식으로 실현 가능하다는 점에서 비롯된다. 이는 의식을 갖는다는 것이 무엇인지에 대한 폭넓은 이해를 전제하기 때문에 도덕적 지위에 대한 차별적 이해를 가능하게 할 수도 있다. 의식이 있다는 점에서 기계는 일종의 도덕적 지위를 가질 수 있다. 하지만 그것은 마음이 있는 의식과는 다른 지위일 수 있다.[54]

1.7 디지털 세계와 삶의 단계

우리는 지금까지 인류 역사에서 디지털 세계의 위치를 이해하는 데 필요한 개념과 논쟁들에 대해 알아보았다. 테그마크가 삶의 단계를 세 가지로 구분한 것처럼 디지털 세계를 인류 역사라는 큰 이야기에 포함시키는 것은 의미 있는 일이다.[55] 생명은 복제를 통해 자신의 복잡성을 유지하는 하나의 과정이라 할 수 있다. 여기서 복제되는 것은 주로 물질('하드웨어', 원자로 구성됨)이 아니라 정보('소프트웨어', 비트)이다. 생명은 "정보(소프트웨어)가 그 행동과 하드웨어의 작동 원리를 결정하는 자기 복제 정보처리 시스템"이다.[56] 물론 어떤 형태의 생명체는 지적이다. 센서를 통해 주변 환경에 대한 정보를 수집하고 이 정보를 처리하여 환경에 적응하며 살아간다. "효과적으로 산다는 것은 적절한 정보를 가지고 산다는 것"이라고 노버트 위너는 말했다.[57]

　이러한 정보의 수집과 처리는 박테리아의 자극 반응 메커니즘부터 인간의 뇌가 수행하는 환경에 대한 복잡한 해석 그리고 통찰과 관찰을 공유하고 전달하는 언어의 발달에 이르기까지 광범위한 방식과 여러 수준의 복잡성을 통해 이루어진다. 그리고 문자를 사용하게 되면 이러한 정보의 공유는 매우 정확해지며 오래 보존되고 여러 세대에 걸쳐 성장할 수 있다. 역사학자 데이비드 크리스천은 인간을 '네트워킹하는 생물'이라고 정의하며 집단학습이 우리 종의 특징이라고 강조한다.[58]

처음 라이프 1.0에서는 하드웨어와 소프트웨어 모두 세대에 걸쳐 변이와 적응을 통해 진화한다. 이 단계에서는 자신의 모습을 스스로 설계할 수 없는데 박테리아가 대표적인 예라 할 수 있다. 박테리아는 자신의 DNA에 포함된 것 이상의 것을 습득할 수 없다. 라이프 2.0으로의 전환은 점진적으로 이루어지며, 라이프 1.0의 초기 단계와 후기 단계의 가장 큰 차이점은 의식의 발달이다.* 라이프 2.0에서는 하드웨어는 진화하지만 소프트웨어는 고정되어 있다. 디지털 시대 이전 인간의 삶이 바로 이러한 경우라 할 수 있다. '소프트웨어'는 우리가 감각으로부터 받아들인 정보를 처리하고 무엇을 해야 할지 결정하는 데 사용하는 알고리즘과 지식으로 구성된다. 인간 개개인은 환경에 의해 규정된 학습을 통해 먼저 지식을 습득하고 이후에는 스스로의 지식에 따른 학습을 통해 다시 지식을 습득한다. 인간이 태어날 때는 일부 하드웨어(신체)와 일부 소프트웨어(정보처리 능력)만이 제공된다. 하지만 우리 몸이 자궁 밖에서도 계속 성장한다는 것은 성장의 잠재력이 자궁 크기에 의해 제한되지 않는다는 것을 의미한다. 그리고 우리의 뇌가 DNA를 통해 전달되는 것을 활성화하는 것 이상의 방

---

* 범신론에 대한 새로운 관점에서는 의식이 이미 자연에 널리 퍼져 있으며, 특정 영역에서는 이미 라이프 1.0의 단계에서도 존재할 수 있다는 주장이 있다. 이에 대해서는 다음 참조. Strawson et al., *Consciousness and Its Place in Nature*; Goff, *Galileo's Error*; Goff, *Consciousness and Fundamental Reality*; Bruntrup and Jaskolla, *Panpsychism*.

식으로 대부분 학습을 수행한다는 것은 우리의 학습이 DNA에 인코딩된 내용에 의해 제한되지 않는다는 것을 의미한다.

현재 라이프 2.0의 단계에서 놀라운 점은 지난 수천 년 동안 우리 DNA는 극적으로 진화하지 않았지만, 같은 기간 동안 우리가 수집한 정보는 폭발적으로 증가했다는 점이다. 시간이 흐르면서 각 세대들은 정보를 활용하고 향상시키는 능력을 길렀으며 이를 바탕으로 정교한 기술을 만들어 냈다. 그리고 정보는 이제 그 어느 때보다 쉽게 구할 수 있게 되었다. 인터넷을 통해 사용자는 클릭 몇 번으로 전 세계의 공공 지식에 접속할 수 있다. 7장에서 소개하게 될 공상과학소설 작가이자 사회 비평가인 웰스는 1937년 '세계 두뇌'에 관한 글을 썼다. 웰스는 여기서 세계에 흩어져 있으며 교육 활동의 종합이라고 할 수 있는 '지식'의 공통적인 조직화를 주장했다. 그리고 그는 이러한 과정을 통해 "인류 전체를 통해 강화된 교육 시스템에 의해 작동하는" 최초의 세계 두뇌가 탄생할 것이라고 예상했다.[59] 이 두뇌의 일부는 "세계를 지적으로 그리고 정신적으로 하나로 묶어 주기 위한" 세계 문화를 존중하는 안내서로서, 즉 '세계 백과사전'으로서 기능할 수 있을 것이다.[60] 웰스는 인류가 스스로 지적 자원을 함께 모으지 않으면 당면한 문제를 해결할 수 없다고 믿었다. 좋든 나쁘든 인터넷은 우리가 지금까지 본 세계 두뇌에 가장 가까운 형태이다(최근 인터넷 현황을 다룬 책에는 '마음 없는 세상'이라는 인상적인 제목이 붙어 있기는 하다).[61]

최근 몇 세기 동안 영양, 위생, 건강의 사회적 매개변수, 질병의 원인과 경과에 대한 이해가 높아짐에 따라 하드웨어적 제약을 받는 인간의 신체가 가진 가능성이 점점 확대되고 있지만 아직 우리의 몸은 우리가 가진 정보와 기술에도 불구하고 여러 가지 한계를 가지고 있다. 하지만 결국 라이프 3.0 시대에는 이러한 인간의 한계들이 완화될 수 있을 것이다.*

현재 디지털화는 주로 라이프 2.0의 단계에서 사용할 수 있는 소프트웨어와 이에 접근하는 방식으로 기능하고 있다. 하지만 우리가 살고 있는 세계는 이미 라이프 3.0으로의 전환을 준비하고 있다. 이러한 전환에는 새로운 종류의 지능형 개체의 개발뿐만 아니라 인류의 변화도 포함될 수 있다. 호모사피엔스의 생물학적 또는 문화적 그리고 역사적 한계를 넘어서는 새로운 유형의 인간이 존재하거나 존재해야 한다는 생각은 새로운 것이 아니다. 그것은 이미 프리드리히 니체의 위버멘쉬(Übermensch)의 사유에 표현된 바 있다.** 최근 수십 년 동안 이러한 아이디어는 '트랜스휴머니즘'과 '포스트휴머니즘'이라는 이름으로 확장되어 왔다. 두 경우 모두 인간 조건을 특징짓는 현재의 한계를 기술을 통해 극복한다는 것을 핵심으로 한다. 트랜스휴머니스트는 개별 인간의 실질적인 능력을 증강하는 데 중점을 둔다. 반면 포스트휴머니스트는 인간과 다른 종 사이의 경계를 허물기 위해 기술을 사용할 수 있는 가능성을 강조한다.[62]

인류에 파국적인 붕괴가 일어나지 않는 한, 미래 사회의 변화는

---

*　라이프 2.0에서 바로 3.0으로 가는 구분법이 명료하지는 않다. 좀 더 세밀하게 조정하여 라이프 2.1, 라이프 2.15 등에 대해 이야기할 수 있을 것이다. 인류의 여정에서 인공지능의 역할에 대한 성장은 Kissinger, Schmidt and Huttenlocher, *The Age of AI* 참조. 이 책에서는 인공지능이 인류의 안보에 어떤 영향을 미칠지를 강조한다.

**　예를 들어 이 사유는 니체의 『차라투스트라는 이렇게 말했다』에 잘 표현되어 있다.

현재의 디지털 세계에서 시작될 것이다.[63] 결국 이러한 세계는 유전적으로 강화된 인간, 사이보그, 업로드된 뇌 그리고 모든 종류의 물리적 장치에 내장된 전문화된 혹은 일반 인공지능으로 채워진 라이프 3.0과 합쳐질 수 있다. 우리는 우리와 다른 존재가 우리와 비슷하거나 다른 방식으로 '사물'을 인식하고 '의식'을 가질 가능성을 진지하게 받아들여야 한다. 또한 이들이 우리와 유사하거나 그들만의 고유한 특징 때문에 일종의 도덕적 지위를 가질 수도 있다는 것을 알아야 한다. 이러한 일이 닥치고 나서 진지하게 고민을 시작하기에는 너무 늦다. 현재 라이프 2.0의 단계가 우리를 라이프 3.0으로 이끌지 않더라도 엄청난 변화가 발생하게 될 것은 분명한 사실이다.

2. 아미시에서 배우기

─ 디지털 시대, 기술철학으로서의 정치철학

천을 짜고, 옥수수를 가는,
지금은 노예의 시대.
물질이 말안장에 앉아,
인간을 몰고 있노라.
- 랄프 왈도 에머슨, 「송시, 윌리엄 H. 채닝에 바침」
(Ode, Inscribed to William H. Channing)[1]

물고기에게 물이 보이지 않는 것처럼,
우리는 보이지 않는 전자 정보의 환경에 둘러싸여 살아가고 있다.
- 마샬 맥루한[2]

2.1 기술에 대한 우려

20세기 가장 위대한 기술 선구자 중 한 명인 존 폰 노이만과 기술에 대해 회의적인 아미시가 서로 비슷한 생각을 가졌다는 것은 놀라운 일이다. 하지만 동시에 이러한 사실은 기술을 전통보다 더 중심에 두는 정치적 사고의 필요성에 관해 설명하는 것이기도 하다. 이 장은 바로 이러한 고민에서 출발한다.

가끔 혐오의 시선을 받기도 하지만 미국 대중들에게 잘 알려진 아미시는 기술이 자신들의 삶을 바꾸는 것에 대해 민감하게 반응하며 이에 대해 비판적인 관점을 유지하기 위해 노력하는 공동체이다. 이들은 16세기 유럽의 급진 개신교들의 후예로서 지도자 야콥 암만의 이름을 따서 아미시라 불린다. 그리고 이들은 교회와 국가를 완전히 분리하는 평화주의를 표방한다. 아미시공동체에 기술이라고 하는 것은 결코 중립적이지 않다. 이들은 단순한 효율성이나 유희적 가치를 위해 혁신을 수용하지는 않는다. 일부 아미시 집단은 다른 아미시 집단보다 더 개방적이지만, 공동체의 유대를 약화시키거나 정부 또는 주변의 비신도 집단에 대한 의존도를 강화시킬 수 있는 기술이나 고결한 삶을 추구하는 데 위협이 될 수 있다고 의심되는 혁신은 모두 금지된다. 아미시들은 전기가 들어오지 않는 집에서 거주하고, 말이 끄는 쟁기로 땅을 경작하고 마차로 이동하며, 사회보장제도를 포함한 일체의 보험제도를 거부하고, TV와 라디오 없이 생활하며 전화기 사용을 제한한다. '정치적'이라고 하는 것이 제도, 관행 또는 인간의 생활 방식을 형성하는 방식과 관련된 것이라면, 기술이라는 주제는 아미시들에게 가장 핵심적인 정치적 주제 중 하나이다.[3]

현대 수학의 거장인 존 폰 노이만은 인간의 삶과 기술의 관계에 대해서 아미시와는 완전히 다른 견해를 가지고 있었다.[4] 1장에서 언급했듯이 그의 연구는 디지털 시대의 도래에 엄청난 기여를 하였고, 제2차 세계대전 중 헝가리 이민자인 그는 핵무기 개발에 참여하기도 하였다. 그리고 이후 미국 원자력위원회에서 군사 연구에 대한 자문을 담당했다. 1955년 「우리는 기술로부터 살아남을 수 있는가?」라는 글을 발표한 것도 바로 이러한 역할 때문이다.[5] 폰 노이만은 인간이 기후에 간섭할 수 있는 기술이 발전하고 있는 상황에서 "이것이 현실화된다면 기후는 착취"당할 것이라고 우려했다. 이러한 착취를 막기 위해서는 새로운 정치적 메커니즘이 필요하다. '경험에 따라', 폰 노이만은 아미시의 우려를 무심코 반영하듯 "지금 나타나는 작은 기술적 변화도 정치적·사회적 관계를 심오하게 변화시킨다"며 이러한 변화는 "선험적으로 예측할 수 있는 것이 아니다"라고 말했다. 따라서 개발된 기술에 대해 심각하게 우려할 필요는 없지만, 기술의 부족으로 인한 현재의 불편함을 심각하게 받아들일 필요도 없다.[6]

폰 노이만의 글에서 알 수 있듯이, 우리가 알고 있는 기술 개발에 대응하는 유일한 방법은 '인내심, 유연성, 지성'이 필요하다는 사실뿐이다. 하지만 이러한 덕목만으로 기술 시대에 살아남기는 힘들지도 모른다. 물리학자 엔리코 페르미의 이름을 딴 '페르미 역설'이라는 것은 외계 생명체의 존재 가능성이 매우 높은 것에 반해 외계 생명체에 대한 신뢰할 만한 증거가 전혀 발견되지 않는 모순을 의미한다.[7] 아마도 생명체가 출현하는 데 필요한 조건이 너무 특별해서 우주의 무한한 크기에도 불구하고 결국 우리만 존재하거나 생명체의 출현이 너무 드물기 때문에 이러한 증거 부족 현상이 나타날 수 있다. 하지만 이 역설을 풀 수 있는 또 다른 방안은 지적 생명체가 (우주의 기준에 의해) 시간이 지나면서 소멸하는 경향이 있다는 것을 전제하는 것이다. 가끔 우주 생명체의 멸종은 우발적으로 일어나기도 한다. 소행성의 충돌이나 주변 항성의 소멸로 인한 우발적 발생이 바로 이 경우이다. 하지만 이 전제에 따르면, 일반적으로 멸종은 그 행성에서 살고 있는 생명이 어떤 미덕을 지니고 있든 상관없이 지능을 발휘하는 과정에서 자멸로 이어진다. 다시 말해, 지적 생명체는 결국 파괴를 가져오는 기술을 만드는 경향이 있으며, 이 지적 생명체는 다른 행성의 지적 생명체와 교류하기 '이전에' 파국을 맞이하게 된다는 것이다(그렇기에 다른 행성에 지적 생명체가 있을 확률이 높음에도 불구하고 발견하기 어려운 것이다).

폰 노이만의 논문은 결과적으로 우리가 만든 기술로 인해 우리가 스스로 자멸할 수 있다고 진단하는 엄중한 경고이다. 하지만 이 위대한 수학자는 이러한 파국에 접어들지 않기 위해 필요한 인간의 자질이 무엇인지에 관해 언급하는 것으로 글을 마무리하였다. 누군가의 주장처럼 지금이야말로 아미시로부터 배워야 하고 혁신적 기술에 대한 '근본적인' 재성찰이 필요하다. 인류가 자신의 삶을 스스로 파괴하지 않고 지속할 수 있다는 명백한 증거를 만드는 체계적인 정치적 프로세스가 필요한 시점인 것이다.[8]

우주 어딘가에 지적 생명체가 존재한다는 증거가 부족하다고 해서 인류의 미래를 우주적 관점에서 고민할 필요는 없다. 기후 위기, 유전자 편집 및 지구공학의 가능성, 약학 및 바이오 전자공학을 통한 인간 증강의 가능성, 나노 기술, 합성생물학, 로봇공학 그리고 인공지능의 위협. 이러한 주제에 대해 생각해 보면 기술의 사용은 매우 정치적인 것이며 국내적·국제적으로 광범위한 사회적 승인이 필요하다는 것을 알 수 있기 때문이다. 따라서 기술에 대한 통제를 핵심적인 정치 이슈로 삼는 아미시의 태도는 우리에게 시사하는 바가 크다. 물론 아미시가 구시대적인 방식에 갇혀 있다는 것이 일반적인 시각이다. 하지만 우리는 기술의 발전을 멈출 수도 없고 그 소용돌이 속에서 결국 스스로를 파멸로 이끌 수 있다. 폰 노이만은 기술 발전에 지대한 공헌을 한 인물이지만 그가 기술이 가진 고도의 정치적 속성을 간파하고 이를 어떻게 관리할지 고민하였다는 사실은 기술이 가진 위험성에 관해 설명하는 것이다. 자멸적 파괴를 피하기에는 이미 너무 늦었을지도 모른다. 하지만 그렇지 않을 수도 있다.[9]

기술은 때로 정치적인 것으로 취급받는다. 그런데도 특정한 기술과 그것의 영향 그리고 기술이 우리의 삶을 바꾸는 속도 등에 대해서 '폭넓게' 논의되지 않는 것은 이상한 일이다. 기술 규제가 일반적으로 정부(특히 미국 정부를 포함해서)의 가장 중요한 책임 중 하나로 간주되지 않으며 마찬가지로 기술 이슈가 주요한 선거 이슈가 되지 않는 것도 특이한 일이다. 일반적으로 기술혁신은 사람들을 시민이 아닌 소비자로 간주하는 민간 영역에서 주도되고 있으며 이를 통해 새로운 커뮤니티가 형성되고 있는 실정이다.

또한 더 이상한 점은 철학적 성찰의 관점에서, '정치철학'과 '기술철학'이 정치 영역과 기술 영역의 상대적 차이에 기반하여 개별성을 지니고 있다는 사실이다. 지금 중요한 것은 기술의 정치적 본질을 반영하기 위해 정치철학에 기술철학의 내용을 추가하는 것이며 정치철학의 방향을 재설정하는 것이다.[10] 마르크시즘과 현상학, 특히 하이데거를 중심으로 한 학파를 중심으로 일부 전통에서는 이러한 관점을 계속 통합해 왔다. 여기서 나의 주요한 목적은 공적 이성을 중심으로 구성된 롤스의 정치철학에 이러한 요소를 통합하는 것이다.

2.2절에서는 정치 영역과 기술 영역에 대한 설명을 통해 두 부분이 어떻게 겹쳐질 수 있는지 그리고 정치에 관한 서로 다른 관점들이 기술에 어떤 역할을 부여할 수 있는지 설명한다. 2.3절에서 2.5절까지

는 기술의 정치적 세 가지 이해, 즉 근본적 이해, 구성적 이해, 상호작용적 이해에 대해 알아볼 것이다. 나의 이러한 이해 방식은 마르크스주의 전통에 기반을 두고 있지만 구성적 이해에 관해서는 하이데거의 이론을 통해 설명하고자 한다. 여기서 마르크스주의 전통을 중심에 두는 것은 두 가지 이유가 있다. 우선, 기술에 중요성을 두었던 마르크스의 철학이 얼마나 주요했는지에 대한 경의의 표현임과 동시에 자유주의 전통이 기술에 대해 관심을 가지지 않았으며 정치적 관련성에 주목하지 않았다는 것을 지적하고자 함이다. 둘째, 이 책에는 마르크스주의 전통에 속하는 여러 저자가 등장하는데 이들을 소개하고 주목해야 할 필요성을 다시 강조하기 위해서이다.

2.3절에서는 마르크스의 정치적 영역에 대한 이해와 함께 그의 역사 전개에 대한 견해에서 기술이 수행하는 근본적인 역할에 대해 알아본다. 역사가 근본적으로 경제적 기반의 변화에 반응하여 전개된다는 마르크스의 사(史)적 유물론은 논란의 여지가 많다. 하지만 이 이론은 아직도 그 지적인 가능성의 측면에서 큰 관심을 받고 있다. 그리고 2.4절에서는 20세기 중반 마르쿠제의 설명, 즉 자본주의가 기술적 수단에 의해 철저하게 조작되어 마르크시즘에서 말하는 혁명적 행위들이 질식당하고 있다는 평가에 대해 살펴본다. 마르쿠제는 하이데거와 마르크시즘의 통찰을 결합하여 설명한다. 이 설명에 따르면 기술은 일반적으로 눈에 띄지 않는 방식으로 모든 인간 활동을 '둘러싸고' 있다는 점에서 정치적이다. 2.5절에서는 기술이 정치 영역과 관련된 관계를 형성하는 방식 등 기술이 어떻게 정치적일 수 있는지에 대한 '상호작용적' 이해를 소개한다. 이러한 이해는 사회에서 특정 기술

의 역할에 초점을 맞춘다.

2.6절에서는 공적 이성에 대한 롤스의 설명을 살펴보는데 이는 정치적인 것에 대해서는 적절한 개념이지만 겉으로 보기에는 기술을 간과하고 있는 것처럼 보인다. 하지만 2.7절과 2.8절에서는 기술이 가진 정치적인 이해들, 즉 근본적·구성적·상호작용적 이해들을 롤스의 관점에서도 충분히 인식할 수 있다. 21세기의 엄청난 기술혁신과 그 혁신이 수반하는 모든 위험을 고려할 때, 정치적인 것의 개념은 마르크스주의 전통이 말하는 기술의 세 가지 정치적 이해들을 고려해야 한다. 이 시대의 정치적 문제를 다루는 정치철학은 이제 기술철학과 함께 가야 한다.[11]

2.2 몇 가지 기본 개념에 대한 설명

기술이라는 개념은 다양한 뜻으로 사용된다. 기본적으로 기술은 자동차, 컴퓨터 또는 투표 기계와 같은 '인공물'을 의미한다. 그리고 더 나아가 기술은 '전자 투표 기술'에서와 같이 인간의 '활동'을 포함하기도 한다. 따라서 기술은 인공물의 제작 및 취급을 뜻한다. 또는 민주주의가 잘 작동하는 국가에서는 대기근이 발생하지 않는다는 아마르티아 센의 주장에 따르면, 민주주의를 기근을 예방하는 기술로 표현할 수도 있다(민주주의를 작동하게 하는 여러 가지 기술에 대해서는 3장 참조). 마지막으로 그리스어 어원에 따르면 기술은 '지식'을 의미하기도 한다. 이는 기계와 생산공정의 바탕이 되는 이론을 뜻하

는 것이기도 하다.[12]

그리고 정치적인 개념에 접근하기 위해, 여기서는 '권력'을 사람들의 이해관계나 인센티브 제도에 영향을 주어 어떤 방식을 사용하지 않게 하거나 다른 방식으로 업무를 수행하게 하는 것이라고 가정해 보겠다.[13] '질서'란 주어진 상황에서 권력이 합리적이며 지속적이고 안정적인 배열 속에 행사되는 것을 의미한다. 구체적으로 '정치'라고 하는 것은 질서가 만들어지는 일련의 제도와 그 안에서 이루어지는 관행 및 활동을 말한다. 어떤 X를 '정치적'이라고 부르는 것은 X의 제도, 관행 또는 행동이 질서를 형성하는 방식과 관련이 있다는 뜻이다. 일반적으로 이 말은 흔히 혈연관계가 없는 사람들에 대해 권력이 어떻게 합리적·지속적·안정적으로 행사될 수 있는지 그 방식(질서를 유지하는 방식)을 찾고자 할 때 사용된다. 그리고 페미니스트 작가들에 의해 대중화된 "개인적인 것이 정치적인 것이다"와 같은 말은 친밀한 사이에서조차 질서가 필요하다는 것을 나타낸다. 물론 사회적 영역을 구분함으로써 정치적이라고 하는 것을 제도로 국한하여 바라볼 수도 있지만, 정치적이라는 것은 사회적 영역도 포함하는 광범위한 개념이라 할 수 있다. 따라서 정치적인 것 또는 정치의 '개념'은 질서가 만들어지는 방식과 관련이 있다. '정치적 가치'는 공동체의 질서와 관련된 모든 것과 관련이 있다.

기술에 대한 개념의 경우, 그 개념이 동반하는 복잡성을 이해하기 위해 다양한 단계별 세부 사항을 구분해서 볼 필요가 있다. 그리고 정치적인 것이라는 '개념'의 복잡성을 포착하기 위해서는 정치적인 것의 의미로부터 다양한 정치적인 것의 '개념들'을 구분해 볼 필요가 있다. 이러한 방법은 어떤 종류의 기관이나 구조가 질서가 만들어지는 과정에 영향을 미치며, 또한 영향을 미쳐야 하는지 파악하는 데 도움이 된다. 정치적인 것의 개념을 이해하는 보다 더 좋은 방법은 정치적 가능성과 인간 본성의 연관성에 대한 인류학적 고찰, 즉 질서를 만드는 방법에 대한 역사적 탐구, 어떤 종류의 질서가 가치가 있는지에 대한 규범적 고찰 등을 종합하는 것이다.

정치적인 것에 관한 개념은 종종 아리스토텔레스의 『정치학』에서 유래하는데, 여기에는 몇 가지 중요한 주장이 등장한다.[14] 아리스토텔레스에게 인간은 본래 폴리스에서 살아가야 하는, 곧 폴리스라는 공동체에 연결된 정치적 동물이다. 그러므로 정의(justice)의 가치와 실천은 근본적으로 정치적인 것이며, 정의는 정치적 결사체에 질서를 부여하는 기준이다.(1253a33~35) 정치적인 것은 일반적으로 "지배자와 피지배자"(1259b2)의 교체를 포함하며 "본질적으로 동등한 입장에 있고 다른 점이 없는"(1259b5) 사람들 사이에서 통치하는 것을 의미한다. 아리스토텔레스에게서 유래한 정치적인 것의 개념은 통치하고 통치받는 활동을 통해 인간이 변화시키는 과정을 탐구함으로써 질서를 성립해 가는 과정을 나타낸다. 또한 이러한 조건에서 인간 활동의 특성과 폴리스에서 공동생활을 할 때 본질적으로 중요한 것이 무엇인지도 알 수 있다.[15]

정치적인 것을 적과 동지의 구분으로 정의한 칼 슈미트는 위와는 다른 개념에서 출발한다. 슈미트에게 질서 유지는 필연적으로 갈등을 유발할 수밖에 없다.[16] 따라서 숙고보다는 결단이 더 중요한 것이다. 슈미트에게 제대로 기능하는 국가란 내부의 경쟁과 반대가 거의 해소된 동질적인 하나의 실체이다.[17] 슈미트는 우리가 공동체를 위해 기꺼이 죽음을 무릅쓰고 싸울 수 있는 사람들끼리 함께 살아가는 행위, 즉 정치에 대한 가장 단순하고 근본적인 진리를 포착하고자 한다.[18]

정치적인 것에 대해 위대한 사상가들이 탐구한 내용을 간략히 살펴보았다. 우리가 여기서 알 수 있는 것은 정치적인 것의 개념에 영향을 주는 인류학적·역사적·규범적 고려 사항에서 기술의 역할을 명시하는 데 다양한 이론을 사용할 수 있다는 사실이다. 앞으로 살펴보겠지만, 마르크스와 롤스는 정치철학적으로 서로 다른 개념을 사용하고 있으며 기술에 대한 관점의 차이가 있다.

2.3 기술은 근본적 이해에서 정치적이다: 카를 마르크스

마르크스에게 기술은 그의 이론인 사적유물론에서 중요한 기재로서 정치적인 것을 이해하는 데 있어 매우 중요한 역할을 한다. 마르크스가 1847년 서술한 『철학의 빈곤』에는 이러한 관점이 잘 나타난다. 마르크스는 여기서 "새로운 생산력을 획득함으로써 인간은 생산 방식을 바꾸고, 생계를 유지하는 방식을 바꾸며, 모든 사회적 관계를 변화시킨다"라고 말했다. 그리고 여기에 "수작업은 봉건영주의 사회를, 증기 기관은 산업자본가의 사회를 제공한다"는 비유로 기술의 중요성을 상징적으로 설명한다.[19]

사적유물론의 핵심 내용이 담긴 1859년 출간한 『정치경제학 비판 요강』의 서문에 이 내용이 보다 잘 나타나 있다.[20] 마르크스는 사회를 '생산력', '생산관계'(사회의 '경제구조' 또는 '기반'을 구성하는 생산관계) 그리고 법적-정치적 '상부구조'라는 3단계로 구분한다. 생산력은 생산에 사용되는 모든 시설, 설비, 자원 등을 의미한다. 그리고 여기에는 생산수단(토지, 증기, 물, 석탄과 같은 천연 동력원, 동물, 원자재, 도구, 기계 등 물리적 생산 자원)과 인적 노동력(힘, 기술, 지식)이 포함된다. 생산력은 시간이 지남에 따라 더욱 강력해지며 발전하는 경향이 있고 인간은 물건을 생산하는 데 능숙해지고 더 효율적이 된다. 따라서 마르크스에게 역사는 대체로 생산력이 성장하는 과정이며, 더 생산적인 사회구조가 덜 생산적인 사회구조를 대체한다.

마르크스는 서문에서 "삶의 사회적 생산에서 인간은 필연적으로 자신의 의지와는 무관한, 즉 자신의 물질적 생산력 발전의 결정적 단계에 해당하는 생산관계에 들어갈 수밖에 없다"고 말한다.[21] 생산관계란 생산을 형성하는 인간관계를 의미한다. 여기에는 생산력이 투입되는 방식에 기여하는 모든 조직화된 관계, 즉 업무 관계와 소유권 관계, 모든 차별화 및 분업관계가 포함된다. 마르크스는 "이러한 생산관계의 총합이 사회의 경제구조를 구성한다"고 말하며 또한 이를 바탕으로 상부구조가 생겨나고 이에 상응하는 사회의식이 구성된다고 주장한다.[22] 요점은 한 사회의 생산력 발전 수준이 그 사회의 생산관계(경제구조 및 기반)를 규정한다는 것이다. 그리고 이러한 생산관계는 상부구조인 법률 및 정치제도뿐만 아니라 사회의 '이데올로기', 종교, 예술, 도덕, 철학 등을 구성하게 된다.[23]

그리고 마르크스는 "특정 발전 단계에서 사회의 물질적 생산력은 기존의 생산관계와 충돌하게 된다"고 설명한다.[24] 혁명과 획기적인 변화는 경제구조가 더 이상 생산력의 발전을 뒷받침하지 못하게 되었을 때(이 시점에서 생산력의 발전은 주춤한다), 결국 생산력의 지속적인 발전에 더 적합한 새로운 경제구조를 위한 공간을 만들어 낼 때 발생한다.[25] 이러한 전환과 혁명은 저절로 이루어지는 것이 아니라 노동자 계급의 행동에 달려 있다. 마르크스에게 자본주의는 임금에 의존하는 사람들과 생산수단을 소유하는 사람들 사이의 계급 투쟁으로 타락했다. 이러한 근본적인 갈등이 존재하고 그 해결 방법은 혁명에 있다는 것이 마르크스가 생각하는 정치적인 것의 핵심이다.

정리하자면, 사람들이 주어진 환경에 대응하고 반응하는 결과, 즉 사람들이 가능한 것과 필요한 것을 찾는 과정을 통해 사회는 구성된다. 어떤 영역에서든 가능한 것과 필요한 것의 한계를 설정하는 것은 주로 (생산력의 일부로서) 기술이다. 이런 의미에서 마르크스는 일종의 기술 결정론, 즉 '생산력 결정론'(기계나 기술보다 더 큰 개념)을 제안한다.[26] 마르크스 이후 후대의 사상가들은 기술을 별개의 실체적 현상으로 파악했다. 그러나 마르크스가 기술을 생산력의 일부로 보았던 이유는 그가 기술을 철저히 인간적인 것으로 보았기 때문이다. 생산력 결정론과 일치하는 또 다른 방식으로 인간의 주체성이 개입하는 것은 계급 투쟁과 혁명적 전략에 대한 강조이다. 다시 말해 생산력의 발전은 사람들에게 새로운 질서를 가져올 수 있는 영감을 준다는 것이다.

사회주의는 자본주의 체제에서 생산수단의 사적 소유에 초점을 맞춘 생산관계가 더 이상 생산력을 뒷받침할 수 없을 때 발생한다. 그러나 이러한 힘 자체, 혁명을 추동하는 힘, 특히 기술은 자본주의를 종식시킨 혁명 이후에도 변하지 않을 것이다. 생산수단의 사적 소유를 포기하는 사회주의가 생산력 향상에 더 적합하기에 기술은 더욱 활력을 되찾아 발전할 것이다. 마르크스는 자본주의의 물질적 성취를 비판하는 것이 아니라 경제제도(그리고 이에 따른 법적·정치적 제도) 때문에 자본주의를 비난하는 것이다.[27] 산업과 기술은 자본주의 사회에서 나타나는 문제의 근원이 아니라 해결책의 일부이다. 분명한 것은 마르크스는 이른바 자본주의가 이전의 선량한 사람들의 파괴를 초래했다고 한탄하는 자본주의에 대한 낭만주의적 비판을 결코 옹호하지 않았다는 사실이다.

2.4 기술은 구성적 이해에서 정치적이다: 허버트 마르쿠제

마르크스가 말하는 정치적인 것의 개념은 노동자계급과 자본가계급 사이의 근본적인 갈등을 중심으로 한다. 그리고 이 갈등은 혁명을 통해서만 해결될 수 있다. 그리고 정치적인 것에 대한 이러한 견해를 설명하기 위해 마르크스는 기술에 관해 이야기한다. 기술은 생산력의 일부이며 사회에서 권력이 어떻게 작동하는지 설명하기 위해 반드시 필요한 개념인 것이다.

하지만 시간이 흘러 20세기 사회사상은 마르크스가 예측한 혁명이 일어나지 않은 이유를 설명해야 했다. 이에 대한 일반적인 대답은 자본주의가 문화를 지배함으로써 (마르크스가 예상했던 것보다 경제구조가 더 잘 유지될 수 있었기 때문에) 혁명을 억제했다는 설명과 자본주의가 기술을 활용한 엔터테인먼트 사업을 발전시킴으로써 혁명이 일어나지 않았다는 것이다. 노동자계급이 결국 자신의 정치적 본능을 잃어버리고 소비적 주체로 전락했다는 주장이다. 하지만 마르크스주의는 이들이 올바른 길을 찾게 된다면 언젠가 혁명이 일어날 것이라는 희망을 가지고 있었다. 1930년대 발터 벤야민은 신흥 영화 산업이 자본주의의 문화적 지배를 위한 전략임에도 불구하고 대중을 투쟁으로 단결시키는 역할을 할 수 있다고 생각했다. 영화가 고발하는 현실과 이를 통해 생생한 권력의 모습을 본 사람들은 자신의 삶이 거대한 자본주의에 의해 침해당하고 있다는 사실을 깨달을 수 있었다. 이 새로운 유형의 예술이 올바르게 활용된다면 자본주의를 종식시키는 데 도움이 될 수 있다는 것이다.[28]

1964년 마르쿠제가 『일차원적 인간』을 출간할 무렵은 엔터테인먼트에 대한 낙관론이 사라진 시기였다. 하지만 마르쿠제는 마르크스주의 전통에 있는 다른 마르크스주의 지식인들과 달리 비관론에 물들지 '않았다'. 따라서 마르쿠제는 1960년대 이후 변화를 갈망하는 유럽과 북미의 젊은이들에게 매력적으로 다가올 수밖에 없었다. 특히 호르크하이머와 아도르노에게 과학적 연구와 최신 기술을 바탕으로 끊임없이 확장되는 자본주의는 탈출구가 없는 맹목적 지배 패턴의 최신 버전일 뿐이었다.[29] 아도르노의 작업은 너무 암울해서 마르크스주의 전통의 또 다른 주요 사상가인 게오르크 루카치는 그를 '그랜드 호텔 어비스'에 거주하고 있다고 묘사하며 '벼랑 끝 호텔'에 투숙한 '고객'들이 호텔 테라스에 앉아 심연 밑바닥에서 인간 정신이 파괴되고 있는 자본주의의 장관을 즐기고 있다고 비판하기도 했다.[30]

하지만 마르쿠제는 혁명의 가능성에 대한 마르크시즘적 신념을 버리지 않았다. 그리고 그는 현대 문화를 권위주의적인 것으로 간주했는데 그 이유는 엔터테인먼트가 문화의 중심을 차지하고 있었기 때문이다. 자본주의, 기술, 엔터테인먼트 문화는 소비에 대한 새로운 형태의 사회적 통제, 왜곡된 욕구, 허위의식을 만들어 낸다. 이 세 가지 힘은 중첩되어 일차원적 인간을 일차원적 사회에 가둠으로써 사람들 스스로 상품으로 인식될 필요성을 느끼게 만든다. 사람들이 물건을 소유하는 데 집중하고 유흥에 빠져들면서 비판적 성찰의 힘은 쇠퇴한다. 노동자계급은 더 이상 혁명적 변화를 일으킬 전복적 세력으로 활동할 수 없다. 기술적 합리성은 정치적 합리성이 되고 상업적으로 제공되는 기술의 소비자에게 합리적인 것이 시민에게도 합리적인 것이 된다.

마르쿠제의 『일차원적 인간』은 이렇게 시작한다.[31] "선진 산업 사회에서는 편안함, 순조로움, 합리성 그리고 부자유가 만연하다." 그리고 나서 기술은 바로 그의 시야에 들어온다. "선진 산업 사회가 전체주의적 경향을 보이는 것은 그것이 기술 기반 사회이기 때문"이다.[32] 마르쿠제는 "사람들은 상품에서 자신을 인식하고, 자동차, 오디오 세트, 넓은 집, 주방 기기 등에서 자신의 영혼을 찾는다"고 설명한다.[33]

마르크스는 사적유물론에서 기술이 차지하는 위치를 명확하게 설명한다. 기술은 생산력의 일부이다. 따라서 기술이 사회에 영향을 미치며 정치적 성격이 있다는 것은 근본적이다. 상부구조(법적·정치적 제도)와 이데올로기는 생산력을 향상시키는 역할로서 설명된다. 다시 말해, 특정 장소와 특정 시기에 특정 상부구조와 이데올로기가 왜 존재하는지에 대한 질문이 제기된다면, 그 질문은 그것들이 생산력의 성장에 어떻게 도움이 되는지를 알면 충분히 답할 수 있다. 그리고 이러한 사실은 생산력의 일부인 기술로서 상부구조와 이데올로기를 설명할 수 있다는 말이기도 하다. 하지만 이러한 설명에서 기술의 역할은 생산력의 일부로 전락함으로써 '축소'되기도 한다. 따라서 마르쿠제는 기술이 생산력의 하위 요소이기보다 훨씬 더 큰 역할을 수행할 때, 즉 "기술이 물질 생산의 보편적 형태가 될 때", "기술은 전체 문화를 둘러싸고 있으며 역사적 총체성, 즉 '세계'를 투영한다"고 주장한다.[34]

놀랍게도 이 논의는 마르쿠제가 하이데거의 말을 다음과 같이 인용한 직후에 이루어진다.

현대인은 존재 전체를 생산의 재료로 삼고, 대신 세계 전체를 생산적 지배와 질서에 복종시키고 있다. […] 기계의 사용과 생산은 기술 그 자체가 아니라 실체적 원료에서 기술의 본질을 실현하기 위한 적절한 도구에 불과하다.[35]

프랑크푸르트학파의 구성원이 하이데거를 인용하여 자신의 주장을 전개한다는 것은 놀라운 일이다. 왜냐하면 하이데거는 국가 사회주의와의 연관성 때문에 프랑크푸르트학파 내부에서 불신을 받고 있었기 때문이다. (프랑크푸르트학파는 프랑크푸르트의 한 연구 기관인 사회연구소를 중심으로 하는 마르크스주의에 뿌리를 둔 학파이다. 이들은 하이데거가 가장 활발하게 활동하던 시기에 독일에서 쫓겨나야 했다.[36]) 하지만 마르쿠제는 하이데거의 문하에서 있었으며 그의 저서 『일차원적 인간』에 나오는 기술철학은 마르크스주의와 하이데거주의의 통합이라 할 수 있다.[37]

하이데거의 기술에 관한 대표 저작은 1953년에 발표한 『기술에 대한 물음』이다.[38] 현대 기술은 사물을 이해하는 현대적 방식이다. 기술은 어떤 식으로든 사물을 중요한 것으로 보게 만든다. 하이데거가 말했듯이, 현대 기술의 특징인 비은폐성은 우리 주변의 모든 것을 수단으로 활용해야 할 '예비 자원'으로 간주하게 만든다.[39] 이 예비 자원에는 인간을 비롯한 자연계 전체가 포함된다. 1966년 하이데거는 "언젠가 인간 자원을 인위적으로 만들어 내는 공장이 세워질 것"이라고 예측하기도 했다.[40] 마르쿠제가 인용한 하이데거의 글에도 이러한 내용이 담겨 있으며 하이데거는 라인강의 거대한 수력발전소를 보며 기술이 인간의 통제를 벗어날 수 있음을 경고했다.[41] 수력발전소는 자연 환경인 강이라는 자연을 전력을 위한 수단으로 바라보았지만, 수세기 동안 라인강을 가로지르는 나무다리는 강을 자연 그 자체로 보았다.

하이데거는 우리 삶에서 기술의 관련성을 포착하기 위해 게슈텔(Gestell, 몰아세움)이라는 용어를 사용했다.[42] 여기서 접두사 Ge는 서로 연결하는 것을 의미한다. 따라서 게슈텔은 말 그대로 사물을 서로 연결한다는 의미이다. 하이데거에게 게슈텔은 모든 것을 자원으로 파악하는 그리고 탈은폐하는 드러냄의 지평이다. 게슈텔은 우리에게 자연을 배려할 수 있는 능력을 앗아 간다. 하이데거는 "이제 지구는 거대한 광산으로, 토양은 광물의 매장지로 자신을 드러낸다"고 지적한다.[43] 그리고 다른 곳에서 하이데거는 현대 사회가 "거대한 주유소"로

드러난다고 말하기도 하였다.[44] 기술을 통해 우리는 세상과 빈곤한 방식으로만 관계를 맺을 수 있다. 모든 것이 서로 연결되고 교환 가능하다. 효율성과 최적화는 표준화와 반복을 요구하며 단계를 설정한다. 기술은 우리에게 능력을 개발할 필요를 덜어 주는 동시에 큰 능력이 필요 없는 삶에 만족하게 한다.[45]

　　마르쿠제는 하이데거에게 영감을 얻어 선진 산업 사회의 일차원적 기술 세계는 저항이 불가능한 폐쇄적인 구조라고 주장했다. 하이데거와의 연관성 때문에 나는 이러한 방식의 기술을 정치적인 '구성적' 이해의 기술이라고 부른다. 요점은 기술이 문화 전반에 스며들어 문화 전체를 정의한다는 것이다. 하지만 이러한 경향을 제대로 이해하면 인간의 가능성에 대한 상실도 분명히 파악할 수 있다. 근본적 이해와 마찬가지로 '구성적' 이해로서 정치적인 것을 이해하는 방식은 기술에 필수적인 역할을 부여한다. 마르크스처럼 마르쿠제도 기술에 대해 이야기하지 않고는 정치적인 것에 대해 설명할 수 없었다. 하지만 마르쿠제는 마르크스와 달리 자본주의가 수십 년 더 발전한 시점에서 정치적인 것을 바라보고 있다.

2.5 기술은 상호작용적 이해에서 정치적이다: 앤드류 핀버그

1859년 마르크스는 사회주의로의 변화가 상부구조에 대한 부수적인 영향과 함께 소유관계에 관한 측면에서만 혁명적이라고 말했다. 그리고 프리드리히 엥겔스는 혁명이 발생하더라도 노동관계의 위계적 성격은 그대로 남게 될 것이라고 주장했다.[46] 왜냐하면 방직공장, 철도, 해운업 등과 같은 작업장에서는 지휘 체계가 필요하다고 생각했기 때문이다. 이러한 견해는 공산주의가 자본주의적 분업을 어떻게 해체하는지에 대한 마르크스의 다른 내용들과 충돌하는 것이다. 더 일반적으로 보자면 이러한 입장은 '소외'에 관한 마르크스주의적 접근과 어울리지 않는 것이다.

마르크스가 (특히 초기에) 우려했던 자본주의의 적나라한 폐해 중 하나는 바로 광범위한 소외 현상이다. 자본주의는 사람들이 자기 자신을 이해할 수 없게 만들고 자신의 가치를 충족시키려는 목적조차 없는 사회에서 살도록 강요한다.[47] 하지만 여기서 발생하는 한 가지 질문은 소외가 전적으로 자본주의적 소유관계에서 비롯되기에 사회주의 체제가 도래하게 된다면 사라지는 것인지, 아니면 노동관계에서 비롯되어 혁명 이후에도 지속될 수밖에 없는 것인지에 대한 의문이다. 공산주의 사회에서도 산업 구조는 이전에 자본주의 체제에서 속박되었던 생산력을 성장시킨다. 만약 소외가 노사관계에서도 발생하는 것이라면 산업 생산의 흐름에서 이러한 현상은 언제든 발생할 수 있다. 소외는 결국 공산주의 체제에서도 지속될 것이다.[48]

비판이론가인 앤드류 핀버그는 소외에 대한 이러한 문제의식을 더욱 발전시켰다.[49] 핀버그는 지배 메커니즘이 어떻게 일터에서 발생하는지 분석한다. 예를 들어 숙련 노동자에 비해 교섭 능력이 떨어지는 비숙련 노동자도 쉽게 조작할 수 있는 기계가 도입될 때 이러한 일이 발생하는데 이럴 경우, 생산 기술은 개별 노동자가 아닌 시스템에 의존하게 된다. 기계 설계와 설비 시스템은 노동자를 대체하게 되고 생산에서 노동자의 역할이 명목상으로만 존재하게 되며 역할이 축소되면서 소외가 발생하게 된다. 노동자는 생산에 있어 중요하지 않은 업무를 수행하고 생산 시스템 전체나 그 너머의 사회 작동을 이해하지 못하게 된다. 현재 노동자의 대체 가능성을 고려할 때, 시스템이 노동자의 필요나 가치를 인정할 것이라는 보장은 어디에도 없다. 소유자와 경영자에게는 운영의 자율성이 있다. 그러므로 그들은 노동자들의 시스템에 대한 이해를 높이려는 행위나 노동자들의 필요와 가치를 인정하려 들지 않을 것이다. 또한 이들은 대중의 감시에서 자유롭기에 자신들의 이윤만을 위해 작업장을 설계할 것이다.[50]

이에 대한 대안으로서 소외를 최소화하는 것을 목표로 설계와 시스템을 구성해야 한다. 예를 들어 다양한 디자인과 생산 조직화 방식을 통해 기술 영역에 더 많은 자기 주도성을 도입함으로써 보다 민주적인 사회를 지원할 수 있다. 핀버그는 업무관계뿐만 아니라 업무 외의 광범위한 사회적 관계 속에서, 다시 말해 기술에 의해 매개되는 모든 곳에서 사람들이 자신의 능력을 발휘하고 주도성을 가질 수 있도록 장려하기 위해 민주적인 통제를 도입하고 기술을 재설계해야 한다고 믿었다.[51]

여기서 기술은 '상호작용적' 이해에서 정치적이다. 기술은 사람들 사이의 관계를 형성한다. 기계의 설계와 설비 조직이 소외의 원인이 된다는 마르크스주의적 맥락에서 기술은 '작업장'의 관계를 형성하며, 위계를 만들거나 강화할 수 있거나 반대로 위계를 해체하거나 무력하게 할 수 있다. 또한 기술은 한 사회의 질서를 만드는 방식과 관련되어 있기에 사회적이며 동시에 상호작용적이다. 질서와 기술과의 관계에 대해서 마르크스주의를 벗어나서도 쉽게 설명할 수 있는데 이에 대해서는 다음 절에서 다시 설명하도록 하겠다.

2.6 공적 이성

마르크시즘의 정치적인 것에 대한 개념은 기술에 대한 논의가 얼마나 중요한지 잘 설명해 주고 있다. 마르크스주의 전통은 적어도 세 가지 이해에서 기술을 정치적인 것으로 설명한다. 그것은 근본, 구성, 상호작용이다. 현대 자유주의 이론은 이러한 수준에서 기술을 다루지는 않는다. 핀버그는 롤스가 "기술을 체계적으로 추상화하여 첨단 사회의 디스토피아적 잠재력을 간과"하고 있으며 "기술을 사람이 개인적 목표를 추구하거나 집단이 정치적 목적을 달성하는 데 있어 매우 중립적인 것"으로 간주하고 있다고 지적한다. 여기서 핀버그는 기술철학의 가장 근본적인 메시지를 다음과 같이 강조한다.

> 인간이라는 존재가 의미하는 것이 무엇인지는 우리의 신념뿐만 아니라 우리가 사용하는 도구의 형태를 통해서도 나타난다. 그리고 다양한 공적 영역과 사적 영역에서 기술 개발을 계획하고 관리할 수 있는 한, 우리는 인간으로서의 정체성을 어느 정도 유지할 수 있다.[52]

롤스의 정치적인 것의 개념은 기술의 역할에 대한 명확한 설명을 필요로 하지 않는다. 우리는 머리말에서 롤스의 견해에 대해 이미 살펴보았다(머리말에서 나는 롤스적 전통과 마르크스주의 전통이 연결될 수 있다는 것에 주목했다). 여기서는 사회적 갈등에 대처하면서 이에 대한 대응책으로 제시되었던 롤스의 주요한 정치사상적 개념인 '공적 이성'에 대해서 살펴보도록 하겠다.[53]

역사 속에서 구축해 온 복잡한 문화적 삶의 일부로서 인류는 세상을 다양한 방식으로 해석해 왔다. 우리는 다양한 인식론과 형이상학을 발전시켜 왔으며 이러한 인식론과 형이상학은 여러 가지 포괄적 교리에 영향을 미치고 이는 다시 삶의 여러 영역에 걸쳐 바람직한 삶의 방식이 무엇인지에 대해 각자의 방식으로 이야기해 왔다. 이러한 다원주의 사회는 근본적인 비합리성을 드러내기보다는 그러한 교리 사이의 실질적 방어를 생성하는 것과 관련된 어려움을 말해 준다. 공적 이성은 특정한 사안, 즉 개인이 시민으로서 고찰해야 하는 사안을 결정할 수 있는 시각을 제공하며 충돌하는 다양한 포괄적 교리 사이에서 우리가 어떻게 판단해야 하는지를 알려 준다. 공적 이성은 상호 존중의 정신으로 다양한 교리를 가진 사람들이 사회적 공간을 공유하고 시민으로서 그 공간을 관리할 수 있는 정치적 비전을 제시한다.

다시 말해 공적 이성은 오늘날 사회가 직면하고 있는 중요한 갈등, 즉 상호 연결된 현대 사회에서 경제적 이익과 기타 이점을 공유하는 방식에 대한 분쟁과 시간이 지남에 따라 인간 경험에 대한 매우 다른 해석에서 비롯된 갈등 그리고 각자가 선호하는 선(good)의 개념에 대한 갈등에 대응하는 것이다. 따라서 공적 이성은 정치적 가치와 원칙을 다룬다. 그리고 롤스에게 가치와 원칙은 '정치적'이 되기 위해 먼저 '독립적'이어야 했다.[54] 따라서 공적 이성의 원칙은 도덕적 문제가 아니라 사회의 기본 구조만을 다루어야 하며 포괄적 교리와는 독립적으로 제시될 수 있어야 한다. 그리고 자유롭고 평등한 인격체로서의 시민과 협력 체계로서의 사회에 대한 관념과 입헌 민주주의 국가의 공적인 정치 문화에 내재된 기본적인 사상으로부터 도출되어야 한다.[55] 사회의 기본 구조와 관련된 문제(일상적인 삶의 문제가 아닌)에 관한 토론에서 시민들은 자신이 가진 포괄적 교리에 근거하여 자신의 의견을 주장할 수도 있지만, 사회의 기본 구조는 결국 각기 다른 신념과 교리를 가진 시민들이 받아들일 수 있는 것이어야 한다. 모든 합당한 시민이 받아들일 수 없는 인식론적 또는 형이상학적 입장에 기초한 정책이나 법률에 시민이 복종하도록 요구할 수는 없다. 이는 권위주의 정권에서나 가능한 일이다.

물론 공적 이성의 개념에 논란이 없는 것은 아니다. 어떤 사람들은 자유주의라는 이념에서 공적 이성과 포괄적 교리를 분리할 필요가 없으며 이로부터 얻는 지적인 이득도 없다고 주장한다.[56] 자신만의 교리를 주장하는 사람들은 일반적으로 다른 사람들의 교리를 합당하다고 인정하지 않으며 기껏해야 용인할 뿐이다. 자신의 교리가 옳다고 생각하면서 다른 사람이 자신의 교리를 거부하는 것을 인정할 수 있는 사람도 그리 많지 않다.[57] 또한 비평가들은 공적 이성이 포괄적 교리 자체와 분리되기도 어렵다고 주장한다.[58] 그리고 다른 비평가들은 마르크스주의적 관점(노동자계급과 자본가 사이의 갈등에 기반)에서 이제 사회적 기본 구조에 관한 토론은 무의미하다고 말하기도 한다. 이들은 자본주의의 지배는 이제 극복할 수 없는 것이 되었으며 우리가 가치 있게 탐구할 수 있는 내용은 과거의 실패에 관한 것뿐이라고

주장한다.[59]

　이러한 비판은 모두 진지하게 받아들일 필요가 있다.[60] 하지만 롤스의 견해는 다른 사람들도 자유롭게 살아야 한다는 전제를 바탕으로 자신만의 포괄적 교리를 주장하는 사람들에게도 자유를 제공한다는 측면에서 큰 의미가 있다. 롤스는 합당한 불일치가 지속되는 것을 "합당한 다원주의의 사실"이라고 말한다.[61] 그는 경쟁하는 포괄적 교리들 사이에서 누군가의 결정이 모두에게 인정받기 어렵다는 것은 단순히 갈등이 있다는 사실을 나타내는 것이 아니라 합당한 것이라고 생각한다. 그리고 롤스는 '판단의 부담', 즉 "합당한 사람들 사이의 의견 불일치의 원인"에 대해 이야기하는데[62] 이는 일상적인 정치 생활에서 자신의 이성과 판단력을 올바르고 양심적으로 행사하면서 나타나는 어려움이라고 말한다.[63] 이러한 부담으로 인해 우리는 다른 사람들에게 자신의 포괄적 교리를 요구하는 데 어려움을 겪는다. 하지만 여기서 중요한 것은 우리가 타인에게 자신의 교리를 요구할 때, 상대방을 설득할 만한 가치가 있는 존재로 인식하고 있다는 사실이다. 합당한 사람이 되기 위한 한 가지 측면은 이러한 부담을 받아들일 수 있는 능력과 의지이다. 다시 말해 자신만의 교리가 절대 옳지 않고 상대방도 나에게 자신의 교리를 요구할 수 있으며 그럴 수 있는 권리가 있다는 것을 인정하는 것이다.[64]

　의견 불일치를 만드는 다양한 이유들이 판단을 어렵게 만들고 대안과 이미 내린 판단에 계속 압력을 가하기에 '부담'은 늘 존재한다. 더군다나 종교, 형이상학, 도덕에 대한 심오한 질문은 대답하기 어려운 것들이다. 사람들은 자신의 경험에 비추어 판단하므로 질문에 '필연적으로' 다르게 답할 수밖에 없다. 이러한 의견 불일치는 비합리성, 이기심 또는 편견을 반영하는 것이 아니라 일반적인 조건에서 이성이 정상적으로 작동하는 과정이다. 합당한 시민은 이를 깨닫고 판단의 부담을 받아들인다. 어떤 이유로든 다른 옹호자들도 서로의 의견이 다를 수 있다는 사실을 인정할 수 있다면 이러한 부담은 결국 서로를 인정한다는 전제 아래서 '가벼운 부담'을 지니게 된다. 다른 사람들이 나의 의견을 절대 받아들이지 않을 것이라는 사실은 '무거운 부담'이다. 롤스가 오직 "국가권력의 억압적 사용"을 통해서만 하나의 교리가 사회를 지배할 수 있다고 주장한 것도 바로 이 무거운 부담을 고려한 것이다.[65]

오늘날 사회가 직면한 갈등에 대한 롤스의 이해는 생산력이나 생산관계에서 비롯된 것이 아니다. 롤스가 이해하는 갈등의 해결은 서로 다른 포괄적 교리들 사이에서 판단의 부담이 있다는 사실을 인정하면서도 평화로운 미래와 정의로운 사회를 구성하겠다는 의지를 기반으로 한다. 이는 정의로운 사회를 건설하는 것이 경제적인 문제와 무관하다는 뜻은 아니다. 롤스의 정의 원칙은 사회가 함께 생산한 것을 시민들에게 적절하게 분배하는 방식이 무엇인지에 대한 고민에서 출발한다. 이러한 고민은 오늘날 사회가 직면하고 있는 또 다른 종류의 갈등, 즉 근본적인 세계관의 다양성으로 인한 깊은 긴장을 동시에 해결한다. 결국, 시민들이 공통의 정의 원칙을 수용하는 것은 이러한 깊은 긴장을 인정하고 받아들일 때만 가능하다.

물론 롤스는 이러한 깊은 긴장을 극복할 수 있다고도 극복해야 한다고도 생각하지 않았다. 중요한 것은 긴장에 적절히 대처하는 것이다. 마르크스주의 이론에는 올바른 조건에서 발생한 혁명이 사회의 근본적인 갈등을 해결할 수 있을 것이라는 믿음이 있다.[66] 롤스는 공적 이성의 관점을 가지지 못한 다원주의 사회에서는 필연적으로 일부 시민이 억압될 수밖에 없다고 경고한다. 따라서 우리는 공적 이성의 관점이 사회에서 작동할 수 있도록 해야 한다.

2.7 공적 이성과 기술의 정치적 성격: 상호작용적 이해와 구성적 이해에서

롤스가 "기술을 체계적으로 추상화하여 첨단 사회의 디스토피아적 잠재력을 간과"하고 있다는 핀버그의 비판은 정당하다. 하지만 이것이 롤스가 포괄적 교리들 사이의 갈등을 중심으로 공적 이성을 이야기한 것이 오류라는 것을 의미하지는 않는다. 기술혁신의 시대에는 공적 이성이 더욱 발전해야 한다. 물론 정치적인 것에 대한 공적 이성의 개념은 그 자체로 마르크스주의 전통이 만들어 내는 기술의 정치적 의미에 대한 탐구를 즉각적으로 촉발하지는 않는다. 하지만 관점들을 적절히 조정한다면 접점을 찾을 수 있을 것이다. 여기서는 이러한 관점들의 접점에 대해 논의하도록 한다. 그리고 마르크스주의의 역사 발전 이론에 따라 역순으로 논의를 전개하도록 하겠다. 또한 공적 이성과 근본적 이해에서 기술이 정치적이라는 내용은 2.8절에서 논의하고 3장으로 넘어가겠다.

공적 이성의 관점에서는 기술이 상호작용적 이해 때문에 정치적 의미를 갖는다는 사실을 쉽게 이해할 수 있다. 이러한 이해는 결코 마르크스주의 사상에만 국한된 것이 아니며, 기술은 인간의 삶에 영향을 미친다는 의미에서 정치적인 것으로 간주된다. 롤스의 설명에 따라 기술이 정치적인 성격을 갖기 위해서는 우선 기술이 시민권 행사와 어떻게 연관되는지 증명해야 한다. 따라서 여기서는 기술이 시민권 행사에 관여하는 것이 얼마나 일상적인 현상인지를 보여 주는 기술이론가들을 소개하도록 하겠다.

　루이스 멈퍼드는 생활의 규칙화를 위해 시계의 도입이 중요하다고 주장했다. 질서와 규칙에 대한 열정은 중세 후반 수도원에서부터 시작되어 점점 다른 분야로 퍼져 나가기 시작했다. 서유럽에서 그리고 점차 다른 지역의 교회 탑에서 볼 수 있었던 기계식 시계는 말 그대로 행동을 동기화하여 사람들이 일정에 따라 생활할 수 있게 하였고, 명령을 내리고 실행하는 정확도를 크게 향상시켰다. 사회에 미치는 영향력으로는 인쇄기가 기계식 시계에 이어 두 번째였다. 인쇄술은 정보와 아이디어가 더 쉽게 확산되고, 동일한 정보와 아이디어를 여러 곳에서 사용하고 여러 세대에 걸쳐 전수될 수 있게 하였다. 이 모든 것이 인간관계의 새로운 가능성을 열어 주었다.[67] 멈퍼드가 『기술과 문명』이란 책을 쓰고 수십 년 후, 역사학자 린 화이트 주니어는 말을 탈 때 발을 디딜 수 있도록 만든 안장에 달린 발받침대, 곧 등자의 발명으로 기마병의 돌격이 가능해졌고 이것이 봉건적 질서의 유지를 가능하게 만들었다고 주장했다. 즉 안장에 달린 등자라는 장치가 사회에서 계급이 유지되는 데 포괄적인 영향을 미쳤던 것이다.[68]

　랭던 위너의 1980년도의 유명한 논문 「인간이 만든 도구에도 정치가 있는가?」는 기술에 정치적 성격이 있다는 것, 즉 기술의 상호작용적 이해를 발전시킨 것이다.[69] 위너는 인간이 만든 사물이 '정치적 특성'을 갖게 되는 방법, 즉 기술이 권력과 연결되는 방법을 두 가지로 구분한다. 먼저 특정 장치와 시스템은 특정한 패턴의 권력과 강력하게, 아니 어쩌면 불가피하게 연결될 수 있다. 위너가 제시하는 대표적인 사례는 원자력 에너지로서 이는 산업과 과학 그리고 군부 엘리트들과 밀접하게 연관된 기술이다. 그리고 권력이나 권한의 패턴과 기술은 설계나 기획 단계에서도 서로 관계한다. 이러한 관계는 어떤 방식으로든 나타날 수 있으며 위너는 교통 인프라를 예로 들어 설명하기도 한다. 예를 들어 적절한 방식으로 구축된 교통 인프라는 많은 사람에게 도움을 주기도 하지만 도로 설계 등을 통해서 일정 지역에 거주하는 많은 사람을 종속 상태에 머물게 할 수도 있다.

최근에는 주디스 와이즈먼과 같은 경우 기술이 '남성'에 젠더적 성격을 부여하는 데 많은 역할을 했다고 언급하기도 하였다. 어린 시절 기술에 대한 노출의 정도, 역할 모델의 부재, 노동시장의 수요 등이 함께 작용하면서 '남성'이 더 기술적이라는 관념을 형성하였으며 '여성'을 기술 추구에 부적합한 존재로 만들어 왔다는 것이다. 반대로 전문 지식은 세상과 여성 모두에 대한 남성권력의 원천이기도 하다. 그리고 요즘의 경향을 살펴보면 기술 발전으로 인해 전통적으로 여성이 담당하던 직업을 남성이 대체하는 경우가 드물지 않게 발생하기도 한다. 예를 들어 수천 년 동안 여러 문화권에서 출산을 돕는 일은 산부인과 의사라기보다는 조산사가 담당하는 여성의 일이었다. 하지만 16세기에서 18세기 사이에 유럽 여러 지역에서 자궁에서 아기를 꺼내는 장치인 분만용 도구가 개발되었다. 그 이후 남성 의사들이 조산사의 업무를 대체하기 시작하였다. 왜냐하면 수술은 전통적으로 여성이 할 수 없는 일이라고 인식됐기 때문이다.[70]

최근 학자들은 디지털 기술을 통해 권력이 어떻게 행사되어 경제적·성별적·인종적 불이익을 공고화하고 심지어 증가시키는지에 주목하고 있다. 루하 벤자민의 경우 기술이 이전의 인종차별 문제에 대해 중립적이고 심지어 이를 개선할 수 있을 것처럼 보이지만, 오히려 인종차별을 은폐하고 가속화 또는 심화시킬 수 있는 잠재력을 가지고 있다고 경고하기도 한다. 벤자민은 과거의 흑인 차별 정책이었던 '짐 크로우'(Jim Crow)를 암시하는 '새로운 짐 코드'(New Jim Code)라는 용어를 만들어 흑인에 대한 차별이 오히려 점점 더 심화되고 있다고 말했다.[71] 이와 더불어 캐시 오닐은 금융 분야의 수학 모델이 경제적 약자를 대상으로 추가 수익을 창출함으로써 투자자들에게 막대한 수익을 안겨 준다고 분석하기도 하였다.[72] 마찬가지로 버지니아 유뱅크스와 같은 경우는 데이터 마이닝 및 관련 도구가 노동자계급에 미치는 영향을 조사하면서 수집된 데이터에 기반한 자동화된 의사 결정이 중간 계급 사람들의 빈곤을 은폐하고 있다고 주장한다.[73]

쇼샤나 주보프는 현 자본주의 단계의 특징인 엄청난 양의 데이터 수집으로 인해 디지털 세계에서 우리의 삶이 점점 더 상품화되어 기술 기업의 이윤을 증가시킨다고 주장한다.[74] 사피야 노블은 저소득층 유색인종이 불균형적으로 높은 이자율과 보험료를 지불하는 경향이 있다는 것을 의미하는 '기술적 대출 거부'에 대해 글을 썼다. 노블은 또한 우리가 '검색'을 하거나 '구글링'한다고 할 때, 구글이라는 회사가 특정 정보에 부여하는 우선순위가 얼마나 막강한 힘을 발휘하는지 보여 주었다. 구글의 우선순위 설정은 시민적 또는 정보적 논리보다 상업적 논리를 따른다.[75]

위에서 언급했듯이, 롤스의 설명에 따라 기술이 정치적인 것으로 인식되기 위해서는 기술이 시민권 행사와 어떻게 연관되는지 보여 줘야 한다. 이는 현대의 다양한 사례를 보면 쉽게 발견할 수 있다. 따라서 기술이 상호작용적 이해에서 정치적이라는 의미는 롤스의 관점에서 쉽게 인정될 수 있으며 기술이 어떻게 시민권 행사를 강화, 왜곡 혹은 약화시키는지에 대한 조사를 촉발할 수 있다.

그렇다면 기술이 가진 구성적 이해와 공적 이성에 대해 논의해 보자. 여기서 요점은 기술이 문화 전반에 스며들고 이로 인해 발생하는 인간 능력에 대한 손실을 강조하는 방식으로 문화 전체를 정의한다는 사실이다. 멈퍼드, 하이데거, 마르쿠제는 모두 이러한 방식으로 기술을 정치적인 것으로 규정한다. 이제 이런 이해에서 기술을 정치적인 것으로 판단한 또 다른 학자인 자크 엘륄에 대해 살펴보자.

기술에 관한 엘륄의 주요 주제는 인류를 지배하는 체계적인 기술 폭정에 대한 진단이다. 1964년 영어로는 『기술 사회』(*The Technical Society*)로,[76] 그 이전에 프랑스어로는 『기술 혹은 시대의 쟁점』(*La technique: L'enjeu du siècle*)으로 출간된 엘륄의 대표적인 저서에 이러한 내용이 잘 소개되어 있다. 이 책에 따르면, 기술은 경제적·정치적 환경부터 사람들이 삶을 살아가는 방식과 개성을 개발하는 방식에 이르기까지 자체적인 논리에 따라 사회의 여러 측면을 형성한다. 우리는 개별 기술을 관리하고 기술이 만들어 내는 시스템 내에서 주체성을 행사할 수 있으며 이를 통해 자신의 주관적 감각을 유지할 수 있다. 또한 우리는 기계를 작동하고 도로를 건설하며 책을 인쇄할 수도 있다. 하지만 기술은 이제 인간의 통제력을 넘어서기 시작했다. 우리가 기술을 통제하더라도 기술은 점점 더 우리의 활동을 형성하고 우리는 기술의 요구와 구조에 적응한다. 엘륄은 여기서 기술에 대해 적응하고자 하는 인간의 노력이 과연 바람직한 것인지 묻는다.

엘륄의 책 제목에는 프랑스어와 영어 모두에서 '기술'이라는 용어가 등장한다. 넓은 의미의 기술은 단순히 기계 및 기타 장치뿐만 아니라 인간 활동을 보다 효율적으로 만들기 위해 합리적으로 정돈된 '방법'의 복합체를 포함한다. 예를 들어 공장 주변에 주택이 개발되거나 도로 패턴이 변화함에 따라 사회와 체계가 변화하는 것처럼 기계와의 관련성이 높아짐에 따라 사회적 체계 자체가 변화되고 있다. 기계는 기술이 지향하는 패러다임의 유형을 대표한다.[77] 기계가 현대 세계를 만들어 낸 것이다.

엘륄은 기술의 '자율성'에 대한 논문에서 기술은 폐쇄적인 시스템으로 "그 자체로 특별한 법칙과 자체적인 결정이 있는 현실"이라고 말한다.

기술은 사회적·정치적·경제적 변화를 이끌어 내고 조건화한다. 인간이 만든 철학적 이론이 여전히 영향력을 결정하고 인간이 만든 정치 체제가 기술 진화의 결정적 요소인 것처럼 생각하는 인간의 자존심에도 불구하고, 기술은 모든 것의 원동력이다.[78]

예를 들어 산업과 군대에 자동화 기술을 도입하기 시작하였는데 이것이 경제적 또는 정치적 결정에 따른 결과라고 생각할 수도 있다. 하지만 엘륄에게는 기술적인 가능성이 이 길을 가는 데 필요한 모든 원동력이다. 그리고 엘륄의 기술 결정론은 현대에 국한된 이야기이다. 기술은 어떤 식으로든 오늘날 사회와 문화의 다른 모든 측면을 유발한다. 과거에는 기술이 모든 것을 결정한 것처럼 보이지 않았지만, 지금은 모든 것을 결정하고 있다. 현대 국가는 '국민의 목소리'와 유사한 어떤 것도 실제로 사회에서 일어나는 일에 아무런 심각한 영향을 미치지 않을 정도로 기계 생산 기업뿐 아니라 기술의 발전과 불가분의 관계에 놓여 있다. 따라서 엘륄은 민주주의는 실패할 수밖에 없다고 주장한다. (이 주제에 대해서는 3장에서 다시 다루도록 하겠다.) 엘륄은 자신의 책 영어판 서문에서 독자들이 왜 자신을 기술 비관주의자로 생각하는지 모르겠다며 의문을 제기하지만, 기술에 대한 그의 견해는 끝까지 희망적이지 않다.

마르쿠제, 하이데거, 멈퍼드, 엘륄은 모두 기술을 구성적 이해에서 정치적인 것이라 생각했다. 이들은 모두 기술에 회의적인 거대 담론을 제시하는데 그 내용이 방대하기에 궁극적으로 타당성을 평가하기는 어렵다. 하지만 이들은 일반적으로 인류의 미래를 위해, 특히 공적 이성의 틀에서 시민성의 미래를 위해 기술의 위험성에 대해 경고하고 있다. 반면 롤스는 공적 이성의 관점을 위협하는 디스토피아적 시나리오를 공식화하지는 않는다(왜냐하면 롤스는 기술에 직접적 관심이 없었기 때문이다). 하지만 공적 이성은 균형 잡힌 시각을 가져야 한다는 차원에서가 아니라 디스토피아적 시나리오가 주는 경고 때문에

라도 기술에 대해 진지하게 고려하고 기술의 정치적 성격을 받아들여야 한다. 이러한 견해는 기술혁신 시대에 기술에 대해 비판적으로 성찰한 사상가들의 생각과 함께 시민성이 훼손되지 않도록 하는 기준점이 될 것이다. 우리가 디스토피아적 시나리오가 현실화되지 않는다고 자신 있게 말할 수 있을 때, 시민성은 온전히 보존될 수 있다. 따라서 공적 이성의 관점은 구성적 이해에서 기술의 정치적 성격을 인식할 수 있으며 이러한 디스토피아적 시나리오를 저지하기 위한 토론의 중요성도 인식할 수 있을 것이다.

2.8 나오며: 공적 이성과 기술의 정치적 본질—근본적 이해에서

아미시로서는 기술이 정치적인 것이다. 왜냐하면 그들이 어떤 장비를 채택하고 기술에 대해 어떤 태도를 취하느냐에 따라 그들의 공동체가 그대로 살아남을지 아니면 더 큰 사회로 편입될지 결정되기 때문이다. 물론 인류 전체가 잘못된 기술을 채택한다면 최악의 시나리오는 흡수나 편입이 아니라 멸망이다. 따라서 폰 노이만과 아미시가 생존에 대해 걱정하는 것은 결코 다른 것이 아니다. 결국 아미시가 우리에게 주는 교훈은 기술을 철저하게 정치적인 문제로 간주하는 것이 현대 사회에서 매우 중요한 의미가 있다는 것이다. 기술은 늘 변화의 잠재력을 요구한다. 하지만 변화의 결과가 문화적 정체성의 상실일 수도 있고 지적 생명체의 종말이 될 수도 있다.

롤스의 관점에서도 기술은 상호작용적 이해와 구성적 이해에서 충분히 정치적인 성격을 가질 수 있다. 기술의 근본적 이해, 즉 기술이 사회에서 권력의 작동을 어떻게 형성하는지에 관한 것도 마찬가지이다. 폰 노이만이 제기했던 우려와 페르미 역설을 떠올리는 것만으로도 기술과 권력의 작동 사이의 관계를 이해하는 것이 얼마나 중요한지 알 수 있다. 마르크스주의 전통에서는 기술이 권력의 작동을 형성하는 근본적 이해를 사적유물론의 관점에서 바라보는데 이는 생산력이 역사의 전개에 결정적인 역할을 한다는 접근 방식이라 기술의 역할을 과장하는 것일 수도 있다.[79] 하지만 굳이 마르크스가 아니라도 기술이 사회에서 권력의 작동을 어떻게 형성하는지를, 다시 말해 기술의 근본적 이해를 인식할 수 있는 다른 방법도 많이 있다.

특히 공적 이성의 관점은 민주주의와 인간의 이성이 인공물, 장치 및 시스템을 어떻게 비판적으로 고려해야 하는지에 대해 질문할 충분한 이유가 있다. 이 관점은 공적 이성이나 민주주의를 옹호하는 사람들 사이에서 의례적으로 통용되는 것보다 훨씬 더 인간 행위의 '물질적 성격'을 중요하게 생각하는 것으로 기술이 근본적으로 정치적인 의미를 함의한다는 것을 설명하는 좋은 방식이다. 그래서 3장에서는 이러한 문제에 대해 살펴보기로 한다.

2.7절의 서두에서 나는 기술이 가진 세 가지 정치적 이해를 롤스의 틀에 적절하게 대입할 수 있다고 말했다. 마르크시즘은 실제로 우리에게 이 세 가지 이해를 제공했고, 덕분에 우리는 이것들을 명확히 구분할 수 있다. 기술의 근본적 이해는 마르크스의 사적유물론(그리고 다른 모든 것을 결정하는 생산력에 기술을 포함시키는 것을 통해서)에 의존하고 있다. 그리고 기술의 구성적 이해는 사회에서 기술의 역할

과 자본주의가 노동자계급의 정치적 욕구를 말살하려는 노력에 엔터테인먼트 부분을 끌어들인 방식, 곧 마르크스를 재검토한 것에 의존한다. 또한 기술의 상호작용적 이해는 업무 현장에서 여전히 소외가 이루어지고 있다는 핀버그의 주장에 의존하고 있다.

물론 이러한 이해들을 마르크스주의적 맥락에서 분리할 수도 있을 것이다. 근본적 이해를 사적유물론에 포함시키지 않을 수도 있고, 구성적 이해를 노동자계급과 자본가 사이의 권력 투쟁에서 분리할 수 있으며 상호작용적 이해를 소외와 분리해서 생각할 수도 있을 것이다. 따라서 이 과정에서 기술의 세 가지 이해가 가진 선명한 특징을 잃어버릴 수도 있다. 하지만 디지털 시대의 기술은 시민권의 미래와 인류의 미래에 압도적인 영향을 미치기 때문에 정치는 정치 영역에서 기술의 고유한 역할을 인정해야 한다. 정치철학은 이제 기술철학이어야 한다.

3. 인공지능과 민주주의의 과거, 현재 그리고 미래

현대 민주주의가 계속 실험 중임에도,
그것이 작동하고 있다는 사실은 놀라운 일이다.
– 데이비드 스타사베이지1

3.1 들어가며: 민중의 지배

민주적 구조가 가진 내재적 우위로서의 특징은 공동체의 구성원들에게 사회적 유산에 대한 최소한의 소유권을 부여하고, 이를 통해 사람들이 삶의 영역에서 서로를 책임 있는 주체로 인식하도록 유도한다는 점이다. 민주주의는 인신의 자유, 인권 보호의 필수성, 인간이 잠재력을 발휘할 수 있다는 약속을 강조한다. 민주주의를 수호하기 위해 우리가 유념해야 할 우려 사항으로는 장기적인 위기에 대한 근시안적 시각, 엘리트의 조작 가능성과 포퓰리즘에 대한 취약성, 양극화를 초래할 수 있는 경쟁의 가능성, 결과보다는 과정에 초점을 맞출 위험성 등이 있다. 1947년 11월 영국 의회에서 대표로 연설한 윈스턴 처칠은 민주주의에 대해 다음과 같이 말했다.

민주주의가 완벽하다거나 절대적으로 옳은 것이라 생각하는 사람은 아무도 없습니다. 실제로 민주주의는 그동안 채택되었던 다른 모든 정부 형태를 제외한다면 최악의 정부 형태입니다. 하지만 우리나라에서는 민중이 통치해야 하며 모든 헌법적 수단을 통해 표현된 여론이 주인이 아닌 공복인 각료들의 행동을 형성하고 인도하며 통제해야 한다는 광범위한 인식이 존재합니다.[2]

자주 인용되는 이 연설은 민주주의에 대한 주장이 앞서 언급한 우려와 균형을 이루어야 한다는 내용을 표현하고 있다. 이러한 균형은 민주주의와 "그동안 채택되었던 다른 모든 정부 형태"를 비교한다는 것을 포함한다.

민주주의는 '인민의 통치'를 의미한다. 민주주의는 현재 최선의 정치 체제라고 생각되고 있지만, 정치적 이상으로서 민주주의를 이해하는 방법과 그 이상을 집단적 의사 결정으로 전환하는 방법에 대해서는 많은 이견이 있다. 현대적 논의에는 '인민에 의한 통치'를 이해하는 세 가지 주요한 방법이 있다. 첫째, '절차적 이해'라는 것이 있는데, 이는 정치적 경쟁을 통해 통치자를 교체할 수 있는 가능성을 강조한 것이다. 이러한 관점에 따르면 민주주의에서 중요한 것은 모든 시민은 정부를 평화적인 방법으로 교체할 수 있다는 점이다. 둘째, '민의'를 담아내는 제도의 가치를 강조하는 '포퓰리즘적' 관점도 있다. 여기서는 대중의 통치가 궁극적인 정치적 가치이다. 셋째, 이 두 가지 견해와는 다른 자유주의적 관점도 존재한다.

절차적 관점과 달리 자유주의적 관점은 대중의 통치와 개인 참여의 내재적 가치를 강조한다. 그리고 이것은 포퓰리즘적 견해와도 이견을 보이며 헌법에 명문화된 기본적 자유와 정의의 요구를 통해 대중의 통치를 제약한다. 기본적 자유와 정의는 대중의 의지에 반하더라도 우선적 가치로 보호되는 것이다. 따라서 자유 민주주의는 권력 분립, 사법적 검토 또는 기타 견제와 균형을 위한 제도를 중요시한다.[3] 정치적 영역에 관한 롤스의 공적 이성과 이에 수반되는 정의론은 바로 이 자유 민주주의 진영에 속한다. 결국 롤스적 관점의 주요한 특징 중 하나는 시민권의 본질과 중요성에 대한 관념이다. 시민권과 정치적 권리는 강력하게 보호되며(특히 다수결에 의한 의사 결정에 대항하여), 공적 이성은 포괄적 교리가 삶에 개입하는 방식과는 달리 시민들 간의 상호작용 영역에서 작동한다. 이러한 자유주의적 관점은 내가 여기서 지지하고 활용하는 인민 통치의 이상에 대한 현대적 이해라 할 수 있다.

　민주주의 이론가들은 일반적으로 인간 문제가 가진 '물질성', 즉 이러한 문제가 인공적 장치 및 시스템과 비판적으로 관련되어 있다는 것에 초점을 맞추지 않았다. 이들은 민주주의 자체를 하나의 이상 그리고 인간적인 행위로 보았다. 이와 대조적으로 인간 문제를 유물론적 관점에서 물질성에 중심을 두고 있는 사유는 과학, 기술 및 사회 연구의 독특한 주제였으며, 특히 이 분야의 가장 대표적인 학자 중 한 명인 브뤼노 라투르의 연구에서 두드러지게 나타난다. 라투르는 오랫동안 어떤 실체도 독립적으로 존재할 수 없으며 수많은 변화 가능한 관계를 통해 의미를 획득한다고 주장해 왔다. 인간의 활동은 그 주체와 더불어 더 많은 사람뿐만 아니라 비인간적인 존재에 의존하는 경향이 있다. 라투르는 이러한 복수적 관계를 '행위자-네트워크'(actor-networks)라고 부르며, 이러한 시스템의 다양한 구성 요소가 서로 영

향을 미치는 방식을 '번역'(translation)이라고 부른다.[4]

전문화된 인공지능은 집단적 의사 결정의 전개 방식과 인간 참여자의 모습(자신을 인식하는 방식, 관계, 상호작용이 가져오는 인간 삶의 양식 등)을 수정함으로써 민주주의의 물질성을 변화시킬 수 있는 많은 잠재력을 가지고 있다. 민주주의의 물질성에 주목한다는 것은 (내가 민주주의에 대한 자유주의적 관점의 일부라 생각하는 것으로서) 공적 이성의 관점에서 기술이 정치적이라는 근본적 이해를 인정해야 한다는 것과 맥락을 같이한다(이러한 방식으로 여기서는 앞 장의 논의를 이어 간다). 기술이 정치적이라는 사실은 기술이 민주주의의 물질적 토대를 변화시켜 민주주의의 이상이 어떻게 실천으로 전환되고 민주주의가 유지될 수 있는지에 매우 중요하게 작동될 수 있다는 의미를 나타내는 것이다.

따라서 이 장에서는 인공지능이 가져올 자유 민주주의의 중장기적 전망과 도전에 대해 살펴볼 것이다. 여기서는 자유 민주주의의 물질성, 즉 행위자-네트워크 방식이 '인민의 통치'가 구현되는 방식을 어떻게 형성해 왔는지 그리고 그로 인해 어떤 인간다움의 방식이 새롭게 구성되었는지 역사적 관점을 통해 알아본다. 먼저 '이전의' 민주주의(3.2절)와 '현대' 민주주의(3.3절)의 물질성에 대해 살펴볼 것이다. 3.4절에서는 기술과 민주주의가 자연스럽게 동맹을 맺을 수 있는지, 즉 기술 발전이 민주적 거버넌스에 유리하게 작동될 수 있는지 아니면 그 반대인지 알아본다. 나는 민주주의와 기술, 특히 인공지능이 결코 민주주의에 친화적이지 않다고 생각한다. 중요한 것은 인공지능이 민주주의를 강화할 수 있도록 현명하게 설계하는 것이다. 3.5절에서는 인공지능이 민주주의를 제대로 실현하기 위해 사용되는 '확장된 민주주의와 인공지능 유토피아'에 대해 소개한다. 아직 이러한 시나리오를 진지하게 제안한 사람은 없다. 하지만 인공지능의 가능성에 대한 수많은 논의가 이루어지고 있는 이 시점에서 고려해 볼 만한 시나리오인 것은 사실이다. 물론 이러한 유토피아적 시나리오에 도취되는 것은 바람직하지 않다.

그렇다면 디지털 시대의 민주주의를 위한 인공지능의 도전과 과제는 무엇인가? 구체적으로 어떻게 인공지능을 설계해야 공적 영역, 정치권력, 경제권력이 민주주의를 발전시키고 민주적 삶의 양식으로 유지하게 하는가? 3.6절에서 3.8절까지는 바로 이러한 질문들에 대한 해답을 찾아볼 것이다. 민주정치를 개선하기 위해 기술을 활용할 수 있을 뿐만 아니라, 실제로 민주주의는 기술을 통해서만 해결할 수 있는 특정 문제를 발생시킨다. 하지만 민주주의와 기술이 상생의 관계라는 것에 대한 의문은 여전히 유효하다. 기술이 민주주의를 훼손하는 데 사용되지 않도록 지속적인 노력이 필요하다. 그리고 이 장에서는 뒤에 등장하는 몇 가지 주제를 함께 다루고 있기도 하다. 예를 들어 11장에서는 초지능이 결국 인간과 함께 정치의 영역에 진입할 수 있는 방법에 대해 알아보는데 여기서는 그것과는 다른 시각에서 살펴본다. 이 장에서는 민주주의와 기술혁신을 통해 인공지능이 인간의 민주주의 발전에 어떤 도움이 될 수 있는지 그 방법을 모색해 보고자 한다.[5]

3.2 초기 민주주의의 물질성

현대 대의 민주주의는 일반적으로 개별 도시에 국한하지 않고 더 넓은 영토를 포함하며 상대적으로 소수의 사람들에게 주기적으로 사회적 방향을 결정할 권한을 부여하는 집단 선택의 구조를 가지고 있다. 모든 형태의 거버넌스와 마찬가지로 기술은 거버넌스가 어떻게 전개되는지를 결정한다. 기술은 사람들이 어떻게 참여(주로 투표에 국한되는 경우가 많음)해야 하는지 설명하고 사람들이 공적인 일에 참여할 시간을 확보해 준다. 장치와 메커니즘은 선거 운동과 투표에 스며들어 있으며 기술은 정치인의 소통 방식과 관료의 의사 결정 방식을 형성한다.

민주주의와 기술의 이러한 관련성에도 불구하고 정치이론가들은 일반적으로 민주주의의 물질성을 중요하게 고려하지 않고 민주주의를 하나의 이상향으로 취급한다. 하지만 데이비드 스타사베이지가 고안한 민주주의에 대한 사회과학적 관점은 민주주의의 물질성에 더 쉽게 초점을 맞출 수 있게 하며 인공지능이 가진 영향력에 더 쉽게 집중할 수 있게 해 준다.[6] 스타사베이지는 피지배자의 동의를 확보하여 인민 통치를 구현하는 방식에서 '현대 민주주의'와 '초기 민주주의'를 구별한다. 물론 두 가지 민주주의 모두 피지배자의 동의가 없는 통치 방식인 독재정치와 대비된다는 공통점이 있다. 하지만 스타사베이지가 두 가지 형태의 민주주의를 어떻게 정의하는지 살펴보면 두 가지 형태의 민주주의의 핵심을 쉽게 파악할 수 있다. 다시 말해 스타사베이지는 민주주의에 대한 이해를 바탕으로 라투르의 통찰을 민주주이론과 연결할 수 있도록 도와준다.

초기 민주주의는 통치자가 비교적 소수 집단 또는 권력자로부터 독립되어 의회를 구성하여 통치자 혹은 의회와 공동으로 국가를 운영하는 체제였다. 평의회나 의회는 정보를 제공하고 통치자의 통치 행위를 지원하고 견제하는 역할을 했다. 때로 평의회는 엘리트들만의 모임이기도 했고 집회나 투표 등 광범위한 참여를 통해 선출된 사람으로 구성된 경우도 있었다. 그리고 통치자는 스스로 선출되거나 지위를 물려받는 경우도 있었다. 초기 민주주의는 일반적으로 대규모 정치보다는 소규모 정치에 적합한 것이었다. 통치자는 국민들이 소유하거나 생산한 것에 대한 정보를 국민에게 의존했다(통치자는 국민의 순응 없이 세금을 부과할 수 없었다). 또한 국민도 출구 전략을 가지고 있어 자신과 자신의 자산을 현재 통치자의 손이 닿지 않는 곳에 물리적으로 둘 수도 있었다. 이러한 상황에서 통치자들은 적어도 인구의 일부를 통치에 참여시켜야 했다. 지금 설명하는 초기 민주주의는 그리스에만 국한된 것이 아니라 세계적으로 나타난 모습이다.[*]

---

[*] 귀족과 구별되는 실제 데모스(대중)에 의한 통치가 민주주의의 특징이라고 할 때, 스타사베이지의 정의에 포함되는 많은 사례들은 민주주의로 간주되지 않을 수 있다. 결국 스타사베이지가 정의한 것처럼 초기 민주주의의 특징은 통치자의 통치를 받는 사람들 중 일부가 통치 과정에 참여해야 한다는 것이지만, 그렇다고 해서 모든 시민이 그렇게 참여했다는 것을 의미하지도 않는다. 물론 고대 그리스의 통치는 시민에 의해 특징지어졌고 이것이 민주주의를 대표한다. 하지만 시민은 남성 인구의 일부만을 지칭하는 것이었다. 단지 귀족과 대비되는 의미로 시민 혹은 민중이었을 뿐, 전체 성인 인구에 가까운 구성원을 포함하는 것은 아니었다. 그리스 민주주의를 인류가 만들어 낸 독창적인 혁신으로 생각하는 것은 협동에 능숙하고 협동 목적에 맞게 진화한 뇌를 가졌기 때문에 성공한 초기 인류의 진화 이야기와도 모순된다. 이에 대해서는 Boehm, *Hierarchy in the Forest* 참조.

확실히 아테네와 그리스 민주주의의 특별한 점은 지배층이 직접 통제하지 않는 사람들에게 '얼마나' 많은 발언권을 부여했는가에 있다. 초기 민주주의의 사례 중 가장 광범위한 참여가 이루어진 것이 아테네 민주주의이다. 이에 대해 자세히 설명하기 위해 그리고 이를 통해 초기 민주주의의 중요성을 조명하기 위해 아테네에 대해 좀 더 논의해 보도록 하겠다. 기원전 6세기 클레이스테네스는 아테네를 남성 150~200명(여성은 정치적 역할을 하지 않음)으로 구성된 139개의 구역(demes)으로 나누고 이 구역들이 10개의 인위적인 '부족'을 형성하도록 했다. 같은 부족에 속한 사람들은 아티카의 각각 다른 지역에 거주했다. 각 부족은 1년 동안 무작위로 선발된 50명의 남성을 500인 평의회에 파견하여 일상적인 업무를 관리하고 모든 시민이 참여하는 의회 회기를 준비하도록 했다. 이 제도는 특정 인물이 권력을 장악하지 않게 하고 모든 적격 남성의 통찰력을 집단적 의사 결정에 반영했다.[7]

물론 이 통치 체제는 경제를 유지하는 데 필요한 노동력을 위해 사람들을 노예로 만들고 군대를 유지했기에 가능한 것이었다. 노예제도는 인구 일부가 집단적 문제에 관심을 기울일 수 있는 시간을 확보하게 하였다. 그리고 교통과 통신도 시민들이 통치에서 각자의 역할을 할 수 있도록 기능했다. 거버넌스 시스템 역시 공적이었으며 대의적 성격이 있었고 동시에 투명한 거버넌스를 구축하기 위해 순환적 시스템을 가지고 있었다. 이러한 제도는 사람들을 적재적소에 배치하기 위해 면밀한 인적 관리 장부를 필요로 했다.

이러한 장부를 제작하기 위해서는 기술적 장치가 필요했다. 이러한 장치는 좁은 의미의 민주적 거버넌스의 물질적 요소를 나타낸다

(아테네 민주주의의 물질적 요소에 대한 넓은 의미의 이해에는 생산, 운송, 커뮤니케이션과 같은 것도 포함된다). 이러한 장치 중 몇 가지를 예로 들어 보겠다. 클레로테리온(kleroterion, 추첨 기계)은 깊고 얇은 격자무늬 홈이 뚫려 있는 가로 2피트, 세로 3피트 크기의 정교한 장치로 구성된 암석 판으로, 각 부족에서 평의회나 대표성이 중요한 배심원 및 위원회에 필요한 사람을 선발하는 데 사용한 것이다. 관리원들은 이 장치를 사용할 때 필요한 시민들의 이름이 담긴 도자기 조각과 배정표 등을 안전한 장소에 보관하였고 문제가 생기면 다른 조각을 만들 수도 있었다. 아테네는 모두가 서로에 대해서 알고 있는 작은 도시가 아니었다. 그래서 평의회나 의회 회의에서 발언 시간이 제한되어 있었고 이를 위해 클렙시드라(klepsydra)라고 불리는 물시계가 사용되었다. 또한 광장 중앙에 설치된 전광판에는 의회의 결정 사항이나 메시지가 기록되었다. 그리고 아테네인들은 투표할 때 납작한 청동 원반을 투표지로 사용했다. 때로 민회는 통치의 공공성을 위협하는 시민을 추방하기도 하였는데 시민들이 추방해야 한다고 생각하는 사람의 이름을 항아리 파편에 새겨서 기록을 남겼다.

아리스토텔레스는 숙의를 위해 모인 시민들은 개인이 가진 미덕과 지혜를 발휘할 수 있다고 생각했다. 이러한 생각은 민주주의에 대한 정당화 주장(다중으로부터의 지혜)으로 시대를 초월하여 공감을 불러일으켰다.[8] 이렇게 민주주의가 작동되기 위해서는 아테네 사람들(노예를 포함하여 그곳에 살았던 모든 사람)의 삶과 특정한 물질적 대상을 조직하는 형식이 필요했다. 이러한 조직 형식과 물질적 대상은 아테네 민주주의의 핵심이었으며 행위자-네트워크에서 피지배자들의 동의를 획득하고 운영하기 위한 역할을 했다. 아테네에서 시민이 된다는 것, 즉 정치적 행위자로서 인간이 된다는 것은 이러한 행위자-네트워크에 의해 정의되었다. 이것은 단순히 모여서 이야기한다는 것보다 더 많은 것을 요구한다. 아테네 민주주의는 번창하였지만 이러한 발전의 본질은 그 네트워크에 속한 수많은 행위자가 서로의 존재를 새로운 방식으로 해석하는 데 있었다. 특히 인간의 삶을 시민의 삶으로 해석할 수 있는 기반이 있기에 아테네 민주주의는 발전할 수 있었다.[9]

3.3 현대 민주주의의 물질성

이제 현대 민주주의에 대해 알아보자. 현대 민주주의는 대의제를 표방하며 대표자는 유권자들에게 위임받은 권한을 행사한다. 스타사베이지가 이해한 초기 민주주의는 유럽만의 현상은 아니지만, 현대 민주주의는 전형적인 유럽의 발명품이다. 대표자는 수세기에 걸쳐 점점 더 일반화되어 온 참정권에 기초하여 경쟁적인 선거를 통해 선출된다. 따라서 현대 민주주의에서 참여는 광범위하고 보편적이지만 굉장히 일시적인 성격을 가지고 있다.

현대 민주주의의 존재 조건은 초기 민주주의의 조건과 유사하다. 민주주의는 통치자가 시민의 자발적인 정보 제공에 의존하고 시민들에게 이탈의 권리가 있는 곳에서 등장한다. 하지만 현대의 대의제 민주주의는 거대한 영토를 가진 곳에서 가능하며 이러한 대규모 영토의 규모(혹은 인구)는 두 가지 주요한 정당성 문제를 야기한다.* 첫째, 현대 민주주의는 '국가'와 '사회'가 너무 추상적이고 멀리 떨어져 있기에 불신을 낳고 있다(먼 거리 국가의 문제). 둘째, 고압적인 행정권력의 문제가 있다(위압적인 행정의 문제). 현대 민주주의 국가에서는 일상적인 업무를 관리하기 위해 관료제가 필요하다. 그런데 관료제는 자체적인 역학관계를 형성한다. 특히 엄격하게 조직된 독재 국가처럼 확고한 지시를 받지 않을 경우, 관료제의 고압적 행위는 더욱 심하게 나타난다. 국가 수반이 직접 선출되는 경우, 행정권력이 개인의 권력으로 변질될 수 있으며, 이는 그 자체로 권력을 휘두르는 역학관계를 낳을 수 있다. 결국 시민들이 더 이상 스스로를 통치자로 여기지 않게 된다.** 스타사베이지에 따르면, 현대 민주주의는 아직도 실험 중이며 그 실험이 끝나지 않았음에도, 우리는 그것이 작동하고 있다는 사실에 놀라워해야 한다고 말할 정도로 먼 거리 국가의 문제와 위압적인 행정의 문제는 심각한 것이다.[10]

현대 민주주의는 또한 물질적 특성에 의해 작동하며 이상적으로는 이러한 문제를 해결해야 한다. 1787년과 1788년 미국의 알렉산더

---

*   헬렌 랜드모어는 현대 민주주의가 대표성에만 집중하는 오류를 범하고 있다고 주장한다. 민주주의는 대표성 대신 정부와 적절히 연결된 소규모 의사 결정의 가능성을 선호했어야 하며 이제 기술을 통해 이를 실현할 수 있다고 주장한다. 이에 대해서는 Landemore, "Open Democracy and Digital Technologies"; Landemore, *Open Democracy* 참조.

**   하워드 진은 특히 미국 건국에 대해 부정적인 견해를 가지고 있기에 이러한 정당성 문제가 발생한 것에 대해 놀라운 일이 아니라고 말한다. "1776년경 영국 식민지의 몇몇 중요한 사람들은 미국이라는 새로운 국가, 상징, 법적 통합체를 만들면 대영제국의 우호 세력으로부터 토지, 이익, 정치권력을 넘겨받을 수 있다는 사실을 발견했다. 이 과정에서 이들은 여러 잠재적 반란을 억제하고 새로운 특권적 지도부의 통치에 대한 대중적 지지의 합의를 만들 수 있었다"(Zinn, *A People's History of the United States*, p. 59).

해밀턴, 제임스 매디슨 그리고 존 제이가 '푸블리우스'(Publius)라는 필명으로 헌법을 홍보하기 위해 '연방주의자의 글'(Federalist Pappers)로 알려진 85개의 논문과 에세이를 발표했던 것을 생각해 보자. 해밀턴은 정부를 미국의 '정보의 중심'이라고 불렀다.[11] 그리고 '정보'와 '소통'은 푸블리우스에게 매우 중요한 개념이었다. 정보라는 것은 19개의 에세이에 등장하고 소통은 12개의 에세이에 등장한다. 대의 민주주의의 선구적인 시스템을 옹호하는 이들에게 국가에 관한 관련 정보를 공개하고 처리하는 구조를 찾는 것은 중요한 과제였다.

이들은 각 지역을 대표하는 의원들이 각 지역의 정보를 취합하여 수도로 가져올 것이라 생각했다. 하지만 공화정 초기에는 광활한 영토로 인해 정보를 수집하고 전달하는 데 많은 어려움이 있었다. 한 역사학자는 당시 정부의 소통 상황을 사실상 사회로부터 '격리'된 상황이라고 설명하기도 하였다.[12] 하지만 19세기 우편 서비스의 개선과 신문 사업의 발전은 현대 민주주의에서 미디어의 역할을 창출하면서 이러한 문제의 개선을 가져왔다. 정보 전달 기술의 발전으로 현대 민주주의의 대표자들은 더 이상 고립된 채로 지내지 않을 수 있었으며 행위자-네트워크의 일원으로 전환될 수 있었다.[13]

『연방주의자』라는 책에는 다음과 같은 내용이 있다. "모든 정치적 헌법의 목적은 우선 그 사회의 공공선을 식별하는 최상의 지혜와 그 지혜를 추구하는 최상의 덕을 소유한 사람들을 통치자로 얻는 것이어야만 한다."[14] 이를 실현하기 위해서는 민주주의에 적합한 인물이 공직에 도전할 수 있는 정치 문화와 더불어 적절한 투표 시스템이 필요하다. 미국에서는 이러한 시스템의 설계가 주 정부에 맡겨져 있다.

일반적으로 주 정부가 고안한 선거제도의 질서 정연함은 아테네의 클레로테리온과는 완전히 다른 것이다.

'투표용지'는 이탈리아어로 '작은 공'(ballotta)을 뜻하는 단어에서 유래한 것이다. 미합중국 초창기에 고안된 투표 시스템에서 투표용지는 종종 작고 둥근 형태였다. 자갈, 완두콩, 심지어는 총알도 포함되었다.[15] 종이 투표용지가 점차 확산된 이유는 이것이 개표에 더 용이했기 때문이다. 처음에 유권자들은 투표용지에 철자가 맞는 이름과 직책을 적어야 했으며 이러한 종이 투표용지의 등장은 정당의 투표용지 사용을 촉진하였다. 정당의 지도자들은 신문에 투표용지를 인쇄하기도 하였으며 투표용지 전체가 긴 두루마리 형태인 것도 있었다. 그리고 후보자별로 한 장씩 잘라서 제출하는 투표용지가 있기도 했다. 투표용지에 정당 기호가 들어가면서 유권자들은 글을 쓰거나 읽을 줄 몰라도 상관이 없었는데 이것은 손을 들거나 음성으로 투표할 때는 제기되지 않은 문제였다.

1856년 지구 반대편 호주 빅토리아주에서는 선거에 관한 세부 사항을 담은 선거법이 통과되었다. 이 법에 따르면 공무원은 선거를 실시하기 위해 투표용지를 인쇄하고 부스를 세우고 공간을 대여해야 했다. 그리고 유권자들은 비밀리에 투표용지에 기표했고 투표소에는 아무나 출입할 수 없었다. '호주식 투표'는 많은 반대에도 불구하고 점차 확산되었다. 물론 투표는 영예로운 행위이며 공공적 성격이 있기에 비밀 투표에 반대하는 사람도 있었다. 하지만 비밀 투표는 정치인들이 돈을 주고 사람들에게 투표를 유도하는 매표 행위를 방지할 수 있었다. 비밀 투표를 위해서는 유권자가 투표용지를 읽을 수 있어야 했고 이민자, 노예였던 사람, 교육을 받지 못한 가난한 사람들은 투표하기가 더 어려워졌다. 1888년 매사추세츠주에서는 미국 최초로 주 전체에 걸쳐 호주식 투표 방식을 법으로 통과시켰다. 1896년까지 대부분의 미국인은 정부가 인쇄한 비밀 투표용지를 사용했다.

'호주식 투표용지'는 시민들이 간섭이나 조작 없이 투표할 수 있는 여건을 마련하기 위해 고안된 것이다. 미국에서 1880년대 도입된 투개표용 기계 역시 이와 같은 목적으로 만들어졌다. 하지만 기계 역시 언제든 조작될 수 있으며 고장이 날 수도 있다. 지금도 미국 선거에 사용되는 기계 장치에 대한 논란은 계속되고 있으며 사회를 이끌 열의와 의지가 있는 사람 중에서 정부 각 부문의 구성원을 선출하는 방식에 대한 논란도 계속되고 있다. 현대의 대규모 영토의 민주주의를 구성하는 행위자-네트워크는 정보의 전달, 의사소통의 유지, 물자의 생산, 인프라 유지, 정부 구성원의 선출 등에 필요한 시스템과 장치를 갖추고 있다. 이것은 고대 아테네의 민주주의보다 훨씬 더 복잡한 것이다. 하지만 여기서 대의 민주주의가 제대로 작동하고 있는지를 평가하는 것, 예를 들어 먼 거리 국가의 문제와 위압적인 행정의 문제를 잘 다루고 있는지 그리고 대의 민주주의가 인간다움을 가능하게 하는지는 종합적으로 검토해야 할 것이다. 우리는 다양한 행위자들이 어떻게 이러한 시스템 안에서 개인의 삶을 시민의 삶으로 전환해야 하는지에 대해 고민해야 한다.

3.4 민주주의와 기술은 자연스러운 동맹인가?

민주주의의 반대는 피지배자의 동의 없는 통치, 즉 독재라는 사실을 기억해야 한다. 독재 국가가 지속되는 방식은 일반적으로 강력한 관료제를 발전시켜 국민 여론을 수렴하는 시스템과는 비교할 수 없을 정도의 효율성과 실효성을 거버넌스에 부여한다. 독재나 전체주의 체제는 기술 발전의 혜택을 이용하는데 기술로 인해 통제의 효율성이 높아질수록 체제의 유지가 수월해진다. 동시에 현대 대의 민주주의는 정당성 문제를 해결하기 위해 기술을 필요로 하기도 한다. 먼 거리 국가의 문제와 위압적인 행정의 문제를 구체적으로 해결하기 위해서는 민주주의의 본질에 대한 신중한 설계가 필요하다. 그렇다면 우리는 다음과 같이 질문해야 한다. 도대체 기술 발전의 어떤 것이 '민주적' 거버넌스에 도움이 될 수 있는가?

기술과 민주주의의 관계가 긍정적이며 서로 자연스러운 동맹이라는 생각에 반대되는 증거들은 많이 있다. 종종 생산력과 의사소통 기술의 발전은 초기 민주주의를 약화시키는 경우도 있었다.[16] 예를 들어 기술의 발전은 피지배자가 가지고 있는 정보 우위성을 위협하기도 하였는데, 통치자가 토지의 비옥도를 평가할 수 있는 방법을 알게 되면 세금을 부과하는 정당성을 획득하게 되고 이는 관료주의와 통치를 강화하는 방식에 도움이 되면서 초기 민주주의를 위협하기도 하였다. 또한 농업 기술이 발전하면서 사람들은 더 가까이 모여 살게 되었고 관료들은 이들을 감시하고 자산의 가치를 더 수월하게 평가할 수 있게 되었다. 고대 세계에서는 문자, 지도 제작, 측량, 농업 분야의 혁신으로 관료제의 효율성이 높아져 관료제가 제대로 작동하는 독재 체제가 유지될 수 있었다. 반대로 과학과 기술 발전이 더딘 곳에서는 초기 민주주의의 생존이 유리했다. 초기 민주주의가 일반적으로 발생했던 조건은 당시에도 그대로 유지되었다. 통치를 강화하기 위해 관료제를 도입할 수 있는 기술과 인프라가 부족했던 통치자들은 인민의 협력에 의존할 수밖에 없었다.

이렇게 보면 "기술은 민주주의보다 독재를 선호한다"라고 말할 수도 있다. 하지만 많은 것은 어느 것이 우선했는지에 관한 순서에 달려 있다. 중국의 경우 독재 체제에 대한 민주적 대안이 심각하게 고려된 적이 없다. 덩샤오핑을 시작으로 최근 수십 년 동안 중국은 유능한 관료제를 갖춘 독재 체제하에서 엄청난 경제 발전을 이루었다. 시진핑 체제에서 중국은 이제 자국의 시스템을 적극 홍보하고 있으며 특히 시민을 감시하는 데 있어 인공지능이 중요한 역할을 하기 시작했다. 실제로 기술의 영향은 중국을 민주화로 이끈 것이 아니라 독재적 통치를 공고히 하는 데 기여했다.[17] 하지만 우리에게 희망적인 사실은 중국의 확고한 일당 체제가 기술 발전에 의해 훼손될 가능성이 낮은 것처럼, 공고화된 민주주의 역시 기술 발전에 의해 훼손될 가능성이 매우 낮다는 사실이다.

인공지능과 그 영향력이 현대 민주주의에 미치는 영향에 대해서는 기술과 정치에 관한 역사적 사실들이 우리에게 많은 교훈을 주고 있다. 즉 확고한 민주주의 국가에서 인공지능을 잘 활용한다면 오히려 민주주의를 발전시킬 수도 있는 것이다. 중국이 인공지능을 활용해 독재 통치 체제를 강화하는 것처럼 인공지능은 현대 민주주의를 강화하는 핵심 요소가 될 수 있다. 하지만 민주주의를 위해 기술을 활용하기 위해서는 치열한 노력이 필요하다. 이 장의 나머지 부분에서는 이와 관련된 구체적 이야기를 하고자 한다.

유발 하라리는 최근 민주주의와 기술의 관계를 다소 다른 관점에서 바라보고 있다.[18] 그는 역사적으로 독재는 혁신과 성장에 있어 불리한 정치 체제라고 생각했다. 독재 국가에서는 국민의 동의를 얻을 필요 없이 권력이 행사되기 때문에 피지배자들은 일반적으로 변화를 가져올 필요를 느끼지 못한다는 것이다. 하라리는 20세기 후반에 민주주의가 독재 체제보다 더 나은 성과를 보인 이유는 정보를 잘 활용할 수 있는 권한을 가진 무수히 많이 분산된 주체들에게 정보를 처리하는 일이 맡겨졌기 때문이라고 주장한다. 정리하자면, 하라리는 20세기 후반의 경우가 증명하듯 정보와 권력을 집중시키는 것을 부정적으로 인식한다. 유발 하라리는 자유방임주의적 자본주의에 대한 프리드리히 하이에크의 '지식 논증'을 반영한다. 하이에크는 중앙계획경제는 시장의 효율성을 결코 따라잡을 수 없다고 주장했다. 정부나 사회계획을 포함한 어떤 단일 주체도 사회 전체가 보유한 지식의 극히 일부만을 소유해야 한다는 것이다.[19]

확실히 유발 하라리의 관점은 스타사베이지의 관점과 맥락을 같이한다. 하라리가 효율성과 경제성장에 관심이 있는 반면, 스타사베이지는 다양한 유형의 통치가 출현하는 조건에 대해 탐구한다. 역사적 증거를 해석하는 견해 차이에도 불구하고 스타사베이지와 하라리는 21세기에 접어들면서 인공지능이 민주주의를 약화시킬 수 있으며 정부의 통제를 강화할 수 있다는 것에 동의한다. 하이에크의 지식 논증에 기초하여 하라리는 인공지능이 독재를 강화하고 민주주의가 가진 상대적 장점을 상쇄시킬 수 있다고 경고한다. 비민주적 독재 국가에서 인공지능이 중앙 통제적 계획경제를 더 쉽게 수립할 수 있으며 독재적 거버넌스 전반을 더 실용적으로 만들 수 있다.

"현대 민주주의는 아직도 실험 중이며 그 실험이 끝나지 않았음에도, 그것이 작동하고 있다는 사실에 우리는 놀라워해야 한다"는 말을 다시 상기해 보자.[20] 현대 민주주의는 물론 절박한 위험에 처하지 않을 수 있다. 하지만 우리는 현대 민주주의에서 각 개인이 정치에서 역할을 할 수 있도록 해야 하는데 이는 기술을 통해서만 가능하다. 다시 말해 먼 거리 국가의 문제와 위압적인 행정의 문제는 기술을 통해서만 해결 가능하다. 현대 민주주의의 물질적 특성이 올바르게 배치되어야만 거버넌스에 대한 동의가 의미를 가질 수 있다. 미국 공화국 초기에 그랬던 것처럼 리더십을 격려하는 방식의 민주주의가 아니라 민중의 동의로부터 민주주의를 구성하기 위해서는 민주주의의 물질성을 고찰해야 한다. 인공지능이 중국 공산당의 통치를 21세기로 연장하는 데 도움을 주었듯이, 인공지능은 민주주의 국가들이 시스템을 발전시키는 데 도움을 줄 수 있다. 구체적으로 말한다면, 인공지능은 21세기 민주주의가 먼 거리 국가의 문제와 위압적인 행정의 문제를 해결하는 데 도움을 줄 수 있는 것이다. 물론 이 과정에서는 기술이 독재 체제를 어떻게 강화하는지에 대한 역사의 교훈을 고려해야 하며 민주주의 내부로부터 독재적 경향이 없는지 성찰해야 한다. 독재 정부가 나타날 수 있는 여지가 생긴다면, 인공지능과 같은 기술적 수단을 활용해 얼마든지 나타날 수 있다.

민주주의에 대한 기술의 디스토피아적 잠재력을 고찰하기 위해, 기술이 구조적인 의미에서 정치적이라고 주장한 엘륄을 다시 살펴보자. 엘륄이 저술한 『기술 사회』 4장 '기술과 국가'(Technique and State)에서는 기술이 거버넌스에 미치는 영향에 대해 구체적으로 고찰한다. 엘륄은 레닌을 정치 기술의 발명가로 언급하며, 기술적 사고가 정치의 영역에 어떻게 적용되었는지 설명한다.[21] 누군가는 정치 기술의 대가로 마키아벨리를 꼽을지도 모른다. 하지만 마키아벨리 시대를 넘어서 사람들의 생각에 영향을 줄 가능성은 제한적이었는데 그 이유는 사람들에게 다가가기가 어려웠기 때문이다. 이와 달리 레닌, 히틀러 등이 자신의 목적을 달성하기 위해 많은 사람들을 동원할 수 있었던 것은 현대의 기술 덕분이었다. 20세기에는 국가 '프로파간다'의 가능성이 기하급수적으로 증가했다.

사실 엘륄의 말처럼 국가 전체는 기술의 발전과 불가분의 관계에 있으며 기계를 생산하는 기업 및 이와 관련된 모든 것들과 밀접하게 연관되어 있다. 하지만 시민의 이해관계가 기술 발전과 충돌할 때 국가는 시민을 대변할 수 없게 된다. 국가권력과 기술에 관한 기득권은 밀접하게 연관되어 있으며 국가가 기능하기 위해 기술에 전적으로 의존하고 있기에 우리는 우선순위를 명확히 해야 한다. 엘륄에 따르면, 사회에서 일어나는 일을 결정하는 것이 기술이며 기술은 사회적 이슈에 영향을 받지도 않는다. 이것이 엘륄의 기술 자율성에 대한 무서운 논지이다. 개인은 더 이상 개인으로서 진지하게 취급되지 않고 집단적으로 대중으로 취급된다. 엘륄은 이러한 현상을 '대중화'라고 불렀다. 정의의 추구는 의미를 상실하게 되고 기술주의 체제에서 미래에 대한 규범적 열망은 하찮은 것으로 취급당한다.

그동안 우리는 기술자, 전문가, 관료와 국민을 대표하고 궁극적으로 책임을 져야 하는 정치인 사이의 분업을 당연한 것으로 생각했다. 엘륄은 "기술자가 자신의 업무를 완수하면 정치인들에게 가능한 해결책과 예상되는 결과를 설명하고 사라진다"라고 말한다.[22] 기술자 계급은 기술을 이해하지만 이에 대한 책임은 없다. 기술자들에 대해 엘륄은 다음과 같이 말한다.

> 국가는 대중 의지의 표현도, 신의 창조물도, 인류의 본질도, 계급 전쟁의 양태도 아니다. 국가는 제대로 기능해야 하는 특정 서비스를 제공하는 하나의 기업이다. 국가는 수익성이 있어야 하고 최대한의 효율성을 가져야 하며 그 자체를 운영 자본으로 삼아야 하는 하나의 기업인 것이다.[23]

엘륄은 가장 소름 끼치는 비유로 기술이 만들어 가는 세상을 "종합적 강제수용소"라고 표현한다.[24]

엘륄과 달리 2장에서 위너가 제시한 기술이 가진 '정치적 특성' 두 가지에 대해 상기해 보자.[25] 첫째, 장치나 시스템은 특정 유형의 권력과 강력하게, 어쩌면 불가피하게 연결되어 있을 수 있다. 특정 엘리트에 의해서 관리되고 보호되는 원자력이 대표적인 사례라 할 수 있다. 둘째, 장치나 시스템은 권력이나 권위의 메커니즘을 확립하기 위한 수단일 수 있으며 그것은 다양한 방식으로 작동할 수 있다. 예를 들어 교통 인프라는 많은 사람에게 도움을 줄 수 있지만, 특정 지역에 사는 사람들을 의존적 상태에 머물게 할 수도 있다. 교통 인프라를 설계할 때와 마찬가지로 기술이 민주적 목적을 달성할 수 있도록 세심한 주의를 기울여야 한다. 이러한 맥락에서 조슈아 코헨과 아콘 펑은 기술이 민주주의에 유리하거나 불리하다고 보는 결정론적 관점을 검토하면서 다음과 같은 결론을 도출한다.

> 기술이 민주주의의 발전에 도움이 될 수 있는 경우는 기술 결정론자들이 인정하는 것보다 훨씬 더 우발적이며 어려운 일이고 윤리적 신념과 시민들의 정치적 참여 그리고 합당한 설계에 많이 의존한다.[26]

엘륄의 관점은 그가 의미하는 바와 달리 동시에 다른 방식으로 희망을 제시하고 있다. 민주주의의 본질에 대한 신중한 설계는 먼 거리 국가의 문제와 위압적인 행정의 문제를 해결하고 기술혁신의 시대에 민주주의가 삶의 방식으로서 번성하기 위해 반드시 필요하다. 역사적 사실들이 이러한 전망을 불투명하게 하지만 비관적으로만 생각할 필요는 없다. 우리가 엘륄의 글에 반박할 수 있는 유일한 방법은 민주주의 혁신을 위해 기술을 사용하는 데 최선을 다하는 것뿐이다.

3.5 확장된 민주주의와 인공지능 유토피아

지금까지 민주주의의 중요성을 역사적 관점에서 살펴보고 민주주의와 기술이 어떤 측면에서 자연스러운 동맹관계인지 아니면 그렇지 않은지 다소 추상적 수준에서 살펴보았다. 이 장의 나머지 부분에서는 우리의 시선을 미래로 돌려 인공지능이 민주주의를 어떻게 변화시킬 수 있는지 살펴보도록 하겠다. 즉 앞에서 소개한 민주주의에 대한 자유주의적 이해에 기반하여 인공지능이 먼 거리 국가의 문제와 위압적인 행정의 문제를 어떻게 해결할 수 있는지 살펴보고 민주주의를 우리 삶의 방식으로 유지하는 데 도움이 될 수 있는지도 알아볼 것이다. 우선 그 첫 단계로서 인공지능의 도래로 민주주의가 어떤 혜택을 받을 수 있는지에 대해 '확장된 민주주의와 인공지능 유토피아'라는 관점에서 분석해 보겠다.

지금 내가 설명하고자 하는 내용은 아무도 시도하지 않은 것이며 학자나 활동가들 사이에서도 논의된 적이 없는 것이다. 다만 미래학자 유발 하라리와 제이미 서스킨드는 이와 유사한 내용을 다루고 있기는 하다.[27] 더욱이 제임스 러브록은 사이보그가 기후 변화에 대처하기 위한 우리의 노력을 이끌 수 있다고 더 단호하게 말하기도 한다.[28] 그리고 미래의 위기에 대해 토비 오드는 인공지능이 우리의 실존적 문제에 어떻게 도움이 될 수 있는지에 관해 탐구한다.[29] 기술혁신과 함께 더 나은 미래를 위한 우리의 의지는 계속될 것이다.[30] 우리의 뇌는 현재 전 세계가 연결된 21세기 디지털 시대에 적합한 형태가 아니라 호모사피엔스 초기 단계의 소규모 집단이라는 제한된 환경에 적합하게 진화되어 있다. 따라서 우리의 뇌는 지금의 디지털 세계를 창조할 수는 있었다 하더라도 다가오는 실존적 위험을 관리하지 못할 수 있다. 따라서 집단적 의사 결정 과정에 인공지능을 대규모로 참여시키자는 일부 기술 낙관주의자들의 제안이 통과되는 것은 시간문제일지도 모른다. 아마도 이들은 앞서 언급한 아리스토텔레스의 '다중으로부터의 지혜'(집단이 개인이 갖지 못한 미덕을 발휘할 수 있다는 주장)를 21세기 대의 민주주의의 맥락에서 재해석하는 과정에서 이러한 주장을 하게 되었을 것이다.

우리는 이런 상황을 상상해 볼 수 있다. 인공지능은 모든 사람의 선호도와 견해를 파악하고 관련 정보를 제공하여 사람들이 거버넌스에 유능한 참여자가 될 수 있도록 도울 수 있을 것이다. 그리고 인공지능은 시민들을 토론의 장으로 연결하여 같은 생각을 가진 사람들뿐 아니라 반대 의견을 가진 사람들까지 한자리에 모아 서로의 의견을 들을 수 있게 할 수도 있다. 또한 모든 것을 모니터링하는 인공지능은 사기나 부패를 즉시 식별할 수도 있다. 편향된 보도와 오해의 소지가 있는 주장에 경고 표시를 하거나 삭제할 수도 있다. 표를 집계하거나 사람들이 투표소에 도착하고 개표하는 등의 어려움을 없애 줄 수도 있을 것이다. 그리고 인공지능은 더 많은 참여를 유도해 절차적 정당성을 개선하고, 유권자가 충분한 정보를 바탕으로 의사 결정의 수준을 높이게 도울 수도 있으며, 정부에 대한 신뢰도가 임계치 이하로 떨어지면 선거를 요구할 수도 있을 것이다. 인공지능의 도움으로 유권자들은 더 이상 단순히 후보자 목록에서 한 명의 후보자를 선택하지 않을 수 있다. 유권자들은 다양한 이슈와 관련한 복잡성을 파악하고, 자신의 견해가 일관성을 유지할 수 있도록 하는 등 다양한 방식으로 인공지능에 자문을 구하게 될 것이며 단순한 다수결 투표보다 더 정교한 집계 방법이 사용될 것이다.[31]

선출직 공직자는 여전히 일부 목적을 위해 필요할 수 있다. 하지만 대체로 인공지능은 21세기 초기 민주주의의 몇몇 특징을 재현하는 동시에 현대 대의 민주주의가 가지고 있는 먼 거리 국가의 문제와 위압적인 행정의 문제를 해결할 가능성을 가지고 있다. 인공지능은 상대적으로 중요하지 않은 사안은 스스로 해결하고 그 외의 사안들은 대표 그룹과 협의하여 국가 운영 시간을 단축시킬 수 있다. 물론 일부 국가에서는 인공지능이 주도하는 이 집단 선택 시스템을 거부할 수도 있을 것이고, 참여를 의무화하며 개인 정보 보호 등의 문제로 참여에 동참하지 않는 사람들에게 불이익을 주는 국가도 있을 것이다. 하지만 이러한 문제는 인공지능의 너징 기법(nudging techniques)을 통해 극복할 수 있다. 이것은 개인으로 하여금 최선의 이익이 될 것으로 예상되는 행동을 유도하는 것으로 인공지능은 국가의 원활한 운영을 위해 완벽하게 기능할 수 있다.[32]

인공지능의 도입으로 국가나 정부의 포용성 부족의 문제도 줄어들게 될 것이다. 개인의 프라이버시 문제도 집단 선택 시스템을 작동시키는 데 필요한 범위 내에서 데이터를 수집하기에 큰 문제가 되지 않을 수 있다. 인공지능이 공공서비스를 제공하고 스마트 시티의 경험을 평가하여 스마트 국가를 만들기 때문에 관료 조직은 훨씬 더 작아질 것이며 판사는 공정한 판결을 내리는 정교한 알고리즘으로 대체될 것이다.[33] 인간을 대체하는 이러한 시스템이 가지는 문제점, 즉 인공지능의 기능과 위치에 대해 발생할 수 있는 우려들도 내부적으로 해결할 수 있게 준비가 가능할 것이다. 그런 식으로 사람들은 자신의 삶을 의미 있게 설계할 수 있는 엄청난 시간을 확보할 수 있을 것이다.

물론 인공지능과 민주주의에 대한 논의에서 위와 같은 긍정적 시나리오가 중요한 의미를 가질 수도 있을 것이다. 하지만 당장 자유주의적 접근 방식에서 말하는 인민에 의한 통치라는 것이 이상적이라면, 우리는 위와 같은 시나리오가 가지는 낙관적인 전망을 경계의 시각에서 바라봐야 한다. 확실히 인공지능은 궁극적으로 지능형 기계로서 도덕적 지위를 갖는 방식으로 발전할 수 있으며, 이는 초지능 자체가 정치 과정의 일부가 될 수 있는지에 대한 의문을 제기할 수 있다. 11장에서 이러한 문제를 다룰 것인데 여기서는 아직 현재 기술이 이러한 수준에는 미치지 못하기에 '현' 상황에 초점을 맞추도록 하겠다.

현대 민주주의에 대한 자유주의적 이해에서 우리가 경계의 시각을 가져야 하는 이유는 바로 여기에 있다. 우선 인공지능이 확장된 민주주의를 구현할 것이라고 상상하는 것이 매력적인 이유는, 우리는 지금까지 집단 선택이 산적한 문제에 대한 '가장' 현명한 해결책이며 적어도 지금까지 우리가 구현한 것보다 '더' 현명한 집단 선택을 할 수 있을 것이라는 생각을 갖고 있기 때문이다. 다시 말해, 우리가 지금까지 만든 집단 선택 시스템을 지배하고 있는 일종의 '순수' 지능을 인공지능이 보완할 수 있다는 생각은 분명히 매력적이라 할 수 있다. 하지만 우리는 1장에서 언급한 것, 즉 지능이라고 하는 것은 한 가지만 있는 것이 아니라 여러 종류의 지능이 있을 수 있다는 생각을 기억할 필요가 있다.[34] 따라서 지능 측면에서 인간이 지금까지 해 온 일을 완전히 압도하는 집단 선택 메커니즘이 있을 수 있다는 생각은 환상일 가능성이 높다.

위에서 설명한 것처럼 알고리즘이 판단과 결정에 관여하도록 허용하는 것은 또 다른 위험을 내포한다. 우선 시민들의 실질적인 추론을 향상시키기 위한 교육, 즉 더 많은 지식을 갖추고 경쟁 가능성에 대응할 수 있는 교육에 투자하는 대신 집단적 의사 결정을 촉진하는 시스템을 구축하는 데 더 많은 투자를 할 위험성이 있다.[35] 즉 사람들을 더 나은 '사람'(특히 시민의 역할)으로 만드는 대신 시스템을 '더 나은 시스템'으로 만드는 데 많은 투자를 할 수 있는 것이다. 물론 이 두 가지 모두에 투자하는 것이 가장 바람직할 것이다. 확장된 민주주의와 인공지능 유토피아는 아마도 현명하고 신중하며 지식이 풍부한 개인들의 추론을 장려하고 인공지능이 이를 통합하는 데 도움이 될 때 가장 잘 작동할 것이다. 그러나 이러한 인공지능 시스템이 자리를 잡으면 기계에 일을 위임하려는 인간의 본능적 경향이 작동하여 인간의 역량을 발전시키는 데 위험이 될 수 있다는 것도 기억해야 한다.[36]

두 번째 위험은 이러한 시스템을 설계하려면 필연적으로 국가 역량을 구축하기 위한 대규모 노력이 수반되며, 이는 해킹 및 기타 악용의 대상이 된다는 점이다. 1장의 내용 중 우리가 다시 기억해야 할 것은 디지털 시대가 시작될 무렵에 출간된 조지 오웰의 『1984』이다. 기술은 사람들에게 힘을 실어 주고, 사람들이 더 많은 일을 할 수 있도록 한다. 이미 전례 없이 사람들의 삶에 깊이 침투한 정부는 21세기의 기술로 더욱 강력한 도구를 갖게 되었다. 조지 오웰의 디스토피아 소설에 등장하는 오세아니아 정부는 이러한 기술 발전을 이용해 국민의 정신을 통제한다. 우리는 이 경고를 명심해야 한다. 표면적으로 집단적 의사 결정을 돕기 위해 고안된 인공지능이라는 도구가 정부의 손에 들어가면 시민들의 집단적 의지를 보다 명확하게 끌어내는 데에만 사용할 것이라고 생각하는 것은 순진한 환상일 것이다.

확장된 민주주의와 인공지능 유토피아를 위해서는 인공지능이 우리의 민주적 결정 과정에 어떤 역할을 할 수 있는지에만 관심을 가져선 안 된다. 그렇다면 디지털 시대 민주주의를 위한 인공지능의 역할과 과제는 무엇인가? 우리는 앞에서 다루지 않았던 이 질문에 더 집중해야 한다. 즉 민주주의에 대한 자유주의적 이해의 범위 안에서 대의 민주주의의 두 가지 문제점을 해결하고 전반적으로 민주주의를 삶의 방식으로 유지하기 위해 인공지능을 어떻게 배치해야 하는지에 관한 질문도 중요하지만, 이제는 이러한 목적을 위해 '공적 영역', '정치권력', '경제권력'을 어떻게 활용해야 하는지도 구체적으로 물어야 한다.

3.6 인공지능과 민주주의: 공적 영역

공적 영역은 가족과 친분관계를 넘어 공동의 관심사에 대한 정보나 의견을 전파하고 수용하기 위한 행위자-네트워크를 의미한다.[37] 문자가 발명되기 전까지 공적 영역의 구성은 사람들이 말하는 곳으로 제한되었다. 초기의 공적 영역이 번성할 수 있었던 주요 요인은 사람들이 안전하게 말할 수 있는 장소의 확보 여부였다. 이후 인쇄기의 발명은 교환 네트워크를 기계화하여 정보나 아이디어를 전파하는 데 드는 비용을 획기적으로 낮추었다. 결국 신문은 공적 영역의 중심이 되었고, 이후 언론과 미디어를 통틀어 '제4의 권력'이라 불렸다.[38] 주로 사기업으로 이루어진 언론은 미국 헌법에 언급된 유일한 사업이며, 여기에는 공적 생활에 있어 언론의 중요성과 시민을 위한 법적 규제의 중요성이 강조되어 있다.[39] 신문과 기타 인쇄 매체에 이어 전화, 라디오, 영화, TV가 등장했다. 결국 20세기의 주요 미디어 학자들은 현대 생활에서 미디어의 중요성을 포착하기 위해 몇 가지 슬로건을 만들었다. 그중 가장 유명한 것은 "미디어가 메시지다"라는 마샬 맥루한과 "미디어가 우리의 상황을 결정한다"는 프리드리히 키틀러의 주장이다.[40]

'제4의 권력'이라는 말은 특히 중요하다. 이 용어에는 미디어 관련성과 저명한 언론인 그리고 대중에게 영향력을 행사하는 특정 언론인에 대한 존중의 내용이 담겨 있다. (월터 크롱카이트는 약 20년간 「CBS 이브닝 뉴스」의 앵커로 활동한 미국의 방송 저널리스트로 '미국에서 가장 신뢰받는 사람'으로 불렸다.[41] 크롱카이트는 2009년에 사망했다. 하지만 그가 사망한 지 10여 년이 지난 지금도 이런 언론인이 다시 나오게 될 것이라는 것은 상상하기 어렵다.) 또한 '제4의 권력'이라는 말은 미디어에도 일종의 계급적 이해관계가 있음을 나타내기도 한다. 법적 규제 외에도 언론인은 의제를 생성하는 인구통계학적·교육적 배경을 가지고 있다. 그러나 인터넷에 힘입어 소셜 미디어가 부상하면서 이러한 상황이 크게 변화하여 '제4의 권력'으로 구분되지 않는 새로운 공적 영역이 만들어졌다. 빅테크 기업들이 미디어가 가진 본질적인

'제4의 권력'을 약화시킨 것이다.[42]

　서구권에서 구글은 현재 인터넷 검색에서 지배적인 위치를 차지하고 있다. 페이스북, 트위터, 유튜브는 이전에는 불가능했던 규모의 개인과 단체 간의 직접적인 교류가 가능한 플랫폼을 제공한다. 펑은 이렇게 생겨난 민주주의를 "넓은 시야, 낮은 존중"이라고 표현하며 이전보다 훨씬 더 다양한 아이디어와 정책이 모색되었지만 이에 반해 기존의 정치, 미디어, 문화 분야의 전통적인 리더들은 더 이상 존중받지 못하고 무시되거나 불신받게 되었다고 평가했다.[43] 소셜 미디어는 인맥 형성을 위한 새로운 가능성을 창출했을 뿐만 아니라 유행을 예측하고 특정 사람들을 대상으로 메시지를 보낼 수 있는 풍부한 데이터를 생성했다. 2018년 영국 컨설팅 회사가 수백만 명의 페이스북 사용자의 개인 데이터를 동의 없이 수집하여 정치 광고에 사용한 케임브리지 애널리티카 스캔들은 특히 선거에서 근소한 차이로 승리하는 경향이 있는 지역에서 데이터 마이닝의 잠재력을 드러냈다.[44]

　또한 디지털 미디어는 공적 영역의 중요한 부분을 형성하는 온라인 커뮤니케이션 인프라를 생성했다. 이것의 규모와 중요성은 점점 확대될 것이다. 커뮤니케이션 인프라는 인터넷 하드웨어부터 도메인 이름을 관리하는 기관, 인터넷의 기능을 유지하고 디지털 공간을 사용할 수 있는 도구(브라우저, 검색엔진, 앱스토어 등)를 제공하는 소프트웨어에 이르기까지 디지털 생활을 가능하게 하는 시스템과 장비로 구성된다.

　사적 이익이 디지털 인프라를 지배하고 있다. 일반적으로 엔지니어와 기업인들은 클릭과 입소문에 최적화된 플랫폼에서 더 많은 생활이 펼쳐진다는 사실에 이익을 얻으며 시장의 요구에 대응한다. 특정 사용자의 관심을 끌기 위해 뉴스를 제공하고 이러한 뉴스는 반향의 장을 만들어 의도적인 허위 사실(단순한 '오보'가 아닌 명백한 '허위 정보')을 무수히 퍼뜨려 해당 사용자의 편견을 강화한다. 정치학자들은 오랫동안 민주주의 국가에서 시민들의 무지와 그로 인한 공적인 의사 결정의 질적 저하를 우려해 왔다.[45] 정보에 밝고 참여도가 높은 유권자들도 사회적 정체성과 당파적 충성도에 따라 투표한다.[46] 디지털 미디어는 이러한 경향을 강화하고 있다. 트위터, 페이스북, 유튜브 및 경쟁적 업체들은 성장과 수익을 추구한다. 그리고 소셜 미디어 플랫폼의 관심을 끄는 알고리즘(알고리즘의 운영 방식은 종종 감춰져 있거나 불투명하다)은 혼란, 무지, 편견, 혼동을 심어 줄 수 있다. 이러한 인공지능은 인공적 **비**지능의 상징이다.[47]

최근 '딥페이크'의 등장으로 자신의 견해를 진정성 있고 권위 있게 표현할 수 있는 공적 영역을 확보하는 것이 훨씬 더 어려워졌다. 포토샵을 동영상에 도입한 딥페이크 기술은 기존 동영상에 등장하는 인물을 다른 사람의 얼굴로 대체한다. 딥페이크라는 말은 대규모 데이터 세트에 신경망 시뮬레이션을 적용하는 머신러닝의 한 분야인 딥러닝 기술을 사용한다고 해서 붙여진 이름이다. 현재는 포르노 제작에 주로 사용되고 있지만 잠재력은 그 이상이다. 수십 년 동안 동영상은 법적 분야에서 독보적인 역할을 해 왔다. 하지만 딥페이크 기술이 확산되면서 필름에 담긴 내용이 늘 확실한 증거로 작용했었던 것은 이제 지난 이야기가 되었다. 이 기술이 등장하기 전까지 동영상은 증언에 있어 '인식론적 뒷받침'을 제공했던 것이 사실이다.[48] 딥페이크는 다른 합성 미디어 및 가짜 뉴스와 함께 사람들이 진실과 거짓을 구분하지 않는 불신 사회를 앞당기고 있다. 6장에서는 이러한 현상에 대해 더 자세히 설명하도록 하겠다.

이러한 위험에 대처하기 위해서는 에단 주커먼이 말하는 '디지털 공공 인프라'를 구축해야 한다.[49] 디지털 공공 인프라는 시민적 가치를 중심으로 설계된 규범과 행동 유도성을 통해 시민들이 디지털 공간에서 공공 생활에 참여할 수 있게 도와준다. 디지털 공공 인프라를 설계하는 것은 인터넷을 위한 공원과 도서관을 만드는 것과 같다. 이것은 공적인 공간은 최고 입찰자에게 위탁하는 대신 정보를 제공하고, 동의하는 사람과 그렇지 않은 사람 모두를 연결하며, 단순히 지식을 강화하는 것이 아니라 대화와 토론을 장려하기 위해 고안된 것이다. 이러한 인프라를 설계할 때 합성 미디어는 적절하게 통합되어야 하며, 어떻게 조합되든 그것은 투명하게 공개되어야 한다. 또한 사람들은 인식적 권리(5장과 7장에서 논의할 내용)의 관점에서 파악되는 자격으로, 알 권리 및 정보 제공자의 자격을 보호하는 방식으로 그러한 인프라 내에서 활동할 것이다.

디지털 공공 인프라를 구축하기 위한 또 한 가지 방법은 수세기 동안 지역 사회 기관이 물리적 공간에서 수행해 온 기능을 디지털 공간에서도 수행할 수 있도록 지역별로 특화된 공공서비스 기관을 만드는 것이다. 이러한 기관이 대중에게 서비스를 제공하기 위해서는 적합한 거버넌스 모델이 있어야 한다. 위키피디아에서 일하는 다수의 편집자와 그 시스템 그리고 대만의 디지털 민주주의 플랫폼은 탈중앙화된 참여 거버넌스에 대한 영감을 주는 모델을 제공한다.[50] 아니면 정부가 공적 자금을 지원하는 비영리법인을 설립하여 디지털 생활에 대한 대중의 관심을 관리할 수도 있을 것이다. 이 중 어떤 선택을 하든 전문화된 인공지능이 이러한 작업의 중심이 될 것이다. 결국 이러한 디지털 공공 인프라가 다른 영역에서 사람들이 익숙해져 있는 기술 표준에 부합하게 하는 것 역시 인공지능의 활용을 통해서 가능하다.

　　전문화된 인공지능의 지원을 받으며 적절하게 설계된 디지털 공공 인프라는 위너의 포용적 교통 인프라와 같이 먼 거리 국가의 문제와 위압적인 행정의 문제를 해결하는 데 도움이 될 수 있다. 이러한 디지털 공간에서 제공하는 정보와 연결은 사회가 추상적이고 멀게 느껴진다는 인식을 완화할 수 있다. 또한 이러한 공간이 시민들을 공적 영역으로 끌어들이는 만큼 시민들의 참여가 증가하면 시민들이 정치적 효능감을 얻고 자신이 주권자임을 알고 과도한 정부의 행정권에 저항할 수 있을 것이다.

3.7 인공지능과 민주주의: 정치권력

중국의 사회 신용 시스템은 정교한 전자 장치들을 사용하여 개인에 대한 정보를 종합적으로 수집하고, 이렇게 수집된 정보들을 사람들이 생활하는 다양한 영역에서 활용하고 있다. 권력 유지를 위해 인공지능을 사용하는 것에 관한 한, 이 시스템은 독재 정권이 기술 발전을 어떻게 활용하는지 잘 보여 주는 사례이다.[51] 또한 전 세계적으로 사이버 공간은 지나치게 영리를 추구하는 혹은 노골적인 범죄와 국가의 지나친 대응 사이에서 갈등의 장소가 되었으며 이러한 것을 핑계로 독재자들이 사이버 공간에서의 정치 활동을 억압하는 데 도움이 되는 도구가 만들어지기도 하였다.[52] 최근 홍콩, 알제리, 레바논에 이르기까지 대부분의 대규모 시위는 해시태그에서 영감을 받아 소셜 네트워크를 통해 조율되고 스마트폰으로 조직되었으나, 이제 각국 정부는 이러한 움직임에 대응하는 방법을 체득했다. 플랫폼을 차단하고 인터넷을 마비시켜 온라인 공간을 통제하고 있는 것이다.[53]

1961년 고별 연설에서 아이젠하워 미국 대통령은 "군산복합체에 의한 부당한 영향력 증대"와 공공 정책이 "과학 기술 엘리트의 포로가 되는 것"에 대해 경고했다.[54] 이렇게 과학 기술과 밀접하게 연관된 위험은 발전하는 민주주의와 양립할 수 없다. 아이젠하워의 연설은 1956년 해군연구소가 다트머스에서 열린 첫 번째 하계 연구 프로젝트(1장에서 논의)에 일부 자금을 지원한 지 몇 년이 지나지 않아서 나온 것인데 이것은 군산복합체가 과학 기술 엘리트들이 개발한 이 기술에 대한 지분을 주장하면서 벌어진 일이었다.[55]

수십 년 후, 2013년 스노든의 폭로는 미국 정보기관이 특수 정보기관으로서 무엇을 할 수 있는지 여실히 보여 주었다. 휴대폰, 소셜 미디어 플랫폼, 이메일, 브라우저는 국가의 정보 수집을 위한 데이터 소스 역할을 한다. 메타데이터(누가 어디로 이동했는지, 누구와 연결되었는지, 무엇을 읽었는지 등)를 분석하면 단체나 개인의 활동에 대한 정보를 얻을 수 있다. 또한 민간 부문과의 협력은 추방 위험에 처한 불법 이민자부터 사살 대상인 적에 이르기까지 얼굴, 걸음걸이, 음성 인식을 사용하여 사람을 추적하는 법 집행 기관과 군대의 역량을 크게 향

상시켰다.[56]

복지국가의 일환으로 인공지능 시스템을 도입하는 경우, 더 많은 복지를 제공하기보다 오히려 사람들을 감시하고 자원에 대한 접근을 제한하는 경우가 많다.[57] 비공개 데이터베이스와 지금까지 잘 알려지지 않은 인공지능 애플리케이션은 금융, 비즈니스, 교육, 정치 분야에서 해로운 영향을 주었다. 가석방, 모기지, 구직 신청에 대한 결정은 인공지능에 의해 종종 편향적으로 이루어졌다. 이러한 관행은 과거의 불공정을 가속화시킨다. 결국 데이터는 사람들이 어떻게 살아왔는지를 반영할 수밖에 없다. 따라서 인종적 편견을 비롯한 구조화된 선입견이 권력 행사에 반영되는 것이다.[58] 수십 년 전, 페미니즘 사상과 기술철학이 교차하는 지점에서 고전이 된 도나 해러웨이의 「사이보그 선언문」은 디지털 시대가 '지배의 정보학'으로 백인 자본주의 가부장제를 유지할 수 있다고 경고한 바 있다.[59] 이러한 문제로 인해 학자들은 알고리즘을 과도하게 사용하는 사회를 '블랙박스 사회'라고 부르게 되었다.[60] 민주주의의 관점에서는 어떤 식으로든 이유와 설명이 필요하지만, 알고리즘이 인간도 평가하기 어려운 일을 하는 경우 무엇이 적절한 설명이며 어떻게 설명해야 하는지도 불분명한 상황이다.[61]

물론 디지털 기술은 민주주의를 강화할 수도 있다. 2011년 아이슬란드는 세계 최초로 '크라우드소싱'을 통해 개헌안을 마련했다. 대만에서는 정부 당국, 시민, 우버, 에어비앤비와 같은 기업 간의 협상이 심의 거버넌스를 위한 혁신적인 디지털 프로세스의 도움을 받기도 하였다. 프랑스와 같은 경우 2019년 초에 열린 대국민 토론과 2019년 10월부터 2020년 6월까지 열린 「기후변화협약」에 디지털 기술을 활용하여 거대한 규모의 숙의 실험을 진행하기도 하였다.[62] 이후 바르셀로나는 스마트 시티 운동의 세계적 선구자가 되어 도시 거버넌스 문제에 디지털 기술을 도입하고 있다.[63] 스마트 시티의 글로벌 순위를 제공하기 위해 2019년에 만들어진 스마트 시티 지수는 전 세계적으로 이러한 움직임이 얼마나 혁신적으로 진행되고 있는지를 잘 보여준다.[64]

디지털 기술이 민주주의를 어떻게 강화했는지 몇 가지 사례를 더 소개해 보도록 하겠다. 호주의 비영리 전자 민주주의(eDemocracy) 프로젝트인 오픈 포럼(Open Forum)은 디지털 기술을 활용하여 정치인, 고위 행정가, 학자, 기업인 및 기타 이해관계자들을 초청하여 정책 토론에 참여하도록 한다. 그리고 '캘리포니아 리포트 카드'는 주 정부에 대한 대중의 참여를 촉진하는 모바일에 최적화된 웹 애플리케이션이다. 코로나 팬데믹이 전 세계를 휩쓸면서 민주주의 국가들은 디지털 기술을 활용하여 사람들을 연결하고 공중 보건 감시의 핵심 요소로 활용하기도 하였다. 그리고 시민 단체들은 국가권력의 남용에 대응하기에는 역부족인 경우가 많았지만, 지금은 공개 인터넷 소스에 나타난 자료를 분석하여 권력 남용을 폭로하기도 한다. 가장 잘 알려진 사례는 사실 확인 및 오픈소스 정보를 전문으로 하는 탐사 저널리즘 그룹인 '벨링캣'(Bellingcat)이다.[65]

인공지능과 정치권력의 관계에 관한 내용을 다음과 같은 이야기로 마무리해 보자. 미국식 현대 민주주의에 대한 한 가지 놀라운 사실은 저소득층 또는 중산층 시민의 선호도와 부유층 시민의 선호도가 다를 때 정책 결과와 취약 계층의 선호도 사이에 아무런 상관관계가 없다는 점이다.[66] 사회적 약자에 대한 정책 선호도는 적극적으로 우선 순위에서 밀리고 의원들은 그들의 이익을 염두에 두지 않기 때문에 처음부터 이들을 대표하는 사람은 아무도 없었다. 따라서 정치권력에 관한 한, 현대 민주주의의 정당성은 분명히 문제가 있다.

이러한 상황을 개선하기 위해 제대로 설계된 인공지능을 통해 민주주의를 강화할 수 있다. 공적 영역의 맥락에서 논의된 디지털 공공 인프라는 전반적으로 시민 서비스를 개선하기 위해 시민들에게 인공지능을 배포하는 것을 포함하도록 풍부해질 수 있다. 그리고 데이터 베이스를 분석하면 정치인들이 시민들에게 필요한 것이 무엇인지 더 정확하게 파악할 수도 있을 것이다. 물론 유권자와 정치인 사이 소통의 폭은 더 넓어질 수 있다. 디지털 공간에 대한 감시는 필요하겠지만 민주적 거버넌스를 기준으로 감독하면 될 것이다. 급진적인 변화를 너무 많이 일으키지 않으면서도 정치인들이 이러한 기술의 민주적 잠재력을 실현하는 책임을 지도록 하려면 광범위한 민주적 풀뿌리 운동이 필요하다.[67]

3.8 인공지능과 민주주의: 경제권력

민주주의의 현대적 이상은 일반적으로 평등한 권한 부여를 함의한다. 하지만 경제적 불평등이 이것을 위협하고 있다. 이러한 위협은 자본주의 경제 정책을 채택하고 있는 현대 민주주의 국가에 영향을 미친다. 토마스 피케티가 주장했듯이 자본주의는 시간이 지남에 따라 더 많은 불평등을 조장하는데, 지분을 더 많이 소유한 사람들이 경제 생산과 성장의 혜택을 임금으로만 생활하는 노동자들보다 더 많이 누리고 있기 때문이다.[68] 역사적으로 민주주의에 대한 우려는 (푸블리우스가 염려했던 것처럼) 대중이 엘리트를 착취하는 것이었다. 하지만 자본주의 체제의 민주주의에서는 그 반대를 걱정해야 한다. 경제적 불평등을 줄이기 위해서 조세, 교통, 도시 설계, 의료, 디지털 인프라, 연금 및 교육 시스템, 거시 경제 및 통화 정책과 관련된 지속적인 정책이 필요하다. 롤스의 자유주의적 민주주의의 관점에서는 경제적 불평등은 줄여야 할 요소이다. 왜냐하면 이러한 불평등은 가장 취약한 계층을 포함한 모든 사람에게 혜택을 주기 위해 필요한 범위 내에서만 정당화될 수 있기 때문이다(이것은 다른 자유주의적 민주주의의 관점과도 일치한다).

인공지능에 대한 한 가지 우려는 일반적으로 기술을 생산하거나 사용할 수 있는 능력이 불평등을 유발하며 기술을 가진 사람들이 더 부유해지고 그 부가 여러 세대에 걸쳐 전이될 수 있다는 사실이다. 인공지능과 관련된 기술이 가진 문제는 피케티가 규정한 불평등을 강화하는지에 대한 여부이다. 그리고 여기서 제기되는 중요한 질문은 인공지능 기술의 발전이 확실히 기술의 소유자나 경쟁의 승자가 아닌 다른 사람들에게는 어떻게 작용할 것인가 하는 점이다. 많은 일자리가 인공지능에 의해서 사라지거나 기계가 인간을 대체하면서 일자리에 근본적인 변화가 생긴다는 것은 자명한 사실이다. 물론 이러한 변화는 하드웨어 유지 관리와 데이터 수집 및 분석과 관련된 기본 업무를 포함하여 새로운 일자리를 창출하기도 할 것이다.[69]

미래 일자리를 낙관적으로 예측하는 사람들은 많은 전통적인 일자리가 점차 변화하고 일부는 사라질 것이지만, 새로운 일자리가 생겨나고 사회적 부가 증가하여 일반인들의 여가 시간이 훨씬 더 늘어나게 될 것이라고 전망한다. 그러나 비관적인 측면에서는 기술 경제에서 의미 있는 역할을 수행할 자격을 갖추지 못한 미숙련 노동자들이 실업자가 될 것이라고 보고 있다. 비관주의자들의 생각이 지나친 기우일 수도 있다. 하지만 이러한 관점을 단순한 러다이트 운동으로 치부하지 않으려면("터널의 끝에는 언제나 이전보다 더 많은 일자리가 있다") 데이터 소유권이 점점 더 중요해지고 인공지능이 많은 업무를 흡수하는 경제는 토지의 소유권이나 공장 소유권 등을 중심으로 조직된 경제와는 크게 다르다는 것에 유의해야 한다. 앞의 시나리오들에서는 노동력을 위해 사람이 중요했으며 이들은 노동자이자 소비자의 역할을 했다. 따라서 엘리트들에게 너무 많은 실업자를 양산하는 것은 곧 소비자를 잃는 위험을 감수하는 것이었다. 하지만 이러한 제약은 미래에는 사라질 수 있다. 노동자이자 동시에 소비자로서의 지위가 흔들릴 수 있으며 정치적으로 완전히 배제되는 일까지 일어날 수 있다.

물론 데이터에 대한 통제와 소유권을 둘러싼 문제가 어떻게 해결되느냐에 따라 많은 것이 달라질 수 있으며 이러한 문제가 미래 경제에 미치는 영향은 아무리 강조해도 지나치지 않다(이 문제에 대해서는 9장에서 자세히 다룰 것이다). 쇼샤나 주보프가 주장했듯이, 경제에서 데이터 수집의 중요성은 '감시 자본주의'라는 용어가 현재 자본주의의 단계를 특징짓는 용어가 될 정도로 중요해졌다.[70] 경제 모델로서 감시 자본주의는 구글에 의해 개발되었다고 해도 과언이 아니다. 그리고 감시 자본주의의 관점에서 포드는 대량생산에 해당하고 이후의 모델은 페이스북과 아마존 등에서 채택되었다. 이전에는 주로 서비스를 개선하기 위해 데이터를 수집했다면 지금은 다양한 디바이스와 상호작용을 통해 생성된 데이터가 예측 제품을 개발하고 있으며 우리가 어떻게 느끼고 생각하고 행동할 것인지 예상할 뿐만 아니라 궁극적으로 이러한 행동을 통제하고 변화시키기 위해 데이터가 이용되고 있다. 마르크스와 엥겔스는 상품화의 증가를 자본주의의 기본 메커니즘으로 파악했다. 대규모 데이터 수집은 상품화의 극대화된 버전이다. 이러한 수집은 우리가 살아가는 모든 현실을 상품화한다.

20세기 한나 아렌트 등은 국가의 모든 것을 포괄하는 권력인 전체주의의 메커니즘에 대해 분석했다.[71] 주보프는 빅 브라더라는 말로 국가의 전지전능함을 표현한다. 또한 주보프는 사회적 환경에서 전자기기를 사용하여 이익을 얻기 위해 행사되는 '도구적' 권력에 관해 이야기한다. 여기서 중요한 또 하나의 표현은 무엇을 하는지 알고 있으며 항상 존재하는 전자 장치로 연결된 체계인 '빅 아더'(Big Other)이다. 빅 브라더가 완전한 통제를 목표로 하는 것이라면 빅 아더는 예측적 확실성(요구 사항을 정확하게 예측하기 때문에 주어진 조언을 항상 따르게 하는 체제)을 목표로 하는데 이는 8장에서 더 자세히 다루겠다.

현재의 기술혁신은 미래학자 에이미 웹이 '빅 나인(9)'이라고 부르는 소수의 대기업(미국에서는 구글, 마이크로소프트, 아마존, 페이스북, IBM, 애플, 중국에서는 텐센트, 알리바바, 바이두)에 의해 일방적으로 주도되고 있다.[72] 중국 기업들은 목적에 부응하기 위해 방대한 양의 데이터를 통합하고 채굴하느라 바쁘게 움직이고 있다. 미국은 감시 자본주의를 실행하고 있으며, 2022년 현재 민주적 미래 사회를 위한 일에 거의 관심을 보이지 않고 중국 공산당이 그러한 것처럼 민주주의를 업그레이드하는 데 관심이 없다. 유럽연합이 인공지능을 통해 민주주의를 발전시키는 데 관심을 기울이고 있을 뿐이다. 하지만 빅 나인 중 어느 기업도 중국에 거점을 두고 있지 않으며(물론 점점 더 많은 소규모 AI 기업이 중국에 진출하고 있지만), 기술 분야의 경쟁은 미국과 중국 간에 다소 불균형적인 것으로 보인다(여기서 '불균형적'이라는 의미는 이 두 경제의 크기에 비추어 볼 때 불균형적이라는 의미이다).

민주주의를 강화하는 방식으로 일자리의 미래에 대한 비관적인 예측을 피하려면 시민 사회와 국가 모두 나서야 한다. 빅테크 기업에 집중된 막대한 권력을 민주적인 목적을 위해 활용해야 한다. 빅테크 기업을 완전히 해체하거나(단순히 각각의 기업을 여러 개의 작은 사업체로 쪼개는 것 이상으로, 역사적으로 보더라도 이는 엄청난 일이다), 통신 회사같이 공공서비스 기관으로 취급하여 규제를 받게 하는 것도 한 가지 방법이다. 단순히 자율 규제를 통해 그 목적을 민주주의로 바꾸기에 이들은 너무나 크고 막강한 권한과 자율성을 가지고 있다.[73]

3.9 나오며

미래가 다가옴에 따라 컴퓨터 과학자는 민주적 목적을 위해 전문화된 인공지능을 설계하는 전문가로서 그 중요성이 더욱 커질 것이다.

이는 그 자체로 하나의 도전이다. 기술과 민주주의가 자연스러운 동맹이 아니듯이 기술자들 역시 무조건 민주적이라고 생각하는 것은 잘못된 생각이다. 그들은 심지어 민주주의의 적임자도 아니다. 엘륄만큼 이러한 생각을 극단적으로 표현한 사람은 없다. 하지만 굳이 엘륄의 말을 인용하지 않더라도 이 문제가 얼마나 어렵고 중요한지는 누구나 쉽게 알 수 있다. 기술과 과학에 대해 아렌트는 다음과 같이 이야기했다.

> (기술과 과학은) 인간관계의 그물망이 아닌 우주의 관점에서 자연에 직접적으로 작용하기 때문에 행위의 성격을 드러내며 이야기를 생산하고 역사화할 수 있는 능력이 결여되어 있지만, 인간 존재에 의미를 불어넣고 조명하는 원천을 형성한다.[74]

민주주의는 다른 무엇보다도 아렌트가 언급한 행위로부터 큰 혜택을 받는 삶의 양식이다(이것은 10장과 11장에서 다시 살펴볼 것이다). 그러나 현대 민주주의는 먼 거리 국가의 문제와 위압적인 행정의 문제를 해결하는 일종의 행위자-네트워크가 되기 위해 기술(그리고 이를 생산하는 과학적 활동)에 결정적으로 의존하고 있다. 민주주의 국가의 시민들은 기술이 민주주의를 훼손하는 것이 아니라 발전하는 데 사용되기를 희망해야 하며 기술 전문가에게 모든 것을 의존해서는 안된다. 기술 발전은 민주정치에서 폭넓게 논의되어야 하며 시민들은 이러한 문제에 대해 적극적인 관심을 가져야 한다.

기술이 위너의 포용적 교통 인프라와 같이 되려면 기술을 의식적으로 활용해야 한다. 그렇지 않으면 삶의 방식으로서의 민주주의와 그러한 삶을 영위하는 데 따르는 인간다움은 기술 발전으로 인해 위협을 받을 것이다. 공적 영역, 정치권력, 경제권력이라는 제목으로 논의한 바와 같이 민주주의 문화를 발전시켜야 하는 이유는 단순히 기술혁신 때문만은 아니다. 이것은 인류가 이미 경험한 디스토피아적 시나리오를 피할 수 있도록 기술을 통제하기 위한 전제 조건이다. 늘 그랬던 것처럼, 민주주의의 물질성은 시간이 지남에 따라 어떤 종류의 민주적 시민권이 가능한지 그리고 궁극적으로 미래 민주주의에서 어떤 방식으로 인간이 될 수 있는지를 결정한다. 따라서 민주적 문화와 기술을 통합하는 것은 그만큼 중요하다.

라이프 2.0이 진행됨에 따라 우리의 질문도 바뀌어야 한다. 기술혁신이 계속 일어나면서 사회는 변화할 것이며 혁신은 인간의 한계에 대한 인식을 높이고 사람들은 그 한계에 대처하는 다양한 방법을 제시할 것이다. 그리고 라이프 3.0이 등장하면 거버넌스에 대한 새로운 질문이 제기될 것이다. 인간이 여전히 통제권을 행사할 수 있을 것인가? 민주주의는 존재할 수 있는가? 소수의 사람이나 국가에 의해 모든 사람이 통제받는 것은 아닌가? 아니면 또 다른 형태의 질서가 존재할까? 거버넌스에 새로운 지능적 주체를 참여시키는 것이 적절할까? 그리고 그 주체는 어떤 모습이어야 하는가? 인간이 통제권을 갖지 않는다면 그 거버넌스는 어떤 모습일까? 이 질문들은 11장에서 다룰 것이다. 지금은 바로 우리 눈앞에 놓여 있는 다른 질문으로 넘어가 보자.

4. 진리는 우리를 자유케 하지 않는다: 진리에 대한 권리는 존재하는가?

― 라이프 2.0에서 공적 이성의 역할

> 완전한 합의에 도달할 수 없을 때,
> 다른 생각을 가진 사람들을 제거하는 것이
> 한 국가에서 문제를 해결하는 매우 효과적인 방법임이 입증되었다.
> - 찰스 샌더스 피어스, "신념의 고착화"[1]

4.1 들어가며: 진리에 대한 권리

서양의 전통(아마도 다른 모든 전통과 마찬가지로)에는 진리가 생활 방식을 완전히 뒤집어 놓을 수도 있다는 우려가 있다. 플라톤의 유명한 동굴의 비유에서 외부 세계에 대한 진리를 알리기 위해 동굴을 떠났다가 다시 돌아온 사람은 동굴 안에 남겨졌던 사람들에게 죽임을 당할 수 있다.[2] 플라톤 이후 수세기가 지난 후 예수는 빌라도에게 "진리에 속한 사람은 누구나 내 목소리를 듣는다"고 하였다. 하지만 예수를 고발한 사람들은 예수의 말이 사실일지도 모른다는 두려움 때문에 예수가 거짓말을 한다고 비난했다. 빌라도는 "진리가 도대체 무엇인가?"라고 물으며 "나는 그에게서 조금도 잘못을 발견하지 못했다"라고 선언한다.[3] 그러나 빌라도 자신이 의미 없다고 생각한 증언이 빌미가 되어 예수에게 사형이 선고된다. 즉 진리를 중요시하는 종교의 창시자는 진리를 비난하는 사람들의 권력에 의해 만들어진

혐의로 사형을 선고받는다. 그리스와 기독교에서 말하는 지혜는 진리를 전하는 사람들이 다양한 형태의 저항, 즉 진리가 누구의 판결에 의존하는가에 따라 바뀔 수 있으며 이것이 체제를 뒤엎을 수도 있기에 극렬한 저항을 예상해야 한다는 점을 분명히 하고 있다.

수천 년이 지난 오늘날에도 디지털 세계에서는 진리에 대한 우려가 제기되고 있다. 디지털 세계는 아날로그 환경에서는 상상할 수 없었던 속도와 양으로 정보를 확산시킬 수 있다. 하지만 잘못된 정보와 허위 사실들도 같은 방식으로 확산될 수 있다. 따라서 '진리에 대한 권리'는 단순히 디지털 세계의 기술적 특징에 비추어 볼 때 일견 도덕적 타당성을 지니고 있다. 그리고 디지털 기술은 콘텐츠를 차단하거나 신고 또는 삭제할 수 있는 기능을 가지고 있기도 하다. 따라서 진리에 대한 권리는 원론적으로 디지털 세계에서도 구현될 수 있다. 물론 아날로그 세계에서도 이러한 권리에 대한 질문은 발생하며 이 권리에 대한 논의는 일반적으로 디지털이나 인공지능과는 상관없이 철학적 논의를 바탕으로 이루어졌다. 하지만 디지털 세계에서 이러한 권리가 존재하는지에 대한 의문은 특정한 관점을 인간이 아닌 인공지능이 확대하거나 생성할 수 있다는 가능성 때문에 매우 중요하다. 그리고 이 질문은 진리가 삶의 방식을 어떻게 뒤엎어 버리는지에 대한 역사적 우려를 배경으로 제기하기도 한다.

'진리에 대한 권리'는 종종 인권 및 인도주의에 대한 중대한 위반의 맥락에서 제기되었다. 물론 특정한 행위자가 '특정한' 정보를 받을 법적 또는 도덕적 권리가 있는 다른 영역도 있다(아래에서 몇 가지 예를 더 살펴보도록 하겠다). 하지만 우리가 여기서 알고 싶은 것은 진리를 말할 수 있는 일반적인 권리가 존재하는지, 그렇다면 어떤 상황에서 그 권리가 무력화될 수 있는지 여부이다. 또한 이러한 권리가 언제 상실되는지에 대한 설명도 제공되어야 한다. 쟁점은 우리가 모든 상황에서 언제나 진리를 요구할 수 있는지 아니면 특정한 상황에서만 그러한 권리가 있는지 여부이다. 결과적으로는 후자가 옳다고 할 수 있다. 논의를 통해 분명해지겠지만, 진리는 여전히 인간의 생활 방식을 뒤흔들 수 있으므로 언제나 신중하게 접근해야 한다.

이 장에서는 진리라는 주제에 대해 다양한 사상가들의 입장을 모았다. 따라서 우선 디지털 세계에서 비진리가 얼마나 위험한 것인지 먼저 살펴보도록 하겠다. 여기서 말하는 비진리에는 노골적인 조작뿐만 아니라 과정, 누락, 과소평가, 암시, 근거 없는 의혹 제기, 왜곡 또는 오해의 소지가 있는 진술 등이 포함된다. 이러한 고려 사항들은 진리에 대한 권리를 뒷받침하는 것들이다. 하지만 우리는 비진리가 사람들의 삶에 매우 중요하다는 것도 알 수 있을 것이다. 사람들은 진리를 선호하지 않을 뿐 아니라 비진리가 가치 있는 심리적·사회적 동력을 만들어 낼 수 있다는 사실에 대해서도 이야기할 것이다. 유명한 성경 구절, "진리가 너희를 자유케 하리라"(「요한복음」 8장 32절)라는 말과는 달리 사람들에게 결코 진리가 자유를 주지는 않는다. 자유로워진다는 것이 세상의 방향을 갖는 것이라면, 우리는 같은 생각을 가진 사람들과 함께 공통된 세계관(비진리를 많이 포함하는 세계관이나 포괄적인 도덕적 교리)을 받아들여야 한다. 진리에 대한 다양한 의견을 고려하더라도 진리에 대한 포괄적 권리는 존재할 수 없다. 하지만 이러한 포괄적 권리의 부재는 '특정 맥락'에서는 진리에 대한 권리가 존재할 수 있다는 것을 증명하는 것이기도 하다. 3장에서 논의한 바와 같이 공적 이성의 관점에서 시민권 행사를 위한 공적 영역을 보호한다는 것은 국가가 진리를 말하는 것을 요구하고 비진리를 배제해야 한다는 것을 의미한다. 하지만 결론부터 말하자면, 공적 영역에 관한 한 진리의 이면에 있는 도덕적 우려는 실제 진리에 대한 권리라는 관점에서 가장 약하게 포착된다.[*]

당연히 '진리에 대한 권리'는 모든 사람이 모든 것을 알아야 한다는 광범위한 권리를 포괄할 수 없는 불합리한 것이다. 따라서 4.2절에서는 이 주제에 대해 명확히 설명하고 진리에 대한 권리가 적용 가능한 영역이 어디인지 살펴보도록 하겠다. 4.3절에서는 '지속적 반복'이라는 것을 주제로 진리가 아닌 것이 얼마나 해로운지 알아본다. 일반적으로 디지털 세계의 소셜 미디어는 사람들이 반복적인 메시지를 받고 지속해서 같은 뉴스 소스를 접하게 한다. 2020년 대선을 '도둑맞았다'고 묘사한 도널드 트럼프의 '거짓 선동'(Big Lie)은 끊임없는 반복을 통해 비진리를 확산시킨 대표적 사례이다. 삶을 만들어 가는 데 반복의 중요성을 강조하기 위해 그리고 비진리의 끊임없는 반복이 얼마

---

[*]   (1) 어떤 독자들은 진리에 대한 포괄적 권리가 존재하는지에 대한 조사가 실패할 수밖에 없다고 말할지도 모른다. 왜냐하면 일반적인 수준에서는 그 대답이 긍정적일 수 없기 때문이다. 이러한 직관은 중요한 방식으로 증명될 것이다. 그러나 여기에서 논의하는 쟁점들은 그 자체로 매우 중요하기 때문에 이러한 통찰이 사전에 유도되기보다는 분석을 통해 자연스럽게 도출되도록 하는 것이 더 효과적이다. (2) '진리성'은 진리를 말하기 위해 노력하는 개인적인 미덕 또는 진리를 중요시하는 가치를 의미하며, 때로는 어떤 사실이 진리라는 것을 의미한다. 문맥을 보면 이 의미에 대해 알 수 있다. 나는 여기서 일반적으로 추상명사로서 관사를 사용하지 않고 '진리'에 대해 이야기한다. 관사는 일반적으로 진리의 구체적인 사례가 암시적으로 드러났을 때 사용한다.

나 큰 피해를 주는지 인식하기 위해, 우리는 키르케고르에 대해서도 살펴볼 것이다. 인간의 삶에서 반복의 중요성이 갖는 무게와 악의적인 종류의 반복을 만들어 내는 잠재력은 진리에 대한 도덕적 권리의 중요성에 대해 알려 준다. 이러한 것은 디지털 세계에 절실하게 필요한 것이다.[*]

　이러한 내용에도 불구하고 비진리가 삶에 미치는 엄청난 영향력을 고려하면 진리에 대한 '포괄적' 권리에 대한 모든 주장을 무색하게 만든다. 4.4절에서는 프리드리히 니체가 '진리에의 의지'와 '가치에의 의지'를 구분한 것을 바탕으로 이에 대해 살펴볼 것이다. 니체는 사람들이 진리보다는 자신의 삶에 의미 있는 이야기를 만드는 데 더 관심을 갖는다고 주장한다. 우리의 삶을 의미 있는 방식으로 설명하려는 노력을 이끄는 것은 가치에의 의지이며 이러한 노력은 우리를 둘러싼 세계를 있는 그대로 해석하려는 의지와 미묘하면서도 복잡한 관계에 있다. 이 복잡성을 정확히 짚어 낸 니체의 능력은 이러한 의지가 다양하게 분화될 가능성이 큰 디지털 시대에 그의 구별을 계속해서 놀라울 정도로 관련성이 있게 만든다. 4.5절에서는 니체의 주장을 통해 진리를 주변적인 것으로 취급하는 사람들이 스스로를 어떻게 이해하는지에 대해 알아볼 것이다. 예를 들어 트럼프의 거짓 선동은 많은 사람에게 권력을 얻기 위해 수단과 방법을 가리지 않는 무모한 자유주의자들이 자신을 어떻게 합리화하는지 알려 준 사례이다. 또한 이는 사

---

[*] 　트럼프의 거짓 선동은 몇 가지 점에서 좋은 사례이다. 정치 스펙트럼의 다른 부분에서도 이와 유사한 사례를 쉽게 찾을 수 있다. 그럼에도 거짓 선동과 그 방식은 앞으로 수십 년 동안 정치심리학의 한 현상으로 계속 관심을 끌 것이다.

람들에게 그 이야기를 전달하고 도둑 혐의에 맞서 싸우는 데 있어 사람들에게 역할을 제공하기도 한다. 포괄적 교리 역시 일반적으로 삶에 의미를 부여하는 종류의 스토리텔링이라고 할 수 있다. 4.4절과 4.5절에 이어 4.6절에서는 왜 포괄적인 진리에 대한 권리가 존재할 수 없는지에 대한 논거를 제시할 것이다.

4.7절에서는 마지막으로 공적 이성에 대해 살펴본다. 공적 이성의 관점에서 진리가 하는 역할이 제한적이라는 것은 진리에 대한 포괄적 권리가 존재하지 않는다는 것을 증명한다. 결국 시민들은 진리의 관점에서 자신이 가진 도덕적 교리를 기준으로 판단하는 것을 자제하도록 요청받는다. 동시에 진리의 역할은 특정 상황에서, 특히 공공 영역의 보호와 관련하여 진리에 대한 권리가 있어야 하는지에 대한 의문을 제기한다. 하지만 4.8절에서 이야기하는 것처럼 공공 영역에서 진리가 갖는 도덕적 관련성은 일반적으로 진리에 대한 권리를 주장함으로써 오히려 퇴색되고 만다. 중요한 것은 개인이 특정 상황에서 특정 행동을 주장하는 것이 아니라, 공적 영역의 기능이 국가가 보호해야 할 중요한 가치라는 점이다. 진리가 우리를 자유롭게 해 주지는 않으며 진리에 대한 포괄적 권리도 존재하지 않지만, 공적 영역에서의 진리성이 중요한 가치로 간주되고 사람들이 자신의 스토리텔링을 만드는 포괄적 교리에서 방향을 찾을 수 있는 사회는 그렇게 할 수 있는 보다 합당한 전망을 제공한다. 이러한 사회는 사람들을 지속적인 방식으로 자유롭게 하는 동시에 다른 사람들도 자신만의 다른 방식으로 자유로워질 수 있도록 보장하는 사회이다.[**]

4.2 진리에 대한 권리

권리에 관한 이야기를 시작하면서 이에 대한 몇 가지 기본 개념에 대해 알아보도록 하겠다. 이것이 논의에 중요한 역할을 하지는 않지만, 이 장은 권리를 다루는 여러 장 중에 첫 번째 장이기에 이 단계에서 권리에 대한 몇 가지 기본 사항에 대해 알아보는 것이 좋을 듯하다. 웨슬리 호펠트가 개발한 표준 체계에 따르면 권리는 특권, 청구권, 권한 또는 면책으로 구분될 수 있다.[4]

만약 내가 무언가를 하지 말아야 할 의무가 없다면 그것은 무언가를 할 수 있다는 '특권'이 있다는 것을 의미한다. (나는 결혼을 할 수 있는 권리가 있으므로, 결혼을 하면 안 된다는 의무는 없지만, 이 권리는 실제로 작동하지 않으며 특정 사람이 나를 받아들일 경우에만 이 권리가

**   (1) 넓은 의미의 '이야기'(또는 '내러티브')는 허구이든 사실이든 상호 연관된 일련의 사건이나 경험에 대한 설명이다. 좁은 의미에서는 허구를 의미한다. 그러나 광의의 의미에서는 허구이든 사실이든 진리이든 상관없이 사용할 수 있는 내러티브에서 진리와 비진리는 종종 합쳐진다. 앞서 언급했듯이 사실이 아닌 요소는 명백한 조작이 아니라 과장, 누락, 과소평가, 암시, 왜곡 또는 오해의 소지가 있는 진술일 수 있다. 영국 총리 보리스 존슨에 대한 책 리뷰에서 로리 스튜어트는 '비진리'가 의미하는 모든 범위를 훌륭하게 포착한다. 스튜어트는 존슨 총리가 "오류, 누락, 과장, 축소, 모호함, 단호한 부정의 사용에 능숙하다"고 말한다. 존슨은 유추, 우회, 거짓 비유를 완벽하게 구사한다. 총리는 (의도치 않게 진실이 될 수도 있는) 아이러니한 농담, 거짓과 거창한 거짓말, 반쪽짜리 진실, 과장된 거짓말, 뻔한 거짓말, 엉터리 거짓말에 능숙하다. 그리고 그는 오랫동안 이러한 기술로 유명해졌기 때문에 자신의 명성을 이용해 새로운 차원의 유쾌한 역설로 올라갈 수 있었다. 이에 대해서는 Stewart, "Lord of Misrule" 참조. (2) 조지 오웰의 『1984』에서 주인공 윈스턴 스미스는 자신의 일기에 자유란 2 더하기 2는 4라고 말할 수 있고 이것이 허용된다면 다른 모든 것이 따라오는 것이라고 썼다. 이 주장에 따르면 자유는 더 복잡해진다. 하지만 스미스가 견뎌야 하는 끔찍한 상황에서 이러한 견해를 밝힌 것을 비난할 수는 없다.

행사될 수 있다.) 그리고 다른 사람이 어떤 일을 해야 할 의무가 있는 경우, 나는 그것에 대한 '청구권'이 있다. (내가 물건에 대한 돈을 지급하면 가게 주인은 물건을 넘겨줘야 할 의무가 있다.) 또한 내가 청구권을 사용할 수 있는 위치에 있는 경우, 내게는 '강제권'이 있다. (나는 추천인에게 서류를 볼 권리를 행사하지 않겠다고 말할 수 있다.) 마지막으로, 나는 자격 변경을 거부할 수 있는 위치에 있을 경우 '면책권'이 있다. (환자로서 나는 일반적으로 의료 서비스 제공자가 일방적으로 개인 정보 보호 계약을 변경하는 것에 대해 이러한 권리를 갖는다.)

권리의 종류들에 관한 개념을 사용할 때, 과연 그것이 정확히 어떤 종류의 권리(특권, 청구권, 권한, 면책)를 의미하는지 대부분 분명히 나타나지만, 논쟁의 여지가 있는 경우도 많다. 이러한 권리는 법적 권리일 수도 있고 도덕적 권리일 수도 있다. 법적 권리는 일부 법적 체계의 일부라 할 수 있다. 도덕적 권리의 경우, 법적 체계 내에서 발생하는 집행과 관련된 문제와 관계없이 특정 상황에 대한 적절한 대응이 왜 누군가에게 특권, 청구권, 권한 또는 면책을 부여하는 것인지에 대한 논거와 관련된다.***

다시 말하지만, 이 장에서는 권리의 종류에 대한 것을 집중적으로 다루지 않는다. 이 책의 나머지 부분에 대한 이해를 돕기 위해 권리

***　도덕적 권리를 주장하기 위해 무엇이 필요한지에 관해서는 Scanlon, "Rights, Goals, and Fairness" 참조. 이 견해에 따르면 도덕적 권리는 특정한 권리가 할당되지 않았을 때 개인이 어떻게 행동하거나 제도가 어떻게 작동하는지에 대한 경험적 주장, 공정성과 평등을 고려하는 방식으로 결과를 평가한 데 근거하여 이러한 결과가 용납될 수 없다는 주장(적절한 경우) 그리고 예상되는 권리 할당이 어떻게 다른 결과를 낳는지에 대한 추가적인 경험적 주장을 포함한다. 이후의 논의는 이러한 정신에 입각한 것이지만, 이 체계를 명시적으로 재검토하지는 않는다.

에 대한 일반적인 설명을 여기서 소개한 것뿐이다. 이제 진리에 대한 권리로 넘어가 보자. 이러한 권리는 억압적인 권력 구조를 개선하기 위한 과도기적 정의라는 광범위한 맥락에서 주로 친숙한 것이다.[5] 중대한 인권 침해가 발생했을 때, 일차적인 피해자는 당사자와 그 가족이지만 이차적으로는 정부나 기타 기관에 누가 연루되었는지 정보를 요구할 수 있는 알 권리를 가진 사회 전체가 피해자라 할 수 있다. 따라서 유엔은 3월 24일을 '중대한 인권 침해에 관한 진실 요구 및 피해자의 존엄성을 위한 날'로 지정하고 있다.*

중대한 인권 침해에 관한 진실 요구에 대한 논의는 「세계 인권 선언」 제19조에 명시된 '정보와 의견을 받고 전달할 권리'를 기반으로 한다. 예를 들어 이 권리는 일부 미국의 정보 자유법 외에도 유엔총회의 '2030 지속 가능 발전' 의제에도 명시되어 있으며 유네스코는 대중의 정보 접근에 대한 관리 기관으로 지정되어 있기도 하다.[6] 다른 예를 들자면 의료 윤리에서 '알 권리'에 관한 것이다. 이 주제는 유전자 정보의 맥락에서 나타나지만 사전 동의에 대한 논의에서도 암시적으로 나타난다.[7] 물론 특정한 상황, 특히 선서하에 증언이 필요한 경우 법은 진실을 말하도록 요구한다. 따라서 특정 당사자는 특정 사안에 대해 진실을 알 권리가 있다.

위와 같은 상황은 특정 맥락에서 자격을 공식화하는 것이다. 따라서 이러한 경우 진리에 대한 후속 논의가 쉽게 정리될 수 있다. 하지

---

*   1980년 이날, 산살바도르의 대주교 오스카 아르눌포 로메로는 미사를 집전하던 중 총에 맞아 사망했다.

만 여기서 우리가 다루고자 하는 것은 더 모호한 것이다. 진리에 대한 포괄적 권리와 같은 것이 존재하는지 그리고 그것이 무엇을 의미하는지 등에 대한 것을 논의해야 한다. 만약 진리에 대한 권리가 존재한다면, 상반되는 고려 사항이 그러한 주장을 무효화할 수도 있고 일반적 진리성을 주장할 수 있다. 하지만 세상 대부분의 사건이 자신과 상관없는 일이라는 것을 거의 모든 사람이 알고 있다. 이러한 상황에서 진리가 우세한 환경에 대한 포괄적 권리보다는 특정 상황에서만 진리에 대한 권리가 있다는 것이 대안이 될 수 있다. 그리고 결과적으로 이것은 사실이다.

4.3 디지털 미디어의 지속적 반복: 진리에 대한 권리를 위한 사례

진리에 대한 권리를 지원하는 한 가지 방법은 디지털 세계에서의 관련성에 특별히 초점을 맞춰 '지속적 반복'이라는 주제를 조사하는 것이다. 이러한 조사를 통해 우리는 겉으로 드러난 것보다 더 깊은 수렁에 빠질 수도 있다. 하지만 이 주제의 중요성을 인정하는 것은 비진리의 반복이 얼마나 큰 피해를 초래하는지 명확히 하는 효과적인 방법이다.

2020년 대선을 '도둑맞았다'고 표현함으로써 선거 결과를 뒤집으려는 트럼프의 끔찍한 노력, 즉 트럼프의 거짓 선동이 반복의 대표적인 사례이다. 트럼프도 인정했듯이, 거짓이나 오해의 소지가 있는 발언을 신빙성 있게 만드는 데는 반복이 중요하다.** 우편 투표에 대한 그의 거짓 주장이 2020년 대선의 정당성을 얼마나 훼손했는지 그리고 우편 투표의 신용을 떨어뜨리려는 그의 노력이 얼마나 광범위하게 이루어졌는지를 보면, '반복'이라는 것이 공공 영역에서 어떻게 작용하는지 알 수 있다.[8] 2020년 9월 첫 번째 대선 토론이 열리기 몇 달 전부터 트럼프 캠프는 우편 투표에 대한 부정선거 가능성에 대한 정보를 유포했다. 이것은 이후 개표에 대한 허위 정보를 퍼뜨리기 위한 시도의 발판이 되었다. 엘리트들이 주도한 이 캠페인의 주요 메커니즘은 트럼프 캠프와 공화당 전국위원회에서 허위 사실을 유포하기 위해 미디어를 활용하는 것이었다. 그리고 소셜 미디어는 이러한 허위 사실을 더욱 부추겼다. 특정 주장이 현직 대통령으로부터 나왔다는 점에서 뉴스는 가치가 있었고 선정적인 콘텐츠로 더 많이 반복되기에 적합했다.

트럼프의 허위 정보 전략과 정치 전반에서의 소셜 미디어의 영향력은 이 책에서 다루는 것 이상의 실증적 연구가 필요한 중요한 주제이다.[9] 현재 분명히 나타난 사실은 첫째, 소셜 미디어의 엄청난 가용성으로 인해 정보의 확산 및 유통 채널이 어느 정도 변화했다는 점이다. 둘째, 점점 전문화된 인공지능에 의해 강화된 기술은 딥페이크 오디오 및 동영상에 의해 풍부해진 가짜 뉴스 보도를 통해 갈수록 정교해지는 방식으로 허위 정보를 생성하고 확산시킨다. 이는 허위 정보

**   2021년 7월 3일 플로리다에서 열린 연설에서 트럼프는 다음과 같이 말했다. "충분히 말하고 계속 말하면 사람들은 당신을 믿기 시작할 것입니다"(www.cnn.com/2021/07/05/politics/trump-disinformation-strategy/index.html). 트럼프의 수사학에서 반복의 중요성에 대해서는 Snyder, *On Tyranny*, 10장 참조.

로 자동화된 (최종 사용자 또는 인플루언서의) 고도의 개인화된 표적화 또는 가짜 뉴스가 범람하는 커뮤니케이션 채널을 통한 정보 접근을 이용한다.[10] 이러한 상황에서 루머가 확산될 때 반복이 미치는 영향은 디지털 세계에서 진리에 대한 권리가 무엇인지 다시 한번 생각하게 만든다.[11]

트럼프의 거짓 선동이 대표적인 사례이긴 하지만, 정치적 수사학에서 반복의 중요성은 오래전부터 인식되어 왔다. 한 가지 예를 들어 보자. 1949년 프랑크푸르트학파의 학자 레오 뢰벤탈과 노버트 구터만은 전체주의가 사람들을 순종적으로 만들기 위해 심리적 조작을 사용한다고 주장했다.[12] 이러한 심리적 조작 중 대표적인 것이 인종차별적 고정관념, 정치적 선동, 폭력적 환상을 끊임없이 반복하여 사람들을 압도하는 것이다(이는 뢰벤탈과 구터만이 망명 학자로 미국에 살면서 조사한 미국의 파시스트 성향도 반영된 것이다). 이러한 종류의 반복은 사람들이 다음에 어떤 말을 듣더라도 받아들이도록 유도하며, 새로운 정보가 자신의 편견과 성향에 호소하는 동일한 소스와 채널이라면 그 어떤 정보도 의심 없이 받아들이도록 만든다. (전체주의에 대한 이 분석은 그 유명한 한나 아렌트의 『전체주의의 기원』보다 2년 앞서 발표된 것이다. 아렌트는 여기서 전체주의는 반복보다는 공포와 잔인함을 통해 사람들을 지배한다고 분석한다.[13])

물론 정치인들은 트럼프나 디지털 세계가 등장하기 훨씬 전부터 반복의 힘을 알고 있었다. 라틴어를 배우는 학생들에게 유명한 로마의 정치가 대 카토는 카르타고를 멸망시키고자 행한 연설의 마무리마다 "덧붙여서, 내 생각에 카르타고는 반드시 멸망해야 합니다"(Ceterum censeo Carthaginem esse delendam)라고 반복했다. 물론 로마인들은 결국 카르타고를 멸망시켰다. 또한 히틀러 역시 『나의 투쟁』에서 "구호는 마지막 한 사람이 그 생각을 이해할 때까지 끈질기게 반복해야 한다"고 말했다.[14]

정치이론가 낸시 로젠블룸과 러셀 뮤어헤드는 트럼프가 추진하는 캠페인의 종류에 대해 '새로운 음모주의'라고 부르며 기존의 '음모주의'와 이를 구분한다.[15] 이전의 음모주의는 겉으로 보기에 최소한 증거에 집착하는 모습을 보였다. 그 음모주의는 기존의 견해를 조작으로 묘사하며 조사에 참여할 사람들을 모집하기도 하였고 증거를 위조하기도 했다. 악명 높은 예로 1900년경에 작성된 반유대주의 문서인 「시온 장로 의정서」가 있는데 이 문서에는 유대인의 세계 정복 계획이 담겨 있다.[16] 이런 종류의 음모는 억지스러운 경우가 많다. 하지만 음모를 조장하는 사람들은 자신의 주장을 방어할 수 있는 것으로서 증거를 가장 핵심적이라 생각했다. 이들은 거짓말을 방어하기 위해 일반적으로 조작된 증거뿐만 아니라 순간의 거짓말을 감추기 위해 더 큰 거짓말을 만들며 자신들의 신뢰성을 높여 갔다. 위조된 것이 명백한 「시온 장로 의정서」는 유대인들이 기독교 세계 질서를 훼손하려 했다고 믿는 반유대주의자들에 의해 옹호되었다. 하지만 현대의 새로운 음모주의에는 이러한 메커니즘이 작동하지 않는다. 다만 반복만 있을 뿐이다.

자신들의 허위 주장을 반복하는 사람들을 대신하여 표면적으로 (때로는 과시적으로) '그냥 질문만 하는' 사람들을 포함하여 주장이 여러 번 반복되면 '많은 사람이 같은 말을 하고 있다'는 것이 사실이 된다(로젠블룸과 뮤어헤드의 책 제목 '많은 사람이 말하고 있다'처럼). 이러한 사실은 다른 사람들의 생각을 조금씩 바꿀 수 있다. 하퍼 리의 대표적인 소설 『앵무새 죽이기』에 등장하는 테일러 판사는 "사람들은 일반적으로 보고 싶은 것만 보고, 듣고 싶은 것만 듣는다"고 말했다.[17] 지속적인 반복은 사람들이 진리라고 믿고 싶은 것을 확신하게 만든다. 과거의 음모론은 증거가 뒷받침되지 않을 경우, 이론을 겹겹이 쌓아 올리며 어처구니없는 설명을 늘어놨다. 하지만 새로운 음모론은 반복을 통해 비판자들의 신뢰성을 무력화시키고 사람들을 설득하고 있다. 반복이 유일한 권위의 원천인 곳에서 의미 있는 소통은 불가능하다.

　반복은 사람들을 안심시킨다. 처음에 진술을 거짓으로 인식한 사람이라도 반복해서 들으면 진리로 판단할 가능성이 높다.[18] 때로는 이러한 방식으로 진행하는 것이 합리적일 때도 있다. 18세기 수학적 사회과학의 선구자인 콩도르세가 증명한 집단 사고에 관한 주요 공식인 배심원 정리에 따르면, 올바르게 결정할 확률이 50% 이상인 사람이 모였을 경우 p가 참이라는 데 동의하는 사람의 수가 많을수록 p가 참일 확률은 1에 수렴한다.[19] 하지만 이 경우는 사람들이 직접 온전히 자신의 판단에 따라 결정을 내릴 때만 해당한다(엄밀히 말해서 사람들이 명제 p에 부여하는 확률이 독립적일 때만 해당한다). 즉 모든 사람이 신뢰할 수 있는 판단을 내리고 스스로 생각할 경우, '많은 사람이 말하는 것'은 진술의 진리성을 가질 수 있다. 그러나 그렇지 않다면 '많은 사람이 말하는 것'은 어떤 진술의 진리성도 가지지 못한다.[20]

　반복은 또한 세상에 대한 근거와 방향을 제시하기도 한다. 라틴어를 공부하는 사람들에게 유명한 말은 "반복은 공부의 어머니"(repetitio est mater studiorum)이다. 반복적인 학습을 통해 우리는 내용을 숙달하고, 이를 바탕으로 세상을 만나고 해석한다. (이와 관련된 이유에서 좋은 교사는 일반적으로 학생들이 실수를 반복하면 그 실수가 더 고착화될 수 있기에 이를 지도한다.) 하지만 반복이라고 하는 것은 학습의 영역뿐만 아니라 다른 영역에서도 유사하게 작동한다. 규칙적이며 반복적인 행위들은 우리의 삶을 형성한다. 철학에서 이 주제는 키르케고르에 의해 가장 영향력 있게 발전했다. 반복, 특히 디지털 세계에서의 반복에 대해 생각해 볼 때 우리가 다루고 있는 문제의 심각성을 이해하기 위해 키르케고르의 생각과 이것이 개인의 정체성에 대한 현대의 연구와 어떻게 연결되는지 알아보는 것으로 본 절을 마무리하도록 하겠다.

키르케고르의 저서 『반복』은 시간이 어떻게 끊임없이 흘러가는지에 관해 이야기한다. 시간을 통제하지 않으면 시간은 우리를 압도하고 우리의 삶을 빼앗아 간다. 그 흐름을 점검하고 잠시 멈추기 위해 우리는 반복을 연습해야 한다. 키르케고르의 주인공 콘스탄틴 콘스탄티누스는 '반복과 회상'을 "방향만 다를 뿐 같은 움직임으로 회상된 것은 과거에 있었던 것을 다시 반복하는 반면, 진정한 반복은 앞으로 회상하는 것"이라고 설명한다.[21] 우리는 과거에 있었던 일을 다시 현재화하여 되살리고, 새로운 상황과 연결해야 하는 새로운 맥락에서 재현하고 '과거를 회상'하고 이를 통해 자신의 삶을 형성한다. 여기서 중요한 사실은 우리는 지금 새로운 맥락에서 반복될 수 있는 것에 대해 이야기하고 있다는 점이며 키르케고르가 말하는 것도 이것과 관련된다는 것이다. 비디오게임의 끝없는 반복은 새로운 맥락과의 연결이 없이 문자 그대로 항상 동일하기에 어떤 의미도 만들지 못한다.

키르케고르가 사망한 지 100여 년이 지난 후, 심리학자 다니엘 카너먼은 '경험하는' 자아와 '기억하는' 자아를 구분했다.[22] 경험하는 자아는 주로 '현재'만 알고 있다. 하지만 기억하는 자아는 이야기꾼으로 과거에 일어난 일과 현재 일어나고 있거나 미래에 일어날 일을 연결한다. 기억하는 자아에게 삶은 사실 하나의 이야기이다.* 기억하는 자아는 습관, 선호도 또는 혐오감의 측면에서 자신을 식별할 수 있도록 반복적인 패턴을 생성해야만 자기 삶의 이야기를 만들 수 있다는 점에서 키르케고르의 지적과 맥락을 같이한다(여기서 중요한 것은 단순히 같은 일을 반복하는 것이 아니라 항상 새로운 맥락에서 일을 다시 시작하는 것이다). 인생에서 중요한 결정을 내려야 하는 상황들은 우리가 스스로 삶을 주도할 수 있는 기회를 제공한다. 어려운 선택의 기로에 놓인 중요한 순간에 스스로 삶의 방향성을 결정하는 것이다. 그 외에도 우리가 규칙적으로 자주 하는 일 그리고 변화하는 상황에 어떻게 대처하는지가 우리 자신을 만들어 간다.[23]

키르케고르는 인생 설계에 있어 반복의 본질적인 중요성에 대해 중요한 말을 하였다. 하지만 어떤 맥락에서 '어떤 것'을 반복해야 하는지도 매우 중요하다. 해리 프랑크푸르트가 '헛소리'라고 부르는 것(진실과 무관한 발언)이 현대 사회에 많이 유통되는 것은 말할 것도 없고,

---

*   '이야기로서의 승강기'(Lift as a Story)라는 것은 카너먼의 책 36장의 제목이다. 니체도 같은 것의 영원회귀를 통해 반복에 대해 이야기한다. Nietzsche, *The Gay Science*, 섹션 341 참조. 여기서 중요한 것은 인간의 자기 확신으로 모든 것이 아무런 변화 없이 무한히 반복되는 삶을 견딜 수 있는지에 대한 여부이다.

명백한 거짓말도 반복적으로 유통되고 있다. 그리고 이러한 반복들이 우리의 기억하는 자아를 형성하고 있다.[24]

다시 디지털 세계로 돌아와 보자. 반복을 통해 자아가 형성된다는 사실은 복제와 반복의 가능성이 농후한 디지털 세계에서 매우 중요한 것이다. 인공지능은 반복을 통해 고도의 방법으로 고객을 표적화한다. 개인적 차원에서는 거짓과 반쪽짜리 진리가 삶을 형성하는 반복의 일부가 되어 그 삶에서 중요한 역할을 하기 시작한다. 집단적 차원에서는 정치적 결정이 이러한 전술과 그 효과에 영향을 받는다. 인간의 삶에서 반복의 중요성과 해로운 종류의 반복을 만들어 낼 수 있는 인공지능의 엄청난 잠재력이 결합될 수 있다는 사실은 진리에 대한 도덕적 권리를 강력하게 지지하고 있다.

4.4 니체와 의미 그리고 진리

진리에 대한 도덕적 권리가 의미가 있기는 하지만, 4.5에서 4.7절에서는 인간의 삶에서 비진리가 너무도 중요하기 때문에, 진리에 대한 포괄적 권리가 존재할 수 없다는 점을 논의하고자 한다. 그리고 이를 시작하기에 앞서 니체의 논의에 대해 점검해 본다. 니체의 주요한 철학적 주제 중 하나는 진리의 가치에 대해 의문을 제기하는 것이다. 이러한 주제가 가장 두드러지게 나타난 저서가 바로 『선악의 저편』이라는 작품이다.[25] 이 저서는 인간의 두 가지 성향, 즉 두 가지 '의지' 사이의 대립에 관한 설명으로 시작한다. 인간은 한편으로는 진리에 대한 의지, 우리 주변의 세계를 있는 그대로 이해하려는 의지가 있다. 하지만 다른 한편으로는 가치에 대한 의지, 세상의 어느 측면이나 부분을 높게 혹은 낮게 평가할지 결정하고 가치 있다고 생각하는 것과 연결하여 자신의 존재를 이해하려는 의지가 있다.[*]

두 가지 의지 모두 동기부여에 고무적이며 진리에 대한 의지는 진화론적 관점에서도 매력적이다. 위험한 상황과 편안한 상황을 구분할 수 있고 자손들에게 그 구분을 가르치는 것은 매우 중요하다. 세상에 대한 기본적인 이해가 없었다면 호모사피엔스는 오래전에 멸종했을 것이다. 하지만 가치에 대한 의지 또한 중요하다. 생물학적 생존에 대한 우려를 넘어서 자신의 위치를 이해할 수 있는 세상에 대한 사고방식을 갖는 것이 중요한 것이다. 아마도 사람은 대부분 자신이 어떤 의미 있는 역할을 하고 있다고 생각하는 것을 선호할 것이다. 이보다 더 중요한 것은 자신이 어떤 역할을 하고 있는지에 대한 감각을 갖는 것이다.

상반된 두 가지 의지와 이에 대한 근본적인 태도는 쉽게 충돌한다. 일상적인 문제(여기서 저기까지 가장 짧은 길은 무엇인가? 저 과일은 먹을 수 있는가? 어디서 물을 찾을 수 있는가? 등)에서 진리를 찾는 것과

---

[*]   니체가 제공하는 것은 철학적 인류학이다. 이는 인간이 된다는 것의 의미, 세계 및 타인과의 관계, 이론적 및 실천적 힘 등 우리가 우리 자신에 대해 어떻게 생각하는지 개념적으로 탐구한다. 이러한 탐구는 일상적인 대화뿐만 아니라 문학, 인문학, 사회과학, 법학에서 표현되는 것처럼 축적된 인간의 자기 이해와 그 중심이 되는 개념에 대한 통찰을 목표로 한다. 이러한 연구는 학문의 방법론적 규범에 따른 경험적 결과가 아니다. 궁극적으로 이러한 유형의 조사는 축적된 인간의 자기 이해로서 가치가 있다. 철학적 인류학은 존경할 만한 탐구 형태이며, 경험적으로 이해될 때 단지 나쁜 인류학으로 치부되어서는 안 된다. 이에 대해서는 Hacker, *Human Nature*, 1장 참조.

일상적인 상황을 넘어서는 질문에서 진리를 찾는 것은 완전히 다른 문제이다. 아이리스 머독은 "눈을 뜬다고 해서 우리 앞에 무엇이 있는지 반드시 볼 수 있는 것은 아니다"라고 말한다. "우리는 불안에 휩싸인 동물이다. 우리의 마음은 끊임없이 활동하며 불안하고, 대개 자기중심적이며, 종종 세상을 부분적으로 은폐하는 거짓 '장막'을 만들어 낸다."[26] 이후 그녀는 "세상을 있는 그대로 보는 것이 '과제'"라는 말을 추가한다.[27] 사람들에게 일상에서 하루를 살아가는 데 필요한 것 이상의 진리를 추구하는 것은 불필요한 것일 수 있다. 어쩌면 일상적인 것을 넘어서는 질문에 대한 대답은 세상에서 나의 위치에 대한 불안한 통찰로 이어져 잘못된 방향으로 이끌 수 있다.

마찬가지로 직장에서 문제를 해결하고, 식사를 준비하고, 이웃과 교류하는 등 일상적인 일에서 기쁨을 찾는 것과 주어진 상황에서 어떻게 행동해야 하는지를 이해하는 것은 별개의 문제이다. 사물의 의미와 삶의 이유에 대해 더 큰 질문들을 던지면서 자신의 존재나 기여를 중요하게 여기는 것은 중요하다. 하지만 여기서 자신이 만족스럽고 의미 있다는 생각은 진리가 아닐 수 있다. 니체는 "인생은 논쟁이 아니다"라는 유명한 말을 남겼지만, 오류는 삶의 조건 중 하나일 수 있다고 덧붙였다.[28] 니체가 의미하는 바는 논쟁은 일반적으로 우리가 진리에 더 가까이 다가가기 위해 하는 일이라는 것이다. 하지만 일상적인 종류의 질문을 넘어 진리에 더 가까이 다가가는 것은 사람들이 삶을 바라보고 살아가는 방식에 필수적인 것은 아니다.

니체가 기독교에 특히 관심을 가졌던 이유는 우리가 살고 있는 세상을 형성하는 데 있어 기독교의 역사적 역할 때문이다. 기독교는 수세기 동안 진리에 대한 의지와 가치에 대한 의지 사이의 완전히 자연스러운 긴장을 어떻게 중단시킬 수 있는지에 관해 흥미로운 사례 연구를 제공한다. 이러한 이유로 기독교는 이 두 가지 의지가 인간의 삶에 어떻게 작용하는지에 대한 지속적인 교훈을 제공한다. 기독교는 정교한 이론적 토대(니체는 이것을 '형이상학적-윤리적 세계관'이라고 불렀다)를 구축함으로써 이러한 긴장을 완화하는 데 많은 지침을 제공했다. 즉 진리에 대한 의지는 경험 너머의 초월적 세계를 가정함으로써 충족되었고 그 이해가 진리의 목표였으며, 가치에 대한 의지는 전지전능한 창조주가 만든 세계에 거주할 가치가 있는 것으로 충족되었고 각자에게 위치를 부여하고 더 큰 질문에 대한 응답을 제공했기에 사람들에게 만족스러웠다.*

이 종교적 구성체는 '금욕주의적 사제'들에 의해 유지되었는데, 이들은 이러한 이데올로기를 창조하는 재능과 (니체에 의해서 잘 알려진 표현을 빌리자면) 그것을 유지하려는 '힘에의 의지'를 가지고 있었다. 금욕주의 사제들은 순결이나 청빈과 같이 삶을 부정하는 이상을 중시하기 때문에 '금욕주의'적이라 불린다. 이들은 쾌락에 대한 금욕

---

*　그러한 질문 중 하나는 고통이 만연한 세상에 관한 것으로 기독교에서는 인간이 신의 기준에 부응하지 못한 결과라고 판단한다. 니체에게 기독교는 사형집행인의 형이상학이었지만 사물을 조명하고 지침을 제공한다는 점에서 이 대답은 만족스럽지 못했다. 이에 대해서는 『우상의 황혼』 "네 가지 큰 오류"(The Four Great Errors) 부분 참조. 니체는 세상에 많은 고통이 있다고 본다. "대다수의 인간"은 "생리학적으로 실패한, 일종의 부적응자"로 간주된다. 이에 대해서는 『도덕의 계보』, 세 번째 에세이, 섹션 1 참조. 니체는 마르크스처럼 적어도 "모든 인간의 불행과 잘못은 전통적인 사회구조에 기인하며, 진리를 행복하게 머리 위에 안착시키는 것"이라고 주장하는 사람들을 혐오한다. 이에 대해서는 『선악의 저편』, 섹션 44 참조.

을 옹호하는 한편, 기독교적 형이상학에 따라 쾌락을 신성한 신의 기대에서 벗어난 것으로 간주하여 많은 사람들에게 고통을 조장한다. 하지만 결국 진리에 대한 무조건적인 의지(기독교적 신성을 요구하는)로 인해 점점 더 많은 사람들이 고통을 겪으며 기독교적 형이상학 자체를 의심하고 종내는 특정 가치판단을 유지하기 위해 도입된 이데올로기라는 사실을 알게 되면서 기독교적 질서는 무너지게 된다. 그리고 이러한 붕괴는 앞서 설명한 이유로 사물의 본질에 내재되어 있던 의지 사이의 갈등을 전면에 드러내기도 한다.[*]

그럼에도 불구하고 일부 사람들은 아직도 기독교적 형이상학에서 비롯된 진리가 최상의 중요성을 가지고 있다고 계속 주장한다. 그들은 의미를 제공하지만, 진리성의 기준을 충족하지 못한 내러티브를 무시한다. 철학적 운동으로서의 계몽주의는 진리의 기준을 지키기 위한 프로젝트를 중심으로 구성된 것이다. 이러한 신념을 가진 사람들에게 삶은 늘 논쟁이다. 니체에게 의미보다 진리를 우선시하는 합리적 사고를 가진 사람들은 금욕주의 사제들의 뒤를 따르는 사람들이다. 삶에 어떤 의미가 있든 진리를 추구하는 것은 자기 부정의 한 양식이다. 또한 합리적 사고를 가진 개인과 금욕주의 사제 모두 자기 부정을 추구하고 설교를 통해 자신의 지위를 향상시킨다. 하지만 절대적

---

[*]   "기독교의 신에 대한 진정한 승리가 무엇인지는 쉽게 알 수 있다. 바로 기독교의 도덕 그 자체, 더욱 엄격하게 이해된 진리성의 개념, 고해성사의 기독교적 양심에 대한 연민, 과학적 양심으로 번역되고 승화되어 어떤 대가를 치르더라도 이루고자 했던 지적 순수성이 그것이다"(니체, 『도덕의 계보』, 섹션 357). 현재의 목적을 위해서는 '힘에의 의지'라는 것이 자명한 것이라고 생각되지만, 그가 의미하는 것이 무엇이며 그의 사상에서 어떤 역할을 하는지에 대해서는 더 많은 이론이 추가되어야 한다.

진리라고 하는 것은 개인적인 의미를 찾지 못하는 사람들에게는 아무 것도 제공하지 못한다. 사람들은 이제 '다른 곳'에서 의미를 찾아야 한다. 결국 인간은 의미가 '없는' 것보다 차라리 의지가 '없는' 것을 택하게 된다.[29] 즉 우리가 우리 주변과 내면의 고통에 의미를 부여하는 방식을 선택하는 것만으로도 고통은 완화된다.

기독교는 니체의 세계를 형성하는 데 많은 영향을 주었다. 이와 더불어 기독교적 세계관은 가치에 대한 의지와 진리에 대한 의지를 '어떤 형태로든' 결합하는 것이 엄청난 긴장을 불러일으키며, 일반적으로 그렇게 하려는 노력은 권력의 이해관계에 의해 주도된다는 것을 알게 하였다. 니체가 글을 쓸 당시에는 이 두 가지 의지를 다루는 더 설득력 있는 방법, 특히 진리와 진리성을 추구하면서 (니체가 글을 쓰는 맥락 안에서) 사람들의 삶에 의미를 창출하는 방법이 존재하지 않았다.[30] 인간의 의지를 왜곡된 방식으로 통합하려는 형이상학적–윤리적 세계관이 무너지면서 의미에 대한 탐구(그리고 그 탐구에서 진리를 위한 적절한 지점을 찾고자 하는 욕구)는 새롭게 시작된다. 또한 금욕주의적 사제나 그와 비슷한 사람들의 영향력에서 벗어나 이러한 것들에 대해 스스로 결정을 내리는 사람들에게는 가치에 대한 의지가 진리에 대한 의지보다 더 크다.

결국 니체가 의문을 제기하는 것은 '진리'가 과연 어떤 가치가 있느냐이다. 사실 대부분 사람들에게 진리는 거의 중요하지 않으며 일상적인 문제를 제외하고는 진리를 추구해야 할 이유도 없다. 지식인(진리 추구를 삶의 목적으로 삼는 사람)이 다른 사람들을 설득하거나 비난하는 것은 부적절하다. "세상을 있는 그대로 보는 '과제'"에 대한 머독의 지적을 상기해 보자.[31] 모든 사람이 진리를 추구해야 할 이유는 없다. 특히 포괄적 형태의 진리 추구는 더더욱 그러하다.

지금까지의 논의를 기반으로 「요한복음」 8장 32절의 유명한 구절 "진리가 너희를 자유케 하리라"를 다시 한번 생각해 보자. '자유로워지는 것'이 세상에서 지향해야 할 방향이라면, 사람들을 자유롭게 하는 것은 진리가 아니다. 그것은 자신을 위해 세상에서 맥락과 위치를 제공하는 다른 사람들과 함께하는 것이다. 그럼에도 불구하고 우리는 일상적인 탐구에서 진리성이 실제로 보상받는 세상에 살고 있으며, 또한 우리는 (아마도 기독교의 영향으로) 광범위한 층위에서 진리성에 경의를 표하는 데 익숙해져 있다. 따라서 사람들은 일반적으로 자신의 신념을 진리라고 주장한다. 하지만 삶에 의미를 부여하는 관점에 있어 진리성은 사람들이 그것을 지지하는 이유를 설명하지 못한다. 진리성을 확인하는 방법에 대한 주장, 즉 "이것이 진리인지 어떻게 알 수 있는가?"와 같은 질문에 대한 답변은 필요에 따라 채택되는 경우가 많다. 그리고 이러한 답변은 사실 견해를 유지하기 위한 수단에 불과하다. 일반적으로 개인은 비슷한 신념을 소중히 여기는 같은 생각을 가진 사람들로 둘러싸여 있기에 보통 자신의 신념에 대해 진지하게 의문을 제기하지 않는다.[32]

4.5 니체의 설명이 말하는 것

니체는 중요한 현상을 말하고 있다. 사람들이 단순히 진리를 선호하지 않는 것이 아니라 비진리가 가치 있는 심리적·사회적 동학을 가능하게 하는 중요한 역할을 한다는 사실을 인식하고 있다는 것이다. 우선 사람들은 자신의 환경에서 자신을 이해하기 위해 상당한 양의 자기 해석을 시도한다. 자기 해석에는 일반적으로 사실이 포함된다. 하지만 이러한 사실은 더 이상 사실에 의해 보증되지 않는 연결이 이루어지는 더 큰 내러티브에 포함된다. 중요한 것은 모든 이야기가 진리보다는 우리 자신에 대해 어떤 것을 주장한다는 사실이다. 하퍼 리의 소설에 등장하는 판사의 말을 다시 인용해 보자. "사람들은 일반적으로 보고 싶은 것만 보고, 듣고 싶은 것만 듣는다."[33] 이는 우리 자신에 대한 이야기일 뿐만 아니라 사회적 맥락에 대한 이야기(우리와 같은 많은 사람들에 대한 이야기)이다.*

우리 자신과 사회적 맥락에 대한 이야기 외에도 각 개인들의 평판에 관한 이야기, 즉 "해당 의견을 보유하고 전달하는 사람들의 개인

---

*   (1) 좋은 이야기로 전해지는 것도 의미를 갖는다. 디아메이드 맥클로흐의 토마스 크롬웰에 관한 전기는 2021년 7월 현재 영국에서 3만 2,000부가 팔렸고 크롬웰의 삶을 다룬 힐러리 맨텔의 전기 『울프 홀』은 200만 부 가까이 팔렸다("Missing Pieces", *The Economist*, 2021. 7. 12, p. 78). 즉 우리 자신에 대한 이야기를 할 때도 좋은 책과 유사한 것이 중요하다. (2) 광고는 제품을 잠재 고객이 자신에 대해 이야기하고 싶어 하는 스토리와 연결하는 방식으로 구성된다. 담배 광고(현대의 잘못된 정보 캠페인의 모델)가 그 예이다. 담배 업계는 많은 사람이 자신을 투영하는 자유 및 강인한 개인주의와 관련된 소중한 미국적 내러티브를 적절히 활용하기 위해 말보로맨을 배치했다. 이에 대해서는 Brandt, *The Cigarette Century* 참조.

적인 신념이나 의도와는 독립적으로 작동하는 자체 법칙에 따라 순환하는 의견의 집합체"가 존재한다.[34] 평판은 한 사람에 대한 다양한 사람들의 진리에 대한 의지와 가치에 대한 의지가 한 사람과 관련된 범위 안에서 합쳐져 그 사람에 대한 이해가 축적된 것으로 가볍게 무시할 수 없는 특이한 것이다. 글로리아 오리기에 따르면, 기본적으로 비교 대상이 '된다'는 것은 "비교를 가능하게 하는 시스템에서 순위가 매겨지고 가치를 부여받는 것"이다.[35] 4.4절에서 언급했듯이, 세상에서 자신의 자리를 찾는다는 의지와 진리를 찾는다는 의지는 쉽게 분리될 수 있기에 두 의지는 늘 긴장관계에 놓여 있다. 이러한 긴장으로인해 "사람들이 우리에 대해 그리고 실제로 존재하는 모든 것에 대해말하는 것은 우리가 자신을 이해하고 세상을 이해하는 유일한 방법을 제공한다".[36] 여기에는 비진리도 큰 부분을 차지한다. '사람들이 트위터에서 말하는 것'에는 노골적인 조작부터 과장, 누락, 과소평가, 암시, 추측, 왜곡, 오해의 소지가 있는 주장에 이르기까지 모든 종류의비진리가 포함되어 있다.

물론 정치권에서 유통되는 이야기들에도 비진리가 작동한다. 통치 대상들의 동의에 의존하는 체제에서 정치인들은 늘 사람들의 마음을 얻으려 한다. 이를 위해 전쟁 영웅, 운명적인 선택이나 현명한 결정, 영웅적 행동, 힘과 지혜 그리고 인내로 모든 것을 가능하게 한 위인들의 이야기들로 정당성을 확보하고자 한다.[37] 이러한 이야기는 일반적으로 사실에 근거할 때만 공감을 불러일으키지만, 필립 라킨의유명한 시 「아룬델 무덤」에 나오는 두 인물이 그랬던 것처럼 "시간이그들을 비진리로 변모시켰다"는 말과 같은 비진리가 작동하기도 한다.[38] 종종 사실이 뒤로 밀리거나 왜곡되는 경우가 있다. 가장 중요한 것은 정확성이 아니라 정치인과 지지자 사이가 어떻게 연결되어 있느냐이다. 3장의 현대 민주주의에는 '먼 거리 국가'의 문제가 있다는 말을 상기해 보자.[39] 정치인들은 일반적으로 시민들에게 거버넌스와 국가 시스템을 신뢰해야 할 이유를 제공하는 데 어려움을 겪고 있다. 국기나 기타 국가의 상징물을 강조하는 것도 애국심을 불러일으키기에는 역부족이다. 스포츠 경기 및 유사한 이벤트에서도 마찬가지이다. 이와 달리 국가와 그 문화가 위협받고 있다는 소문은 도움이 되는 경우가 많다. 하지만 국민과 국가를 특정 시각으로 바라보게 하는 데는 건국에 관한 좋은 이야기를 능가하는 것이 없다.[40]

아렌트는 "진리와 정치가 서로 나쁜 관계에 있다는 사실을 의심한 사람은 아무도 없다"며 "진리성을 정치에서 중요한 덕목으로 꼽을 사람은 아무도 없다"고 설명한다. 거짓은 정치인이나 선동가뿐만 아니라 정치인들 사이의 협상에서도 항상 필요하고 이것은 정당한 도구로 여겨져 왔다.[41] 아렌트는 "개념적으로는 우리가 바꿀 수 없는 것을 진리라고 부를 수 있지만 은유적으로 그것은 우리가 서 있는 땅과 우리 위에 펼쳐진 하늘"이라고 결론지었다.[42] 아렌트의 은유는 진리가 어떻게든 행동이 펼쳐질 수 있는 공간을 묘사하고, 그 공간 안에서 진리에 종속되지 않는 방식으로 행동이 펼쳐진다는 것을 의미한다. 진리의 가치에 대한 니체의 의문은 아렌트의 서문과 일치한다. 하지만 니체의 질문은 아렌트의 은유보다 훨씬 급진적이다. 합리적으로 잘 이해되는 특정 행동 영역 안에서뿐만 아니라 일상적인 탐구를 넘어서면 가치에 대한 의지는 '전반적으로' 진리에 대한 의지보다 우위에 서는 경향이 있다.

　도널드 트럼프의 행동들은 정치에서 진리가 많은 사람에게 미치는 영향이 제한적이라는 점을 잘 보여 주고 있다. 민주당과 진보적 전문직 계급이 대중(특히 농촌 미국인)의 복지에 관심이 없는 기업 및 문화 엘리트로 인식되고 있으며 실제로 그렇게 운영되고 있는 상황에서 시민들은 이러한 엘리트의 무능, 이중성, 이기심을 고발하는 사람들과 언제나 연대할 준비가 되어 있다.[43] 민주당에 대응하기 위해 백인 노동자 계층은 언제나 영웅처럼 행동할 준비가 되어 있다. 그리고 트럼프는 대통령 재임 기간에 3만 573건의 허위 또는 오해의 소지가 있는 주장을 하였다는 통계도 있다.[44] 그의 발언에는 반대자들의 신뢰성에 대한 공격이 포함되어 있어 그 목소리가 불협화음 속에서 제대로 듣기 힘들 정도로 커져 진리를 추구할 수 없게 만들었다. 트럼프는 특정한 TV 네트워크를 통해 충성도 높은 팔로워들을 확보했으며 트위터를 주로 사용했다. 그는 종종 반쪽짜리 진리를 말하면서 많은 사람들이 자신의 말을 신뢰할 수 있도록 사실적 요소를 엮었다. 충성도 높은 사람들이 뉴스를 멀리하고 소셜 미디어에 주목하면서 트럼프의 진리성에 대한 의문은 사라져 갔다. 조나단 라우치는 "현실을 소셜 네트워크에 아웃소싱하는 것은 인류의 가장 큰 혁신"이라고 말한다.[45] 한 사람에 대한 맹목적 추종이 이 네트워크를 형성했다.[46]

　이것의 정점은 역시 트럼프의 거짓 선동이었다. 트럼프는 선거의 공정성을 위해 헌신한 사람들을 비방하기 위해 이 용어를 적절히 사용하면서 공화당 추종자들을 설득하여 2020년 선거를 도둑맞았다고 주장했다. 물론 이에 대한 아무런 증거도 없었고 법정에서도 인정받지 못했다.[*] 트럼프의 내러티브는 거짓과 오해의 소지가 있는 진술들을 활용하여 지식을 필터링하고 기업 및 문화 엘리트들로부터 소외된 사람들과 이 엘리트들이 만든 정책에 직접적 영향을 받는 사람들을 만족시켰다. 거짓 선동이 만든 거대한 피해는 진리에 대한 권리를 주장하기 위한 증거로 활용될 수 있다. 하지만 트럼프의 스토리텔링은 또한 사람들이 그의 거짓말에 쉽게 동조할 정도로 자신의 삶을 이해할 수 있는 방법을 제공한 것도 사실이다.

4.6 포괄적 교리와 진리에 대한 일반적 권리

우리는 니체로부터 진리를 외면하는 것이 중요한 심리적·사회적 동학을 가능하게 한다는 것을 알았다. 사람들이 세상에 대한 시각을 구성하기 위해 스스로에게 말하는 내러티브의 관점에서 이 이론은 더욱 발전했다. 그리고 이 점은 포괄적인 도덕적 교리에도 적용된다.

포괄적 교리는 세상과 그 안에서 인간의 위치에 대한 전반적인 이해는 물론, 사람들이 직면할 수 있는 모든 상황에 대한 조언을 제공한다. 가장 직접적인 예로는 주요 종교들뿐만 아니라 포괄적 자유주의와 같은 세속적 세계관도 있다. 이러한 교리는 개인에게 자신의 위치를 알려 줌으로써 신이 창조하고 감독하는 세계(또는 그러한 특징이

_*　2021년 7월 현재, 공화당 유권자의 60% 이상이 "트럼프가 진짜 이겼다"라는 문구를 지지했다. "트럼프는 절대 양보해서는 안 된다"라는 의견은 소수에 불과했다("Raising Arizona", *The Economist*, 2021. 7. 3, p. 30).

없는 세계), 더 큰 존재론적 그림의 일부인 세계(또는 아무것도 없는 세계), 인간이 당연하게 지배하는 세계(또는 생태적 다양성에 대한 존중이 지배해야 하는 세계) 등과 같이 세상에 대한 사고방식을 제시한다. 그리고 이러한 교리는 인간이 형이상학적 특징(신적 계시, 합리적 사고, 경험적 탐구 등)을 파악하는 방법에 대한 입장을 생성한다. 포괄적 교리들은 이러한 도전에 대해 서로 다른 방식으로 대응하며, 이는 깊은 형이상학적·인식론적 불일치를 반영한다.

세계관은 사람들에게 말을 걸고, 위안을 주고, 지침을 제시하며, 경험을 밝혀 줄 때만 지속될 수 있다. 세계관은 상당한 수준의 복잡성과 정교함에 도달해야만 그렇게 유지될 수 있는 것이다. 개인은 종종 그러한 세계관을 지지하는 공동체에서 성장한다. 사람들은 제도적 장치와 종교적·문화적 관습 그리고 공동체 구성원들이 제고하는 지혜를 통해 탄력적인 교리로서의 세계관을 습득한다. 이러한 이해가 곧 진리이기 때문에 개인이 이 교리를 전적으로 받아들이는 것은 아니다. 그리고 교리가 개인을 위해 하는 일은 진리성에 의존하지도 않는다. 또한 교리가 진리이기 때문에 시대를 초월하여 살아남은 것도 아니다. 두 개 이상의 교리가 서로 모순되는 경우가 있기에 그렇게 되는 것도 불가능하다. 교리는 반쪽짜리 진리로 가득 찬 스토리텔링, 즉 진리에 대한 의지보다 훨씬 더 가치 있는 것에 대한 사람들의 의지를 대변하는 스토리텔링을 제공한다. (물론 많은 스토리텔링이 미덕과 보다 보편적이고 고귀한 이상을 탐구하고 그런 의미에서 진리에 대한 의지를 다루고 있는 것도 사실이다.) 이러한 교리가 개인을 자유롭게 한다는 의미는 다시 한번 말하지만 대부분 세상에서 자신이 설 사리를 제공한다는 것이다. 삶에 대한 비진리의 중요성은 진리에 대한 포괄적 권리와 모순된다.

진리에 대한 기본적인 철학적 설명은 '대응 이론'과 '일관성 이론'이다. 전자에 따르면, 우리가 믿는 것은 사물이 있는 그대로의 모습과 일치할 때 진리라고 인정받는다. 후자에 따르면, 진리는 신념이 서로 어떻게 관련되어 있는가의 문제이다.[47] 어느 쪽이든 진리를 포괄적 교리에 적용한다면 형이상학적·인식론적 불일치가 발생한다. 세상에 존재하는 것을 평가하라는 대응 이론의 개념이나 신념이 올바른 방식으로 결합되어 있는지 확인하라는 일관성 이론의 지침을 따를 경우 이런 일이 발생하는 것이다. 진리에 대한 주장은 너무 많은 것을 수반하기 때문에 분열을 일으킬 수 있다. 진리에 대한 권리가 정치적 사고에 두드러지게 통합되고 행동으로 광범위하게 이어진다면 세상은 혼란에 빠질 것이다. 진리에 대한 권리가 그런 역할을 해 온 곳에서는 항상 그런 일이 벌어졌다. (종교전쟁을 생각해 보자. 그리고 찰스 샌더스 피어스가 표현한 이 장의 제명題銘도 다시 고찰해 보자.)

4.7 공적 이성과 진리에 대한 권리

4.3절의 결론에는 진리에 대한 권리가 절실히 필요한 도덕적 보호막이며, 특히 디지털 세계에서 발생하는 잘못된 일을 예방하는 수단이라고 되어 있다. 반복이라는 것이 삶에서 차지하는 많은 역할에 비추어 볼 때 이것은 특히 중요하다. 하지만 사실 진리에 대한 주장은

너무 많은 것을 수반하기 때문에 분열을 일으킬 수 있다. 진리의 관점에서 포괄적 교리를 평가하려는 노력은 특히 그렇다. 4.4절에서 4.6절까지 비진리가 삶에 얼마나 중요한지, 따라서 진리에 대한 포괄적 권리가 비진리의 중요성 때문에 어떻게 무력화되는지를 살펴보았다. 지금까지의 논의는 특정 상황을 염두에 둔 것이다. 4.2절에서 그러한 맥락을 몇 가지 살펴보았다. 나는 이제 공적 이성이 이러한 모든 통찰을 반영한다고 주장하고자 한다. 즉 진리에 대한 포괄적 권리는 존재할 수 없지만, 특히 디지털 세계에서 비진리를 퍼뜨릴 때 발생할 수 있는 피해로 인해 특정 맥락에서는 이러한 권리가 존재할 가능성을 허용해야 한다는 사실을 말하고자 한다. 4.8절에서는 그럼에도 공적 영역에서의 진리성을 '실제 진리에 대한 권리'로 규정하기보다는 '중요한 가치'로 생각해야 한다는 내용을 추가할 것이다.

공적 이성의 기본 이념을 상기해 보자. 다원주의 사회에서 권력은 인식론적 또는 형이상학적 약속이 아니라 공통의 인간 이성이 받아들일 수 있는 조건으로 행사될 때만 정당하며, 모든 합리적인 사람이 이를 받아들일 것으로 기대할 수 있는 것도 아니다.[48] 그리고 시민들은 추론의 과정을 통해 다양한 교리들을 포용하며 이것이 그 자체로 다른 포괄적 교리에 대한 실존적 위협이 되지 않는다는 것을 인식한다.[49] 이러한 사실은 시민권의 문제와 진리에 대한 권리 사이의 상관관계가 부족하다는 것을 나타내며 진리에 대한 포괄적 권리는 존재하지 않는다는 것을 의미한다. 시민들은 헌법의 본질적인 문제를 탐구할 때 포괄적 교리를 참이나 거짓으로 평가해서는 안 된다. 왜냐하면 참과 거짓으로 판단할 경우, 필연적으로 공적 이성이 유예하는 인식론적·형이상학적 차이를 불러일으킬 수 있기 때문이다.

정치적 논쟁에서 진술이 역할을 하는 데 있어 진리성 여부는 필요조건도 충분조건도 아니다. 모든 진리가 집단 선택과 관련이 있는 것도 아니며 모든 비진리가 정치에서 배제되어야 하는 것도 아니다. 물론 시민들은 자신의 견해를 진리로 받아들일 수 있다. 하지만 다른 견해가 진리가 아닐지라도 합당할 수 있다는 것을 인식해야 한다. 다원적 민주주의에서 중요한 것은 진리보다는 '시민들 사이의 수용 가능성'이다. 합당한 다원주의는 모든 사람에게 자유를 제공하면서도 공정한 조건으로 다른 사람들과 함께 살아가려는 시민이 그러한 조건을 찾을 수 있도록 허용하는 사회 질서의 필연적 결과이다.

다원적 민주주의라는 정치 체제에서 진리의 역할은 제한적이다. 하지만 조슈아 코헨이 지적했듯이 "하나의 진리를 주장하는 사람들에 대한 우리의 대응이 진리라는 개념을 양보하는 것은 아니다".[50] 다시 말해, 인류가 하나의 참된 세계관에 따라 살아야 한다고 주장하는 사람들에 대한 우리의 대응은 진리의 명료성에 대한 포기가 아닌 다음과 같은 방식이어야 한다. 첫째, 합당한 교리들 사이의 불일치를 이해하고 그러한 불일치가 사람들에게 부정적인 영향을 미치지 않는다는 것을 설명하는 것이 중요하다. 둘째, 진리를 바라볼 때 회의주의적 태도(어떤 것도 진리가 아니다)나 상대주의적 입장(특정한 관점에서만 진리가 존재할 수 있다)에 근거하지 않는 것이다. 그리고 공동체에서 합의된 것들은 근본적으로 인식론적·형이상학적 교리에 대한 문제를 배제한 시민들 사이의 공통된 이해를 바탕으로 한다는 것을 인식하는 것이 중요하다.

시민들 사이에 합의된 것들에 근거해서 진리의 역할이 제한된다는 것을 더 명확히 할 필요가 있다. 코헨은 진리가 진술을 지배하는 하나의 규범이기에 진리에 대한 정치적 이해가 중요하다고 이야기한다.[51] 진리에 대한 정치적 이해는 진리가 가진 상식적 내용을 지지한다. 동시에 이러한 이해는 진리와 정당화 사이의 차이를 인정한다. 즉 진리 여부와 관계없이 어떤 것을 믿는 것이 '정당화'될 수 있다는 것이다. 공적 이성은 '일상적인 의미'의 진리와 '형이상학적 진리'를 구분할 수 있게 해 준다. 일상적인 의미에서 어떤 문장이 참이라는 것은 그 문장이 주장에 일반적으로 적용되는 입증 기준에 따라 묘사된다는 것을 의미하며, 이러한 주장을 입증하는 방법은 즉각적인 관찰부터 정교한 과학적 방법에 이르기까지 다양하다. 공적 이성은 이러한 방식으로 주장을 진실한 것으로 인정한다.

이와 달리 형이상학적인 의미에서 진리에 관해 이야기한다는 것은 궁극적으로 무엇이 주장을 참 또는 거짓으로 '만드는지', 따라서 사물을 '있는 그대로' 제시하는 것이 무엇을 의미하는지에 대해 토론한다는 것이다. (정신과 무관한 실체가 존재하는가? 규범적 주장이 어떤 것을 있는 그대로 표현한다는 것은 무엇을 의미하는가?) 이러한 질문은 공적 이성이 유보하는 인식론과 형이상학에 대한 더 큰 질문을 불러일으킨다. 공적 이성은 일상적인 진리 주장을 할 수는 있지만, 이를 이론화할 수는 없으며 (정치적 목적에서 벗어난) 진리의 본질에 대한 논쟁에서 벗어나야 한다.

따라서 공적 이성은 진리에 대한 포괄적 권리가 존재할 수 없다는 입장을 뒷받침한다. 정치적 영역에서 진리는 제한적 역할을 한다.

하지만 그렇다고 진리가 아무런 역할을 하지 못한다는 의미는 아니다. 공적 이성은 특수한 영역에서 원칙적으로 진리에 대한 권리가 존재할 수 있다는 점을 인정한다. 이러한 권리가 일차적으로 타당성을 갖는 한 가지 경우는 시민들 사이의 '공적 영역의 기능'에 관한 것이다. 진리가 아닌 것의 반복으로 공적 영역의 존립을 위협하는 경우(트럼프의 거짓 선동과 같은 경우), 진리에 대한 권리는 최후의 보루로서 그 존재를 드러내기도 한다.[*]

---

[*] 돈 프라이스는 네 가지 '유산'에 대한 이론을 제안했는데, 이는 미국을 대상으로 하기도 하지만 일반적으로 민주주의 국가에도 적용 가능하다. 이에 대해서는 Price, *The Scientific Estate* 참조. 대중에게 책임을 지는 선출직 정치인의 정치적 유산, 공공 및 민간 부문의 관리자 및 행정가의 행정적 유산, 과학적 지식을 적용하여 고객에게 서비스를 제공하는 전문적 유산(예: 의학 또는 공학), 대학 또는 기타 연구자의 과학적 유산이 그러한 것들이다. 이러한 '유산'은 서로 다른 이해관계, 전문성, 정당성을 가지고 있다. 이들은 분산된 주권의 질서를 형성하지만, 여기서 중요한 것은 프라이스가 이를 진리에서 권력에 이르는 스펙트럼으로 정리했다는 것이다. 과학자는 진리의 영역에, 정치인은 권력의 영역에 속한다. 진리 쪽에 가까울수록 자유와 자치를 더 많이 누릴 자격이 있다. 그룹이 권력의 영역에 가까울수록 선거를 통한 인준을 받아야 할 의무가 더 많아진다. 이 제도가 연구자에 대해 시사하는 바는 니체의 논의와 다시 연결된다. 연구자들은 종종 진리를 삶의 주요 관심사로 삼는다. 하지만 이들이 자문 역할을 할 수는 있지만, 과학적 진리를 정치적으로 어떻게 처리할지는 다른 사람들이 결정해야 한다. 정치적 영역에서 — 이 지점에서 우리는 프라이스와 롤스를 연결할 수 있다 — 권력은 공적 이성의 관점에서 행사되어야 한다. 이때 중요한 것은 동료 시민들 사이에서의 수용 가능성이다. 이에 대한 논의는 Winner, *Autonomous Technology*, pp. 152~162 참조.

4.8 결론: 진리에 대한 권리는 어떻게 존재할 수 있는가?

진리에 대한 권리는 실제로 공적 영역의 기능을 보호하는 (민주주의에 오히려 필수적인) 최후의 보루로서 공식화될 수 있기도 하다. 티머시 스나이더는 20세기의 역사적 교훈에 대한 중요한 연구에서 "아무것도 진리가 아니라는 사실은 아무도 권력을 비판할 근거를 가지고 있지 않다는 것을 의미한다"라고 주장하며 "아무것도 진리가 아니라면 모든 것이 구경거리에 불과하다"고 말한다.[52] 예를 들어 선거 결과에 대한 진실한 보도가 이루어져야 하며 자신의 지위를 이용해 선거 결과에 대한 조직적인 허위 사실을 유포하는 사람에게는 적절한 법적 제재가 이루어져야 한다. 다시 말해 미국 법에는 선거 부정에 대한 트럼프의 끝없는 주장에 제재할 수 있는 조항이 있어야 한다는 것이다. 마찬가지로, 시민들은 정치적 사안에 대해 정보에 입각한 판단을 내리기 위해 다양한 역사적·사회과학적 사실에 접근할 수 있어야한다. 또한 공적 이성의 이면에 있는 다원주의적 가치를 이해하고 자신을 동등한 시민으로 인식할 수 있도록 일정 수준의 교육이 필요하다. 특히 디지털 세계가 민주주의를 위협할 수 있는 주장을 반복할수 있다는 것을 경계하고 민주적 기반을 지켜야 한다.[53]

지금까지 살펴본 것처럼, 진실한 담론을 보호하는 가장 적절한 방법은 도덕적으로든 법적으로든 '진리에 대한 권리'를 주장하는 것이지만 이러한 권리가 존재할 수 있는지는 여전히 의문이다. 사법적 시스템에서 이해되는 진리에 대한 권리 또는 「세계 인권 선언」 제19조의 "정보와 의견을 받고 전달할 권리"를 상기해 보자. 사법적 시스템에서 요구하는 권리는 '특정 개인에게' 특히 중요하다. 주로 무슨 일이 일어났는지 알 권리가 있는 것은 피해자와 그 가족이다. 마찬가지로 「세계 인권 선언」 제19조는 정보를 받고자 하는 사람들 모두에 해당된다. 다음 장에서는 진리에 대한 권리가 필요한 다른 상황들에 대해 알아보도록 하겠다.

하지만 트럼프의 거짓 선동과 같은 경우나 한 국가의 역사 또는 사회 현실에 대한 허위 사실 등은 특정 개인의 요구로 바꿀 수 있는 문제가 아니기에 일정한 권리들의 요구로 이러한 문제를 해결할 수 있다. 물론 트럼프의 경우나 허위 사실들을 구체적인 권리 침해의 문제로 여기는 것은 복잡한 질문을 만드는 것이 사실이다. 예를 들어 트럼프와 같이 큰 영향력을 가진 사람들의 거짓말을 제한할 수 있는 법을 만들기는 매우 어려운 일이다. 그 기준이 모호하기 때문이다.

진리성은 공적 영역이 기능하는 데 매우 중요한 것이다. 공적 이성은 이를 인정할 수 있고 인정해야 한다. 하지만 이러한 중요성을 하나의 권리로 포착하기보다는 '커다란 가치'가 있고 따라서 법적인 보호가 필요한 것으로서 인식하는 것이 더 현실적이다. 디지털 세계에서 전문화된 인공지능의 존재가 증가함에 따라 강력한 법적인 보호가 더욱 중요해지고 있으며 이러한 인공지능을 제한하는 것의 중요성이 대두되고 있다. 법적인 보호를 제공하는 가장 적절한 방법(또는 무엇이 위험한지 이해하는 가장 적절한 방법)이 권리를 통해서만 구성되는 것은 아니다.

악명 높은 트럼프 지지자들의 충성심은 사람들에게 진리가 갖는 가치를 상기시켜 주고 있으며 스토리텔링으로 구성되는 인간의 삶에 있어 진리에 대한 기본적인 존중을 일깨워 주고 있다. 실존적 위로는 적어도 어느 정도 사실과 연결된 이야기에서만 얻을 수 있다. 하지만 대부분의 경우 사실에 입각한 위로는 사람들을 실망시키는 경우가 많다. 아서 슐레진저는 "과학과 기술은 우리 삶에 혁명을 가져오지만 기억, 전통, 신화가 우리의 대응을 규정한다"라고 했다.[54] 우리가 그것을 인정하는지와의 여부와는 상관없이, 비진리는 우리가 살아가는 현실에서 중요한 역할을 하는 것이 사실이다. 진리를 고집함으로써 그러한 노력을 무너뜨리는 것은 사람들을 자유롭게 하는 것이 아니라 오히려 완전한 절망에 빠지게 하고 좌절감을 맛보게 할 것이다. 우리는 이것을 인간 본성의 일부로 이해해야 한다. 사람들은 종종 자신을 힘들게 하는 세상에서 자신을 지탱하기 위해 특정한 종류의 스토리텔링을 필요로 한다. 사람들이 이러한 욕구를 가지고 있다는 사실 자체만으로 진리에 대한 것을 규범적으로 설정할 수 없다고 할 수 있다. 여기서 인간의 '욕구'가 어떤 종류의 것인지에 대해서는 분명 논쟁의 여지가 있다. 인간의 욕구 충족이 일종의 번영과 관련이 있고, 그러한 삶을 사는 것 자체가 규범적 가치를 갖는다면, 자신의 삶을 가치 있게 하는 스토리텔링에 대한 욕구조차도 규범적 가치를 갖는다고 할 수 있다.[55]

하지만 공적 이성에 기반하여 민주주의의 유지에 관한 맥락에서 이러한 욕구나 스토리텔링의 한계에 대해 지적하는 것은 합리적 기대라 할 수 있다. 물론 이러한 기대가 합리적일 수는 있어도 매우 어려운 일이라는 것은 분명한 사실이다. 그러나 이러한 기대가 없다면 민주주의는 살아남을 가능성이 거의 없다. 니체의 말이 맞았다. 인생은 논쟁이 아니며 진리는 소수의 사람들만 자유롭게 해 줄 것이다. 공적 영역에서 진리가 중요한 가치로 여겨지고 사람들이 자신의 포괄적 교리와 그에 수반되는 스토리텔링에서 방향을 찾을 수 있다면 모든 면에서 지속 가능한 방식으로 우리를 자유롭게 할 수 있을 것이다. 또한 다른 사람들도 자신만의 방식으로 자유로워질 수 있는 사회가 될 것이다.

　　이 장의 서두에서 서양의 역사는 진리가 인간의 생활 방식을 혁명적으로 뒤엎을 수 있는 능력에 대해 경고하고 있다는 사실을 다시 상기해 보자. 플라톤의 진리를 찾는 사람들은 그들이 깨달음을 주려는 사람들에 의해 살해당할 위험에 처하고 예수는 진리를 완전히 포기한 사람의 명령에 따라 그리고 진리를 두려워하는 사람들의 선동에 따라 사형선고를 받는다. 인간의 생활 방식에서 진리를 위한 '올바른 자리'를 찾는 것은 매우 중요한 일이며 현재 우리의 미래를 형성하는 디지털 세계에 매우 시급한 일이다.

5. 알게 되는 것과 알려지는 것

— 디지털 세계의 인식적 자격

당신들은 데이터의 총합이다.

누구도 그 사실을 피할 수 없다.

– 돈 드릴로의 『백색 소음』에 등장하는 기술자의 말[1]

5.1 들어가며

20세기 유명한 예술가인 프랜시스 베이컨과 같은 이름을 가진 인물이 있었다. 그는 수세기 전 영국 스튜어트 왕조 초기 철학자이자 정치가인 프랜시스 베이컨이다. 제임스 1세 밑에서 수상에 오른 베이컨은 철학자로서 귀납적 방법론으로 유명하다. 베이컨에게 지식이란 '외부에 있는' 사실과 규칙성을 아는 것이다. 이렇게 우리가 알게 되는 것은 동시에 가르칠 수 있는 것이며 이를 통해 사람들이 더 효율적으로 일을 할 수 있도록 해 준다. 베이컨의 유명한 격언인 "지식의 힘"은 환경을 이해하고 통제하는 인간의 능력에 대한 자신감을 드러내는 단적인 표현이다.[2] 정치가로서의 베이컨은 성공하지 못했지만, 그는 정치에 대한 지식의 유용성을 분명히 파악하고 있었다. 베이컨의 철학에서 지식은 권력과 독립적으로 존재하며 목적에 따라 도구화될 수 있는 것이다.

지식, 인간, 권력 그리고 세계 사이의 관계에 대한 이러한 이해는 디지털 세계에서 특히 중요한 문제가 될 수 있다. 우선 베이컨의 주장은 인간만이 알게 되는 자가 될 수 있다는 것인데 이는 1장에서 논의한 플라톤적 로고스가 전제되었을 때 가능하다. 다시 말해 이원론적 존재론을 전제하는 것으로 인간을 '알게 되는 자'로 의미 있게 생각하고 이와 매우 다른 인간 외 존재를 가치가 낮은 것으로 간주하는 것이다. 이 때문에 베이컨은 자연에 대한 왜곡된 관점을 만드는 데 일조했다는 비난을 받기도 한다.[*] 지금 우리가 자세히 살펴보아야 할 것은 지식이 과연 권력이 작동하는 정치적 가치 영역 '밖'의 문제인 것인지, 다시 말해 과연 지식이 정치에서 독립되어 있는지에 관한 것이다.

미셸 푸코는 이 물음에 자신만의 해답을 제시하였다. 푸코에 따르면 권력은 항상 우리가 지식이라고 생각하는 것을 이미 형성하고 있다. 이러한 관계를 파악하는 것은 디지털 세계에서 매우 중요하다. 왜냐하면 디지털 세계에서는 정보의 수집과 흐름이 중심이기 때문이다. 무수히 많은 통제력을 행사함으로써 정보(그리고 지식)가 특정한 방식으로 제공되고 사람들은 특정한 방식에 따라 정보를 접하게 된다. 이렇게 만들어진 채널을 통해 정보를 활용함으로써 어떤 사람들은 다른 사람들에게 권력을 행사할 수 있다. 푸코는 지식과 권력 사이의 관계를 포착하기 위해 '에피스테메'(episteme)라는 용어를 도입했

---

[*]   작가이자 활동가인 나오미 클라인은 베이컨이 "영국의 엘리트들로 하여금 지구가 우리가 존경과 경외심(그리고 약간의 두려움)을 느껴야 할 생명을 주는 어머니라는 생각을 이교도적 관념으로 치부하게 함으로써 엘리트들이 지하 감옥의 마스터 역할을 받아들이도록 설득했다"고 주장한다(Klein, *This Changes Everything*, p. 170).

다. 따라서 여기서는 이 개념을 바탕으로 디지털 세계에서의 인식적 권리, 예를 들어 과학적 조사 결과에 대한 권리, 교육에 대한 권리 또는 단순히 발언권을 갖는 것에 관한 권리 등을 살펴보기 위해 인식적 행위자성의 네 가지 역할을 중심으로 살펴보도록 한다.

인식적 관점에서 인식의 자격을 살펴보면 지금까지 다루었던 것 이상으로 우리의 지평을 확장할 수 있다. 그리고 이러한 확장된 관점을 시민의 역할 측면에서 생각해 볼 수 있다. 우리는 지금까지 공적 이성이라는 렌즈를 통해서 디지털 시대의 시민들을 만나 왔다. 그 과정에서 진리, 권력, 공적 영역, 민주주의 등의 주제를 다뤄 왔다. 그러나 우리는 아직 '알게 되는 자'로서의 시민의 역할과 '알려지는 자'로서의 시민에 대해서는 탐구하지 않았다. 디지털 시대에는 개인이 데이터를 사용하거나 제공하는 데 많은 시간을 소비한다. 따라서 개인은 데이터를 통해 지식을 습득하는 당사자인 동시에 데이터를 제공하는 객체이다. 이러한 데이터는 스마트 기기들을 통해 디지털 방식으로 처리되고 수많은 설계를 통해 만들어진다. 이러한 설계에 대한 결정이 어떻게 이루어지며 누구에게 이익이 되는지 생각할 때 권력에 대한 고려가 필요하다. 이 과정에서 우리는 지식과 권력의 접점에 있는 주체인 인식적 행위자성이 무엇인지, 또한 인식적 권리는 누구에게 있는지 그리고 인식적 정의가 무엇인지 고찰해야 한다.

다른 사상가들 역시 이러한 문제에 대해 고민했지만, 특히 푸코의 에피스테메 개념은 앞서 언급한 인식적 행위자성이라는 틀을 공식화하기에 유용하다. 그의 에피스테메라는 개념은 종종 (푸코의 개념보다 앞선) 토마스 쿤의 패러다임과 비교되기도 한다.[3] 토마스 쿤의 패러다임은 과학적 세계관과 실천을 구성하는 일련의 신념과 가정을 의미한다. 이에 반해 푸코의 에피스테메는 과학을 포함하되 이에 국한되지 않는 광범위한 담론의 바탕을 제공한다. 쿤과 푸코의 저작은 모두 진리에 대한 관점, 특히 비상대주의적 진리의 가능성에 대한 의문을 제기한다. 나는 두 접근법 중 어떤 접근법을 사용하든 그것이 근본적 진리에 대한 상대주의적 태도를 옹호하는 것은 아니라고 생각한다. 다시 말해 담론의 사회학적·지적-역사적 차원을 진지하게 고려한다고 해서 진리에 대한 상대주의를 주장하는 것이 아니라는 것이다(이는 4장에서 진리의 개념에 대해 언급한 내용과도 상충되지 않는다).

인식적 고려 사항을 점검하는 것은 우리의 관점을 넓히는 동시에 특정한 주제의 문제를 더 '깊게' 바라보게 한다. 2장에서는 기술이 정치적인 성격, 즉 근본적이고 구성적이고 상호작용적 이해를 구별하므로 롤스식 접근법뿐만 아니라 마땅히 정치사상에 대한 모든 접근 방식이 이 세 가지 모두를 진지하게 받아들여야 한다고 주장했다. 디지털 세계가 점점 더 인간 생활의 중심이 되고 인식적 역할과 자격이 디지털 세계의 중심이 된다는 점에서 인식적 주제에 대한 성찰은 기술이 근본적 이해에서 얼마나 정치적인지를 단적으로 나타내고 있다. 이것은 특정 기술의 정치적 성격과 상호작용적 이해에서 정치적 성격을 어떻게 발현하는지 설명하는 방법이기도 하다.

5.2절에서는 지식과 권력의 결합에 대한 푸코의 연구와 '에피스테메'라는 용어의 탄생에 대해 알아본다. 그리고 5.3절에서는 디지털 세계에 적용하여 그의 아이디어를 발전시키고자 한다. 이러한 푸코의 개념을 바탕으로 5.4절에서는 인식적 행위자성이라는 개념을 도

입하여 현대인의 네 가지 역할에 대해 알아보고 이를 중심으로 구성된 체계에서 개인의 위치를 파악한다. 그리고 이러한 체계에 기반하여 5.5절에서는 인식적 권리의 개념을 소개하고 5.6절에서는 인식적 정의에 대해 논의한다. 5.7절에서는 인식적 행위자성에 대한 아이디어가 라이프 2.0의 고유한 특징이며, 이것이 라이프 3.0에 접근하면서 어떻게 재성찰되어야 하는지 살펴보는 것으로 이 장을 마무리하고자 한다.[*]

5.2 푸코의 에피스테메, 자기 인식 그리고 생체권력

인간에게 탐구, 즉 언어 등을 통해 체계적으로 정보를 수집하는 것은 필수적 활동이다. 철학의 인식론이나 과학에서의 연구 방법론과 같은 분야를 포함하여 무엇이 성공적인 탐구를 가능하게 하는지에 관한 많은 연구가 이루어지고 있다. 그런데 지식의 습득은 과학적 방법론에 대한 설명을 통해 이론화되는 이성적인 문제로만 이해되는 것은 아니다. 탐구는 정보가 전달되고 제시되는 맥락 속에서 그리고 사람들의 자기 인식을 포함하여 지식을 습득하고자 하는 과정에서 발생한다. 따라서 탐구에는 역사, 윤리, 사회학, 정치학도 포함된다. 베

---

*   공적 이성의 관점에 의해 포착된 시민권에 관한 롤스의 이해는 현재 우리가 구분하는 인식적 역할에 관한 것을 뒷받침하기는 힘든 것처럼 보일 수 있다. 하지만 이것은 표면적인 사례일 뿐이다. 왜냐하면 실제 행위자라는 관점에서 설명하는 인식적 행위자성의 다양한 역할은 개인이 시민으로시 활동하는 방식을 규정하는 것이기 때문이다.

이컨의 전통에서 지식은 권력이 작동하는 가치판단적인 정치의 영역 바깥에 존재하는 것이며 이것을 정치의 영역으로 다시 가져올 수 있는 것으로 치부되었다. 하지만 이와 달리 지식과 권력이 깊게 연결되어 있다는 생각이 푸코로부터 발전하기 시작한다. 푸코는 "권력과 관계되지 않는 지식은 존재하지 않으며, 권력관계를 전제하지 않고 구성되는 지식도 존재하지 않는다"고 말했다.[4] 푸코에게 지식으로 간주되는 것은 항상 권력관계의 영향을 받는 것이다. 푸코가 생각하기에 모든 시대에는 다양한 '권력–지식 체계'의 일부인 사고 구조, 세계관 등이 존재했다. 개인은 이러한 구조에서 벗어날 수 없다. 연구자는 일반적으로 이러한 구조를 벗어난 탐구나 연구를 상상할 수 없기에(또는 상상하지 않기에) 이러한 구조를 한계로 인식하지도 않는다(또는 사람들은 이러한 구조를 질서라고 생각한다). 이러한 구조는 또한 자기 인식, 자신의 인격에 대한 견해 및 세상에서의 자기 위치를 제한한다. 결국 개인의 자기 이해에 대한 기본 모델(일반적으로 사람들이 자신에 대해 생각하는 방식에 관한 모델)은 주어진 환경에서 사용 가능한 지식으로 구성된다.

푸코는 한 시대의 지식과 권력관계를 이미 항상 반영하는 가능성의 조건에서 이러한 종류의 기초를 표현하기 위해 지식 또는 이해를 뜻하는 그리스어 '에피스테메'라는 용어를 사용한다. 이 용어는 주어진 시간과 장소에서 과학적 지식의 생산을 뒷받침하는, 질서 있고 대부분 문제시되지 않는(푸코가 말했듯이 '무의식적인') 구조, 즉 '인식적인 논리 영역'을 특징짓는 용어이다.[5] 사고와 지식의 체계(푸코는 이를 인식론 외에도 담론적 형성이라고도 부른다)는 문법과 논리를 훨씬 뒤어넘는 규칙을 따른다. 개별 참여자의 인식 밖에서 작동하는 이러한 '무의식적' 규칙은 주어진 영역과 시대에서 사고의 경계를 결정하는 개념적 가능성의 체계를 묘사한다. 이러한 가능성을 이해하려면 푸코가 '고고학적' 방법이라고 부르는, 즉 개인이 스스로 표현할 수 없는 전제를 밝혀내는 과정이 필요하다.

에피스테메의 주요한 특징은 지식이 조직되는 방식에 있다. 예를 들어 푸코는 『말과 사물』에서 대략 1650년부터 1800년까지 유럽, 특히 프랑스를 특징짓는 '고전 시대'와 관련된 에피스테메에 대해 이야기한다. 이 에피스테메는 자연을 바라보는 시각에서 시간의 흐름에 따른 변화를 본질적으로 허용하지 않는다. 이 시대에 생물들은 모두 역사적 발전과 관계없이 미리 결정된 것이었다. 반면 1800년경부터 지배적이었던 근대적 인식론은 살아 있는 것들을 역사적 실체로 간주하며, 이는 생명체가 역사적 원인을 통해 형성될 수 있다는 것을 의미했다. 그리고 이러한 사고방식은 진화론으로 이어졌다. 생명체가 무엇인지에 대한 개념에 근본적인 단절이 일어난 것이다.

더욱이 지식이 조직되는 방식에 차이가 있을 뿐만 아니라 지식과 인간이 통합되는 방식에도 차이가 있다. 푸코의 『감시와 처벌』은 18세기 후반에 형벌의 방식이 변화하는 것을 관찰하는 것으로 시작한다.[6] 이 책에 따르면, 환호하는 군중 앞에서 처형하는 형벌의 방식이 근대로 오면서 신체의 자유를 박탈하는 감금형으로 바뀌게 된다. 처벌의 목적은 더 이상 공개적인 잔인함이 아니라 규율과 일상을 통해 순종을 심어 주는 것이 되었다. 공개적이고 종종 광란에 가까운 형벌의 관행은 보다 사적이고 은밀한 처벌로 바뀌었다. 푸코는 학교, 병원,

군대도 모두 비슷한 방식으로 운영되고 있음을 발견한다. 점점 더 확산되는 권력 행사는 겉보기에 매우 다른 다양한 기관에 속한 사람들에게 일상적인 규율을 주입한다.

푸코는 제러미 벤담이 고안한 원형 감옥인 '파놉티콘'을 예로 든 것으로 유명하다.[7] 규율 권력의 상징적 건축 모델인 이 감옥에서는 단 한 명의 감시자가 각 감방을 언제든 감시할 수 있으며, 수감자는 자신이 언제 감시당하고 있는지 알 수 없다. 따라서 수감자들은 항상 조심히 행동해야 한다. 이렇게 수감자들이 스스로 자신을 규율하는 것처럼 사회 구성원들도 마찬가지이다. 이러한 자기 규율 과정과 관련된 이상은 순응을 조장하여 순응하지 않고 저항하려는 정체성을 제한한다. 그리고 자기 규율은 또한 자기 인식을 제한한다. 권력은 엄격한 제약이나 감독을 하기보다는 개인이 스스로를 순응하게 함으로써 더 유순한 피조물을 만든다. 메커니즘이 명확하지 않을수록 감시의 규율기능은 더욱 강력하다. 개인이 사회가 요구하는 방식으로 행동하거나 자신을 규율하게 만드는 것은 가족과 직장, 일상적인 관행 그리고 공식적이거나 비공식적인 사회적 기관들이다. 이러한 다양한 권력 패턴은 과학적 담론과 무엇이 지식으로 간주되는지에 대한 한 시대의 이해를 형성하기도 한다.

비록 사회 전반의 상호 연결망에 분산되어 있지만, 권력은 여전히 합리성과 목표 달성을 위한 수단을 가지고 있다. 유순한 일상적인 추종자들은 부분적으로 "신체가 예속되어 있으며, 인구를 통제하기 위한 수많은 다양한 기술의 폭발적 증대"를 통해 쉽게 통제될 수 있다. 그리고 여기서 말하는 '신체'는 인간의 물리적 신체를 의미한다.[8]

이러한 조치는 공중 보건, 유전자 규제, 도시계획, 위험 규제 등 신체적 건강과 직접적으로 관련이 적은 규제 메커니즘으로 작동하는 국가의 '생체권력'에 해당한다. 푸코는 생체권력을 폭력, 특히 살인권을 기반으로 하는 기존의 (그리고 여전히 존재하는) '전제적 권력'과 비교한다. 생체권력은 표면적으로 전혀 위협적이지 않지만 "정확한 통제와 포괄적인 규제를 통해 (생명을) 관리, 최적화, 증식하기 위해 노력"한다.[9] 권력과 지식의 메커니즘은 주권적 권력으로는 할 수 없는 방식으로 삶 자체를 관리한다.

생체권력을 행사하려면 과학적 통찰력이 필요하다. 따라서 과학적 전문 지식의 위상이 강화되고, 왕권이 지배하던 시대에는 거의 의미가 없었던 권력과 지식 사이의 새로운 연결 고리가 만들어진다. 사회는 신원을 추적하기 위해 복잡한 행정 시스템을 도입하는 등 저항하는 사람들의 신원을 정부가 파악할 수 있게 만들었다. 결국 표준화된 여권(현재는 생체 인식을 통해 소지자가 본인임을 확인할 수 있음), 사회보장 번호, 다양한 식별 번호(공적 혹은 사적인 목적), 운전면허증, 신용 점수, 건강 기록, 고용계약서 등이 생겨났다. 출생증명서는 우리가 어떤 지역에 소속되어 있는지를 나타내기도 한다. 결국 우리는 이러한 신원 확인을 중심으로 자신의 인격을 파악하고 그렇게 세워진 권력 구조의 유순한 참여자가 된다.[10]

푸코의 저작을 관통하는 하나의 키워드는 분석되거나 해방될 수 있는 진정한 자아는 존재하지 않는다는 것이다. 자아는 오직 만들어진 자아만이 존재한다. 하지만 푸코의 후기 저작은 이를 뛰어넘어 개인이 단순히 유순한 존재가 아니라 부과된 규범에 능동적으로 참여할 수 있는 존재라는 점을 점점 더 강조한다. 개인은 사회의 확산된 권력에 의해 확인된 역할을 의식적으로 거부하거나, 채택하거나, 변경할 수 있다. 푸코는 새로운 경험과 쾌락의 영역에 대한 탐구와 새로운 관계, 생활 방식, 사고방식의 발전에 대해 논의한다. 적어도 그의 후기 저작에서는 한 시대의 에피스테메는 거스를 수 없는 운명이 아니다. 용기 있는 개인은 창조적인 삶의 가능성을 가질 수 있다.[11]

5.3 푸코를 디지털 세계로: 데이터 에피스테메 그리고 정보권력

물론 푸코는 디지털 세계가 현재와 같이 널리 보급되기 전에 세상을 떠났다. 콜린 쿠프먼은 푸코의 접근 방식을 확장하여 디지털 세계에 적용하며 현재의 지식 체계에 '데이터 에피스테메'라는 용어를 사용한다.[12] 에피스테메가 특정 시간과 장소에서 지식 생산의 근간이 되는 질서 정연하지만 '무의식적'인 구조로 구성된다고 할 때, 현재 인식론의 주요한 특징은 이러한 과정이 데이터에서 도출된 정보에 의해서 이루어진다는 것이다. 데이터에 대한 수요와 사용은 젊은 사람들에게는 너무도 당연한 것이지만, 아직 구세대들에게는 낯선 것이며 이들이 적응하기 전에 이것은 보편화되었다.

데이터 시대에는 오랫동안 존재해 온 전제적 권력과 생체권력을 넘어 새로운 유형의 권력이 행사된다. 이 새로운 유형의 권력은 정보정치에 의해 결정되는 '정보권력'이다. 정보권력은 데이터에 대한 수요 증가뿐만 아니라 쿠프먼이 말하는 데이터 '형식'에 대한 결정을 통해서도 행사된다. 데이터 형식은 어떤 유형의 데이터를 수집, 가공, 처리 또는 저장할지, 어떤 용도로 사용할지, 어떻게 공유할지, 누구와 공유할지에 관한 것이다. 정보정치는 정보권력을 구성하는 방법을 결정한다.

정보정치는 먼저 점점 더 정교해지는 국가 감시와 관련이 있다. 오늘날 가장 잘 알려진 감시 시스템은 중국 공산당이 지난 15년 동안 개인과 기업의 정보를 추적하기 위해 대규모로 추진한 중국 사회의 신용 시스템이다. (신호를 위반한 운전자의 사진 등, 모든 정보가 중앙 데이터베이스에 연결된다.) 이런 감시는 극단적인 경우이지만, 사이버 공간은 한편으로 지나치게 사익이 추구되는 장소이며 노골적인 범죄 행위를 정부가 적발하고 예방하기 위한 전쟁터이기도 하다. 물론 이러한 것을 핑계 삼아 권위주의 정부가 반대 여론을 잠재우기 위해 사용할 수 있는 도구가 생겨날 수도 있다. 대표적인 예로 테러리스트의 선전이나 아동 포르노 등 불법으로 간주되는 콘텐츠에 대한 사용자의 접근을 금지하는 소프트웨어가 있으며, 이는 범죄와 싸우기 위해 국가가 정보 권한을 행사하는 것이다. 그러나 이러한 소프트웨어는 정부가 자국민의 접근을 막고자 하는 다른 수많은 웹사이트에 대한 접근도 차단할 수 있다.[13] 더군다나 몇 년 전 에드워드 스노든이 미국 정부가 구글과 버라이즌과 같은 기업의 도움을 받아 수백만 명의 디지털 활동 기록을 수집하고 저장했던 행위를 폭로한 적도 있다.[14]

정보정치는 또한 민간 부문에서 일어나는 일들을 결정하며, 규제 장치는 민간 부문을 형성하거나 통제한다. 따라서 정보정치는 민간 기업이 사용하는 데이터 마이닝 기술을 어떻게 처리할 것인가와 깊게 관련되어 있다. 이러한 기술은 현대 경제 시스템의 핵심이 되었으며 쇼샤나 주보프는 이러한 현 단계의 자본주의를 '감시 자본주의'라고 표현한다.[15] 그리고 정보권력은 소셜 미디어의 설계를 통해서도 발휘된다. 페이스북, 트위터 등은 사람들이 기존 미디어에 의존하지 않고도 연락을 유지하고, 의견을 공유하고, 전문적인 동맹을 형성하고, 캠페인에 참여하게 하는 등 새로운 가능성을 창출한다. 하지만 동시에 소셜 미디어는 지나치게 관심을 끄는 알고리즘을 사용하거나 다른 방식으로 무지와 편견, 혼란을 심어 줄 수도 있다.

또한 정보정치는 비트코인과 같은 암호화폐와 알고리즘 금융, 소셜 미디어를 통한 높은 수준의 데이터 수집과 전례 없는 수준의 데이터 및 파일 공유, 개인화된 유전자 정보, 사람들이 하는 모든 일을 정량화하는 스마트워치와도 관련이 있다. 디지털 세계의 엄청난 데이터는 친구와 연락을 유지하고 배우자를 찾는 것에서부터 전문적인 네트워크를 구축하는 것에 이르기까지 다양한 목적으로 온라인 프로필을 세심하게 관리할 수 있게 해 주며, 종종 이를 적극적으로 요구하기도 한다. 그리고 정보정치는 '전자 프런티어 재단'과 같은 조직에서 추진하는 디지털 권리 옹호 단체와 같은 저항 운동도 포함한다.[16]

에피스테메가 가진 중요한 인식적 장치의 특징 중 하나는 사람들 스스로 세상을 보는 방식이 유일한 방법이라고 생각하는 경향이 있다는 것이다. 이들은 에피스테메가 자신을 어느 정도까지 만들어 주는지 알지 못한다. 예를 들어 데이터 에피스테메에서 이것이 의미하는 바는, 데이터의 편재성에도 불구하고 우리가 자연스럽게 자신을 데이터와 분리된 존재로 보고 데이터를 우리에 '관한' 작은 정보에 불과한 것으로 인식한다는 것이다. 즉 우리는 우리 자신을 번호, 카드, 증명서, 계좌, 서류와는 별개의 사람으로 생각한다. 마찬가지로 많은 사람이 스마트폰과 같은 디지털 디바이스의 사용 여부를 선택할 수 있을 것으로 생각한다. 하지만 사람들은 자신을 특징짓는 모든 데이터나 그에 수반되는 도구와 분리하여 자신을 설명하는 것조차 어려워할 때가 많다.[17] 데이터 및 이와 관련된 스마트폰과 같은 디바이스는 우리의 정체성을 구성하는 데 많은 역할을 한다. 우리는 이미 '디지털 인간'이 되었다.[18] 도나 해러웨이가 '지배의 정보학'이라고 부르는 것의 주체가 된 것이다.[19] 푸코가 세상을 떠난 1년 후인 1985년에 출간된 돈 드릴로의 소설 『백색 소음』에 등장하는 기술자의 말을 빌리자면 "당신들은 데이터의 총합이다. 누구도 그 사실을 피할 수 없다".[20]

지금까지 생체권력이 그랬던 것처럼, 정보권력의 시대에는 참여자들이 권력 구조에 순응하게 된다. 이에 대해 쿠프먼은 다음과 같이 말한다.

정보의 형식화는 우리가 불평등과 비자유를 경험하게 할 뿐만 아니라, 다른 사람들에게 이러한 불평등과 비자유를 강요하는 것이기도 하다. 따라서 정보가 우리를 구성하는 순간 정보는 정치적이 된다.[21]

인터넷을 통해 지식 습득과 생산이 완전히 변화되었다. 사람들은 검색엔진을 사용하여 학습한다. 서구에서는 구글이 생활의 중심이 되어 어떤 정보를 찾을 때는 "그냥 검색해 보세요"라고 일상적으로 말한다.[22] 보다 정교한 작업을 위해 '울프럼 알파'(Wolfram Alpha)와 같은 도구가 널리 사용되고 있기도 하다. 지식 습득과 생산은 인터넷을 통해 크게 변화되었다. 사람들은 인터넷 공간에서 검색엔진을 사용하여 학습하는 존재가 되었다. 그리고 사람들은 인터넷에서 새로운 방식으로 '알려진다'. 사람들은 검색한 내용을 포함하여 자신에 대한 전자 기록을 남긴다. 각자는 언제든 사람들에게 언급되고 인터넷에 올라온 모든 내용은 클릭 몇 번으로 관심 있는 모든 사람에게 공개된다.

월드와이드웹(WWW)은 교육기관 간의 자동화된 정보 공유에 대한 수요를 충족하기 위해 팀 버너스 리가 개발한 것이다.[23] 이것은 과학적 협업의 새로운 가능성을 열었으며, 부분적으로는 방대한 양의 데이터와 이를 분석할 수 있는 도구의 가용성을 통해 번창할 수 있었다.[24] '웹'은 이제 글로벌 커뮤니케이션의 중심이 되었다. 인터넷은 웹이 작동하는 연결된 컴퓨터의 네트워크이다. 2016년 영국 문화원을 대표하여 저명한 과학자, 학계 연구자, 작가 그리고 세계 지도자들로 구성된 패널은 오늘날 세계를 형성한 80가지 문화적 사건 목록에서 인터넷 발명을 '1위'로 선정했다. "역사상 가장 빠르게 성장하는 통신 매체인 인터넷은 현대의 모습을 완전히 영구적으로 바꾸어 놓았다. 우리는 전 세계 어디에서도 즉시 서로 연결 가능하다."[25]

검색엔진과 알고리즘은 지식에 대한 접근을 제공하는 단순한 도구가 아니라 이제 가치와 권력을 반영한다. 다른 맥락에서와 마찬가지로 기술은 경제적이고 정치적인 수준에서 사회적 관계에 영향을 미치게 된다.[26] 사피야 노블은 디지털 세계에서 알고리즘의 힘이 특히 위험하다고 경고하고 있는데, 그 이유는 지금이 바로 '신자유주의'의 시대이기 때문이다.[27] 신자유주의는 많은 사회적 선택권을 시장에 위임한다. 억압적인 사회구조를 반영하고 강화하는 정보 기술이 이제는 사적 행위자의 이익이 되었다. 2장에서 언급했듯이 노블은 '기술적 대출 거부'를 진단한다. 예를 들어 온라인 금융 도구는 특히 저소득층 지역에서 유색인종에게 더 높은 이자율과 보험료를 지불하도록 유도하는 것이다.[28] 특히 이러한 커뮤니티와 기타 소외된 그룹의 경우, 구글이 특정 정보에 부여하는 우선순위를 반영한 것이다. 예를 들어 흑인 10대 소녀들이 관심 있는 것을 검색하면 포르노를 주제로 한 검색 결과가 나오는 경우가 많다. 이러한 검색 결과에 대해 노블은 다음과 같이 말한다.

> 검색 결과는 검색 회사의 상업 파트너와 광고주의 가치와 규범을 반영하며, 이러한 아이디어가 너무 자유롭게 유통되고 자주 정상화되고 수익성이 매우 높기에 사회에서 가장 저열한 생각과 신념들이 반영되는 경우가 많다.[29]

5.4 인식적 행위자성

푸코의 에피스테메는 네 가지 역할로 구성된 인식적 행위자성 모델을 공식화하는 데 도움이 된다. 개인이 탐구나 조사에 관여하는 방식을 통해 디지털 세계는 이전과는 다른 방식으로 움직인다. 인간의 규범적 행위에 대해 탐구하는 것도 이러한 방식을 통해 이루어진다. 개인은 지금까지 항상 집단적으로 유지되는 에피스테메 안에서 지식을 습득했다. 하지만 이제 우리는 개인을 단순히 개별적으로 알게 되는 자, 집단적으로 에피스테메를 유지하는 존재로만 인식할 것이 아니라 (개별적으로 혹은 집단적으로) 정보를 드러내는 자로도 인식해야 한다. 사람들이 찾는 정보의 대부분은 다른 사람에 관한 것이다. 개인에 관한 것, 즉 개인의 데이터는 다른 사람에게 '알려진다'. 따라서 우리는 '알게 되는 자'이면서 동시에 '알려지는 자'이기도 하다.

일반적으로 우리는 알려지기보다는 어떤 것을 알게 되는 것, 곧 알게 되는 자의 역할에 더욱 익숙하다. 하지만 정보의 공개자 또는 전달자로서 우리는 자신과 타인의 인지도 측면에서 성공을 정의하는 규칙에 지배받기도 한다. 이러한 규칙은 일반적으로 성공적인 조사(대상이 인간인 탐구 주제)에 적용되는 규칙의 하위 집합이다. 이것의 특징은 정보를 찾는 데 적용되는 합리성이 아니라 어떤 정보를 누구에게 제공해야 하는지 또는 제공하지 말아야 하는지를 나타내는 도덕적·사회적 또는 정치적 기준을 중요하게 생각한다는 점이다. 공동체의 구성원으로서 사람들은 정보를 공개해야 한다는 기준을 지키며, 우리에 대해 알려진 내용을 집단적으로 보존한다(여기서 중요한 것은 알게 되는 자들 역시 알려지는 자라는 사실에서 에피스테메의 한 부분이라는 사실이다).

'인식적 행위자'를 커뮤니케이션 네트워크(정보 교환 시스템)에 통합된 인간 혹은 실체로서 정보를 수집하거나 공개하는 사람이라고 가정해 보자. 철학적 담론에서 '행위자'는 종종 선택권이나 합리성을 가진 사람(에이전트)을 의미하며, 일반적으로 선택 또는 합리성과 관련된 의미가 있다. 하지만 이 용어는 동시에 작가가 제공한 대본에 따라 연기하는 연기자를 의미하기도 하는데 나는 이 의미가 현대인들을 더 잘 나타내고 있다고 생각한다. 내가 단순히 에이전트가 아닌 인식적 행위자에 대해 이야기하는 이유는 이들이 자신의 선택과 자신의 배경적 합리성만으로 판단하지 않는다는 것을 나타내기 위해서이다. 인식적 행위자는 생각, 감정, 신념을 가지고 커뮤니케이션 네트워크 안에서 특정한 역할을 수행한다. 정보를 찾는 사람으로서 정보를 획득하고, 동시에 정보를 드러내는 사람으로서 정보를 생성한다. 두 경우 모두 과정은 이성적 기준부터 도덕적 기준 또는 사회학적 기준까지 다양한 규범적 기준에 따라 이루어지며 이러한 기준들은 비판적으로 평가되거나 거부되기도 한다. 하지만 개인(행위자)은 이러한 기준의 생성에 크게 기여하지 않는다. 그리고 일반적으로 기준에서 한발 물러나 체계적으로 기준을 성찰할 수 있는 능력도 부족하다. 푸코의 에피스테메는 개인이 일반적으로 인식하지 못하는 '무의식적' 구조를 의미한다. 알게 되는 자와 알려지는 자라는 측면에서 행위자들은 자신의 의지와 상관없이 역할을 충실히 수행하며 에피스테메가 요구하는 것을 반영한다.[*]

이 체계를 푸코와는 다른 사회과학적 맥락에서 자세히 설명하기

---

[*] 사람들이 자신에 대해 스스로 밝히는 것과 관찰이나 추론 등을 통해 알려진 것 사이에는 차이가 있다. 이러한 현상들이 일어나는 이유는 알려지는 자라는 공통점으로 함께 모이기 때문이다. 이러한 차이는 앎의 영역에서 구분할 수 있다. 어떤 것들은 우리가 적극적으로 조사하기에 알고 있으며 어떤 것들은 단순히 습득하고 반복하기에 알게 된다.

위해 나는 사회학자 존 마이어와 그의 동료들로 구성된 '스탠퍼드학파'의 세계-사회 접근법에서 사용하는 '행위자성'이라는 용어를 사용하고자 한다.[30] 여기서 말하는 사회는 권위를 부여하는 집단적 메커니즘을 통해 가치와 규범이 정의되고 구현되는 시스템을 의미한다. 이 시스템은 누가 어떤 종류의 권위를 부여받아야 하는지 그리고 그 권위가 어떻게 발생되는지를 결정한다. 사회의 가장 큰 특징은 위에서 설명한 의미에서 다양한 행위자들에게 일련의 규범과 역할을 부여한다는 것이다. 다양한 '각본'의 구현과 확산을 통해 사회는 베네딕트 앤더슨의 잘 알려진 의미에서 '상상된 공동체'가 된다.[31] 스탠퍼드학파에서 주로 탐구하는 세계/사회는 전 지구적 차원의 시스템이다. 이러한 과정을 글로벌 수준에서 인식함으로써, 세계 문화를 구성하는 과정을 함께 고려하여 글로벌 문제에 대한 통합적인 접근 방식을 제공한다.

이러한 설명을 통해 우리는 인식적 행위자성을 구성하는 네 가지 역할, 즉 개별 인식 주체, 집단 인식 주체, 개별 인식 객체, 집단 인식 객체를 구분할 수 있다. 나는 디지털 세계의 맥락에서 이러한 행위자성의 역할을 소개하고자 한다. 우선, 사람들은 '개별 인식 주체'로 활동한다. 이들은 학습자, 탐구자 또는 알게 되는 자로서 합리성의 기준(정보를 얻는 최선의 방법)에서부터 도덕적 기준 또는 일반적인 사회적 분업(누가 어떤 종류의 지식을 가질 수 있는가)에 이르기까지 다양한 기준을 준수한다. 정보를 수집하고 처리하려면 사람들은 에피스테메의 규범 안에서 파악해야 한다. 여기에는 책이나 신문에서부터 사진이나 동영상에 이르기까지 미디어의 적절한 용도를 찾는 것도 포함된다. 디지털 세계에서는 이러한 역할의 의미에 있어 많은 변화가 있었다. 정보는 천문학적 규모로 저장되고 처리된다. 인터넷은 1장에서 소개한 웰스의 '세계 두뇌'와 유사하다.[32]

둘째, 사람들은 '집단 인식 주체'의 일부이다. 이러한 능력으로 이들은 현재의 에피스테메를 구성하는 다양한 유형의 규칙인 탐구의 표준을 수립하거나 (더 일반적으로) 유지하는 데 도움을 준다. 첫 번째 역할에서 우리가 스스로 문제를 해결했다면, 두 번째 역할에서는 다른 사람들을 표준으로 삼고 표준을 만드는 데 도움을 준다. 이 역할은 에피스테메를 유지하는 것이다. 사람들이 정보 환경의 기여자 또는 유지자의 역할을 수행하는 방식은 대부분 규정의 준수에 그치고 다소 수동적인 경우가 많다. 하지만 디지털 시대에는 디지털 미디어의 가용성으로 인해 정보를 수집하는 방식이 크게 영향을 받기 때문에 이러한 역할이 변화하고 있다. 우리가 구글을 통해 정보를 검색하거나 플랫폼에서 정보를 수집하는 것이 대표적 사례이다.

셋째, 개인은 또한 '개별 인식 객체'이기도 하다. 개인은 자신에 대한 어떤 정보를 공유할 수 있는지에 관한 규칙에 따라 다른 사람에게 알려지게 된다. 이 역할은 정보 소유자(보유자) 또는 제공자(공개자)의 역할, 즉 알려지는 자의 역할이다. 이는 많은 복잡성을 수반하는 프라이버시 관리에 관한 것과 연결된다. 개별 인식 객체의 역할에 대한 기대는 자신과 타인 모두에게 적용된다. 우리 자신에 관해서 공개해야 할 정보에는 (누구와 상호작용하느냐에 따라) 한계가 있으며, 다른 사람에 대해 어떤 종류의 정보를 공개해야 하는지, 어떻게 특정 방식으로 알려질 수 있도록 하는지에 대한 기대가 있다. 우리가 느끼거나 믿는 것은 점점 더 우리가 하는 특정 행위들, 예를 들어 관심 있는 것에 클릭하는 행위 등으로부터 수집되어 추론되고 데이터로 구성된다. 우리는 다양한 방식으로 추적된다. 우리는 늘 감시의 대상이다. 그리고 디지털 세계에서 이러한 역할은 더욱 강화되고 있다. 유명인과 같은 사람들은 자신에 대한 정보를 공유하는 방식을 통해 유명해지기도 한다.[33]

마지막으로, 개인은 '집단 인식 객체'의 일부이기도 하다. 개인은 집단이라고 알려진 지식의 범위를 유지하고 이에 기여하며, 그 지식으로 무엇을 해야 할지를 결정하는 데 도움을 준다. 이러한 역할은 정보가 수집되는 인식적 환경을 유지하고 관리하는 역할과 유사하게 데이터의 패턴에 기여하는 역할이기도 하다. 디지털 세계는 데이터 수집에 지속적인 변화를 가져왔다. 이제 우리는 내면의 삶과 사적인 행위에 대해 간접적으로 유추할 수 있는 방대한 정보를 활용하여 총체적으로 추론할 수 있게 되었다. 인간의 패턴에 대한 이러한 이해는 이전에는 상상할 수도 없던 것이었다.

이러한 개념들을 통해 우리는 인식적 '성공', '실패', '실험'뿐만 아니라 인식적 '자격'을 구분할 수 있다. 인식적 성공은 관련 정보를 획득한 성과를 의미한다. 문맥에 따라 이러한 성공의 용어는 지식과 진리뿐만 아니라 정당성, 보증, 일관성 또는 해석적 정교함도 포함한다. 인식적 실패란 정보 획득의 실패를 뜻한다. 이러한 실패는 상황에 따라 무지, 거짓, 망상, 잘못된 정보 또는 허위 정보를 의미하기도 한다. 이러한 성공과 실패는 우리가 구분한 다양한 역할을 통해 판단할 수 있다. 인식적 실험은 정보 수집 도구가 질문이나 조사 이외의 목적으로 사용되어 인식적 성공 또는 실패의 측면에서 평가할 수 있는 것과 다른 방식으로 사용될 때 발생한다. 일반적으로 소설이나 시각 디자인과 같은 예술이나 오락이 이에 해당한다. 이는 6장에서 딥페이크에 대해 이야기할 때 중요하게 다룰 것이다. 마지막으로 우리는 인식적 권리와 정의에 관해 이야기할 수 있다. 이제는 다음 주제로 넘어가보자.

5.5 인식적 권리

인식적 행위자에 대한 이러한 구분을 바탕으로 인식적 행위자가 자신의 역할에 대한 자격과 잘못에 대한 우려를 표현할 수 있는 몇 가지 규범적 개념을 소개하고자 한다. 권리와 책임은 개별 인식 주체 또는 객체에 관여한다. 이러한 것들은 인식적 권리의 관점에서 평가할 수 있다. 반면, '집단' 주체 또는 객체의 일부로서 발생하는 권리와 책임은 구조적인 문제이므로 인식적 정의의 관점에서 포착되어야한다. 인식적 권리는 각각의 인식론 '내부에서' 공식화될 수 있는 반면, 인식적 정의는 인식론의 형태 그 자체에 관한 것이다. 이러한 개념을 사용하면 검색이나 탐구 영역에 적용되는 특정한 도덕적 요구를 공식화할 수 있다. 인식적 권리를 개인의 역할과 연결하고 인식적 정의를 집단의 역할과 연결시키는 것은 불완전한 분리이다. 권리라는 개념이 주로 개인에 의해 표현되고, 정의의 관점은 더 큰 맥락에서 타인을 향하며 집단적으로 표현되지만, 정의의 관점으로도 '내재된 개인'이라는 기본적인 의미를 포착할 수 있다.

　먼저 인식적 권리라는 개념이 두 가지 개별 역할에 어떤 영향을 미치는지 알아보자. 권리는 권리의 보유자 또는 다른 당사자의 행위에 관한 수행 또는 금지를 정당화하는 자격이다. (4.2절에서) 권리는 특권, 청구권, 권한 또는 면책이라는 것으로 구분될 수 있다는 것을 상기할 필요가 있다.[34] 다른 권리로 쉽게 환원되지 않는 '인식적' 권리라고 불릴 수 있는 정당한 권리가 존재하기 위해서는 개인이 차별적 권한을 가질 수 있고 그에 대한 접근을 제한하는 (그리고 다른 경우에는 접근을 보장하는) 노력을 기울일 가치가 있을 만큼 집단적 관심이 충분한 다양한 대상(광범위하게 이해되는)이 있어야 한다. 가장 단순히 설명하자면 이러한 대상은 바로 정보이다. 인식적 권리는 누가 어떤 종류의 정보에 접근할 자격이 있는지를 다루는 권리라 할 수 있다. (이는 정보에 대한 특권, 청구권, 권한 또는 면책권으로 표현할 수 있는 자격을 의미한다.) 이러한 권리는 개별 인식 주체와 객체에 관한 것이다.[35]

　만약 내가 질병에 대한 검진을 받았다고 가정해 보자. 먼저 여기서 개별 인식 주체, 즉 알게 되는 자로 이해되는 사람에 대해 살펴보자. 일반적으로 나는 내 검사 결과에 대해 문의할 수 있어야 한다. 나에게는 결과를 알 권리라는 '특권'이 있다(알 의무는 없음). 또한 의료 서비스 제공자에 대해 내 검진 결과를 '청구'할 수 있다. 서비스 제공자는 나에게 알려야 할 의무가 있으며, 따라서 나에게 알려 주지 않거나 잘못된 정보를 제공해서는 안 된다. 그리고 본인은 청구권을 포기하고 알지 않을 '권한'도 있다. 마지막으로 '면책권'은 제공자가 이 정보에 관한 나의 권리를 변경하지 못하도록 나를 보호한다. 자격을 다른 방식으로 규제해야 할 이유가 있을 수 있지만, 여기서 요점은 인식적 권리라는 개념이 개별 인식 주체에 대해 어떻게 작동하는지 설명하는 것이다.

다음으로 개별 인식 객체, 즉 알려지는 자로 이해되는 사람에 대해 생각해 보자. 일반적으로 다른 사람은 내 결과를 알 수 있는 특권을 가지지 않는다. 다른 사람들은 이 문제를 알지 않아야 할 의무가 있다. 이러한 방식으로 다른 사람에게 알려지지 않는 것은 나의 특권이다. 따라서 다른 사람은 일반적으로 서비스 제공자에 대해 내 결과에 대한 알 권리를 청구할 수 없다. 또한 나는 다른 사람에게 내 결과를 알릴 수 있는 권한을 부여할 권리가 있다. 마지막으로 면책권은 다른 당사자가 이 정보에 관한 권리를 변경하지 못하도록 나를 보호한다.

(알게 되는 자와 알려지는 자에 관한) 인식적 권리는 정보의 측면에서 가장 쉽게 이해되지만 '알 권리', '진실하고 정당한 신념', '이해' 또는 '진리'에 대한 권리, '프라이버시', '잊혀질' 권리, '정보의 비방'이나 '도용'에 대한 권리를 설명하기 위해서는 다양한 인식적 과정을 구분하여 설명할 수 있어야 한다. 이것이 어떤 유형의 인식적 권리(특권, 청구권 등)를 의미하는지 그리고 이러한 권리가 어떤 데이터 영역에서 작동하는지 명시해야 하는 것이다. 이렇게 확장된 인식적 권리에 대한 이해는 다시 정보에 대한 보다 기본적인 권리로 환원될 수 있다. 내가 내 검사 결과를 알 권리가 있는 한, 나는 내 건강 상태와 그와 관련된 진실을 이해할 권리가 있다. 하지만 다른 사람의 결과 같은 다른 사항에 대한 권리는 없을 수 있다. 마찬가지로 내 데이터에 대한 프

라이버시 권리 또는 내 데이터 중 일부를 삭제할 권리가 있을 수 있다. 하지만 다른 사안에 대해서는 그러한 권리가 없을 수도 있다. 내 집의 판매 가격은 정당한 다른 이유로 공개되기도 한다.

다른 예로 교육받을 권리에 대해 생각해 보자. 다시 한번, 먼저 인식 주체, 즉 알게 되는 자로서 당사자의 관점을 고려해 보자. 앞의 사례와 달리 여기서는 한 가지 정보에 국한된 것이 아니라 광범위한 정보와 이를 획득하고 평가하는 방법을 포함하는 광범위한 '알' 권리가 포함된다. 또한 앞의 사례와 달리 교육의 정보 및 방법론적 내용은 일반적으로 사적인 문제가 아니다. 하지만 여기서 우리는 무언가를 배울 수 있는 특권과 이를 실현하기 위해 자신이 속한 공동체에 대한 청구권(공동체의 조직 방식에 따라 세부 사항은 다르다)을 가지고 있다. 일반적으로 사람들은 특정 시기까지 학교에 다녀야 하는 법적 의무가 있다. 이는 정당한 이유가 있기에 이 권리를 포기할 수 있는 면책권은 존재하지 않는다. 면책권은 교육 제공자가 교육에 관한 나의 자격을 변경하지 못하도록 보호한다. 하지만 이는 공동체가 학교라는 제도를 제공해야 하기에 특정 상황 안에서만 가능하다(따라서 내 권리는 공동체가 운영하는 특정 제약 조건의 적용을 받는다). 또한 교육 거부는 인식적 불공평이기도 하다. 일반적으로 특정한 조건(여성이나 소수자)을 가진 사람들에게 교육을 거부하고 한 번에 한 사람의 권리가 아닌 전체 인식의 관점에서 자격을 포착하는 것을 적절하게 만드는 구조적 이유가 있다.

다음으로 교육받을 권리에 관한 개별 인식 객체의 관점에 대해 살펴보자. 우리는 일반적으로 내가 습득하는 것과 동일한 정보 콘텐츠에 대한 다른 사람의 권리에 대해서는 묻지 않는다. 분명히 다른 사람들도 동일한 교육을 누릴 수 있는 특권을 가지며 청구권, 권한 및 면책권도 가지고 있다. 여기서 알려지는 자로서의 관점은 우리가 습득하는 교육 과정 속에서 내가 다른 사람들에게 어떻게 알려져야 하는지에 관한 것이다. 교육 과정에 나에 관한 구체적인 정보나 다른 사람들이 나와 관계 맺는 것에 영향을 미치는 정보가 포함되어 있다면 나는 그 교육 과정 설계자에게 정보를 수정해 달라고 청구할 권리가 있다. 개인은 교육 과정과 관련된 다른 사람들에 의해 특정 방식으로 '생각되지 않을' 권리가 있는 것이다.

타인이 나에 대해 특정한 방식으로 생각하지 않을 권리에 관해 생각해 보면 복잡한 의문이 생겨나는데 교육 과정에서 공정한 대우에 관한 것을 인식적 정의의 문제로 보는 것이 효과적이다. 이를 이해하기 위해 평가적 불공정을 생각해 볼 수 있다. 좁은 의미에서 평가적 불공정은 내가 특정 집단의 일원이라는 이유로 법원과 같은 곳에서 내 의견이나 증언이 무시될 때 발생한다. 넓은 의미에서는 역사와 문화에 대한 나의 관점이 왜곡되거나 경시되거나 무시되는 경우에도 발생한다. 두 가지 종류의 평가적 불공정은 교육 과정에서 특정 인물에 대한 부적절한 표현으로 인해 (적어도 부분적으로는) 발생하는 경우가 많다. 이러한 문제는 인식론의 전반적인 설계 측면에서 더 잘 다루어질 수 있다. 하지만 우리는 이러한 문제들이 개인의 권리 침해와 상응하는 측면이 있다는 것을 인정해야 한다.

인식적 권리는 탐구나 연구 영역에 국한된다. X에 대해 '아는 것' 외에는 X와 관련된 어떠한 권리도 없을 수 있으며 마케팅은커녕 X를 직접 공유하는 것조차 허용되지 않을 수 있다. 마찬가지로 특정 방식으로 내 정보를 보호받을 권리 외에는 나와 상호작용하는 사람들에 대해 아무런 청구권을 갖지 못할 수도 있다. 나의 권리는 더 확장될 수도 있지만, 중요한 것은 인식적 권리가 다른 유형의 권리로 자연적으로 환원될 수 있는 것이 아니라는 사실이다. 특히, 인식적 권리는 정보에 대한 재산권(지식재산권)과 다르다. 인식적 권리는 내가 무엇을 알고 어떻게 알려지는지에 관한 권리이고, 지식재산권은 아이디어를 어떤 경제적 용도로 활용할 수 있는지에 관한 권리이다.

내 계정은 정보라는 개념을 기본으로 사용한다. 이는 인식적 권리에 관한 논의의 출발점으로 자연스러워 보인다. 하지만 인식적 권리에 대한 또 다른 철학적 논의에서는 인식적 '정당성'의 본질을 살펴봐야 한다. 요점은 누군가가 정당화하기 위한 작업을 할 수 없더라도 어떤 진술을 할 자격이 있는지를 평가하는 것이다.[36] 내 관점에서 누군가가 정보를 인식할 자격이 있다면 그 정보에 대해 일종의 인식적 권리가 있다고 할 수 있다. 이 대안적 견해에 기반하면 누군가가 인식적 권리를 갖기 위해서는 정보의 정확성을 입증하기 위한 작업을 수행할 수 있어야 한다.

이것은 인식적 자격이 무엇인지에 대한 또 다른 이해라 할 수 있다. 하지만 이러한 대안적 견해의 범위 내에서 제기되는 질문의 종류는 내가 제안하는 관점에서도 명확하게 표현될 수 있다. 앞의 예로 돌아가서, 내가 의료 정보에 대한 권리를 가져야 하는지 그리고 내가 의료 정보를 사용하는 데 '제한'이 있는지 물어볼 수 있다. 이러한 질문에 답하기 위해서는 내가 실제로 정보를 입증하기 위한 작업(정당화

작업)을 할 수 있는지 여부가 중요하다. 오늘날 많은 사람이 이 두 가지 질문에 긍정적으로 답하기 위해 결정적으로 고려하는 것은 의료 정보의 주체가 바로 나라는 점, 즉 내 몸, 내 관심사라는 점이다. 하지만 라틴어로 '고통'을 뜻하는 '환자'의 어원에서 알 수 있듯이, 내가 진단을 내리고 정당화할 수 없으며 진단의 결과를 내가 알 수 없기에 그러한 권리가 없어야 한다고 주장하는 사람들도 있을 수 있다. 환자와 무엇을 공유할지는 의료 전문가의 재량에 달려 있다는 것이다.

분명히 이와 같은 견해는 오랫동안 의학에서 표준적인 견해였다. 이러한 견해를 반박하려면 정보를 알 권리(그리고 정보로 무언가를 할 권리)는 누가 정당한 일을 할 수 있느냐의 문제가 아니라 누구의 삶에 영향을 미치느냐의 문제라고 주장해야 한다. 다른 시나리오에서는 이러한 논쟁이 다르게 전개된다. 요점은, 인식적 정당성의 본질이 아닌 정보에 대한 인식적 권리에 근거를 둔 설명은 여전히 정당화 문제에 대한 여지를 만들 수 있으며, 따라서 이렇게 다른 용도와 연결될 수 있다.

인식적 권리는 인식론적 영역에서 특정 행위의 수행 또는 금지를 정당화한다. 우리는 이를 개별 인식 주체와 객체에 적용할 수 있다. 하지만 우리가 계속 주목하고 있듯이, 사람들은 통신 네트워크의 구조적 특징 때문에 억울한 일을 당할 수 있다. 그러면 이들은 (배타적으로) 자격이 박탈된 개인이 아니라 집단 인식 주체 또는 객체의 구성원으로서 잘못을 저지르게 된다. 그렇다면 여기서 우리는 '정의'라는 개념을 살펴봐야 한다.

5.6 인식적 정의

여기서는 인식적 정의가 정의에 관한 일반적인 이해와 어떤 관계가 있는지 그리고 다른 정의와 어떤 관련이 있는지 설명하고자 한다. 정의에 대한 끊임없는 추구는 인간 고유의 능력이 구축, 생산, 유지하도록 허용하는 환경에서 각 개인이 적절한 자리를 차지하고, 각 개인이 그러한 자리를 차지할 수 있는 능력에 걸맞게 존중받게 하고자 함이다. 이러한 맥락에서 볼 때, '교환'정의와 '분배'정의의 구분은 잘 알려진 것이다. 전자는 주어진 상호작용의 배경이 되는 이전의 현상을 유지하거나 복원하기 위한 정의이다. (예를 들어 우리가 물건을 거래하는 경우, 교환정의는 당신이 내게 물건을 제공하면 내가 적절하게 보상하고, 그렇게 하지 않을 경우, 알맞은 조치를 취할 것을 요구한다. 물론 여기서 '적절한'과 '알맞은' 것의 의미는 자세히 설명되어야 한다.) 후자는 공동체가 공통으로 가지고 있는 것을 공유하는 것과 관련이 있다. 분배정의에 대한 성찰의 역사에서 주요 주제는 공동체가 공통으로 가지고 있는 것이 무엇인지 그리고 관련 공동체는 무엇부터 시작해야 하는지를 평가하는 것이다. 롤스에게는 국가가 바로 그 공동체였다. 공동체가 공통으로 보유하고 있는 것은 권리와 자유, 기회와 권력, 소득과 부, 자존감의 사회적 기반과 같은 기본재이다.[37]

교환정의와 분배정의는 상호 배타적이지만, 정의에 대한 폭넓은 관점에 비추어 볼 때 반드시 상호 배타적일 필요는 없다. 그리고 이러한 관점은 교환정의와 분배정의와는 별개인 '인식적' 정의 개념을 위한 공간을 만들어 주기도 한다. 인간의 고유한 능력으로 무엇을 구축하고, 생산하고, 유지할 수 있는지에 대해 이야기할 때 우리는 조사 방법과 결과, 정보를 획득하고 전파하는 방식에 대해 이야기할 수 있고, 또 그래야만 한다. 인식적 정의는 탐구와 관련된 범위 안에서의 정의이다. 그것은 우리가 연구나 조사를 수행하는 방식에 있어서 각자를 적합한 자리에 배치하고, 탐구가 가능하게 하는 것과 관련하여 적절한 위치를 부여하는 것이다.

교환정의 및 분배정의와 마찬가지로 인식적 정의도 다양한 방식으로 이론화될 수 있고 또한 이론화 과정을 거쳐 왔다. 그러므로 교환정의와 분배정의 그리고 인식적 정의의 '개념'을 구분하는 것이 중요하다. 이러한 다양한 정의 '개념'에 대해 이야기하는 것은 각각의 배경에 있는 일반적인 인간의 관심을 평가하는 것이다. 이러한 종류의 정의가 무엇을 의미하는지에 대한 설명은 필연적으로 사용되는 용어의 본질, 개념을 인간의 실천과 연결하는 원칙, 그러한 원칙이 어떻게 정당화될 수 있는지에 대한 수많은 질문을 생산한다. 이러한 질문에 답하는 것이 '개념'의 과제이다.

인식적 정의에 관한 한, 방금 언급한 바와 같이 인식적 정의의 개념은 우리가 탐구나 조사를 수행하는 방식에 있어 각자를 적합한 자리에 배치하고 적절한 위치를 부여하는 것이다. 주어진 시간 동안, 사람은 주어진 에피스테메에 귀속된다. 인식적 정의의 관련 개념은 이러한 인식론 내에서 작동하며 해당 인식론이 탐구를 이해하는 방식에 따라 탐구(의 방법과 결과)에 있어 각 개인의 적합한 자리가 무엇인지에 대한 질문에 응답할 것이다.[38]

이러한 종류의 연구는 집단 인식 주체와 객체의 관점에서 각각 개인의 적합한 자리에 대한 조사로 분류될 수 있다. 즉 이 연구는 첫째, 각 개인이 그 인식론의 일부로서 어떤 탐구 가능성을 가져야 하는지에 대한 것이고, 둘째, 객체로서의 사람을 어떻게 알려야 하는지에 대한 것이다. 지금 우리는 권리에 대해 탐구하는 것이 아니라 정의에 대해 탐구하는 것이기에 개인의 직접적인 요구보다는 인식론의 설계 또는 기능에 대한 비판적 연구의 관점을 취해야 한다.[39]

디지털 세계를 기준으로 인식적 부정의의 몇 가지 사례에 대해 알아보겠다. 여기에는 교육 거부, 증언의 불공정성, 침묵, 인종/국가/성별에 따른 무지가 포함된다. 이 사례들이 집단 주체와 집단 객체 모두에 어떤 의미가 있는지 살펴보도록 하겠다. 일단 '교육 거부'에 관한 문제부터 알아보자. 교육을 거부하는 행위는 일반적으로 여성, 소수자, 경제적 사다리의 하층에 있는 사람들에게 교육에 대한 적절한 접근이 부족할 때 발생한다. 이러한 배제는 앞서 설명한 바와 같이 인식적 권리의 침해로 볼 수 있다. 하지만 이는 구조적인 문제이기도 하다. 집단 인식 주체로서 우리는 일반적으로 권력의 유지를 위해 특정 집단에 대한 정보 접근을 체계적으로 제한하고 있다. 배제된 집단의 구성원들은 정치적으로나 경제적으로 참여할 수 있는 기술을 습득할 수 없다. 디지털 세계에서 교육이 부족하면 일반적으로 대부분 수동적인 역할 외에는 참여할 수 있는 능력이 크게 저하된다. 우리의 생활세계가 디지털화될수록 교육에 대한 거부 현상은 더 심각한 불공정이 될 것이다. 집단 객체의 관점에서 볼 때, 이러한 사람 및 이들의 입장은 다른 사람들에게 무시당할 것이다. 교육 거부의 이면에는 종종 다른 사람들이 거치는 교육 과정에서 이들의 존재를 부정하는 것이 있다.

인식적 부정의의 또 다른 예로 증언의 불공정성을 들 수 있다.[40] 어떤 사람의 말은 그 말을 듣는 사람이 화자의 배경에 대해 편견을 가지고 있기에 신뢰도가 떨어지기도 한다. 이것의 대표적인 사례는 법정에서 증언을 무시하는 경우이다. 하지만 우리는 (보다 광범위한 의미에서) 다른 사람의 증언을 통해 세상의 많은 것들을 습득한다. 따라서 어떤 증언이 무시되거나 교과서에 없거나 집단 기억과 그에 수반되는 관행에서 외면당하는 경우 증언의 부정의 및 불공정성이 발생한다. 디지털 세계에서는 이러한 부정의를 직접적으로 가하는 사건들이 온라인 반향실 효과를 통해 점점 더 줄어들고 있다. 하지만 디지털 증언의 일반적인 문제 중 하나는 증언의 선택 자체가 편견을 반영하고 강화하는 동시에 직접적이지 않고 간접적인 방식으로 이러한 부정의가 이루어진다는 것이다.[41] 또한 모든 관계자가 참석한 가운데 이러한 편견을 조사할 기회도 거의 없다. 디지털 세계의 집단 인식 객체는 점점 더 파편화되고 있다. 집단 인식 객체는 단편적 처리의 렌즈를 통해서만 사람들을 알 수 있게 한다. 소셜 미디어를 통해 행사되는 정보권력을 생각해 보면 이것을 쉽게 짐작할 수 있다.

다음으로 '침묵'에 대해 논의해 보겠다. 침묵은 종종 증언의 부당함을 야기하는 조건을 조성하는 것으로, 누군가의 발언이 무시되는 조건을 조성하여 의사소통 능력을 제거하는 것을 의미한다. 이 용어는 포르노에서 여성이 성관계를 거부할 때 '말을 들을 필요가 없다'고 암시하며 여성을 대상화하는 과정에서 널리 퍼진 방식이다.[42] 침묵은 공인의 말을 믿을 이유가 없을 정도로 터무니없는 주장이 제기될 때 정치 분야에도 적용된다(다른 영역에서도 마찬가지이나). 트위터는 이슈에 대한 재치 있는 짧은 글 경쟁을 통해 이러한 형태의 인식적 부정의에 새로운 배출구를 제공한다. 아무리 이성적인 말을 해도 슬기롭게 표현된 내용 없는 두 줄짜리 문장이 모든 것을 지배하는 경우가 많다. 다시 말하지만, 이것은 우리가 지식을 습득하는 방법과 우리가 세상에 알려지는 방법 모두에 대한 문제이다.

또는 '인종'/'국가'/'성별'에 따른 무지를 생각해 보자. 이러한 인식적 부정의는 집단 정체성이 가치관을 습득하는 데 영향을 미친다. 즉 특정 집단 내에서 관련 지식의 억압으로 인해 잘못된 신념이 형성되는 것과 관련이 있다. 이러한 현상은 편견이 없어도 발생할 수 있다. 예를 들어 백인들은 유색인종의 역사적 궤적에 대한 관련 지식 부재로 인해 (특히 미국과 같이 노예제도의 역사가 상당히 최근인 국가에서) 많은 유색인종이 얼마나 불우한 출발점에 놓여 있는지 이해하지 못하는 경우가 많다.[43]

빅데이터 영역에서는 이러한 인식적 부정의에 대해 많은 논의가 있어 왔다. 우선, IT 분야에서 일하는 사람들은 불균형적으로 사회의 특정 부분 출신이 많으며 자신의 경험을 반영하여 일을 처리한다. 둘째, 데이터 수집은 전체 인구보다 특정 인구 집단이 더 많이 소유하고 있는 기기를 통해 이루어질 수 있다. 셋째, 데이터 자체에 인종차별적 궤적이 반영되어 있을 수 있다. 이러한 방식으로 과거의 편견적 구조가 미래를 형성할 수 있다. 그리고 (특정 인종 그룹은 그 자체로는 눈에 띄지 않는 특정 구매 행동 패턴을 보일 수 있는데) 차별이 혐오 현상과 직접적으로 연관되어 있기보다는 이처럼 간접적 요인에 의해 유발되는 경우 차별을 인식하기 더 어렵다.[44]

감시라는 주제와 관련된 두 가지 의견으로 이 내용을 마무리하도록 하겠다. 우선 어떤 사안이 교환정의와 분배정의 중 하나에만 속하는 것이지 모두에 속하는 것은 아니라고 했던 점을 상기해 보자. 하지만 예를 들어 알게 되는 자로서 사람들을 부적절하게 대우하여 시정해야 할 불이익을 초래한 경우와 같이 인식적 정의의 문제도 교환정의의 문제가 될 수 있다. 또한 빅데이터와 같이 우리가 집단적으로 알려진 특정 방식이 주요 재화에 영향을 미치는 경우, 분배정의의 문제가 될 수도 있다. (분배정의에 관한 보다 자세한 내용은 9장에서 다루도록 하겠다.) 대규모 데이터 수집은 집단 인식 객체와 관련된다는 점에서 인식적 정의의 문제이다. 데이터 수집은 이전에는 불가능했던 방식으로 사람들의 정보를 공개하고 있다. 앞서 다양한 종류의 데이터를 수집하여 정부의 통치 목적으로 배포하는 경우, 즉 개인에 대한 정보를 생성하여 활용하는 중국 사회의 신용 시스템에 관해 이야기했다. 지식과 통제는 밀접하게 연결되어 있다. 자본주의 시스템에서 기업 주도의 감시는 상업적 목적의 행동 예측을 목표로 무수히 많은 데이터를 수집한다. 따라서 대규모 데이터 수집은 분배정의와 인식적 정의의 교차점에 위치한다. 이는 사회에서 사람들의 상대적 지위와 집단 인식 객체로서의 지위와도 관련이 있는 것이다.

　　감시와 관련된 두 번째 의견은 에피스테메가 자기 인식의 가능성도 포함한다는 것이다. 이는 중요한 요소이다. 자아는 부분적으로 사회적 관계가 가능하게 하는 것에 의해 구성된다. 데이터 인식론에서 주목할 점은 상업적 착취를 촉진하기 위한 목적으로 사람들을 집단으로 알리려는 노력이 지속될 때 개인의 자기 이해가 발전한다는 것이다. 자아에 대한 감각을 개발하는 데 디지털 기기가 점점 더 많이 사용되기 때문에, 그 감각은 집단적 자아를 조명하려는 무수한 노력 속에서 진화하며, 그 결과는 사람들에게 (구글에서 찾은 답을 통해) 끊임없이 반영된다. 지금까지 주권적 권력, 생체권력, 정보권력 이렇게 세 가지 유형의 권력에 대해 이야기했다. 각 유형의 권력은 데이터 인식론에서 다르게 작동한다. 많은 사람에게 국가의 주권적 권력(실제 폭력을 행사하는 것)은 가끔씩만 현실화된다. 생체권력은 특정 사회에서 인간의 삶이 발전하는 배경 조건을 형성한다. 하지만 '정보권력'은 말 그대로 사람들의 눈앞에 있거나 귀에 들리는 거리에 있는 경우가 많다. 정보권력은 모든 것을 포괄하는 역할을 하며, 주보프가 '감시 자본주의'를 통해 우리 현실의 상품화에 대해 이야기하도록 이끌었다.[45]

5.7 결론적 전망

여기서 인식적 행위자성에 관한 것은 라이프 2.0에 초점을 맞추었으며 어떤 면에서는 여전히 베이컨의 전통에 기반해 있다. 결국 베이컨은 인간을 자연보다 우월한 존재로 끌어올려 지식을 습득하고 이를 자신의 업무에 적용할 수 있도록 하는 방법론을 옹호했다. 푸코가 베이컨과 공유하는 점은 이러한 이유에서 다른 모든 존재와 구별되는 존재의 일부로서 알게 되는 자로만 이론화된 인간에 초점을 맞추고 있다는 점이다. 푸코와 베이컨의 의견 차이는 권력으로부터 분리된 지식의 지위에 관한 것이지, 다른 모든 개체와 분리된 알게 되는 자로서의 인간의 지위에 관한 것이 아니었다. 이는 라이프 2.0에서는 분명한 의견 불일치이다. 인식적 행위자성의 역할과 인식적 권리와 정의의 개념은 라이프 2.0에서는(라이프 3.0에서는 더 이상 존재하지 않는 방식이지만 라이프 2.0에서 강조되는) 인간적인 담론의 일부로서 공식화된다.

인간은 재화의 상대적 중요성에 대한 폭넓은 이해와 상당한 양의 비판적 성찰을 서로에게 요구한다. 그리고 이러한 요구는 인간의 행동과 사고 능력에 대한 배경을 이해하는 맥락에서 이루어진다. 예를 들어 인간의 생명권은 다른 사람으로부터 특정한 방식으로 취급받지 않을 권리이다. 따라서 다른 모든 사람에게도 요구할 수 있는 권리이다. 말라리아를 옮기는 모기는 권리를 침해하지 않으며, 뱀에 물리는 것도 권리를 침해하지 않는다. 모기는 인간에게 요구하지 않으며 인간도 모기에게 요구하지 않는다. 이런 논리는 상호 간에 통할 수 있는 담론이 아니다. 하지만 생태계를 특정 방식으로 대해야 할 충분한 이유가 있다. 이는 생태계와 인간이 서로를 공유된 생산 시스템이나 참여자가 서로에게 요구할 수 있는 다른 시스템의 일부로 보기 때문이 아니다. 그보다는 인간이 생태계의 가치를 인식할 수 있기 때문인데, 인간은 생태계의 가치를 인식하지만 생태계 자체나 그 안에 있는 다른 형태의 생명체를 참여자들이 서로에게 요구할 수 있는 상호작용적 맥락의 일부로 간주하지 않는다. 따라서 인간은 일반적으로 이러한 다른 개체에 권리가 있거나 인간의 권리를 침해할 수 있다고 생각하지 않는 것이다.

물론 라이프 2.0 안에서두 인간 문제에 대한 이러한 초점에 의문이 제기되어 왔다. 이러한 주류에 대한 의문을 제기하는 방식에 기반하여 뉴질랜드의 황거누이강과 다른 자연 개체가 법인격을 획득했다.[46] 그리고 수 도널드슨과 월 킴리카는 『주폴리스』(*zoopolis*)의 관점에서 인간의 삶이 생태계의 다른 생명체들과 밀접하게 연관되어 있다는 점을 강조하고 있다.[47] 도나 해러웨이의 「사이보그 선언문」은 이분법과 대조를 허물고 새로운 방식으로 자연과 함께 살아가자는 호소이다. 브뤼노 라투르는 자연에 대한 관점이 의사 결정에 반영되도록 하기 위해 '모든 것들의 의회'를 주장하기도 했다.[48] 분명 라이프 2.0은 포스트휴머니즘적 경향, 즉 인류가 다른 종과 맺어 온 계약과 물질세계에 편입된 방식을 다시 사유해야 한다는 경향을 불러일으켰다.

　포스트휴머니즘적 성향이 있는 한, 라이프 2.0의 이러한 (아마도 늦은) 단계는 라이프 3.0에서 모든 것이 얼마나 극적으로 변화할 수 있는지에 대해 우리를 긴장시킨다. 또한 1장에서 우리는 지식을 인간에 국한하지 않는 드레츠키의 지식에 대한 접근 방식을 살펴보았다. 또한 세계에서 인간의 지위를 상호 연결된 다른 정보 유기체와 비교하여 상대화하는 방식으로 봄으로써 튜링을 코페르니쿠스, 다윈, 프로이트와 동일시하는 플로리디의 정보철학을 알아보기도 하였다. 라이프 3.0에서 권리는 다른 인간에 대한 권리일 뿐만 아니라 다른 종류의 지능에 맞서 인간 고유의 삶의 미덕을 옹호하는 방식으로 표현되어야 할 것이다. 분배정의는 인류의 자산을 관련된 모든 인간에게 정당화될 수 있는 방식으로 공유되도록 하는 것만으로는 충분하지 않을 것이다. 그 대신, 인류가 공동으로 성취한 것은 생태계 전반의 다른 유형의 개체와 더불어 인간의 합의가 정당화되어야 하는 대상들과 공유되어야 할 것이다. 라이프 3.0에서 정보정치는 디지털 세계를 채우는 새로운 종류의 실체와 관련된 것이다. 이러한 생각은 이미 3장에서 다룬 것과 유사한 것이며 앞으로 11장에서 다시 한번 살펴보도록 하겠다. 지금은 인식적 권리에 대한 더 많은 이야기가 필요하다.

6. 포르노와 불신을 넘어

― 딥페이크 기술의 인식론적 가능성과 위험성

인공지능을 이용한 가짜 포르노가 등장했다.
이제 우리는 다 망했다.
- 사만다 콜[1]

6.1 합성 동영상과 멋진 신세계

버락 오바마가 도널드 트럼프를 "미친 얼간이"라고 말하거나 마크 저커버그가 "수십 억 명의 불법적인 데이터를 보유하고 있다"고 자랑하는 것을 유튜브에서 발견했다고 생각해 보자.[2] 아마도 이것의 소스는 딥페이크일 것이다. 포토샵을 동영상에 도입한 딥페이크는 기존 동영상에 등장하는 인물을 다른 사람의 얼굴로 대체한다. 딥페이크는 대규모 데이터 세트에 신경망 시뮬레이션을 적용하는 머신러닝의 한 분야인 딥러닝 기술을 사용한다고 해서 붙여진 이름이다. 인공지능은 데이터 소스로 제공된 얼굴이 다양한 각도에서 어떻게 보이는지 학습하여 마치 가면을 쓴 것처럼 대상에 맞게 바꿔치기한다. 5장에서는 인식적 행위자성의 개념을 통해 인류가 딥페이크 기술의 위험을 최소화하고 그 가능성을 누릴 수 있도록 우리가 고려해야 할 인식론적이며 윤리적인 문제를 다루었다.

시간이 지나면서 우리가 몰랐던 이 기술의 다양한 특성들이 더 드러나겠지만, 지금 상황에서도 우리는 이 기술이 가진 가능성과 위험성을 모두 확인할 수 있다. 유용한 가능성 중 하나는 디지털 세계에서 우리가 지식을 습득하고 다른 사람들에게 알려지는 방식에 관한 것이다. 디지털 세계는 아날로그 세계에서는 볼 수 없었던 예술적 가능성을 제공한다. 합성 미디어, 특히 디지털 기술을 통해 제작되거나 변형된 미디어는 예술과 교육 영역에서 많은 변화를 야기할 것이다. 이러한 미디어는 교육과 개인들의 창작 영역을 활성화하고 혁신할 수 있다. 또한 학습자 본인을 포함한 사람들을 한 번도 경험하지 못한 상황에 놓이게 함으로써 기술을 통해 각 학습자에게 놀라운 기회를 제공할 수도 있을 것이다. 적절한 규제가 필요하다는 단점에도 불구하고 '딥페이크'라는 기술은 무한한 가능성이 있다. 단지 기술의 명칭에 좋지 않은 이름이 선택되었다는 문제가 있지만 '딥페이크'라는 명칭이 괜히 붙여진 것은 아니다. 2016년 미국 대선 캠페인과 함께 본격적으로 미국(및 전 세계) 문화에서 악명 높은 역할을 하기 시작한 '가짜 뉴스'와의 연관성이 높아지면서 이 명칭은 공감을 불러일으켰다. '합성 미디어'에 대해 이야기하는 것이 관련 이슈를 전체적으로 파악하는 데 더 도움이 될 수 있다. 하지만 현재로서는 딥페이크가 주로 포르노와 연관되어 있으며, 포르노 배우의 얼굴에 다른 여성의 얼굴을 투영하는 등 특정인의 명예를 훼손하려는 시도로 가장 흔하고 가장 심각하게 다루어지고 있다. 따라서 우리는 디지털 세계에서 딥페이크 기술이 가진 인식론적 가능성과 그 위험성에 관해 자세히 알아볼 필요가 있다.

6.2절에서는 딥페이크 기술에 대해 자세히 알아보고, 6.3절에서는 영화와 관련된 몇 가지 일반적인 인식론적 문제에 대해 논의하도록 하겠다. 6.4절과 6.5절에서는 5장의 분석틀을 이용하여 인식론적 행위자성이 다양한 역할에서 오류를 범할 수 있는 경우에 대해 살펴볼 것이다. 물론 이러한 위험은 분명 존재하지만, 기술은 각 역할에 대한 몇 가지 가능성을 제공하기도 한다. 장점과 위험의 범위는 상당히 넓지만, 단점을 상쇄할 만큼의 장점이 충분하지 않다는 점이 걱정이기는 하다. 적어도 우리가 너무 큰 피해를 입지 않고 가능성을 누릴 수 있도록, 특히 사회의 가장 취약한 사람들이 보호받을 수 있도록 하기 위해서는 많은 고민과 신중한 규제가 필요할 것이다. 인식적 행위자성을 유지하기 위해(인식적 성공을 가져오기 위해) 사용되는 미디어는 때로는 오히려 이것을 왜곡하기 위해(인식적 실패를 가져오기 위해) 사용될 수도 있다. 6.6절에서는 딥페이크 기술의 창의적인 활용에 대해 살펴보고 6.7절에서 이 장을 마무리하고자 한다.

이 장의 목표는 어떤 결론을 도출하고자 하는 것이 아니라, 인류가 새로운 기술의 가능성을 누릴 수 있도록 우리가 경계해야 할 몇 가지 인식론적·윤리적 문제에 대한 의제를 설정하는 데 도움을 주는 것이다. 이러한 의제는 기술이 발전함에 따라 더욱 구체화될 수 있다. 기술적 측면에서 이 장은 2020년 중반의 상황을 반영하고 있다. 하지만 이 책의 철학적 사유의 틀은 토론이 전개됨에 따라서 발전할 것이다. 4장의 관점에서 (딥페이크의 콘텐츠가 시민들에게 흥미의 대상인 상황에서) 딥페이크가 공적 영역에서 진리성을 약화시키고 있다고 쉽게 말할 수 있다. 하지만 이 장에서 우리가 전제하고 있는 관점은 '진리'

의 관점이 아니라 '지식'의 관점이다. 즉 딥페이크 기술이 개인의 네 가지 인식적 행위자성 역할에 어떤 방식으로 도움을 주거나 방해할 수 있는지 살펴보고자 한다.[3]

다시 복기하는 차원에서 5장의 인식적 행위자성에 대한 접근 방식을 요약하면 다음과 같다. 우선 사람들은 '개별 인식 주체'로 활동한다. 이들은 학습자, 탐구자 또는 알게 되는 자로서 특정 표준을 준수하기 위해 노력한다. 둘째, 사람들은 '집단 인식 주체'로 규정되기도 한다. 이러한 조건에서 이들은 현재의 에피스테메를 구성하는 다양한 유형의 표준을 수립하거나 (보다 일반적으로) 유지하는 데 기여한다. 셋째, 개인은 '개별 인식 객체'이다. 개인은 자신에 대한 정보를 공유할 수 있는지에 관한 규칙에 따라 다른 사람들에게 알려진다. 마지막으로 개인은 '집단 인식 객체'의 일부이다. 개인은 집단적으로 알려진 지식의 구조를 유지하며, 이 지식으로 무엇을 해야 할지를 결정하는 데 도움을 준다. 이 네 가지 역할을 통해 우리는 인식적 성공, 실패, 실험, 자격을 구분하게 된다. 인식적 성공은 관련 정보를 획득한 성과이다. 그리고 인식적 실패는 정보 습득의 실패를 의미한다. 인식적 실험은 정보 수집 도구가 질문이나 조사 이외의 목적으로 사용되어 인식적 성공 또는 실패의 측면에서 평가될 수 있는 것과 다른 방식으로 사용되는 경우 발생한다. 일반적으로 소설이나 시각 예술과 같은 엔터테인먼트가 이에 해당한다. 마지막으로 인식적 자격은 인식적 권리와 인식적 정의의 관점으로 구분된다.

6.2 딥페이크, 싸구려 페이크 그리고 이것이 파멜라 앤더슨과 무슨 관계가 있나?

딥페이크는 2017년에 시작되었고 2020년에는 단어에 밑줄을 그을 정도로 유행하는 용어가 되기도 하였다. 하지만 이 기술은 2021년에는 온라인 플랫폼 레딧(Reddit)의 시조인 한 사용자가 구글 등의 오픈 소스 소프트웨어를 사용하여 얼굴 스와핑에 적용하면서 더욱 유명해졌다. 사용자는 스칼렛 요한슨, 갤 가돗, 테일러 스위프트와 같은 유명인의 얼굴을 포르노 배우의 몸에 합성한 조작된 클립을 업로드했다. 곧이어 레딧 커뮤니티의 다른 사용자들도 포르노가 아닌 다른 동영상에 배우 니콜라스 케이지의 얼굴을 바꿔치기한 작업을 공유하기도 하였다.[4] 그리고 딥페이크는 2017년 12월 과학 기술 작가 사만다 콜이 온라인 잡지 『마더보드』에 도발적인 제목의 기사를 게재하면서 대중의 관심을 받기 시작했다.[5]

하지만 이후 브릿 패리스와 조안 도노반이 개발한 정교하지 못한 '싸구려 페이크'와 마찬가지로 딥페이크는 사람들의 불신을 받았다.[6] 싸구려 페이크는 머신러닝 없이 편집된 미디어로 포토샵을 통한 시청각 조작, 유사 콘텐츠 사용, 영상 맥락 재구성, 영상 속도 조절 또는 속도 저하 등의 기술을 포함한다. 이러한 기술은 사람들이 무력한 것처럼 보이게 하거나 실제보다 빠르게 또는 느리게 움직이는 것처럼 보이게 하여 사건의 본질을 완전히 바꿀 수 있었다. 2018년 11월, CNN 기자 짐 아코스타는 백악관 인턴을 때리는 것처럼 보이는 가짜 영상으로 인해 자격이 정지되었지만, 실제로는 트럼프 대통령과 긴장된 대화를 이어 가기 위해 인턴의 팔과 함께 마이크를 잡은 모습이었다.[7] 이 동영상은 단지 사건을 왜곡한 것이었지만, 2018년 4월 인도의 탐사 보도 저널리스트 라나 아유브는 딥페이크 포르노 동영상에 자신이 출연하는 것을 발견했다. 아유브의 얼굴이었지만 동영상 속 여배우는 더 젊고 다른 헤어스타일을 가지고 있었다. 아유브의 외모에 익숙한 사람이라면 누구나 그녀가 동영상 속 인물이 아니라는 것을 알 수 있었다. 하지만 이 동영상이 인도 전역에서 입소문을 타면서 아유브를 포르노 영상에서 목격했다는 루머가 퍼져 언론인으로서 그녀의 입지와 명예가 크게 훼손되었다.[8]

영상 연구자들과 특수 효과 스튜디오들은 동영상 기술의 한계를 뛰어넘어 왔다. 예를 들어 1994년 개봉한 영화 「포레스트 검프」(로버트 저메키스 감독, 톰 행크스 주연)는 존 F. 케네디의 입 움직임을 변경한 영상을 사용했다. 동영상 기술의 역사는 사진의 역사와 유사하다. 사진은 디지털화되기 수십 년 전부터 조작할 수 있었고, 점점 더 강력해진 소프트웨어 덕분에 유능한 사용자라면 스탈린 전문가들이 그의 과거 사진을 조작했던 것처럼 누구나 변형 가능한 환경이 되었다.* 저메키스와 그의 동료들이 영상에 사용한 기술은 많은 비용과 시간이 소요되고 예술적 식견이 필요한 것이었다. 하지만 이제 딥페이크 기

---

*   King, *The Commissar Vanishes* 참조. 사진 수정의 대표적인 사례는 도메인에 나와 있다. https://commons.wikimedia.org/wiki/File:Soviet_censorship_with_Stalin2.jpg(검색일: 2023년 9월 27일). 조지 오웰의 디스토피아 소설 『1984』의 주인공인 스미스가 진실부 기록국 서기로서 끊임없이 변화하는 당의 노선에 맞춰 문서를 다시 작성한다는 점에 주목할 필요가 있다. 여기에는 당에 반하는 '비당원'을 제거하기 위해 기사를 수정하고 사진을 조작하는 일이 포함된다(Orwell, *1984*).

술을 사용하면 누구나 자신이나 다른 사람이 등장하는 그럴듯한 동영상을 만들 수 있으며 첨단 스튜디오가 아닌 클라우드 회사에 약간의 돈을 지불하고 동영상을 만들 수 있게 되었다. 또한 딥페이크 기술은 사진을 처음부터 다시 만들어 가상의 온라인 페르소나를 만드는 데 도움을 줄 수도 있다.** 오디오 역시 딥페이크 기술을 활용하여 음성 '스킨' 또는 '클론'(실시간으로 음성을 변형하여 누구나 선택한 온라인 페르소나로 말할 수 있도록 하는 디지털 기술)을 만들 수 있다.

현재는 합의되지 않은 유명인 포르노가 딥페이크 기술의 대부분을 차지하고 있으며, 니콜라스 케이지의 경우와 같이 장난의 성격을 가진 것이 대부분이다. 하지만 딥페이크 기술의 사용에 관해서 역사적 교훈을 얻기 위해 우리는 인터넷의 확산에 있어 방송인 파멜라 앤더슨의 특별한 역할을 상기할 필요가 있다. 1990년대 인기 드라마 「홈 임프루브먼트 앤 베이워치」(Home Improvement and Baywatch)를 통해 널리 알려진 앤더슨은 그 누구보다 많이 『플레이보이』 표지에 등장한 인물이다. 1995년부터 2005년까지 인터넷에서 가장 많이 검색된 인물이기도 한 그녀는 인터넷 확산에 기여를 한 인물이기도 하다. 그리고 그녀는 결국 미디어의 역사가 되었다. 2017년 현재 포르노 사이트의 월간 방문자 수는 넷플릭스, 아마존, 트위터를 합친 것보다 더 많고 2021년 11월 현재 가장 인기 있는 포르노 사이트 세 곳(Porn-

---

** 　실존하지 않는 블룸버그 기자 '메이지 킨슬리'Maisy Kinsley가 링크드인과 트위터에 프로필을 올린 것은 딥페이크일 가능성이 높다. 또 다른 링크드인 가짜 프로필인 '케이티 존스'Katie Jones는 전략 및 국제 연구 센터에서 일한다고 주장했지만 외국 스파이 작전을 위해 만들어진 딥페이크로 추정된다. 이에 대해서는 Satter, "Experts: Spy Used AI-Generated Face to Connect with Targets" 참조.

hub.com, Xvideos.com, Xnxx.com)은 위키피디아보다 더 방문자 수가 많으며,[9] 페이스북이나 유튜브보다는 못하지만[10] 엄청난 방문자 수를 기록하며 인터넷 확산에 큰 영향을 끼쳤다.

인터넷은 네트워킹과 엔터테인먼트, 전자 비즈니스, P2P 자선 활동, 재택근무, 공동 출판, 정치, 심지어 혁명에 이르기까지 새로운 형태의 활동과 협회를 가능하게 하였다. 따라서 인터넷은 처음에는 관음증 및 포르노와 관련된 관심사로 인해 성장했지만, 그 사용과 영향력은 그 이상으로 확장되었다. 마찬가지로 딥페이크 기술도 시간이 지나면 포르노와 불신을 넘어 점점 더 디지털화되는 우리의 생활세계에 영향을 미칠 가능성이 높다(물론 그동안 발생할 피해를 무시하면 안된다).

현재 딥페이크 기술을 탐지하는 능력과 딥페이크 영상을 유포하는 사람들 사이의 전쟁이 발생하고 있다. 이것은 빠르게 진화하는 사이버 보안 공격과 방어 간의 경쟁을 설명할 때 주로 사용되는 용어인 '고양이와 쥐' 게임이라고도 불린다.[11] 이 게임은 딥페이크 생성자와 이를 식별하도록 설계된 검출기 간의 대결이다. 딥페이크 탐지기는 딥페이크 생성기가 입력 프레임을 거의 수신하지 않는다는 점에 기반하여 딥페이크를 탐지한다. 예를 들어 딥페이크 속 피사체는 자연스러운 눈 깜빡임 패턴을 따르지 않는데, 이를 이용하여 딥페이크 영상을 탐지한다. 하지만 딥페이크를 탐지하는 연구진은 이러한 내용의 논문을 발표하며 앞으로 위조범들은 눈 깜빡임을 고려하여 영상을 생성하게 될 것이라고 말했다. 눈 깜빡임 감지기를 개발한 연구원들의 발언을 들어 보자.

딥페이크 기술을 탐지하는 연구자 류Lyu는 숙련된 위조 기술자라면 사람이 눈을 깜빡이는 모습을 담은 이미지를 수집하는 것만으로도 위조 판별 도구를 우회할 수 있다고 말한다. 하지만 그는 자신의 연구 팀이 훨씬 더 효율적인 기술을 개발했지만 지금은 비밀로 하고 있다는 말을 추가했다. "적어도 조금은 미루고 싶어요"라고 류는 말했다. "우리는 현재 위조범들에 비해 약간의 우위를 점하고 있으며, 그 우위를 계속 유지하고 싶습니다."[12]

딥페이크에 관한 많은 미래 예측 문헌(2020년 기준)에 따르면, 딥페이크가 완벽히 사실에 가까운 품질을 얻을 수 있는 시점이 임박했다고 한다. 그 시점이 되면 아무리 완벽한 탐지기라도 더 이상 효과적인 해결책이 되지 못할 것이다.

6.3 현실 포착: 영화의 인식론

1896년 프랑스 엔지니어 루이 뤼미에르는 자신이 만든 최초의 영화 「열차의 도착」을 개봉했다. 50초 분량의 이 영화는 증기 기관차가 역에 도착했을 때, 승객이 내리고 다른 승객이 탑승하는 평범한 장면을 포착한 것이다. 이 영화는 달려오는 열차 앞에서 관객들이 비명을 지르거나 기절했다는 증언 등으로 유명하며 영화의 역사에 기록되었다. 이 이야기는 '영화의 창조 신화'로 널리 알려져 있다.[13] 사진과 마찬가지로, 원래 사진의 빠른 연속이었던 영화는 '너무 현실적'이기 때문에 현실에 많은 영향을 끼쳤다.

사진의 인식론적 가치는 사물의 실상을 사실적으로 묘사하는 데서 비롯된다. 켄달 월튼은 카메라를 거울에 비유하여 전통적인 필름의 인식론적 가치를 설명했다. 거울은 빛을 반사하여 모퉁이 등 시야 밖에 있는 사물을 볼 수 있게 해 준다. 마찬가지로 카메라는 빛을 포착하여 관객이 시간과 거리를 뛰어넘어 세상을 볼 수 있게 해 준다. 관객은 사진들을 통해 간접적으로 사물을 '볼 수' 있다.[14] 사진이 문자 그대로의 인식을 가능하게 한다는 월튼의 '투명성 논제'는 분석철학의 전통에서 영화에 대한 많은 철학적 작업의 근거가 되었다.

물론 t1 시점(실제 사물을 보는 시점)으로 진짜 3차원 물체를 보는 것과 t2 시점(영화를 보는 시점)으로 영화라는 2차원 이미지를 보는 것이 얼마나 비슷할 수 있는지 많은 논쟁이 있었다. 그리고 이러한 논쟁으로 사진과 관련된 '사실성'을 포착하기 위한 시도가 많이 개선되었다. 댄 캐번던 테일러는 회화에 비해 사진이 갖는 장점은 회화가 지각적 지식을 생성하는 반면 사진은 증언적 지식을 생성한다는 점이라고 주장한 바 있다. (프란시스코 고야는 끔찍한 연작 「전쟁의 재앙」의 별칭을 '나는 이것을 보았다'(I saw this)라고 쓰면서 시각적 증언의 가치를 주장하기도 하였다.) 언어적 증언은 늘 의심의 여지를 남기는데 시각적 증언은 이러한 언어적 증언의 한계를 보완한다. 이에 대해 테일러는 이렇게 말했다. "사람의 증언 내용이 합리적이며 신뢰성을 가질 수 있는 조건은 사진의 내용을 믿는 것보다 훨씬 더 엄격하다."[15]

그리고 여기서 흥미로운 것은 월튼의 투명성 논제에 대한 추론, 즉 필름 뒤에 숨겨진 기술에 대한 견해이다. 전통적인 사신(그리고 그 과정을 바탕으로 한 영화)을 캡처하고 현상하는 과정은 기계적이다. 따라서 그것을 보는 경험은 현실 세계의 피사체와 인과적으로 연결된다. 특정 사물이 세상에 존재하는 방식이 사진이나 영화에 표현되는 직접적인 '원인'이다. 이러한 인과관계는 시청자가 현실에서 사물을 볼 때와 같은 방식으로 사진 속 사물과 '접촉'할 수 있게 한다. 지식은 시각적 지각을 통해 얻을 수 있는 것만큼이나 사진에서 무언가를 보는 것을 통해서도 습득할 수 있다. 로버트 홉킨스의 관점에 따르면, 사진은 우리에게 추정적 사실을 제시하여 '사실적인 그림 경험'을 만들어 내기 때문에 인식론적 가치가 있다.[16] 이러한 경험은 필름 사진을 제작하는 데 사용되는 빛의 포착과 현상이라는 인과적 과정을 기반으로 하며, 현실 세계의 사물을 표현한다. 사진이 우리에게 제공하는 사실들은 실제와 다른 방식으로 세상을 표현할 수 없었기에 사진은 진실뿐만 아니라 '정당한' 믿음에 대한 신뢰할 수 있는 지식의 원천이었다.[17]

반면, 오늘날 소비되는 거의 모든 미디어 이미지를 차지하는 디지털 사진은 사실 전통적인 사진의 사실성을 '보장하지' 않는다. 디지털 이미지는 완전히 다른 프로세스에 의해 세상을 포착하는데, 홉킨스는 이 프로세스의 인과관계가 적절하지 않다고 생각했다. 홉킨스는 디지털 이미지 캡처의 공학적 기술인 '보간법'(interpolation)이라는 하위 프로세스가 합성 미디어의 사실성을 보장할 수 없게 만든다고 생각했다. 또한 디지털 사진은 저장 방식 때문에 필름 사진보다 더 쉽게 조작될 수 있어 조작된 표본과 조작되지 않은 표본을 구분할 수 없게 한다. 홉킨스는 픽셀 세트로 디지털 이미지를 만들어 실제 장면을 카메라로 촬영했을 때와 정확히 일치하도록 만드는 것이 가능하다며 이를 우려한다. 그런데 이것이 바로 현재 딥페이크가 하는 일이다. 바바라 사베도프가 말했듯이 개인용 디지털 사진이 처음 등장한 지 얼마 되지 않아 딥페이크가 등장했고 이미지의 신뢰성은 약화됐다.

> 사진이 디지털화되고 변조되는 것이 일상화되는 시점에 도달하면 사진의 신뢰성에 대한 우리의 믿음은 천천히, 고통스럽게 약화될 수밖에 없으며 그림과 사진의 주요 개념 중 하나는 사라지게 될 것이다.[18]

물론 노력을 기울이면 영화도 위조 가능하다. 사실 영화의 인식론적 한계는 오랫동안 논쟁이 되었으나 그 권위는 크게 훼손되지 않았었다. 20세기 접어들면서 인류학자들은 비서구 문화를 연구하기 위해 영화를 열정적으로 활용했다. 하지만 그들은 영화가 관객과 완전히 불연속적인 맥락에서 사람들의 상호작용에 대한 이해를 깊이 있게 할 수 없다는 것을 바로 깨달았다. 예를 들어 뤼미에르의 「열차의 도착」이 어떤 영향을 미쳤든, 그것은 관객이 기차와 역을 알고 있었기 때문에 가능한 일이었다. 영화는 관객이 적절한 참고 기준을 가지고 있을때만 '실제로 일어나는 일'과 관객을 연결할 수 있다. 인류학자들은 곧 몰입형 현장 조사로 전환하여 영화가 아닌 논문을 제작하고 관객이 아닌 독자를 대상으로 연구를 진행했다.[19]

영화의 또 다른 인식론적 한계를 생각해 보자. 우선 배경을 설명하기 위해 우크라이나 태생의 의류 제조 업자인 아브라함 자프루더가

1963년 11월 22일 댈러스에서 존 F. 케네디 대통령이 암살당하는 장면을 우연히 필름에 담았다는 사실을 상기해 보자.[20] 이 사건의 가장 완벽한 증언인 자프루더의 영상은 극적으로 수천 명의 목격자들의 설명을 확증(또는 반박)하는 데 사용되었다. 당시는 속도, 감정, 거리, 기억의 복잡성 때문에 누구의 증언을 믿어야 할지 판단하기 어려웠다. 하지만 수사관들은 자프루더의 영상을 통해 하나의 내러티브를 구축할 수 있었고 이 영상이 암살 사건의 전모를 담고 있다고 생각했다. 하지만 알고 보니 첫 번째 총격은 카메라가 켜지기 전에 발사된 것이었다. 영상의 시간대 내에서 세 장면을 모두 해석하려다 보니 불일치가 발생했고, 이후 음모론자들이 이를 포착했다. 근본적인 문제는 영상의 인식론적 미덕에 대한 지나친 의존이다.[21]

6.4 딥페이크와 인식적 오류: 개인과 집단 인식 주체의 경우

5장에서 살펴본 인식적 행위자성의 네 가지 역할의 관점에서 딥페이크가 어떻게 위험이 될 수 있는지 살펴보자. 각 역할마다 인식적 부정의 또는 인식적 권리 침해라는 측면에서 포착할 수 있는 위험이 발생한다. 하지만 정의 또는 권리의 실현이라는 측면에서 포착할 수 있는 이익이 발생하기도 한다. 문제는 이득을 키우면서 피해를 최소화하는 것이다. 물론 이것이 가능할지는 여전히 많은 의문점이 있다.

먼저 개별 인식 주체 문제부터 시작해 보자. 개인은 특정 정보에 대한 인식적 권리를 가지고 있고 허위 또는 오해의 소지가 있는 정보를 제공하는 딥페이크를 수신하는 경우 이 권리가 침해받게 된다. 2018년 러시아의 시리아 공습 사건이 어떻게 전개되었는지를 잘못 표현한 동영상이 대표적인 사례이다.[22] 또한 딥페이크가 널리 퍼질수록 개별 인식 주체는 자신이 받을 권리가 있는 정보를 제대로 받지 못하는 경우도 발생하게 된다. 또한 이들은 그들의 능력, 특히 지식이 있어야 하는 업무를 수행하는 능력이 저하될 정도로 알게 되는 자로서 광범위한 역할에서 잘못된다. 개인의 탐구를 방해하려는 당사자가 많을수록 탐구는 더 어려워진다.

하지만 딥페이크는 사람들에게 알게 되는 자로서의 권한을 부여하고 인식적 권리를 더 쉽게 실현할 수 있게 하기도 한다. 세 가지 사례를 살펴보겠다. 첫째, 딥페이크는 예술이나 역사와 같은 분야에 생동감을 불어넣어 대중의 관심을 자극할 수 있다. 예를 들어 플로리다주 세인트피터스버그의 달리 박물관은 「달리의 삶」(Dali Lives)이라는 전시회에 딥페이크 기술을 사용했다. 이 박물관은 전시 제목에 걸맞게 수천 시간 분량의 인터뷰 영상을 머신러닝으로 학습시켜 실물 크기의 딥페이크 예술가 달리를 만들었다.[23] 이 재현은 달리가 말하거나 썼던 다양한 진술을 생동감 있게 전달할 수 있었다. 또 다른 예로 스코틀랜드 회사 세레프록은 존 F. 케네디의 녹취록을 딥페이크 알고리즘에 학습시켰다. 그리고 이 회사는 케네디가 암살당하던 날 그가 연설할 예정이었던 내용을 딥페이크 알고리즘에 학습시켜 이 연설을 재현하기도 하였다.[24]

둘째, 딥페이크는 특정 메시지를 효과적으로 전달하는 데 도움이될 수 있다. 2019년 영국의 한 보건 사선 단체는 딥페이크 기술을 사용하여 축구 영웅 데이비드 베컴이 9개 언어로 말라리아 퇴치 메시지를 전달하도록 하였는데 이는 그가 말할 수 있는 언어보다 훨씬 많은 숫자였다. 딥페이크 기술을 활용하여 유명인을 통해 효과적으로 메시지를 전달한 대표적인 사례이다.[25] 셋째, 음성 복제 딥페이크는 사람들이 질병으로 목소리를 잃었을 때 목소리를 복원할 수도 있다.[26] 이러한 방식으로 딥페이크를 통한 탐구와 그에 따른 인식적 권리의 행사가 용이해질 수 있는 것이다. 하지만 이러한 긍정적 사례가 있다고 하더라도 딥페이크가 초래한 피해를 넘어서기에는 턱없이 부족하다.

　집단 인식 주체의 관점에서 그리고 개인이 인식의 유지라는 역할을 하는 한, 딥페이크는 증언을 제공하는 동영상의 역할을 변화시키고 있으며 이에 따라 심문을 위한 동영상의 기능도 변화하고 있다. 우선, 딥페이크는 사람들이 실제로 일어나지 않은 사건을 녹화한 영상을 제작할 수 있게 하여 법원이나 경쟁 당사자가 해당 증거를 반증해야 하는 부담을 가중시킬 수 있다. 가짜 동영상은 양육권 다툼이나 고용 관련 재판에서 형사 사건에 이르기까지 거의 모든 재판에 영향을 미칠 수 있는 알리바이를 제공할 수 있다. 또한 딥페이크는 생체 인식 데이터를 모방하여 얼굴, 음성 또는 걸음걸이 인식에 의존하는 시스템을 속일 수 있다. 마찬가지로 딥페이크는 일부 사람들이 다시 활성화되기를 열망하는, 즉 오래전에 사라진 것들에 대한 증거를 되살릴 수도 있다. 홀로코스트, 달 착륙, 9/11 테러에 대한 동영상 증거와 수많은 확증적 증거가 있음에도 불구하고 일부 사람들에 의해 이것이 조작될 수 있는 것이다. 딥페이크는 역사적 사건에서 오랫동안 숨겨진 진실이라고 하면서 '새로운' 버전을 제시하며 사람들을 혼란에 빠뜨릴 수 있다.

더군다나 수사를 위한 동영상의 역할이 변화하고 있는 상황에서 딥페이크가 등장할 가능성이 높아지면 실제 보도되거나 기록된 내용이 부정될 수 있다. 딥페이크가 심어 놓은 의심은 오디오와 동영상에 대한 우리의 신뢰를 영구적으로 바꿀 수 있다. 예를 들어 2018년 카메룬의 통신부장관은, 국제엠네스티가 카메룬 군인들이 민간인을 처형하는 장면이 담긴 것으로 추정한 동영상을 조작된 가짜라고 일축하기도 하였다.[27] 이와 유사하게 녹음된 대화에서 여성의 성기를 만졌다고 자랑하던 도널드 트럼프는 나중에 이 테이프가 가짜라고 주장했다. 이로써 트럼프는 추종자들이 자신들의 입장을 강화할 수 있도록 했다.[28] 이러한 것은 이슈에 대한 다양한 목소리 중 하나이기 때문에 사람들이 자신의 신념을 면밀히 조사하도록 동기를 부여하는 것을 더욱 어렵게 만든다. 우리는 이미 4장에서 진실은 많은 사람들에게 제한적인 가치를 가질 뿐이라는 니체의 견해에 대해 논의한 바 있다.

수십 년 동안 동영상은 광범위하게(5.5절과 5.6절에서 논의한 바와 같이) 그리고 특히 증언의 맥락에서 인간의 탐구에서 탁월한 역할을 해 왔다. 필름에 담긴 내용은 조작 기술이 널리 보급된 후에도 명백한 (또는 적어도 논쟁의 여지가 적은) 증거로 사용되었다. 그리고 딥페이크가 등장하기 전까지 동영상은 신뢰할 수 있는 미디어였다. 레지나 리니의 표현을 빌리자면 동영상은 논쟁의 여지가 있는 증언을 둘러싼 대화에서 '인식적 근거'를 제공했다.[29] 이러한 근거와 안전장치가 없다면 확립된 사실에 대한 신뢰가 유지되기 어렵다. 하지만 딥페이크는 다른 합성 미디어 및 가짜 뉴스와 함께 사람들이 진실과 거짓을 구분할 수 없거나 더 이상 구분하려고 하지 않고, 신뢰할 수 있는 미디어가 이를 개선하려 하지 않는 불신 사회를 만드는 데 일조할 수 있다. 몇 세대 안에 사람들은 더 이상 진실 발견의 가능성을 염두에 두고 의견 충돌에 접근하지 않을 수 있다. 다양한 인식론적 부정의가, 특히 조작된 증언이 디지털 세계에 적용될 때 이러한 사회가 나타날 것이다.[30]

인식론적 근거로서의 동영상의 손실이 집단 인식 주체에 얼마나 문제가 되는지 더 자세히 평가하기 위해서 관련 시나리오를 검토하는 것이 효과적이다. 이반 일리치와 (10장에서 다시 만나게 될) 베리 샌더스는 문자에 의한 인류 문화의 침투, 즉 '알파벳화'에 대한 복잡한 논의를 펼친다. 일리치와 샌더스는 문해력의 출현에 대한 탐구의 일환으로 선서라는 것이 어떻게 변화하는지 다음과 같이 조사했다.

> 내 말은 항상 (구술의 세계에서) 당신과 함께 다니며, 나는 내 말을 지지하고 맹세한다. 나의 선서는 12세기까지 나의 진실이었다. 이 맹세는 자유인에 대한 모든 의심을 종식시킨다. 13세기에 이르러서야 대륙의 교회법은 판사를 피고인의 양심을 읽는 사람, 즉 진실을 캐내는 심문관으로 생각했고, 피고인에게서 진실의 자백을 끌어내는 수단으로 고문을 사용했다. 하지만 진리는 더 이상 표면적인 행동으로 드러나지 않고 이제 자기 자신만이 접근할 수 있는 내적 의미의 외적 표현으로 인식되었다.[31]

이들이 설명하는 것은 선서가 구술의 세계에서 어떻게 인식적 근거가 될 수 없게 되었는지에 대한 것이다. 물론 선서와 서명된 진술서는 여전히 특별한 법적 중요성을 지니고 있다. 하지만 오늘날 그 중요성은 인식적 장치가 아니라 사람들이 특별한 법적 책임을 질 수 있는 가능성을 창출하는 데 국한된다. 일리치와 샌더스의 말이 맞다면, 12세기에 선서의 기능이 사라지고 19세기에 사진이 등장하기 전까지는 그러한 (광범위하게 받아들여지는) 안전장치가 없었을 수도 있다.

역사적 관점에서 볼 때, 일반적으로 인식적 근거는 존재하지 않았다. 우리는 증언의 출처에 대한 기록과 신뢰 의지에 따라 판단을 내려야 했다. 또한 여러 가지 배경 요인(증인, 확증적 증거, 알려진 사실과의 일관성 등)을 철저하게 조사해야 했다. 하지만 우리는 합성 영상이 완벽해짐에 따라 다시 인식론적 근거가 없는 세상으로 되돌아갈 수 있다. 차이점은 우리가 마지막으로 그런 세상에 살았을 때는 현실과 우리를 연결해 줄 확실한 미디어가 없었다는 것이다. 미래 언젠가 우리는 인식론적 근거가 없는 세계로 들어갈 것이다. 미디어가 있기는 하지만 그것도 합성적으로 조작될 수 있다.

이러한 세계로 진입하는 것이 얼마나 큰 손실인지는 쉽게 알 수 있다. 영토 국가에서 민주주의가 널리 퍼진 역사적 기간 동안 실제로 인식론적 안전장치는 존재했다. 아마도 3장에서 데이비드 스타사베이지의 말을 빌려 살펴본 것처럼 이러한 안전장치가 있었기에 현대 민주주의를 괴롭히는 먼 거리 국가의 문제와 위압적인 행정의 문제를 해결하는 데 도움이 되었다.[32] 물론 역사적 기준으로 볼 때, 이러한 안전장치는 일반적 인식 과정에 해당하는 것은 아니었다. 우리 조상들은 그것 없이도 어떻게든 살아가야 했고, 살아갈 수 있었다. 하지만 그들은 대규모 영토 민주주의와 기술 시대의 복잡한 문제를 헤쳐 나갈 필요는 없었다.

4.5절에서 우리는 오리기의 연구를 접하고 개인의 평판에 대해 살펴보았다.[33] 오리기는 "나와 타인의 눈에 비친 나의 이미지, 나의 행동과 평판 사이의 상호 의존성을 의식하지 않으면 내가 누구인지, 왜 행동하는지 이해할 수 없다"고 했다.[34] 인식론적 안전장치가 없다면 각 개인이 이러한 상호 의존성을 관리하기 어렵다. 왜냐하면 정보 출처의 신뢰성에 관한 판단을 내릴 수 없기 때문이다. 즉 미래에는 사람들이 정보 출처의 진실을 스스로 판단하는 방법을 배워야 한다. 모든 것이 순조롭게 진행된다면 웹은 일종의 집단적 지혜를 만들어 낼 수도 있다. 하지만 그 경우에도 개인은 누구를 신뢰할지 결정해야 한다. 이는 결국 다른 사람들이 누구를 신뢰하는가와 많은 관련이 있다. 오리기는 신뢰할 수 있는 출처가 무엇인지 판단하고 그들의 전문성을 신뢰함으로써 방향을 잡아야 한다고 주장한다.[35] 개별 인식 주체와 관련하여, 각 개인은 세계에서 방향을 잡는 것과 자기 이해에 도달하는 데 있어 이제는 인식적 안전장치가 있는 세계에서보다 더 많은 것을 혼자 감당해야 한다. 이제 세계는 집단 인식 주체와 관련하여 인식적 성공의 기준을 인식적 안전장치의 존재에 의존하지 않는 곳으로 바뀌게 될 것이며, 따라서 이러한 종류의 객관성 없이 나아가야 하는 개별 탐구자들로 채워진 세계로 변하게 될 것이다.

그럼에도 딥페이크 기술은 지식을 집단적으로 습득하는 방식인 집단적 인식론에 '긍정적인' 측면이 있다. 머신러닝의 일종인 심층 생성 모델은 의학 및 의료 분야에서 새로운 가능성을 제시한다. 예를 들어 딥러닝을 사용하여 데이터를 합성하면 연구자들이 환자 데이터를 사용하지 않고도 질병을 치료하는 새로운 방법을 개발하는 데 도움이 될 수 있다. 이미 '가짜' 자기공명영상(MRI) 스캔이 만들어진 상황이다. 실제 이미지가 사용되는 미디어의 10%에 불과한 이러한 이미지로 주로 학습한 알고리즘은 실제 이미지로만 학습한 알고리즘만큼 뇌종양을 잘 찾아낸다.[36]

의료 분야에서는 합성 데이터도 익명화에 도움이 된다. 보조 데이터 세트를 상호 참조할 수 있는 경우 익명화된 데이터 세트에서 개인이 식별되는 경우가 종종 발생한다. 하지만 합성 데이터는 새로운 사람을 '생성'함으로써 이러한 가능성을 차단한다.[37] 이로써 우리의 인식을 풍요롭게 하는 새로운 지식 생성 방식이 가능해진다. 우리가 알고 있는 '딥페이크'는 파멜라 앤더슨의 사진이 인터넷의 확산을 촉진한 것처럼 지속적인 기술혁신을 촉진할 수 있다. 동시에 이러한 이점은 많은 불확실성을 수반하는 것으로 현재로서는 불안하고 위험하게만 느껴지는 것도 사실이다.

6.5 딥페이크와 인식적 오류: 개별 및 집단 인식 객체의 경우

'개별 인식 객체'로서의 인간은 자신에 대한 정보를 공유할 수 있는 규칙에 따라 다른 사람에게 알려지게 된다. 또한 '집단 인식 객체'의 일부로서 인간은 우리에 대해 집단적으로 알려진 지식의 집합을 유지하고, 그 지식으로 무엇을 해야 할지를 결정하는 데 도움을 준다.

따라서 '인식 객체 혹은 대상'이라는 용어의 두 가지 역할은 '알게 되는' 자보다는 '알려지는 자'라는 것을 기준으로 포착된다.

개별 인식 객체로서의 사람들은 주로 자신에 대한 허위 사실을 퍼뜨리려는 노력으로 인해 위협을 받는다. 그들의 인식적 권리가 침해되는 것이다. 그들에 대해 퍼지는 내용들은 그들이 원하는 방식이 아니다. 하지만 개별/주체 시나리오와 유사하게 이러한 침해는 딥페이크에 의해 더 많이 발생한다. 개별 인식 주체의 경우, 특정 사례에서 잘못이 발생하고 주체들은 더 이상 알게 되는 자로서 활동할 수 없는 환경에 놓이게 된다. 이와 유사하지만 개별 인식 객체의 경우, 해당 개인(객체)에 대한 실제 허위 사실이 전달되는 경우뿐만 아니라 해당 개인과 관련된 내용이 전달되는 방식에 있어서도 인식적 권리의 침해가 발생한다.

저널리스트 라나 아유브를 떠올려 보자. 그녀의 외모에 익숙한 대부분의 사람들은 동영상 속 여성이 그녀가 아니라는 것을 알아차릴 수 있었다. 실제 동영상이 유출되었을 때 아유브의 신체에 관심이 많은 사람이 '그녀의' 성생활을 볼 수 있는 기회를 얻었다고 말할 수는 없을 것이다. 하지만 딥페이크 동영상의 확산은 '나도 알고, 너도 알고, 다른 많은 사람이 알고 있다는 소문의 확장'을 만들어 낸다. 그녀의 내밀한 순간은 그녀에 대한 개인의 환상을 넘어서 하나의 게임이 되었으며 그녀에 대한 내밀한 순간을 '상상하게' 하였다. 그리고 사람들이 '좋아요'를 누르고 동영상이 널리 유포되면서 그녀는 올바른 방식으로 자신을 알릴 수 있는 기회를 박탈당했다. 한 인간으로서 아유브는 존엄성을 침해당했고, 언론인으로서 침묵을 강요당했다.

이것이 바로 딥페이크 포르노의 위협이다. 여성이 직업인, 시민 또는 존중받을 가치가 있는 인간으로서가 아니라 성적 대상으로 여겨지는 것에서 벗어나기 위한 노력조차도 딥페이크에 의해 손상되고 만다. 보복성 음란물은 이러한 효과를 가지며, 일반적으로 남성보다는 여성에게 더 많은 영향을 미친다. 남성은 이러한 역할로 만들어지지 않기 때문이다. 이제 교묘한 가해자들은 더 이상 다른 곳에서 누드 사진이나 섹스 동영상을 구해 여성을 협박할 필요가 없어졌다. 이제 누구나 이러한 피해자가 될 수 있다. 가해자들은 이러한 자료를 직접 제작하여 원하는 대로 배포할 수 있게 되었다. 더군다나 딥페이크는 편견의 역사를 극복하고 있는 집단의 사람들이 알려지는 방식에도 피해를 줄 수 있다.

법적으로 이 문제를 해결하기는 어렵다. 『와이어드』는 "당신의 사생활이 아닌데 사생활이 노출됐다고 해서 누군가를 고소하기는 어렵다"고 지적했다.[38] 딥페이크 포르노에서는 '이' 사람의 신체가 아니며 얼굴은 아주 미세하게 변형될 수 있다. (정확히 당신이 아니라 당신을 무척 닮은 사람이 된다.) 여전히 모든 사람이 누군지 알 수 있지만, 자연스럽게 비슷해 보이기 때문에 그럴듯하게 부정될 수 있는 것이다. 하지만 아유브와 같은 공격이 일상화되면 모든 것이 바뀔 수 있다. 어쩌면 아유브에게 일어난 일이 어느 정도는 새로운 기술에 의한 것이었기에 효과가 있었을지도 모른다. '누구나' 당할 수 있는 일이라면 대수롭지 않게 인식하여 긴장감을 잃을 수 있고, 그런 일이 덜 일어날 수도 있다.

딥페이크는 집단 인식 객체로 나아가기 위해 사람들이 일반적으로 알려지는 방식을 바꿀 수 있는 잠재력을 가지고 있다. 우리는 다양한 방식으로 사람들의 상상 속에 들어간다. 우리는 사람들의 편견에 비추어 다른 사람들에게 알려지기도 하지만 그들의 환상, 트라우마 또는 꿈과 연결되는 방식으로도 알려지게 된다. 하지만 이 모든 것은 말이나 그림, 글로 표현되지 않는 한 사람들의 머릿속에 갇혀 있는 정신 활동일 뿐이다. 우리는 다른 사람들의 예술적인, 어쩌면 에로틱한 조작물에 들어갈 수 있다는 사실을 의식하게 되었다. (사만다 콜이 딥페이크에 관한 기사에서 "이제 우리는 다 망했다"라고 표현한 이유가 바로 이 때문이다.)[39] 우리 모두는 이제 다른 사람의 작품에 등장할 수 있는 잠재적 배우이다. 하지만 확실히 이것은 어떤 사람들에게는 다른 사람들보다 영향을 미친다. 사람들의 상상력을 자극할 수 있는 방법을 가진 사람들, 즉 때로는 의식적으로 선택하고 독립적으로 추구하기도 하지만 종종 완전히 조종되고 통제되며 강요당하는 사람들에게 더 많은 영향을 미친다(여기서 우리는 이것이 여성의 성적 대상화와 관련이 있다는 것을 알아야 한다).

조작된 영상은 민주주의에도 위협이다. 사람들은 알게 되는 자로서뿐만 아니라 알려지는 자로서 피해를 입는다. (집단적 의사 결정을 하려면 시민들은 특정 조치가 다른 사람들에게 어떤 영향을 미치는지 또는 그러한 사람들의 걱정이 무엇인지 등에 대해 잘못된 정보를 얻지 않도록 어떤 정책을 공유하는 사람들에 대한 적절한 수준의 지식이 필요하다. 하지만 이러한 딥페이크 속임수가 발생하면 아는 자뿐만 아니라 알려지는 자도 피해를 입게 된다.) 가짜 뉴스가 반박되는 데 시간이 걸리는 급변하는 정치 상황 속에서 (특히 해결해야 할 가짜 뉴스가 많을 경우)

우리가 지식과 정보를 습득하는 구조는 더 안 좋아질 것이다. 이러한 상황이 전개됨에 따라 5장에서 논의한 다양한 유형의 인식적 부정의가 발생하게 된다.

하지만 집단 인식 객체의 역할에 있어 주체의 경우와 마찬가지로 다른 문제도 제기될 수 있다. 딥페이크 기술은 사람들이 알아야 할 것들을 증폭시킬 수 있다. 예를 들어 2020년 인도 델리 주의회 선거에서 델리 인민당은 딥페이크 기술을 사용하여 지도자인 마노지 티와리의 영어 광고를 하리안비(서부 힌디어 방언)로 번역한 버전을 배포하여 해당 방언을 사용하는 하리아나주 유권자들을 공략했다. 한 배우가 내레이션을 했고, 티와리의 연설 영상을 립싱크하여 내레이션을 맞춘 영상을 만들었다.[40]

유사하게 딥페이크 기술을 사용하면 스냅챗과 같은 소셜 미디어에서 가상의 마스크를 착용하여 신원을 밝히지 않고도 여러 가지 경험을 공유할 수 있다. 딥페이크는 익명을 유지하면서도 인간의 특징과 감정을 전달할 수 있는 능력이 있기에 얼굴을 알리고 싶어 하지 않는 피해자의 경험을 알리고 피해자의 본질적인 인간성을 보존할 수 있다.[41] 하지만 다시 한번 반복하자면, 우리는 딥페이크 기술이 그 피해가 너무 크고 이득은 훨씬 더 불확실하다는 것을 기억해야 한다.

6.6 딥페이크 기술의 창조적 가능성

인식적 행위자성은 지식의 습득과 지식의 대상이 되는 방식 모두와 관련 있다. 이러한 역할에서 조사나 탐구와 관련하여 성공과 실패가 있을 수 있다. 조사는 구두나 서면, 이미지 또는 동영상과 같은 특정 도구를 통해 이루어진다. 그리고 이러한 도구는 지식과 관련이 없지만 자기표현이나 실험과 관련된 탐구적 목적 또는 예술적 목적으로 사용될 수 있다. 언어는 정확한 정보(조사의 성공)를 포착할 수도 있지만, 반대로 부정확하거나 오해의 소지가 있는 정보(조사의 실패)를 전달할 수도 있다. 하지만 우리는 이야기를 전달하고, 즐거움을 주고, 삶에 대한 교훈을 전달하기 위해 또는 특정 주제를 발전시키거나 언어적 유희를 추구하는 화자의 행위를 위해 언어를 사용한다. 마찬가지로 이미지는 현실을 포착하거나 위조할 수 있지만, 현실을 왜곡하려는 의도 없이 현실을 가지고 놀거나 작가의 상상력이나 감정을 담을 수도 있다.

언어와 이미지의 창의적인 사용은 사람들이 가상의 세계로 탈출할 수 있게 해 준다. 그리고 진실을 추구하고자 하는 사람이 권력을 비판하는 데 도움을 줄 수도 있다. 패러디, 풍자, 캐리커처를 통해 권력자를 조롱하고 비판하며 권력관계를 형성하는 심각성을 극복하고 정치적 평등을 증진할 수 있는 것이다. 고대 페르시아의 상상 속 궁정에 대한 논평으로 고대 사회에 대한 금지된 비판에 도전했던 몽테스키외의 『페르시아인의 편지』가 딥페이크로 재현되었다고 생각해 보자. 약자나 동료에게 작용하면 잔인할 수 있는 이 기술을 권력자와 기득권층에 적용하면 우리는 더 많은 자유를 누릴 수 있다. '패러디'라는 단어의 그리스어 어원은 '반대편'의 뜻을 가진 '파라'(para)와 '노래'라는 뜻의 '오이드'(oide)가 합해진 것이다. 따라서 어원적으로 패러디는 '반항의 노래'라는 뜻으로 어떤 원본에 대항하는 모방곡이며, 아마도 이미 잘 알려진 사람들에 대한 노래일 것이다.

창의적인 사람들은 예술적 목적으로 딥페이크 기술의 잠재력을 이미 발견했다. 신경망, 코드, 알고리즘을 활용한 작품으로 유명한 독일 예술가 마리오 클링게만은 예술에 컴퓨터 학습을 활용한 선구자이다.[42] 곧 누구나 인터넷에서 제공되는 시나리오에 자신의 모습을 삽입하거나 다른 사람의 모습을 삽입할 수 있게 될 것이다. 물론 여기에는 성적 환상이 포함될 수 있다. 하지만 인터넷이 발전하면서 다른 긍정적 일들이 펼쳐진 것처럼(파멜라 앤더슨을 떠올려 보자), 기술이 발전함에 따라 성적 시각화는 다양한 긍정적 용도로 사용될 수 있다. 합성 동영상 애플리케이션을 통해 사용자는 포르노 클립을 제작할 수 있으며 이러한 기능을 수행하지 못하도록 하는 것은 어려운 일이 될 것이다. 하지만 이 기술은 그 외에 다양한 용도로 활용될 수 있을 것이다.

사람들은 섹스 외에도 많은 것에 대해 환상을 가지고 있다. 딥페이크 기술을 사용하여 자신의 환상을 포착하거나 처음부터 영상으로 환상을 발전시킬 수 있다. 마음의 방황이 새로운 출구를 찾을 수 있는 것이다. 지금까지 시각적 스토리텔링은 비용이 많이 들었던 것이 사실이다. 할리우드 스튜디오는 관객을 다른 세계로 안내하는 스펙터클을 제작하는 데 수십 억 달러를 지출한다.[43] 딥페이크 기술은 이미지를 합성하는 기능을 통합하여 영세한 창작자 집단도 상상력을 현실로 구현할 수 있게 한다.[44] 크리에이티브 제국에 대한 일반인들의 꿈이 실현될 수 있는 것이다.

다른 사람의 인식을 훼손하려는 의도 또는 그 결과로 제작된 포르노 영상에 누군가를 출연시켜 인식적 잘못을 저지르는 행위와 딥페이크 기술을 통해 창조적 가능성을 실현하는 행위 사이에는 모호한 경계가 존재한다. 물론 이것은 법적 규제로 분명한 선을 그어야 한다. 창작물의 확산 여부에 따라 많은 것이 변화한다. 그리고 딥페이크는 우리가 흔히 생각하는 누군가의 머릿속 상상과 그 실행이 의사 결정을 통해 매개되는 방식을 현실화시킨다. 몽상가들이 자신의 상상력을 표현하기 위해 딥페이크의 도움을 받는다고 해도 이를 처벌할 수는 없으며, 자신만을 위한 사적인 그림에 자신의 환상을 담는다고 해서 이를 불쾌한 행위로 간주해서도 안 된다. 하지만 이러한 기술이 확산되는 것은 일반적으로 누군가를 알리는 데 악영향을 미칠 수 있다. 트위터에서 원하지 '않는' 내용의 확산이 바로 이러한 경우를 우려한 것이다.

어쨌든 가상 세계는 오래전부터 존재해 왔다. 딥페이크 기술은 이러한 가상 세계에 큰 힘을 실어 주고 먼 곳에 있는 사람들과 연결할 수 있는 새로운 가능성을 만들어 낼 것이다. 인터넷의 가장 큰 장점은 멀리 떨어진 곳에 있는 사람들이 함께 일할 수 있게 한다는 점이다. 딥페이크 기술은 이러한 가능성을 더욱 높여 줄 것이다. 더 일반적으로는 이 기술을 통해 사람들이 꿈꾸는 것이 머릿속에만 존재하는 것이 아니라 클라우드에도 존재하는 (그래서 다른 사람들이 자동으로 접근할 수 있는) 세상이 도래할 것이다. 그리고 이것은 사람들의 내면과 외부 세계의 관계에 엄청난 변화를 가져올 것이다. 이러한 방식으로 마음을 확장할 수 있다는 점에서—이상적으로는 어떤 방식으로든 환경에 영향을 미치지 않고 환상의 가상 경험이 일종의 출구 역할을 할 수 있다는 점에서—이것이 어떻게 전개될지는 시간이 지나면 새롭게 평가해야 할 어려운 경험적 질문이 될 것이다. 이상적으로는 지금까지는 머릿속이나 그림이나 다른 형태의 예술을 통해서만 할 수 있었던 일을 클라우드 컴퓨팅을 통해 할 수 있게 될 것이다. 따라서 창작 과정이 크게 변화할 것이다.

창의적인 가능성은 무궁무진하며 탐구해 볼 가치가 있다. 실제 왕족(엘리자베스 2세)의 얼굴을 배우의 얼굴에 매핑한 TV 시리즈 「더 크라운」이나 쿠바 미사일 위기 당시 주인공들의 실제 얼굴을 사용한 TV 시리즈 「13일」을 생각해 보자. 배우가 여전히 중요하긴 하지만 말 그대로 자신을 대변할 수 있을 만큼 충분한 이미지를 가지고 있는 역사적 인물을 연기하는 데는 그렇지 않다. (물론 아직까지 유명 지도자를 되살리기 위해서는 할리우드 스타가 필요한 것이 사실이다. 그리고 사람들이 그 유명 지도자에 관심을 갖는 것은 사랑받는 배우가 연기했기 때문인지도 모른다.) 딥페이크 기술로 영화 업계는 외국어 영화의 더빙을 개선할 수 있을 뿐만 아니라, 논란의 여지가 있지만 죽은 배우를 부활시킬 수도 있다. 물론 취소되었지만, 제임스 딘은 베트남 전쟁 영화 「파인딩 잭」에 출연할 예정이라고 발표되기도 하였다.[45]

클린트 이스트우드나 메릴 스트립이 영원히 연기를 계속하기를 바라는 사람들도 있고, 두 사람 역시 같은 바람을 가지고 있을 것이다. 일부 배우들은 시대를 초월한 인기를 누리고 있으며, 딥페이크 기술을 활용하면 해당 배우들이 출연하고 싶었을 영화에 계속 등장하는 모습을 볼 수 있다는 점이 사람들에게 매력적으로 다가갈 수 있다. 로널드 레이건, 모건 프리먼, 미셸 오바마가 내레이션을 맡은 영화를 보고 싶다면 그렇게 할 수 있다. 얼굴, 목소리, 감정 표현을 모방하는 능력은 우리가 진정으로 상호작용할 수 있는 믿을 수 있는 가상 인간을 만들기 위한 가장 중요한 요소이다. 이제 이러한 가상 인간을 만드는 과정은 딥페이크 기술로 인하여 완전히 새로운 영역에 접어들었다.

6.6 나오며: 우리가 있는 곳은 어디인가?

딥페이크 기술은 딥페이크 제작자들조차 위험하다고 인식하고 있다. 그리고 기술의 긍정적인 측면보다 부정적인 측면이 더 명확하게 드러나면서 엇갈린 평가를 받는다. 딥페이크는 다양한 인식적 역할에 관한 한 긍정적이거나 부정적인 결과를 초래할 수 있는 수많은 변화를 초래할 것이다. 인식적 역할이 약화되지 않고 강화되고, 인식적 권리와 정의가 침해되지 않고 존중되며, 인간의 창의성이 저해되지 않고 증진되도록 하기 위해서는 많은 고민과 규제가 필요하다. 이러한 규제는 우선 사회에서 가장 취약한 계층이 보호를 받을 수 있도록 해야 한다. 거시적 차원에서는 민주주의에 막대한 위험을 초래할 수 있다. 그리고 미시적 차원에서는 딥페이크를 통해 존엄성과 지위가 훼손될 수 있는 특정 개인이 피해를 입을 위험이 높다. 딥페이크 기술은 여러 가지 의문을 제기하고 있으며 이 중 일부는 철학적 문제이기도 하다. 이 글의 목표는 이러한 질문에 대한 의제를 설정하는 데 도움을 주기 위한 것이다. 우리는 단점이 장점보다 더 크지 않도록 경계를 늦추지 말아야 한다. 하지만 이는 쉽지 않은 일이 될 것이다.

7. 4세대 인권

—라이프 2.0과 라이프 3.0의 인식적 권리

내가 말했잖아.

이 빌어먹을 바보들아.

- H.G. 웰스(그의 묘비에 새길 글)[1]

7.1 들어가며

무수히 많은 데이터를 제공하는 디지털 세계는 정보를 저장, 분류, 처리하는 데 한계가 있는 아날로그 시대보다 더 많은 것을 알고 있으며 알려 주고 있다.* 디지털 시대는 엄청난 기회를 제공할 뿐 아니라 아날로그 시대의 전체주의적 감시를 훨씬 뛰어넘는 인식론적 침해의 가능성을 가지고 있다. 5장에서는 인식적 행위자성이라는 개념을 소개하고 인식적 권리와 정의에 대해 알아보았다. 6장에서는 이러한 체계를 활용하여 딥페이크 기술에 대해 평가했다. 인식적 권리와 관련하여, 인간은 라이프 2.0의 단계에서 특히 높은 수준의 보호가 필요하다. 라이프 3.0에 도달하면 이러한 권리는 특정한 방식으로 우리를 엄청나게 능가하는 독립체들과 공존하는 삶의 세계에서 인간 고

---

*   이 장은 Risse, "The Fourth Generation of Human Rights"라는 글을 기반으로 한다.

유의 지능을 행사할 수 있는 권리를 포함해야 한다. 인식적 권리를 '인권'으로 인정해야 하는 이유는 인식적 권리가 가지고 있는 특성 때문이다. 이 장의 주요 목표는 이러한 권리의 중요성을 소개하고 설명하는 것이다.

인권 운동은 1948년 「세계 인권 선언」에 기반을 두고 있으며 이후 국내 및 국제법, 지역 인권 법원 및 국제형사재판소와 같은 기관, 전 세계적으로 확산된 풀뿌리 운동 및 인권과 관련된 비정부기구 네트워크가 생겨났다. 그리고 인권 운동은 인권이 다루는 주제의 범위를 확장할 수 있다는 점에서 매우 역동적이다.[2] 인권은 종종 3세대로 분류되는데, 이러한 구분법은 인권이 정치적으로 효력을 발휘하게 된 역사적 궤적과 인권의 주제 영역을 설명하는 데 유용하다. 그리고 인권 운동의 역동성을 반영하여 '4세대' 인권에 대한 논의가 오랫동안 있어 왔다. 나는 인식적 권리가 4세대 인권의 구성 요소가 되어야 한다고 생각한다.

무엇보다도 인권은 정부의 성과를 평가하는 성취의 기준으로 작동하기도 한다. 따라서 4세대 인권을 추가한다는 것은 디지털 세기의 요구에 적응하는 것이다. 이러한 맥락에서 중국과의 비교는 매우 유용하다. 전체주의적으로 통치하며 민주주의적 가치와 일반적 인권 규범을 따르지 않는 중국 공산당은 디지털 세기의 가능성에 대응하는 방식으로 엄청난 양의 데이터와 디지털 평가를 활용하여 거버넌스 시스템을 새로운 수준으로 업그레이드하였다. 반면 민주주의와 인권을 위해 노력하는 국가들은 거버넌스 시스템을 업그레이드하지는 않았다. 대신 디지털 세기의 기술적 가능성을 대부분 민간 부분에 맡기고,

공공 영역에 이를 적극적으로 적용하지 않은 채 기업이 시민의 모든 생활을 상품화하여 이를 이용해야만 하는 상황을 만들거나(여기서 키워드는 '감시 자본주의'이며 미국이 명백한 예이다), 아니면 디지털 기술의 가능성, 특히 거버넌스 개선의 가능성을 아주 소심하게 받아들이고 있다(독일이 대표적인 사례이다).[3] 그러나 민주주의와 인권의 번영과 지속적인 생존을 위해서는 디지털 세기에 적응하기 위해 업그레이드가 필수적인 것은 부정할 수 없는 사실이다. 그래서 3장에서는 민주주의에 대해 논의하였고 여기서는 5장의 내용을 바탕으로 인권에 관한 이야기로 넘어가고자 한다.

따라서 7.2절에서 7.4절까지는 인권으로서의 인식적 권리라는 주제에 대해 세 가지 방식으로 접근하고자 한다. 7.2절에서는 보편적 인권 선언을 지지하기 위한 노력의 차원에서 웰스가 지식에 부여한 중심성에 대해 이야기한다. 저명한 공상과학소설 작가이자 사회 평론가로 알려진 웰스는 「세계 인권 선언」이 통과되기 몇 년 전부터 인권의 주요 옹호자였다. 웰스는 지식과 지식의 보급이 인간 문제에서 수행할 (그리고 이미 수행하고 있는) 중심적 역할이라고 생각했으며 이를 명확하게 표현했다. 이런 점에서 그의 아이디어는 여전히 유용하다. 그리고 철학적 관점에서, 우리는 인식적 권리가 왜 인권으로 인정될 수 있으며 인정되어야 하는지 물어야 한다. 따라서 7.3절에서는 왜 인권을 세계 사회의 구성원이 가져야 할 권리로 인정해야 하는지 설명한다. 7.4절에서는 「세계 인권 선언」과 그 너머에 존재하는 인식적 권리의 (실질적인) 실체에 대해 알아보고, 이러한 권리가 아날로그 세계에서 인간다운 삶을 보호하기 위해 이미 인정받아 왔다는 점에 주목한다. 그리고 여기서는 4세대 인권에 대한 논의의 배경도 소개한다.

　7.5절에서는 라이프 2.0의 인식적 권리에 대해 다룬다. 이러한 권리는 라이프 2.0에서 디지털 세계의 인식적 침해로 인해 매우 중요하며 「세계 인권 선언」이 규정하는 것보다 더 강력하고 광범위하게 적용되어야 한다. 7.6절은 우리가 인정해야 할 인식적 인권 중 하나인 잊혀질 권리에 대해 다룬다. 만약 라이프 3.0이 등장한다면, 우리에겐 완전히 새로운 인권, 즉 인간의 지성을 행사할 수 있는 인권이 필요하다. 7.7절에서는 이 문제를 주로 다룬다. 인권은 "우리 각자를 우리를 제외한 나머지 사람들로부터 보호하는 것"을 넘어 "그 존재들로부터 보호하는 것"으로 확장되어야 하며, 그러한 보호가 역으로 우선시되어야 한다. 4세대 인권의 요점은 지속적인 기술혁신에 비추어 인간의 생명을 보호하는 것이며, 또한 구성원 자격에 대한 확장된 이해를 바탕으로 궁극적으로 동일한 도덕적 공동체의 구성원으로 간주되어야 할 새로운 종류의 지능이 존재하는 상황에서도 인간의 생명을 보호하는 것이다. 인간 지능을 행사할 권리의 타당성을 입증하기 위해 필요한 논증은 세속적 삶의 의미에 관한 문헌에 의존한다. 이 장의 주된 목적은 인권으로서의 인식적 권리를 확립하는 것이기 때문에 보다 넓은 관점에서 이를 다루고자 한다. 따라서 「세계 인권 선언」과 마찬가지로 선언문의 형식으로 이를 제안하고자 한다.

7.2 인권으로서의 인식적 권리: 지식의 중심성에 관한 생각

작가 허버트 조지 웰스는 타임머신이나 세계대전과 같은 흥미 있는 내용을 주제로 하는 공상과학소설 작가이다. 또한 그는 세계적 열망과 사회주의적 성향을 지닌 통찰력 있는 사회 비평가이기도 하다. 웰스는 기술혁신의 시대에 지식과 인간의 관계에 대한 깊이 있는 시각을 가지고 있었다. 그리고 기술에 대한 그의 낙관주의적 견해와 이를 단지 환상으로 치부하는 '현실주의' 사이의 대조적 현상에서 흥미로운 모습을 보이기도 한다.

웰스는 제2차 세계대전이 유럽에서 발발했던 1939년 10월 25일 『런던타임즈』에 기고한 글에서 '인간의 권리'에 대한 공개적인 지지를 천명했다. 오랜 경력의 끝자락에 접어든 웰스는 전쟁의 참혹성에 대한 입장을 분명히 하고 적들도 이러한 관점을 받아들이기를 희망했다. 그리고 히틀러에 반대하는 독일인들에게 처벌의 두려움 때문에 영국에 대한 적대 행위를 지속하지 말고 새로운 세계 질서를 구축해야 한다고 호소했다.[4] 이 글은 전 세계적 차원에서 적용 가능한 인간의 권리에 대한 논쟁을 촉발시켰다. 논제 자체는 주로 영국 지식인 사회에 국한된 것이었지만, 당시 영국은 여전히 세계의 많은 부분을 지배하고 있었다. 따라서 이러한 방식으로 표현된 전후 세계에 대한 고민은 중대한 결과를 가져올 수밖에 없었다.

노동에 매우 호의적이었지만 1960년대에 사라진 신문 『데일리 헤럴드』가 당시에 이러한 대의를 받아들였다. 이 결과로 하원에서는 존경받는 법학자이자 정치가인 존 생키John Sankey를 위원장으로 하는 위원회가 설립되었다. 웰스가 포함된 생키위원회는 그의 제안을 더욱 발전시켰고 1940년에 「인간의 권리에 관한 생키 선언」(The Sankey Declaration of the Rights of Man)이 발표되었다. 그 후 웰스는 1940년과 1944년 사이에 이 선언을 강조하며 수정 발전시켰다. 대중 지식인이었던 웰스는 인권을 강조하기 위해 많은 노력을 기울였다.[5]

웰스가 보기에 이 선언은 먼 유토피아의 이야기가 아니라 합리적인 사람들이 지금 당장 바라고 원하는 세상에 대한 비전을 제시하는 것이었다.[6] 웰스가 작성한 서문에는 과거에는 물질적 조건을 바탕으로 혁명이 발생했다고 지적하고 있다. 그리고 세계 사회는 극적으로 변화하여 물리적 거리가 거의 사라졌다. 하지만 여기서 우려되는 점은 '인간 능력과 행복의 원동력인 개인 정신의 자유로운 놀이'가 점점 더 제약을 받고 있다는 사실이다. 급격한 변화가 추동한 불확실성의 시대에서 우리의 마음은 부담감이나 고민 없이 자유롭게 활동하기 어렵다. 우리는 현재의 잠재력이 현실이 되는 '풍요의 시대'를 경험하는 대신 '전쟁과 괴물 같은 착취의 심화'를 경험하고 있고, 모든 진보는 '혼란스럽고 회복 불가능한 사회적 붕괴'로 사라질 위기에 놓여 있다. 이러한 붕괴를 막기 위해서는 인간의 권리, 즉 인권을 바탕으로 하는 전 세계적인 그리고 '통합된 정치, 경제, 사회 질서'가 필요하다.

첫 번째 권리는 '생존권'('생명권'이라기보다는 '생존'에 대한 권리)으로서 웰스는 11개 조항 중 첫 번째 조항을 다음과 같이 공식화한다. (여기서 '인간'은 모든 인간을 의미한다.)

모든 인간은 천연자원과 선조들이 축적한 힘, 발명품 및 가능성의 공동상속인이다. 인간은 이러한 자원의 범위 안에서 인종, 피부색 또는 공언된 신념이나 의견에 따른 차별 없이, 태어날 때부터 죽을 때까지 신체적·정신적 발달의 가능성을 온전히 실현하는 데 필요한 영양, 사회보장 및 의료 서비스를 받을 권리가 있다. 개인의 다양하고 불평등한 자질에도 불구하고 모든 인간은 법의 관점에서 절대적으로 평등하고 사회에서 동등하게 중요하며 동료의 존경을 받을 자격이 있는 것으로 간주되어야 한다.

이 권리는 각 개인이 인류의 유산(즉 "우리의 선조들에 의해" 축적한 모든 업적)에 참여할 자격이 있다고 주장함으로써 지식의 중요성에 호소하는 것이다. 그리고 제4조에 '지식에 대한 권리'가 등장한다.

모든 사람이 자신의 능력이 허용하는 한 유용하고 관심 있는 시민이 될 수 있도록 충분한 교육을 받게 하는 것이 공동체의 의무이다. 더 나아가, 인류에 봉사하기 위해 자신만의 재능을 개발할 수 있는 기회의 평등을 제공할 수 있는 모든 지식과 특수교육을 제공하는 것도 공동체의 의무이다. 그리고 인간은 현재 상황과 이슈에 대한 판단을 내리는 데 필요한 모든 정보에 쉽고 신속하게 접근할 수 있어야 한다.

웰스는 다음 조항에서 사상과 예배의 자유에 대한 권리를 별도로 다룬다. 그리고 나머지 조항에서는 노동의 권리, 개인의 사적 소유에 대한 권리, 이동의 자유, 개인의 자유, 폭력으로부터의 자유, 입법권에

대해 다룬다.[7]

웰스는 이러한 권리를 공식화하기 전인 1937년 '세계 두뇌'에 관한 글에서 지식의 중요성을 강조하며 지식의 보편적 조직화와 명확화, 즉 전 세계에 널리 흩어져 있는 교육 활동의 종합을 촉구했다. 그리고 그는 이러한 종합을 통해 "인류 전체를 통해 강화된 교육 시스템에 의해 작동하는" 세계 두뇌가 탄생할 것이라고 예상했다.[8] 전문가들은 자신의 입장에서 문제를 바라보기 때문에 여러 분야의 관점을 적절히 통합하여 결론을 내려야 하는 정책의 의사 결정을 왜곡할 수 있다. 하지만 이러한 통합적인 작업을 촉진하기 위한 『세계 대백과사전』은 "세계를 정신적으로 하나로 묶는" "세계 문화에 대한 독단적이지 않은 길잡이" 역할을 할 수 있을 것이다.[9] 웰스는 인류가 지적 자원을 모으지 않는다면 선언문 서문에서 설명한 문제를 해결할 수 없다고 믿었다.

스스로 부인하기는 하였지만, 웰스의 야망은 당시의 기준으로 볼 때 매우 유토피아적이었다. (웰스의 수십 년 후배인 조지 오웰은 웰스를 "현대 세계를 이해하는 데는 너무 이상적 기준"을 가진 사람이라고 생각했다.[10]) 웰스의 사상을 보다 맥락적으로 살펴보기 위해 당대 다른 사람들의 의견에 대해 살펴볼 필요가 있다. 우선 현대 국제관계의 현실주의 이론의 창시자인 미국의 신학자 라인홀트 니부어를 생각해 보자. 니부어는 웰스가 기록한 것과 유사한 문제를 보았다. 하지만 그는 이를 해결하기 위해 국제정치 또는 국제적 경제 구조를 만들어야 한다면 인류가 이를 적절히 해결할 수는 없다고 믿었다. 현실주의자들은 글로벌 협력 체계 등 국제적 구조에 대해 의심의 눈초리로 바라봤다.[11] 니부어는 1932년의 유명한 저서 『도덕적 인간과 비도덕적 사회』에서 다음과 같이 주장했다.

> 국제 상업, 국가 간의 경제적 상호 의존성 증가, 기술 문명의 모든 장치로 인해 국가 간의 문제와 이슈들은 이를 해결할 수 있는 정보보다 훨씬 더 빠르게 증가한다.[12]

현실주의자들은 국가 간 연결이 더욱 긴밀해지면 더 많은 갈등이 발생할 거라 판단했다. 따라서 국가가 선제적으로 상호 연결성을 증가시키는 것이 바람직하지 않다고 생각했다.

웰스는 인류의 문제가 '원칙적으로' 해결될 수 있다고 믿었지만, 이는 세계 두뇌가 제 역할을 할 수 있도록 보호해야 하는 글로벌 시스템 안에서만 가능하다고 믿었다. 동시에 그는 인류의 기술적 미래를 낙관적으로 생각하지 않았다. 그의 냉철함은 기술혁신가들 사이에서 흔히 볼 수 있는 낙관주의와 대조된다. 예를 들어 미국 전력 산업의 초창기 주요 인물이자 제너럴일렉트릭의 선도적인 과학자였던 찰스 스타인메츠는 전기가 사회주의 실현에 도움이 될 수 있다는 가능성 때문에 전기에 관심을 가졌다. 증기 기관과 달리 전력망은 조율이 필요하기에 스타인메츠는 전력이 미국을 사회주의로 이끌 수 있을 것이라 믿었다.[13] 마찬가지로 AT&T의 수석 엔지니어는 전화 초창기 AT&T가 궁극적으로 네트워크를 구축하여 "지구상의 모든 사람을 하나의 형제애로 묶을 것"이라고 생각했다. 다이너마이트, 기관총, 비행기 등 현대 무기의 혁신가들은 일반적으로 자신이 개발한 무기가 전쟁을 종

식시킬 것이라고 생각하며 스스로를 설득했다.[14]

웰스의 견해는 이러한 기술 낙관주의와 대조를 이룬다. 웰스는 그의 마지막 저서 중 하나인 『정신의 한계』에서 결국 인간의 정신이 도전에 직면할 수 있다는 불길한 가능성을 제시했다. 그는 인류가 결국 한계의 끝에 도달하게 될 것이라고 보았던 것이다. 그는 다른 유형의 존재가(그런 존재들은 공상과학소설 작가 웰스의 마음속에 많았다) 인류가 진화 경쟁에서 다른 종을 대체했던 것처럼, 우리를 대체할 수 있다고 생각했다. 웰스가 알고 있는 '호모사피엔스'는 "요람에서 무덤까지 호기심이 많고 가르칠 줄 알며, 실험적인 존재"이다. 그러나 우리는 "인간 사회와 조직의 확장 및 복잡성"을 따라잡지 못할 수 있다. 사회와 자연 세계를 운영하는 우리의 능력은 부적절할 수 있으며, 이러한 가능성은 "인류의 희망에 드리운 가장 어두운 그림자"이다.[15]

또 다른 현실주의자 케네스 왈츠는 1979년에 발표한 『국제정치이론』에 국내 체제와 달리 국제 체제에서는 자신을 돌보는 것이 중요하다고 말했다.[16] 그리고 웰스의 관점에서도 국제정치의 작동 방식을 간과하지는 않는다. 웰스의 옹호자들은 기술의 발달로 인해 세계의 안정을 위해 우리가 할 수 있는 일이 많아졌지만, 글로벌 차원에서 집단행동의 문제를 극복하지 못한다면 세계가 위험에 빠질 것이라고 말했다(이런 의미에서 이들은 자신들이 진정한 현실주의자라고 주장한다). 이미 웰스의 1907년 저서 『공중전』은 제2차 세계대전에서 완전히 현실화된 공중전의 급증에 대해 예측했다. 1941년 재출간된 이 책의 서문에서 웰스는 "내가 말했잖아. 이 빌어먹을 바보들아"라고 썼다. 웰스가 자신의 묘비에 새기고 싶어 했고, 내가 이 장의 제명으로 삼은 이

말이 정신의 한계에 다다른 사람들에게 적용되지 않도록 우리는 최선을 다해야 한다.[17]

7.3 인권으로서의 인식적 권리

웰스로서는 지식에 대한 접근과 보급을 중심에 두지 않고 권리 선언을 주장하는 것은 아무런 의미가 없다. 그에게 지식의 올바른 사용은 인류의 번영과 멸망을 결정짓는 중요한 요소이다. 우리가 1장에서 언급한 폰 노이만이 「우리는 기술로부터 살아남을 수 있는가?」라는 글을 쓰고 10년도 채 되지 않았을 때, 웰스가 기술이 만들어 내는 세상에 대해 반성하는 글을 썼다는 사실을 기억해야 한다(이 수학자의 끊임없는 발전은 우리에게 많은 것을 생각하게 한다).[18] 폰 노이만은 우리에게 확실한 것은 "인내심, 유연성, 지능"이 필요하다는 것뿐이라고 말했다. 그 당시 웰스는 이미 폰 노이만의 전망 중 지능적인 부분이 실현될 수 있는 방법을 제안하기도 하였다.

인류 전체가 직면한 문제를 해결하기 위해서는 보편적인 권리 선언이 마련되어야 한다. 이제 나는 인식적 권리가 '세계 사회 구성원들의 보편적 권리'로 이해되어야 한다는 것을 나름의 방식으로 주장하고자 한다.[19] 먼저 세 단계로 이 내용을 소개한 다음, 그 안에 인식적 권리가 어떻게 통합될 수 있는지(과연 이것이 인권으로 인정될 수 있는지) 설명하도록 하겠다. 첫 번째 단계에서 나는 개념적으로 인권을 지역의 관습, 제도, 문화 또는 종교와 관련하여 불변하는 사회 조직에 관한 권리로 간주하도록 하겠다. 이 권리의 실현은 전 지구적인 공동체의 책임이며, 그에 상응하는 의무가 세계 사회 전체에 적절히 전파되어야 한다. 그리고 세계 모든 곳에서 지켜져야 하지만 지역 정치 공동체에 대해 각각 지켜야 하는 권리와 진정한 '글로벌 책임'을 수반하는 것에는 차이가 있다. 그러므로 나는 후자만이 진정한 인권으로 간주되어야 한다고 생각한다. 어떤 권리가 책임을 수반하기 위해서는 여러 가지 이유가 필요하다.

두 번째 단계로 권리가 글로벌 책임을 수반해야 하는 이유 중 하나는 권리가 '결사적' 권리 및 '거래적' 권리와는 다른 '자연적' 권리이기 때문이라는 점에 주목해 보겠다. 권리가 자연적, 곧 자연권이라는 근거는 권리가 소속(예를 들어 정치 공동체의 구성원으로서, 구성원 자격을 유지하기 위해 공정 의무가 발생하는 경우)이나 약속이나 계약과 같은 거래(거래 당사자 간의 약속을 명시적으로 표현하는 경우)에 의존하지 않는 방식으로 파생된다는 점에 있다. 자연권은 소속이나 거래보다는 인간의 본질이나 비인간 세계에 대한 사실에 의존한다는 정당성을 갖는다. 따라서 자연권의 정당화는 자연의 법칙, 인간 본성에 대한 일반적인 사실 또는 특정 존재가 인간이라는 사실 이외의 우연성(논리적 필연성이 아닌 경험적인 사안)에 호소하지 않는다. 예를 들어 우리는 인체의 특징, 특히 뇌의 특징과 협력적 행동과 같은 인간의 능력에 대해 이야기함으로써 생명권을 주장할 수 있으며, 이 모든 것이 특정한 소속이나 거래를 언급하지 않고도 이루어질 수 있기에 자연적 권리라고 주장할 수 있는 것이다. 자연권은 우리의 공통된 인간성(인간의 공통 본성), 또는 다른 말로 표현하자면 인간의 고유한 삶에 기반해 권리를 공식화한다.

인권이라는 것이 '전적으로' 인류 공통의 관점에서 이해되거나 인간의 고유한 삶의 관점에서 이해된다면, 인권은 설명한 것처럼 자연권일 것이다. 그렇다면 자연권이 아닌 인권은 존재하지 않는다는 말이 된다. 자연권의 한 가지 특징은 (자연권이 어떻게 파생되었는지를 고려할 때) 모든 합리적인 사람이 (국내법이나 국제적 측면에서) 실정법의 조항과 무관하게 그 효력을 인정할 수 있어야 한다는 것이다. 소속이나 거래는 자연권 도출에 아무런 역할을 하지 않으므로 특정인에 대한 자연권 실현 의무는 소속(예: 정치 공동체)을 공유하거나 특정 거래를 통해 연결된 당사자에게만 국한되는 것이 아니다. 이러한 의무와 권리는 특정 집단에 국한되는 것이 아니라 모든 인간에게 적용되므로 원칙적으로 전 세계적으로 적용되는 것이다(즉 별도의 조사를 통해 이러한 의무가 세계 사회의 행위자 사이에서 어떻게 분배되어야 하는지를 평가해야 한다).[20]

따라서 자연권은 글로벌 책임과 함께 제공되는 권리의 한 종류이다. 나는 인권을 구체적으로 글로벌 책임이 수반되는 권리로 이해한다. 그리고 이것이 바로 내가 설명하고자 하는 인권의 세 번째 단계이기도 하다. 그렇다면 자연적이라는 것 외에 글로벌 책임이 수반되는 권리가 또 무엇이 있는지 살펴볼 수 있다. 즉 자연권으로 이어지는 인간 고유의 삶이 인권의 한 원천(또는 글로벌 책임의 한 원천)이라고 말할 수 있다면, 다른 인권의 원천(즉 글로벌 책임이 있는 다른 권리)가 무엇이 있을 수 있는지 살펴봐야 한다.

이러한 권리의 추가적인 근거로는 계몽적인 자기 이익과 상호 연결성을 들 수 있다. '계몽적 자기 이익'의 경우, 특정 사안이 국내적으로 권리가 발생한다는 것을 입증해야 하며 그랬을 때 자기 이익 논증은 왜 그러한 사안이 전 세계적으로도 시급한 문제인지 보여 줄 것이다. 예를 들어 비교적 온건한 조건에서도 노예가 되지 않을 권리를 생각할 수 있다. 이러한 권리는 순수한 자연적 권리로 도출하기는 어려울 수 있다. 왜냐하면 조건이 실제로 상대적으로 온건하다면 노예제도를 통해 인간의 고유한 삶이 파괴되지 않을 수 있기 때문이다. 하지만 온건하든 그렇지 않든 간에 상관없이 모든 종류의 노예제도는 시민으로서의 지위를 침해하는 것이므로 (따라서 미국에서는 선의의 노예제도조차 금지된다고) 주장할 수 있으며, 국제적으로는 인신매매로 인해 노예화된 사람들이 선의의 노예화라고 하더라도 시민적 권리가 있는 국내로 유입될 수 있으므로 모든 종류의 노예화를 방지할 글로벌 책임이 필요하다고 주장할 수 있다.

상호 연결성과 연관하여 생각해 보면, 글로벌 경제구조가 저개발 국가의 노동자 착취를 유인하기 때문에 특정 노동권도 인권이라고 주장할 수 있다. 인권의 다양한 원천은 쉽게 동시에 작동할 수 있으며, 특히 계몽적 자기 이익과 상호 연결성은 더욱 그러하다. 예를 들어 상호 연결성은 (글로벌 교통 인프라가 인신매매에 대한 도움을 줄 수 있기 때문에) 선의의 노예제도도 국제적 차원에서 반대해야 할 근거가 발생한다. 또한 (인권에 관한) 글로벌 책임의 근거도 다른 방식으로 도출될 수 있다. 즉 글로벌 차원에서 위험이 공유될 수 있다면, 국가 간의 정당한 절차를 통해 이것을 글로벌 차원의 위협으로 간주할 수도 있는 것이다. 이 경우 글로벌 책임의 절차적 근거가 마련됐다고 볼 수 있다. 공식적인 차원에서 세계 사회가 이러한 과정을 거친다면 그것은 전 지구적 공동 책임이 될 수 있다.

세계 사회 구성원들이 가진 권리로서 인권이 가진 핵심적 가치는 상호 연결된 하나의 세계 사회에서, 즉 이 '세상에서 함께 살아가는' 모든 인류에 예외 없이 권리와 그에 상응하는 책임을 명확히 해야 한다는 것에 있다.[21] 이 개념은 인간의 고유한 생명 외에 다른 원천을 인식함으로써 자연권의 파생보다 자유롭게 우연한 사실들을 사용하여 경험적으로 우발적이지만 상대적으로 지속되는 세계 질서의 특징을 끌어낸다. 그리고 이러한 생각은 인권을 개인이 '인간이기에' 자연스럽게 갖게 된다는 생각을 넘어 (매우 일반적이지만) 글로벌 책임을 수반하는 것으로서 세계 사회의 구성원으로 갖는 권리로서 더 넓게 이해하는 것이다.

지식의 중심에 대한 웰스의 주장은 인권에 대한 이러한 이해와 쉽게 통합될 수 있다. 이는 인간의 삶 자체를 근거로 삼는다는 점에서 직관적이다. 인간의 뇌는 정보 자체의 축적과 공유, 정보를 구조화하는 방법 등 협동에 적합하고 이를 잘 수행할 수 있는 방식으로 진화해 왔다. 따라서 인간의 삶은 지식을 생산하고 공유하는 것이 특징이다. 역사학자 데이비드 크리스천은 인간을 '네트워킹하는 생물'이라고 정의하며 집단학습이 우리 종의 특징이라고 강조한다.[22] 프리드리히 아우구스트 폰 하이에크는 이와 관련하여 "문명은 우리가 소유하지 않은 지식으로부터 우리 모두가 이익을 얻는다는 사실에 달려 있다"고 말한 적이 있다.[23] 지식이 인간의 삶에 있어 핵심적인 역할을 한다는 것을 인정한다면, 지식과 지식의 획득 및 보급에 관한 특정 권리와 보호가 전 지구적 책임과 함께 인권에 속한다고 말하는 것도 그럴듯해진다. 따라서 일부 인식적 권리를 인권으로 간주하는 것은 타당한 것이다.

지식 기반 혁신에 주도되는 글로벌 통합 경제 체제에서 계몽된 자기 이익과 상호 연결성은 또한 일부 인식적 권리가 인권이라는 주장을 뒷받침한다. 위에서 언급한 온건한 노예제도 사례와 유사하게 국내에서는 경제에 참여하는 특정 방식이 모든 시민의 권리라는 주장을 펼칠 수 있다. 지식 기반 경제일수록 이 사례에는 인식적 권리가 더 많이 포함된다. 하지만 난민 문제나 기타 국내 문제의 국제적 파급이 경제적 재난에 기인한 것이라면, 우리는 인식적 권리에 있어 광범위하게 (전 세계적으로) 책임을 공유해야 한다는 계몽적 자기 이익의 관점에서 이를 주장할 수 있다. 더욱이 상호 연결성은 이러한 추론을 뒷받침하며 의약품 및 백신의 개발과 보급을 통해 팬데믹과 같은 세계적 도전에 맞서기 위한 지식의 광범위한 가용성에 대한 근거가 될 수도 있다.[24] 그리고 이러한 고려 사항은 인식적 권리가 인권이라는 나의 주장을 뒷받침하기도 한다.

7.4 인권으로서의 인식적 권리: 「세계 인권 선언」과 세대별 인권

웰스의 논의에서 알 수 있듯이, 인식적 권리는 보편적 인권 선언을 지지하는 사람들의 시야에 포착되었다. 인권에 대한 나의 철학적 설명에서 알 수 있듯이, 특정한 인식적 권리를 인권으로 간주하는 것은 충분한 정당성이 있다. 물론 실제 인권의 역사에서 알 수 있듯이, '지식'이라는 용어는 「세계 인권 선언」에 포함되지 않았다. 하지만 이 선언은 개별적으로 알려진 것뿐 아니라 개별적·집단적 지식인을 보호하려고 하는 것으로 이해할 수 있는 인식적 권리를 고려하고 있으며 집단적으로 알려진 것을 보호하려는 권리는 빠져 있다.

개별 인식 객체는 제12조에서 "사생활, 가족, 가정 또는 서신에 대한 자의적인 간섭과 명예와 평판에 대한 공격으로부터의 안전"을 통해 보호된다. 하지만 자유권 규약에 명시된 인식적 권리의 대부분은 '알게 되는 자'를 보호하는 데 있다. 제18조에서는 사상과 양심의 자유에 대해 명시되어 있다. 그리고 간섭 없이 의견을 개진하고 국경에 관계없이 모든 매체를 통해 정보와 아이디어를 수집하고 수신하며 전달할 수 있는 자유를 포함한 의견과 표현의 자유는 제19조에 명시되어 있다. 인간의 존엄성과 자유로운 인격 발달에 없어서는 안 될 문화적 권리는 제22조에 명시되어 있다. 문화적 권리는 집단적 지식인, 즉 전체 인식론이 유지되는 방식을 보호하는 권리로 해석할 수 있다. 제6조는 개별적 지식인을 보호하는 데 중요한 교육권을 공식화한다. 마지막으로 제27조는 문화생활에 자유롭게 참여하고 예술을 향유하며 과학적 발전을 공유할 수 있는 권리를 명시하고 있으며, 이는 다시 집단적 지식인들을 보호하는 인식적 권리로 기능할 수 있다. 그리고 이 이후부터 인식적 권리는 법적 구속력이 있는 협약 및 기타 국내외 기본적 법률 문서에 포함되어 있다.

인권에 대한 이러한 노력은 인권의 유형(그리고 단계)을 구분하는 맥락에서 전개되었다. 1970년대 후반부터 학자들과 인권 활동가들은 인권을 세 세대로 구분해 왔다. 첫 번째는 시민적·정치적 권리, 두 번째는 경제적·사회적·문화적 권리, 세 번째는 집단적 또는 연대적 권리를 포함한다.[25] 이러한 구분은 프랑스 혁명의 주제인 자유, 평등, 박애에서 영감을 얻은 것이다. 1세대 인권은 과도한 국가권력으로부터 개인을 보호하는 자유와 정치 참여에 관한 것이다. 이는 1215년 「마그나 카르타」, 1689년 영국의 「권리장전」, 1776년 미국의 「독립선언문」 및 1791년 미국의 「권리장전」, 1789년 프랑스의 「인간과 시민에 관한 권리 선언」에서 그 기원을 찾을 수 있다. 2세대 인권은 제2차 세계대전 이후 두드러지게 부각되었다. 경제적·사회적·문화적 권리는 시민적·정치적 권리를 넘어 시민으로서의 동등한 지위를 보장한다. 3세대 인권은 개인이 독자적으로 행사할 수 없는 권리이다. 이는 집단적 맥락과 관련되어 있다. 여기에는 자결권, 경제개발, 인도적 지원, 청결한 환경에 대한 권리뿐만 아니라 민족, 종교, 언어, 성적인 권리나 성적 소수자로서의 권리도 포함된다.

지금까지 인정된 범위의 인식적 권리는 이러한 세대 범주에 포함될 수 있지만, '지식'이라는 단어는 명시적으로 등장하지 않는다. 물론 인권에 대한 세대 비유는 한 세대가 다음 세대를 만들었고 사라졌다는 선형적 진행을 포착하려는 것이 아니다. 한번 체화된 욕구는 더 많은 욕구가 인식된 후에도 계속 욕구로 남아 있는 것처럼, 각 '세대'는 상호 의존적이며 서로 연결되어 있다. 하지만 이러한 세대 모델을 사용할 수 있게 되면 자연스럽게 다음 세대는 무엇일지 의문이 들 수밖에 없다. 실제로 세대에 대한 논의가 있었던 기간 동안 인권 운동의 역동성을 담아내는 '4세대'에 대한 논의가 산발적으로 이어져 왔다. 4세대 인권이 다루어야 할 주제는 미래 세대나 유전적 혈통에서부터 여성, 원주민, 기술 변화에 이르기까지 다양하다.[26]

두 가지 이유에서 디지털 세계에 적용되는 인권은 다음 세대의 인권으로 간주되어야 하며, 인식적 권리를 중요하게 포함해야 한다. 첫째, 디지털 세계는 아날로그 세계에서 처음 3세대 인권이 형성된 후에야 등장한 것이다. 1장에서 논의한 바와 같이 디지털 세계가 인간의 삶에 미치는 압도적인 중요성과 인류 역사의 궤적에서 차지하는 역할을 고려할 때, 이 4세대 인권은 디지털 세계와 연결되어 있다고 보는 것이 타당하다. 다시 말하지만, 중국은 지난 10년 동안 거버넌스 시스템을 개선하며 디지털 세계에 대한 통제를 재확인했다. 자유주의, 민주주의, 자본주의로 형성된 세계에서는 자유주의나 민주주의보다는 자본주의를 강화하려는 경향이 있었다. 따라서 현재 우리는 강력한 권리 보호가 보장되는 민주화된 디지털 세계가 아닌 감시 자본주의에 살고 있다. 인식적 권리를 강조하는 4세대 인권은 이전 세대의 인권을 수용한 세계 곳곳에서 디지털 세계의 시스템을 업그레이드해야 할 필요성을 이해하는 데 도움이 될 것이다.

둘째, 디지털 세계가 라이프 2.0을 어느 정도 넘어설지는 아직 미지수이지만, 라이프 3.0이 이러한 세계를 바탕으로 출현할 수 있다는 것은 분명하다. 따라서 디지털 세계에 대한 성찰은 가능한 모든 라이프 3.0에서 필요한 권리를 위한 적절한 출발점이며, 현재의 지질학적 시대(인류세)를 자신의 이름을 따서 명명할 수 있을 정도로 지배적인 존재가 된 종을 새로운 위치에 올려놓을 수 있는 라이프 3.0에서 필요한 권리를 위한 적절한 출발점이다. 따라서 이 4세대 인권은 인간의 지능을 능가하는 존재를 포함하는 디지털 세계의 풍부한 가능성에 인간을 통합하는 포용성의 출발점이 될 수 있다. 1세대가 인격 보호, 2세대가 상대적 지위, 3세대가 집단적 노력에 관심을 가졌다면, 4세대는 우리의 생활세계를 공유할 수 있는 유사하거나 더 큰 일반 지능을 가진 개체와 인류의 관계에 관한 것이어야 한다.

이 주장이 타당하다면, 이미 존재하는 권리를 기반으로 하되 현재의 현실과 미래의 가능성을 고려한 인식적 권리가 인권 프로젝트의 다음 단계인 4세대 인권 프로젝트의 핵심 구성 요소가 되어야 한다. 이제 이러한 주장은 인권 운동에 대한 직접적인 제안이자 위에서 소개한 나의 철학적 설명에 따라 정당화될 수 있다. 인식적 권리는 라이프 2.0의 인식적 침해를 방지해야 하지만, 아날로그 시대가 제시했던 것보다 더 강력하고 포괄적이어야 한다. 라이프 3.0에서는 이러한 권리가 (그 자체로 상당한 도덕적 지위를 가질 수 있는) 다른 지능이 존재할 때에도 인간 삶의 고유성을 확보할 수 있도록 해야 한다. 이 시나리오에서 인식적 권리에는 인간 지능을 행사할 수 있는 권리가 포함될 것이다.

7.5 라이프 2.0 디지털 세계의 인식적 권리

라이프 2.0의 디지털 세계와 라이프 3.0에서는 인식적 행위자성을 위해 어떤 추가적인 보호가 필요한가? 우선 라이프 3.0에서는 인권의 가치와 범위를 확대해야 한다. 인권은 유기적 생명체의 진화 과정에서 인간이라는 지적 생명체들만이 존재하던 시절, 다른 인간으로부터의 위협으로부터 자신을 보호하기 위한 것이었다. 여기서 다른 동물은 일반적인 지능에서 인간보다 열등한 존재로 간주되었다. 라이프 3.0이 실현된다면, 인간은 아마도 엄청나게 더 큰 지능을 가진 합성 생명체에 의해 위협받을 수 있기에 이에 대한 도덕적 지위를 확보해야 한다. 그러나 그전에 라이프 2.0의 마지막 단계인 인식적 권리를 공식화하고 이를 확보해야 하는데, 이것은 그 자체로도 매우 중요하지만 동시에 인간 지능이 보호할 가치가 있다는 주장이기도 하다.

따라서 여기서는 라이프 2.0을 중심으로 다루도록 하겠다. 그렇다면 우리는 다음과 같은 질문을 제기할 수 있다. 데이터 인식론에서 정보권력(데이터로 무엇을 할 수 있는지를 통제하는 권력)을 견제하고 생체권력과 주권적 권력도 데이터와 정보의 영향을 받는 만큼, 이러한 권력들을 견제하기 위해서 인식적 행위자성의 네 가지 역할에서 어떤 종류의 권리가 필요한가? 나는 이 질문에 대답하기 위해 디지털 세계의 데이터 인식론을 바탕으로 인식적 행위자들의 네 가지 역할에서 필요로 하는 가치들에 대해 말해 볼 것인데, 이 가치는 '복지'(웰빙과 번영), '자율성'(독립적인 의사 결정), '존엄성'(존중, 비인격적이고 굴욕적인 대우), '자기 지배'(리더십에 대한 통제)이다. 물론 이러한 가치들이 인권 운동의 핵심 가치로서 명시적으로 인정받은 적은 없지만, 인권 운동이 지향하는 바를 충분히 담고 있는 것은 분명하다. 또한 이것은 지식의 증진과 보호가 누구를 대상으로 하는지를 반영하는 것이기도 하다. 그리고 인간 고유의 삶에 대한 지식의 중심성을 어떻게 보호해야 하는지에 대한 단서를 제공하는 것이다. 따라서 이러한 가치

는 인권 운동과 인권에 대한 나의 철학적 설명과 모두 일치한다.[*]

지금 제시하는 목록들은 순차적으로 이해해야 한다. 한 가지 역할에서 인식적 행위자를 보호하기 위해 도입된 권리는 다른 역할에서도 그들을 보호하지만 나는 이를 다시 반복하지는 않을 것이다. 인간의 권리 체계에 포함되기 위한 인식적 권리 집합에 가장 중요한 추가 사항은 집단 인식 객체의 일부로서 각각의 역할을 수행하는 사람들을 보호할 권리들이다.

(1) 개별 인식 주체로서의 개인을 보호할 권리(개별적 지식인들)

복지: 가장 우선적으로 필요한 것은 디지털 세계에서 기본적인 문해력을 포함하여 교육받을 권리를 대폭 강화하는 것이다. 데이터 인식론의 관점에서 미래의 경제적·정치적 가능성은 점점 더 이러한 역량에 달려 있다.

---

[*]   (1) 내가 이러한 가치에 초점을 맞춘 것은 Sunstein, *The Ethics of Influence*의 영향을 받은 것이다. 선스타인은 정부의 행동경제학(넛지) 사용으로 인해 핵심 가치(네 가지)가 어느 정도 영향을 받는지 탐구한다. 이는 내가 여기서 하는 일, 즉 디지털 세계의 인식론적 침입에 의해 핵심 가치가 어떤 영향을 받는지 탐구하는 일과 매우 유사하다. 이 문제에 대해 현명하게 탐구하는 것은 동일한 가치가 있다고 할 수 있다. 선스타인은 인권에 관심이 없었지만 그가 자율성, 존엄성, 자치 사이의 차이점을 끌어내는 방식은 인권에 매우 유용하다. (2) 나는 두 가지 방식으로 일부 인식적 권리가 인권이라는 논지를 주장했다. 나는 이러한 신념이 항상 인권 운동의 일부였다고 주장해 왔고, 또한 인권에 대한 나의 철학적 설명이 그러한 결론을 제공한다고 주장해 왔다. 이 절에서는 앞선 논의의 첫 번째 가닥만 다루도록 하겠다. 즉 나는 인권 운동의 네 가지 핵심 가치로 인식되는 것을 나열하여 인식적 권리를 인권으로 간주해야 한다는 제안을 하고자 한다. 나는 이렇게 제안한 각각의 권리가 나의 철학적 설명에서 나온 자료로 뒷받침될 수 있다는 것을 보여 주는 작업을 거치지는 않을 것이다. 하지만 이러한 작업이 충분히 가능하다고 생각한다.

자율성: 정보를 취득할 수 있는 권리를 포함하여 사상, 표현, 의견의 자유는 이미 인권으로 확립되어 있다. 이와 함께 정부와 기업은 콘텐츠를 조절하여 디지털 세계가 제공하는 도구가 사람들의 독립적인 의사 결정 능력을 저해하는 허위 사실을 조직적으로 유포하는 데 사용되는 것을 방지해야 하며 이에 대한 명시적인 권리가 필요하다.

존엄성과 자기 지배: 앞서 언급한 권리가 있는 상태에서 더 추가할 사항은 없다.

(2) 집단 인식 주체에 속하는 개인의 역할을 보호할 권리(집단적 지식인들)

자율성: 인간의 존엄성과 자유로운 인격 발달에 필수적인 문화적 권리와 문화생활에 자유롭게 참여하고, 예술을 즐기고, 과학 발전과 그 혜택을 공유할 권리는 이미 존재한다. 이러한 권리는 데이터 인식론에 적합하도록 조정되어야 하며 실제로 진지하게 받아들여져야 한다. 정보권력이 행사되는 방식은 데이터 인식론의 설계에 참여할 수 있는 권리가 보장될 때에만 정당성을 가질 수 있다.

복지, 존엄성, 자기 지배: 앞서 언급한 권리가 있는 상태에서 더 추가할 사항은 없다.

(3) 개별 인식 객체로서의 개인을 보호할 권리(개별적으로 알려진 것)

자율성: 개인 정보 보호의 중요성에 대한 교육과 함께 개인 정보 보호에 대한 권리가 있어야 한다. 또한 잊혀질 권리(7.6절에 자세히 설명되어 있음)도 있어야 한다.[27]

존엄성: 사생활, 가족, 가정, 서신에 대한 자의적인 간섭과 명예와 평

판에 대한 공격으로부터 보호받을 권리가 이미 존재한다. 이러한 권리는 합성 미디어(예: 딥페이크)의 새로운 가능성을 가진 디지털 세계에 적합하게 조정되어야 한다.

복지, 자기 지배: 앞서 언급한 권리가 있는 상태에서 더 추가할 사항은 없다.

(4) 집단 인식 객체에 속하는 개인의 역할을 보호할 권리(집단적으로 알려진 것)

자기 지배: 수집된 데이터를 실질적으로 통제할 수 있는 권한이 있어야 한다. 데이터 인식론의 한 가지 특징은 엄청난 양의 데이터가 포집된다는 것이다. 이러한 데이터에 대한 통제권은 공유되어야 한다. 이는 기존 인권에 가장 중요한 추가 사항이다. 1948년 「세계 인권 선언」이 통과되었을 때만 해도 지금과 같은 데이터 홍수와 정부 및 기업의 데이터 활용 가능성은 전혀 예측되지 못했다.

복지, 자율성, 존엄성: 앞서 언급한 권리가 있는 상태에서 더 추가할 사항은 없다.

인식적 권리를 인권으로 정립하고 어떤 종류의 권리가 포함되는지 간략하게 표현하는 것이 주된 목적이기에 여기서는 권리 선언문의 형식으로 표기하였다. 이러한 권리는 명시된 채로도 충분히 이해될 수 있다고 생각하지만, 더 세분화되고 구체화될 필요가 있다. 이를 위해 그렇게 세분화되고 구체화된 권리가 어떻게 도덕적 지침을 제공하는지뿐만 아니라 이를 법적으로 어떻게 개념화할 수 있는지도 명시해야 한다. "수집된 데이터에 대한 통제권을 공유해야 한다"는 위의 요구에서 알 수 있듯이 새로운 의제를 창출해야 하는 것이다. 이 특별한 요구는 9장에서 다루도록 하겠다.

7.6 잊혀질 권리

'잊혀질 권리'라는 것은 다소 추상적으로 들린다. 하지만 일반적으로 알려진 바와 같이 인터넷 검색이나 기타 정보를 저장하는 곳에서 자신에 대한 정보를 삭제할 수 있는 것은 개인의 권리이다. 이 권리는 유럽연합의 법적 체계 안에서 특히 심도 있게 논의되어 왔으며 일부에서는 이 권리가 인권이라기보다는 유럽의 데이터 제국주의의—지역적 특혜를 부여하는— 한 형태가 아니냐는 의문이 제기되기도 했다.[28] 잊혀질 권리의 내용이나 실현에 대한 세부 사항을 명시하는 것은 쉬운 일이 아니다. 이러한 권리는 표현의 자유와 프라이버시 등 다른 권리에 대한 법적 이해와 적절히 연관되어야 한다. 또한 정확한 기록 보관에 대한 집단적 이익과 정보에 대한 다른 당사자의 이익과도 균형을 이루어야 한다. 여기서는 그러한 권리의 적절한 형태가 실제로 인권이라는 개념에 적합할 수 있도록 몇 가지 고려 사항을 제시하고자 한다. 또한 나는 이러한 권리 형태에 대해 법적 관점보다는 (기존의 법률적 관점에서 상반되는 부분과 관련된) 도덕적 권리의 관점에서 제시하고자 한다. 이를 위해 4장에서 나왔던 내용, 특히 키르케고르의 몇 가지 아이디어를 다시 살펴볼 것이다.

인간 기억의 기본은 망각이며, 개인이 접하는 대부분의 정보는 (개인적 혹은 집단적으로) 장기 기억의 일부가 되지 못한다.* 그럼에도 우리는 많은 것을 기억하고 있으며 의사소통의 창구는 기억을 생생하게 유지한다. 따라서 의사소통이 시작된 이래로 사람들이 자신에 대한 특정 내용을 해당 채널에서 삭제하는 데 관심을 가져 온 것은 당연한 일이다. 평판은 한 사람의 인생에서 자신이 할 수 있는 일을 결정한다. 따라서 개인은 자신의 평판을 보호하고 평판을 구성하는 복잡한 요소에서 모욕적이거나 부끄러운 일을 삭제하고 싶어 한다. 특히 기록을 남기는 방법이 개선되고 예술적 기법을 통해 기억을 더 쉽게 보존할 수 있게 되면서 이러한 관심은 더욱 강해졌다. 인쇄기, 더 많은 발행 부수를 자랑하는 신문, 대중 매체 그리고 빠르고 쉬운 복사, 저장, 접근할 수 있는 새로운 형태의 외장 메모리를 갖춘 디지털 시대는 이러한 기억의 보존과 지속에 결정적인 역할을 하였다.

이에 대해 키르케고르와 연결하여 생각해 보면, 그가 당시 신문 사업에 대해 진지하게 비판했다는 점을 상기할 필요가 있다.[29] 그는 언론이 공급망에서 나오는 권력을 가지고 대량 유통을 추구함으로써 발생하는 이익을 위해 인간의 지적 건강에 해악을 끼치고 있다고 보

---

*   망각이 개인에게 긍정적 작용을 할 수 있다는 것은 니체에게 중요한 주제이다. 예를 들어 니체의 『도덕의 계보학』을 참조해 보자. 망각은 사람들이 해로운 생각으로 인해 탈선하지 않도록 도와준다. 이에 대한 논의는 Risse, "Origins of Ressentiment and Sources of Normativity" 참조. 이와는 반대로 플라톤 인식론의 핵심 사상은 예를 들어 그가 『파이돈』에서 설명한 바와 같이 학습이란 영혼에 묻혀 있는 아이디어를 발견하는 것이며, 종종 질문자의 지도하에 이루어진다는 것이다. 영혼은 태어나기 전부터 존재했으며, 이 초기 단계에서 플라톤적 형식에 대한 지식을 습득한다. 그러한 형식을 '학습'할 때, 그것은 실제로 '기억'이 된다. 이에 대해서는 Shorey, *What Plato Said* 참조.

았다. 키르케고르 자신도 자신의 작품 중 하나에 대한 주의 깊지 못한 리뷰가 잡지『코르사르』에 실리면서 신문권력의 희생양이 되기도 하였다. 그는 "신문의 최우선 관심은 발행 부수"라며 다음과 같이 비판했다.

> 언젠가부터 언론을 통한 소통과 무관하게 무언가를 인쇄하는 재치와 재미가 출판의 규칙이 되었다. 이 얼마나 중요한가! 언론의 오용과 남용이 새로 발명된 재미가 될 때, 얼마나 쉽게 웃음거리가 될 수 있는지.^{**}

키르케고르를 괴롭힌 것은 신문 배포와 관련된 '반복적' 행위였다. 키르케고르의 공격적인 언사는 구두로 표현되어 금방 잊혀졌지만, 종이에 인쇄된 내용과 이를 배포하는 신문은 그가 이 사건을 잊을 기회조차 갖지 못하게 했다. 디지털 시대에는 잘못된 반복으로 인한 피해 가능성이 훨씬 더 커졌다. 인간 기억의 기본값이 잊어버리는 것이기에 인간의 경우 반복의 가능성이 적다고 할 수 있다. 반면 컴퓨터 메모리의 경우 기본값은 기억하는 것이기에 반복의 가능성이 농후하다.[30]

앞의 4장에서 우리는 키르케고르를 통해 삶의 과정에서 반복의

**   Kierkegaard, *Kierkegaard's Writings,* XIII, vol. 13, p. 220. 또한 그는 "어떤 기사의 문구와 내용은 사람들 사이에 떠돌아다니는데, 부분적으로 진실하고 합리적이지만 그것은 생명력이 없고 영웅도, 연인도, 사상가도, 믿음의 기사도, 위대한 인도주의자도 없으며, 원초적으로 경험함으로써 그 타당성을 보증한 절망에 빠진 사람도 없다"고 썼다 (*Ibid.*, XIV, vol. 14, p. 129).

본질적인 중요성에 대해서 살펴보았다. 반복이 어떻게 이루어지는지는 반복을 가능하게 하는 것과 함께 그 과정뿐만 아니라 '기억하는 자아'를 형성하는 데 매우 중요하다.[31] 특히 데이터 복사가 어디에나 존재하는 디지털 세계에서는 더욱 그러하다. 인간의 삶에서 반복의 중요성과 잘못된 반복이 만들어 내는 위험성은 진리에 대한 권리를 뒷받침하기도 한다. 하지만 인생의 방향을 설정하고 삶의 내러티브를 구성하기 위해서는 진리와 거짓이 균형을 맞춰야 한다. 따라서 나는 진리에 대한 포괄적인 권리는 공적 영역을 보호하는 수단으로도 구성될 수 없다고 주장한 바 있다. 진리의 가치는 공적 영역에서 지켜져야 하지만, 이것은 특정 개인이 요구할 수 있는 권리로 작동하기가 어려운 것이 사실이다.

하지만 반복의 위험성과 디지털 세계에서의 악의적인 반복의 파괴력을 생각해 보면, 잊혀질 권리는 충분히 설득력을 가질 수 있다. 비진리가 아닌 실제 진리의 반복이라도 '특정인'이 정당한 불만을 가질 정도로 해로울 수 있다. 과거의 모욕적이거나 부끄러운 행동이 아무런 가치가 없음에도 불구하고 (따라서 다른 사람이 정당하게 알아야 할 권리도 존재하지 않음에도) 정보가 계속 유포되어선 안 된다. 적절한 상황이 온다면 인간의 자율성을 보호하기 위해 (잊혀질 권리를 포함해서) 부적절한 행동을 한 사람이라도 새롭게 시작할 수 있는 기회를 제공해야 한다. 인간에게는 그럴 권리가 있다.

인간의 삶에서 반복의 중요성과 악의적인 종류의 정보의 반복을 생성하는 엄청난 잠재력이 결합된 힘은 포괄적인 진리에 대한 권리를 지지하지는 못하더라도 최소한 잊혀질 권리를 뒷받침할 수 있다는 내용에 대해 좀 더 자세히 알아보자. 잊혀질 권리와 관련하여 절반의 진리가 가진 역할을 생각하는 것은 이 문제에 도움이 된다. 포괄적인 진리에 대한 권리가 삶의 영역에서 관철되기 힘든 이유는 절반의 진리, 즉 비진리가 인간의 가치와 내러티브의 구성을 위해 필요하기 때문이다. (왜냐하면 사람들이 세상의 방향을 설정하고 자신의 내러티브를 완성하기 위해서는 절반의 진리 혹은 비진리가 매우 유용하다.) 그만큼 비진리의 힘은 막강하며 모든 것을 합친 것보다 강력하다. 그렇다면 우리는 이렇게 강력한 힘을 가진 비진리 앞에서 무력해질 수밖에 없으며 이러한 강력한 힘은 오히려 잊혀질 권리가 존재해야 함을 역설한다. 인간의 삶에서 반복의 중요성과 악의적인 종류의 반복을 생성하는 엄청난 잠재력이 결합된 힘은 우세한 것이기에 우리에게는 잊혀질 권리가 필요하다.

하지만 이러한 권리를 위해서 유의해야 할 것이 있다. 사람들이 과거의 특정 사건으로 인해 평판이 훼손되지 않는 삶을 살 수 있도록 하기 위해서는 절대 역사를 위조하거나 왜곡해서는 안 된다. 또한 현재 문제에 유용한 정보를 제공하지 않는 개인에 대한 정보는 내일의 날씨나 어제의 경찰 보고서보다도 훨씬 찾기 어려워야 한다. 물론 이러한 잊혀질 권리에 상충되는 '권리'도 있다. 이를 어떻게 처리할 것인지는 상황에 따른 법적 해석의 문제이며, 합리적인 토론을 통해 해결해야 한다. 더군다나 트위터는 현재 인터넷 검색 및 기타 정보 저장 플랫폼에서 자신에 대한 정보를 삭제할 수 있는 인권에 관한 도덕적 사례를 제시하고 있기도 하다.

7.7 인식적 권리와 라이프 3.0의 디지털 세계

본격적으로 라이프 3.0의 세상이 도래하게 된다면 이것은 현재의 디지털 세계를 기반으로 시작될 것이다. 이 단계에서는 유전적으로 강화된 인간, 사이보그, 업로드된 뇌, 모든 종류의 물리적 장치에 내장된 고급 알고리즘이 등장할 수 있다. 기술적으로나 유전적으로 강화되지 않은 인간은 다른 인간보다 열등한 존재로 취급될 것이다. 라이프 2.0의 생물은 자신의 형태를 설계할 수 없기에 수명과 능력 면에서 설계가 가능한 개체보다 열등하게 취급될 것이다. 따라서 인류는 트랜스휴머니즘의 정신에 따라 스스로를 향상시킬 것이다. 이는 라이프 3.0의 출현 여부와 상관없이 향상된 기술 능력으로 인해 발생할 수 있다.[32]

따라서 라이프 3.0에서는 규범적 관행이 바뀌게 될 것이다. 인간이 창조적으로 만들어 내는 새로운 개체들은 그 자체로 도덕적 지위를 부여받게 될 것이다. 그리고 새로운 도덕적·법적 기준은 그러한 개체들 사이의 복잡한 관계를 설명해야 할 것이다.[33] 인권은 이제 '다른 사람으로부터 개인을 보호하는 것'을 넘어 '다른 존재들로부터 우리를 보호하는 것'으로 나아가야 한다. 그리고 이것이 중요시되어야 한다. 인식적 권리에 있어 우리에겐 수백만 년에 걸친 유기적 생명체의 진화를 반영하는 인간의 힘과 한계를 가진 인간 정신을 사용할 수 있는 '진정한 인간 지능의 행사에 대한 권리'도 필요하다. 이러한 권리는 우리보다 훨씬 더 큰 지능에 둘러싸여 있는 상황에서도 유지되어야 한다. 다시 한번, 나는 두 가지 논거를 통해 이 권리의 타당성을 입증하고 선언적 방식으로 이러한 권리를 설명할 것이다.

첫 번째 논거는 새로운 지능이 우리를 어떻게 바라보고 관계 맺을 것인지에 대한 우려에 근거한다. 스티븐 호킹이 우려한 것처럼 극단적으로는 새로운 지능이 우리를 소멸시킬 수도 있다.[34] 새로운 지능은 인류의 역사적 기록과 진화심리학 및 인류학과 같은 분야의 통찰력을 바탕으로 우리 인간을 연구하고 다양한 결과를 도출할 것이다. 이들이 발견할 것이 도스토옙스키가 정치범으로 시베리아 수용소에서 몇 년 동안 견디기 힘든 시간을 보내며 인간 본성을 연구한 결과와 일치하게 될 것이라는 사실은 합리적이다. 도스토옙스키는 인간 본성에 대한 심오한 통찰력을 보여 주었다. 그의 발견을 통해 논의를 이어가 보자. 도스토옙스키는 시베리아에서 끔찍한 범죄를 저질렀음에도 불구하고 겸손하고 사려 깊은 사람들을 만났다. 도스토옙스키는 엄청난 잔인성을 지닌 사람들이 형제애 넘치는 친절을 베푸는 모습을 보고 인간의 복잡성에 대해 깨달았다. 그는 한 인간의 내면에는 선한 본성과 악한 본성이 공존하며 서로를 조절하고 제약할 수 있다는 것을 알았던 것이다. 그는 훗날 인간 본성에 대한 걸작을 배출했는데 그것이 바로 소설 『악령』이다. 이 소설의 주인공 니콜라이 프세볼로도비치 스타브로긴은 도스토옙스키의 주인공들 중 가장 정교한 캐릭터라 할 수 있다.[35] 스타브로긴은 열한 살 소녀를 강간하고 결국 그 소녀가 자살하게 만든 인물이다.

초지능은 이와 유사하게 (과학적 탐구로 뒷받침되는) 인간 본성의 혼합된 특성을 보이게 될 것이다.[36] 그렇다면 이러한 존재가 과연 인간이 지능을 행사하는 것과 이에 관한 권리도 존중할 수 있을까? 초지능을 가진 새로운 존재는 우리가 설계했거나 디지털 세계에서 도출된 기술에서 비롯된 것이다. 인간의 지능과 유기적 생명체는 심각한 약점에도 불구하고 결국 종합적 지능이 가능하도록 만든다. 이는 인간의 지능에 대한 적절한 존중의 기반이 될 수 있다. 이러한 가능성은 스타브로긴이 소녀에게 가한 것과 같은 엄청난 악행을 예방하기 위한 방안으로 인간에 대한 보호나 특별 조항에 대한 지지를 창출할 수 있다. 적어도 종합적 지능을 진화 과정에서 파생된 것으로 이해한다면, 인간 지능의 중요성 및 앞서 언급한 권리를 인정해야 한다. 따라서 초지능은 종합적 지능을 위해 인간이 지능을 사용할 권리를 준수하는 행동을 하게 될 것이다. 물론 이러한 추론을 통해서도 초지능이 인간에 대해 직접적으로 갖는 명백한 의무를 포함하는 공유된 규범적 관행을 확립할 수 있는지는 아직 알 수 없다.[37]

인간이 자신의 지능을 사용할 권리를 보장해야 한다는 또 다른 근거는 최근의 세속적 삶의 의미에 관한 문헌에서 찾을 수 있다. 철학자들이 신이 없는 세상에서 인간의 삶이 무의미하지 않다는 이유를 제시했다는 사실은 비인간적 존재들도 인간의 삶이 의미 있다는 것을 인식할 수 있다는 것을 나타내며 인간적 지성을 행사할 권리를 지지할 이유를 가질 수 있다는 것을 보여 준다. 이 두 번째 주장을 1903년에 발표된 버트런드 러셀의 『자유인의 신앙』을 인용하여 설명해 보겠다.[38]

러셀은 수학과 철학 분야 모두에서 매우 중요한 인물이다. 세속적 삶의 의미에 대한 고전이라 할 수 있는 『자유인의 신앙』은 그의 가장 유명한 작품이기도 하다. 이 책은 유신론이 틀 밖에서도 삶이 의미가 있다는 관점, 즉 개인적 의미에 대한 정당한 관점을 확립하는 데 큰 업적을 남겼다. 내가 러셀의 작품을 인용하는 이유는 이 작품에 특정한 역사적 중요성이 담겨 있기 때문이다. 개인적 의미에 대한 사고가 유신론적 틀에서 벗어나야 했던 것처럼, 도덕적 자격에 대한 논의도 결국에는 지금까지 우리의 규범적 관행이 크게 제한되어 왔던 인간적 맥락에서 벗어나야 할지 모른다. 그리고 우리는 이 두 가지 과제가 동일한 아이디어로 해결될 수 있다는 점에 주목할 필요가 있다.

러셀은 물리적 우주가 가진 본질적 무의미성을 고려하여 이것이 인간의 존재 지점을 이해하는 데 어떤 의미가 있는지 탐구한다. 인간 이해의 발전(특히 자연과학의 발전)은 우리를 형이상학적인 '존재의 거대한 사슬' 속에서 고양된 존재로 보는 모든 사고를 약화시켜 왔다.[39] 세상 무엇도 삶의 의미나 목적에 대해 명확하게 해답을 줄 수는 없다. 우리는 오직 우리 자신 안에서, 인간 내면의 관점에서 해답을 찾을 수 있다. 그리고 우리는 그러한 내면의 정신을 가지고 있다. 러셀은 자신의 글에 이렇게 표현했다.

> 인간은 아직 자유로운 존재이다. 인간은 길지 않은 삶 동안 탐구하고 비판하고 인식하며 상상력을 발휘할 자유가 있다. 이 자유는 자신이 익숙한 세계에서 오직 자신에게만 주어지며 이 자유에는 외적인 삶을 지배하는 저항할 수 없는 힘들에 대한 우월성이 있다.

일인칭 시점에서, 즉 우리는 우리 자신을 선택권이 있는 존재로 이해하며 이 선택에는 세상을 비판적으로 평가할 수 있는 능력이 포함된다. 이러한 능력 자체가 진화의 결과(그리고 물리적 결과)이다. 마음을 뇌의 작용으로 환원할 수 있겠지만, 선택에 대한 일인칭 시점(즉우리가 자연의 법칙에 따라 미리 결정된 것을 하는 것이 아니라 스스로 선택한다는 인식)이라는 것은 분명 존재한다. 우리는 이러한 인식을 과학적으로 뇌의 작용으로 축소하여 해석할 수도 있지만, 있는 그대로받아들일 수도 있다. 일인칭 시점에 대한 다음 글을 읽어 보자.

바로 이곳에 인간의 진정한 자유가 있다. 선에 대한 우리의 사랑에 의해 창조된 신만을 숭배하고 최고의 순간에 통찰력을 불러일으키는 천상의 세계를 존중하기로 한 인간의 그 결심에 바로 자유가있는 것이다. 행위와 욕망에 있어 우리는 외부의 폭압에 영속적으로복종해야 하지만 생각과 염원에서는 자유로우며 주변의 사람들로부터 자유롭고 우리의 몸이 놓인 지구라는 행성으로부터 자유롭고심지어 우리가 살아가는 동안에는 죽음의 폭압으로부터도 자유롭다. 따라서 우리는 선의 이상을 가지고 끊임없이 살아갈 수 있게 하는 신념의 열정을 배워야 하며 그 열정을 항상 우리 앞에 두고 현실의 세계로 내려가야 한다.

그리고 이어서 러셀은 다음과 같이 말했다.

겉으로 보기에 인간의 삶은 자연의 힘에 비하면 보잘것없는 것에불과하다. 노예는 시간과 운명과 죽음을 숭배한다. 왜냐하면 이것들은 노예가 자신 안에서 발견한 그 어떤 것보다도 큰 깃이며 그의 모든 생각은 자신이 집어삼킨 것들뿐이기 때문이다. 하지만 그것들이 아무리 위대하더라도 그것들을 위대하다고 생각하고 열정 없는 화려함을 느끼는 것이 훨씬 더 위대하다. 그리고 이러한 생각은 우리를 자유인으로 만든다…. 사적 행복을 위한 투쟁을 뒤로하고 일시적 욕망을 위한 열정을 버리고 영원한 것에 대한 갈망으로 불타는 것, 이것이 해방이며, 이것이 자유인의 신앙이다.[40]

인간은 서로에 대해서, 즉 우리가 중요하게 생각하는 대부분의 것(인간의 성취와 관련된 모든 것)이 공유된 경험 세계에 기반을 두고 있다는 것을 반영하는 방식으로 뇌를 사용할 수 있다. 우리는 말 그대로 정신의 삶을 살아가고 있다. 인간의 뇌가 이러한 삶을 가능하게 한다는 것은 모든 종류의 지성으로부터 존중받을 만한 가치가 있는 멋진 일이다. 로널드 드워킨도 이와 유사한 생각을 가지고 있었다. 그는 성스러움에 대한 세속적 이해를 명확히 하고, 종교인들이 성스러움이라는 것 아래 말하고자 했던 본질적 요소를 세속적인 방식으로도 포착할 수 있음을 보여 주고자 했다.[41] 드워킨은 인간의 삶이 엄청난 복잡성, 정신적 능력, 자기 인식을 특징으로 한다는 점에서 세속적인 의미에서 진화의 최고 산물이라고 보았다. 또한 모든 생명에는 문명의 노력과 부모의 보살핌 등이 반영되어 있다. 이 모든 것이 인간 생명을 '본질적으로'(단순히 다른 것을 위한 도구가 아니라) 그리고 '객관적으로'(단순히 주관적 관점에 의존하는 것이 아니라) 가치 있게 만들기에 충분하다. 인간의 삶은 우리에게 감탄과 영감을 주는 경외심을 불러일으킨다. 인간 생명의 이러한 본질적이고 객관적인 가치는 더 지적인 생명체 앞에서 진정으로 인간적인 지성을 행사할 수 있는 권리를 창출하기에 충분하다. 라이프 2.0의 디지털 세계에 적용되는 인식적 권리를 성공적으로 구현할 수 있다면, 우리는 이 단계에서 정신의 삶을 번영시킬 수 있을 것이다. 또한 라이프 3.0에서 우리가 인간 지성을 행사할 권리를 가질 자격이 있다는 사실을 다른 지적 존재들에게 최대한 효과적으로 보여 줄 수도 있을 것이다.

이 절에서는 진정한 인간 지능을 행사할 권리를 인정하는 것이 왜 중요하며 이것이 가능한 이유에 대해 두 가지 논거를 기준으로 살펴보았다. 앞선 주장은 종합적 지능이 인간 지능에 의해 설계되었다는 사실에 근거한다. 이 주장은 어느 하나의 지능이 다른 지능과 '관련되어' 있으며 서로 연결되어 있다는 생각에 기초한 것이다. 이와 달리 두 번째 논거는 모든 종류의 지능, 원칙적으로 인간이 설계한 인공지능뿐 아니라 외계 지능에 대해서도 호소력을 발휘하는 것이다. 여기서 중요한 것은 인간이 가진 기본 능력을 사용하는 것이 '인간에 대한' 명백한 의무는 아니지만 적어도 그것을 행사할 수 있는 권리(진정한 인간 지능을 행사할 수 있는 권리)가 있어야 한다는 것이다.[*]

*　여기서 중요한 것은 인간에게 존엄성을 부여하는 칸트적 전통에서 흔히 연상되는 인간에 절대인 가치를 부여하는 것이 아니라는 사실이다. 칸트에게 인간은 '그 자체로 목적'이라는 의미에서 '존엄성'을 지니는데, 이는 인간은 필연성과 도덕성을 가질 수 있기 때문이다. 칸트는 "도덕성은 이성적 존재가 그 자체로 목적이 될 수 있는 조건이다"라고 말한다(Kant, *the Groundwork of the Metaphysics of Morals*, 4:435; Kant, *Practical Philosophy*, pp. 37~108). 우리가 다른 사람에게서 이러한 능력을 인식하고 그에 따라 행동한다면 우리는 다른 사람을 그 자체로 목적으로 취급한다. 인권의 맥락에서 이러한 견해를 옹호하려면 Rosen, *Dignity* 및 Theunissen, *The Value of Humanity* 참조. 테우니센은 절대적 관점 대신 미묘한 관계적 관점을 통해 절대적 가치에 대한 지지가 직면할 수 있는 문제들을 피할 수 있다고 주장하며 다음과 같이 말한다. "사람은 번영하는

7.8 나오며

엄청난 양의 데이터 수집과 디지털식 평가를 기반으로 통치 시스템을 새로운 기술 수준으로 업그레이드하려는 중국의 노력과 달리, 민주주의와 인권을 위해 노력하는 국가들은 이러한 시스템을 업그레이드하지는 않았다. 이러한 업그레이드를 수행하기 위해서는 거버넌스에 대한 지속적인 성찰이 수반되어야 한다. 그리고 인식적 행위자성을 보호하는 것이 이 과정에서 매우 중요하다. 인권이라는 가치로 보호해야 할 인간다운 삶은 이제 디지털 세계에서 점점 더 많이 전개되고 있다. 따라서 (인권이 하나의 중요한 대응책이 될 수 있으며 전 지구적 책임이 수반되는) 세계 사회에서의 상호작용도 디지털 세계에서 작동하고 있으며 중요한 가치가 되었다. 이러한 세상에서 인식적 행위자성을 보호하기 위해서는 기존의 인권을 강화하는 일련의 인식적 권리(4세대 인권)가 필요하다. 민주주의 역시 디지털 세계에서 발생하며 시민이 개별적인 그리고 집단적인 지식인 그리고 알려진 것으로 보호받을 때만 이곳은 발전할 수 있다(이것은 다시 3장과 연결된다). 그렇지 않으면 권력, 특히 정보권력은 소수에 의해 장악되고 말 것이다.

우리가 정말 라이프 3.0으로 나아간다면, 미약하지만 인간의 지

삶을 영위할 수 있다는 의미에서 스스로에게 선할 수 있는 방식으로 구성되었기에 그 자체로 가치가 있다"(*Ibid.*, p. 2). 우리는 가치에 대한 능력이 좋은 삶을 영위할 수 있도록 하는 한 스스로에게 선한 존재이다. 이는 다른 지능도 마찬가지이다. (이 점을 강조하기 위해 인류의 절대적 가치에 호소할 필요는 없다.)

능을 행사할 수 있는 새로운 종류의 인권이 필요하다. 과학이 설명하는 신이 없는 세상에서 인간 삶의 의미를 입증할 수 있다면 우리는 인공지능과 같은 초지능에게도 그러한 권리를 입증할 수 있을 것이다. 그리고 이렇게 우리가 우리보다 우월한 지능을 설득할 수 있다면, 그러한 지능이 단순히 우리를 보호하는 것이 아니라 규범적 관행을 가질 수 있기를 요구해야 한다. 물론 그러한 초지능은 우리의 지능을 뛰어넘는 것이기에 우리는 아무것도 예측할 수 없다. 라이프 3.0에 대해서는 11장에서 다시 다루도록 하겠다.

8. 감시 자본주의, 도구적 권력 그리고 사회물리학에 대하여

― 디지털 세계를 위한 계몽

> 사유재산제는 내가 물건을 가지고 있을 때만, 나를 위한 자본이 존재할 때만,
> 또는 내가 직접 소유하고, 먹고, 마시고, 입고, 거주할 때만
> 그것이 나의 것이라 믿는
> 어리석고 편협한 사고방식을 만들어 냈다.
> ― 카를 마르크스[1]

8.1 들어가며: 칸트와 기계

임마누엘 칸트의 1784년 에세이 『계몽이란 무엇인가?』는 계몽에 대한 다음과 같은 유명한 해답을 제시한다. "계몽이란 자신만의 사고방식을 버리고 다른 사람의 가르침을 받는 마음가짐에서 비롯된다."[2] 칸트는 "나를 이해해 주는 책이 있다면"*, "나를 위해 양심을 가진 조언자, 나를 치유해 주는 의사 등이 있다면 나는 전혀 고민할 필요가 없다"고 말했다. 그리고 그는 "내가 대가를 지불한다면 나를 위해 귀찮은 일을 기꺼이 해 줄 것이니 생각할 필요가 없다"고도 말한다. 칸트는 '개성'을 개발하는 데 있어 계몽의 중요성과 그 긴장을 설명하

---

*   Immanuel Kant, *Practical Philosophy*, 8:35. 칸트의 저서에는 경제학 및 철학 원고에서 돈에 대한 마르크스의 논의와 흥미롭게 유사한 점이 있다. 이에 대해서는 McLellan, *Karl Marx: Selected Writings*, pp. 118~121 참조. 3장에 해당 구절에 대한 설명이 있다.

면서 계몽이 무엇인지 그리고 계몽주의의 출발점이 어디인지에 대한 중요한 설명을 제공한다. 『계몽이란 무엇인가?』는 현대 사회에서도 중요하게 생각하는 인격의 자유로운 발전에 관한 당대의 패러다임을 나타낸 보고서이다. 그리고 계몽주의는 인권에도 필수적이다. 하지만 계몽주의의 목적을 실천하는 것은 어려운 일이며 특히 디지털 세계에서는 더욱 그러하다.

독립적인 사고는 생계를 위해 조언을 제공하는 사람들, 즉 전문가 계층에 의해 쉽게 좌절된다. 그들의 입지와 권력은 이러한 영향력을 행사하는 것에 달려 있다. 독립적인 사고를 보여 주는 한 가지 방법은 이러한 전문가 계급에 저항하는 것이다. 따라서 칸트는 시류에 역행하는 사상가들을 좋아했다. 하지만 이 이상을 옹호했던 칸트에게도 독립적인 사고란 어려운 것이었다. 칸트가 익히 알고 있는 사회, 즉 계몽주의적 이상이 완전히 실현되지 않은 사회에서 칸트는 독립적 사고를 전반적으로 권장하지 않았으며, 특히 실천이 담보되지 않는 사회에서 독립적 사고를 말하지 않았다. 왜냐하면 그는 공동체는 결국 규칙을 따라야만 기능을 유지할 수 있는 하나의 '기계'라고 생각했기 때문이다.[3] '기계'라는 단어는 칸트 글의 마지막에 다시 등장한다. 사회가 정신의 독립이라는 이상을 광범위하게 받아들였을 뿐만 아니라 높은 수준의 성숙에 도달하면, 계몽주의는 더 이상 작동하지 않을 것이다. 그리고 이러한 이상적인 사회에 이르게 된다면, 칸트는 개인이 '기계 이상의 존재'가 될 것이라고 말했다. 그리고 이후 단계에서는 정부가 국민을 존엄성에 따라 대우하게 될 것이라고 주장했다(반면 초기 단계에서는 많은 국민이 미성숙한 상태라는 점을 고려해야 할 것이다).[4]

여기서 칸트는 '기계'라는 용어를 두 가지 의미로 사용했다. 하나는 정치 및 경제 체제에 대한 의미이고 다른 하나는 맹목적 복종과 스스로 생각하지 못하는 존재에 대한 비유적 의미이다. 이러한 두 가지 의미는 정신의 독립이라는 이상과 관련된 문제에 우리의 관심을 집중시킨다. 개인이 스스로 생각할 수 있을 만큼 성숙해지면 언제 일반적인 규범에 반대해야 하는지, 혹은 반대하지 말아야 하는지에 대한 판단력도 가지게 될 것이다. 이렇게 되면 사람들이 국가나 사회의 원활한 기능을 저해하는 방식으로 지적 독립성을 행사하는 것에 대해 걱정할 필요가 없다. 그리고 미성숙한 개인의 아집과 난폭함으로 인해 공공의 삶이 무너질 것을 우려해 사람들의 판단력 행사를 적극적으로 억제할 필요도 없을 것이다. 다시 말해, 지적 성숙이란 사람이 기계와 달리 독립적인 사고를 통해 국가와 사회의 기능을 훼손하지 않는다는 것을 의미한다.

　현대 사회는 개성을 중시하지만, 문제는 우리가 전자 기기와 숫자로 코딩된 정보를 중심으로 구성된 디지털 세계에 살고 있다는 것이다. 특히 인공지능의 출현은 칸트가 말한 "우리는 거대한 기계의 작은 부분"이라는 말보다 더 현실적이며 많은 문제를 야기하고 있다. 인공지능은 점점 더 우리를 대신해 사유하고 있으며 상업적 이익을 추구하기 위해 언제나 우리의 정보를 추출하려고 시도하고 있다. 결국 이 기계, 즉 인공지능이 현재 하는 일 중 하나는 의사 결정에 영향을 미치기 위해 우리에 대한 엄청난 양의 데이터를 수집하는 것이다. 이것은 쇼샤나 주보프가 이 단계의 자본주의에 대해 '감시 자본주의'라는 용어를 만들어 낼 정도로 일반화되었다.[5]

칸트는 책이나 전문가로부터의 개성에 대한 위협, 즉 일반적으로 학습과 사고를 통해 개성을 발전시키는 능력에 대해 우려했다. 하지만 오늘날 우리는 감시에 의해 훼손되는 우리의 독립성에 대해 걱정해야 한다. 감시는 개성을 무시하고 심지어 적대적인 태도를 조장하는 강력한 사회과학적·철학적·공학적 관점을 가지고 있다. 주보프는 이러한 감시 자본주의를 형성하는 것을 '도구적 권력'이라고 불렀다. 이는 다양한 데이터 수집 장치를 통해 행동을 예측, 수정, 수익화하려는 권력 그리고 인간의 경험을 주저 없이 상품화하려는 사고방식을 의미한다. 감시 자본주의는 시민적 또는 해방의 목적 대신 상업적 목적을 추구한다.

이 장의 근본적 목적은 디지털 세계에서 감시 자본주의가 어떻게 개성을 위협하는지 그리고 디지털 세계에서 계몽주의를 확보하기 위해 무엇이 필요한지에 대해 논의하는 것이다. 칸트는 개성에 대한 유명한 논의를 제공한다. 8.2절은 개성과 그 다양한 의미를 우리 시대와 연결하기 위해 잘 알려지지는 않았지만 개성에 대해 의미 있는 연구를 남긴 에밀 뒤르켐의 글로 시작한다. 또한 그의 유명한 개념인 '사회적 사실'을 소개하며 이 개념을 이후 9장 전체에 활용하고자 한다.

8.3절에서는 주보프의 감시 자본주의와 도구적 권력에 대한 개념을 살펴봄으로써 뒤르켐이 옹호하는 개인주의가 포위당하는 장면을 포착한다. 또한 여기서는 주보프가 도구적 권력을 B. F. 스키너의 급진적 행동주의(radical behaviorism)의 개념으로 추적하는 것에 대해 검토하고 컴퓨터 과학자 알렉스 펜트랜드에 대해서도 살펴볼 것이다. 8.4절에서는 스키너의 급진적 행동주의와 펜트랜드가 사회물리학이

라고 부르는, 빅데이터 시대에 사회를 형성하기 위해 양적 사회과학을 활용하는 방법에 대해 알아본다. 8.5장에서는 디지털 시대의 현재 궤적에 대한 다양한 평가에 대응하여 우리가 무엇을 할 수 있는지, 즉 디지털 세계에서 계몽주의를 확보하기 위해 무엇이 필요한지 살펴본다. 나의 대안은 민주주의에 대해 논의한 3장과 인식적 권리, 인권을 다룬 7장을 바탕으로 한다.

이를 기반으로, 권리에 대해 이야기하지만 동시에 권리 할당만으로는 디지털 세계에 대한 계몽을 확보할 수 없으며, 민주주의와 정의를 중심에 두는 구조적 관점이 해결책의 우선순위가 되어야 한다는 점을 주장한다. 우리는 이미 민주주의와 정의, 특히 인식적 정의에 대해 많은 내용을 다루었다. 하지만 8.6절에서는 권리, 특히 인권이 그럴듯한 규범적 비전을 제공한다고 생각하는 독자들을 위해 권리가 민주주의와 정의에 대한 더 광범위한 논의를 불필요하게 만들거나 잘못 인도할 수도 있다는 설명을 하고자 한다. 이러한 설명은, 인권을 최우선시하고 인권이 이상적인 사회를 만들 수 있다는 순수한 권리 기반 관점을 넘어서는 것이다. 또한 권리 중심적 사유가 민주주의와 정의에 대한 성찰을 정당화하기보다는 단순히 요구를 추가하는 것으로 마무리될 위험성을 가지고 있다는 것을 나타내는 것이다. 그리고 권리의 추가 요구로 인해 잃을 것이 많다고 우려하는 사람들에게도 새로운 관점을 제시할 수 있을 것이다. 여기서 이 이야기를 하는 이유는 인식적 권리에 대한 논의를 마무리하는 동시에 정의의 문제에 대한 이야기를 시작하기 위함이다.

아마도 내가 방금 언급한 견해를 가진 사람(만약 이런 생각을 가진 독자가 있다면, 적어도 그러한 추가 요구로 인해 잃을 것이 많기에 의식적으로 행동하지는 않을 것이다)은 소수일 것이다. 그리고 '신자유주의 시대'에 이들(인권의 확장으로 잃을 것이 많은 사람들)에게 인권이 정말 소중한 것이며 민주주의나 정의에 대한 고려가 필요하지 않을 만큼 세상에 규범적 비전을 충분히 제공할 수 있다고 말하는 것이 좋을 것이다.[6] 하지만 이것은 '충분하지 않다'.

이러한 방법보다는 차라리 권리가 충분하지 않은 이유에 대한 논거를 마련하는 것이 바람직하다. 이를 위해 나는 막스 호르크하이머와 테오도어 아도르노의 『계몽의 변증법』을 바탕으로 마르크스주의 전통에서 권리에 대한 오랜 고민을 살펴보고자 한다. 이성의 도구화라는 측면에서 계몽주의에 대한 이들의 비판은 도구적 권력에 대한 주보프의 설명과 맞닿아 있기에 그 자체로 인정할 만한 가치가 있다. 감시가 만연한 디지털 시대에서는 칸트의 지적 성숙이라는 이상, 즉 인간이 진정한 정신의 독립성을 가지면서 동시에 사회에 기여하는 존재로 남아야 한다는 이 이상은 실현되기 매우 어려운 것이다. 이러한 이상을 현실화시키기 위해서는 권리뿐만 아니라 민주주의와 정의의 이상도 함께 고려되어야 한다.

8.2 개인주의에 대한 뒤르켐의 찬사

여기서는 개인주의라는 계몽주의적 이상에 좀 더 초점을 맞추기 위해, 현대 사회에서 개인주의의 지속적인 중요성을 설명한 에밀 뒤르켐의 1898년 에세이 「개인주의와 지식인들」에 대해 논의해 보겠다.[7] 사회학을 하나의 학문으로 발전시킨 뒤르켐의 연구는 개인의 행동과는 관련이 없었지만, 개인에게 강력한 영향을 미치는 현상을 설명하기 위해 그가 만든 '사회적 사실'에 대한 것을 중심으로 이루어졌다. 사회 현상을 설명하려면 사회적 사실이 필요하다. 뒤르켐은 사회의 도덕적 기반을 형성하고 통합을 만들어 내는 집단의식, 즉 사회 구성원들이 적어도 대략적으로나마 공유하는 사고방식에 관해 이야기한다. 개인은 상호작용을 통해 집단의식을 생성하고, 그 의식이 사회를 형성하고 통합한다.

뒤르켐은 종교가 어떻게 그러한 의식을 지탱하는지를 탐구할 뿐만 아니라 전통적인 사회적·종교적 유대가 사라진 후에도 공동체가 어떻게 응집력을 유지할 수 있는지를 탐구한다. 현대 사회의 주요 특징은 개인에게 부여되는 중요성이다. 사회를 하나로 묶는 의식의 중심에서 개인은 권리와 책임을 가진 존재이다. 개인주의는 현대 사회의 핵심적인 사회적 사실이며 개인에 대한 노골적인 숭배가 존재한다. 개인과 사회 사이에 근본적인 적대감이 존재하는 것이 아니라, 이러한 숭배는 사회의 산물이자 사회를 하나로 묶는 연결 고리이다.

뒤르켐은 1894년 이후 수년간 프랑스를 분열시킨 사건, 즉 유대인 장교 알프레드 드레퓌스의 사형선고를 둘러싼 정치적 이슈인 드레퓌스 사건 당시 글을 썼다. 이러한 갈등의 일부는 안정과 전통을 고수하는 프랑스 군대와 그 옹호자들(드레퓌스를 단죄한 고위 장교들의 말은 의심할 여지가 없는 것이라고 주장하는 자들) 그리고 증거와 적법 절차를 옹호하는 지식인 계층 간의 갈등이었다. 당시 지식인들은 전통적인 권위에 저항함으로써 적절한 사회적 역할을 수행하지 않으려는 '개인주의자'라는 비난을 받았다. 이러한 비난에 대응하여 뒤르켐은 적절하게 이해된 개인주의(긍정적인 의미를 지닌 입장에 대한 용어를 되찾음)를 옹호할 뿐 아니라 당시 사회와의 근본적 관련성을 주장하기 위해 글을 썼다.[8]

뒤르켐은 칸트뿐만 아니라 장 자크 루소(칸트보다 조금 더 일찍 저술하여 칸트의 사상에 많은 영향을 끼친 인물)에게서도 그 기원을 찾을 수 있는 개인주의를 옹호하며 『계몽이란 무엇인가?』의 전통에 자신을 위치시킨다. 뒤르켐은 개인주의의 또 다른 버전을 공리주의로 추적하기도 하지만, 집단적 결정이 이러한 방식으로 이루어질 경우 사회는 집단화될 뿐이며 비참한 이기주의와 연관된다고 주장한다. 뒤르켐은 자신이 옹호하고 있다고 생각하는 개인주의는 각 개인이 이성 능력을 바탕으로 자신의 개성을 발전시킬 수 있는 위치에 있어야 하며, 이러한 노력뿐만 아니라 생계를 유지할 수 있는 능력도 보호받아야 한다는 것으로 1789년 프랑스 「인간과 시민에 관한 권리 선언」이 '공식적'으로 이를 천명했다고 생각했다.[9] 칸트와 루소가 공유하고 뒤르켐이 지지하는 것은 도덕적 행위는 "모든 사람에게 동등하게 적합한, 즉 일반적으로 인간이라는 개념에 내포된 방식으로 행동하는 것"이라는 견해이다. 따라서 "인간은 신성한 존재"로 간주되며, "모든 시대의 교회가 신으로부터 받은 초월적 위엄"을 가진 존재이다.[10] 모든 사람에게 동등하게 존재하는 인간성은 모든 사람이 가지고 있는 이성적 능력에 비추어 볼 때 신성하고 존중받을 가치가 있는 것이다.

이러한 개인주의는 "인간이 동시에 신자이자 신이 되는" 일종의 종교에 해당하며 "인간이 대상이자 동시에 추종자이며, 자신을 구성하고 자신의 이름을 지닌 특정한 개체에게 말하는 것이 아니라 그가 어디에 있든, 어떤 형태로 육화되든 인간에게 말하는" 행위에 해당한다.[11] 종교에 대한 전통적인 관점이나 윤리 강령은 점점 더 사람들을 결속시키는 데 실패하고 있으며, 점점 더 다양한 직업을 가진 사람들을 설득하는데 실패하고 있다. 뒤르켐은 "의례와 선입견이 자연스러운 흐름에 휩쓸려 사라졌기 때문에 더 이상 특정한 의례와 관점을 중심으로 마음의 교감이 형성될 수 없게" 되었다고 설명한다. 결과적으로 인간 자신을 제외하고는 인간이 공통으로 사랑하고 존중할 수 있는 것이 아무것도 남아 있지 않게 되었다.[12]

따라서 한 개인의 권리를 옹호하는 개인들은 로마 시민들이 무모한 혁신가들로부터 그들의 의식을 보호했던 것처럼, 국가의 영혼을 구성하는 집단적 사상과 정서의 마지막 보루가 위협받는 것을 막고 있기에 사회의 중요한 이익을 옹호하는 존재이기도 하다.[13] 개인주의는 이러한 의례와 마찬가지로 하나의 사회적 산물이다. 하지만 칸트와 루소가 이해하지 못한 것은 "개인은 자신을 신격화하는 도덕적 신념까지도 사회로부터 받아들인다"는 점이다. 이 초기 사상가들은 고립된 개인이라는 개념, 즉 개인주의에 부여된 도덕적 가치는 각 개인이 스스로 부여한다는 생각을 바탕으로 개인주의 윤리를 도출하려 했는데, 뒤르켐은 이러한 추론이 논리적 어려움을 수반한다고 생각했다. 즉 칸트와 루소는 개인주의가 어느 정도까지 사회적 사실인지 파악하는 데 실패했던 것이다.[14]

뒤르켐은 이러한 개인주의가 기독교와 모순된다는 보수적 비판자들의 반응에 대응한다. 뒤르켐은 오히려 기독교가 "행위의 도덕적 가치는 본질적으로 사적이며 모든 외부의 판단을 벗어난 행위자만이 유능하게 판단할 수 있는 의도에 따라 측정되어야 한다고 가르친 최초의 종교"라고 주장한다.[15] 그리고 그는 개인은 자신의 과업을 수행할 수 있는 다른 사람이 없는 상황에서 자신의 행동에 대한 판단자가 되어야 했다고 말한다. 또한 초월적 세계와 현실 세계의 분리 및 초월적 세계의 우월적 설정은 현상계의 과학적 탐구와 그에 수반되는 사상의 자유의 기준을 열어 주었다고 설명한다. 초월적 세계는 영원한 세계이고 우리가 쉽게 관찰할 수도 없기에 다른 방식으로 탐구해야 하는 세계이며, 이러한 초월 세계와 현상계의 구분은 우리에게 현상계를 탐구할 수 있는 많은 것을 가르쳐 준다고 주장했다. 따라서 개인주의적 도덕은 기독교 도덕에 적대적인 것이 아니라 기독교의 제의적이고 형이상학적인 처방이 설득력을 잃은 시대에 오히려 그것을 연장해 주는 것이다. 뒤르켐에 따르면 계몽주의는 기독교의 후예이다.

　도덕적 실천의 토대와 철학적 논증에 대한 사회적 사실의 역할에 대한 주장, 기독교적 전통에 의해 형성된 유럽 사회의 토대에 대한 심도 있는 분석, 서로 다른 관점이 궁극적으로 여전히 동일한 사고방식에서 비롯된 것으로 보인다는 분석(이 분석이 전 세계적으로 얼마나 광범위하게 적용 가능한지에 대해서는 의문이 제기된다), '개인주의'가 하나의 간결한 입장이 아니라 여러 견해의 계열임을 밝히는 부분 등 뒤르켐의 논의는 다방면에 걸쳐 있다. 따라서 개인주의에 대한 고전적인 연구를 시작한 사람이 스티븐 룩스(뒤르켐의 연구를 영어권 국가에 알리는 데 크게 기여한 인물)라는 사실이 놀라운 일도 아니다.[16]

룩스는 '개인주의'에 포함되는 범위를 분석하여 인간의 존엄성 존중, 자율성, 프라이버시, 자기 계발이라는 네 가지 핵심 요소를 중심으로 이 영역을 정리한다.[17] 이러한 구분은 낭만주의에서 실존주의에 이르기까지, 루소와 칸트의 개인 이성에 기초한 도덕 사상부터 '강한 개인주의' 아래서 포착되는 급진적 개인주의에 이르기까지, 사회 계약 이론에서 사회적 다원주의에 이르기까지, 다양한 버전의 자유주의와 자유지상주의에서 무정부주의에 이르기까지, 인본주의에서 윤리적 이기주의에 이르기까지 도덕적·정치적 입장에서 다양하게 활용되었다. 그리고 계몽주의가 광범위한 개념이라는 것을 단적으로 보여주는 이 네 가지 핵심 요소에 수많은 철학적 개념들이 합쳐지기 시작했다.

하지만 개인주의의 범위가 너무 광범위하다고 해서 모든 사람이 개인주의에 동의할 수 있는 것은 아니다. 어떤 경우는 뒤르켐조차 지지할 수 없는 개인주의도 있다. 예를 들어 니체는 (4장에서 살펴본) 자신의 저서 『선악의 저편』에서 인간의 삶에서 종교의 역할에 대해 탐구했다. 여기서 니체는 "평범한 인간", 즉 "일반 대중"은 단지 "봉사와 일반적 유용성을 위해 존재할 뿐이며, 지금까지만 존재할 자격이 있다"고 말했다.[18] 이러한 관점은 엘리트주의적 개인주의(개인의 미덕에 대한 가치를 일부 소수로 제한하는 관점)와 양립할 수는 있지만, 뒤르켐의 사회적 사실이 될 수 있는 개인에 대한 '숭배'와는 완전히 반대되는 입장이다.

니체의 반뒤르켐적 관점은 오늘날에도 여전히 참고할 만한 가치가 있다. 실제로 디지털 세계에서 감시 자본주의에 대한 쇼샤나 주보프의 비판적 평가에 따르면, 감시 자본주의는 사람들을 마치 '서비스와 일반적인 효용을 위해' 존재하는 것처럼 취급한다. 이것은 주보프가 논의하는 상업적 맥락에서 니체가 상상했던 잔인한 시나리오보다 더 미묘하고 세련된 방식으로 작동한다. (따라서 감시 자본주의는 누군가의 '존재할 자격'이 일반적 효용성을 갖는 것에 국한된다는 것을 암시한다는 비난을 받지 않는다.) 하지만 이익과 더 많은 상업화를 촉진하기 위해 사람들의 사고를 유도하려는 노력은 인간을 단순한 부의 축적을 위한 도구로 취급한다. 이러한 시스템은 인간의 존엄성, 자율성, 프라이버시, 자기 계발에 대한 존중이 무엇인지에 대한 정당한 설명에 위배되는 것이다.

이 책의 1장에서 디지털 세계가 어떻게 정의되었는지 기억해 보자.[19] 점점 더 많은 사물들이 인터넷에 연결된 상태에서 인간의 작업이 이루어진다는 점에서 광범위하고, 멀리 떨어진 곳에 있는 사람들이 어느 정도 즉각적으로 상호작용할 수 있다는 점에서 연결적이며, 센서가 점점 더 많은 사물과 정보를 추적한다는 점에서 민감하고, 기계가 다른 것에 초점을 맞춘 삶에서 사이버 부가 요소를 나타내는 것이 아니라 우리의 현실에 필수적인 요소라는 점에서 구성적이며, 우리가 신체를 매개로 삶을 살아가는 현실을 보완하고 풍부하게 하는 증강 또는 가상현실을 점점 더 많이 제공함으로써 몰입감을 더하고 있다는 점이 지금의 현실이다. 이러한 환경은 무엇보다도 개인주의의 네 가지 핵심 요소를 발전시킴으로써 개인에게 엄청난 가능성을 창출해야 한다. 하지만 이러한 환경은 또한 사람들의 삶에서 이러한 요소들, 개인주의의 네 가지 핵심 요소가 작동할 수 없게 하는 메커니즘이 가능한 사회이기도 하다. 따라서 우리는 계몽주의 자체가 디지털 세계에서 어떻게 보호될 수 있는지를 질문해야 하는 것이다.

8.3 감시 자본주의와 도구적 권력

미국의 법적 전통에서 프라이버시에 대한 권리는 1890년, 변호사 사무엘 워렌과 루이스 브랜다이스가 쓴 글에 자세히 소개되어 있다.[20] 남의 일이라고 생각되는 영역에 침입하는 것에 대한 불안은 아마도 인류의 역사만큼 오래된 것이다. 그리고 시간이 지남에 따라 기술은 침입 가능성을 엄청나게 증가시키고 있다. 당연히 두 법률가는 '기계적 장치'에 의한 침입에 비추어 '혼자 있을 권리'에 대해 조사했다. 이들이 우려한 장치는 우선 인쇄기였는데 이것은 이후 신문 발행과 저널리즘을 가능하게 하였다. 하지만 그보다 더 최근의 발명품인 당시의 사진 기술에 해당하는 카메라와 전화도 있었다.

프라이버시 보호 문제를 법적 문제로 명확히 한 것은 19세기 후반의 기술 발전에 의해 촉발되었다. 그로부터 수십 년 후인 1928년 브랜다이스는 대법원 판사로 재직 중이었다. 그는 판결문에 "정부에 첩보 수단을 제공하는 과학의 발전은 도청에서 멈추지 않을 것"이라고 쓰기도 하였다. 실제로 그는 "언젠가 정부가 비밀 서랍에서 서류를 꺼내지 않고도 법정에서 서류를 대신할 방법이 개발될 수 있으며, 이를 통해 배심원단에게 가정에서 일어나는 아주 내밀한 일들을 폭로할 수 있을 것"이라고 예언하기도 하였다.[21] 더 일반적으로, 미국 역사의 대부분은 프라이버시에 대한 불안의 역사라고 할 수 있다.[22] 이전의 내용과 연결해서 말하자면, 다양한 모습으로 개인주의에 헌신한 미국의 역사는 개인주의의 핵심 요소들의 위협에 대한 불안의 역사라 할 수 있다. 예를 들어 1960년대에는 이미 '데이터 감시'를 둘러싼 논쟁이 벌어지는 등 프라이버시를 둘러싼 논쟁은 명백히 감시와 관련된 것이었다. 그리고 이러한 논쟁들은 미국인의 삶에서 기록이 차지하는 위치에 대한 재검토를 의미했다.[23] 법학자 닐 리차드는 2021년 출간한 저서에서 디지털 시대의 기본이 되는 용어를 사용하여 새롭게 프라이버시를 정의하기 위해 "프라이버시란 인간의 정보가 알려지지도 사용되지도 않는 정도"를 의미한다고 말하며 '정보 프라이버시'를 '프라이버시'라는 것의 (공간 프라이버시와 비교하여) 핵심 개념이 될 수 있도록 하였다.[24]

주보프의 『감시 자본주의 시대』는 감시와 디지털 시대에 관해 탐색한다. 그녀는 "인류 역사상 전례 없는 부와 지식, 권력의 집중으로 특징지어지는 자본주의의 불량한 돌연변이"를 분석한 것이다.[25] 감시 자본주의는 "인간의 경험을 추출, 예측, 판매라는 숨겨진 상업적 관행을 위한 무료 원료로 만들고자 하는 새로운 경제 질서"이다.[26] 이 메커니즘은 상업적 착취를 위해 온라인 (그리고 점점 더 오프라인으로 확대되고 있는) 인간 경험을 디지털로 캡처하고, 이후는 행동을 수정하고 노골적으로 통제하는 것이다.[27]

문제의 본질과 규모를 파악하려면 마르크스가 일반적으로 자본주의 사회의 전형이라고 생각했던 상품화의 종류를 어떻게 특징짓는지 생각해 봐야 한다. 다음은 1844년 마르크스의 『경제학 철학 수고』

속 논의인 '화폐에 관하여'의 내용이다.

> 내가 물건을 살 때 지불하는 돈이라고 하는 매개체는 나를 위한 것인 동시에 그것의 소유자인 바로 나 자신을 의미한다. 나의 힘은 돈의 힘만큼만 크다. 돈의 속성은 내 재산과 능력이다. 따라서 내가 무엇이고 내가 무엇을 할 수 있는지는 결코 내 개성에 의해 결정되지 않는다. 나는 못생겼지만 가장 아름다운 여성을 만날 수 있다. 결과적으로 나의 추함과 이에 대한 반발의 힘이 돈에 의해 무력화되기 때문에 나는 추하지 않다. 개인으로서의 나는 절름발이지만 돈은 나를 위해 24개의 발을 만들 수 있기에 절름발이가 아니다. 나는 양심이나 지성이 없는 사악하고 부정직한 사람이지만 돈은 명예롭기에 그 소유자인 나도 마찬가지이다. 돈은 최상의 선이므로 소유자 역시 그러하다. 돈은 나의 부정직함을 덜어 주기에 나는 정직한 사람이 된다. 나는 지성이 없지만 돈은 만물의 근본이기에 나는 지성의 소유자가 된다. 돈으로 지식인을 살 수 있고 지식인을 지배하는 권력을 가진 사람이 그들보다 더 지성적이지 않은가? 인간의 마음이 갈망하는 모든 것을 돈으로 얻을 수 있는 나는 인간의 모든 능력을 소유하고 있는 사람이 아닌가? 따라서 나의 돈은 나의 모든 무능력을 그 반대로 바꾸지 않는가?[28]

따라서 자본주의의 기본 특징이자 근본적인 악덕 중 하나는 돈으로 사람들이 할 수 있는 일과 존재의 성격이 결정된다는 점이다. 자본주의에서 사람들 간의 관계와 지위는 돈으로 묶여 있다. 관계와 지위는 슈퍼마켓의 물건처럼 팔 수 있는 것이 아니다. 하지만 사람들이 관계를 유지하고 지위에 대응하기 위한 행동에는 직간접적으로 늘 돈이 연관되어 있다. 따라서 관계와 지위는 상품(일종의 시장가치를 지닌 것)이 되고 상품화(금전적 가치를 창출하는 방식으로 교환)된다.

자본주의가 소유, 특히 생산수단에 대한 소유권을 중심으로 운영된다는 좌파의 오랜 비판은 여기까지다. 하지만 감시 자본주의에 대한 비판은 다양한 스마트 기기에 의한 감시 또는 데이터 마이닝 기술을 통한 행동 추론을 통해 인간 경험의 총체가 점점 더 상품화되고 상업화되고 있다는 점을 여기에 추가한다. 이러한 감시로 발생하는 피해는 특정 개인이나 집단에만 국한되는 것이 아니라 전 세계로 확산되고 있다. 그리고 이것은 '인간 본성의 문제'를 함의하고 있다.[29]

포드와 제너럴 모터스가 대량생산에 기여한 것처럼 구글이라는 글로벌 기업은 감시 자본주의가 발전하는 데 엄청난 기여를 하고 있다. 이후 페이스북, 아마존 등이 구글의 모델을 채택했다. 데이터의 수집과 상업적 사용의 증가는 "사용자와의 사회적 계약의 근본적 상호성을 파괴"했다.[30] 사용자는 플랫폼에서 특정 순서와 속도로 특정 항목이나 링크를 클릭한다. 대략 2002년까지만 해도 구글은 이러한 클릭 행위로 생성된 데이터를 사용하여 속도, 관련성, 정확성을 개선하거나 번역과 같은 부가 서비스를 출시했다. 하지만 이후 감시 자본주의는 '행동 잉여'로 알려진 데이터를 보다 포괄적으로 활용하고, 예측 제품을 만들고, 마지막으로 통제와 수익 창출을 위해 행동 수정을 구현하는 데까지 발전했다.

행동 잉여는 휴대폰과 자기 추저 장치부터 소셜 미디어 인터페이스와 스마트 홈 도구에 이르기까지 다양한 기기의 사이에서 이루어진 상호작용의 부산물이다. (이것은 다른 종류의 상호작용을 기반으로 하는 새로운 종류의 사회적 사실이라고 할 수 있다.) 사용 기록은 통신뿐만 아니라 움직임, 생활 습관, 수면 패턴, 신체 상태까지 추적한다. 이러한 부산물이 많을수록 행동에 대한 더욱 상세한 평가가 가능해진다. 시간이 지남에 점차 사용 기록을 생성하는 디바이스의 수가 엄청나게 증가했다. 머신러닝은 이렇게 생성된 데이터를 바탕으로 사람들이 느끼고, 생각하고, 행동하는 것을 예측하는 제품을 생성한다.

감시 자본주의는 독특한 유형의 권력, 즉 '도구적 권력'을 수반한다. 주보프는 이를 "수정, 예측, 수익 창출, 통제를 목적으로 하는 최적화 및 도구화"로 정의한다.[31] '최적화'는 오케스트라의 악기나 비행기의 측정 장치와 같은 기재를 최적의 상태로 만드는 것을 의미한다. 하지만 주보프에게 최적화란 "인간의 경험을 렌더링하고 해석하고 작동시키는 감각적 계산의 유비쿼터스 연결 구조"이다.[32] 이것은 감시에 사용되는 장치들의 앙상블이다. 주보프는 자신의 정의를 설명하면서 '인형'과 '인형 주인'에 대해 이야기하는데, 여기서 인형은 방금 언급한 장치이고 주인은 이를 배치하는 사람이다. '도구화'는 일반적으로 어떤 것을 어떤 목적을 위한 수단으로 사용하는 과정을 의미한다. 주보프에게 도구화란 "감시 자본주의가 기계를 휘둘러 우리를 타인의 이익 창출이라는 목적을 위한 수단으로 전락시키는 것이며, 인형 주인들이 인간의 경험을 지향하는 사회적 관계"를 의미한다.[33] 그리고 도구화는 이러한 자본주의 방식에 만연한 관계의 본질을 포착하며, 이는 매우 수단 지향적이어서 경험으로 수익을 창출하기 위한 기기들의 배포를 유도하기도 한다.

　도구적 권력은 이익을 얻기 위한 도구의 광범위한 배포를 종용하는 환경에서 이러한 도구를 사용하여 행사되는 권력이다. 따라서 주보프는 아렌트가 이해한 도구적 권력과 전체주의 권력을 다양한 렌즈를 통해 다음과 같이 고찰한다.[34] 첫째, 전체주의 권력의 핵심적 비유는 국가의 모든 것을 포괄하는 권력인 빅 브라더이다. 도구적 권력의 경우, 우리가 하는 모든 일에 대한 데이터를 빼돌리는 디지털 장치(주로 소수의 회사에서 제공하는)인 빅 아더가 하루 종일 우리와 함께한다. 전체주의 권력의 '목표'는 완전한 소유이다. 우회할 수 없는 장애물에는 직면하지 않는 시나리오를 목표로 하는 것이다. 도구적 권력의 목표는 완전한 확실성, 즉 사람들이 다음에 무엇을 할 것인지, 무엇을 생각하거나 말할 것인지 예측할 수 있는 영속적 능력이다.

　전체주의 권력은 폭력의 수단을 통제하여 위협적인 장애물을 제거하고 도구적 권력은 사회의 지식을 분열시켜 시민들이 주어진 처방에서 벗어날 수 있는 충분한 지식과 정신적 독립을 얻지 못하도록 막는다. 도구적 권력은 사회의 모든 지식을 활용함으로써 확실성을 획득한다. 전체주의의 수단은 행정 능력에 있고, 도구적 권력의 수단(도구화)은 행동 수정 수단의 소유에 있다. 전자의 기본 메커니즘은 공포이며, 후자의 기본 메커니즘은 행동 잉여의 소유권 박탈이다. 전체주의의 경우 이데올로기적 스타일은 정치신학이며, 중요한 것은 충성심이다. 도구적 권력의 경우, 목표는 수익 창출이기 때문에 무관심이 중요하다. 마지막으로 전체주의의 핵심 사회적 과정은 복종을 강화하기 위한 집단 내/외부의 차별화 정책이다. 하지만 도구적 권력은 예측 가

능성을 창출하기 위해 집단지성을 생성한다.[35]

마르크스의 『경제학 철학 수고』에는 (이 장의 제명에서 발췌한 것과 같이) 이와 비슷한 내용이 다음과 같이 기록되어 있다.

사유재산제는 내가 물건을 가지고 있을 때만, 나를 위한 자본이 존재할 때만, 또는 내가 직접 소유하고, 먹고, 마시고, 입고, 거주할 때만 그것이 나의 것이라 믿는 어리석고 편협한 사고방식을 만들어 냈다.[36]

자본주의가 만들어 내는 소외감의 핵심, 즉 자신이 이해할 수 없고 자신의 필요나 가치를 충족시키는 것을 목표로 하지 않는 사회에서 살고 있다는 느낌은 사유재산제의 중심에 놓여 있다. 사적 소유가 경제 시스템(물론 가장 중요한 것은 생산수단에 대한 사적 소유)과 정치 시스템(사람들의 사적 소유를 보호하기 위한 제도적 장치)의 중심이 되는 곳에서는 돈으로 환원될 수 없는 것들, 즉 인간 번영의 가능성과 같은 가치들은 전반적으로 중요한 취급을 받지 못한다. 이런 의미에서 사유재산은 우리를 어리석게 만든다. 2장에서 논의했듯이, 마르크스 이후 한 세기가 지난 후 허버트 마르쿠제는 자본주의, 기술, 엔터테인먼트가 결합하여 사람들을 안주하게 만드는 사회적 통제 형태를 만들어 낸다고 주장했다.[37] 주보프의 도구적 권력에 대한 분석은 감시 자본주의에 대한 이러한 주제를 발전시킨다.

'감시' 자본주의의 구체적 악은 사람들의 삶에 대한 데이터의 통제권을 빼앗는 것이다. 주보프는 지배, 소유권 박탈, 수용, 강탈에 대해 이야기한다.[38] 감시 자본주의는 "성소에서 태어난, 우리를 기계와 구별하고 생명을 유지하는 내면성"을 박탈한다.[39] 감시 자본주의의 도구적 권력은 행동을 예측하고 수정하는 것을 목표로 한다. 우리가 보는 광고가 우리의 (예측된) 선호도를 반영한다면, 우리는 스스로 생각하는 귀찮은 일을 포기하고 대신 다른 사람의 안내를 받아 살아갈 수 있다. 우리를 겨냥한 미디어가 우리의 태도를 확고히 하고 무엇을 믿어야 할지 확신시켜 준다면 우리는 생각할 필요가 없다. 우리가 점점 더 상업적 이익을 추구하기 위해 우리를 대신하여 생각하고 정보를 추출하려고 하는 저 거대한 기계의 작은 부분이 되면, 우리의 의사 결정은 영향을 받게 되고 독립적인 사고는 요원하게 될 것이다.

　감시 자본주의는 또한 룩스가 말한 개인주의의 네 가지 핵심 요소를 위협한다. 인간 경험의 총체성을 상품화하고 (추출, 예측, 판매라는 은밀한 상업적 관행을 위한 무료 원료로) 인간을 단순한 부의 도구로 취급하는 것은 뒤르켐이 말한 '인간의 존엄성'과 인간의 신성함에 대한 존중을 약화시킨다. 더 많은 상업화를 촉진하기 위해 사람들의 사고를 유도하고 생각을 노골적으로 통제하려는 노력은 우리의 자율성을 침해한다. 온라인(그리고 점점 더 많은 오프라인)에서 인간의 경험을 수집하고, 그 경험을 수집한 개인의 행동에 대한 상세한 평가를 없애는 것은 우리의 프라이버시를 (없애지는 않더라도) 약화시킨다. (리차드의 정의를 상기해 보면 **프라이버시는 인간의 정보가 알려지지도 사용되지도 않는 정도**이다. 감시 자본주의 아래에서 프라이버시의 정도는 매우 낮다.) 그리고 우리가 알게 된 정보와 그 정보에 관여하는 방식에 대한 조작은 개인의 자유로운 인격 발달, 즉 '자기 계발'을 왜곡한다.

감시 자본주의는 계몽주의가 지향하는 바와 단적으로 상충되는 것이다. 디지털 세계가 감시 자본주의를 조장하는 한, 사회에서 계몽주의가 지속될 수 있을지는 의문이다.[40]

8.4 급진적 행동주의, 사회물리학 그리고 '개인의 죽음'

주보프는 감시 자본주의의 지적 뿌리를 B. F. 스키너의 '급진적 행동주의'에 둔다. 스키너에게 인간은 환경과 유전자에 의해 통제되는 존재이다. 프로이트와 많은 학자들의 견해와 달리, 스키너의 관점에서 행동을 설명하는 방식으로 '내적' 요소에 호소하는 것은 불필요하고 쓸모없는 짓이다. 스키너에 있어 사회가 집단적 습관을 개선하려면 사회공학을 통해 사람들의 환경을 바꿔야 한다. 스키너의 1971년 저서 『자유와 존엄을 넘어서』는 뒤르켐이 옹호하는 개인주의에 대한 철학적 사상을 광범위하게 다루고 있다. 스키너는 사람들이 스스로 선택할 때보다 더 질서 있는 사회구조가 필요하다고 주장하는데, 이는 종종 사람들의 뜻대로 되지 않을 뿐만 아니라 사회적 차원에서 바람직하지 않은 결과를 낳기도 한다. 이러한 질서 있는 구조화를 위해서는 '행동의 기술'이 필요하다.[41]

자유, 자율성, 존엄성과 같은 도덕적 어휘는 행동에 대한 실제 설명을 위한 임시 변수에 불과하다. 우리는 관습적으로 이러한 용어로 행동을 설명하거나 칭찬하거나 비판하지만, 환경적 또는 유전적 요인이 행동을 유발하는 더 나은 설명이라는 것이 밝혀지면 더 이상 그럴 수는 없을 것이다. 예를 들어 우리는 어떤 사람의 행동을 칭찬할 때 그 사람의 존엄성이나 가치를 인정하는 행위를 한다. 하지만 스키너에 따르면 우리가 칭찬하는 것은 그 사람이 가진 행동의 원인이 얼마나 '명백한지'에 반비례한다. 어떤 사람이 특정 방식으로 행동하도록 영향을 받은 것이 분명할수록, 우리는 그 영향의 관점에서 그 사람의 행동을 설명하려는 경향이 강해지고, 칭찬하거나 비난하려는 경향은 줄어들며, 그 반대의 경우도 마찬가지이다. 다른 방법으로 사람의 행동을 설명할 수 없는 경우, 우리는 그 행동을 그 사람의 탓으로 돌리며 우리가 어느 정도 이해했다고 착각한다.[42] 그러한 속성이 만족스럽다고 판단하는 한, 우리는 환경의 변화가 어떻게 행동을 개선할 수 있는지 조사하는 데 실패할 것이다. 하지만 인간은 행동 기술의 도움을 받아야만 잠재력을 최대한 발휘할 수 있다. 이 기술을 수용하는 유일한 대안은 우리의 잘못된 선택이 우리와 환경을 파괴하는 것이다.

행동의 기술은 우리의 도덕적 어휘를 근본적으로 재평가할 것을 요구하고 있다.[43] 이 과정에서 스키너는 다음과 같이 설명한다.

폐지되는 것은 자율적 인간, 내면의 인간, 악령에 조종되는 호문쿨루스, 자유와 존엄의 문학에 의해 옹호되는 추상적 인간이다. 이러한 폐지는 이미 오래전에 이루어졌다. 자율적 인간은 다른 방법으로는 설명할 수 없는 것을 설명하는 데 사용되는 장치이다. 이는 우리의 무지로 구성되었으며, 우리의 이해가 증가함에 따라 그를 구성하는 그 내용은 바로 사라진다. 과학은 인간을 비인간화하는 것이 아니라 인간을 인간답게 만드는 것이며, 인간 종의 폐지를 막으려면 그렇게 해야만 한다…. 그래야만 추론된 것에서 관찰된 것으로, 기적적인 것에서 자연적인 것으로, 접근 불가능한 것에서 통제 가능한 것으로 전환될 수 있다.[44]

예를 들어 급진적 행동주의에 따르면 자유는 '내적' 개념의 옹호자들이 주장하는 것처럼 마음의 상태에 관한 것이 아니다. 그것은 잘 구조화된 환경에 거주하는 것이다. 뒤르켐의 견해와 달리, 우리는 이상으로서의 개성을 버려야 한다. 그렇다면 "인간은 폐지되는 것인가?" 스키너는 이러한 질문에 대해 다음과 같이 대답한다. "종으로서의 인간이나 개인적 성취자로서의 인간이 사라지는 것은 아니다. 폐지되는 것은 자율적인 내면의 인간이며, 그것은 한 걸음 더 나아가게 된다."[45] 스키너는 자신의 분석을 바탕으로 "인간에 대한 과학적 관점은 흥미로운 가능성을 제시한다"는 낙관적인 말로 마무리한다. "우리는 아직 인간이 인간을 어떻게 만들 수 있는지 알지 못한다."[46]

스키너는 우리 자신과 서로를 이해하는 우리의 일상적인 방식 및 이러한 방식에 기반한 기존의 법적 패턴에 의문을 제기하는 것이다. 급진 행동주의는 기존의 많은 심리학을 거부하며 심리학계 사람들에게 호의적으로 받아들여지지 않는다.[47] 그럼에도 주보프에게 한때 비난받았던 스키너의 견해는 도구적 권력의 최전선을 구성한다.[48] 스키너의 접근 방식을 현대적으로 옹호하는 사람 중에는 '사회물리학'이라는 개념으로 유명하고 웨어러블 컴퓨팅에 대한 획기적인 연구에 기여한 컴퓨터 과학자 알렉스 펜트랜드가 있다. 주보프는 펜트랜드에 대해 다음과 같이 말한다.

빅데이터, 유비쿼터스 디지털 디바이스, 고급 수학, 광범위한 이론 그리고 하버드의 노골적인 행동주의자에게 쏟아졌던 전 세계적 비난과 도덕적 혐오, 적나라한 모욕은 사라지고 (펜트랜드와 같은) 기업의 친구들을 통해 스키너의 이론은 '완성'되었으며 그의 사회적 비전이 실현되었다.[49]

사회물리학은 정보와 행동 사이의 수학적 연관성을 추적한다. 정량적 사회과학은 사회적 학습 메커니즘을 통해 아이디어가 어떻게 확산되는지 그리고 이러한 흐름이 기업, 도시, 사회 전체의 규범, 생산성, 창의적 결과물을 어떻게 형성하는지를 밝혀낸다. 이를 통해 생산성을 예측하고 커뮤니케이션 네트워크를 조정하여 의사 결정을 개선할 수 있다.[50] 펜트랜드는 (그가 직접 언급하지 않은) 스키너를 인용하면서 "인간의 행동은 합리적 사고나 개인의 욕구만큼이나 사회적 맥락에 의해 결정된다는 사실을 깨닫게 되었다"고 말하며 "사람들의 욕망과 행동 방식에 대한 결정은 종종 그리고 아마도 일반적으로 소셜 네트워크 효과에 의해 지배된다"고 주장한다.[51] 2015년에 이 글을 쓴 펜트랜드는 지금도 빅데이터와 사회물리학을 구성하는 분석 도구가 만들어 내는 가능성에 대해 열광하고 있다.

불과 몇 년 안에 우리는 거의 모든 인류의 행동에 대한 엄청나게 풍부한 데이터를 지속적으로 확보할 수 있게 될 것이다. 이러한 데이터는 대부분 네트워크, 신용카드 데이터베이스 등에 이미 존재하지만, 현재는 기술 전문가만 접근할 수 있다. 그러나 이러한 데이터가 과학적 탐구를 위해 더 널리 사용 가능해짐에 따라 새로운 사회물리학은 더욱 탄력을 받을 것이다. 인간의 삶을 더욱 정밀하게 시각화할 수 있게 되면, 복잡하게 상호 연결된 인간과 기술의 네트워크에 더 적합한 방식으로 현대 사회를 이해하고 관리할 수 있을 것으로 기대된다.[52]

전 세계가 코비드-19에 휩싸이기 몇 년 전부터 펜트랜드는 사회물리학을 통해 더 쉽게 관리할 수 있는 팬데믹을 자주 예로 들었다. 또한 사회물리학으로 재정적 충돌을 피하고 자원을 더 현명하게 사용할 수 있게 될 것이라고 말했다. 펜트랜드는 스키너에 대한 존중을 담아 다음과 같이 말했다.

현대 문화는 독립성과 개인의 선택을 강조하기 때문에, 우리 삶의 대부분이 고도로 패턴화되어 있다는 것과, 우리는 서로 다른 행동 패턴을 가진 완전히 다른 개인이 아니라 매우 유사하다는 사실을 깨닫기 어려울 때가 많다. 우리의 태도와 생각 대부분은 다른 사람들의 경험을 통합하는 데 기반을 두고 있다는 사실은 문화와 사회 모두의 기초이다.[53]

위의 글이 실린 책과 유사한 다른 논문에는 '우리'가 할 수 있는 좋은 일에 대한 보상인 보상이 따르는 죽음, 즉 '개성의 죽음'에 대해 긍정적으로 이야기하는 내용이 담겨 있기도 하다.[54]

8.5 이제 어떻게 해야 하는가?

펜트랜드는 각각 사회물리학의 비관적 그리고 낙관적 견해를 대표하는 주보프와 스키너의 영향을 (자의든 타의든) 받았다. 주보프는 자본주의가 인간의 삶에 미치는 부정적인 영향을 비판하는 마르크스주의 전통을 이어 가고 있다. 마르크스 자신은 기술을 기초적이고 상호작용적인 의미에서 정치적인 것으로 인식했다. 하지만 후대의 학자들, 특히 마르쿠제는 기술을 사회 형식을 구성하는 (그리고 디스토피아적인) 의미에서 정치적인 것으로 보았다. 마르크스에게는 기술이 아니라 자본주의 자체가 문제였지만 마르쿠제(그리고 그의 스승 하이데거)에게 자본주의는 기술과 분리될 수 없는 것이었다. 주보프가 '감시 자본주의'라는 신조어를 만든 것은 디지털 시대에는 이러한 분리가 불가능하다는 것을 나타낸다.

　　주보프는 펜트랜드가 '개성의 죽음'으로 인한 보상으로 선한 일을 할 '우리'를 인정하지 않는다고 우려한다.[55] 그녀는 민주적인 '우리'처럼 보이는 것이 사실은 빅 아더의 이익을 추구하는 '우리'일 수 있다고 주장한다. 주보프에게 펜트랜드는 기껏해야 순진한 사람이며 좀 더 심하게 말하자면, 해로운 대규모 데이터의 수집을 정당화하는 인물일 뿐이다. 주보프는 우리 사회가 벌집과 같은 사회로 변하지 않으려면 모든 사람이 사회 세계의 긴장으로부터 회복될 수 있는 심리적 프라이버시 영역, 즉 '무대 뒤'가 필요하다고 주장한다.[56] 따라서 고립된 자아는 데이터 포인트가 되려는 노력을 막아 낼 힘을 모을 수 있어야 하며 각자의 방식으로 계몽 프로젝트에 참여할 수 있어야 한다.[57]

물론 이러한 사람들이 많은 사회는 상당한 이익을 잃을 수도 있다. 코비드-19 시대는 이러한 일이 결코 작은 문제가 아니라는 것을 알게 하였다. 펜트랜드의 기술 낙관주의에는 스키너와의 연관성에서 드러나는 또 다른 측면이 있다는 점에 주목할 필요가 있다. 스키너는 집단적 습관을 개선하고 보다 질서 있는 사회구조를 만들 수 있는 행동 기술에 대한 유일한 대안은 우리의 잘못된 선택이 우리 개인과 집단을 그리고 환경을 파괴하는 것이라고 단호하게 말한다. 스키너와 펜트랜드의 연결 고리는 19세기 중앙 집중화된 계획을 통해 소수의 엘리트가 사회를 통제해야 한다고 주장한 앙리 생시몽을 떠올리게 한다. 그는 기업가, 장인, 예술가, 경영자, 은행가, 과학자 등 능력 있는 엘리트들을 가리키는 '산업가'라는 용어를 도입했다. 바로 이러한 부를 창출하는 엘리트 산업가들로 구성된 정부가 사회를 통치해야 한다는 것이다.[58] 스키너와 펜트랜드의 사고방식은 이러한 입장을 쉽게 받아들일 수 있으며, (생시몽이 상상할 수 있었던 것 이상의) 가용 기술을 동원하는 엘리트 연합만이 우리의 미래를 보호할 수 있다고 주장한다. 스키너, 펜트랜드, 생시몽 그리고 그와 같은 생각을 가진 사상가들은 이러한 연합만이 인류가 기술에서 살아남기 위해 폰 노이만이 주장했던 '인내심, 유연성, 지성'을 가질 수 있다고 주장한다.(2장 참조)[59]

주보프의 견해에 대해 우선 인간의 성격과 잠재력은 이용 가능한 기술에 따라 어느 정도까지 변할 수 있으며, 우리는 적절한 법적 혹은 규제적 보호 장치를 마련하여 이득이 손실보다 크도록 하고 특히 위험한 것을 완전히 피하기 위해 더 열심히 노력해야 한다는 반론을 제기할 수 있다.[60] 또한 주보프가 우려하는 것처럼 우리의 인간성을 말살하는 것은 자본주의와 기술의 동맹이 아니라고 더 강력하게 반대할 수도 있다.[61] 이러한 비판자들의 주장에 따르면, 적절한 기술 도구를 갖춘 유능한 엘리트에 의해 통치되는 대신 개인에게 의사 결정을 맡길 때 위험이 발생한다는 스키너의 주장은 옳다. 스키너가 정확하게 파악한 이 위험은 칸트와 뒤르켐이 옹호한 개성이라는 계몽주의적 이상에서 직접적으로 비롯된 것이다.

이제 주보프의 입장과 이에 대한 반대 의견을 살펴보았으니 이 모든 것이 우리에게 어떤 의미를 남길 수 있는지 살펴보자. 먼저 위 반론에 대한 응답은 자본주의의 일반적인 특징이 무엇이든 간에, 특히 감시 자본주의하에서는 빅 아더가 권력을 장악하는 것과 관련된 위험이 이미 너무 크기에 엘리트에게 권력을 맡기기에는 (또는 현재의 엘리트에게 권력을 맡기기에도) 한계가 있다는 것이다. 또한 주보프가 지적한 것처럼 현행 개인정보보호법이나 독점금지법 같은 제도만으로는 최근 수십 년간의 전례 없는 감시로부터 우리 자신을 보호하거나 디지털 세계에 대한 계몽주의적 프로젝트를 진행할 수 없다는 점도 분명하다(이는 주보프에 대한 반대 의견 모두에 대응할 수 있는 대답이다). 대신 필요한 것은 민주주의, 정의, 권리에 대한 설명을 통해 구성하는 새로운 사회에 대한 비전이다. 이 모든 주제에 대해서는 이미 어느 정도 논의했으며 9장에서 정의에 대해 더 자세히 설명하겠다.

3장에서 인공지능이 공적 영역, 정치권력, 경제권력의 민주적 목적을 위해 활용될 수 있도록 어떻게 설계되어야 하는지에 대해 다루었다. 그리고 나는 몇 가지 제안을 했는데, 그것은 시민적 가치를 중심으로 설계된 규범을 통해 디지털 공간에서 공공 및 시민 생활에 참여할 수 있는 디지털 공공 인프라가 필요하다는 것(이는 풀뿌리 민주주의를 강화하여 삶의 방식으로서의 민주주의를 공고히 할 것이다) 그리고 동일한 디지털 공공 인프라 및 디지털 시대의 다른 도구를 사용하여 정치인과 유권자 간의 소통과 시민 서비스를 개선해야 한다는 것이었다. 이와 더불어 거대 기업을 해체해야 한다는 것, 기술을 활용해 업무의 영역을 변화시켜 일반인들이 더 의미 있는 삶을 살 수 있도록 여가 시간을 늘리고, 더 많은 정치적 책임을 맡을 수 있도록 해야 한다는 것, 또한 정부가 이러한 조치를 민간 부문에 맡기지 말고 정치적 통제를 해야 한다는 것 등을 제안했다. 물론 민주주의와 기술은 자연스러운 동맹이 아니기 때문에 이 모든 것은 매우 어려운 일이다. 하지만 강화된 형태의 민주주의는 인간의 존엄성, 자율성, 프라이버시, 자기 계발 등 개인주의의 이면에 있는 '핵심 요소들'을 지지하면서 사회물리학의 장점(민주적 감시에서 살아남는 것)을 구성해 낼 수 있을 것이다.

3장에서 처음 등장하고 7장에서 더 자세히 설명하고 있는 인식적 권리 역시 디지털 시대의 민주주의를 강화하는 데 중요한 역할을 할 수 있다. 디지털 시대의 성숙한 민주주의를 위해서는 교육권을 보장하는 기술 활용 능력이 필요하다. 정부는 독립적인 의사 결정을 저해하는 허위 사실을 조직적으로 유포하는 데 디지털 도구가 사용되는 것을 방지하기 위해 노력해야 한다. 문화생활에 참여하고, 예술을 즐기고, 과학적 발전과 그 혜택을 공유할 수 있는 개인의 권리는 데이터 인식론에 맞게 조정되어야 한다. 개인은 잊혀질 권리를 포함하여 데이터 보호에 대한 권리가 있다. 아울러 집단 인식 객체와 관련한 한, 수집된 데이터에 대한 통제권은 정의에 대한 고려를 바탕으로 9장에서 논의한 바와 같이 광범위하게 공유되어야 한다.

　이러한 고려 사항들은 주보프와 스키너 그리고 펜트랜드가 옹호하는 기술 낙관주의적 전망(어떤 면에서는 생시몽까지 거슬러 올라가는 것) 사이의 논쟁에 대한 나의 대안을 나타낸 것이기도 하다. 또한 디지털 세계에 대한 계몽주의를 확보하는 데 필요한 것이 무엇인지에 대한 나의 설명을 포함하는 것이다. 디지털 세계의 기술적 잠재력으로부터 많은 혜택을 누리면서 계몽주의를 이어 가야 할 이유가 있기에 많은 것이 위태롭다. 사회에 대한 광범위하고 까다로운 규범적 비전을 제시하는 것이 바로 민주주의를 강화하고 권리와 정의에 대한 고려를 촉진하여, 그 이익이 빅 아더의 상업화되는 '우리'에게 불균형하게 돌아가지 않도록 하는 방법이다.

8.6 권리의 변증법

이 장에서 다루어야 할 주제가 하나 더 있는데, 그것은 권리의 할당만으로는 디지털 세계에 대한 계몽을 보장할 수 없다는 것이다. 해결책은 (8.5절에서 설명한 것처럼) 민주주의와 정의에 대한 구조적 고려를 우선 살피는 것이다. 이후의 논의는 권리라고 하는 것은 바람직한 사회의 이상에 필요한 전부이며, 권리를 넘어서는 민주주의와 정의에 대한 성찰은 정당성을 넘어 요구를 추가하는 것에 불과하다는 견해를 가진 독자들을 대상으로 한다.[62] 이러한 방식으로 진행하는 이유는 인식적 권리에 대한 탐구를 마무리하는 동시에 다음 장에서 정의 문제를 다룰 수 있는 발판을 마련하기 위함이다.

디지털 세계에서 사회를 개선하기 위해 권리를 행사하는 것과 관련하여 오랫동안 제기되어 온 몇 가지 우려가 있다. 그중 하나는 바로 인간의 '해방에 대한 것'으로 권리라는 개념이 인간의 해방을 촉진하기보다는 오히려 사회를 억압한다는 문제 제기이다. 이는 마르크스의 글「유대인 문제에 관하여」에 잘 나타난다.[63] 마르크스에게 권리의 부여는 인간의 '종적 존재'를 번성하게 하는 대신 자본주의 사회의 특징인 사회적 고립을 강화시켰다. 또 다른 우려인 변증법적 문제는 적절한 시기에 권리를 행사하는 것 자체가 오히려 권리를 약화시킨다는 것이다. 권리가 해결하고자 하는 문제는 결국 그 권리의 실현으로 인해 약화된다.

호르크하이머와 아도르노의 『계몽의 변증법』을 활용해 그것을 효과적으로 발전시킬 수 있기에 나는 이를 '변증법적' 문제라고 지칭하도록 하겠다.[64] 확실히 이들의 주제는 권리라기보다는 일반적으로 이성에 관한 것이다. 하지만 이들이 관심을 갖는 과정의 한 측면은 권리 행사가 사람을 도구화하여 결국 '권리 행사'의 가능성 자체를 훼손한다는 것이다. 주보프를 예로 들자면, 그녀가 '도구적' 권력에 대해 우려한다는 사실은 더 많은 권리가 도구적 권력에 대응하는 데 어떻게 도움이 될 수 있는지 평가하는 것으로, 즉 권리 행사로 인한 '도구화'에 대한 논의가 필요하다는 것을 다시 강조하는 것일 수 있다. 프랑크푸르트학파의 창시자들이 표명한 변증법적 관심사는 인간 해방의 관심을 포괄하는 것이지만 그 반대는 아니다. 따라서 여기서는 인간의 문제를 중심으로 살펴보도록 하겠다.*

칸트 계몽주의의 핵심은 이성을 행사하는 것이 지배를 극복하는 데 도움이 된다는 것이다. 생각하는 사람은 더 이상 지적인 힘에 지배 당하지 않는다. 지배는 다른 사람이 자신의 목표와 목표 달성을 위한 수단을 규정할 때 발생하는 것이다. 지적 힘에 의한 지배가 중단되면 다른 형태의 지배로부터의 해방이 뒤따를 수 있다. 권력은 순응에 달려 있으며, 스스로 생각하는 시민은 일반적으로 지배에 저항할 가능성이 더 높다. 반면 호르크하이머와 아도르노에 따르면 이러한 해방은 일시적인 것에 불과하다. 이성을 행사하는 것은 지배와 얽히게 되고, 실제로는 지배를 위한 '장치'가 된다. 『계몽의 변증법』 서문에서 알 수 있듯이 "가장 일반적인 의미의 진보적 사고에서 계몽주의는 항상 인간을 공포로부터 해방시키고 주권을 확립하는 것을 목표로 삼았다. 그리하여 완전히 계몽된 지구는 재앙으로부터 승리한다".[65] 이 글

---

*   여기서 인간 해방의 문제에 대해 조금 더 자세히 설명해 보겠다. 마르크스의 「유대인 문제에 관하여」는 표면적으로는 프로이센에서 정치적 해방을 이루려고 하는 유대인의 노력에 대한 동시대의 브루노 바우어의 성찰을 평가하고 있다. 바우어에게 있어서 진정한 정치적 해방은 종교를 보호하는 것이 아니라 종교를 폐지하는 것이다. 하지만 마르크스에게 있어서 유대인은 종교를 포기하지 않고도 권리 측면에서 쉽게 해방을 이룰 수 있었다. 바우어는 종교에 집중함으로써 진정한 해방을 가로막는 진정한 장애물을 놓치고 있다. 마르크스는 권리가 진정한 인간 해방을 가져올 수 있는 잠재력에 의문을 제기한다. 마르크스는 "소위 인간의 권리"는 "시민 사회의 구성원, 즉 이기적인 인간, 다른 인간과 공동체로부터 분리된 인간의 권리"라고 말한다. 이에 대해서는 McLellan, *Karl Marx: Selected Writings*, p. 60 참조. 권리는 사람들을 고립시켜 사적 이익을 추구할 때만 보호된다. 반면 해방은 "개인으로서, 경험적 사람에게서, 개별적인 일과 개별적인 관계에서 인간이 종적 존재"가 될 때만 완성된다(*Ibid.*, p. 64). 종적 존재라는 것은 권리 측면에서 해방이 가능하게 하는 것보다 공동체적으로 더 풍부한 경험에 관해 말할 때 사용하는 용어이다. 마르크스가 정의에 대한 고려를 얼마나 중요하게 생각했는지는 평가하기 어렵다. 이에 대해서는 Lukes, *Marxism and Morality*; Geras, "The Controversy about Marx and Justice" 참조.

은 1944년 히틀러가 독일을 통치하던 시절에 쓰여졌다. 이것은 전체주의 권력의 비판에 대한 것이기도 하지만 그 이상의 의미가 있다.

호르크하이머와 아도르노가 지적하는 것은 계몽에 대한 단편적인 사고는 신화를 대체한다는 것이다. 신화는 세상에 대한 의문을 가진 사람들에게 해답을 제공하고 이야기를 들려준다. 그러나 그것은 또한 계몽의 본질인 스스로 탐구할 필요성을 박탈하기도 한다. 따라서 이들이 "신화는 이미 계몽이며 계몽은 다시 신화로 회귀한다"고 주장하는 것은 놀라운 일이 아니다.[66] 이 주장에 대해 좀 더 자세히 알아보자.

차이점이 있음에도 불구하고 신화와 계몽적 사유는 모두 세상을 이해하려고 노력하는 것이다. 신화는 계몽주의 훨씬 이전부터 존재했다. 호르크하이머와 아도르노는 계몽의 지속적인 실천이 결국 개인이 거의 통제할 수 없는 사회적 조건을 재실증화한다고 주장한다. 계몽의 실천 자체가 우리를 지배, 즉 스스로 생각하라는 칸트의 권유가 탈출구가 되어야 했던 이질적 조건으로 되돌려 놓는다. 그 이유는 계몽이 수반하는 해방이 사람들이 지식을 습득할 수 있는 새로운 가능성

마르크스가 말하는 모든 종류의 도덕적 이야기는 일반적으로 사회의 이데올로기, 계급적 이해관계를 반영하는 사상으로 치부되곤 한다. 하지만 그는 종적 존재라는 관점에서 자신의 주장을 펼친다. 한 세기가 지난 후 롤스는 분배정의의 관점에서 마르크스의 주장을 되풀이한다. 롤스는 정의의 두 가지 원칙을 공식화한다. 첫 번째는 시민적·정치적 권리에 관한 것으로, 각 개인이 다른 사람과 양립할 수 있는 만큼의 광범위한 권리를 갖도록 요구한다. 두 번째 원칙은 공정한 기회의 평등 및 사회적 약자에게 특별한 관심을 기울이는 방식으로 부와 소득의 분배를 요구함으로써 첫 번째 원칙을 보완한다. 마르크스와 마찬가지로 롤스는 권리가 달성될 수 있는 것 이상으로 더 풍요로운 공동체의 삶을 희망했다. 하지만 마르크스와 달리 그는 사회정의의 관점에서 그렇게 한 것이다. 이는 특히 디지털 시대의 올바른 방향이기도 하다.

을 열어 주기 때문이다. 베이컨의 방식(5장 참조)으로 말하자면, 여기에는 자연을 자신의 기획 대상으로 삼을 수 있는 가능성과 격려가 포함된다. 그러면 자연의 가치는 인간의 목적에 부합하는 방식이 아니라 점점 더 도구적으로 개념화된다. 즉 사람들이 더 많이 알고 이해할수록 그리고 자신의 삶을 더 많이 책임질수록 자신의 목적을 위해 주변에 있는 것을 도구화하려는 경향이 커지는 것이다.

하지만 이러한 자연의 도구화는 첫 단계에 불과하다. 이러한 이성의 행사를 옹호하는 사회에서 도구화가 목적이 아닌 다른 용도로 이성이 사용될 수 있는 기회는 점점 더 사라지고 만다. 결국 이러한 소외 현상은 이성적 추구보다는 모든 이해관계자를 위한 합리적 합의를 협상하는 이성의 능력을 중요시하게 된다. 도구화는 심지어 다른 인간에게까지 확장된다. 호르크하이머와 아도르노는 "인간이 자연으로부터 배우고 싶어 하는 것은 자연과 다른 인간을 전적으로 지배하기 위해 자연을 지배하는 방법"이라고 말한다. 그리고 "계몽주의는 그 자체의 성격에도 불구하고 자의식의 흔적조차 없애 버렸다"고 주장한다. 신화를 깨뜨릴 수 있는 유일한 종류의 사고는 궁극적으로 자기 파괴를 가져왔다.[67] 사람들은 자신의 가치가 시장(또는 다른 도구적)가치로 환원되는 것을 목격한다. 한 가지 놀라운 현상은 계몽주의 시대에도 노예제도가 계속되었고, 산업혁명이 촉발한 새로운 제조 가능성을 통해 실제로 더욱 악화되었다는 점이다(면으로 옷을 제조하는 섬유 산업이 생겨난 후에야 대기업이 된 미국 디프사우스 면화 농장을 상기해 보자). 더 일반적으로 사회는 합리성을 목표로 하는 방식으로 조직되지도 않았다. 대신, 사회는 다른 사람들에게 피해를 주면서까지 일부 사람들의 도구적 야망을 성공적으로 구현하는 방식으로 조직화되었다.

호르크하이머와 아도르노는 인권에 대해서도 언급했다. "계몽주의자들에게는 계산과 효용의 법칙에 부합하지 않는 것은 무엇이든 의심스러운 것이다"라고 설명한다. 그리고 "외부의 억압에 방해받지 않고 발전할 수 있는 한 그것을 유지할 수 있는 것은 없다. 그 과정에서 그것은 인권을 이전의 보편적인 것들과 똑같이 취급한다…. 계몽주의는 전체주의적이다"라고 말한다.[68] 어느 단계에서 계몽을 추구하는 것은 자연스럽게 모든 인간이 이성을 행사할 수 있는 능력을 보호하기 위해 갖는 권리를 인정하는 것을 수반한다. 그리고 이를 위해 개인은 몇 가지 보호 장치를 필요로 한다. 하지만 사람들이 이러한 권리를 사용할 때, 일부 권리 행사는 다른 사람의 권리를 훼손한다. 이러한 발전은 자율성이 널리 퍼진 사회가 아니라 대부분 사람들이 거의 통합될 수 없는 점점 더 이질적인 사회 질서를 만들어 낸다. 이러한 질서는 체계적으로 사람과 삶의 고통에 무관심하다.

이 마지막 요점을 조금 더 설명하자면, 인간은 궁극적으로 우리가 일반적으로 이성을 행사하고 구체적으로 권리를 행사함으로써 만들어 낸 이성의 형식에 불과한 객체가 된다. 결국 인간에게 권리가 있다는 생각 자체가 계몽주의 내에서는 계몽주의 이전 신화의 주요 사상처럼 취급될 것이다. 계몽주의는 그 계략이 결국 자신의 이상에 반한다는 점에서 전체주의적이다. 계몽주의는 일종의 해답을 제공하지만, 사람들이 진정으로 스스로 행동할 수 있게 해 주지는 못한다. 이에 대해 호르크하이머와 아도르노는 다음과 같이 말한다.

인간은 자신의 권력을 행사하는 대상으로부터의 소외를 통해 자신의 권력 증진에 대한 대가를 치르고야 만다. 계몽주의는 사물에 대해 인간에 대한 독재자처럼 행동한다. 인간은 사물을 조작할 수 있는 한에서 사물을 안다. 과학적 인간은 사물을 만들 수 있는 한에서 사물을 안다. 이런 방식으로 사물의 잠재력을 자신의 목적을 위해만 사용한다.[69]

사람들은 도구적 이성에 순응해야만 세상에서 성공할 수 있다. 지식인은 현실 너머의 길을 보여 주지 않고 현실을 반영하려고 할 뿐이기에 연구는 이러한 질서를 돕고 조장한다. 개인은 설명되지만 주체성을 부여받지 못한다는 점에서 우리는 신화로 회귀한다. 우리가 이 지점에 도달한 것은 부분적으로는 모든 사람의 권리를 인정하는 사회를 구축했기 때문이며, 이러한 인식은 결국 억압적인 질서를 만들어 낸다. 일반적으로 개인은 자신의 생각과 활동을 형성하는 환경에 의문을 제기하는 경향이 없기에 삶의 환경을 형성하는 억압에 대해 인식하지 못한다. 하지만 이러한 상황에 이성적으로 관여하려고 하거나 일반적인 행동 방침에서 벗어나려고 결정한다면 이러한 문제는 더 잘 인식될 수 있다. 신화와 계몽은 모두 궁극적으로 자연과 인간에 대한 지배에 관한 것이다.

8.7 나오며

우리는 지금의 신자유주의 시대가 호르크하이머와 아도르노가 우려했던 것을 상당 부분 입증하고 있다는 사실을 인정해야 한다. 권리는 중요하지만, 민주주의를 강화하는 방법이나 정의가 구조적인 방식으로 무엇을 요구하는지에 대한 추가적인 성찰 없이 실제로 권리가 사회에서 구현된다면, 권리는 소수의 사람들에게 다른 사람들보다 훨씬 더 많은 권한을 부여한다(그럼에도 그들에 대해서도 '동일한 권리'가 있다고 말하게 될 것이다). 권리 이야기는 사람들에게 힘을 실어 주기 위해 고안된 것으로 취급되기보다는 일종의 주문처럼 전승되는 경우가 많다. 따라서 디지털 시대가 어떻게 되어야 하는지를 고민할 때 4세대 인권에 인식적 권리를 추가하는 것은 분명히 중요하지만, 이러한 노력은 민주주의를 더 강하게 만들고 사회를 더 정의롭게 만드는 것을 목표로 하는 것과 병행되어야 한다.

도구적 권력에 대한 주보프의 분석은 프랑크푸르트학파의 창시자들이 제시했던 이성의 작용에 대한 이해를 반영한다. 도구화 경향은 특히 디지털 세계처럼 도구에 의해 형성된 맥락에서 두드러지게 나타난다. 더군다나 권리 양도가 상황을 개선할 수 있을지도 의문이다. 도구적 권력에 대한 주보프의 설명은 계몽주의 시대에 표준이 된 자본주의 사회에 대해 많은 것을 조명하고 있기에 더 많은 권리를 인정하는 것 '자체'가 도움이 되지 않는다는 것을 말해 주고 있다. 아도르노는 "잘못된 삶 속에서 올바른 삶이란 존재하지 않는다"는 유명한 명언을 남겼다.[70] 사회 전체적 차원의 문제라면 작은 규모의 변화로는 아무런 변화를 만들지 못한다. 더 많은 권리를 인정하는 것으로 만족하고 아무것도 하지 않는다면 그것은 의미가 없다.

사회 전반에 변화를 추동하기 위해서 민주주의와 정의의 차원에서 더 큰 규모의 사유가 필요하다. 그리고 우리는 인식적 권리를 포함한 확고한 권리 보호가 번성할 수 있는 배경 구조를 만들기 위해 노력해야 한다. 권리만으로는 충분하지 않다. 감시가 만연한 디지털 시대에 칸트의 지적 성숙이라는 이상, 즉 인간이 진정한 정신적 독립성을 가지면서 동시에 사회에 기여할 수 있는 존재로 남고자 한다는 꿈은 실현하기 매우 어려운 것이다. 이러한 이상이 조금이라도 현실화되기 위해서는 권리뿐만 아니라 민주주의와 정의의 이상도 함께 실현되어야 한다. 호르크하이머와 아도르노가 지적한 바와 같이 권리가 고립적으로 구현될 때 발생할 수 있는 문제를 억제하기 위해서는 이러한 사유를 적극적으로 구현하는 작업이 필요하다.

마르크스주의 전통에 익숙한 독자들은 '정의'에 호소하는 '권리에 대한' 우려와 관련된 답변을 어색하게 생각할 것이다. 적어도 특정 종류의 마르크스주의자에게는 정의에 관한 어떤 이론도 '이데올로기적'이라고 비난받을 것이다. 즉 근본적으로 계급적 이해관계의 관점에서 크게 설명할 수 있고 스스로 변화를 주도할 수 없다는 것이다(이것은 물질적 상황의 변화에서 비롯된 것이므로 2장을 다시 참조할 필요가 있다).[71] 이러한 경계심에 대응할 수 있는 한 가지 방법은 호르크하이머와 아도르노가 권리가 아닌 이성의 관점에서 자신의 주장을 펼친다는 점을 상기하는 것이다. 그들의 공식화에는 정의와 다른 가치를 실현하려는 노력이 포함된다. 혹은 내가 이들의 관심사를 권리의 문제로 좁히는 것이 이들이 추구한 바를 과소평가하는 것이 아닌가 하는 우려를 표명할 수도 있다.

물론 이러한 정의에 대한 호소가 모든 것을 설명하지 못한다는 점에서 비판은 충분히 의미가 있다. 하지만 그럼에도 정의(혹은 다른 가치들)의 보다 폭넓은 실현에 대한 주장은 권리에 대한 변증법적 우려에 대응하기 위해 우리에게 반드시 필요한 요소이다. 그리고 정의에 대해서도 동일한 우려가 제기된다는 점 역시 우리가 정치 과정에서 예리하게 인식해야 할 것이다.[72] 우리는 최선을 다해 이 문제에 대처해야 하지만, 정의가 지금보다 훨씬 더 심각하게 받아들여질 때만 이 문제가 해결될 수 있다는 것도 알아야 한다. 따라서 이것은 우리가 디지털 시대의 문제를 해결하기 위한 다리에 도착한다면 반드시 건너야 할 것들이다. 사실, 우리가 그 다리에 도달하기만 해도 다행이다.

9. 사회적 사실로서의 데이터

―분배정의와 빅테이터의 만남

사회적 사실이란 개별적인 것에 독립적으로 존재하며
특정 사회 전체에 걸쳐 일반화되는 모든 행동 양식이다.
– 에밀 뒤르켐[1]

9.1 들어가며

정의에 관한 지속적인 탐구와 성찰은 인간의 고유한 역량이 구성, 생성, 유지될 수 있도록 하며 각 개인이 적절한 자리에 위치하고, 그러한 자리를 차지할 수 있는 능력에 따라 각자 적절하게 존중받을 수 있게 하였다.[2] 정의는 수천 년 동안 인류 독창성의 발전과 각 개인이 적절한 위치를 차지할 수 있도록 하는 것과 관련이 있었다.

아리스토텔레스의 초기 이론에 기초하여 우리는 정의를 교환정의와 분배정의로 구분해서 볼 수 있다. 전자는 특정 상호작용(교환정의의 필요성을 촉발하는 상호작용)의 발단이 된 이전의 현상 유지를 회복하거나 위반에 대응하는 것이다. 구체적으로 보자면 불법 행위에 대한 처벌이나 형사 사법 체계를 떠올릴 수 있다. 그리고 분배정의는 공동체가 공통으로 수행하거나 그럴듯하게 유지해야 하는 것들과 관련 있다. 구체적으로는 오늘날의 재산법과 세법 등을 떠올릴 수 있지만, 그 이상도 생각할 수 있다. 아리스토텔레스 이후 분배정의에 관한 이론은 공통점이 있다고 여겨지는 공동체를 어떻게 구분할 것인지와 깊이 연관되어 있다. 즉 분배에 관한 이론은 어떤 유형의 공동체가 단 하나만 존재하는지(예를 들면 시민권을 공유하는 사람들, 그렇다면 이 사람들이 공동으로 기여한 경제 수익에 대한 청구권을 갖는 것은 공유된 시민권 덕분인지), 아니면 각각 다른 공통점을 가진 여러 공동체(한 국가의 시민 거주자로서뿐만 아니라 세계시민 또는 다른 집단도 각각 다른 것에 대한 청구권을 가질 수 있는지)가 존재할 수 있는지 결정할 필요가 있다.

분배정의에 관한 이론은 또한 각 공동체가 공통으로 보유해야 하는 것, 즉 각 구성원에게 정당화될 수 있는 가용성 또는 접근성이 있어야 하는 것을 설명해야 했다. 여기서 철학자들이 사용하는 전문용어는 '공유해야 할 것'을 의미하는 '디스트리뷰엔둠'(distribuendum)이다. 아리스토텔레스에게 이 용어는 명예, 부, 안전에 대한 공유를 의미했다. 그리고 이러한 것들을 공유하는 집단이 거주하는 곳이 바로 '폴리스'(polis)였고 이 집단이 시민이었다.

수천 년 후 롤스는 자유주의 사회의 주요 정치 및 사회제도, 헌법, 법률 시스템, 경제, 가족 등의 정의로운 체계에 대해 설명하고자 했다. 제도의 정의로운 구성이 사회의 '기본 구조'이며, 이 구조에 의해서 기본권과 자유, 이동의 자유와 직업 선택의 자유 및 공직과 책임의 권한, 소득과 부 등 '사회생활의 주요 혜택'과 사회적 기본재 그리고 자존감의 사회적 기반(즉 시민에게 자존감과 계획을 실행할 수 있는 자신감을 주는 사회 기관의 인정)이 시민들에게 분배된다.[3]

현대의 분배에 관한 정의론에서 사회적 기본재를 분배의 대상으로 보는 것은 우리가 공동생활을 통해 서로에게 제공하는 것의 범위가 얼마나 넓은지를 반영하는 것이다. 앞에서 롤스가 사회적 기본재의 분배를 규제하기 위해 다음과 같은 원칙을 제안했던 것을 기억해 보자. 첫 번째 원칙은 정치적 지위에 관한 것으로, 모든 사람을 위한 평등한 기본적 자유에 적합한 제도, 즉 모든 사람의 동일한 자유와 양도 불가능한 권리에 대해 말한다. 경제의 상대적 지위를 다루는 두 번째 원칙은 두 부분으로 나뉘는데, 첫 번째 부분에서는 사회적·경제적 불평등은 공정한 기회균등 조건에서 모든 사람에게 개방된 공직과 직책이 부여되어야 한다는 것을 다루고 있으며 두 번째 부분에서는 사회적·경제적 불평등은 사회의 최소 수혜자에게 최대의 이익이 되어야 한다는 것을 다루고 있다(차등의 원칙).[*]

그렇다면 데이터는 일반적으로 분배정의에 대한 이론, 특히 롤스의 원칙에 어떤 방식으로 부합될 수 있을까? 데이터에 대한 분석 및 접근을 통해 사람들은 한 개인이 다음에 무엇을 할 것이며, 어떤 것을 말하고 생각할지 그리고 어떤 일이 일어날지 예측을 가능하게 하는 패턴을 감지할 수 있다. 예를 들어 아마존 웹서비스는 방대한 사이버 공간을 제어하여 엄청난 규모의 데이터 수집을 가능하게 한다. 이러한 데이터 수집은 적어도 원칙적으로 아마존 웹사이트에서 고객을 안내하는 데 사용될 수 있다. 데이터가 많을수록 이러한 기능은 정확해

[*]   Rawls, *Restatement*, pp. 41~43. 정치적 지위에 관한 첫 번째 원칙이 두 번째 원칙보다 우선한다. 두 번째 원칙에서는 공정한 기회의 평등이 차등의 원칙보다 우선한다.

지고 경쟁 업체의 시장 진입은 더욱 어려워진다. 이러한 예측을 종합하면 사회적 트렌드를 예측할 수도 있다. 그리고 예측을 할 수 있는 사람은 개인들의 행동 방향을 바꿀 수도 있고, 이에 따른 하나의 사회를 형성할 수도 있다. 따라서 소유권에 관한 정의에 해당할 수도 있고, 그렇지 않을 수도 있는 '데이터에 대한 통제'는 현대 사회의 진정한 권력이다. 그렇다면 누가 그 권력을 가져야 하는가? 데이터를 어떻게 통제해야 하는가?[4] 그리고 이런 질문이 분배정의를 새롭게 이론화하는 데 어떻게 연결될 수 있는가? 이것이 우리가 지금 던져야 할 질문이다.

개인 정보로 이해되는 데이터는 누군가에 대한 본질적인 정보를 드러내는 것으로, 잘못된 손에 의해 오용될 수 있기에 오랫동안 정치 사상가들은 이에 대해 우려해 왔다. 이러한 종류의 데이터는 개인의 자유와 직접적인 관련이 있으며, 데이터를 보호해야 할 필요성은 일반적으로 '프라이버시'라는 주제 안에서 다루어져 왔다.[5] 그러나 특정한 성질을 가진 사람들이 어떤 행동을 할지에 대한 예측을 위해 전체적으로 필요한 데이터에 대한 통제는 분배정의 이론에서 전통적인 주제는 아니었다. 이 주제가 정치적 의미를 갖게 된 것은 디지털 세계를 통해 등장한 경제권력의 등장에 기인한다. 따라서 우리는 분배정의의 관점에서 데이터에 대한 통제에 대해 생각해 보아야 한다.

우리가 우려하고 있는 데이터 그 자체를 사회적 기본재라고 하기는 어렵다. 하지만 디지털 세계에서 데이터는 어떤 식으로든 모든 기본재의 성격을 형성하는 데 영향을 미친다. 데이터 중심 경제에서의 소득과 부가 가장 분명한 사례이다. 물론 데이터에 대한 통제는 분배정의의 관점에서 볼 때 특별한 주의를 기울일 필요가 없어 보일 수도 있다. 그리고 사회적 기본재에 대한 우리의 이해를 최신 상태로 유지하는 것만으로도 데이터에 대한 통제를 분배정의 이론에 통합하는 데 충분하다고 볼 수도 있다. 하지만 빅데이터는 우리의 삶, 특히 경제가 작동하는 방식을 극적으로 변화시켰기 때문에 롤스가 제시하는 분배정의에 대한 접근 방식 안에서 원칙이나 최소한의 일반적인 지침이 데이터 통제를 규제할 수 있는지 살펴볼 필요는 있다. 이러한 원칙은 빅데이터가 기본재의 본질을 정의하는 데 어떻게 영향을 미치는지에 필수적인 조건이 될 것이다.

분배정의를 위한 데이터 통제의 중요성은 합법적인 통제가 더 잘 이해되는 다른 영역과의 결합 및 비유를 통해 쉽게 이해할 수 있다. 지금까지 우리는 다음과 같은 비유를 사용하여 데이터를 설명해 왔다. 즉 우리는 **석유로서의 데이터, 지식재산으로서의 데이터, 인격으로서의 데이터, 구호 보상으로서의 데이터, 노동으로서의 데이터** 등으로 데이터를 표현하여 왔다.* 중요한 것은 지금까지의 데이터에 대한 비유는 우리가 합법적으로 통제하는 방법에 대한 견해를 확립한 다른 것들과 관련성이 있다는 사실이다. 하지만 이러한 비유에는 주의가 필요하다. 데이터는 우선 세 가지 방식으로 주요하게 기본재와 관련되기에 다음과 같은 것을 우선 탐구해야 한다. 첫째, 데이터를 가치 있게 만드는 것은 무엇인지 파악해야 한다. 둘째 데이터를 가치 있게 만드는 것이 무엇인지 파악함으로써 누가 데이터를 통제해야 하는지 (일반적으로 누가 데이터를 '소유'해야 하는지) 알아야 한다. 셋째, 관련된 권리의

---

*   주요한 비유이기에 강조로 표시한다.

종류를 통해 데이터를 어떻게 통제·소유해야 하는지 파악해야 한다.

나는 데이터를 설명하는 데 다른 영역과의 연결을 통한 비유를 사용할 것이지만 이러한 비유의 정당성은 이것이 얼마나 많은 이점을 가져올 수 있는지에 따라 달라진다. 예를 들어 '노동으로서의 데이터'라는 말에 따르면, 데이터는 특정 사람이 제공한 노동에 해당하기에 가치가 있으며, 제공된 데이터는 노동 행위를 한 사람이 소유해야 하고, 그 사회에서 일반적으로 노동이 통제되는 방식대로 데이터를 소유해야 한다. 데이터를 노동으로 환원하면 데이터에 대한 통제권을 누가, 어떻게 행사해야 하는지에 대한 질문에 큰 도움을 줄 수 있다.

내가 데이터를 표현할 때 다른 영역과의 비유를 통해 설명한 것은 데이터를 합법적으로 제어해야 한다는 것을 강조함과 동시에 데이터로서의 관점을 표현할 수 있는 방식을 특성화하기도 한다. 특히 '사회적 사실로서의 데이터'라는 말이 그러하다. 다른 것들과 달리 사회적 사실로서의 데이터라는 비유는 합법적인 통제가 잘 이해되는 다른 영역들과는 상반된 성격을 가지고 있다. 이러한 비유 안에서는 누가 어떻게 통제할 것인가에 대한 질문이 기존의 방식처럼 진행되지 않는다. 사회적 사실로서의 데이터라는 말은 데이터를 경제적 관점과 연결하여 데이터에 대한 통제 및 규제를 정치적으로 중요하게 만들며, 데이터의 특성, 즉 (확률적) 예측을 가능하게 하는 규칙성을 포착하여 뒤르켐의 의미에서 사회적 사실(8장에서 논의한 바와 같이)이라는 점을 파악하게 한다.[**] 이 장에서는 이러한 사회적 사실로서의 데이터를

**   Durkheim, "What Is a Social Fact?". 사회적 사실에 대한 뒤르켐의 개념 전개에 관한 철

한정된 범위 안에서만 사유화해야 한다고 주장한다. 하지만 여기서 누가 어떻게 데이터를 통제해야 하는지에 대한 완벽한 해답을 제시할 수는 없다. 이러한 문제에 답하기는 쉬운 일이 아니다. 사회적 사실로서의 데이터라는 용어는 명확한 원칙이 아니기에 다만 한정된 가이드라인만 제시할 뿐이다. 이 때문에 나는 이 장에서 빅데이터가 사회적 기본재의 본질을 정의하는 데 어떤 영향을 미치는지를 먼저 살펴보고자 한다.

나는 이 장에서 법적 세부 사항의 문제보다는 정치적으로 이야기하기 위해 소유권이 아닌 주로 (합법적인) '통제권'에 관해 이야기할 것이다. 더군다나 법적 세부 사항들은 일반적으로 기본적인 철학적 관점을 넘어서는 것이기에 내가 자세히 다룰 수도 없다. 하지만 소유권과 통제권은 서로 밀접한 관계를 가지고 있는 것이 사실이다. 더욱이 데이터 활용에 관한 내용들은 통제보다는 소유적 측면에서 어느 정도 공식화되어 있기도 하다. 따라서 소유권은 여기서 피할 수 없는 주제이다. 또한 데이터에 대한 통제권을 법적 소유권 체계에 통합해야 할 충분한 이유가 있기도 하다. 따라서 9.2절에서는 소유권에 대해 먼저 살펴보도록 하겠다.

9.3절에서는 다양한 데이터 활용 사례 및 특성에 대해서 알아볼

학적 설명은 Gilbert, "Durkheim and Social Facts" 참조. 나는 '사회적 사실로서의 데이터'를 '집단적으로 생성된 패턴으로서의 데이터'라고 지칭하곤 하였다. 이에 대해서는 Risse, "Data as Collectively Generated Patterns" 참조. 후자의 용어는 더 설명적이며 뒤르켐적 용어를 도입할 때 발생하는 존재론적 논쟁을 피할 수 있다. 하지만 '사회적 사실로서의 데이터'는 비교적 괜찮은 용어이며 뒤르켐과 길버트와의 연관성을 만들어 내기도 한다. 집단적으로 생성된 패턴에 대해서는 이후 설명할 것이다.

것이다. 9.4절에서는 사회적 사실로서의 데이터를 소개하고자 한다.
그리고 9.5절에서 9.7절까지는 이러한 종류의 사회적 사실이 특정한
조건에서만 사유화될 수 있음을 보여 주고자 한다. 나는 휴고 그로티
우스가 1609년『자유해론』(自由海論)에서 제안한 소유권에 대한 접
근 방식을 사용하여 이에 관해 설명할 것이다. 또한 공해(公海)라는
기존의 맥락에서 시작하여 이 접근법을 점진적으로 발전시킬 것이다.
그리고 이 접근법을 지식재산권으로 발전시키고 궁극적으로 사회적
사실에 적용할 것이다. 21세기의 문제를 조명하려고 할 때, 17세기 인
물이 등장한다는 사실이 놀랍고 난감할 수도 있다. 하지만 바다의 소
유권에 대한 그로티우스의 설명은 어떤 것을 사유화해야 하고 사유화
하지 말아야 하는지에 대한 근본적이고 명확한 아이디어를 제공한다.
그로티우스의 이야기는 우리가 주의 깊게 들어야 할 교훈을 제공한
다. 데이터에 대한 통제는 매우 중요하지만 잘 알려지지 않았기에 우
리는 데이터에 대한 질문을 열린 자세로 받아들여야 한다. 지금은 이
문제에 대해 색다른 생각을 해 볼 수 있는 좋은 시기이다. 9.8절에서는
이에 대한 몇 가지 반론을 살펴보는 것으로 마무리한다.

　　이 장의 논의에 대한 맥락을 좀 더 설명하자면, 5장에서는 교환정
의와 분배정의에 대해 소개하였다. 나는 교환정의와 분배정의의 관점
에서 어떤 문제는 두 영역 모두에 속할 수 없다고 생각한다. 하지만 교
환정의와 분배정의의 문제는 모두 인식적 정의의 영역에 포함될 수
있다. 우리가 집단적으로 알려지는 방법(예를 들어 빅데이터)이 사회
적 기본재에 어떤 영향을 미치는지 조사하면 인식적 정의와 분배정의
가 모두 설명될 수 있다. 따라서 이 장에서는 분배정의라는 용어를 사

용하지만, 집단 인식 객체의 관점에서 이 분석을 수행할 수 있기에 인식적 정의라는 관점에서 설명될 수도 있다. 7장에서는 새로운 인권으로서의 인식적 권리에 대해 소개하였다. 이 중 하나는 집단 인식 객체에 속해 있는 개인을 보호하기 위한 것으로, 수집된 데이터에 대한 실질적인 통제권을 의미한다. 이는 집단 인식 객체에 대한 특정 방식의 권리이다. 이 권리는 내가 이 책에서 제안하는 인권에 관한 가장 중요한 추가 사항이다. 이 장에서는 이러한 권리가 어떤 자격이 있는지를 추가적으로 설명한다.*

9.2 왜 소유권인가?

소유권에 관한 고찰이 데이터 사용에 대한 우려를 해결하는 올바른 방법이 아닐 수 있다. 따라서 데이터에 대한 통제권이 중요하다면 다른 방법으로 우려를 해결해야 한다는 의견이 있다. 그리고 이 의견은 다음 두 가지 형태로 나타난다. 첫째, 데이터 소유권에 대한 우려는 프라이버시와 관련된 경우가 많으므로 소유권을 고려하지 않는

---

*   (1) 인공지능을 기본 구조의 일부로 간주하여 롤스의 틀에 통합해야 한다는 주장에 대해서는 Gabriel, "Towards a Theory of Justice for Artificial Intelligence" 참조. (2) 롤스의 재산권은 (적어도 대체로) 전통적인 개념이다. 따라서 이 장은 데이터 소유권을 법적 틀에 통합하는 방법을 평가해야 하는 롤스의 분배정의에 대한 이해에 집중하려는 정치 공동체에 정보를 제공하는 차원에서 이해해야 한다. 우리가 접하는 몇 가지 고려 사항(특히 그로티우스를 중심으로 하는 것)은 자연법적 맥락에서 비롯된 것이다. 하지만 그 기원과 상관없이 이러한 고려 사항은 통제 또는 소유권에 관한 기존 합의의 윤곽에 대한 논의를 위해 재구성될 수 있다.

방식으로 평가되어야 한다는 것이다. 즉 프라이버시의 문제에서 소유권이라는 표현 자체가 적합하지 않다는 주장이다. 둘째, 소유권을 고려하는 것이 중요할 수도 있지만, 데이터의 소유권 상태를 결정하는 방법에는 이러한 것이 아무런 영향을 미치지 않는다는 비판이다. 데이터가 사적 소유인지 공적 소유인지에 상관없이 프라이버시 측면에서 표현된 우려는 소유의 문제가 아니라는 것이다. 이러한 반대 의견을 종합해 보면, 소유권의 문제를 고민하는 것으로는 데이터 사용에 대한 우려를 해소하기 어려울 수 있다는 의문이 생긴다. 이러한 문제를 좀 더 자세히 알아보기 위해 몇 가지 사례를 들어 보도록 하겠다.[6]

사례 1 : 데이터 분석 결과, 키보드로 타이핑하는 어떤 패턴이 특정 근육 질환의 발병을 야기하는 것으로 나타났다. 보험 회사는 이러한 정보를 바탕으로 일부 고객의 보험 가입을 거부하거나 보험료를 책정했다.

사례 2 : 데이터 분석 결과, 개인의 독서 취향에 따라 인터넷 프라이버시 보호에 관한 새로운 책을 홍보하면 효과가 높아진다는 사실이 밝혀졌다. 따라서 판매자는 마케팅을 개선하기 위해 정보에 대한 비용을 지불하였다.

사례 3 : 데이터 분석을 통해 적절하게 구성된 메시지를 보내면 특정 후보를 지지하도록 설득할 수 있는 사람(진리성을 검증할 수 없는 유권자)이 누구인지 구분할 수 있다. 정치인들은 선거에서 승리하기 위해 이러한 정보에 돈을 지급한다.

데이터 소유에 대한 비판자들은 이러한 사례를 들어 데이터 소유권과 상관없이 프라이버시를 지켜야 한다고 주장한다. 사례 1에서 이들은 특정 유형의 정보(키보드 사용)가 완전히 다른 정보(의료 평가)로 전환되는 것을 사례로 프라이버시의 침해를 구성한다.[7] 사례 2에서는 일상적인 행동의 상품화가 발생한다. 사례 3에서는 의견 형성 과정에서 특정 수단의 허용 여부를 중심으로 논의가 이루어진다.

하지만 이에 대해 좀 더 깊이 생각해 보면, 우리가 왜 소유권을 고민해야 하는지 더 명확해진다. 사례 1의 경우 정보의 전환에 경악할 수 있지만 이것은 간단한 문제가 아니다. 어떤 결론에 도달하기 위해서는 여러 가지 고려 사항을 숙고해야 하며, 소유권도 그 사항 중 하나이다. 이 문제에 관해, 우리는 우선 보험 회사가 어떤 의무를 지는지 또는 어떻게 규제해야 하는지에 관한 것을 고려해야 한다. 보험 가입을 허락한다는 것은 위험을 공유한다는 의미이다. 위험을 공유하는 것이 보험의 핵심이다. 보험 회사가 누군가가 고위험에 처해 있다는 사실을 알면서도 이 정보에 따라 행동하지 않는다면, 고위험 고객의 이익과 관련이 없는 다른 사람들에게도 더 높은 평균비용을 부과하게 될 것이다. 또한 위험 프로필에 대한 정보가 제공되었음에도 보험료를 평가하는 데 사용하지 않았다면, 저위험군에 속한 사람들이 합리적 불만을 제기할 수도 있다. 그리고 이러한 논란의 여지가 있을 경우, 데이터 사용에 대한 결정은 데이터 소유자가 내려야 한다는 소유권 논쟁으로 들어갈 수 있다. 이는 결정적일 수도 있고 아닐 수도 있다. 하지만 어떤 경우든 보험에 가입한 다른 소비자들을 보호하는 데 소유권이라는 개념을 생각하지 않을 수 없다.

사례 2의 경우, 상품화와 관련된 정보 분석은 다소 사소한 것이다. 이러한 경우 잠재적 구매자는 상품화를 환영하거나 최소한 용인할 가능성이 높다. 타깃 광고는 무의미한 마케팅의 홍수로부터 사람들을 보호하는 방식이다. 따라서 이러한 광고에 개인 데이터를 사용할 수 있는지 (그리고 어떤 데이터를 사용해야 하는지) 판단해야 하며, 데이터 소유권을 가진 사람이 이러한 판단을 내려야 하기에 결국 소유권이 중요하게 고려되어야 한다. 마지막으로 사례 3의 경우 합법적인 설득 수단의 범위와 한계에 대해 합리적인 이견이 있을 수 있다. 이 경우에도 소유권 고려가 중요한 역할을 한다. 따라서 모든 사례에 대한 답변, 즉 소유권을 고려하는 것이 데이터 사용에 대한 우려를 해결하는 데 중요한 역할을 할 수 있다. 물론 소유권이 전부가 아닐 수 있다는 것은 분명하다. 권리의 영역 내에서도 자유권이나 인격권과 같은 다른 유형의 권리가 포함될 수도 있다. 하지만 이러한 것 역시 소유권이 관련 고려 사항 중 하나라는 것을 의미한다. 그리고 각각의 경우에 실제로 소유권이 문제가 되기도 한다.

데이터에 관한 소유권의 관련성을 강조하는 또 다른 방법은 프라이버시 보호의 중요성을 강조하는 것이다.[8] '프라이버시'라는 용어는 단지 개인의 의사 결정에 맡겨야 하거나, 타인의 눈과 귀로부터 숨겨야 하거나, 조사나 평가의 대상이 되어서는 안 되는 사항과 한편으로는 그러한 방식으로 제쳐 두어서는 안 되는 다른 사항을 적절히 구분하는 것을 가리킬 뿐이다. '프라이버시' 또는 '사적 영역'은 이와 '독립적으로' 이해되지 않는다. 따라서 프라이버시를 고려한다고 해서 소유권과의 관련성이 명백히 제한되는 것도 아니다. 이러한 구분을 명확히 하기 위한 토론이 필요하며 소유권을 고려하는 것은 데이터 사용에 관한 문제에 명백히 도움이 될 수 있다.

소유권이라고 하는 것은 법적·도덕적 제약 안에서 원하는 대로 특정 일을 할 수 있는 일련의 청구권, 자유 및 권한을 생성하는 것이다.[9] 물론 소유권만을 고려해서는 문제가 해결되지 않는다. 하지만 이러한 고려 사항이 중요하지 않은 것은 아니다. 소유의 문제가 법의 대부분을 차지한다는 말도 있지만, 실제 소유권은 법을 구성하는 데 10퍼센트 정도의 비중을 차지한다. 소유권을 구성하는 청구권, 자유, 권한의 묶음은 책임을 할당하고 기대치를 형성하는 데 도움이 되기에 좋든 싫든 우리 생활의 핵심 요소이다. 데이터 소유권에 대한 성찰은 이러한 방식으로 작동하는 세상에서 데이터를 위한 제도를 어떻게 구성할 것인지에 관한 우선적 고찰이다. 이것이 내가 여기서 소유권에 대한 문제를 강조하는 이유이다.

이제 데이터의 문제에서 (소유권은 필요 없다는 이의 제기에 대한 답변을 통해) 소유권의 문제가 왜 중요한지 알게 되었다. 그렇다면 두 번째 문제 제기는 어떻게 해결해야 할까? 소유권에 대한 지위가 어떻게 해결되든 그것은 중요하지 않다는 주장이 있다. 하지만 이러한 주장은 사적 소유권에 대한 고려 및 이것에 대한 도덕적 제약이 공적 소유권의 문제와 동일하게 적용될 경우에만 설득력이 있다. (사적 소유권과 공적 소유권에 대한 적절한 이해를 위해) 이러한 동일성이 증명된다면 그것은 놀라운 일이 될 것이다. 이것이 증명되려면 우선 데이터 패턴의 맥락에서 소유권의 본질을 명확하게 하는 것이 필요하며 이것이 소유권 문제를 해결할 수 있는 다른 방법과 어떻게 다르거나 동일한지 고민해야 한다.

9.3 비유된 데이터

특별한 규정이나 법률이 없다면, 우리는 일단 수집된 데이터는 그것을 수집한 사람(일반적으로 스마트폰, 태블릿, 개인용 컴퓨터, 디지털 비서, 전자적으로 연결된 가전제품, 위치추적시스템, 검색엔진을 제공하는 회사 등)이 통제할 수 있다고 보면 된다. 데이터는 '발견한 사람이 주인'이라고 주장하는 것은 플랫폼이 매개하는 상호작용의 특성 덕분에 이전에는 관찰할 수 없었던 행동을 감지할 수 있고, 이를 통해 이전에는 불가능했던 거래가 가능해졌다는 것을 강조한 말이다. 이러한 접근 방식과 상반된 규제나 법률로 데이터를 수집하고 분석하며 집계할 수 있는 방법을 제한하거나 수집된 데이터를 사용할 수 있는 용도를 제한하는 것이 가능하다. 어느 쪽이든 이 단계에서는 데이터 통제에 대한 문제가 중요하다.

인류는 자신의 부와 지위를 창출하는 데 필수적인 것들, 즉 사적으로 통제할 수 있고 정상적으로 '소유할' 수 있는 것들의 범위를 확대하는 데 큰 어려움을 겪은 적이 없었다. 토지, 도구, 노동력, 아이디어. 이것들은 수세기에 걸쳐 인간 소유의 대상이었다. 그리고 이들 각각은 포괄적인 법과 제도에 의해 규제되었으며, 다른 것과 비교하여 특정 법률의 적절성에 대한 많은 성찰과 의견 동원을 수반하였다. 하지만 디지털 세계에서 이해되는 데이터는 사적으로 통제할 수 있는 사물의 영역에 새로 등장한 것이다. 이 새로운 것의 참신함과 난해함을 고려할 때, 데이터 소유를 규제하는 데 있어 다른 사물들과 비유하는 방식을 취하는 것은 효과적인 작업이라 할 수 있으며 이를 통해 여러 가지 내용이 공식화되었다는 것은 놀라운 일이 아니다.

이러한 비유 중 눈에 띄는 것은 **석유로서의 데이터, 노동으로서의 데이터, 인격으로서의 데이터, 구호 보상으로서의 데이터, 지식재산으로서의 데이터** 등이다. 하지만 이러한 비유들에 대한 내 의견은 이 비유들이 데이터의 가치에 대한 기본적인 이해를 바탕으로 하고 있지 않다는 점이다. 수집되는 무수히 많은 데이터 중에서 여러 사람의 활동에서 생성된 전체적인 패턴을 형성하여 다른 행동이나 사건을 예측할 수 있는 데이터는 가치가 있으며, 이러한 추론을 도출할 수 있는 수학적 도구를 가진 사람은 이를 통해 수익을 창출하거나 다른 방식으로 악용할 수도 있다.

데이터를 소유권의 범위에 구체적으로 포함시키려는 한 가지 시도는 데이터를 천연자원에 비유하는 것이다. 물론 데이터는 인간의 활동을 통해 생성되기 때문에 그 자체를 자원이라고 할 수는 없다. 하지만 사람들은 데이터가 천연자원과도 같은 성격을 가지고 있다고 말한다. 예를 들어 석유와 마찬가지로 데이터도 그냥 존재한다는 주장이다. 누가 데이터를 사용해야 하는지 묻는다면, 그 대답은 추출 방법을 떠올리게 한다. 석유를 추출하는 사람이 석유를 상업적으로 사용하는 것처럼 데이터를 활용하는 사람은 데이터를 수집하는 작업을 하는 사람이다. 이러한 맥락에서 석유는 가장 많이 참조되는 자원이기에 나는 이러한 것을 '석유로서의 데이터'라고 부른다.[*]

지난 150여 년 동안 석유는 휘발유, 경유, 제트 연료, 가정용 난방 연료, 윤활유, 아스팔트 등의 형태로 전 세계 운송 시스템을 가능하게 하는 데 결정적인 역할을 해 왔다. 원유를 기반으로 한 석유화학 제품은 플라스틱, 합성섬유, 의약품, 비누, 페인트 등의 생산에 사용된다. 석유는 이러한 모든 제품의 원재료로서 이익을 창출하기에 석유를 추출한 사람들에게 많은 이익이 돌아갔다. 당연히 석유로서의 데이터는 특히 특정 비즈니스 부문의 대표자들에게 어필했다. 결국, 이 비유는 석유가 유용하려면 추출과 증류가 필요하듯이(따라서 영리 기업의 작업), 데이터도 유용하려면 수집 장치와 메커니즘은 물론 수학적 분석이 필요하다는 사실(다시 한번 영리 기업들의 작업)을 강조한다. '데이터 마이닝'이라는 용어는 이러한 비유를 반영하는 것이다.

하지만 석유와 데이터의 차이점은 명확하게 드러난다. 석유는 상대적으로 희소하고, 대체 가능하며(다른 지역에서 생산된 석유는 대체로 교환이 가능하고 등급을 통제할 수 있다는 점에서), 경쟁적 시장의 자원이다. 이와 달리 데이터는 희소하지도, 대체 가능하지도, 경쟁적이지도 않다. 가장 중요한 것은 석유로서의 데이터는 데이터가 인간의 활동에 의해 생성되며, 추가 활동을 예측할 수 있는 종류의 행동에 의

---

[*]　내 논의는 Scholz, "Big Data Is Not Big Oil"을 따르고 있다. 슐츠에 따르면 '자원으로서의 데이터'라는 말은 데이터 과학자 클리브 험비가 2006년 "빅데이터는 새로운 석유"라고 말한 문구를 통해 만들어졌다.

해 생성되기에 정확하게 가치가 있다는 점을 무시한다는 것이다. 데이터가 생성되는 방식을 회피함으로써, 석유로서의 데이터는 모든 유형의 오용을 진단할 수 있는 가능성을 완전히 차단한다. 데이터와 석유 사이의 유일한 의미 있는 유사점은 둘 다 상거래에 가치가 있다는 점이며 이에 대해서는 로렌 슐츠의 말이 옳다고 할 수 있다.

데이터를 소유권의 개념으로 가져오고자 하는 또 다른 시도는 '노동으로서의 데이터'라는 비유이다. 이에 따르면, 데이터는 데이터를 제공하는 사람이 소유해야 한다. 데이터를 생성하는 행위는 노동이다. 그렇다면 이러한 노동은 노동이 일반적으로 보상받는 다양한 방식처럼 보상받아야 한다. 우선, 데이터를 수집하는 기업은 데이터를 생성하는 데 필요한 시간을 보상할 수 있는 방법을 찾아야 한다. 실제 임금을 제공하는 방법은 비현실적일 수 있지만, 데이터를 수집하는 플랫폼에 대한 일종의 특권과 같이 임금에 상응하는 다른 형태의 보상을 상상할 수 있다. 또한 데이터가 노동이라면 노동자는 자신의 노동력을 누구에게 어떤 방식으로 판매할 것인지에 대한 통제권을 가져야 한다. 심지어 기여도에 따라 수익에 대한 권리를 주장할 수도 있을 것이다.[10]

여기서 주목할 점은 이 제안이 노동에 대한 광범위한 개념을 포함하고 있다는 점이다. 다소 매력적인 마르크스주의적 이해에 따르면, 노동은 노동자가 세상에 자신의 흔적을 남기는 방법이다. 여기에는 노동이 부산물로 발생하는 것이 아니라 인간의 손과 정신으로 실제로 형상화되는 것이 포함된다. 하지만 이러한 생각은 잠시 접어 두겠다.* 노동으로서의 데이터라는 비유에 대한 반대 의견은 데이터 생성에 소요된 시간이나 필요한 기술에 기반한 대가라면 그 대가가 매우 미미할 것이라는 점이다. 데이터의 가치는 플랫폼이 이것으로 무엇을 하는지에 의해 결정된다. 이는 노동의 산물로서의 가치와는 큰 관계가 없다. 두 번째 반대 의견은 노동으로서의 데이터는 플랫폼에서 수집된 데이터를 마치 한 개인의 데이터처럼 취급한다는 것이다. 사용자가 제공하는 데이터는 유전자 정보처럼 다양한 방식으로 연결된 다른 사람들에 대해 많은 것을 드러낸다. 한 사람이 데이터를 제공하기 위해 투자한 '노동력'을 '데이터'의 가치를 파악하는 적절한 방법으로 간주하는 것은 데이터를 개인별로 생각하는 것이 일관성이 없다는 사실을 놓치고 있다.

데이터의 비유에 관한 세 번째 접근은 인격으로서의 데이터이다. 이는 데이터는 인간이 생산한 것이기 때문에 데이터가 어떤 식으로든 인격체의 측면을 표현한다는 주장이다.[11] 그리고 이에 따르면 적용 가능한 모든 규정은 인격권 보호와 관련이 있어야 한다. 석유로서의 데이터와 노동으로서의 데이터는 데이터가 실제로 소유될 수 있는 방식(천연자원이 소유될 수 있는 방식이나 노동자가 보수를 받는 방식과 유사)에 주목하는 반면, 이 비유는 가장 직관적으로 데이터를 소유물로 생각하지 말 것을 권장한다. 인간 활동에 의해 생성된 데이터는 인격이 확장된 것이므로 그에 상응하는 보호를 받아야 한다는 것이다. 그리고 데이터의 사용은 개인의 프라이버시를 보호하는 권리에 따라 이

---

*   아무튼 마르크스주의적 노동 이해는 10장에서 한나 아렌트가 마르크스주의적 노동의 의미를 관점화하기 위해 행위라는 개념을 어떻게 활용하였는지 살펴볼 때 다시 등장한다.

루어져야 한다. 하지만 자기 소유권이라는 관점에서 이 주장을 다르게 이해하면 인격으로서의 데이터를 결국 소유권에 관한 제안으로 볼 수 있다.[12]

물론 소유와 인격은 서로 연결되어 있다.[13] 하지만 이러한 접근 방식은 바로 이러한 고려 사항을 '알리는' 것이라기보다 데이터에 대한 통제 및 소유권과 관련된 '보완적인' 고려 사항으로 간주되어야 한다. 왜냐하면 통제 및 소유권은 '집단적 활동'에서 비롯되는 시장가치를 고려할 수밖에 없기 때문이다. 물론 데이터에 대한 또 다른 (부수적인) 생각도 있다. '개별적으로' 데이터는 개성을 표현하는 것이지만, 그 정도는 상황에 따라 달라진다. 종종 활동의 부산물로 생성된 데이터는 그 자체로는 사람에 대해 거의 알려 주지 않으며, 사소한 수많은 다른 활동과 결합되어야만 실질적인 의미를 갖는다. 이러한 관점은 잠재적으로 경쟁적이면서도 상호 보완적인 것이다. 따라서 이 비유는 통제와 소유권에 대한 고려가 중요하다는 것을 알려 주기는 하지만 인격으로서의 데이터는 이러한 비유에 적합하지는 않다.[14]

다음은 구호 보상으로서의 데이터에 대해 살펴보자.[15] 『블랙법률사전』에서는 '구호'를 "위험에 처한 재산의 복구"로 정의한다. 구호 보상금은 재산, 특히 바다에 유실된 재산을 구호하는 데 도움을 준 사람들에 대한 보상금이다. 그렇지 않았다면 사라질 뻔한 물건을 인양한 사람은 자신이 투자한 노력에 따라 해당 물건의 가치에 대해 어느 정도 권리를 주장할 수 있다. 그럼에도 이들이 그러한 물건의 소유자가 아님은 명백하다. 슐츠가 지적했듯이, 데이터 수집의 맥락에서 이러한 접근 방식은 '데이터 채굴자'가 시장성 있는 결과물을 생성하기 위해 수행한 작업에 대해 보상을 받아야 한다는 직관을 포착하는 동시에 데이터가 다른 사람에게 추적 가능하다는 점을 인정하는 것이다. '데이터 채굴자'가 없었다면 이러한 데이터는 데이터로 살아남지 못했을 것이다. 설사 살아남는다 하더라도 가치가 없어 상업적으로 활용되지 못할 것이다. 하지만 이러한 작업이 수행되기 이전 이러한 데이터는 다른 사람의 것이 분명하다. 여기서 중요한 것은 이러한 비유가 데이터를 가치 있게 만드는 것은 데이터가 집단적으로 생성된다는 사실에 기초한다는 개념과 상충된다는 점이다. 이 비유는 생산자나 원소유자가 아닌 다른 사람이 어떻게 어떤 것에 대한 소유권을 주장할 수 있는지에 초점을 맞춘 것이다. 따라서 이러한 비유는 데이터의 본질을 명확하게 설명하지 못하며, 데이터가 어떻게 가치를 획득하게 되는지 조명하지 못한다.

마지막으로 데이터를 지식재산으로 간주해 보자. 지식재산에는 일반적으로 과학, 음악, 문학 및 기타 예술 작품과 발명품뿐만 아니라 이미지, 이름, 기호, 디자인 패턴, 즉 넓게는 아이디어도 포함된다. 다시 말하지만 데이터는 석유와 달리 희소성이 없고, 대체할 수 없으며, 경쟁이 불가능하다. 이러한 특징이 바로 데이터가 지식재산과 공유하는 특징이다. 또한 데이터와 지식재산은 모두 지식 경제의 핵심 자산이다. 따라서 데이터를 이와 유사한 방식으로 취급하는 것은 타당하다고 인정되며 이는 유럽법에서도 마찬가지이다.[16] 하지만 데이터와 지식재산은 중요한 차이점이 있다. 우선, 아이디어는 그 자체로도 가치가 있으며 그 아이디어가 생성하는 패턴에 대해서도 개별적으로 평가받기도 하지만, 데이터(여기서 우리가 관심 있는 종류의 데이터)는 이런 방식으로 대량으로 수집될 때만 가치가 있다. 게다가 아이디어에 대한 법적인 보호는 일반적으로 알고리즘에 의한 데이터 수집의 창의성을 넘어선 창조적 행위에 근거한다. 지식재산과 데이터 사이에는 많은 차이가 있다. 하지만 지식재산으로서의 데이터라는 비유에 관해서 나는 차이점보다는 유사점에 더 중점을 두고 싶다.

9.4 사회적 사실로서의 데이터

데이터에 대한 다양한 비유들은 데이터의 가치를 설명하거나 강조하지 못한다. 따라서 나는 데이터에 대한 적절한 다른 비유 하나를 제안하고자 하는데 그것은 바로 '사회적 사실로서의 데이터'이다. 데이터의 가치는 개별 항목에 있는 것이 아니라 사람들의 행동이 패턴을 식별하는 데 도움이 되었는지 여부와 관계없이, 즉 패턴을 식별하지 않은 사람들이 관련성 있는 사람들과 연관되는 한 행동 예측을 가능하게 하는 집단적으로 생성된 패턴이 있다는 기본적인 아이디어에 있다. 누군가에 대한 중요한 정보를 드러내는 개인 데이터와 달리, 감시 자본주의를 이끄는 데이터는 하나하나가 중요한 것이 아니라 그것이 드러내는 패턴이 중요하다.

집단적으로 생성된 패턴이란 다음과 같은 것이다.

사회적 매개변수 P_1, …, P_n이 국가 C(또는 국가 C_1, …, C_n)에서 우세할 때, 특징 F_1, …, F_n을 가진 사람들은 CI_1, …, CI_n 상황에서 확률

p로 행동 A를 할 것이다.

특정한 성격을 가진 사람들이 택시를 부르거나 피자를 주문하는 것부터 결혼, 주택 구입, 대출을 받는 행동이나 정치적 행동에 참여하는 것까지 모두가 여기에 해당할 수 있다. 과거의 행동은 적어도 확률적으로 다음에 일어날 일들을 예측한다. 많은 사람의 행동에서 생성된 데이터는 이러한 추론을 허용하는 범위 안에서 가치가 있다. 데이터 마이닝 기술은 점점 더 정교한 방식으로 대량의 데이터를 사용하여 이러한 패턴을 식별한다. 경쟁사와 달리, 사회적 사실로서의 데이터는 통제나 소유권이 이미 잘 이해되고 있는 다른 영역과 유사성을 가지지 않는다. 9.5절에서 9.7절까지는 소유권 고려 사항이 이러한 것과 어떻게 작동하는지 살펴볼 것이다.

집단적으로 생성된 패턴은 미래에 대한 예측을 생성할 수 있을 만큼 체계적인 집단행동에 대한 사실이라는 점에서 '사회적 사실'이라고 할 수 있다. 뒤르켐에게 사회적 사실이란 "고정적이든 아니든 개인에게 외부적인 제약을 가할 수 있는 모든 행동 방식, 또는 개별적인 표현과는 무관하게 독자적으로 존재하며 특정 사회 전체에 걸쳐 일반화된 것"을 의미한다.[17] 이러한 정의를 통해 개인의 행동과 유사하면서도 환원할 수 없는 사회 자체의 행동을 연구할 수 있다. 사회적 행동은 결혼, 친족관계, 정치 조직과 같은 제도뿐만 아니라 언어와 종교에 의해서도 포착된다. 개인의 행동은 다양한 유형의 행동 사례 또는 표현으로 등록된다. 사회적 사실이 작동하는 방식에 대한 뒤르켐의 가장 잘 알려진 예는 자살에 대한 그의 획기적인 연구인데, 그는 자살률

(연구 수행 당시 기준)이 종교마다 다르며, 종교 공동체와 관련하여 집단적으로 생성된 패턴이 있다는 것을 밝혀냈다.[18]

사회적 사실을 규정하는 것의 본질과 타당성은 사회학계와 그 밖의 분야에서 많은 논쟁을 야기했다. 광범위하게 논의되는 비교는 사회 전체와 관련된 사회적 사실을 전면에 내세우는 뒤르켐의 '전체론'과 막스 베버와 관련된 '방법론적 개인주의' 사이의 비교이다.[19] 베버는 사회 현상이 행위자의 의도적 상태를 반영하는 개별적인 행동에서 어떻게 비롯되는지를 보여 줌으로써 사회 현상을 설명하고자 한다. 따라서 사회적 사실은 베버의 전망에서 아무런 역할을 하지 않는다. 하지만 마거릿 길버트는 『사회적 사실에 관하여』라는 책에서 뒤르켐의 아이디어 중 일부를 긍정적으로 재평가한다. 길버트에게 사회 집단 또는 집단의 본질은 특정한 정신 상태로 구성된다. 이 상태의 개인은 '복수 주체'('사회적'이라는 용어가 사회과학에서 수십 년 동안 기초적인 논쟁을 거치면서 나타난 문제를 회피하기 위해 길버트가 베버의 관점에 대해 우회적으로 사용한 용어)라는 행위의 중심점을 형성한다. 따라서 사회 집단의 행동과 의도는 분리되지 않으며 개인의 행동과 의도로 환원될 수도 없다.[20]

물론 집단적으로 생성된 패턴에 대한 나의 관점은 뒤르켐과 베버의 논쟁 어느 한쪽을 일방적으로 지지하지 않는다. 하지만 통계적 기법이 어떤 근본적인 사회적 응집력을 드러낸다는 직관적인 의미에서 집단적으로 생성된 패턴을 '사회적 사실'이라고 부르는 것이 합리적일 수 있다. 이러한 패턴은 집단행동의 특정 측면을 표현하는데, 뒤르켐이 이것을 통해 포착하고자 하는 현상의 종류가 바로 그것이다.

이 정도까지 보면, 나의 의견과 뒤르켐의 이론 사이에서 중요한 부분이 중첩된다. 하지만 뒤르켐의 전체론이 잘못된 것으로 판명되든, 혹은 불필요한 것으로 판명되든 나의 주장은 그의 전체 이론과 관련이 없다.

데이터를 수집하거나 채굴하는 사람들로서는 특정 플랫폼과 하드웨어가 이들을 연결하지 않았다면 존재하지 않았을 어떤 (흥미로운 의미에서) 다차원 공간의 벡터가 아닌 다른 것을 다룬다는 사실에 당황할 수도 있다. 그러나 이러한 작업이 실제로 결과를 도출하는 이유는 이러한 벡터들이 근본적으로 사회적 현실을 반영하기 때문이다. 따라서 그들에게는 그러한 벡터와 같은 수학적 존재나 데이터 채굴자의 저장소에 이러한 패턴이 존재하도록 하는 작업 이상의 의미가 있다.

9.5 사유화의 한계: 바다와 아이디어

1609년 처음 출간된 휴고 그로티우스의 『자유해론』은 사유재산 이론의 고전이다. 이 책에 대한 체계적 중요성이 간과되어 왔지만, 데이터에 대한 통제와 관련해서는 놀라운 가치를 지니고 있다.[21] 그로티우스의 주제는 17세기 유럽 팽창주의의 맥락에서 바다의 소유권에 관한 것이었다. 그는 공해는 사유화되지 않은 상태로 유지되어야 한다고 주장했다. 그로티우스 당시에는 바다 건너 먼 땅을 소유할 수 있다면 그곳에 도달하기 위해 통과해야 하는 바닷길도 소유할 수밖에 없다는 주장도 있었지만, 그로티우스의 견해가 국제법에서 대체로 우세했다.

자유해는 모든 영역에서의 전유에 반대하는 어느 정도의 고려 사항을 제공한다는 점에서 매우 흥미롭다. 오늘날 이러한 고려 사항이 해양에 적용될 수 있을지는 의문이지만 지식재산권에는 이를 쉽게 적용할 수 있다. 이와 유사한 방식으로, 아이디어에 대한 소유권은 존 로크(이후에 자세히 설명하겠다)로 거슬러 올라가는 지배적인 접근 방식보다 훨씬 덜 광범위한 소유권이 정당화된다. 이러한 그로티우스식 접근 방식은 집단적으로 생성된 패턴과 같은 사회적 사실에도 적용 가능하다. 바다와 아이디어에 대한 소유권과 마찬가지로 데이터에 대한 소유권도 현재 관행에 반영된 것보다 훨씬 적은 제한된 범위에서만 정당화될 수 있는 것이다. 이 때문에 새로운 종류의 인터넷이 수정된 소유권 구조를 반영하여 설계되는 것이 매우 중요하다.

인류가 '지구를 공동으로 소유하고' 있으며, 따라서 지구는 글로벌 공유지라는 생각은 17세기 정치철학에서 매우 중요한 의미를 가졌다. 이러한 생각은 「창세기」 1장에서 하나님이 인류에게 지구를 선물한 내용이 기록된 구약에서 비롯된 것이다. 그로티우스, 사무엘 푸펜도르프, 로크 등은 지구 공유지의 지위를 파악하는 방법과 지구 공유지 일부가 사유화될 수 있는 조건에 대해 탐구했다.[22] 당시 가장 중요한 수탈 대상은 토지였기 때문에 이러한 아이디어가 두드러졌는데, 유럽 열강이 어떻게 하면 멀리 떨어진 토지를 정당하게 소유권을 주장할 수 있고, 그러한 주장이 (이해관계가 완전히 무시된 원주민이 아닌) 경쟁관계에 있는 유럽 열강에 대해서도 관철될 수 있는지가 중요한 문제였다.

우리는 다원주의 사회의 정치에서 실효성 있는 주장을 하기 위해 더 이상 종교적인 것에 의지할 수 없다. 더군다나 우리는 식민주의의 맥락에서 이 성경 구절을 해석하면서 훼손된 역사가 있다는 것도 인정해야 한다. 하지만 집단적 소유권에 대한 적절한 이해를 위해 인류가 지구를 집단적으로 소유하고 있다는 생각, 즉 인류가 가진 자원과 공간에 대한 소유권이 무엇이든 간에, 인류가 어디에 살고 언제 태어났든 상관없이 동일한 방식으로 그러한 소유권을 가지고 있다는 생각은 지적으로 여전히 유효하다. 특히 21세기에는 인류의 생활공간인 지구의 존속과 관련된 문제가 산적해 있기에 더욱 그러하다. 이 접근법의 기본 아이디어는 지구의 자원과 공간은 인간의 활동 없이 생겨났지만 모든 인간 활동에 필수적이라는 사실이다.[23]

그로티우스는 원래 공동 소유였던 것이 어떻게 사유화될 수 있는지뿐만 아니라 지구의 일부가 어떻게 사유화되어서는 안 되는지에 대해서도 성찰한다. 그로티우스가 유명해진 이유는 바다를 사유화하는 행위의 도덕성, 특히 그러한 가능성에 반대하는 그의 주장 때문이다. 그는 자신의 저서 전반에 걸쳐 다양한 방식으로 바다를 소유할 수 없다고 주장한다. 바다는 어업에서 단순한 통행에 이르기까지 인간이 바다를 이용하는 모든 행위가 바다에 갈 수 있는 모든 사람에게 허용된다는 점에서 자유로운 것이다.

그로티우스의 추론은 앞서 언급한 과학, 음악, 문학, 기타 예술 작품 및 발명품뿐만 아니라 이미지, 이름, 기호, 디자인 패턴과 같은 아이디어와 사회적 사실 등 정신의 산물이라는 매우 다른 영역에 대해서도 적용할 수 있다. 이러한 것은 무엇보다도 특허, 저작권 및 상표를 포함하는 지식재산권에 도움을 준다. 확실히 지식재산권에 대한 그로티우스식 접근 방식은 아이디어를 시장성 있는 제품으로 전환하는 사람들에 대한 보상과 그러한 작업에 대한 인센티브 설정 모두에 일관성이 있게 적용 가능하다(사회적 사실의 착취에도 동일한 내용이 적용될 것이다). 하지만 아이디어(그리고 사회적 사실)를 바다와 유사하게 생각하고 바다를 사유화할 수 없는 것으로 생각한다면, 아이디어(그리고 사회적 사실)도 마찬가지일 것이다. 전적으로 아이디어는 모든 사람의 소유이며 내가 여기서 그리는 것 이상으로 아이디어 (그리고 사회적 사실) 개발자에게 정당한 소유권이 있다고 보기는 어렵다.

　　나는 궁극적으로 그로티우스의 아이디어가 바다의 소유권 문제를 완전히 해결하기 어렵다고 본다(현재 해양 현실을 고려할 때 이는 확실하다). 하지만 그의 주장이 지식재산에 어떻게 적용되는지 살펴보는 작업은 중요하기에 그 한계와 더불어 여기서 간략히 소개해 보도록 하겠다. 우선 그로티우스는 한 사람이 바다를 사용하는 것은 다른 모든 사람이 바다를 사용하는 것과 일치한다는 점을 지적한다. 예를 들어 17세기에는 어획 능력이 한계가 있었기에 이러한 것은 당시에는 충분히 가능한 사실이었을 것이다. 하지만 오늘날에는 상황이 매우 달라졌기 때문에 한 사람의 사용량이 다른 모든 사람의 사용량과 일치하는 경우는 더 이상 존재하지 않는다. 하지만 이러한 주장은 17세기에도 오늘날과 마찬가지로 아이디어의 영역에서는 그럴듯한 주장이라고 할 수 있다. 그로티우스로부터 2세기 후인 1813년에 토머스 제퍼슨은 편지를 통해 지식재산에 대해 시대를 초월하는 방식으로 다음과 같이 설명한다.

> 자연이 다른 것들보다 배타적 소유에 덜 취약하게 만든 것이 있다면 그것은 아이디어라고 불리는 사고력의 작용이다. […] 그 독특한 특성은 […] 다른 모든 사람이 전체를 소유하고 있기에 아무도 그것을 덜 소유하지 않는다는 것이다. 인간의 도덕적·상호적 교육과 상태의 개선을 위해 아이디어가 전 세계에 자유롭게 전파되어야 한다는 생각은 […] 자연에 의해 설계된 것과 같다. […] 사회는 유용성을 창출할 수 있는 아이디어를 추구하도록 장려하기 위해 그로부터 발생하는 이익에 대한 독점적 권리를 부여할 수 있지만, 이는 누구의 주장이나 불만 없이 사회의 이익과 편의에 따라 이루어질 수도 있고 그렇지 않을 수도 있다.[24]

사과와 같은 과일은 한 사람만이 사용할 수 있기에 사유재산으로 성립되는 것이라 할 수 있다. 하지만 그로티우스가 바다에 관해 주장하고 제퍼슨이 아이디어에 대한 설명한 것처럼, 이 두 영역에서는 사유재산이 갖는 그러한 성격이 성립되기 어렵다. 결정적으로, 특히 아이디어의 경우 점유자가 얻는 이익은 다른 사람을 배제하는 것에 의존하지 않는다(사람을 '배제함으로써' 얻는 이익이 아니라 아이디어의 실제 사용을 기준으로 한다면).

자유해론은 한 사람의 바다 이용이 다른 사람의 바다 이용을 방해하지 않는다는 점을 지적하며 바다의 자유를 주장할 뿐만 아니라(이러한 관점 역시 사상의 영역에서 정당성이 있는 주장이다) 바다를 자유롭게 두면 '모두에게 이익이 된다'는 점을 입증하기 위해 무역을 위한 항해의 연관성에 호소한다(이 점은 현재 우리의 현실과 가장 잘 맞닿아 있다).

> 하나님이 지구를 나침반으로 삼으신 저 바다는 사방으로 항해할 수 있으며, 바람이 항상 같은 방향에서 불지 않고, 어느 한곳에 유리한 바람이나 특별한 바람이 생기지 않으며, 공평하게 작용하는 것은 자연이 모든 나라에 그리고 모든 사람에게 항해의 통로를 허락했음을 충분히 나타내고 있지 않은가?[25]

마찬가지로, 한 사람의 아이디어를 사용한다고 해서 다른 사람의 이익이 감소하는 것은 아니다. 오히려 더 많은 지적 활동에 영감을 주는 전체 지적 활동의 양을 증가시켜 그러한 활동이 가져올 수 있는 혜택의 가용성을 증가시킴으로써 그 유용성을 증가시킨다. 아이디어가 도용되지 않는다면 (그리고 누군가의 아이디어 사용이 다른 사람의 사용을 방해하지 않는다면) 적어도 적절한 규제가 마련되는 경우 '모두에게' 이익이 되지만, 사회 및 법적 규범이 과도하게 아이디어의 도용을 보호한다면 소수의 사람만이 이익을 얻게 된다.[*]

그로티우스의 바다에 대한 세 번째 근거를 살펴보자. 육지에서

---

[*]   물론 지금 지식재산권 제도를 바꾸면, 지금까지 아이디어를 적절하게 사용할 수 있었던 사람들 중 일부는 큰 피해를 입게 될 것이다. (모든 사람이 이러한 변화에 혜택을 받는 것도 아니다.) 내가 여기서 주장하는 바는 아직 아무런 재산권 협정이 이루어지지 않은 상황에서 지식재산에 대한 사적 권리가 있을 경우, 이를 면밀히 평가해야 한다는 관점에 근거한 것이다.

'소유의 시작은 사물과 사물이 결합하는 것'과 관련이 있지만 바다는 이와 전혀 다르다.[26] 사물 A가 사물 B와 물리적으로 연결된다면, 말 그 대로 사물 C가 사물 B와 연결될 수 있는 공간이 줄어들게 된다. 이러 한 연결은 사물 자체에 영향을 미쳐 다른 사람이 같은 방식으로 사물 과 연결되는 것을 불가능하게 만들거나, 원래 연결한 사람의 기본적 인 권리를 침해해야만 다른 사람이 연결할 수 있는 상황을 만들 수 있 다. (예를 들면, 다른 사람이 특정한 토지를 고집하면 다른 사람은 그 토지 와의 접근성이 떨어질 수밖에 없다.) 하지만 바다는 다른 사물들과 물리 적으로 연결이 어렵기 때문에 점유될 수 없다.

어떤 것을 점유한다는 것이 무엇인지 직관적으로 이해한다면, 아 이디어는 점유되어지기 힘들다는 것을 이해할 수 있다. 물론 아이디 어를 비밀로 하거나 사람들의 주의를 분산시킬 수 있다. 그러나 자신 의 마음이 아이디어를 붙잡는다고 해서 다른 마음이 그렇게 할 수 있 는 능력이 감소되지는 않는다. 이러한 파악은 다른 사람이 아이디어 를 파악할 수 없게 만드는 방식으로 아이디어 자체에 영향을 미치지 않으며, 아이디어 원저자의 기본적인 권리를 침해해야만 다른 사람이 같은 아이디어를 가질 수 있는 것도 아니다. 바다나 물처럼 아이디어 도 의미 있게 점유할 수 없는 것이다. 물리적 공간(바다)으로 이해되 는 물의 경우, 현대 기술은 점유를 개념화하는 새로운 방식을 허용할 수도 있다. 하지만 아이디어의 경우 이러한 혁신이 아무런 차이를 만 들지 못한다.*

그로티우스식 접근법은 엄청난 영향력을 가진 로크의 소유에 대 한 접근법보다 훨씬 더 제한적인 지식재산권을 제안한다.[27] 그로티우스는 실제로 해양 소유권에 관한 연구로 유명하지만 그의 사상을 지식재산권에 적용하는 경우는 거의 없었다. 대신 로크적 방식으로 이 문제에 접근하는 경향이 많으며 이는 상당히 영향력 있는 전통이다.

1689년 『통치론』 5장에서 로크는 인류의 지구에 대한 공동 소유와 관련해 자신의 설명과 사유화에 대한 노동 기반(혼합) 이론을 결합한다.[28] 개인은 토지를 경작함으로써 신이 주신 선물인 토지의 일부를 사유화할 수 있다. 그들은 자신의 노동력과 토지를 혼합하여 다른 사람들이 소유할 수 있는 것보다 더 우월한 권리를 주장할 수 있었던 것이다. 물론 이렇게 주장할 수 있는 토지의 양에는 제약이 있다. 따라서 로크에 따르면, '충분히 좋은' 토지는 나중에 도착한 사람들이 같은 방식으로 사유화할 수 있도록 공동의 소유로 남겨 두어야 하며, 사람들은 토지가 훼손되지 않을 정도의 양만 소유권을 주장할 수 있다.[29] 이후 많은 학자들이 이러한 아이디어가 지식재산에 쉽게 적용 가능하다고 생각했다. 즉 지구라는 공유지가 있는 것과 마찬가지로 아이디어의 총합이 지적 공유지를 형성한다는 것이다. 따라서 아이디어를 '가진' 사람은 발명가나 창작자가 아니라 탐험가나 발견자라고 할 수 있다. 아이디어의 사용을 통제하기 위해 허용되는 주장의 범위는 그러한 아이디어가 원래 공유재에 속한다는 사실에 비추어 평가되어야 한

---

*   특허법이나 저작권법과 같은 지적소유권 규범이 존재하는 것이 현실이며 실제로 이를 근거로 아이디어를 '점유할' 수 있다고 주장할 수 있다. 하지만 아이디어의 '점유'는 이러한 규범을 받아들일 때만 가능한 것으로, 이러한 규범적 제도는 권리자 이외의 사람들이 아이디어를 사용할 수 있는 선택권을 포기할 것을 요구한다. 그러나 이러한 제도가 있다는 것은 다른 모든 사람이 아이디어를 사용하는 것이 가능하다는 것을 의미하기도 한다. 이는 왜 우리가 이러한 규범을 받아들여야 하는지에 대한 의문을 제기하며, 이는 사유화에 반대하는 다른 요소들을 검토하게 한다.

다. 따라서 토지 소유권에 대한 논쟁에서 비롯된 '노동의 혼합'에 대한 생각은 아이디어의 영역에서 사유화에 대한 광범위한 권리를 규정하기에 다시 논의되어야 한다.

'혼합'의 개념은 아이디어를 시장성이 있는 상품으로 개발하고자 하는 노동으로 구성된다. '충분히 그리고 좋은 것을' 남기고, 못 쓰게 될 정도로 부패하게 두지 말아야 한다는 로크의 제약 조건은 지적 공유지의 경우에는 너무도 쉽게 충족될 수 있다. 아이디어는 무한히 많을 것이고 사람들이 지적 공유지를 활용할 수 있는 '충분히 좋은 것은 항상 남아' 있을 것이다. 그리고 지적인 것은 '부패'할 수도 없다. 그로티우스식 접근법에서는 사람들이 특정 아이디어를 개발한 것에 대해 보상을 받는 것이 공정하며 사람들이 아이디어를 개발하도록 인센티브를 설정하는 것을 허용한다. 하지만 지식을 독점함으로써 막대한 이익을 얻는 것은 제한되어야 한다. 이에 반해 로크의 접근법은 지식재산에 대한 수익에 대해 훨씬 더 관대한 권리를 정당화할 수 있다.

다시 말하지만, 그로티우스의 바다에 관한 생각은 지식재산으로 이전되지 못했다. 하지만 로크의 『통치론』 5장은 지식재산을 이론화하는 데 있어 '토템적 지위'를 획득하게 되었다.[30] 로크의 사상을 토지 취득에서 지식재산으로 환원한 것은 매우 유감스러운 일이다. 로크는 공동 소유인 지구의 특정 부분, 특히 바다의 사유화를 받아들이지 않을 가능성에 대해서는 거의 관심을 두지 않았다. 하지만 그로티우스가 바다를 사유화하지 말아야 한다는 것을 보여 주기 위해 사용한 논거들은 바다의 경우보다 오히려 지식재산권의 문제에 더 적합하다. 따라서 사유화가 타당한 영역에 대한 사유화의 규정은 (로크가 토지에 대해 규정한 것처럼) 바다나 아이디어에 적용될 수는 없다. 로크의 논의가 지식재산을 이론화하는 데 있어 '토템적 지위'를 획득한 것은 지적 오류에 근거한 것이다.

9.6 아이디어의 사유화

우리는 아이디어의 사유화 문제를 아직 사회적 사실로서의 데이터에 적용할 준비가 되어 있지 않다. 지식재산권 문제는 좀 더 자세히 살펴보아야 한다. 우리는 지식재산의 경우도 바다와 토지와 같이 사유화 금지 원칙이 있는 것과 유사하게 사유화가 제한되어야 하는 몇 가지 이유에 대해 살펴보았다. 하지만 이를 정당화하기 위해 우리는 더 나아가야 한다. 주지하듯이, 지구는 인류 공동의 재산이다. 따라서 지적인 지식의 산물도 지구와 같이 공동의 재산이 될 수 있다는 것을 주장해야 한다. 그리고 그러기 위해서는 지적인 것들을 인류 공동의 자산으로 취급하는 데 이의를 제기할 수 없도록 글로벌 공유지와 유사한 방식으로 지적 공유지가 실제로 존재한다는 것을 증명해야 한다. 이를 위한 간단한 방법은 지적 산물에 대한 일종의 사실주의를 받아들이는 것이다.

　이러한 사실주의는 과학, 음악, 문학 및 기타 예술 작품이 말 그대로 정신의 '산물'이라는 것을 부정한다. 대신 이것들은 물질적 또는 정신적 대상의 영역 밖에 존재한다. 프레게와 포퍼가 명쾌하게 설명한 것처럼, 그것들은 감각적인 외부 세계와 의식의 내부 세계와 구별되는 비정신적인 초감각적 실체의 '제3의 영역'에 속하는 것이다.[*] 여기서 정신의 '산물'이라고 주장되는 것은 의식이 있는 사람이 발견할 수 있다는 것을 의미하며 이러한 실체에는 발명도, 개선도, 심지어 어떤 기여도 존재하지 않는다. 이 견해는 (인간의 활동 이전에 존재하는) 이 세 번째 영역의 요소를 사유화한다는 것을 반대한다는 내용을 전제로 하는 것이다. 그리고 두 번째 단계로 그로티우스의 바다에 대한 논의에서 사유화에 반대하는 고려 사항을 추가할 수 있다.

물론 이러한 내용은 반박될 수 있다. 첫째, 개인은 아이디어의 접근성을 높이기 위한 투자에 대한 보상을 정당하게 청구할 수 있으며, 관련 개인의 기회비용을 고려한 보상을 받아야 한다는 주장이다. 둘째, 사회가 창의성을 자극하기 위해 인센티브를 설정할 수 있는 '제3의 영역'이 존재할 경우, 이는 제한된 사적인 지식재산권 주장과도 일치될 수 있다. 물론 보상과 인센티브 설정을 사적인 지식재산권 창출의 이유로 인정하더라도, 이러한 고려가 창출하는 권리의 범위가 어디까지여야 하는지에 대해서는 여전히 많은 이견의 가능성을 열어 두고 있으며 인정할 필요는 있다.

지금까지는 글로벌 공유지와 유사한 지적 공유지가 있다고 가정했다. 이와는 대조적으로 앞서 객관적 측면을 강조했던 것과는 달리

---

*　　　(1) 프레게의 1918년 에세이 「사유」(The Thought)는 이러한 견해에 대한 '고전적 위치'에 있는 작품이다. Frege, "Der Gedanke. Eine Logische Untersuchung" 참조. 논의를 위해 나는 좀 더 극단적인 형태로 제시한다. 추상적인 대상에 대해서는 Rosen, Falguera, and Martinez-Vidal, "Abstract Objects"; Burgess and Rosen, *A Subject with No Object* 참조. (2) 칼 포퍼의 실재론은 세 가지 세계를 구분한다. 제1세계는 물리적 사물과 사건의 세계, 제2세계는 의식적 사물과 사건의 세계, 제3세계는 인간 마음의 산물로 이루어진 세계이다. 이에 대해서는 Popper, *Objective Knowledge* 참조.

주관적 측면에서 지적 산물의 특성에 대해서 살펴보도록 하겠다. 이는 지적 산물은 발견되는 것이 아니라 발명되거나 창조된다는 주장이다. 여기에는 프레게나 포퍼의 제3의 영역도 존재하지 않고 지적 공유지도 없으며 사유화에 대한 전제도 없다. 그리고 사유화에 대한 출발점이 없기에 사유화에 찬성하는 추정이 있다고 말할 수도 없다. 하지만 이러한 주장이 더 많은 보상과 인센티브를 요구하는 사유재산을 옹호하는 것처럼 보이는 것이 사실이다.

하지만 결정적으로, 그리고 놀랍게도, 사유화에 반대하는 그로티우스의 세 가지 고려 사항, 즉 아이디어는 토지를 점유할 수 없는 것과 같은 의미에서 점유될 수 없다는 점, 아이디어 사용자의 이익이 다른 사람을 배제해야만 창출되지는 않는다는 점, 아이디어를 사유화하지 않는 것이 모두에게 이익이라는 점이 다시 등장한다. 이와 같은 이유로 인해서 일반적으로 사유화에 대한 주장이 힘을 받기는 어렵다. (예외적으로 공정성에 기반한 보상과 발명에 대한 인센티브를 선호하는 결과주의적 고려가 있을 뿐이다.) 이제 추정되는 권리의 범위를 재조정하는 방법에 대해 살펴보자. 여기서는 지식재산권에 관한 법률을 준수해야 하는 사람들의 입장도 살펴볼 것이다. 물론 여기서도 공정성과 인센티브 설정에 대한 호소를 통해 얻을 수 있는 범위로 사유재산을 제한해야 하는 것을 수반하지만 그 방식은 다소 다르게 나타날 것이다.

우리는 지식재산에 대한 존재론적 지위에 대해 두 가지 관점을 가지고 다루어 왔다. 사실주의적 설명은 창의성의 기여를 지나치게 배제하는 것이 사실이다. 하지만 반사실주의적 설명 역시 개인 정신의 역할을 너무 과장하고 있다. 앞서 살펴본 바와 같이 제3의 영역이 있든 아니면 아이디어가 인간의 창작물이든 상관없이 지식재산권 규제에 대해서는 동일한 결과가 나오게 된다. 따라서 사적인 지식재산권의 가능성에 대한 논의의 주요 결과를 다음과 같이 정리할 수 있다. 특정 지적 산물의 존재론적 지위는 어느 정도는 제3의 영역에 배치할 수 있는 구성 요소와 어느 정도는 인간의 창의성에 호소하는 것으로 특징지어져야 한다. (이러한 범위는 주어진 맥락에 따라 달라질 수 있다.) 따라서 제3의 영역에 있는 무언가에 호소해야 하는 경우에는 이 사례에 사용된 고려 사항이 적용되고, 정신의 산물에 대해 이야기하는 경우에는 그 사례에 적합한 고려 사항이 적용되어야 한다. 하지만 어느 쪽이든, 사적 권리에 대해 동일한 제약이 발생한다. 따라서 이러한 제약은 모든 범위의 지식재산에 적용되어야 한다.[31]

9.7 제한된 사유화: 사회적 사실

우리는 집단적으로 생성된 패턴에 대해 다음과 같이 정의하였다.

> 사회적 매개변수 $P_1, \cdots, P_n$이 국가 C(또는 국가 $C_1, \cdots, C_n$)에서 우세할 때, 특징 $F_1, \cdots, F_n$을 가진 사람들은 $CI_1, \cdots, CI_n$ 상황에서 확률 p로 행동 A를 할 것이다.

그리고 아이디어는 바다와 토지처럼 사유화가 제한되어야 한다고 말했다. 이제는 이러한 결과를 사회적 사실로 전환해 보자. 바다의 사유화는 지구의 집단적 소유 상태가 사유화에 반대하는 추정을 낳았기 때문에 제한된 방식으로만 가능했으며, 그로티우스의 세 가지 고려 사항은 바다의 경우 사적 소유에 명백한 한계가 있음을 보여 주었다. 아이디어의 경우 사유화에 대한 추정을 확립하기가 더 어려운 것이 사실이기에 이 주장을 그대로 사용할 수는 없다. 아이디어와 관련된 실체를 지적 공동체에 속하는 것으로 이해하는 경우에만 집단적 소유권 주장과 유사한 주장을 할 수 있다. 그리고 이러한 주장은 아이디어의 개발에도 상당한 양의 설계와 창작이 있다는 견해와 균형을 이루어야 했다. 하지만 우리가 정신의 산물에 대한 주관적인 성격을 가정하더라도 그로티우스의 고려 사항은 충분히 효과를 발휘할 수 있다.

사회적 사실의 경우, 글로벌 지적 공유지의 경우와 달리 사유화에 대한 다른 논거를 가져와야 한다. 물론 사회적 사실이란 결국 인간 행위의 결과물로 인간의 창조물이라 할 수 있다. 하지만 사회적 사실(예: 집단적으로 생성된 패턴)은 시간이 지남에 따라 수많은 기여를 통해 생겨난 것이기 때문에 사유화가 정당하다고 보기 힘들다. 국가 C에 널리 퍼져 있는 매개변수 $P_1, \cdots, P_n$, 개인이 특징 $F_1, \cdots, F_n$을 갖게 된 과정, 상황 $CI_1, \cdots, CI_n$이 발생하는 방식은 모두 시간에 따른 무수한 행위의 결과물이다. 사회적 사실의 생성에 대한 각각의 기여가 동일하게 중요하다고 생각할 이유도 없고, 무엇이 개인의 기여로 간주되는지 평가하는 것도 합리적이지 않다. 바다, 아이디어, 사회적 사실에는 매우 다른 존재론적 고려 사항이 적용된다. 그럼에도 사회적 사실을 생성하는 노력의 집단적 특성은 바다와 아이디어에 대한 논쟁이 가능했던 것처럼, 사회적 사실로 인한 수익을 창출하는 사람의 이익을 암시하기도 한다.[32]

아이디어의 경우와 병행해서, 사회적 사실에 대한 개인의 기여는 최소한 아무도 특별한 소유권을 주장하지 않는 사물과 연결되는 데 중요한 역할을 한다. 이런 점에서 아이디어나 집단적으로 생성된 패턴은 바다와 다르다. 아이디어의 경우, 개인이 이미지, 상호, 상징, 디자인 패턴의 현실화에 기여했을 가능성을 진지하게 고려해야 한다. 집단적으로 생성된 패턴의 경우에는 개인의 기여도가 작으며 패턴을 생성할 수도 없다. 하지만 개인은 이미지, 상호 등을 생성하거나 발견할 수는 있다. 그리고 패턴을 가시화하고 수익을 창출하기 위해서는 개인이나 집단의 노력이 필요한 것도 사실이다. 이런 의미에서 사회적 사실에 대한 개인의 기여는 아이디어의 경우와 유사하면서도 바다의 경우와는 다른 방식으로 작동한다.

어쨌든 그로티우스의 고려 사항은 두 가지 측면에서 다시 등장한다. 우선, 집단적으로 생성된 패턴을 한 사람이 사용한다고 해서 다른 사람이 사용하지 못하는 것은 아니며 다른 사람들도 언제든 사용할 수 있다. 일반적으로 공동 사용은 더 많은 활동을 자극하여 모든 사람에게 이익이 되며(적절한 자격이 필요하다는 전제 조건 아래), 집단적으로 생성된 패턴을 자신의 것으로 만들기 위해 실제로 수행할 수 있는 전용 행위도 많지 않다(따라서 그러한 패턴의 수익 사유화에 반대하는 가정은 유지되어야 한다). 둘째, 사회적 사실을 명확하게 하거나 이를 활용하기 위한 노력이 필요한 경우 어느 정도 이익을 고려해 볼 수 있다. 다시 말해서, 사회적 사실을 공개하는 데 기여한 사람들에게 보상을 지급하는 것은 타당하며 이에 대해 인센티브를 설정하는 것은 공정하다고 할 수 있다. 하지만 사회적 사실을 통해 얻을 수 있는 이익의 범위는 그 정도까지이다. 즉 사회적 사실로서의 데이터는 데이터 통제에 적용되는 원칙, 즉 광범위한 기준을 제시함으로써 빅데이터가 기본재의 본질을 정의하는 데 어떻게 도움이 되는지 보여 준다. 앞서 강조했듯이, 간결한 원칙이 아니지만 그럼에도 롤스의 분배정의 이론에서 데이터의 역할을 명확히 하기에 충분한 실체를 가진 지침임은 분명하다.

9.8 결론적 반성과 반론

현재의 기본 규정은 데이터를 수집하는 사람, 즉 일반적으로 휴대폰, 태블릿, 개인용 컴퓨터, 디지털 비서, 인터넷으로 연결된 가전제품, 위치추적시스템 또는 검색엔진을 제공하는 회사가 데이터를 통제하는 것으로 되어 있다. 하지만 집단적으로 생성된 패턴의 경우는 공적 통제를 통해 개인의 청구권, 자유, 권한 및 보호가 이후 단계에서 분류될 수 있도록 하는 것이 바람직하다. 내가 염두에 두고 있는 '집단적' 통제는 3장에서 논의한 민주적 개혁의 관점을 기반으로 발전될 수 있다. 어디에나 언제나 존재하는 데이터가 사회적 기본재를 형성하는 방식이 바로 그것이다.

물론 이러한 패턴을 드러내는 데이터를 수집하는 사람들은 서비스에 대한 정당한 보상을 받아야 하며, 기업과 개인이 데이터 수집을 가능하게 하는 작업을 수행하도록 일종의 인센티브가 제공되어야 한다. 하지만 데이터 수집에 관여하는 기업이 데이터에 대한 무제한적이고 배타적인 통제권을 가지고 다른 행위자가 동일한 데이터로 할 수 없는 방식으로 사회를 예측하거나 행동을 조정할 수 있도록 하는 것은 명백히 금지되어야 한다. 동시에 자신의 데이터가 (잠재적으로) 수집되는 사람들도 특히 '개인 정보 보호'라는 기준을 고려하여 자신의 정보가 수집되는 것은 아닌지 고려할 수 있어야 한다.

9.2절의 세 가지 사례를 다시 상기해 보자. 우리는 데이터를 총체적으로 관리해야 한다는 사실을 알았으니 세 가지 사례에 대해 다시 생각해 보아야 한다. 사례 1에서는 데이터 분석을 통해 키보드의 특정 타이핑 패턴이 질환의 발병을 나타낸다는 사실이 밝혀졌다. 보험사는 이러한 정보를 통해 보험 가입자를 평가하거나 보험료를 조정할 수 있기에 비용을 지불한다. 이 경우 개인 정보 보호에 대한 상황별 이해가 작동해야 하며, (집단적 통제에 기반한 모든 고려 사항을 무효화시킬 수 있는) 개인 정보 데이터 사용을 금지하는 것으로 이어져야 한다.[33] 사례 2에서는 데이터 분석을 통해 한 사람의 독서 취향이 새 책의 광고를 받아들일 가능성이 얼마나 높은지 충분히 알아낼 수 있다는 것을 보였다. 인터넷 판매자는 이러한 정보에 대한 비용을 지불한다. 사례의 사소한 특성으로 인해 규제는 필요하지 않지만, 다른 사람들도 이러한 방식으로 광고할 수 있도록 데이터를 광범위하게 사용할 수 있어야 한다. 사례 3의 경우, 데이터 분석을 통해 특정 후보를 지지하도록 설득할 수 있는 유권자가 누구인지를 특정할 수 있다는 사실이

밝혀졌다. 선거 캠프에서는 이러한 정보에 비용을 지불한다. 따라서 특정 캠프만 사용하는 것이 아니라 모두가 사용할 수 있도록 이러한 데이터가 광범위하게 확산된다면 민주주의에 도움이 될 수도 있다.

　물론 집단적으로 생성된 패턴을 집단적으로 통제해야 한다는 것이 분명 모든 사람이 모든 것을 무차별적으로 사용할 수 있다는 의미는 아니다. 이와 더불어 데이터를 수집하는 기업이 아무런 대가를 받지 않거나 개인이 청구권, 자유 또는 개인 정보 보호를 요구할 권리가 없다는 의미도 아니다. 하지만 이러한 문제는 사회적 사실에 대한 집단적 통제라는 배경에 앞서 정리되어야 한다. 이를 실현하기 위해서는 지금과는 전혀 다른 인터넷이 필요하다. 이것이 무엇을 의미하는지 제대로 파악하기 위해서는 아직 많은 작업이 남아 있다. 하지만 이러한 사실을 인정한다고 해서 사회적 사실로서의 데이터라는 일반적인 요지가 훼손되는 것은 아니다.

　이에 대한 두 가지 반론을 고려해 보겠다. 우선 여기서 집단적으로 생성된 패턴을 소개하는 방식은 국가를 기준으로 정의된다. 따라서 데이터의 국유화나 국가의 소유가 정당하다고 말할 수도 있다. 하지만 정치적·경제적 상호 연결성이 많은 세계에서 이는 지나치게 제한적인 것으로 보인다. 사회적 사실은 국경이 어느 정도 역할을 하는 복잡한 현실을 포착하기도 하지만 국가를 사회적 사실을 위한 제한구역으로 취급해서는 안 된다. 반대로 많은 사회적 사실은 시민권을 공유하는 사람들의 하위 그룹에 의해 생성된다(종교 집단에 따라 자살률이 다르다는 뒤르켐의 발견을 상기해 보자).[34] 이러한 우려를 해소하기 위해 사회적 사실이 초국가적 현실을 갖는 한, 그 수익의 사유화에 대한 제한은 특정 국가로 제한하기 어려울 것이다. 사회적 사실이 국가적 현실을 넘어서는 한, 그로부터 발생하는 수익의 국유화는 정당화되기 어려울 것이다.

이에 대한 반론은 충분히 받아들일 수 있다. 하지만 이에 대한 대답으로 나는 이전의 작품에서 유토피아적인 낙관적 추론의 한계를 언급하며 국가와 국가권력에 대한 제한적 정당성을 제시했다는 것을 일러 주고 싶다. 혹자는 사회적 사실로부터 얻은 수익의 사유화에 대해 현재 가장 적절한 주체로서 국가를 지목할 수 있다.[35] 하지만 사회적 사실의 기반이 초국가적인 경우가 많다는 것은 역설적으로 데이터 통제와 소유에 관하여 국제적 또는 전 세계적인 공조가 필요하다는 것을 나타내고 있기도 하다. 데이터에 대한 통제가 세계 미래에 미치는 막대한 중요성을 고려할 때, 이는 설득력 있는 결론이다.

또 다른 반론은 이 책의 주장이 너무 많은 내용을 전달하고 있으며 급진적 결론을 내리고 있어 설득력이 부족하다는 지적이다. 고객 및 사람들과의 과거 경험을 통해 누가 어떤 물건을 구매할 것인지에 대한 판단력을 키운 상점의 주인이 있다고 상상해 보자. 이 주인은 매장에서 상품을 진열하는 방법, 구매를 유도하기 위해 사람들과 대화하는 방법 등에 대해 나름대로 결론을 도출했을 것이다. 그리고 이 주인은 매장 뒤편에 있는 일기장에 자신의 광범위한 통찰력을 기록해 두었다. 그런데 어느 날 경쟁 업체가 바로 옆에 비슷한 매장을 열었다. 이 책의 논지에 따르면 이 주인은 자신의 일기장을 경쟁 업체와 공유해야 할 것 같지만, 이는 터무니없는 것이다. 이와 비슷한 사례가 너무도 많다. 어떤 사회적 사실은 삶의 기술이며, 어떤 사람들은 다른 사람들보다 더 많이 가지고 있거나 개발하거나 수많은 실패의 과정을 통해 깨달은 기술이라는 사실이다. 여기에 반론을 하고 싶지는 않다.

하지만 1890년 셔먼 반독점법의 시조인 오하이오주 상원의원 존 셔먼이 이 법을 지지하기 위해 행한 상원 연설에서 우리는 대응의 단초를 찾을 수 있다. 이 법은 상거래에서 자유 경쟁 규칙을 규정하여 반경쟁적 계약과 시장독점을 목적으로 하는 일방적인 행위를 금지한다. 셔먼은 시장이 존재하는 한 독점이 존재했다는 우려에 대해 다음과 같이 말했다.

> 이제 사람들은 […] 이러한 대기업의 힘과 영향력을 느끼고 있으며 […] 최근 들어 엄청난 비율로 성장한 이 악에 대한 구제책을 요구하고 있습니다. 그들은 […] 과거에도 독점적 권리를 가지고 있었지만 지금과 같은 괴물은 아니었습니다. 여러분이 국민들의 호소에 귀를 기울이지 않는다면 사회주의자, 공산주의자, 허무주의자를 맞이할 준비를 해야 할 것입니다. 지금 사회는 이전에는 느껴 보지 못한 힘에 의해 교란되고 있습니다.[36]

반독점법은 대기업의 규모가 이전에는 상상할 수 없을 정도로 커졌을 때 제안되었다. 문제는 경쟁이 때로는 독점을 낳는다는 것이 아니라 일부 독점이 사회를 지배한다는 것이다. "대기업은 과거에도 독점적 권리를 가지고 있었지만 지금과 같은 괴물은 아니었다." 데이터에 대한 통제에 관한 한 이것이 지금 우리의 현실이다. 이 장에서 논한 실질적인 결과로서, 다음 단계에서는 데이터에 대한 통제권이 상대적으로 소수에 집중되지 않도록 하는 규제를 마련해야 한다. 그렇지 않다면 숨겨진 사회적 사실을 해독하는 데 능숙한 사람들(어쨌든 해를 끼칠 수 있는 사람들)의 손에 여전히 수많은 삶의 가능성들이 맡겨지게 될 것이다. 이런 경우 항상 그렇듯이 어딘가에 분명한 선을 그어야 한다. 그렇지 않으면 어떻게 해서든 반드시 그 선이 드러나게 되어 있다.

10. 신, 골렘 그리고 기계 숭배
─ 디지털 시대에서 삶의 의미

> 이것은 경계의 혼란에 대한 즐거움과
> 경계 구성의 책임에 관한 이야기다.
> – 도나 해러웨이[1]

10.1 삶의 의미

인생에서 가장 중요한 것은 무엇인가? 이것은 곧 '삶의 의미'에 대한 질문이다. 이 질문을 조롱하는 사람도 있지만(아마도 1983년에 개봉한 영화 「몬티 파이튼: 삶의 의미」의 영향 때문일 것이다) 이것은 많은 사람에게 중요하면서도 동시에 이들을 괴롭히는 질문이기도 하다.[*] 그리고 이 질문은 행복에 관한 심리적 탐구 분야와 내재적 가치에 관한 철학적 탐구 분야에서 주로 발생한다.[2] 확실히 의미, 행복, 가치는 서로 연관되어 있다. 하지만 진실이 무엇이든 의미에 관한 질문은 행복과 가치에 관한 질문보다 덜 자기중심적이고 내면적이며, 세상에서 자신의 위치에 대해 성찰하고, 자신이 다른 존재와 어떻게 조화를

---

* 영화 「몬티 파이튼: 삶의 의미」는 테리 존스 감독이 영국 뮤지컬을 스케치한 코미디 영화이다. 코미디에 대한 이 영화의 영향력은 음악에서의 비틀스의 영향력과 비교되기도 한다.

이루어야 하는지에 대한 물음과 관계한다.

삶의 의미와 기술은 함께 거론되는 경우가 거의 없다. 하지만 의미가 세상에서 자신의 위치와 관련이 있다는 관찰은 기술과 삶을 곧바로 (어쩌면 놀랍게도) 연결시킨다. (노골적인 디스토피아적 생각을 가지지 않은 이론가 중 한 명인) 돈 아이디보다 더 효과적으로 이러한 관계를 설명한 사람은 많지 않다. 그에 따르면 우리는 항상 기술을 매개로 세상과 관계한다.[3] 하지만 이는 또한 기술이 인간의 삶에 의미를 부여하는 데 잘못된 역할을 할 수도 있다는 것을 의미한다. 특히 기술이 지배적인 역할을 하는 디지털 세계에서는 더욱 그러하다. 이 장에서는 삶의 의미 추구에 있어 기술이 잘못된 역할을 하게 되는 경우가 어떤 것인지 그리고 어떻게 균형을 맞출 수 있는지 살펴보고자 한다.

'의미'(significance)라는 단어는 라틴어 '표시하다'(signo)라는 말과 '만들다'(facere)라는 말에서 유래한 것이다. 따라서 개인적 차원에서 의미를 물어보는 것이라면, 그것은 삶이 외부의 존재들과 어떻게 관계되는지, 즉 외부의 존재들에게 어떻게 표시되는지(혹은 구성되는지)의 여부와 방법을 묻는 것이다.** 전통적으로 사람들은 개인적 삶의 의미에 관한 질문의 해답을 종교에서 찾고자 하였다. 하지만 현대 사회에서 종교는 많은 사람들에게 신뢰를 잃어버렸다는 문제가 있다. 따라서 최근에는 삶의 의미에 대한 세속적인 접근 방식이 주목받고

**   '삶의 의미'에 대해 연구하는 생물학자들은 우리가 직관적으로 '생명'이라고 인식하는 현상을 특성화하고 그것이 어떻게 가능한지 설명하고자 한다. 이에 대해서는 Nurse, *What Is Life?* 참조. 이에 반해 '삶의 의미'에 대해 묻는 철학적 논의에서는 일반적으로 특정 삶의 의미에 대해 질문한다(예를 들어 호모사피엔스라는 인간 종의 의미에 대해 질문을 제기한다).

있다.* 물론 어떤 것들은 매우 절망적이다. 즉 인생은 늘 고통스럽다고 말하기도 한다.[4] 그리고 삶은 부조리하고 의미를 얻을 수 없다는 주장도 있다.** 또한 인생에서 타인은 지옥이며 탈출구가 없다고 말하는 사람도 있다.***

하지만 다른 것들은 이렇게 절망적이지 않다. 그중 하나가 바로 버트런드 러셀의 『자유인의 신앙』에서 중요한 방식으로 공식화된 과학적 휴머니즘이다. 러셀은 뇌의 창조적 가능성에 초점을 맞추고 과학으로 온전히 설명되는 세상에서 어떻게 그 가능성을 이끌어 낼 수 있는지 성찰한다. 그는 휴머니즘의 관점에서 인간의 삶과 그 가능성에 대한 찬미적 태도를 과학적 전망과 함께 일관되게 유지하고 있다.[5] 개인적 차원에서 삶의 의미는 우리의 뇌가 가능하게 하는 상호 주관적인 정신의 삶에서 자신의 자리를 찾는 데서 비롯된다. 의미에 대한 또 다른 세속적 접근 방식으로는 장 폴 사르트르 등의 실존주의적 휴머니즘이 있는데, 이 관점은 인간이 선택을 통해 자기 삶의 세계를 설

---

*　　　　이러한 답변에 대한 자세한 내용은 다음을 참조하라. Klemke, *The Meaning of Life*; Benatar, *Life, Death, and Meaning*; Metz, *Meaning in Life*; Wolf, *Meaning in Life and Why It Matters*; Nagel, *What Does It All Mean?*; Eagleton, *The Meaning of Life*. 나는 최근 논의에 초점을 맞추고자 한다. 어떤 식으로든 문화와 시대를 막론하고 상당한 양의 철학이 의미에 대한 질문으로 해석될 수 있다. 이러한 논의에서 간과되는 경향이 있지만 많은 통찰력을 제공하는 래임디어 존 파이어의 이야기를 구체적으로 언급하고 싶다. 라코타족(따라서 아메리카 원주민)의 성자라고 추앙받는 이 사람은 인간을 포함한 모든 존재가 그것이 연결된 모든 것의 상징으로 작용하는 의미에 대해 설명한다.

**　　　　이에 대해서는 Camus, *Myth of Sisyphus* 참조. 카뮈에게 삶의 부조리란 답을 주지 않는 삶에 대해 끊임없이 질문하는 우리 자신에 기인한다. 다른 견해로는 Nagel, "The Absurd" 참조.

***　　　이러한 관점은 사르트르의 희곡 「출구 없음」에 잘 나타난다. 이에 대해서는 사르트르의 「출구 없음」과 기타 세 편의 희곡을 참조.

계한다고 보는 것으로 철학이나 종교에 위임할 수도 없고 과학과도 전혀 관련 없는 것이다.[6] 그렇다면 인간 스스로가 자신만의 경향성을 가지고 '표지판'을 만든다고 말할 수 있다.

그리고 로버트 노직의 '제한된 초월성'이라는 개념도 있는데, 이 것은 위에서 언급한 것들보다 많이 알려지지는 않았지만, 삶의 의미에 대해 많은 것을 시사하고 있다. 노직은 인간의 삶을 일련의 단계로 상정하고 있는데, 새로운 단계에 도달할 때마다 사람들은 이미 주변의 가치 있는 것(가치 있는 것에 대한 근본적인 설명이 제공되어야 함)과 어떤 관계를 맺었는지를 넘어서는 단계에 도달하게 된다.[7] 이 설명은 종교가 유한한 현실 세계를 초월할 수 있는 기회를 제공하면서 의미를 생산할 수 있었다는 노직의 관심에서 출발한다. 물론 현실 세계 그 자체가 무한한 신에게 호소해야만 의미에 관한 질문의 해답을 얻을 수 있는 것처럼 보이지는 않는다. 하지만 노직의 견해처럼 유한한 실체들로 이루어진 현실 세계가 정말 전부라면, 특히 의미에 관한 질문의 안식처를 제공할 수 있는 무한한 신이 존재하지 않는다면 어떻게 되는가? 노직은 이러한 종교적 접근 방식에 최대한 근접한 방법으로 유한한 삶 속에서 개인적인 삶의 의미가 어떻게 가능한지 탐구한다. 유한한 삶이 제공하는 것은 제한된 초월성, 즉 개인의 선택을 통해 삶의 단계에서 다른 단계로 넘어가는 초월성 그러므로 유한한 삶 속으로 접어드는 초월성뿐이다.

내가 보기에 노직의 제안이 매력적인 이유는 ① 기본적으로 휴머니즘적 태도를 가지고 있으며, ② 삶의 가치 있는 것들이 내재되어 있다는 측면에서 의미의 특성화를 드러내고, ③ 선택이라는 행위를 통해서 개인의 위치를 향상시킬 수 있다는 생각, 즉 초월성을 외부로부터 빌려 오거나 의지하는 것이 아니라, 우리 내부로부터 초월성이 일어날 수 있다는 생각에 있다. 러셀과 마찬가지로 노직도 과학적 관점에 기초한 설명을 제공한다. 하지만 그의 설명은 역동적이며 행동을 유도하는 차원을 설명하는 것으로까지 나아간다. 사르트르와 마찬가지로 노직은 선택에 중요한 역할을 부여하지만, 그것을 모든 것을 포괄하는 요소로 삼지는 않는다. 반면 노직이 선택이라는 요소에 부여한 역할을 통해 우리는 기술이 어떻게 삶의 의미와 관련되는지 알 수 있다.

따라서 나는 10.2절에서는 노직의 관점을 발전시키고, 10.3절에서는 기술이 그 설명과 어떻게 연결되는지 설명하고자 한다. 기술이 어떻게 행동에 스며드는지(노직의 고차원적 관점에서는 명확하게 드러나지 않는 부분) 밝히기 위해 나는 인간의 활동이 항상 기술에 의해 매개된다는 돈 아이디의 고찰과 한나 아렌트가 노동, 작업, 행위로 세 가지 종류의 활동을 구분한 내용을 활용한다. 노직의 설명을 통해 선택의 역할을 살펴본 다음 아이디와 아렌트의 도움을 받아 기술이 어떻게 개입하는지 살펴본다면, 우리는 기술이 어떻게 잘못된 방식으로 선택(개인적 차원)에 관여할 수 있는지 알 수 있을 것이다. 당연히 선택은 항상 기술적으로 매개된 방식으로 이루어지기 때문에 (특히 디지털 세계에서) 기술에 의해 형성된 선택이 무조건 개인의 '진정성'을 훼손한다고 간단히 말할 수 없는 어려운 문제이다. 하지만 이 장의 나머지 부분에서는 기술이 (적어도 잠재적으로) 선택에 관여할 수 있는 세 가지 형식에 대해 비판적 관점에서 살펴보도록 하겠다.

10.4절에서는 지능형 기계가 가져올 변화에 대해 광범위하게 조사한 노버트 위너의 1964년작『신과 골렘』을 살펴본다. 유대인 전통에서 골렘은 진흙으로 만든 의인화된 생명체를 의미한다. 골렘은 인간의 창조물이지만 통제할 수 없는 존재이다. 위너의 골렘은 지능형 기계였다. 물론 사이버네틱스의 창시자는 그러한 골렘이 실제 일반 인공지능으로 구현될 수 있을 것이라 생각하지는 못했다. 하지만 그는 기술이 발전함에 따라 인간이 기계가 할 수 있는 일을 과대평가하여 '기계 숭배자'로 변하는 것을 우려했는데 이것이 바로 기술이 개인의 의미를 잘못된 방향으로 이끄는 첫 번째 방식이다. 10.5절에서는 기계 숭배가 어떻게 잘못된 방식으로 선택에 관여하는지 자세히 설명하고 이에 대해 어떻게 대처해야 하는지 알아볼 것이다. 여기서 제시하는 대안의 핵심(어떻게 해야 할 것인가)은 자신의 선택에 대한 자의식적인 성찰을 중심으로 하며, 이는 기술이 인간의 선택에 잘못된 방식으로 관여할 수 있는 세 가지 방식 모두에 적용될 수 있을 것이다.

　　물론 위너 시대의 기계들이 의미 추구를 위한 선택에 어떤 위협을 주든, 그것은 일반 인공지능이 주는 위협에 비하면 아무것도 아닐 수 있다. 일반 인공지능은 새로운 종류의 골렘을 등장시킬 뿐만 아니라, 종교에서 삶의 의미에 관한 질문에 해답을 얻기 위해 사용했던 무한한 실체(신)에 가까운 존재를 다시 불러오는 것처럼 보인다. 하지만 실제 그러한 무한한 실체가 존재할 수 있고 또 존재할 가능성이 있다면, 적어도 언젠가는 그들의 존재는 존재하지 않는 것으로 인식되는 것에서 영감받는 의미의 이해에 위협이 될 것이다. 만약 그러한 실체가 존재한다면, 선택의 중요성을 격하시키는 그 실체와의 연결을 통해 우리 삶의 의미를 찾으려 하지 않을 이유가 없다. 이러한 걱정, 즉 기술이 선택에 잘못된 방식으로 관여하는 두 번째 방법에 대해서는 10.5절에서 논의한다. 소설가 데이비드 포스터 윌리스의 중요한 발언 「이것이 물이다」에서도 선택에 대한 의식적인 상호작용을 핵심 주제로 삼고 있다.[8]

마지막으로 10.6절에서는 알파벳이 우리의 자아를 비롯한 정신에 어떤 영향을 미치는지에 관한 이반 일리치와 베리 샌더스의 연구를 다룬다.[9] 일리치와 샌더스는 기술이 잘못된 방식으로 선택(개인적 차원)에 관여할 수 있는 세 번째 사례를 제시한다. 이들의 요점은 디지털 세계가 우리의 자아 감각과 의미 추구를 약화시키며, 결국 이러한 현상으로 인해 잘못된 선택이 촉발된다는 것이다. 이에 대응하기 위한 조언은 여전히 동일하지만, 일리치와 샌더스는 현재 우리 주변에서 일어나는 기술혁신이 개인의 의미 추구에 있어 얼마나 많은 것을 위태롭게 만드는지를 강조한다.[10]

10.2 노직과 제한된 초월

노직은 넓은 시야를 통해 철학적 삶의 의미에 대한 흥미로운 사실들을 제시한다.[11] 삶의 의미가 무엇인지 이해하기 위해 노직은 먼저 종교가 어떻게 우리 삶에 의미를 부여하는지 탐구한다. 일반적으로 '종교'는 과학적 탐구 이상의 원인과 목적을 제공하면서 인류를 존재의 질서와 연관시키는 일련의 신념과 관습을 생성한다. 유신론은 적어도 한 명의 신(창조자 또는 개입자로서 압도적 힘을 가진 초자연적 실체)의 존재를 중심으로 하는 특별한 경우이다.

종교는 삶이 어떻게 더 큰 무언가의 '표시'가 될 수 있는지 쉽게 설명할 수 있다. 또한 종교는 과학적 설명을 넘어 '내가 왜 여기에 있는가?' 또는 '왜 이런 일이 일어나는가?'와 같은 질문에 해답을 제시하고 개인에게 역할을 부여하며 이 세계에 관한 내러티브를 제공한다. 여기서 노직은 종교가 제공하는 가장 의미 있는 설명이 무엇인지 묻는다. 그리고 그는 종교가 제시하는 설명 중 가장 가치가 있는 것은 한 사람의 삶을 더 큰 무언가와 연결시켜 의미를 부여하는 것, 즉 다른 더 큰 무언가와의 연결을 확신하는 것이라고 결론짓는다. 모든 유한한 존재에게 이 질문이 제기된다. 어떤 의미에서 무한한 존재에게만 그것이 발생하지는 않지만, 신성의 무한성은 우리에게 의미를 제공할 수 있게 한다.[*]

이 단계에서 노직은 '내재적 가치'에 대한 개념을 정립한다. 그는 이를 유기적인 통일성 그리고 한계 내에서의 통합으로 이해한다. 예를 들어 회화의 경우 이는 디자인의 여러 구성 요소가 서로 연관되어 있다는 것을 의미하며, 시선은 형태와 색채에 따라 이곳저곳을 이동하다가 주제 중심부에 도달하게 된다. 자연의 경우는 생태계 내의 다양성을 생각할 수도 있다. 과학 이론은 서로 다른 주제를 통합한다는 측면에서 가치가 있다(예: 지구와 천체의 운동을 설명하는 뉴턴 물리

---

[*] 여기서 무한성은 필요조건이지만 충분조건은 아니다. 결국 자연수는 무한한 크기이지만 실수의 부분집합이기도 하다.

학). 인간 생명의 가치는 우선 시간이 지남에 따라 진화한 신체 부위(특히 뇌)가 어떻게 결합하여 우리가 어떻게 행동할 수 있게 하는지에 관한 것이다. 이 설명은 '내재적 가치'의 일반적인 용례를 모두 다루지는 않으며 노직의 가치 분석에서도 이것이 중요한 것은 아니다. 중요한 것은 우리 세계에는 본질적으로 가치 있는 것(그 자체로 가치가 있는 것)이 존재하며, 이것이 우리가 어떤 방식으로든 그들과 관계를 맺는 것을 가치 있게 만들고, 인간은 이 영역을 소진하지 않고도 본질적으로 가치 있는 것 중 하나라는 사실이다.

노직은 신성의 무한성이 어떻게 의미를 제공할 수 있는지에 대한 분석을 바탕으로, 무한성만이 안정된 근거와 질문이 멈추는 지점을 제시할 수 있도록 의미의 개념을 어떻게 이해해야 하는지를 묻는다. 의미가 외부에 있는 것들과 연결되거나 관계하는 방식에 관한 것이라면, 그것은 하나의 존재가 본질적 가치를 지닌 더 큰 존재의 맥락에 배치되는 방식을 의미하는 것이 된다. 그렇다면 무한한 신만이 그 자체로 의미가 될 수 있고 ('내재적 의미'를 가질 수 있으며) 열등한 존재들에게 의미를 부여할 수 있다. 노직은 이러한 방식과 구조를 신이 존재하지 않는 세속적 세계로 가져온다. 그리고 그는 의미는 현재 상태를 초월함으로써 생성된다는 생각을 최대한 보존하고자 한다. 따라서 '제한된' 초월성은 가능하다면 유한한 삶의 초월성(따라서 그 너머)이라는 개념을 유한한 삶 자체로 접어들게 한다.

노직에 따르면, 한 인간이 가진 삶의 의미는 "자신을 중심으로 조직된 가치 영역의 조직된 통일성"이 된다.[12] 즉 삶의 의미는 내재적 가치를 지닌 다른 존재(다른 인간을 포함하되 이에 국한되지는 않음)와의 관계에서 비롯된다. X의 가치를 찾기 위해 우리는 X 너머를 바라볼 필요가 없지만, 그 의미를 찾기 위해서는 X 너머를 바라보아야 한다. 삶의 의미에 관해 묻는 것이 (노직이 말하는 것과 일치하는) 의미와 관계된 것이라면, 그것은 삶이 더 큰 무언가의 '표시로서 어떻게 (구성) 되는지', 즉 삶이 외부에 있는 것들과 어떻게 연결되는지를 묻는 것이다. "의미는 그것과 연결된 외부 또는 더 넓은 가치의 배열에 따라 달라진다." 또한 의미는 "연결의 성격, 강도, 친밀감, (사람의) 애착이 그러한 가치를 통합하는 방식에 따라서도 달라진다."[13] 의미는 '제한된 초월성'이 되어, 관계할 만한 가치가 있는 것(그리고 그것들이 자신의 삶에 통합되는 것)과의 연결을 구축한다.

러셀의 견해와 마찬가지로 노직의 주장은 과학적 전망과 함께 일관되게 인간의 삶과 그 가능성에 대한 옹호적 태도를 중심에 둔다는 점에서 휴머니즘적이라 할 수 있다. 종교적 접근과 달리, 연결을 구축하는 과정은 더 넓은 가치 맥락에 대한 질문이 발생하지 않도록 '내재적으로' 의미 있는 것으로 끝나는 것을 목표로 하지도 않고 그럴 수도 없다. 물론 일부 사람들은 무한한 무언가와의 연결 없이 삶의 의미는 구성될 수 없다고 가정하며 이러한 접근에 실망할 것이다. 하지만 그러한 가정은 잘못된 것이다.

노직이 제시하는 삶의 의미에 대한 관점은 평생에 걸쳐 지속될 수 있는 반복적인 성장과 관련이 있다. 사람은 자신이 처한 환경에서 가치 있는 존재와 관계를 맺게 되는데, 이러한 관계가 안정되는 데는 시간이 필요하다. 기술 습득, 중요한 업무 수행, 관계 구축, 자연, 예술 또는 문학과의 교감 등이 이에 해당한다. 이러한 행위는 제한된 초월 행위라 할 수 있다. 이러한 행위를 얼마나 집중적으로 또는 광범위하게 하느냐에 따라 삶을 변화시킬 수 있다. 한 사람의 삶이 무엇을 표현하느냐에 따라 그 의미도 달라진다.

윤리적인 사람의 삶은 윤리에 참여하는 것만으로도 더 큰 의미를 갖는다. 윤리는 어떤 가치에 대해 적절한 방식으로 관계를 맺는 것이다. 어떤 사람, 어떤 행위 또는 자연의 일부, 심지어 건물이나 물건 그리고 다른 사람의 도움이나 원조의 필요성과 관계 맺는 것이다. 이러한 것들의 가치와 적절한 방식으로 관계 맺는다는 것이 무엇을 의미하는지(그 자체로 얼마나 중요한지, 내가 그들과 어떤 관계에 있는지 등)을 생각해 보면, 내가 필요한 것을 제공해야 한다는 결론을 내릴 수 있다. 윤리적 인간은 이러한 통찰을 통해 삶의 방향과 지침을 결정한다. 이것이 바로 개인적 의미에 대한 탐구가 윤리에 의해 인도되도록 한다는 의미이다. "윤리적으로 행동할 때 우리는 자신의 한계를 초월하여 다른 사람이나 사물들의 가치와 연결된다"고 노직은 설명한다.[14]

다시 말하지만, 이러한 반복적인 과정은 평생에 걸쳐 이루어진다. 인간은 자신의 삶이 더 이상 가치 있는 것들과의 관계를 구축할 여력이 없다고 결론을 내릴 때 (또는 더 이상 이러한 노력을 하지 않기로 결정했을 때) 의미를 상실하고 마무리된다. 한 인간이 더 넓은 가치의 맥락 속에서 안식처를 찾았다면 그것에 대해 비난할 수는 없다. 이러한 접근 방식은 윤리적 삶이 더 큰 의미를 갖는다고 말할 때 내가 제시한 것처럼 하나의 삶이 다른 삶보다 더 의미가 있다는 식의 비교도 가능하게 해 줄 것이다. 하지만 어떤 삶도 우위에 있지는 않다. 왜냐하면 비교는 서로 유사한 삶의 궤적을 가지고 있을 때 가장 빛을 발하는 경향이 있으며 완전히 다른 삶을 사는 사람에게는 그 가치를 약하게 부여하는 경향이 있기 때문이다.

이것이 반복적이라는 사실은 노직이 종교적 틀에서 인간 삶의 유한한 맥락으로 초월의 개념을 전환하는 방법의 핵심이다. 요점은 단순히 우리 주변의 (신이 아닌) 특정 존재와의 관계에서 의미를 찾는 것이 아니라, 우리가 제한된 초월성을 수행하는 방식에 대해 일정 수준의 통제권을 획득한다는 점이다. 종교적 맥락에서 초월적 관계는 다양한 방식으로 이해된다. 종교적 내러티브는 우리가 더 이상 고민하지 않고도 의미를 제공하는 단순한 관계 구조를 가지고 있다. 삶의 의미가 신의 은총, 사제 계급의 개입 또는 우리의 믿음에 달려 있다는 것이다. 하지만 제한된 초월성의 관점에서 의미는 항상 인간 자신이 능동적으로 발전시킬 수 있다.

이와 관련하여 운은 삶의 의미를 찾는 출발점과 많은 관련이 있다. 어떤 사람은 광범위한 가치의 맥락에 던져진 자신을 발견한다. 예를 들어 찰스 왕세자는 태어날 때부터 영국의 차기 국왕으로 내정되어 있었기에 영국 왕실의 의미에 관심이 있는 모든 사람에게 바로 의미를 부여받았다. 신과의 초월적 연결을 통해 의미를 부여하는 방식은 (항상 그런 것은 아니지만) 종종 종교적 이야기 안에서만 가능하다. 이와 달리 한 사람의 삶에서 일어나는 일과 의미를 연결시키는 이야기에서는 한 사람의 운에 의해 결정되는 환경이 중요한 의미를 갖는다. 하지만 운이 제공하는 것 이상의 의미를 가지기 위해서는 능동적인 구성이 필요하다. 그리고 종교적인 접근 방식과는 달리, 이런 종류의 초월은 항상 우리가 생활 속에서 할 수 있는 일이다. 우리는 여기서 우리의 주도권에 따라 결정되는 개인적인 의미에 대한 감각을 얻는다. 니체의 말을 빌리자면 우리 각자는 자기 삶의 시인이 될 수 있는 것이다.[15]

10.3 기술을 통해 매개된 개인적 삶의 의미

"우리는 더 많은 것을 갈망할 수 있다." 노직은 이 말을 무한성의 부재를 한탄하는 종교적 신도들이 아니라, 인류가 현재의 한계를 뛰어넘을 수 있기를 간절히 희망하는 사람들에게 외치고 있다.

> 미래에는 다른 형태의 생명체와 접촉하여 인류의 진화가 더욱 진전되고, 우주의 생명과 문화의 교향곡에 인간의 특성이 기여할 수 있을 것이다. 인간의 한계를 뛰어넘을 수 있는 더 넓은 영역을 향한 모험(그리고 실패)을 상상하는 것은 즐거운 일이다.[16]

이러한 갈증은 분명히 기술로 채워져야 한다. 물론 노직의 방대한 저서에서 기술은 핵심적인 주제가 아니다. 그의 저서 『철학적 설명』은 우리가 '더 많은 것을 갈망'하기 훨씬 이전부터 우리의 의미를 추구하는 행위가 항상 '기술적으로 매개'된다는 사실에 주의를 기울이지 않는다. 노직의 관점에서 선택의 요소가 기술과 어떻게 연관되는지 이해하기 위해, 나는 하이데거의 현상학적 전통에 속하지만 노직과는 다소 상이한 두 명의 철학자에 대해 소개하도록 하겠다. 돈 아이디와 한나 아렌트가 내가 소개하고자 하는 이들이다. 아이디는 인간이 세상과 만나는 다양한 기술적 매개 방식을 구분한다. 아렌트는 다양한 유형의 인간 활동을 특징짓는데, 이 모든 활동은 아이디가 설명하는 대로 매개될 수 있다. 이러한 주제들을 종합하면 노직의 고차원적 관점이 제공하는 것보다 개인의 의미를 창출하는 데 기술이 수행하는 역할에 대해 더 세밀한 관점을 얻을 수 있을 것이다. 이러한 관점을 통해 우리는 개인적인 의미를 창출하는 과정에서 기술이 어떻게 잘못된 역할을 할 수 있는지 이해할 수 있다.

앞선 장에서 마르쿠제, 하이데거, 멈퍼드, 엘륄 등 디스토피아적 기술철학자들을 만났다. 이들의 관점, 즉 모든 종류의 의미 추구를 집어삼키고 방해하는 관점을 전반적으로 수용하지 않더라도 나는 이들이 제기하는 경고에는 동의한다. 만약 이러한 디스토피아적 시나리오가 현실화된다면, 삶의 의미를 추구하고자 하는 것은 아도르노의 말처럼 "잘못된 삶 속에서 올바른 삶이란 존재하지 않는다"라는 말로 정리될 것이다.[17] 기술철학은 이러한 거시적 사유를 넘어(실제로 이러한 사유를 평가하기 어렵게 만드는 이유는 그 거대한 스케일이다) 특정 기술이 인간의 삶을 어떻게 형성하는지에 대한 보다 구체적인 참여로 나아가고 있다. 그리고 이러한 작업은 돈 아이디에 의해 개척되었다.

아이디의 주요 작품 중 하나의 제목은 '기술과 생활세계: 정원에서 지구로'이다.[18] 이 정원이 의미하는 것은 「창세기」에 나오는 하나님의 동산, 즉 성경의 에덴동산으로 인간이 환경에 개입할 수 없는 곳이다. 이곳에서 아담과 이브는 알몸으로 돌아다니고, 발견한 것을 제한적으로 섭취하며, 기술을 필요로 하거나 이용하지도 않는다. 하지만 낙원에서 추방된 인간은 기술을 통해 매개되는 삶의 세계인 '지구'를 구축한다. 기술이 '매개'된다는 말은 단순히 인간과 독립적으로 존재하는 현실 사이에 끼어들어 인간이 이 현실에서 노동할 수 있게 한다는 차원이 아니다. 이것은 우리가 기술을 통해 세상을 경험하는 방식을 구성한다는 사실을 뜻한다. 현실은 오직 기술이라는 매개체를 통해서만 우리에게 발생한다. 아이디는 특히 다음과 같은 세 가지 방식으로 이를 구분한다. 물론 이는 완전한 구분 방식은 아니다.

첫째, 기술적 인공물은 인간 경험의 일부가 되어 우리 신체가 세상에 반응하는 방식의 영역을 확장시킨다. 예를 들면, 우리가 세상을 바라보는 장치이자 그 자체로 지각의 도구인 안경이 있다. 안경은 인간의 신체가 세상을 경험하는 방식에 통합되었다. 다른 예로는 보청기, 보철 장치, 자전거와 자동차, 휴대폰, 소셜 미디어, 건설 도구, 무기 등이 있다. 무술이나 기타 여러 맥락에서 사용되는 기술도 언급할 수 있다. 기기, 지식, 기술은 인간이 세계를 탐구하는 방식에 확고하게 통합되어 있다. 아이디는 기술이 이러한 방식으로 세상에 대한 접근을 매개하는 방식을 설명하기 위해 '매개관계'에 대해 이야기한다.

둘째, '해석학적 관계'란 것이 있다. 여기서 인공물은 세계와의 관계에서 지각에서 물러나는 것이 아니라 그것을 표현하는 역할을 한다. 인공물은 '읽혀야' 하고 그렇지 않으면 최소한 해석되어야 한다(이것이 해석학에 대해 이야기하는 이유이다). 대표적인 예로 온도계 및 기타 측정 장치의 판독 값을 들 수 있다. 그리고 다른 사례로는 기술적으로 매개된 언어로서의 글쓰기(10.6절에서 다시 다룬다), 자동차나 비행기의 계기판, 시계, 의료 차트, 초음파, MRI뿐만 아니라 사진 및 동영상도 있다. 셋째, '가변관계'가 있을 수 있다. 여기서 인간은 동영상 기술을 세상과 연관시키는 것이 아니라, 그 자체로 세상과 통합한다. 기술은 하나의 '준-타자'이다. 사람들은 종종 의인화된 방식으로 기술에 접근하여 인간의 속성을 투영하거나(예: 스마트폰, 인공지능), 기술을 '돌보는'(예: 집, 피아노, 자동차) 경우가 많다.*

아렌트를 따라 인간의 활동을 노동, 작업, 행위(아렌트가 특정한 의미로 사용하는 용어)로 분류한 것을 생각해 보자.** '노동'에는 생명을 유지하는 데 필요한 행위(예: 식량 생산, 신체 유지, 육아)가 포함된다. 이러한 활동은 끊임없이 갱신되어야 하지만 영속적인 것을 만들어 내지는 못한다. 노동의 결과는 (일반적으로 빠르게) 소진되기 때문에 노동은 인간이 소비 이상의 것을 추구하는 공동의 세계를 제공할 수 없다. 하지만 자연에 이미 존재하는 것과는 다른 것을 생산하는 '작업'이 있다. 작업을 통해 "인간은 인공물을 구성하는 끝없이 다양한 사물의 총합을 제작"한다.[19] 제작자로 이해되는 인간인 '호모 파베르'(Homo

---

* 인간관계에서 이러한 객체의 역할을 라투르의 행위자-네트워크 이론의 관점에서 분석할 수 있다. 이에 대해서는 Latour, *Reassembling the Social*; Latour, *We Have Never Been Modern* 참조.

** 『인간의 조건』에서 아렌트는 노동(영양과 번식을 추가해야 한다는 점에서 인간은 다른 동물과 매우 유사하게 작동하기 때문에 노동하는 동물인 노동자에 초점을 맞추고 있음)을 3장에서 다루고, 작업(제작자로서의 인간인 호모 파베르에 초점을 맞추고 있음)을 4장에서, 행위(이 세 가지가 실천적 삶Vita Activa을 구성함)를 5장에서 다룬다. 모든 구성 요소는 인간 공동체의 번영을 위해 필요하다. 하지만 아렌트는 이 목록(노동, 작업, 행위)을 통해 현대의 삶에서 역전된 중요성의 위계질서를 표현하고자 했다. 그녀는 작업과 행위에 비해 노동에 더 큰 지위를 부여하는 것에 대해 마르크스의 의견에 동의하지 않는다. 현재 우리의 삶이 인간의 조건에 어떻게 폭력을 가하는지에 대한 우려가 아렌트의 주요 주제이지만, 나는 단지 그녀가 식별하는 다양한 종류의 행동에 관심이 있을 뿐이다.

faber)는 자연을 인공물 제작을 위한 재료의 공급자로 간주하며, 따라서 자연에 대해 대체로 도구적인 태도를 취한다.[20]

마지막으로 노동이나 작업과 혼동하기 쉬운 '행위'라는 것이 있다. 호모 파베르의 자유는 제한적이다. 그의 생산물은 인간이 살기에 적합한 세상을 유지할 수 있는 능력으로 평가된다. 하지만 행위는 예상치 못한 일을 할 수 있는 능력을 포함하여 새로운 것을 시작할 수 있는 능력으로 개인의 자기 이해를 드러내는 방식이다. 정치적 행위는 인간의 가능성의 스펙트럼에 대한 공동의 재평가를 포함하며, 세상을 특정한 방식으로 만들어 새로운 것을 시작할 수 있는 우리의 능력을 실현한다. 호모 파베르가 자신에 대해 드러내는 것은 특정 일을 할 수 있다는 것뿐이다. 하지만 행위와 그것을 표현하는 말에는 행위자의 정체성에 대한 질문에 대한 해답, 즉 호모 파베르가 일반적으로 보여주는 것과는 다른 자연에 대한 태도를 드러내는 답도 포함되어 있다.

이러한 생각들을 가지고 다시 노직으로 돌아가 제한된 초월성을 통해 개인적인 중요성(또는 의미)을 추구하는 데에는 선택이 수반된다는 점을 상기해 보도록 하자. 우리는 더 많은 가치 있는 것들과 연결하여 삶을 살아갈 수 있는 선택권이 있으며, 단계적으로 그렇게 함으로써 한 인간으로 성장할 수 있다. 선택에는 이 세 가지 종류의 선택(노동, 작업, 행위)이 각각 포함될 수 있으며, 이곳이 노직과 아렌트가 연결되는 지점이다. 그리고 우리의 노동, 작업, 행위가 우리 주변의 가치 있는 것들과 연결되는 것이 바로 이러한 노동, 작업, 행위의 본질에 있다. 이러한 연결은 생명을 유지하거나, 물건을 생산하거나, 다수의 관점이 존재하는 상황에서 새로운 프로젝트를 시작하기 위한 목적으로 이루어진다. 이러한 모든 활동에서 기술은 돈 아이디가 말하는 매개적 방식으로 들어간다(아렌트를 통해 노직이 아이디와 연결되는 방식이 바로 이것이다). 기술은 우리 몸의 일부가 되어 우리의 범위를 확장하거나, 우리를 위해 세상을 해석하거나, 우리 주변의 수많은 준-타자들과 연결되고 이를 통해 우리와 소통한다.

조금 더 자세히 살펴보자. 노동은 생명을 유지하며 이를 위한 도구를 필요로 한다. 따라서 시간이 지남에 따라 생명을 유지한다는 것의 의미는 사용 가능한 기술에 의해 결정된다. 음식 준비에 대해 생각해 보자. 숙련된 요리사는 주방 장비를 사용하여 날것의 식재료를 조리된 음식으로 바꾸고, 인체 자체의 가능성을 확장할 수 있는 장비의 도움을 받아 음식을 준비한다. 주방의 일부 기기는 온도나 경과 시간을 표시하여 재료의 준비 상태를 해석한다. 사람들은 주방의 장치와 도구가 자신의 필요와 기술에 적합하고 이 조화를 유지해야 한다는 의미에서 주방과 특별한 관계를 맺는다(관리의 의미를 포함). 다른 장소와 다른 시간, 다시 말해 시드니, 함부르크 또는 오클라호마시티의 현대식 주방에서는 각기 다른 방식으로 기술과 관계를 맺고 있다.

집, 벽, 거리는 우리에게 기쁨을 주거나 삶을 편하게 해 주는 수많은 기기와 물질적 사물로 채워져 있다. 우리가 기대하는 물질적 사물의 효과, 생산 방식, 모양은 사용 가능한 기술에 따라 달라진다. 예를 들어 의사는 인체의 건강을 평가하기 위해 다양한 도구를 사용하며, 이러한 도구가 매개하는 방식으로 인간의 신체에 접근한다. 이러한 도구는 잘 활용되면 신체의 연장이 된다. 의사는 실험실에서 혈액, 소변 또는 조직 샘플을 분석하고 실험실의 기계들을 통해 신체를 읽는다. 요리사와 마찬가지로 의사(혹은 그를 대신하는 누군가)는 기계가 계속 작동할 수 있도록 관리한다. 그리고 앞선 예와 마찬가지로 시드니, 함부르크, 오클라호마시티의 현대 의료 시설의 의사들은 각자의 방식으로 의료 기기들과 관계를 맺는다. 행위는 인간관계를 생명 유지의 필요성과 특정 제품에 대한 수요에 의해 정의되지 않도록 허용하는 범위 안에서 설정한다. 이것이 구체적으로 의미하는 바는 모든 것이 사용 가능한 기술에 의해 주도된다는 사실이다. 특히 정치적 행위에 관해서는 더욱 그러하다. 이 점에 대해서는 3장에서 이미 민주주의의 물질성에 대해 다루었다.

노직의 선택이 중심이 되는 제한된 초월성으로서 삶의 의미에 대한 설명은 아렌트의 세 가지 종류의 활동에 관한 설명과 연결될 수 있다. 이러한 각 유형의 활동은 차례로 아이디의 논의대로 기술적으로 매개되며, 이러한 연결을 통해 우리는 기술이 의미와 어떻게 관련되는지 알 수 있다. 오늘날 디지털 세계에서 기술은 행위자를 매개하여 노동, 작업, 행위의 파동을 통해 개인의 의미와 삶의 의미를 발전시킨다. 즉 우리가 일상적으로 내리는 선택(삶의 단계를 진행하면서 내리는 선택)은 이제 디지털 세계에서 노동, 작업, 행위를 어떻게 배치하는가와 관련이 있으며, 여기서 중요한 것은 우리를 둘러싼 세계와의 관계(특히 매개관계, 해석학적 관계, 가변관계)를 매개하는 것은 디지털 기술이라는 사실이다.

확실히 디지털 기술은 인간과 복잡한 기계, 풍부한 데이터를 정교하게 연결하여 우리 주변 세계와의 관계를 매개함으로써 엄청난 가능성을 열어 준다. 기술혁신은 사람들이 가치 있는 것들과의 연결성을 높이는 방식으로 삶의 단계를 넘나들 수 있게 해 준다. 인터넷의 보급과 상호 연결성 덕분에 우리는 전례 없는 파급력으로 다른 사람들과 소통할 수 있게 되었다. 증강현실 또는 가상현실의 몰입적 특성은 우리 몸이 살고 있는 물리적 현실을 보완하고 풍요롭게 한다. 하지만 기술은 또한 잘못된 방식으로 우리의 선택에 개입할 수 있다. 이것이 이 장의 나머지 주제이다.

10.4 위너와 기계 숭배

수학자이자 철학자인 노버트 위너가 사망한 1964년은 그의 『신과 골렘: 사이버네틱스가 종교에 영향을 미치는 특정 시점에 대한 논평』이 출간된 해이기도 하다.[21] 『신과 골렘』이라는 저서는 지능형 기계가 가져올 수 있는 변화에 대한 하나의 지침서이다. 위너는 생명과 창조에 관한 질문, 창조와 자기 복제의 대조, 신-인간-기계라는 위계뿐만 아니라 머신러닝(이 용어가 특정 종류의 수학과 연관되기 훨씬 전에 위너가 사용했다), 기계 재생산, 사회에서 기계의 위치 등을 주제로 삼고 있다. 또한 그의 에세이는 내가 이해하는 바와 같이 의미에 대한 인간 탐구에 기술이 관여하는 방식에 관해 이야기하며, 기술이 잘못된 방식으로 관여할 수 있는 사례를 자세히 소개한다.

유대인의 전통에서 골렘은 사람처럼 움직이는 진흙으로 만든 생명체이다. 유명한 이야기 중 하나는 16세기 랍비 유다 뢰브 벤 베자렐과 관련된 것이다. 랍비 뢰브는 프라하의 유대인들을 보호하기 위해

'요셀레'(Yossele)라는 골렘을 만들었다. 이런 종류의 창조물이 늘 그렇듯(『프랑켄슈타인』을 생각해 보자), 결국 창조자 뢰브는 창조물 요셀레를 통제할 수 없게 되었다. 위너가 상상한 골렘은 지능형 기계였는데 그가 상상한 기술은 현재 점점 더 실현 가능성이 높아지고 있다. 그는 인간을 만든 신과 인간이 언젠가 만들어 낼 새로운 골렘이 공존하는 모습을 상상했다.[22]

위너는 기계가 자기 자신의 모습을 바탕으로 또 다른 기계를 만드는 것이 어떻게 가능한지 탐구하기도 하였다. 또한 이 시기에 저명한 수학자 어빙 존 굿은 '지능 폭발'이라는 개념을 도입한 논문인 「최초의 초지능 기계에 관한 추측」을 작성하기도 하였다.[23] 굿은 "인간의 모든 지적 활동을 훨씬 능가하는 기계를 초지능 기계로 정의할 수 있다"고 말하며 다음과 같이 경고했다.

기계를 설계하는 것도 하나의 지적 활동이라 할 수 있다. 따라서 초지능 기계가 자신보다 더 나은 기계를 설계할 수 있다면, 분명히 '지능 폭발'이 일어나고 인간의 지능은 뒤처지게 될 것이다.[24]

영국의 전쟁에 도움을 주었던 튜링과 당시 암호 해독에 협력했던 굿은 "인간의 생존은 초지능 기계의 구축에 달려 있다"고 말하며 다소 과격한 주장을 펼쳤다.[25] 따라서 굿과 같은 사람에게 위너는 『신과 골렘』에 등장하는 아이디어 덕분에 기계 지능의 무한한 가능성을 긍정하는 낙관론의 일부로 받아들여졌다. 하지만 굿과 위너 모두 이러한 선구적 낙관주의의 일원이었음에도 불구하고 위너는 실제 지능이 폭발적으로 증가할 가능성에 대해서는 고려하지 않았다. 따라서 위너의 낙관론은 굿에 비해서는 훨씬 약한 것이 사실이다.

왜 위너가 지능 폭발의 가능성에 대해 심각하게 생각하지 않았는지 좀 더 자세히 살펴보자. 당시의 공학 수준에 비추어 볼 때, 위너는 인간의 뇌에 해당하는 컴퓨터를 만들면 직경 30피트 구체 정도의 크기를 차지할 것이라고 예상했다. 그는 기계와 비교했을 때 "뇌는 물리적 크기에서 기대할 수 있는 것과 비교할 수 없을 정도의 효율적인 작동 방식을 가지고 있다"라고 말하며 인간의 뇌를 능가하는 기계가 만들어질 것이라고는 생각을 하지 못했다.[26] 인간의 이동에 대해 평생 고민한 사람이 인간의 이동속도가 지속해서 발전하는 것을 눈앞에서 목격하고 기술의 한계(특히 계산 능력과 관련하여)가 극복되는 것을 여실히 보고서도 이러한 것을 왜 예상하지 못했는지 알 수는 없다.[27] 하지만 위너는 지능형 기계가 인간의 삶을 어떻게 풍요롭게 만들 수 있는지 연구하는 것이 더 바람직하고 생산적이라고 생각했다.

인간의 뇌가 가진 장점에 대한 그의 견해에도 불구하고 위너는 기계가 속도와 정확성에서 훨씬 우월하며 지능형 기계를 개발하는 것이 언젠가 문제가 될 것이라고 생각하지 않았다. 그는 "인간의 것은 인간에게, 컴퓨터의 것은 컴퓨터에게"라는 슬로건을 제안하기도 하였다.[28] 하지만 그는 "기계 숭배자라고 불릴 수 있는 특정 유형의 공학자나 엔지니어링 조직이 있다"고 믿었다.[29] 그리고 위너는 '기계 숭배자들'이 기계를 만들려고 하는 이유에 대해서 다음과 같이 서술했다.

위험하거나 재앙적인 판단에 개인적인 책임이나 우연 그리고 의문을 제기할 수 없는 인간보다 책임감 있는 존재를 만들고자 하는 것이다. 이들은 기계가 만든 정책 또는 완전히 이해할 수는 없지만 객관성을 전제로 한 기계 장치를 만들어 그것에 책임을 떠넘김으로써 자신의 책임을 회피하려고 한다.[30]

위너는 끔찍한 예로 나치의 물류 책임자였던 아돌프 아이히만을 언급한다. 위너는 이것이 극단적인 사례라는 것을 알고 있었지만, 기계를 숭배하는 사람들이 추구하는 자동화 세상이 "인간의 독창성을 축소하고 로마의 노예였던 그리스 철학자가 주인을 위해 어려운 사고를 대신했던 것처럼 사유의 필요성 자체를 **빼앗아** 갈 것이라고" 걱정했다.[31] 기계는 적절하게 설계되고 통제될 수 있을 때만 인간의 목표를 추구하며, 여기에는 책임 있는 기관이 지속적으로 관여해야 한다.

위너는 자신의 생각을 설명하기 위해 소원을 들어주는 마법 원숭이 발에 관한 이야기를 들려준다.[32] 한 노부부가 돈이 필요하여 마법 원숭이 발에 소원을 빌었다. 그때 노부부의 아들을 고용하고 있었던 회사의 대표가 찾아오게 된다. 그리고 이 대표는 아들이 사고로 사망했다는 참담한 소식을 전하며 노부부가 필요했던 돈을 보상금으로 제시한다. 아무리 돈이 필요하다고 해도 일반적인 사람이라면 결코 그 돈의 수혜자가 되고 싶지 않을 것이다. 하지만 노부부가 어떤 선택을 해야 옳은 행위인지 결정하는 것은 쉬운 일이 아니다. 세상의 명문화할 수 없는 모호함으로 인해 인간이 추구하는 일에는 매번 책임 있는 의사 결정이 수반된다. 이 이야기에서 알 수 있듯이 인간은 이러한 결단을 내리는 데 쉽게 실패하며, 이러한 일을 올바르게 처리하는 것은 단순히 속도와 정확성의 문제가 아니다. 이러한 사실은 기계에 의사 결정을 맡겨서는 안 된다는 것을 알려준다. 하지만 기계의 존재는 인간의 결점(특히 속도와 정확성)을 부각시키고 기계에 책임을 넘기고 싶은 유혹을 더욱 강하게 만든다. 따라서 위너는 "미래의 세상은 편안한 침대에 누워서 로봇 노예를 기다리는 것이 아니라, 지능의 한계에 맞서는 더 힘든 투쟁의 장이 될 것"이라고 결론 내리고 있다(이는 머리말에서도 인용한 내용이다).[*]

이 책의 한 가지 주제는 기술이 인간의 삶을 형성하고 인간이 될 수 있는 가능성을 규정한다는 기술철학이 가진 주요한 통찰이다. 우리는 디스토피아 작가들을 통해 이 주제를 접했지만, 10.3절에서는 다른 방식으로 접근하기도 하였다. 그리고 인간은 항상 기술적으로 매개된 방식으로 현실과 상호작용한다는 점을 아이디로부터 배웠다. 개인적인 의미를 추구하는 것도 예외는 아니다. 따라서 기술이 제대로 역할을 하지 못한다면 '진정한' 의미 추구와 같은 것을 고집하는 것도 무의미하다. 하지만 위너는 기술이 매개하는 (그리고 그렇게 이해되는) 세계에서조차 기술을 삶에 통합하는 것은 너무 위험하다고 경

---

*   Wiener, *God & Golem*, p. 69. 컴퓨터 과학의 선구자인 조셉 와이젠바움은 그의 저서에서 "우리 모두는 너무 많은 세상을 컴퓨터로 만들어 왔으며 컴퓨터 이미지로 세상을 재구성하는 것은 전자식 컴퓨터가 있기 훨씬 이전부터 시작되었다"고 말했다(Weizenbaum, *Computer Power and Human Reason*, p. ix). 와이젠바움은 인공지능이라는 것이 가능하다 해도 컴퓨터는 항상 지혜와 연민이 부족할 것이라고 주장한다. 선택할 수 있는 능력은 인간을 인간답게 만든다. 와이젠바움에게 선택은 계산의 아닌 결단의 산물이다. 지능적인 기계의 세계에서 인간이 번영할 수 있는지에 대한 것은 Reich, Sahami and Weinstein, *System Error*, 6장; Kissinger, Schmidt, and Huttenlocher, *The Age of AI*, 7장 참조. 기계 숭배가 책임감의 약화로 이어질 수 있다는 점에서 이 주제는 Nissenbaum, "Accountability in a Computerized Society"에서 재검토되기도 하였다.

고한다. 위너는 어쨌든 '지구'라는 것이 있고 디지털 세계는 극단적인 상황이라고 생각한다. '기계 숭배'라는 문구는 이러한 우려를 단적으로 나타낸 것이다. 이 용어의 적용은 특정 유형의 공학자나 엔지니어링 조직자에게만 국한되지 않는다. 기술이 적절하게 통합되지 않는다면 제한된 초월성에 대한 휴머니즘적 전망은 사라지게 된다.

동시에 방금 위너의 주장은 적절하게 통합된다는 것이 도대체 무엇을 의미하는지 구체적으로 말하기 어렵다는 것을 보여 주고 있기도 하다. 기술은 우리의 한계 범위를 확장하고, 특히 인공지능은 우리의 한계를 반영하여 구성될 것이기에 우리는 기술에 더 많이 관여하고자 할 것이다. 하지만 우리는 이성의 행사를 강화하기보다는 오히려 포기를 선택할 수도 있다. 신적 존재에 대한 잘못된 숭배 대신 우리는 인간 설계에 대한 똑같이 잘못된 숭배를 받아들일 수 있다. 삶의 의미에 관심이 있는 사람이 앞으로 나아갈 수 있는 유일한 방법은 자신의 선택에 의문을 제기하고 기계 숭배에 대해 철저히 고찰하는 것이다. 결정적인 해답은 나오지 않겠지만 언젠가는 특정 선택에 대한 실존적 고민, 즉 특정 행동에 대한 자각 및 인간을 인간답게 만드는 것이 무엇인지에 대한 고민이 필요하다. 궁극적으로 실존적 고민에 대한 의미 부여와 자기 성찰이라는 주제는 기술이 인간의 선택에 어떻게 잘못된 방식으로 개입할 수 있는지를 알게 한다. 여기서는 기술이 인간 선택에 잘못된 방식으로 개입할 수 있는 첫 번째 방식에 대해 알아보았다. 이제 기술이 개입할 수 있는 또 다른 방식에 대해 살펴보자.

10.5 기계 숭배와 일반 인공지능

위너는 일반 인공지능의 개발은 거의 불가능하다고 생각했다. 따라서 기계 숭배를 불러일으킬 수 있는 일반 인공지능은 그의 관심사가 아니었다. 하지만 오늘날 기술을 생각해 보면 우리가 디자인할 수 있는 골렘은 위너가 상상했던 것보다 훨씬 더 강력하다. 물론 일부 사상가들은 기술 발전에 대해 굉장히 낙관적이다. 특히 환경 운동가 제임스 러브록은 사이보그가 기후 변화에 맞서려는 우리의 노력에 큰 도움이 될 것이라고 생각했다.[33] 그는 사이보그는 지능이 뛰어나고 국가 중심적 생각을 하지 않으며 사태의 긴급성을 파악하고 무엇을 해야 하는지 바로 인식하며 모든 사람이 이에 동참하게 할 것이라고 생각했다. 러브록은 사이보그가 우리에게 등을 돌릴 것을 두려워하지 않았다. 그렇게 함으로써 기후 변화로 인해 고도로 지능적인 존재가 소비하는 에너지보다 더 많은 에너지를 소비할 것이기 때문이다. 그는 "인류의 생존은 초지능 기계의 조기 구축에 달려 있다"는 굿의 주장에 찬성했다.[34] 하지만 현재 일반 인공지능의 개발 가능성을 보면 기술의 한계에 대한 위너의 주장, 즉 기계 숭배를 야기할 일반 인공지능이 개발되기 어렵다는 그의 주장은 재고되어야 한다. 기계 숭배가 기술이 개인의 의미를 잘못된 방식으로 끌어들일 수 있는 첫 번째 방식이라고 할 때, 일반 인공지능의 개발 가능성을 우리가 위너보다 더 진지하게 받아들인다면 두 번째 방식이 어떻게 이루어질지 알 수 있다.

그리고 이 지점에서 우리가 기억해야 할 것은 휴머니즘의 근본이 되는 제한된 초월성의 가능성은 지적 호소력을 위한 무한한 신의 '부재'라는 사실을 바탕으로 결정되는 것처럼 보인다는 사실이다. 결국 신이 무한하다는 것은 적어도 잠재적으로 삶의 유한성에 기반한 설명이 결코 가질 수 없는 한 가지 이점을 가지고 있다는 것을 의미한다. 즉 무한한 존재만이 의미에 대한 추가 질문을 위한 안식처를 제공할 수 있다. 이제 이 점을 일반 인공지능과 연결해서 생각해 보자. 일반 인공지능은 잠재적으로 인간이 할 수 있는 모든 것을 뛰어넘을 수 있다. 아마도 이는 속도와 정확도로 환산할 수 있는 방식에만 해당할 것이다. 하지만 속도와 정확도가 높아지면 결국에는 인간의 능력에 근접한 수준과 계산의 힘으로 인한 새로운 가능성이 결합될 수 있다.(1장 참조) 이러한 일반 인공지능은 골렘(인간이 창조한)일 수 있으며, 실제 무한성에 가장 가까운 존재가 될 수 있다. 이러한 창조물은 삶의 의미에 대해 안일하게 생각하는 사람들을 불안하게 하고 불안정하게 만들 수 있다.

일반 인공지능이 인간의 선택을 잘못된 방향으로 이끄는 방식은 위너의 기계 숭배와 질적으로 다르지 않다. 물론 골렘은 유한한 존재이다. 단지 인간의 능력을 훨씬 능가하는 연산 및 저장 능력을 가졌을 뿐이다. 따라서 골렘이 자기 자신 외의 것들과 어떤 관계를 맺을지에 대한 의문은 여전히 제기된다. (어쨌든 무한성은 실체의 의미에 대한 질문이 발생하지 않기 위한 충분조건이 아니라 필요조건이다.) 그리고 이러한 의문은 일반 인공지능에 대해서만 제기되는 것이 아니라, 일반 인공지능이 '무엇을 나타내는가'(즉 그 의미가 무엇인가)에 대한 질문으로 나아가고 우리가 그 해답의 실마리를 제공하게 될 것이다. 중요한 것은 일반 인공지능에 입력되는 데이터는 골렘과 개발자가 공유하는 삶과 개발자가 이전에 살았던 삶에서 나온다는 점이다. 따라서 일반 인공지능과의 관계에서 개인적인 삶의 의미를 얻고자 하는 사람은 대량의 공유 경험과 엄청난 계산 능력을 가진 존재에 의지하게 될 것이다. 이렇게 되면 일반 인공지능은 노직이 처음 말했던 창조와 개입의 신과는 완전히 다른 존재이지만, 오히려 인간과 훨씬 더 닮은 존재가 될 것이다.

이 단계에서 3장에 나온 확장된 민주주의와 인공지능 유토피아에 대해 생각해 보자. 모든 문제에 '가장 현명한' 해결책이 있는 것도 아니며, 삶의 의미에 대한 문제가 크게 중요하지 않을 수도 있다. 또한 주류 지능 연구에서는 지능이 한 가지 종류만 있다고 생각하지도 않는다. 게다가 여기엔 일반 인공지능 개발에 투자한 사람의 이해관계가 상당 부분 개입되어 있을 것이다. 오히려 러브록이 스케치한 선을 따라, 일반 인공지능과의 교류와 관계를 통해 우리는 더 나은 삶의 의미를 찾을 수 있을지도 모른다. 하지만 지금의 이 상황은 위너의 과학적 레이더가 포착했던 것, 즉 잡동사니 기계를 숭배하는 모습에 직면했던 것과 질적으로 전혀 다르지 않다.

기술이 인간의 선택에 관여하는 두 가지 방식은 질적으로 다르지 않으므로 이에 대한 조언도 동일하다. 따라서 앞의 절에서 마지막 부분에 내가 정리한 조언을 조금 더 자세히 설명하도록 하겠다. 주변의 가치 있는 것들과 어떻게 연결되어야 하는지는 각자의 몫이다. 앞서 언급했듯이 여기에는 선택에 대한 실존주의적 지지가 포함된다. 물론 인간의 경험을 뛰어넘는 분석 능력을 가진 강력한 존재에 선택권을 넘겨줄 수도 있다. 그러나 그렇게 하는 사람은 (단순히 조언을 받는 것이 아니라) 중요한 순간에 선택을 더 이상 하지 않게 될 것이다. 자신의 인간적 역량을 발휘하는 것을 포기하고 그 가치를 인정하지도 않게 된다.

괴테의 『파우스트』에 나오는 유명한 대사가 있다. "끊임없이 노력하는 자는 구원받을 수 있다."[35] 초월에 관한 생각과 마찬가지로 종교적 성격을 함의하고 있는 이 말을 세속적 차원으로 옮겨야 한다. 여기서 '구원'은 종교적 승천도 아니며 그것을 돕는 외부의 힘도 존재하지 않는다. 대신 올바른 종류의 노력은 개인이 스스로 달성할 수 있는 (그리고 달성해야만 하는) 의미에 대한 확실한 이해를 만들어 낸다. 따라서 구원을 대체하는 것은 의미를 획득하고 유지하는 과정이다. 외부에서, 특히 일반 인공지능에 모든 선택을 위임하는 것은 바로 이 과정을 축소시킨다.

제한된 초월성은, 초지능적 존재가 인간이 삶의 의미를 추구하는 것에 영향을 미칠 수 있다는 절망적인 상황에 대항할 수 있는 가능성을 제공한다. 이러한 절망에 빠지지 않으려면 우리 자신을 더 크고 가치 있는 세상에 포함된 존재로 인식하기 위해 적극적으로 노력해야 한다. 그러기 위해서는 생태계, 동물, 예술 등을 재조명해야 한다. 우리는 다양한 곳에서 가치를 발견하고 지나치게 자기중심적인 관점이 제공하는 것보다 더 경외심을 가질 가치가 있는 세상의 일부로서 우리 자신과 다른 사람들에게 감사해야 한다. 이러한 점을 강조하기 위해 소설가 데이비드 포스터 월리스의 2005년 졸업식 연설문인 「이것이 물이다」에 나오는 몇 가지 구절을 소개하며 이 절을 마무리하고자

한다.[36]

월리스는 자신이 처한 환경의 풍요로움에 감사하는 것이 얼마나 중요한지에 대한 주제에 접근하기 위해 일상적인 일을 하면서 마주치게 되는 짜증 많은 사람 이야기부터 시작한다. 우리는 그러한 사람에게 위압적인 행동을 하거나 비웃을 수 있다. 하지만 그러한 짜증 많은 행동을 심하게 과중한 업무에 시달린 보모, 간호사, 이웃 또는 친구의 지극히 인간적인 행동으로 재해석할 수도 있다. 이러한 해석은 맞을 수도 있고 때로는 맞지 않을 수도 있다. 하지만 어느 쪽이든 우리는 상황을 그렇게 볼 수 있다.

현실이 정확히 무엇인지, 누가, 무엇이 중요한지 자동으로 알고 있다면 당신은 무의미하고 성가신 이러한 가능성들을 나처럼 고려하지 않을 것입니다. 하지만 당신이 진정으로 생각하는 법과 주의를 기울이는 법을 배웠다면 다른 선택지가 있다는 것을 알게 될 것입니다. 짜증 나고, 화나고, 덥고, 답답한 지옥과 같은 상황에 직면하는 경우에도 그 상황을 의미 있을 뿐 아니라 연민, 사랑 그리고 별에 불 붙이는 것과 같은 힘으로 불타오르게 하여 성스러운 상황으로 전환시킬 수 있는 힘은 온전히 당신 안에 있습니다.[37]

우리는 다른 사람들이 상황을 해석하는 일반적인 방식을 따를 필요 없이 스스로 선택할 수 있다. 월리스는 또 다음과 같이 말한다.

어른들이 살아가는 일상적인 상황에서 실제 완전한 무신론은 작동하지 않습니다. 무언가를 동경하면서 모두가 어떤 것을 숭배합니다. 우리에게 주어진 유일한 선택은 무엇을 숭배할 것인가뿐입니다. 하지만 권력을 숭배하면 결국 나약해지고 두려움을 느끼게 될 것이며 두려움을 막기 위해 다른 사람보다 더 많은 권력을 필요로 할 것입니다. 또한 지식을 숭배하고 똑똑한 것처럼 보이면 결국 어리석은 사기꾼이 되어 항상 발각되기 직전에 있을 것입니다. 이러한 형태의 숭배가 위험한 이유는 그들이 악하다거나 죄가 있다는 것이 아니라 거의 무의식적이라는 것입니다. 어떤 것을 숭배하는 행위는 기본값이라 할 수 있습니다. 정말 중요한 자유는 관심과 자각, 절제 그리고 다른 사람들을 진정으로 돌보고 그들을 위해 하루하루 사소한 방식으로 자신을 희생하는 것을 포함합니다. 이것이 진정한 자유입니다. 그리고 올바르게 생각하는 법을 배워야 합니다. 우리는 무의식적 숭배, 경쟁, 무한한 것을 상실했다는 지속적인 감각을 경계해야 합니다.[38]

월리스는 노직의 이야기에서 선택의 중요성에 주목하는 것처럼 보인다. 우리의 마음은 우리 주변의 가치 있는 존재들과의 관계를 적극적으로 찾아내는 방식으로 의미를 생성할 수 있다. 그 능력을 발휘하는지 그렇지 않은지는 골렘의 존재 여부와 관계없이 바로 우리 자신에게 달려 있다.

10.6 정신의 알파벳 그리고 일리치와 샌더스

기계 숭배(그리고 의미 추구에 대한 위협)에 대한 나의 대응은 자의식적 선택권을 행사하고 우리의 삶을 어떻게 바라봐야 하는지에 관해 적극적으로 의문을 제기하는 것이다. 이러한 노력은 노직이 삶의 의미에 관해 설명한 부분에서 기술이 잘못된 방식으로 선택에 개입할 수 있는 첫 번째 방식(위너의 기계 숭배)과 두 번째 방식(일반 인공지능의 출현과 이에 대한 인간의 경향성) 모두에 적용 가능하다. 하지만 지금까지 말한 모든 것의 이면에는 의미를 찾는 일종의 자아가 존재한다는 가정이 전제되어 있다. 기술은 의미를 확보하기 위한 활동을 포함하여 인간의 활동을 매개한다. 그리고 오늘날 디지털 기술은 이러한 역할을 점점 더 많이 수행하고 있다. 하지만 디지털 기술이 자아와 세계의 관계를 매개하는 것이 아니라 오히려 자아를 약화시키고 있다면 우리는 어떻게 대처해야 하는가? 이는 노직이 제시한 삶의 의미에 대한 설명에서 선택이라는 요소가 잘못된 방식으로 관여하는 세 번째 그리고 매우 위험한 사례이며 전체를 완전히 훼손할 위험성이 있는 것이다.

　사회 비평가 이반 일리치와 중세 사학자 베리 샌더스(6장에서 간략히 소개)는 1989년 저서 『ABC』에서 우리가 실제로 대중 정신의 알파벳화에 관심을 가져야 한다고 주장한 바 있다.[39] 이들은 문자언어가 세계와 우리 자신에 대한 인식에 어떤 영향을 미치는지 탐구하면서 컴퓨터가 우리의 자아 감각을 어떻게 변화시키는지에 대해 우려했다. 이들은 자아에 대한 현대적 이해는 텍스트가 지배하는 문화와 불가분의 관계에 있다고 주장한다. 새로운 방식으로 정보를 전달하는 코드로 설계된 기술은 우리가 자신을 바라보고 서로 관계를 맺는 배경을 변화시킨다. 그리고 자아는 그 자체로 텍스트의 문화적 지배와 얽혀 있으며, 그러한 자아가 추구할 수 있는 의미에 대한 탐구도 마찬가지다.『ABC』라는 책은 빌 게이츠가 윈도우를 처음 출시할 때 그리고 스티브 잡스가 애플 제품을 널리 마케팅하는 데 성공하기 몇 년 전에 등장한 것이다. 일리치와 샌더스의 생각은 당시에도 유효했지만, 지금은 훨씬 더 중요해졌다.[*]

일리치와 샌더스는 인간의 사고에 세 가지 큰 변화가 있었다고 주장한다. 첫 번째는 알파벳의 도입으로 인한 변화이다. 구전 전통에서 '회상'은 현재를 살아가는 행위의 한 종류로 생각되었다. 문자가 등장하기 이전의 음유시인들은 악기의 리듬에 맞춰 노래, 시, 이야기를 만들고 이를 기억의 저장고로 활용했다. 하지만 현대인이 이해하는 기억은 텍스트를 사용해야만 생겨날 수 있다. 기억은 하나의 독특한 행위가 아니라 모든 것의 근간이 되는 일반적인 배경적 활동이 되

---

[*] 미디어 학자 니콜라스 카는 샌더스와 일리치가 참여한 토론에 대한 중요한 기고문에서 "알파벳과 숫자 체계를 제외하면 인터넷은 지금까지 일반적으로 사용된 기술 중 정신을 변화시킬 수 있는 가장 강력한 기술일 수 있다"고 주장했다. 적어도 인터넷은 이 책 이후 등장한 기술 중 가장 강력한 기술이다. 이에 대해서는 Carr, *The Shallows*, p. 116. 카는 우리가 정신 능력을 확장하는 데 사용하는 도구가 어떻게 우리 세계를 인식하는 방식을 변화시키는지 탐구한다. 그는 인터넷과의 지속적인 상호작용을 통해 사색, 기억력, 독서, 심지어 기본적인 주의력 조절 능력까지 모두 부정적인 영향을 받는다고 주장한다. 인터넷은 많은 도움을 주지만, 지나친 사용은 인간을 인간답게 만드는 능력을 고갈시킨다. 이는 하이데거가 디지털 세계에 던지는 메시지이기도 하다. 이에 관해서는 Turkle, *Alone Together*; Turkle, *Reclaiming Conversation* 참조. 이러한 주제의 배경에 대해서는 Ong, *Orality and Literacy* 참조.

었다.

12세기에 또 다른 변화가 일어났는데, 구전으로 전해지던 대중 활동과 음성 중심의 현실이 문맹 퇴치 패러다임과 문자 중심으로 이동된 것이 그것이다. 비즈니스, 기도와 생활, 사법 집행의 새로운 방식이 점점 더 널리 퍼져 나가는 문자와 함께 발전했다. 이 단계에 이르러서야 대중의 문자화 수준이 점차 새로운 단계로 접어들게 되었다.

> 신뢰, 권력, 소유, 일상적인 지위 등이 알파벳의 기능이 되었다. 문자의 사용과 함께 문자를 형성하는 새로운 방식이 등장하면서 중세 초기와 고대 신의 말씀을 신비롭게 구현한 것으로 칭송받고 존중받던 문자는 이제 일상적인 관계를 매개하는 구성 요소가 되었다.[40]

일리치와 샌더스는 점점 더 문서화되는 문화에서 계약서가 선서를 대체하게 되었다고 주장한다. 감정의 교환이었던 결혼조차 이제는 문서를 통한 법적인 약속이 되었다.

일리치와 샌더스는 서구의 이야기를 다루고 있는데, 다른 곳에서 이를 적용할 수 있는지는 따로 연구가 필요하다. (이 두 번째 변화는 서구의 팽창주의가 시작되기 불과 몇 세기 전에 일어났기에 서구의 맥락에서 사실인 것이 다른 세계에도 적용될 수 있는지는 조사가 필요하다.) 하지만 여기서 주목할 점은 일리치와 샌더스가 (문화적 한계 안에서) 현대의 자아를 '알파벳적 구성물'로 본다는 점이다. 이들은 "생각이나 기억 속에서 계속 희미하게 남아 있다가 때로 빛을 받아 꺼내어지고 살펴지는 자아라는 개념은 텍스트 없이는 존재할 수 없다"고 말한다.[41] 모두는 우리 자신을 둘러싼 이야기의 천을 짜고 있으며, 이는 지난 세기의 서사문학 전통이 있었기에 가능한 일이다. 우리 자신의 이야기는 이 전통이 보존해 온 수많은 이야기에 더해 또 하나의 이야기로서만 전달될 수 있다. 우리가 제출하는 자아의 이미지는 텍스트의 이미지로 만들어진 것이다.

우리의 기억과 전기에 대한 감각은 루소의 『고백록』을 비롯한 초기 자서전을 통해 형성되었으며, 이는 텍스트 문화가 완전히 정착된 후 개인이 된다는 것이 무엇인지에 대한 단초를 마련했다.[42] 그리고 20세기에 접어들면서 시민들은 스스로를 다음과 같이 인식하기 시작했다.

시민들은 다양한 과학의 눈을 통해 텍스트의 겹겹이 쌓인 지식을 바라본다. 18세기부터 국가는 문자가 검증하는 자아의 총체가 되었다. 알파벳이 없는 곳에는 기억을 저장하는 창고도, 기억의 파수꾼인 '나'도 존재할 수 없다. 알파벳을 통해 텍스트와 자아가 모두 구성 가능해졌지만 그 속도는 매우 느렸고, 문자는 글을 읽을 줄 아는 우리의 모든 인식 기반이 되는 사회적 구조가 되었다.[43]

세 번째 변화, 컴퓨터, 특히 1980년대 후반의 관점에서 볼 때 워드 프로세싱이 또 다른 변화의 분수령을 만들었다. 다시 한번, 인간의 사고와 인식은 구전 전통의 살아 있는 담론에 구현된 자연스러운 의미보다는 기술 도구의 논리와 효율성에 의해 점점 더 많이 정리되고 있다. 텍스트를 통해 매개되는 기억은 이미 경험에서 제거된

지 오래다. 일리치와 샌더스는 컴퓨터를 사용하면서 구전 전통과 너무 멀어져 '실제로 살아 있는 경험'을 거의 알아볼 수 없게 되었다고 주장한다.

마르쿠제, 하이데거, 멈퍼드, 엘륄 등 지금까지 우리와 함께한 디스토피아 작가들과 마찬가지로 일리치와 샌더스는 매우 광범위한 서사를 제공하기에 이를 전적으로 옳다거나 잘못된 것이라고 하기는 힘들다. 하지만 이들의 설명은 우리가 세상을 해석하는 데 기술이 어떻게 영향을 미치는지 여실히 보여 주고 있다(아이디의 해석학적 관계). 더군다나 문자는 우리가 특정한 방식으로 '세상'과 소통하게 해 줄 뿐만 아니라, 우리가 한 발짝 물러서서 성찰하는 것이 불가능할 수도 있는 방식으로 우리가 누구인지에 대한 이해를 제공한다.

다시 한번 강조하자면, 기계 숭배에 굴복하지 않고 가능한 한 우리의 선택이 될 수 있게 하려면 자의식적 질문을 지속하는 것이 최선이다. 이러한 질문은 이미 기술에 의해 형성된 맥락에서 필연적으로 발생할 수밖에 없으며, 이는 우리 삶의 의미와 우리가 누구인지에 대해 숙고할 수 있는 매개되지 않은 유리한 지점이 박탈된 상황에서 이루어질 것이다. 그리고 무엇이 사실이든 간에 이러한 질문은 기술혁신과 관련하여 우리의 상황이 얼마나 위태로운지를 극명하게 보여 줄 것이다.

10.7 나오며

일반적으로 삶의 의미와 기술을 함께 논의하는 경우는 드물다. 하지만 삶의 의미가 세상에서 자신의 위치와 관련이 있다는 생각은 기술과의 즉각적인 연관성을 만들어 낸다. '제한된 초월성'이라는 측면에서 노직의 설명은 삶의 의미에 대한 세속적 이해를 고양하는 동시에 기술의 역할을 조명한다. 노직이 선택에 부여하는 중요한 역할을 통해 우리는 기술이 삶의 의미와 어떻게 관련되는지 알 수 있다. 기술이 인간의 선택에 어떻게 스며드는지(물론 이것은 노직의 고차원적 관점에서는 명확하게 드러나지 않는다) 밝히기 위해 나는 인간의 활동이 항상 기술에 의해 매개되는 방식에 대한 아이디의 성찰(구조화 및 해석학적 관계의 측면에서)과 아렌트가 행동을 노동, 작업, 행위라는 세 가지 종류로 구분한 것을 활용했다.

하지만 기술이 인간의 선택에 스며들어 개인의 의미 추구에 있어 중심이 된다면, 기술이 잘못된 방식으로 개인의 의미 추구에 관여할 수도 있다. 여기서는 많은 부분을 할애하여 기술이 선택에 문제가 되는 세 가지 측면에 대해 알아보았다. 그중 하나는 인간이 기계가 할 수 있는 일을 과대평가하여 '기계 숭배자'로 변하는 것이다. 그렇게 되면 이성의 행사를 강화하기보다는 이성의 사용을 포기할 수 있다. 신적 존재에 대한 숭배를 대체하는 인간의 설계와 창조물에 대한 잘못된 숭배를 받아들일 수 있는 것이다. 삶의 의미에 관심이 있는 사람이라면, 자신의 선택에 의문을 제기하고 기계 숭배가 자신을 어느 정도까지 이끌고 있는지 성찰해야 한다. 디지털 시대, 삶의 의미를 추구하는 것이 기술에 매몰되지 않도록 하기 위해서는 자기 성찰이 필수다.

삶의 의미와 기술의 연관성에 대한 이 장의 논의에서 자신의 선택에 대한 의문은 중추적 역할을 담당하고 있다. 이러한 역할에 비추어 볼 때, 정치철학자 프란츠 파농의 가장 유명한 저서『대지의 저주받은 사람들』보다 10년 앞선 1952년 출간된『검은 피부, 하얀 가면』에서 자기 성찰의 중요성에 대해 강조한 부분을 다시 주목할 필요가 있다. 이 책의 마지막 줄에는 "오 나의 신체여, 나를 항상 질문하는 사람으로 만들어라!"라고 되어 있다.[44]『검은 피부, 하얀 가면』은 인종적 함정에 대한 광범위한 연구다. 파농은 흑인으로서 (특히 흑인이라는 이유로) 백인 선입견의 그물망 속에서 자신을 이해하는 방법 외에는 세상에서 자신의 위치를 이해할 방법을 찾지 못했다. 성찰의 주관성은 인종적 함정에 대한 그만의 해결책이었다. 질문하는 사람만이 그 함정에서 벗어날 수 있다. 인종적 편견과 기계 숭배의 문제와는 엄청난 차이가 있지만, 자기 성찰은 기술적 함정에 대한 유일한 해답이다. 자기 성찰은 개인의 정체성을 결정할 것 같은 압도적인 압력에 맞서 개인이 어떤 독립성을 유지할 수 있는가에 대한 열쇠이다.

우리는 이러한 관점이 기계가 선택에 관여하는 두 번째 방식에도 유효하다는 것을 확인했다. 위너 이후 수십 년이 지난 지금, 일반 인공지능은 새로운 종류의 골렘을 등장시켰을 뿐만 아니라 무한한 존재가 존재하지 않는다고 인식하는 데서 영감을 얻은 의미 이해(노직이 채택한 것과 같은)에 위협이 될 수 있는 무한한 실체에 가까운 무언가를 다시 불러내고 있는 것처럼 보인다. 이렇게 기술이 잘못된 방식으로 선택에 관여할 수 있는 두 번째 방법이 존재한다. 하지만 이 문제에 대해 좀 더 자세히 살펴보면, 결국 이 새로운 골렘은 위너가 이미 상상했던 것과 동일한 문제를 제기한다. 따라서 기술이 잘못된 방식으로 삶의 의미 추구에 관여하는 것에 균형을 맞출 수 있는 유일한 방법 역시 자기 성찰이다. 자신의 선택에 대한 의문이 필수적인 것이다.

마지막으로 일리치와 샌더스는 기술이 개인의 의미에 잘못된 방식으로 관여할 수 있는 세 번째 양식을 제시했다. 이들의 요점은 디지털 세계가 우리의 자아 감각에 의해 촉발되는 의미 추구를 약화시킨다는 것이다. 일리치와 샌더스는 현재 우리 주변에서 일어나고 있는 기술혁신에 비추어 볼 때 개인적 의미 추구가 얼마나 큰 위기에 처해 있는지를 잘 보여 주고 있다. 다시 한번 우리는 자신의 선택에 대한 질문이 필수적이라는 것을 알게 된다. 물론 자아와 삶의 의미 추구의 관점에서 상황이 변화하고 있는 것을 (단지) 나쁘게만 변화하고 있다고 볼 수는 없다. 1985년에 발표한 유명한 에세이 「사이보그 선언문」에서 도나 해러웨이는 사이보그라는 개념을 이용하여 '인간'과 '동물', '인간'과 '기계'를 구분하는 것과 같은 경직된 경계를 거부했다. 그녀는 자신의 글을 "경계의 혼란에 대한 즐거움과 경계의 구성에 대한 책임에 대한 논증"이라고 설명한다.[*] 이는 미래에 대해 생각하는 나쁘지 않은 방법이다. 삶의 의미에 대한 탐구가 미래의 무대를 마련하는 혁신의 종류에 의해 어떻게 영향을 받을 수 있는지를 탐구하는 것은 중

---

[*]   Haraway, *Manifestly Haraway*, p. 7. 해러웨이는 또한 사이보그가 "에덴동산을 인식하지 못할 것이며 진흙으로 만들어지지 않으며 흙으로 돌아가는 것도 꿈꾸지 않을 것"이라고 지적한다(*Ibid.*, p. 9). 미래의 골렘으로서의 사이보그는 과거의 골렘과는 크게 다를 수 있다.

요하다.

　마지막으로 한 가지 주목할 것이 있다. 노직의 설명은 새로운 골렘(초지능)이 출현한 사회에서 삶의 의미를 찾으려 할 때 작동하기 어려울 수 있다. 초지능은 단계적으로 성장하는 것이 아니라 주변 사물과 즉각적으로 연결될 것이기 때문이다. 하지만 그것은 문제가 되지 않는다. 우리는 유한한 존재이다. 우리 삶의 의미는 유한한 존재의 의미일 수밖에 없다. 하지만 이것은 일생에 걸친 진정한 '성장'에 개인적 의미가 있다는 것을 나타낸다. 이러한 성장은 마음의 여유를 전제로 한다. 마찬가지로 초지능은 인간처럼 기술에 매개된 삶을 살지 않을 것이다.

11. 도덕적 지위와 정치적 소속감

─ 라이프 3.0을 위한 정치이론

> 지성은 세상 외부와의 연결과 관계에 대해 질문하고 그것에 대해 대답한다.
> 하지만 합리성은 우리 내면과의 관계에 대해
> 규범적 혹은 성찰적 질문을 던지고 그것에 대해 대답한다.
> ─ 크리스틴 코스가드[1]

11.1 페르미 그리고 폰 노이만

외계 생명체의 존재에 대한 높은 가능성과 그에 대한 증거가 전혀 없는 상황 사이의 모순, 즉 페르미 역설에 대해 다시 생각해 보자.[2] 이 역설을 풀 수 있는 한 가지 해결책은 지적 생명체가 (우주적 기준에 따라) 시간이 지나면서 멸종하는 경향이 있다는 사실을 전제하는 것이다. 소행성이 충돌하거나 가장 가까운 태양이 소멸하는 등 우발적으로 발생할 수도 있지만, 이 역설이 해결되려면 일반적으로 지능을 발휘하는 과정에서 자멸이 일어나야 한다. 이는 지적 생명체가 다른 생명체에 알려지기 전에 멸망을 가져오는 기술을 개발하는 경향이 있다는 것을 나타내는 것이다. 폰 노이만의 「우리는 기술로부터 살아남을 수 있는가?」는 이제 우리가 이 위험한 단계에 진입할 차례라고 진단하는 이정표라 할 수 있다.[3]

실제로 기술혁신의 지속과 우리의 정치적 과정이 어떻게 맞물릴지 생각해 보면 우리가 직면할 수 있는 한 가지 가능성은 바로 파괴이다. 수십 년에 걸친 기술 중심의 군비 경쟁이 파괴적인 전쟁으로 정점을 찍을 수 있다. 그리고 이는 그레이엄 앨리슨이 지적한 초강대국 간 대결의 역사적 패턴을 따르는 미국과 중국 간의 갈등(예를 들어 대만을 둘러싼 갈등)이 될 수 있다.[4] 러시아의 또 다른 침략 전쟁이 결국 핵무기를 포함하거나 종교 광신도들이 그러한 무기를 획득할 수도 있다. 또는 지능이 폭발적으로 증가했지만 무언가 잘못되어 행성이 붕괴되거나 유기적 생명체가 멸종하게 될 수도 있다. 뿐만 아니라 다른 대규모 재난도 상상할 수 있다.

기술과 관련된 이러한 문제적 운명을 피하는 방법이 있기는 하다. 가장 급진적인 방법은 아미시를 따라 더 이상의 혁신을 자제하고 심지어 일부를 되돌리는 것이다. 하지만 이는 현실적인 가능성으로 여겨지기는 힘들다. 왜냐하면 기술이 이러한 위험을 초래할 것이라는 인식이 전 세계적으로 공유되지도 않았으며, 설령 이것이 공유되었다 할지라도 지정학적 경쟁이 기술 발전을 주도할 것이다. 하지만 아미시로부터 적어도 기술과 그 기술의 삶을 형성하는 (단순한 도구가 아니라) 특성에 대한 공개 토론이 일반화되어, 기술 발전에 대해 자의식을 갖는 정치적 분위기를 만들 수는 있을 것이다. 기술의 역사와 철학이 교육 과정에 등장하고, 기술의 디스토피아적 가능성에 대한 체계적인 논의가 정치적 논쟁의 중심이 될 수 있다. 이러한 논쟁은 때로 서두르지 않거나, 특정한 무엇을 아예 만들지 않기로 결의하거나, 민간 부문에서 통제권을 없애거나, 경우에 따라 정부의 기술 사용에 더 많은 통제 메커니즘을 부과할 수도 있다.

인류가 멸망의 길로 가지 않고 기술, 특히 인공지능과 함께 살아갈 수 있는 시나리오는 크게 두 가지로 나누어 볼 수 있다. 한 가지 가능성은 특수 인공지능이 상대적으로 느리게 발전하여 점점 더 고차원적인 일반 인공지능으로 발전하고 이것이 다양한 방식으로 사회 기능에 통합되는 것이다. 3장에서 살펴본 것처럼, 이러한 통합은 사회에 광범위하게 혜택을 줄 수도 있고 일부에게만 혜택을 줄 수도 있다. 하지만 오랫동안 사회는 붕괴하지 않을 것이다. 지능은 결국 다차원적이며, 일반적인 능력에서 서로를 능가하는 초지능적 개체의 서열이 존재하기는 힘들다. 인류가 멸망의 길로 가지 않을 또 다른 가능성은 핵확산금지조약 같은 기술적 가능성과 그와 관련된 군비 경쟁을 모두 통제할 수 있는 방법을 찾는 것이다.* 어느 쪽이든 아직 인간과 인공지능 사이의 협력은 상당히 조화롭게 진행되고 있으며, 인간은 아직 주도권을 가지고 있다.

물론 이와 전혀 다른 시나리오도 있다. 이는 지능이 폭발적으로 증가한 후 (아마도 몇 시간 안에) 하나 이상의 일반 인공지능이 주도적 위치를 차지하게 되는 것이다. 아마도 완전히 그렇게 되지는 않겠지만 적어도 어느 정도는 대비책을 마련해야 한다. 인간은 기껏해야 인

---

* 핵확산금지조약은 핵무기 기술의 확산을 방지하고 원자력의 평화적 이용을 위한 협력을 촉진하며 나아가 핵 감축을 목표로 한다. 이에 대해서는 Burns and Coyle, *The Challenges of Nuclear Non-Proliferation* 참조. 원자력은 치명적인 위험을 내포하고 있는 동시에 많은 잠재력을 가지고 있을 뿐만 아니라, 논쟁적인 국제 무대에서 협상을 통해 이러한 위험을 해결해야 했다. 이러한 접근 방식은 일부 국가가 향후 일반 인공지능 개발을 중단하기로 결정한 후 다른 국가가 계속 발전하는 것을 알게 되는 시나리오를 피할 수 있다. 보안 및 비확산 측면에서의 인공지능에 대해서는 Kissinger, Schmidt, and Huttenlocher, *The Age of AI*, 5장 참조.

공지능을 보좌하고, 최악의 경우 우리와 동물과의 관계처럼 그들에게
종속될 수도 있다. 많은 전문가들은 수십 년 안에 이러한 일이 일어날
것으로 예상하고 있다.[5] 하지만 연구는 더 느리게 진행될 수도 있고,
이는 몇 세기 후에나 가능할지도 모른다. 어쨌든 인류가 기술과 함께
살아가게 될 두 가지 시나리오 모두 변수가 존재한다.

인공지능의 발전만이 우리의 미래를 결정짓는 것은 아니다. 지구
공학을 포함한 기후 변화와 이에 대한 기술적 대응뿐만 아니라 유전
자 편집, 제약 및 생체전자공학, 나노 기술, 합성생물학, 로봇공학 등
을 이용한 인간 개량도 마찬가지이다. 이 모든 것이 어떻게든 결합되
어 우리의 미래를 형성할 것이다. 그 미래는 분명 예측하기 어렵다. 폰
노이만은 "경험에 따르면 지금보다 더 작은 기술 변화도 정치 및 사회
적 관계를 심오하게 변화시키며 선험적으로 예측할 수 없는 방식으로
변화한다는 것을 알 수 있다"고 말했다. 따라서 "현재의 어려움이나
제안된 개혁을 너무 심각하게 받아들일 필요는 없다"고 강조한다.[6]

미래를 예측하는 것이 얼마나 어려운 것인지를 설명하는 한 가
지 방법은 1900년대에 미래에 대해 가장 선견지명이 있었던 사람들
이 1920년대를 어떻게 생각했는지, 1920년대에는 1940년대에 대해
어떻게 생각했는지 등 20세기 전반에 걸친 역사적 예측들을 살펴보
는 것이다. 아마도 웰스를 제외한 대부분의 선각자들이 극적인 오류
를 범했다고 볼 수 있다. 21세기가 어떻게 진행될지에 대해 현재 우리
가 20년 간격으로 말할 수 있는 것도 마찬가지이다. 미래가 과거와 어
느 정도 유사할 때만 역사나 사회과학에서 얻은 통찰력을 통해 우리
는 미래를 예측할 수 있다. 하지만 기술혁신을 둘러싼 연쇄 반응은 그

러한 유사성을 약화시키고 있다.[7]

논의의 단계를 설정하기 위해 나는 인공지능을 인간 삶에 통합하는 방식과 관련하여 '느리고 상대적으로 조화로운' 시나리오와 '빠르고 급진적인' 시나리오를 구분하여 설명하고자 한다. 11.2절에서 11.4절까지는 '느리고 상대적으로 조화로운' 시나리오에 대해 살펴본다. 아울러 11.2절에서는 지능형 기계의 도덕적 지위를 살펴보기 위한 토대를 마련하고자 한다. 이 프레임을 바탕으로 11.3절에서는 인간이 기계의 도덕적 지위를 인정하는 것이 합당한가 하는 질문에 대해 알아본다. 11.4절에서는 자의식을 가진 인공지능이 인간과 도덕적으로 완전히 동등할 수 있는지를 묻고, 기계의 도덕적 지위 상승이 정치 영역에서 어떤 의미를 갖는지 탐구한다. 3장에서 우리는 이미 가까운 미래 사회에서 인공지능이 민주주의에 어떤 영향을 미칠지를 살펴보았다. 11.4절에서는 지능형 기계가 정치적 구성원으로서의 자격이 있는지에 관한 질문을 구체적인 시나리오를 통해 살펴볼 것이다. 우리가 현재 동물에 대해 어떻게 인식하고 있는지 살펴보는 것이 이 맥락에서는 매우 유용할 것이다. 11.5절에서는 기술철학의 몇 가지 주제를 재검토하여 기계의 도덕적 지위에 관해 질문함으로써 우리가 길을 잃지 않게 할 것이다.

그리고 이후에는 '빠르고 급진적인' 시나리오에 대해서 살펴볼 것이다. 이 시나리오에서도 도덕적 지위와 정치적 구성원의 자격에 관한 질문을 던지지만, 여기서는 다른 시각에서 접근하고자 한다. 11.6절에서는 초지능이 우리에게 부여할 수 있는 도덕적 지위에 초점을 맞춰 우리가 왜 철학적으로 지능 폭발에 대처할 준비가 전혀 되어 있지 않은지에 대해 논의한다. 11.7절에서는 지능 폭발 이후에 발생할 수 있는 시나리오에 관해 맥스 테그마크의 논의를 검토한다. 이 중 어느 것도 인간과 기계 사이의 진정한 정치적 상호작용을 포함하지는 않고 있다. 나는 테그마크의 이론에 공적 이성의 시나리오를 추가하고자 한다. 공적 이성은 인간 고유의 지능을 행사할 인간 권리에 대한 7장의 논의를 이어 가는 방식으로 기계와 인간이 함께 정치적인 존재가 될 수 있다는 가능성을 제시했다. 물론 이 모든 것이 사변적이라는 사실은 말할 필요가 없다. 하지만 우리는 이러한 문제들이 우리에게 닥치기 전에 미리 고민해야 한다.

11.2 컴퓨터를 생각하다

컴퓨터를 생각하기 전에 바닷가재에 대해 먼저 생각해 보자. 쥐라기 시대부터 살았던 거대한 바다 곤충으로 포유류보다 더 오래된 바닷가재는 오늘날 별미로 널리 알려져 있다. 신선도를 위해 바닷가재를 산 채로 삶는 경우가 많다. 손님이 기다리는 동안 바닷가재는 고통을 피하려고 냄비에서 벗어나기 위해 몸부림친다. 바닷가재는 분명히 지각이 있다. 지각이 있고 이에 반응한다. 이러한 이유로 (10장에서 소개한) 데이비드 포스터 월리스는 유명한 단편소설 「바닷가재를 생각한다」에서 바닷가재 축제를 로마의 서커스와 중세의 고문 축제에 비교하기도 했다.[8] 2004년 미식 잡지에 실린 이 이야기는 미식가들에게 조금이라도 바닷가재를 생각하도록 하는 것이 목적이었다.

나는 '윤리'와 '도덕'을 동의어로 사용한다. 윤리(도덕철학)는 (1) 행위자가 본질에 적합한 방식으로 주변과 관계를 맺는다는 것이 무엇인지 혹은 주변의 존재가 다른 존재와 관계를 맺는 방식이 적합한지, (2) 그리고 적합성의 기준에 따라 행동하기 위해 어떤 특성을 가져야 하는지에 대해 탐구하는 것이다. 주변의 존재는 인간, 동물, 식물, 생태계, 강이나 산과 같은 자연의 일부, 예술 작품이나 기타 유물 또는 모든 사물이 될 수 있다. 여기서 본질이란 고유한 특성을 의미하며, 이러한 특성으로 인해 다른 존재와의 관계에 의문이 생길 수도 있다. 하지만 내가 어떤 대상과 어떻게 관계를 맺어야 하는지는 그 대상과의 역사에 따라 달라지며, 더 일반적으로 그 대상이 더 큰 네트워크에 어떻게 포함되는지에 따라 달라진다. 이것은 인간에게는 당연한 일이다. 예를 들어 어떤 예술 작품에 대해 내가 어떤 태도를 가져야 하는지는 그 작품의 품질에 따라 그리고 (실제로) 그 작품이 특정 박물관의 소유인지 일반 수집가의 소유인지에 따라 달라진다.

'윤리적' 또는 '도덕적'인 방식으로 행동한다는 것은 자신과 관계된 존재의 본질(또는 각 개체가 주변 사물과 연결된 방식)에 적합한 방식으로 행동하거나 그러한 성향을 유지하고자 노력한다는 것을 의미한다. 따라서 '도덕적 지위'를 묻는다는 것은 존재의 고유한 특징을 조사하여 우리가 그 존재에 대해 어떻게 행동하는 것이 적절한지 확인하는 것이다. 우리가 어떤 존재에 대해 도덕적 지위를 가진 것으로 인정할 때, 그 존재와 관계를 맺는 적절한 방식이 있으며 그 이유는 그 존재의 본질에 달려 있다는 것을 인정하는 것이다. 월리스는 미식가

들에게 바닷가재가 적어도 산 채로 삶아져서는 안 되는 도덕적 지위를 가지고 있다고 설득하려고 한다.[9]

　윤리적 행동에 대한 이러한 이해는 인간이나 생명체뿐만 아니라 우리 주변의 모든 것을 포함한다. 이러한 관점은 다음과 같은 질문을 고려하여 세상에 접근하는 방식을 만들어 낸다. 어떤 대상은 어떤 도덕적 지위를 가지고 있으며 나는 그것과 어떻게 관계를 맺어야 하는가? 물론 이러한 질문에 접근하는 다양한 방법이 있으며 굳이 철학적 용어를 사용할 필요도 없다. 질문의 대상에 따라 해답은 달라지며, 문제의 주체가 누구인지에 따라 그리고 다른 사람과의 다양한 관계에 따라 다른 행동이 요구된다. 도덕적 지위는 많은 것을 요구할 수도 있고 상대적으로 적은 것을 요구할 수도 있다. 어쩌면 바닷가재의 본질은 우리에게 다른 요구를 하지 않을지도 모른다. 하지만 바닷가재가 위험에서 벗어나기 위해 몸부림친다는 사실은 우리가 바닷가재를 다른 (인도적) 방식으로 대우해야 할 이유를 제공한다.

　윤리에 대한 이러한 폭넓은 관점은 또한 특정 개체가 자신의 본질에서 벗어날 때 그 개체를 어떻게 다루는 것이 적절한지에 관한 해답을 제시할 수도 있다. 칸트는 좋은 일을 하다가 늙어 버린 개는 보살펴야 한다고 생각했다. 하지만 주인이 개를 죽인다면 이는 "개는 판단 능력이 없기에 개에 대한 의무를 위반하는 것은 아니지만, 주인은 인간에 대한 의무를 위해 행사해야 하는 친절하고 인도적인 자질을 스스로 손상시키는 것"이라고 주장했다.[10] 칸트 철학에서 개에 대해 요구되는 의무는 개가 가진 어떤 본질 때문이 아니라 개가 주인에게 미치는 영향 때문이다. 다시 말해 칸트가 보기에 도덕적 지위를 가진 인간이 그러한 지위를 갖지 못한 개를 죽이는 것이 잘못된 것은 주인의 인간성에 근거한 개와 주인이 가진 어떤 공유점 때문이다. 2007년 미국의 한 대령은 로봇이 다리를 하나씩 잃어 가며 계속 기어가는 것을 보고 로봇 지뢰 제거 훈련을 비인간적이라고 판단하여 중단했다.[11] 대령의 반응은 심리학적으로 설명할 수 있다. 하지만 고통을 가하는 것에 대한 자연스러운 혐오감을 애써 피하려고 하는 (칸트 정신에 입각한) 결정일 수도 있다.

의식이라는 개념은 도덕적 상태를 평가하는 데 매우 중요하다. 1장에서는 의식이 다양한 형태로 존재하며, 이러한 형태는 다양한 수준의 의식을 조명하거나 허용한다고 설명했다. 우선, 세상을 감지하고 반응하는 능력이자 바닷가재가 의식하는 감각인 지각이 있다. 더 까다로운 감각은 각성인데, 이는 단순히 가지고 있는 차원이 아니라 그 능력을 실제로 행사해야 하는 것이다. 깨어 있고 정상적으로 각성 상태일 때만 의식이 있는 것으로 간주된다. 이런 의미에서 바닷가재는 고통을 피하는 동안에는 의식이 있다고 할 수 있다. 자의식은 의식이 있는 생물을 인식하는 것 그리고 자신이 인식하고 있다는 것을 인식하는 것으로, 이해가 더 까다로운 것이다. 자의식을 명시적인 개념적 자기 이해 및 인식을 포함하는 것으로 간주한다면, 많은 동물과 심지어 어린아이조차 자의식의 자격을 갖추지 못한 것으로 치부될 수 있다. 하지만 초보적이고 암묵적인 형태의 자의식만 요구한다면 다양한 비언어적 생물이 자의식이 있는 것으로 간주될 수 있다(바닷가재가 자의식이 있는지 여부는 어려운 문제다).

일반적인 입장은 의식이 있는 존재만이 궁극적으로 다른 것을 위한 도구가 아닌 도덕적 지위를 갖는다는 것이다.[12] 의식은 자신 주변의 다양한 개체와 존재들을 인식한다. 내가 발로 차는 돌과 내가 지금 사용하는 스마트폰을 인식하는 것이다. 하지만 의식이 있는 존재에 영향을 미치는 행동은 자신에게 일어날 수 있는 주변의 많은 일들에 영향을 미치기에 중요한 고려 사항이 추가된다. 자의식이 있으면 단순히 자극에 반응하는 것이 아니라 결정이나 계획을 세우고 반성적으로 행동할 수 있는 능력이 생긴다. 그리고 존재들이 모두 자의식을 가지고 있다면 한 존재의 목적이 다른 존재의 목적을 압도하는 것이 어떻게 정당화될 수 있는지에 대한 정당화 과정이 필요하다.

그럼에도 내가 보기에 어떤 실체는 의식이 없더라도 도덕적 지위를 가질 수 있다. 그 기준은 실체에 대한 어떤 것이 그 실체와 관계를 맺는 특정한 방식을 그 자체로 적절하게 만드는지 여부에 달려 있다. 우리가 다빈치의 「모나리자」를 소중히 여겨야 하는 것은 다빈치의 「모나리자」가 아름다움을 포착하는 방식 때문이다. 오래전에 죽은 예술가에 대한 의무감 때문이 아니라 그림이 가진 고유한 특징 때문인 것이다. 그리고 다시 말하지만, 어떤 존재 자체에 도덕적 지위가 없더라도 그 존재에 대한 적절한 행동에 대해 고민해야 할 경우가 생길 수 있다. 예술적으로 가치가 없는 작품이 현재 내가 사랑하는 사람이 소중히 여기는 것이라면 내가 충분히 의미 있게 관리해야 할 수도 있는 것이다.[13]

11.3 인공지능의 도덕적 지위

도덕적 지위에 관한 기본적인 사항들을 정리했으니 이제 컴퓨터를 어떻게 생각해야 할지 살펴보자. 1장에서는 결국 의식이 있는 기계가 존재할 수 있지만, 그 기계의 의식은 유기물에 의해 구현된 의식이 아닐 것이라고 언급했다. 하지만 그 사실이 우리가 의식에서 비롯되는 도덕적 지위를 인정하지 못하는 근거가 될 수는 없다(그러한 주장은 일종의 탄소 우월주의에 해당할 수 있다).[14] 물론 우리는 아직 이러한 문제가 현실이 된 세상에 살고 있지 않으며 기술도 현실적 단계에 이르지 못했다. 하지만 언제가 될지 알 수 없지만, 언젠가는 특정 유형의 컴퓨터를 의식이 있는 도덕적 지위를 가진 존재로 간주할 준비가 되어 있어야 한다. 우리가 더 이상 쉽게 전원을 끌 수 없는 방식으로 구성된 존재가 나타날 것이며 네트워크로 연결된 기계에 대해 이제는 '컴퓨터'라는 용어를 사용하지 않을 것이다. 말할 필요도 없이, 이러한 기계들은 지금 내가 이 글들을 입력하고 있는 컴퓨터와 전혀 닮지 않았을 것이다.[15]

하지만 기계가 의식에서 비롯된 어떤 지위를 가질 수 있다면 우리는 그것이 도덕적 지위도 가질 수 있는지 다양한 방식으로 생각해 봐야 한다. 바닷가재를 다시 떠올려 보자. 우선 우리가 바닷가재에게 빚진 것이 무엇이며 왜 빚을 지게 되었는지 생각해 보면 우리는 이러한 상황을 기계에도 적용할 수 있을 것이다. 그리고 정치적으로 인공지능과 어떻게 살아가야 하는지에 대한 질문을 던지면 인공지능의 지위에 대한 특별한 문제가 발생한다. 인공지능은 주체성을 실현할 수도 있고 우리와는 매우 다른 방식으로 주체성을 실현함으로써 새로운 방식으로 일을 더 복잡하게 만들 수도 있다.

이러한 문제에 접근하기 위해 제임스 무어가 공식화한 일련의 구분이 매우 유용하다.[16] 우선, 윤리적 영향을 미치는 행위자는 행위에 대한 의도와 상관없이 어떤 결과를 생성한다. 만약 로봇의 행동이 인간에게 해를 끼치거나 이익을 줄 수 있다면 모든 로봇은 이러한 행위자라 할 수 있다. 하지만 이러한 능력이 로봇에 도덕적 지위를 바로 부여하지는 않는다. 둘째, '암묵적 윤리 행위자'로서 안전 또는 보안 기능 등을 통해 윤리적 고려 사항이 설계 과정부터 함의되어 있는 행위자가 있다. (현금 인출기가 잔액을 확인하거나 하루 이체 한도를 제한하는 것을 예로 들 수 있다.) 하지만 그렇다고 해서 이것이 바로 도덕적 지위를 갖게 하는 요인이라고 보기는 힘들다.

셋째, '명시적 윤리 행위자'가 있는데 이는 윤리적 정보를 확보하고 처리하며, 무엇을 해야 할지 신중하게 결정하고 가치가 충돌하는 경우 해결책을 찾는 경우이다. (더욱 정교해진 챗봇을 떠올려 보자.) 마지막으로, '완전한 윤리 행위자'는 명시적 윤리 행위자로서 의식, 의도성, 자유의지 등 우리가 일반적으로 인간과 같은 행위자에게만 부여하는 형이상학적인 기능을 갖춘 존재를 의미한다. 여기서 명시적 윤리 행위자와 완전한 윤리 행위자는 모두 도덕적 지위를 가지고 있다고 볼 수 있다. (정교해진 생성형 인공지능은 예술 작품을 만들 수 있는 특수한 성질을 가지고 있다는 점에서 일부는 암묵적 윤리 행위자에 포함할 수도 있다.) 더 흥미로운 점은 명시적 윤리 행위자와 완전한 윤리 행위자 사이의 공간에 다양한 유형의 도덕적 지위가 존재할 수 있다는 것이다. 예를 들어 안드로이드는 독립성 및 조정 능력과 함께 환경과 상호작용하는 행위자의 특징을 나타낼 수 있다.[17]

완전한 윤리적 주체성에 미치지 못하는 명시적 윤리 행위자는 완전한 윤리 행위자가 가질 지위를 받을 자격이 없지만, 그렇다고 해서 아무것도 받을 자격이 없는 것도 아니다. 여기서 말하는 중요한 내용 중 하나는 인간을 비하하는 일을 하고 (상호작용에서 더 인간답게 행동하기 위해) 의식이 있는 일반 인공지능을 개발해서는 안 된다는 것이다. 조안나 브라이슨은 한때 "로봇은 노예가 되어야 한다"고 도발적으로 주장하며 로봇을 재산으로 취급해야 한다고 말했다.[18] 기계를 만드는 존재가 우리 인간이기에 기계에 재산이 아닌 도덕적 지위를 부여하지 않는 한 기계는 (설계에서 비롯되는 소유권 지위를 무력화할 수 있는) 하나의 재산이다. 하지만 어린아이 역시 인간에 의해 창조된 존재이다. 그런데 어린아이는 인간이기에 자신이 인간에 의해 창조되었다는 사실에서 오는 모든 억압이나 한계로부터 자유롭다.[19] 이것은 우리가 로봇을 만든다고 하여 로봇을 소유할 법적 권리가 자동적으로 생기지 않는다는 의미이기도 하다. 하지만 그렇다고 해서 로마법에서 '아버지의 권한'을 의미하는 '파트리아 포테스타스'(patria potestas)가 전혀 없다는 것을 뜻하지는 않는다. 명확한 선을 긋기는 어렵지만, 어느 시점에서는 충분히 의식이 있는 로봇은 소유물이 되어서는 안 될 것이다. 어쨌든 인간과 지능형 기계가 공유하는 세계에는 (비의식적 기계의 사용을 포함해서) 노예로 간주할 수 있는 어떤 관계도 존재해서는 안 될 것이다.[20]

기계가 단지 매우 복잡하거나 인식이 가능할 정도로 지능적이라면 (예술 작품이나 생태계 존재들처럼) 도덕적 지위를 가질 수 있겠지만, 이는 기계를 어떻게 취급해야 하는지와는 별개의 문제이다. 이러한 기계들을 일터에 투입하는 것은 문제가 아닐 것이다. 그러나 의식이 있는 기계를 만들지 않도록 주의해야 하며, 일단 만들어진 기계는 우리가 그것을 창조했다는 사실만으로 굴복하지는 않을 것이다(10장의 골렘을 상기해 보자).[21] 물론 우리가 의식적으로 이러한 기계의 생산을 포기하는 것은 매우 어려운 일이다. 왜냐하면 아닐 세스가 말한 것처럼, "우리는 지금 의식이 있는 기계를 만들기 위해 무엇이 필요한지 모르지만, 무엇이 필요하지 않은지도 모르고" 있기 때문이다.[22] 의식이 있는 기계가 존재하게 되면, 우리는 바닷가재와 다른 동물에 대한 논의와 같이 도덕적 지위에 관한 문제에 직면할 것이다. 결국 우리는 도덕적 지위를 가진 개체를 만들어야 하는 도전에 직면하게 될 것이며, 그들의 행위 능력을 수용해야 할 것이다. 즉 인위적이고 명시적인 윤리 행위자 또는 완전한 윤리 행위자가 어떤 도덕적 지위를 갖는지 그리고 그에 대한 대응으로 어떤 종류의 행동이 적절한지에 대한 질문에 직면하게 될 것이다. 이러한 질문은 진화를 통해 등장한 신경계에 기반한 우리 경험 밖의 일이다. 즉 우리가 한 번도 경험해 보지 못한 일인 것이다.[23]

이러한 이슈는 사회의 분열을 일으킬 수 있다. 간병부터 성적인 서비스까지 다양한 동반자 역할을 하는 인공지능 로봇을 악용하는 사람이 등장할 수 있다.[24] 의식이 있는 로봇을 속박해야 한다는 것은 사람들에게 지지받을 수 있으며 기계가 배려받을 자격이 있는지에 대한 판단을 흐리게 할 것이다. 이와 다른 사람들은 동물의 삶을 개선하기 위해 노력하는 것과 유사한 마음으로 기계를 대신해 항의할 것이며 이에 따라 갈등이 유발될 것이다. 또 다른 사람들은 과도한 경쟁을 우려하여 기계 사용 자체를 반대할 수도 있다. 극단적으로 이러한 갈등은 인간 노예제도를 둘러싼 논쟁과 유사하다(도대체 어느 정도까지가 노예화인지에 대한 의견 불일치가 있을 수 있다).

11.4 기술철학의 주제 재검토하기

기계의 도덕적 지위를 가정한다는 것은 기술이 우리 사회에 심각한 피해를 입히지 않는다는 매우 중요한 사실을 전제하는 것이다. 예를 들어 현재 기술은 인간의 합리적이며 독립적인 행위 가능성을 박탈하는 것도 아니며, 강자가 다른 사람들을 이용할 수 있도록 도구를 제공하는 것도 아니다. 기계의 도덕적 지위를 묻는다는 것은 우리가 앞에서 계속 다루었던 디스토피아적 시나리오를 (현재나 미래 사회에) 적용하지 않는 경우에만 의미가 있다.

하이데거와 멈퍼드를 생각하며 이 점을 살펴보자. 하이데거에게 있어 기술 지배는 세계를 형성하는 틀을 제공한다. 기술은 인간 경험의 풍요로움을 고갈시키는 방식으로 세계와 관계를 맺도록 강요하기에 인간 존재의 결핍을 조장한다. 하이데거가 보기에 유일한 탈출구는 자신의 세계에 관심을 기울이고 '거주함'의 윤리를 수용하는 것이다.[25] 하이데거의 집을 짓고, 거주하고, 사유하는 접근법, 이 접근 방식에 따르면 기술 인공물은 그 자체로 '고려' 대상이 될 수는 없다.

멈퍼드는 컴퓨터가 인간을 대신하게 되면, "시스템으로부터 모든 명령을 받고, 효율성을 위해 시스템에서 벗어나는 것을 상상할 수 없으며, 지적이며 생동적이고 목적이 있고 인간적으로 보람 있는 삶의 방식을 만드는 데는 부족한" '자동화된 인간'이 등장할 것이라고 경고했다.[26] 디지털 기술은 '거대 기술의 황무지'를 지배하면서 복종을 강요하는 거대 기계 엘리트에 봉사한다(멈퍼드는 감시 자본주의를 예상한 듯 '사설 감시자'에 대해 이야기한다).[27] 디지털 기술은 멈퍼드가 역사를 통해 추적한 사례의 전형으로 권력자들이 사람들을 순응적 존재로 만들기 위한 새로운 방법을 어떻게 발견했는지 여실히 보여 준다. 전반적으로 하이데거와 멈퍼드와 같은 디스토피아적 사상가들은 기술에 대해 경고하고 있는 것이 사실이다. 하지만 최소한 3장에서 논의한 것처럼, 기술을 다루는 데 있어 민주적 성숙도를 높여 디스토피아적 미래가 확정적이 아니며 이를 막기 위해 우리가 할 수 있는 일이 있다는 것을 알아야 한다.

인류의 미래 사회에 대한 디스토피아적 묘사가 확실한 것이 아니라면, 인간의 행동이 항상 물질적 대상에 의해 비판적으로 채워지는 더 큰 맥락에 대해서 고민해 보아야 한다. 10장에서 논의한 바와 같은 돈 아이디의 성찰과 3장에서 논의한 위너의 인공물의 정치에 영감을 받은 피터 폴 베어백은 '사물의 도덕성'에 대해 이야기한다.[28] 베어백에 따르면, 인간과 기술 사이에는 복잡한 상호작용이 존재한다. 인간은 기술의 산물이며 기술은 인간에 의해 생산된다. 인공물은 인간의 행동과 결정을 형성하며, 우리가 어떻게 살아야 하는지에 관한 질문에 답을 주기도 한다. 베어백이 보기에, 결정은 독립된 자율적 주체가 내리는 것이 아니라 물질적 환경에 의해 형성되는 것이다. 도덕적 기준 역시 기술과의 상호작용을 통해 발전한다. 베어백은 인공물의 특정 의도성, 즉 행위의 지휘에 대한 개념에서 너무 멀리 나아간 것일 수도 있다. 하지만 인간이 물질적 환경과 상호작용한다는 이러한 사고방식은 기계가 현재와는 다른 방식으로 도덕적 고려 대상이 될 수 있다는 것을 암시함으로써 우리가 미래를 준비하는 데 도움이 된다.[29]

미래의 기계 중에는 부분적으로 유기물로 구성된 사이보그(러브록이 기후 변화에 도움이 될 수 있다고 생각한 기계)[30]가 있을 수 있으며, 인간은 자신의 신체적 능력을 증강하기 위해 비유기체 부품으로 개조될 수 있다. 따라서 인간과 비인간의 구분이 모호해질 것이다. 더군다나 디지털화된 뇌를 업로드하는 것이 가능해지면 인간에 대한 관념이 완전히 바뀔 수 있다(이 시나리오에서는 마음이 뇌보다 더 중요한지, 그렇지 않다면 의식이 이 과정에서 살아남을 수 있는지가 중요하다). 물론 이러한 시나리오는 위험을 수반한다. 위너가 경고했듯이, "미래의 세상은 편안한 침대에 누워서 로봇 노예를 기다리는 것이 아니라, 지능의 한계에 맞서는 더 힘든 투쟁의 장이 될 것"이다.[31] 인간이 이러한 투쟁에서 살아남을 수 있는 방법은 스스로를 증강시키는 것인데 이는 상당한 불평등과 문제점을 양산할 것이다. 하지만 어쩌면 더 많은 개인이 기술 변화에 적응하고 트랜스휴먼의 단계로 진화하기 위해 기술을 활용하기를 원할 것이다.[32] 극단적인 경우, 이러한 발전은 하나의 종으로서 인류의 생물학적 통일성을 종식시킬 수 있다.

하지만 상황이 그렇게 흘러가지 않을 수도 있다. 해러웨이는 기술 발전의 포스트휴머니즘적 잠재력을 높이 평가한 것으로 유명하다.[33] 포스트휴머니즘의 한 가지 주제는 도덕적 지위의 다양성과 차별성을 인정하고 그러한 지위가 구체적인 사례에서 무엇을 수반하는지에 대한 성찰에 더 많은 관심을 기울이는 것이다. 이러한 사유는 인간의 지능이 지구를 점령한 이후 고통받고 있는 동물 및 자연과의 관계를 재성찰하는 계기를 마련할 것이다. 그런데 인공지능은 우리가 동물에 대해 취했던 태도보다 더 심각하게 받아들이고 많은 태도를 재고하도록 강요할 수 있다. 인공지능의 출현이 가져온 놀라운 변화 중하나는 우리가 우리 주변 사물에 대해 무엇이 가치 있는 것인지 더 깊게 생각하게 만들었다는 것이다. 이는 10장에서 살펴본 것처럼 사람들이 보다 의미 있는 삶을 살도록 도움을 줄 수 있다.

11.5 기계정치학

우리는 기계가 결국 의식에서 비롯되는 도덕적 지위를 얻을 가능성에 대비해야 한다. 그렇다면 다음과 같은 질문이 제기될 것이다. 기계가 모든 면에서 인간과 도덕적으로 동등해져야 하는가? 인간과 같은 수준이나 종류의 의식을 가진 기계를 다른 인간을 대할 때와 똑같이 대우하는 것이 과연 적절한 것인가? 이러한 질문에 대한 대답은 우리와 같은 수준이나 같은 종류의 의식을 공유하는 개체들 사이에서 추가적인 구분이 적절한지 여부에 따라 달라질 것이다. 그리고 이러한 질문들은 다음과 같은 질문과 유사한 구조를 가지고 있다는 것을 기억해야 한다. 예를 들어 정당한 편견에 대한 논쟁에서 살펴본 것처럼 인간 사이에서도 추가적인 구분을 하는 것이 가능한가? 인지능력의 차이가 거의 없음에도 개와 늑대를 구분하여 다르게 취급하는 것은 타당한가? 지금까지 우리는 (일반적인 동물의 의식에 대해 어떻게 생각하든 상관없이) 인간 자의식 수준의 의식을 가진 다른 개체를 만나지 못했다. 따라서 그러한 지적 생명체를 구분하는 것이 적절한지에 대한 의문을 제기한 적이 없다. 하지만 결국 이러한 일이 일어날 수 있으며 우리는 동물의 문제를 살펴보았던 것처럼 정치적인 관점에서도 이 문제를 살펴보아야 한다.

2장에서 언급했듯이 정치적인 것의 '개념'은 질서가 만들어지는 방식과 관련이 있다. 또한 우리는 정치적인 것에 대한 다양한 개념을 구분할 수 있다. 이러한 개념은 질서가 만들어지는 방식에 있어 어떤 종류의 기관과 제도가 관여하는지 혹은 관여해야 하는지에 대한 것으로 이루어져 있다. 아리스토텔레스에 기반한 개념들은 통치하고 통치받는 활동을 통해 인간의 변화를 강조하는 방식으로 질서의 창출 과정을 살펴보고 있으며 폴리스의 공동생활에 본질적으로 중요한 특징을 규정하기도 한다. 이러한 아리스토텔레스적 이해를 바탕으로 연구한 대표적인 학자 중에는 한나 아렌트가 있다. 그리고 이에 대해 아렌트는 다음과 같이 서술하고 있다.

> 정치적이라는 것, 즉 폴리스에서 산다는 것은 모든 것이 힘과 폭력이 아닌 말과 설득을 통해 결정된다는 것을 의미한다. 그리스인들의 자기 이해에 따르면, 설득하는 대신 폭력으로 사람들을 강제하고 명령하는 것은 폴리스 밖의 사람들을 대하는 정치적인 방식이다.[34]

폴리스 생활은 인류가 이전에는 불가능했던 방식으로 공동체 안에서 함께 어울리며 살 수 있게 해 주었다. 합리적인 논쟁을 통해 갈등을 해결할 수 있다는 전망은 지배와 피지배가 일시적인 상태가 될 수 있다는 것을 가능하게 했다.[35] 10장에서 아렌트에게 행위란 개인의 정체성을 표현하는 것이라는 사실을 기억해 보자. 정치적 행위는 우리가 공동으로 살아가는 세상을 유지하거나 새롭게 만들기 위한 공동의 노력이다. 따라서 자신의 정체성을 반영하기 위한 사람들의 행위를 통해 공유된 세계가 만들어졌다는 사실은 매우 중요하다. 오늘날 정치적 행위에 대한 해석은 과거 사람들이 어떻게 행위했는지(정체성을 어떻게 투영했는지) 그리고 그로 인해 기억의 문화와 공유된 이해를 어떻게 구성했는지에 따라 이루어진다. 그렇다면 인공지능이 우리보다 자의식이 강하고 지능이 높을지라도 이렇게 이해된 정치 과정에 참여하는 것이 과연 가능하며 합리적일 수 있을까?

이러한 질문을 해결하는 한 가지 방법은 아렌트가 이해하는 정치적 행동에 참여하는 데 필요한 능력(인간이 할 수 있는 일)은 지능과 자의식과는 다른 인지 능력, 즉 인간이 이 두 가지에 더해 소유하고 있는 것이라는 것이다. 그러나 인공지능은 지능과 동일한 수준의 의식을 가지고 있더라도 이러한 인지 능력을 갖지 못할 수 있다. 칸트적 전통은 이러한 것을 검토하는 데 많은 도움이 되는데 칸트는 합리성(독일어 Vernunft)을 특별한 능력으로 설명한다. 크리스틴 코스가드는 인간이 동물과 어떻게 다른지 (그리고 동물에 대해 어떤 의무가 있는지) 설명하기 위해 이 개념을 사용한다.[36] 그리고 그녀는 어떤 생물이 실제로 그녀가 논의하는 인지 형태를 가지고 있는지는 철학적 이론만으로는 대답할 수 없는 경험적 질문이라고 주장한다.

1장에서 설명한 것처럼 코스가드는 심의 과정을 통해 문제를 해결하기 위해 경험을 통해 학습하는 능력이라는 측면에서 동물들의 지능을 이해한다. 그녀는 지능이란 유전을 통해 가능한 행위의 범위를 넓혀 주는 것이며 합리성이란 "특정한 형태의 자의식에 기반을 둔 규범적 힘"이라고 설명한다.[37] 따라서 자의식은 자의식을 가진 존재만이 가질 수 있는 것이고, 순수하게 자기 자신을 인식하는 것을 넘어서는 (지능과는 다른) 능력이다. 이성적인 존재는 자신의 신념과 행동의 원인이 무엇인지 성찰하고 그러한 원인이 정당한 이유에 해당하는지 판단할 수 있다. "합리성과 지능의 차이가 바로 이것이다." 이에 대해 코스가드는 다음과 같이 설명한다.

> 지능은 세상을 외부에서 바라보고 거기서 발견한 연결관계, 즉 인과관계뿐만 아니라 공간적·시간적·사회적 관계에 대해 인식하고 판단한다. 이에 반해 합리성은 내면, 즉 우리 마음의 작용을 들여다보고 거기서 발견한 연결과 관계에 대해 규범적 또는 비판적 질문을 던지고 이에 대해 고민한다. 특히 실천적 합리성은 우리의 행동에 동기를 부여하는 태도와 사실이 우리가 행동할 합당한 이유를 제공하는지에 대해 끊임없이 고민하게 한다.[38]

합리성은 인간에게만 있고 다른 동물에게는 없는 능력이다. 이를 확실히 하기 위해서는 경험적 확인이 필요하다. 여기서 철학적 이론이 할 수 있는 것은 이러한 능력을 묘사하고 그 존재에 일차적 타당성을 부여하는 것이다. 합리성은 우리의 행동에 특별한 성격을 부여한다. 우리는 우리가 선택한 원칙에 따라 스스로 규제할 수 있으며 자율적인 존재로서 우리가 하는 일에 책임을 질 수 있다. 합리성을 지능 및 의식과 별개의 능력으로 이해하는 것은 아렌트의 행위 개념과도 연결된다. 올바른 정치적 행위를 위해서는 지성과 자의식이 필요하다. 하지만 행위를 보다 포괄적으로 이해하고, 특히 우리의 정체성을 표현하는 진정한 시작이라는 측면에서 정치적 행위를 이해하고자 한다면 합리성 역시 지능과 자의식만큼 중요한 것이라 할 수 있다.

코스가드의 이러한 지적은 인공지능에도 적용된다. 2016년 3월, 세계 최고 바둑 기사 중 한 명인 이세돌 9단이 알파고에 패배했다. 알파고는 당시 구글이 소유하고 있던 런던의 딥마인드 연구소에서 설계한 인공지능이다. 특히 두 번째 대국에서 알파고의 서른일곱 번째 수가 이세돌 9단을 비롯한 전문가들을 당황하게 만들었던 일화로 유명하다. 구글은 딥마인드 기술을 활용하여 역대 바둑 기보들을 인공지능에게 학습시켰다. 그리고 알파고는 대화형 환경에서 시행착오를 통해 학습하는 강화 학습이라는 기법을 통해 훈련하는 과정을 거쳤다. 그 결과 알파고는 인류의 활동을 혁신적으로 재해석하여 모든 지식을 학습하고 그 지식을 초월할 수 있는 방법을 개발했다.[39]

인공지능이 바둑을 두는 전문 기술은 빠르게 발전하고 있다. 그리고 알파고와 같은 기술은 여전히 인공지능이 인간의 삶에 미칠 수 있는 영향이 무엇인지 살펴보게 한다. 인공지능은 역사, 과학, 예술, 법률 시스템, 철학 등 디지털로 기록된 인간의 모든 경험과 사색에 접근할 수 있을 것이다. 이것은 디지털로 기록된 모든 사실을 파악하고 모든 사고 체계의 논리를 이해할 수 있으며 종합성, 일관성, 사실적 타당성 등 이러한 체계를 비교하기 위해 일반적으로 사용되는 모든 기준을 흡수할 수 있다. 또한 인공지능은 자신이 무엇을 하고 있는지 의식하면서 이 모든 것을 매우 빠르게 수행할 수 있다. 하지만 동물이 합리성의 수준에 도달하지 않고도 많은 일을 할 수 있는 것처럼, 자의식을 가진 인공지능이 할 수 있는 일 중 어느 것도 코스가드가 이해하고 아렌트가 정치적 행위에 필요한 능력이라고 주장하는 합리성에 해당되지 않을 수 있다.

물론 코스가드는 합리성과 지능 및 자의식의 분리성을 주장하기도 하지만 (칸트에 반하여) 동물의 선이 우리의 선의지에 포함될 수 있다고 주장한다. 그녀는 인지 능력 영역에서 (일반적인 관행과 칸트적 견해 모두에 비추어) 인간만이 가지고 있는 특별한 능력과 동물의 도덕적 지위에 대해 실질적으로 향상된 이해를 결합하는 방식을 취한다. 정치적 영역에 대한 고찰은 이러한 조건에서 구성되어야 한다. 하지만 여기서 제기되는 또 다른 질문은 정치적 영역에서 과연 동물의 역할(혹은 동물에 대한 고려)이 도대체 무엇인지 그리고 인공지능의 역할이 무엇이며 어떤 의미가 있는지에 대한 것이다. 동물이 이성적 판단을 할 수 없다는 제약은 인공지능에도 특정함 함의를 부여하게 된다.

하지만 이러한 함의들은 동물에 관해서는 그다지 중요하지 않을 수 있다. 도널드슨과 킴리카는 '주폴리스'(zoopolis)라는 제목 아래 동물을 동료 시민으로서 우리의 협력관계에 통합하기 위한 포괄적인 방안을 제시한다.[40] 이 제안의 근간에는 아렌트와 아리스토텔레스 전통이 제안하는 것보다 넓은 정치 영역에 대한 포괄적인 이해가 깔려있다. 도널드슨과 킴리카에게 정치는 인간이 고안해 낸 구조 아래서 서로 밀접한 관계를 맺고 있는 주관적 목적을 가진 개체들 사이의 관계를 협상하는 것이다. 여기에는 함께 통치하고자 하는 사람들의 관계가 포함되지만 '보조적'이나 '의존적' 주체성도 이 관계에 포함된다.[41] 이미 인간에게 있어 시민권은 보조(예: 노약자나 환자 및 실직자)나 의존(예: 중증 장애인)을 수반하며, 다양한 관계의 그물망을 형성한다.

따라서 우리와 공생관계를 맺고 있는 동물들도 이러한 복잡한 관계의 일부가 될 수 있다. 이러한 관계는 동물의 본성과 능력뿐만 아니라 동물이 인간과 도움 또는 의존관계에 놓여 있다는 사실을 인식하게 한다. 인간은 농사나 축산업에서부터 교통수단, 시각장애인의 보조에 이르기까지 다양한 방식으로 동물의 도움을 받고 있으며 실제로 동물에 의존하면서 살아간다. 그리고 때로 인간은 공식적으로 승인된 방식으로 동물을 대변하는 옹호자 역할을 하기도 한다. 인간이 동물을 옹호하는 것은 이들이 시민이 아니거나 정치 영역의 일부가 아니어서가 아니다. 동물의 도덕적 지위에 대한 적절한 대응을 통해, 비인간 동물에 대한 편견이 존재하는 세상에서 우리가 알고 있는 시민권을 새롭게 고찰해야 하는 이유는 동물이 가진 시민으로서의 본질적 성격에 근거한다. 이는 결국 지능형 기계도 마찬가지일 수 있다는 말이다.

우리가 생각할 수 있는 한 가지 결론은 이 영역에는 수많은 가능성들이 열려 있다는 것이다. 기계가 인간과 유사한 수준의 지능과 자의식에 도달한 후에도 다른 인지 능력은 여전히 부족할지도 모른다.

하지만 합리성은 지능과 자의식의 적절한 조합에 따라 구성되는 것이기에 초지능 기계가 가질 수 있을 것이다. 만약 그것이 존재한다면 그리고 인간이 가진 것들을 가지게 된다면, 이 지능형 기계는 정치 영역에서 하나의 구성원으로 간주되어야 할 것이다. 그렇지 않다면, 우리는 동물에 관한 시민으로서의 지위에 대해서 질문을 제기한 것처럼 기계에 대한 새로운 질문을 가지게 될 것이다.

11.6 우리는 아무런 준비도 되지 않았다

11.1절에서 우리는 인공지능을 인간의 삶에 통합하는 것과 관련하여 '느리고 상대적으로 조화로운' 방식과 '빠르고 급진적인' 방식으로 구분하였고 지금까지는 '느리고 상대적으로 조화로운' 시나리오에 대해 살펴보았다. 지금부터는 '빠르고 급진적인' 시나리오에 대해 살펴보도록 하겠다. 우선, 우리가 초지능을 예측하는 데 철학적으로 얼마나 준비가 되어 있지 않은지에 대해 조금 더 자세히 알아보도록 하자. 1장에서 논의하고 이 장의 앞부분에서 다시 살펴본 바와 같이, 우리는 기계가 의식을 가질 수 있는지 알지 못한다. 따라서 현재 기술 혁신이 만들어 가고 있는 미래에는 우리가 이해하지 못하는 중요한 측면이 있는데, 그것은 초지능 스스로가 우리 인간과 함께 도덕적 공동체에 살아갈 이유가 있는지에 관한 것이다.

공동체라고 하는 것은 강한 존재가 약한 존재를 주로 도구적인 측면에서 고려하는 것이 아니라, 서로를 도덕적 지위를 가진 존재로 진지하게 고려하는 존재들로 구성된다(여기에는 동물도 포함된다). 우리는 '느리고 상대적으로 조화로운' 시나리오에서 결국 기계와 함께 이러한 공동체에서 살아가야 할 이유에 대해 알아보았다. 하지만 이와 반대로 '빠르고 급진적인' 시나리오는 어떤 모습일까? 우리의 도덕 이론은 점진적인 과정이 아닌 지능의 폭발을 통해 생겨난 지능형 기계가 우리와 함께 조화롭게 살기를 원하게 될 것이라는 확실한 근거를 가지고 있는가? 4장에서는 라이프 3.0에서 인간의 지능을 행사할 권리를 탐구하면서 이 주제를 시작하였다. 이 절에서는 그 논의를 이어 가도록 하겠다.

지능의 폭발적인 증가로 인해 자의식과 합리성(합리성이 그 자체의 능력인지 아니면 다른 능력에 의존하는 것인지에 관계없이)을 갖춘 기계가 등장한다고 가정해 보자. 물론 다른 시나리오에서는 지능형 기계들이 인간과 도덕적 공동체를 이루며 살아갈 가능성이 높다. 하지만 이러한 초지능은 인류의 역사를 검토하고 인간의 놀라운 업적과 악마적 성향 모두를 알 수 있을 것이다.[42] 이러한 성향은 인간이 서로에게 행한 일뿐만 아니라, 다른 종과 자연환경에 행한 일까지 포함한다.[43] 그렇다면 우리는 초지능이 타인의 도덕적 지위를 인정하는 데 필요한 인지 능력을 가지고 있다는 사실이 실제로 그들로 하여금 우리의 도덕적 지위를 인정하고 그것을 보호할 가치가 있는 것으로 인식하게 만든다고 얼마나 확신할 수 있을까?

여기서 합리성이 가치를 규정하는지에 대한 데이비드 흄과 칸트의 논쟁을 떠올릴 수 있다. 흄은 이성이 가치를 규정하는 데 아무런 역할을 하지 않는다고 생각한 것으로 유명하다. 이성, 의식, 지성을 가진 존재는 어떤 목표든 가질 수 있으며, 특히 인간에 대한 다양한 태도를 가질 수 있다.[*] 그렇다면 초지능은 우주에 존재하는 클립의 개수를 최대화하려는 터무니없는 목표를 포함하여 거의 모든 가치관을 가질 수 있다.[44] 초지능이 훨씬 더 똑똑하고 우리와 다른 존재라는 것을 생각할 때, 우리는 그들의 계획이 잘못되었다고 판단할 수 있을까? 그리고 우리가 이것을 판단할 수 없다면, 인지 능력을 가진 초지능이 우리의 도덕적 지위를 인정할 것이라고 확신해서도 안 될 것이다.

이와는 반대로 칸트적 관점에서는 이성에서 도덕성을 도출하며 다른 사람의 도덕적 지위를 인정하는 것이 합리성의 일부라고 주장한다. 칸트의 정언명령은 우리에게 항상 그리고 동시에 우리의 준칙을 보편적 법칙에 맞추라고 요구한다. 모든 사람이 어떤 행동을 한다고 해도 그것이 타당하지 않다면 허용될 수 없다. 모든 사람이 남의 물건을 훔친다면 재산이라는 것이 존재하지 않을 것이고, 모든 사람이 거짓말을 한다면 의사소통이 불가능할 것이며, 무차별적 폭력이 존재한다면 인간 사회는 존재할 수 없을 것이다. 칸트의 요지는 이성적 존재가 다른 이성적 존재를 침해하는 것은 '모순적' 행위라는 것이다. 즉 비도덕적 행위는 행위자 스스로에게도 비합리적이다.[45]

그리고 이 논증은 다음과 같이 진행된다. 애초에 어떤 것에 가치를 부여하는 것은 우리의 합리적 선택뿐이다. 즉 우리가 어떤 것을 소

---

*   흄은 "내 손가락이 긁히는 것보다 전 세계가 파괴되는 것을 선호하는 것은 이성에 어긋나지 않는다"고 주장했다. 나에 대해서 전혀 모르는 사람이 자신의 작은 불안을 해소하기 위해 나의 완전한 파멸을 선택하는 것도 이성에 어긋나지 않는다(Hume, *A Treatise of Human Nature*, 2권, 3부, 3절, 6문단). 흄에 대해서는 Garrett, *Hume*; Cohon, *Hume's Morality* 참조.

중히 여기는 것은 우리의 가치판단 능력을 소중히 여기는 것이다. 하지만 우리의 이익을 위해 다른 이성적 존재의 소유물을 훔치거나, 다른 사람을 속이거나, 무자비한 폭력을 행사하는 등 다른 이성적 존재를 위협하는 것은 그들의 가치판단 능력에 위해를 가하는 것이다. 그런데 그들의 가치판단 능력은 우리가 우리 자신을 소중히 여겨야 하는 것과 동일한 것이다. 따라서 다른 사람을 무시하거나 위해를 가하는 것은 이성적인 행위자에게는 모순적인 것이다(왜냐하면 자신 내부에서 무시해서는 안 되는 것을 무시하는 것이기 때문이다). 다시 말해, 자신의 합리성에 충실한 사람은 누구나 도덕적일 수 있으며, 비도덕적인 것은 비합리적인 것이다.

인간은 이성에 따라 시종일관 자신의 삶을 유지하는 데 서툴기 때문에 종종 도덕적 삶을 유지하는 것에 실패할 때가 있다. 사람들에게 옳은 일을 하기 위해 최선을 다하는 사람들조차 편파적인 경향이 있으며, 심지어는 자신과 상관없는 사람들에게 매우 부도덕한 행동을 기꺼이 하기도 한다. 하지만 바로 이 지점이, 칸트가 옳다면 초지능이 윤리적 행위의 롤 모델이 될 수 있다는 의미이기도 하다. 초지능은 자신의 합리성에 따라 살아가기 때문에 자동으로 항상 도덕적인 행위자가 될 것이다. 인간의 본성은 쉽게 바꿀 수 없으며, 동시에 인간은 판단과 행동에 있어 지극히 편파적이기도 하다. 하지만 인공지능은 소집단 지향적인 DNA로 인해 합리성을 발휘하지 못하는 인간이 국제적 맥락에서 활동할 때 생기는 격차를 좁힐 수 있다. 인공지능은 우리가 관심을 가지고 적절하게 대하는 좁은 범위의 공동체를 넘어 이성적인 본성에 따라 산다는 것의 의미(칸트의 관점에서 도덕적으로 행동

한다는 것의 의미)를 보여 줄 수 있다.[46]

하지만 칸트가 합리성에서 도덕성을 도출한 것이 과연 의도한 대로 작동할 수 있는지 의구심이 발생하는 것도 사실이다. 이러한 의심은 특히 다른 사람에 대한 부도덕한 특정 행동이 다른 사람의 가치판단 능력을 약화하는 모순을 발생시킨다는 주장에 근거한 것이다. (특정 방식으로 타인을 학대함으로써) 타인의 능력을 훼손하는 것은 자기 자신의 능력에 대한 학대와 같다는 것이 이 주장의 요지이다. 하지만 이 주장에 대한 반론은 다른 사람의 가치판단 능력을 무시하는 것과 자신의 가치판단 능력을 무시하는 것이 같지 않다는 것이다. 나의 능력과 다른 사람의 능력은 완전히 별개의 것이기에 그러한 방식으로 행동하는 것이 실제로 모순이 아닐 수 있으며, 이러한 무시나 훼손은 두 인간 사이의 근본적인 유사성에 대한 위해이기에 비합리적일 수는 있지만 모순되지는 않는다는 관점이다.

물론 칸트적 관점이 효과가 있다면 초지능에 대해 걱정할 필요가 없을 것이다. 우리는 훨씬 더 똑똑한 기계 시대에 인간을 충분히 보호할 수 있을지도 모른다. 하지만 현대의 기준에서도 많은 철학자들이 칸트의 관점을 거부하고 있는 상황에서 이 문제는 쉽게 해결되기 어려워 보인다. 그리고 우리는 초지능의 관점에서 이러한 내용들이 어떻게 보일지도 알 수 없다.

이성이나 합리성만으로 도덕성이 도출될 수 없더라도 인간과 초지능으로 구성된 공동체에서는 새로운 종류의 도덕성이 지배할 수 있고, 초지능이 그 도덕성에 대한 의무를 가질 수도 있다. 따라서 초지능이 우리에게 도덕적 지위를 부여하는 방식을 다른 관점에서 접근해

볼 수 있다. 예를 들어 우리는 홉스적 관점에서 이러한 문제에 접근할 수 있을 것이다. 홉스에 따르면, 권위가 공유되지 않는 자연 상태에서 인간의 목적은 자기 자신의 보전이다.[47] (물론 이 주장은 인간만을 대상으로 한 것이다.) 권위가 부재한 상황에서 자연 상태의 개인들이 권위에 따라 행동할 수는 없겠지만, 칸트의 주장처럼 이성적으로 공유된 권위의 부재가 삶을 얼마나 불안하게 하는지는 깨달을 수 있다.

자연 상태의 사람들은 악하기 때문이 아니라, 자신의 온전한 보전을 위해 어떤 일이 일어날지를 예상하여 서로를 공격한다. 스스로는 협조적이고 다른 사람에게 선의를 베풀 줄 알지만 다른 사람들도 그렇게 할 것이라 확신할 수 없으며, 많은 것이 걸려 있기에 먼저 타인을 공격하게 된다. 이러한 것은 초지능에도 적용될 수 있다. 즉 초지능이 여러 개이고 모든 초지능이 연결되어 있지 않다는 전제에서, 이러한 추론은 기계에도 적용될 수 있으며 이러한 기계들은 불안정한 상태를 해소하기 위해 공유된 권위를 받아들이게 될 것이다. 홉스의 자연 상태는 초지능들의 원초적 상태를 설명하는 데 도움이 된다. 하지만 이렇게 초지능이 인정한 공유된 권위가 인간에게 도움이 될지 그리고 이를 통해 초지능이 인간에게 도덕적 지위를 부여하는 상황이 발생할지는 불분명하다.

가치 있는 것들에 대해 어떻게 반응해야 하는지 고민한 스캔론의 이론은 이성만으로 도출될 수 없는 도덕성이 인간과 초지능으로 구성된 공동체 안에서 어떻게 기능할 수 있는지 살피는 데 도움이 된다. 11.2절에서 언급한 '도덕적' 혹은 '윤리적'이라는 것에 대한 나의 이해는 이러한 접근 방식에서 출발한다.[48] 스캔론에 따르면, 도덕의 본질은 칸트의 경우처럼 합리성에서 파생되는 것도 아니며, 권위나 주권이 없다면 삶이 끔찍할 것이라는 홉스적 통찰에서 시작되는 것도 아니다. 도덕은 다른 존재에 대해 적절하게 반응하는 방식이며, 여기서 적절하다는 것은 다른 존재의 본질에 기반한다. 그렇다면 초지능 역시 존재에 대해 적절하게 반응함으로써 도덕적일 수 있다. 인간 뇌의 능력이 놀라운 것이고 충분히 존경받을 만한 가치가 있다는 점을 고려하면 (7장에서 논의한 것처럼) 인간과 기계가 혼합된 사회에서 우리는 보호받거나 어느 정도 자유를 누릴 수 있을 것이다. 초지능이 관찰한 인간 뇌의 특징으로 인해 그들이 인간에 대해서 적절한 행위를 할 수 있는 것이다.

물론 동물의 뇌가 놀라운 능력을 가지고 있지만 인간은 그들을 적절하게 배려하거나 대우하지 않았다. 인간중심주의에 대한 비판적 성찰을 뒤로하고 우리는 자연과 생태계를 도구화해 왔다.[49] 하지만 초지능은 우리와 달리 개체의 본질에 적절히 대응하며 우리보다 더 나은 능력을 발휘할 수도 있다. 그렇다면 인간 고유의 생명은 존중할 만한 가치가 있다고 생각되어 어느 정도 보호를 받을 수 있을 것이다. 물론 확실히 알 수는 없지만, 굳이 비관적일 필요도 없다. 하지만 확실한 것은——그리고 이 절에서 도덕성이 인간과 초지능이 공존하는 세상에서 지배적일 수 있는 방식을 살펴본 결과——우리가 어떤 일이 일어날지 예측하는 데 아무런 준비가 되어 있지 않다는 점이다. 우리가 아무런 준비가 되어 있지 않은 것 중 가장 위험한 것은 초지능이 과연 우리에게 도덕적 지위를 부여할 것인지 여부를 전혀 파악하지 못하고 있다는 것이다.[50]

11.7 라이프 3.0에서의 정치학: 공적 이성

지능이 폭발적으로 증가한 초지능이 우리에게 어떤 도덕적 지위를 부여할 것인지에 대한 불확실성은 라이프 3.0 사회의 정치를 가늠할 수 없게 만든다. 그럼에도 테그마크는 『라이프 3.0』이라는 놀라운 책에서 일반 인공지능의 개발 이후에 나타날 수 있는 여러 가지 시나리오들을 검토한다.[51]

여기서 테그마크는 인공지능이 특정 단계 이상으로 발전하지 않도록 하는 시나리오도 고려한다. 그중 하나는 인류가 하나의 초지능만 구축하고 다른 초지능이 개발되지 않도록 하는 '문지기' 역할을 하는 것이다. 여기서 문지기는 혼란을 최소화하면서 기술 환경을 관리하게 된다. 또한 문지기는 『1984』의 오웰식 감시 국가에 등장하는 감시를 위한 인공지능 개발을 금지하고, 아미시의 기술에 대한 태도에서 영감을 얻어 기술 발전을 해체하거나, '평등주의 유토피아'를 위해 기술을 이용해 모든 사람에게 높은 수준의 생활 환경을 제공하게 함으로써 초지능을 개발할 필요가 없게 만들 수도 있다. 테그마크는 이러한 시나리오가 아니라면 결국 지능이 폭발적으로 증가하게 될 것이라고 말한다.

이와 다른 시나리오도 있다. 그것은 초지능이 인간과 평화롭게 공존하는 경우이다. 이 시나리오에는 인간이 통제할 수 있는 신, '노예로서의 신'이 존재한다. 노예화된 초지능은 역사적으로 가능했던 것 이상의 복지와 기회를 우리에게 제공할 수 있을 것이다. 그리고 여기서 초지능은 우리와 평화롭게 공존하는 방안을 선택할 수밖에 없다.

이러한 세계는 기계 전용 구역, 인간 전용 구역, 혼합 구역으로 구분되는 자유주의적 유토피아일 것이다. 그리고 강력한 재산권 체계가 이것을 가능하게 하는 기반이 될 것이다. 노예화된 신 중에는 '수호자로서의 신'도 있을 것이다. 이것은 인간이 의미 있는 삶을 살 수 있도록 헌신하는 전능한 존재가 될 것이다. 이와 전혀 다른 시나리오에서는 초지능이 자비로운 독재자로 존재하며 인공지능이 사람들을 돌보기는 하지만 비인간적일 것이다. 최악의 시나리오는 인공지능이 인간을 오락용으로만 사용하는 사육사로서 기능하는 것이다.

평화로운 공존의 시나리오가 가능할지는 인간이 살아가는 방식에 따라 달라질 것이다. 우리는 계속 존재할 수도 있고 인공지능의 출현으로 멸종할 수도 있다. 정복자로서의 인공지능이 지구를 점령하고 인간을 파괴할지도 모른다. 초지능이 가지는 목푯값이 무엇인지 우리가 가늠할 수 없고 그것은 우리의 바람과는 상당히 동떨어진 것일 수도 있다. 인공지능은 인간이 너무 많은 에너지를 소비하고 서로 적대적이며 끔찍하고 잔혹한 상황을 유지한다면, 지속 가능성에 긍정적이지 않다는 이유로 우리를 파괴하는 것을 선택할 수 있다. 물론 우리 스스로 자멸할 수도 있다. 핵무기가 가진 파괴적 잠재력이 현실화될 수 있고 인공지능 무기가 파괴력을 발휘할 수도 있다. 혹은 정복자 인공지능의 인구 감소 정책으로 인류가 서서히 사라질 수도 있다. 인공지능이 인간의 업적을 높이 평가하더라도 인간이 계속 존재해야 할 필요성을 느끼지 못한다면 그렇게 될 것이다.

테그마크의 시나리오들은 기술이 가져올 미래의 다양한 가능성을 잘 보여 주고 있다. 여기서 놀라운 점은 인간과 초지능이 공존하는 시나리오들 중 어느 것도 '정치적인 내용'을 포함하지 않는다는 사실이다. 11.4절에서 우리는 인공지능과 정치적 삶을 함께 공유하는 것이 어떻게 합리적일 수 있는지 살펴보았다. 테그마크가 제시한 시나리오에서 이러한 것이 과연 가능할 수 있을까? 공적 이성을 통한 접근법은 이러한 질문에 긍정적인 해답을 제시한다. 4장에서 논의했듯이 공적 이성은 라이프 2.0에서 한 사회가 도달할 수 있는 가장 높은 수준의 성숙도를 가늠하고, 그 과정에서 전문화된 인공지능이 공적 담론의 영역에서 어떤 역할을 할 수 있는지를 설명한다. 그리고 공적 이성은 초지능이 공적 영역에 진입할 때 지침을 제공한다.

물론 공적 이성은 인간 역사에서 비롯된 것이며 인간의 갈등에 해결책을 제시하는 것이다. 이 역사에서 지금까지 유일하게 지속된 도전은 인간이 다른 인간과 어떻게 살아야 하는지에 관한 것이었다. 이 도전은 인간이 세상을 이해하는 방식이 근본적으로 모순되기에 발생한 것이었다. 이를 해결하기 위해 롤스는 인간이 한 사회에서 최대한의 자유를 누리는 방법을 제시하는데 이는 해석 및 방법의 다양성이 그 같은 의견 차이의 어떤 측면도 그 자체로 비합리적이거나 비이성적이거나 악의적이거나 자기중심적이지 않다는 것을 받아들이는 것이다. 다시 말해 롤스가 제시하는 정치적 통합의 가능성은 사람들 각자의 방식으로 세상을 이해하도록 하는 포괄적 교리의 관점에서 꽤 많은 분리를 수용할 것을 요구한다.

초지능은 역사와 경험적 과학의 발견과 방법에 관한 모든 것을 알고 있을 뿐만 아니라 텍스트 작업을 수행하여 기록된 내용을 검토함으로써 종교나 인문학적 지식도 습득하고 있을 것이다. 따라서 인공지능은 각각의 포괄적 교리를 그 교리가 가진 역사와 내용의 전체적 이해를 통해 습득하여 세계를 이해하는 다른 방식과 비교할 수 있다. 이러한 과정에서 어떤 교리는 인간의 기준에서는 타당성이 있을 수 있지만 인공지능의 기준에서는 그렇지 않을 수 있다. 그리고 초지능은 종교의 창조 신화를 훼손하거나 종교가 발전해 온 방식을 불신하고 이에 대해 의문을 제기할 수 있을 것이다. 교리 추종자들은 다른 인간에 의해 제기된 적이 없었던 새로운 문제를 경험하게 될 것이다. 그리고 국외자들은 왜 상호 존중이 인공지능이 원하는 세계관을 받아들이도록 이러한 교리 추종자들을 이끄는지 의문을 가지게 될 것이다.

이러한 초지능의 출현은 외계인의 출현과 같다. 일반적으로 외계인의 존재는 인간이 신의 은총을 받고 신이 인간과 소통하는 독특한 방법을 찾아낸 전통을 불안하게 만든다. 초지능 인공지능의 출현도 이와 유사하다. 인간의 모든 지식을 습득했으며 다른 존재를 수용해야 하는 문제에서 자유롭고 인간 인식의 한계를 넘어서는 새로운 판단자가 등장하게 되었을 때 우리의 전통은 불안해질 것이다. 어떤 종교적 교리는 이러한 충격에서 살아남지 못할 수도 있으며, 창조 신화의 진리성에 대한 집착을 버리고 전통에 담긴 지혜에 관심을 기울이면서 전통을 읽는 새로운 방법을 제시하는 종교도 있을 수 있다. 종교는 스스로를 재창조해야 할 것이다. 하지만 이러한 일들은 인류가 기술 발전에 적응하고 많은 시행착오를 겪은 뒤에서야 발생할 것이다.

그럼에도 초기의 불안정성과 방향 전환 이후, 교리들을 서로 화해시키려는 공적 이성의 시도는 초지능들을 포용하는 데 도움이 될 수 있다. 공적 이성은 인간이 지금까지 역사를 해석해 온 방식에서 벗어나 공적으로 함께 공존할 수 있는 토대를 마련하기에 초지능이라는 새로운 참여자를 포용하고 수용할 것이다. 그리고 엄청난 지능과 자의식, 합리성을 부여받은 초지능은 간소화된 교리와 개혁된 공적 이성의 틀에 참여하는 것이 충분한 가치가 있다고 판단할 수 있다. 어쨌든 우리가 설계한 인공지능은 그렇게 할 수 있다. 우리는 지금 인공지능이 유기체의 진화 과정에서 출현한 것이 아닌, 하나의 외계 지능일 수 있다고 말하고 있다. 하지만 인공지능은 우리의 역사에 대해 알고 있으며 인간이 알고 있는 것과 할 수 있는 것이 무엇인지 충분히 인식하고 있다는 점에서 먼 우주에서 온 외계인과는 다르다. 다시 말하자면 인공지능은 우리와 다르지만 완전한 외계인은 아니다. 알파고가 이세돌 9단을 이긴 장면을 다시 떠올려 보자. 인공지능은 인간이 창조한 게임을 플레이했고 인간이 역사에 새긴 풍부한 전략들을 학습했다.[52]

왜 초지능이 공적 이성이라는 우산 아래 인간과 함께 공존하고자 할까? 우선 7장의 과학이 설명하는 신이 없는 세상에서 인간 삶의 의미를 입증할 수 있는 과정을 기억해 보자. 그리고 라이프 3.0에서 인공지능에 대한 인간 지능 행사의 권리가 입증 가능하다는 점도 생각해 보자. 또한 공적 이성이 인간이 세계를 해석하는 상이한 교리 속에서도 인간의 자유를 유지하며 (지금은 다소 수정된 버전으로) 함께 사는 배려의 방식을 제공할 수 있다는 것도 고려해 보자. 이러한 것들을 모두 검토해 본다면, 공동의 정치 생활을 위한 합리성을 지닌 인간과 인공지능 모두 서로 함께 공존해야만 자신의 권리를 행사하기에 적합할 수 있다는 것을 알게 될 것이다. 인공지능이 이렇게 인식한다면 자신의 지능을 발휘할 때 인간과 상호작용하려 할 것이며 공적 이성의 테두리에서 작동하고자 할 것이다. 물론 이것은 추측에 불과하다. 다른 존재들 사이의 정당성에 대한 근본적 의문은 여전히 남아 있다. 하지만 중요한 것은 내가 여기서 말하고 있는 것이 충분한 가능성이 있다는 사실이다. 가능성을 말하며 여기서 마무리하는 것도 나쁘지 않을 것 같다.

에필로그

과거로 미래를 계획할 수는 없다.
– 에드먼드 버크[1]

미래는 현재와 같은 재료로 만들어진다.
– 시몬 베유[2]

멈추지 마라!
– 허버트 마르쿠제[3]

이 책은 급변하는 시대에 요구되는 연구와 그에 따른 새로운 의제 선정에 도움을 주고자 하였다. 오랫동안 정치철학자들을 사로잡았던 논쟁들을 인공지능과 빅데이터의 시대(그리고 아마도 특이점의 시대)로 가져오고자 한 것이다. 우리가 지나온 여정은 논증의 필요성에 따라 진행되었다기보다는 탐구적인 측면이 두드러진 것이었다. 여기서 다룬 내용 중 일부는 완전히 새로운 것이었지만, 또 다른 주제는 정치사상이 전통적으로 그려 온 경계를 허물고 확장하는 방식으로 오래된 논쟁을 이어 가고 있는 것이다. 내가 강조하고 싶은 것은 인공지능의 출현을 계기로 다양한 정치사상적 전통 사이의 관계를 재평가해야 한다는 것이다. 그리고 정치사상은 이제 기술철학을 수용해야 한다. 국제적인 지정학적 경쟁으로 인해 기술 발전은 당분간 어떤 식으로든 계속될 것이다. 따라서 이에 대한 정치사상적 문제는 우리가 반드시 직면해야 할 문제이며 이것은 다양한 (라이프 2.0과 라이프 3.0과 같은) 시대를 통해 나타날 것이다.

머리말과 1장('인류 역사와 디지털 세계')에서는 정치이론이 직면한 현재의 상황을 살펴보고 인류의 역사 속에서 디지털 세계를 이해하려고 노력했다. 물론 라이프 3.0이 실현될지는 알 수 없다. 하지만 이것이 오지 않더라도 이미 우리 삶을 근본적으로 바꾸고 있는 변화는 디지털 세계 안에서 일어나고 있기에 이에 대한 다양한 성찰이 필요하다.

2장('아미시에서 배우기')에서는 기술이 미래를 형성하는 방식에 대한 통제력을 유지하는 데 얼마나 중요한 요소인지를 아미시라는 특이한 공동체의 사례를 통해 알아보았다. 인공지능 시대에 기술과 그 규제가 주류 정치의 중심이 되어야 하는 이유는 아미시의 사례가 여실히 증명하고 있다. 따라서 이 시대의 정치철학은 이제 기술철학이 되어야 한다. 또한 나는 마르크스주의적 전통을 기초로 기술의 정치적인 세 가지 이해(근본적 이해, 구성적 이해, 상호작용적 이해)를 구분하였으며, 롤스의 관점에서 이러한 것들을 인식해야 하고 인식할 수 있다고 주장했다.

3장('인공지능과 민주주의의 과거, 현재 그리고 미래')에서는 독립적으로 주어진 행위자들이 서로 다른 도구를 사용한다는 의미에서뿐만 아니라, 전문화된 인공지능이 민주주의의 실체를 어떻게 변화시켰는지 알아보았다. 인공지능은 집단적 의사 결정이 전개되는 방식과 참여자의 모습을 변화시키고 있다. 이 장에서는 공적 영역, 정치권력,

경제권력을 민주적 목적으로 활용하기 위해 인공지능을 어떻게 설계해야 하는지도 살펴보았으며 기술이 왜 근본적으로 정치적인지에 대한 2장의 논의를 이어서 탐구했다.

4장('진리는 우리를 자유케 하지 않는다')에서는 먼저 디지털 시대에서 나타나는 진리의 왜곡과 침해 그리고 비진리가 얼마나 해로운지 살펴보았다. 하지만 비진리는 의미 있는 심리적·사회적 역학에 중요한 역할을 한다. 따라서 진리에 관한 포괄적 권리는 존재하기 힘들다. 그러나 그 정도는 특정 맥락에서 진실에 대한 권리가 있다는 것과 일치한다. 그리고 공적 이성의 관점에서 시민권 행사를 위한 공적 영역을 보호하기 위해서는 국가는 진리를 말하고 비진리를 제재해야 한다는 사실도 알아보았다. 물론 이러한 맥락에서 진리에 대한 도덕적 관점은 실제 진리에 대한 권리가 아니라 진리의 가치에 대한 폭넓은 지지를 통해 포착될 수 있다.

5장부터 8장까지는 디지털 세계에서 알게 되는 자와 알려지는 자로서의 개인을 보호하기 위해 어떤 권리가 필요한지 그리고 이러한 능력을 가진 개인을 발전시키거나 약화시킬 수 있는 새로운 가능성이 무엇인지 살펴보았다. 5장('알게 되는 것과 알려지는 것')에서는 주어진 인식적 틀에서 개인의 위치를 파악할 수 있는 '인식적 행위자성'이라는 개념을 (푸코의 사상을 바탕으로) 소개했다. 인식적 행위자성이라는 것은 개별 인식 주체, 집단 인식 주체, 개별 인식 객체, 집단 인식 객체의 네 가지 역할로 구성된다. 이 용어를 사용하여 우리는 인식적 권리와 인식적 정의의 개념을 명확히 하고 디지털 세계의 맥락에서 이를 발전시킬 수 있을 것이다.

6장('포르노와 불신을 넘어')에서는 5장의 인식적 행위자성이 가진 프레임을 활용하여 딥페이크 기술의 인식론적 가능성과 위험에 대해 살펴보았다. 나의 목표는 이러한 문제에 대한 의제를 설정하여 이 기술이 인식적 잘못을 저지르게 하는 것이 아니라 인식적 권리와 인식적 정의의 실현을 돕고 인간이 창의성을 발휘할 수 있도록 도움을 주게 하는 것이다.

7장('4세대 인권')에서는 역사의 현 단계에서 5장에서 소개한 네 가지 역할을 하는 인식적 행위자성을 보호하기 위해 4세대 인권의 일부로서 기존 인권을 강화하는 향상된 인식적 권리 집합이 필요하다는 것을 주장했다. 라이프 2.0에서 디지털 세계의 인식적 침입으로 인해 인식적 권리는 이미 매우 중요한 요소가 되었으며, 잊혀질 권리도 중요한 가치로 인식되고 있다. 라이프 3.0이 등장한다면 현재 인권으로 인정되는 것과는 다른 권리, 즉 인간의 지능을 행사할 수 있는 권리가 우선 필요할 수 있다.

8장('감시 자본주의, 도구적 권력 그리고 사회물리학에 대하여')에서는 디지털 세계의 감시 자본주의가 칸트와 뒤르켐이 논의한 것처럼 개인성이라는 계몽주의적 이상을 어떻게 위협하는지 그리고 디지털 세계에서 계몽주의를 확보하기 위해 무엇이 필요한지에 대해 논의했다. 나는 민주주의와 인식적 권리를 바탕으로 디지털 세계에서 계몽주의적 이상이 어떻게 확보될 수 있는지 살펴보았다. 또한 권리, 특히 인권만으로는 사회에서 충분한 규범적 비전을 생성하기에는 충분하지 않다는 내용에 대해 논의하기도 하였다.

9장('사회적 사실로서의 데이터')에서는 바다의 소유권에 대한 그로티우스의 설명을 바탕으로 집단적으로 생성된 데이터 패턴의 집단적 소유권에 대해 설명했다. 현재 기본값은 데이터를 수집한 사람이 데이터를 통제한다는 것이다. 하지만 집단적으로 생성된 패턴은 개인의 의견, 자유, 권한 등에 관한 보호가 제대로 작동할 수 있도록 집단적으로 통제되는 것이 기본값이 되어야 한다. 그리고 이 '집단적' 통제는 내가 3장에서 논의한 민주적 관점을 기반으로 발전되어야 한다.

10장('신, 골렘 그리고 기계 숭배')에서는 삶의 의미에 대해 생각하는 노직의 이론을 출발점으로 삼았다. 기술은 인간의 의미 추구에 언제든 잘못된 방식으로 개입할 수 있다. 따라서 이 장에서는 이러한 사례가 무엇이며 어떻게 대응해야 하는지 알아보았다. 이를 위해 기계의 능력에 걸맞지 않은 방식으로 자신의 삶에 대한 통제권을 기계에 넘겨주는 사람들, 즉 '기계 숭배자'에 대한 노버트 위너의 개념을 도입했다. 기술이 자신의 의미 추구에 잘못된 방향으로 개입하지 않도록 하는 가장 좋은 (그리고 유일하게 실현 가능한) 방법은 깊이 있는 자기 성찰이다.

마지막으로 11장('도덕적 지위와 정치적 소속감')에서는 인공지능을 인간 삶에 통합하는 것과 관련하여 '느리고 상대적으로 조화로운' 시나리오와 '빠르고 급진적인' 시나리오를 구분하여 알아보았다. '느리고 상대적으로 조화로운' 시나리오에서는 인간이 기계의 도덕적 지위를 다양한 방식으로 인정하는 것이 어떻게 합리적일 수 있는지에 관한 다양한 질문들에 대해 탐구했다. 이 과정에서 동물에게 어떻게 도덕적 지위를 부여할 수 있는지에 대한 이론들이 유용하게 사용되었다. '빠르고 급진적인' 시나리오에서는 철학적으로 우리가 지능의 폭발에 대처할 준비가 전혀 되어 있지 않다는 것에 대해 알아보았다. 또한 특정 상황에서 인간과 초지능 기계가 진정으로 공유할 수 있는 정치적 맥락에 대한 비전을 제시할 수 있는 공적 이성에 입각한 시나리오에 대해서도 살펴보았다.

이 책에서 다루고 있는 의제들이 어떻게 발전할지는 시간이 지나야 알 수 있다. 우리는 다가올 미래에 대비할 수 있어야 한다. 폰 노이만의 말처럼 우리는 곧 '인내심, 유연성, 지성'이 필요한 시기를 맞이하게 될 것이다.[4] 그리고 이것이 정말 우리에게 필요한 전부인지 그리고 '우리'라는 흥미로운 덕목 안에서 이러한 것들을 실제 가질 수 있을지는 시간이 지나야 알 수 있을 것이다.

옮긴이 후기

우리는 더 이상 입구에 서 있을 수만은 없으며
곧 시작을 넘어서야 한다.
– 프리드리히 니체[1]

2022년에서 2023년으로 넘어가던 겨울, 추위가 채 가시기도 전에 생성형 인공지능 챗-GPT가 요란하게 등장했다. 우리가 경험해 보지 못한 새로운 세상, 시대의 대전환이 시작되는 순간이었다. 누구는 이 순간을 일컬어 비가역적인 변화가 발생했다고 하며 '오펜하이머 순간'이라고 명명했고, 어떤 이는 그 불확실성에 대한 두려움을 느끼며 인공지능의 개발을 잠시 멈춰야 한다고 주장했다. 그사이 엄청난 데이터를 학습한 인공지능은 이제는 우리의 삶 거의 모든 영역에서 자신의 존재를 발현하고 있다. 이미 돌아갈 수도, 외면할 수도 없는 상황이다. 물론 거대 언어 모델이 사실관계를 잘 파악하지 못한다며, 이러한 변화를 애써 무시하려는 시도도 있었다. 하지만 이것은 두려움과 초조함의 또 다른 모습에 불과했다. 엄청난 수익 창출과 거대 자본 그리고 초국가적 경쟁 속에서 인공지능의 발전은 멈출 것 같지 않다. 그리고 그 발전 속도도 가늠하기 어렵다. 인공지능은 공적 영역과 사적 영역을 가리지 않고 우리 생활의 일부가 되었으며, 어쩌면 더 나아가 절대자가 되고 있는지 모른다.

　인공지능의 발전은 우리에게 유토피아와 디스토피아의 가능성을 모두 제시한다. 인공지능의 활용을 통해 우리는 더 나은 시대를 살아갈 수도 있고, 초지능에 종속된 삶을 살 수도 있다. 어떤 시나리오가 현실이 되든지, 지금 우리가 직면한 현실에서 분명한 것은 하나뿐이다. 우리는 아무런 준비가 되어 있지 않다는 것이다. 단지 과거의 개념을 두 손에 꼭 쥐고 우물쭈물하며 미래를 걱정하고, 기술 발전을 윤리적으로 세탁하기 위해 추상적인 언어로 의미 없고 무기력한 내용만 반복하고 있을 뿐이다. 특히 정치의 영역에서 이러한 현상이 두드러진다. 지금의 정치이론은 아직 근대를 벗어나지 못하고 오직 호모사피엔스라는 주체를 중심으로 인공지능과 과학 기술을 도구로 바라본다. 빅데이터를 분석한 인공지능의 판단을 거스르지도 못하면서, 그것이 단지 장비에 불과하며 자율성과 주체성은 자신에게 있다고 스스로를 위안하는 형국이다. 더군다나 정치철학은 죽은 자들의 언어에 매몰되어, 인공지능에 의해 변화한 세계와 치열한 현실 사이를 연결시키지 못하고 이미 다가온 오래된 미래조차 외면하고 있다.

지금 대한민국에 이 책이 필요한 이유가 바로 여기에 있다. 우리는 정치철학의 치열한 논쟁, 사유를 통해 분투했던 지성사의 찬란한 노력을 인공지능과 불안한 미래라는 현실에 다시 옮겨다 놓아야 한다. 이 책은 이러한 오래된 논쟁들을 인공지능과 빅데이터의 시대로 가져오는 것에 목적이 있다. 민주주의를 고착된 개념이 아닌 지속적인 생성 과정으로 이해한다면, 우리는 의제를 확장하여 성찰할 수 있어야 한다. 이 책은 우리 사회가 정치철학의 의제를 기술적 영역으로 확대하는 데 길잡이가 될 수 있을 것이다.

리스 교수의 통찰은 우리에게 많은 시사점을 주고 있다. 우리의 삶이 어떻게 근본적으로 변화하는지 그리고 기술과 인공지능이 얼마나 정치적인지 잘 보여 준다. 인공지능과 기술이 가진 정치적 성격에 관한 깊이 있는 분석은, '정치적인 것'이라는 개념 자체에 대한 탐구와 함께 이루어지면서 우리가 정치철학의 테두리 밖에 있다고 믿는 것들을 다시 정치의 영역으로 가져올 수 있게 하였다. 또한 리스 교수는 우리가 인공지능을 공적 영역에서 어떻게 사용해야 하는지 그리고 어떻게 그들과 더불어 살 수 있는지를 알려 주고 있다. 민주주의를 정확히 규정하고 정의 내리는 일은 어렵다. 하지만 이 어려움이 시민과 존재자들의 삶을 개선하고자 하는 의지와 관계된 것이라면, 인공지능에 의해 변화하는 민주주의를 성찰하고 끊임없이 발전시키고자 하는 이 책의 내용은 급변하는 한국 민주주의에도 많은 도움이 될 수 있을 것이다. 더군다나 리스 교수가 말하는 '인식적 행위자성'은 현대 사회의 개인과 집단이 디지털 사회에서 어떻게 살아가야 하는지 말해 준다. '잊혀질 권리'를 포함하는 '인식적 권리'와 '인식적 정의'는 디지털 사회에서 기술적 발전으로 고통받는 사람들을 조명할 수 있게 한다. 아도르노의 말처럼 우리에게 도덕이 무엇인지 더 명백하게 알려 주는 것이 칸트의 정언명령보다는 아우슈비츠의 고통이라고 할 때, 디지털 사회의 윤리와 정치는 그 속에서 가장 고통받는 사람들의 아픔에 집중해야 한다. 이 책은 우리가 그 고통을 어떻게 바라봐야 하는지 그리고 어떻게 치유하고 어떤 노력을 해야 하는지 알려 주고 있다. 이러한 성찰은 우리를 새로운 민주주의로 이끈다.

또한 이 책은 기술적 변화와 삶의 의미를 탐구한 부분에서 '기계 숭배' 그리고 자기 삶의 통제권을 상실하는 경우를 말하며 우리가 디지털 시대에 어떤 태도를 지향해야 하는지를 알려 준다. 우리는 디지털 기술을 벗어나거나 그것을 외면하고 무시하며 살아갈 수 없다. 삶 자체가 기술에 포획되어 있는 것이다. 현대인들은 스마트폰 없이는 단 몇 시간도 버틸 수 없으며, 인터넷망으로부터의 단절을 너무도 두려워한다. 리스 교수는 이처럼 기술에 포획된 현실에 삶 전체가 잠식되지 않고 이 시대를 살아 내려면 어떻게 해야 하는지를 말해 준다. 그리고 미래 사회의 다양한 시나리오를 통해 우리가 어떤 정치적 비전을 가져야 하는지도 이야기한다. 미래 사회의 다양한 시나리오를 고찰하는 작업은 무엇보다 중요하다. 특히 우리는 디스토피아적 시나리오를 면밀히 분석할 필요가 있다. 왜냐하면 우리가 우려하는 디스토피아적 시나리오가 현실이 되지 않으리라는 확실한 증거를 현재로서는 아무도 가지지 않았기 때문이다. 오히려 과도한 기술 경쟁과 불안한 국제 정세로 인해, 시대는 우리가 우려한 그 방향으로 흘러가고 있다. 이 시나리오를 공상과학소설이나 SF 영화에 등장하는 이야기라며 현실과는 상관없다고 말할 수 있다. 하지만 이것은 인간이라는 존재자 전체의 생명과 안전 그리고 삶 전체가 걸려 있는 문제이다. 인공지능에 통제권이 넘어간다는 것은 인류의 역사와 문화를 넘어서 삶과 죽음의 문제일 수도 있는 것이다. 마치 의사나 과학자들이 확률은 낮더라도 생명에 치명적일 수 있는 모든 가능성을 고려하여 연구나 치료를 진행하는 것처럼, 우리는 최악의 시나리오도 검증해 봐야 한다. 정치가 공존을 위한 것이라면, 공존을 위협하는 기술적 요소들을 점검하는 것은 너무도 당연하다. 이 책은 그 당연한 일을 검토하는 작은 시작점이 될 수 있을 것이다.

정치학이나 철학 혹은 인문학이나 사회과학은 과학 기술의 발전 속도를 도저히 따라잡을 수 없다. 울리히 벡의 말처럼 인공지능과 같은 현대 과학 기술에 과거의 윤리적 잣대를 가져다 대는 것은 747 항공기 바퀴에 자전거 브레이크를 장착하는 격일 수도 있다. 하지만 의미 없어 보인다고 해서 이러한 일을 멈출 수는 없다. 왜냐하면 '아직'까지는 통제권을 인간이 가지고 있는 것처럼 보이기 때문이다. '아직'만이 우리가 가질 수 있는 유일한 희망이다. 이 책은 이러한 마지막 희망에 대해 말하는 정치적 안내서이며, 인공지능에 의해 변화한 세상을 정치적으로 보고자 하는 새로운 시도이다. 정치적 관점은 우리가 인공지능을 통제할 수 있는 혹은 그들과 더불어 살 수 있는 마지막 방안이다. 눈부신 과학 기술의 발전에 대한 정치적 대안의 입구에서 넋 놓고 서서 바라볼 수만은 없다. 우리는 곧 시작을 넘어서야 한다.

이 책이 나오기까지 많은 분들의 도움이 있었다. 특히 그린비출판사의 김아영 선생님은 기획에서부터 편집까지 모든 일을 맡아 주셨다. 너무도 감사한 일이다. 그리고 한국어로 번역하는 과정에서 어려움에 직면했을 때, 어떻게 번역하는 것이 가장 좋을지 활로를 찾아 주신 광주교육대학교 영어교육과의 신동광 교수님께도 감사를 드린다. 특히 인공지능과 언어에 관한 그의 전문성은 인공지능을 어떻게 정치철학적으로 다룰 수 있을지에 대한 많은 가르침이 되었다. 또한 생성형 인공지능 및 인공지능 윤리에 관한 한찬희 교수님과의 대화도 이 책의 번역에 도움이 되었다.

정치철학은, 그중에서도 "위기의 시대에 우리는 어떻게 공존해야 하는가?" 하는 물음은 내 평생에 걸친 학문적 주제이다. 따라서 나에게도 정치철학을 지도해 주시고 독립적인 학자가 될 수 있도록 도와주신 분들이 계시다. 어떻게 연구하고 어떻게 고민해야 하는지를 가르쳐 주신 고마운 분들이다. 늘 "치열하게 생각하라"고 말해 주시는 성균관대 정치외교학과의 정치철학자 김비환 교수님과 윤비 교수님은 나의 학문적 멘토이자 큰 스승이다. 이분들의 끊임없는 학문적 분투는 늘 나 자신을 부끄럽게 한다. 아울러 미래의 정치철학을 함께 고민하며 '포스트데모스'(Post-demos)라는 개념을 만들고 공동 연구를 진행한 김동일 교수님과 김현주 교수님께도 감사의 말을 전하고 싶다. 학문 공동체에서 동고동락했던 심승우 교수님께도 빚을 지고 있다. 한국정치사상학회의 회원들에게도 심심한 감사의 뜻을 표한다. 나의 학문 생활의 주된 공간인 사상학회에서 만났던 동료들과의 지속적 유대와 학술적 교감은 큰 자부심과 위로가 되었다. 아울러 학회에서 만났던 다양한 정치학자들과 철학자들에게도 고맙다는 말을 전하고 싶다. 그들과의 대화는 내 학문적 발전의 밑거름이다.

마지막으로 내 모든 삶의 원동력이자 이유인 사랑하는 아내 윤주와 아들 시안에게 고맙다는 말을 전하고 싶다. 학교 연구실에서 늦은 밤까지 연구하는 시간은 나에게는 행복한 시간이지만, 아내와 아들에게는 남편과 아버지가 부재하는 시간이었을 것이다. 늘 미안하고 사랑하는 마음이다.

2024년 2월에
송도와 광주에서

후주

머리말

1 Alan Turing, "'Intelligent Machinery: A Heretical Theory', a Lecture Given to '51 Society' at Manchester", AMT/B/4, The Turing Digital Archive, https://turingarchive.kings.cam.ac.uk/publications-lectures-and-talks-amb/amt-b-4(검색일: 2022년 6월 27일).

2 Wiener, *God & Golem*, p. 69.

3 Agüera y Arcas, "Do Large Language Models Understand Us?", p. 183. 2022년 봄 현재 AI 연구의 최신 기술과 윤리적 차원 및 사회에 미치는 영향에 대한 논의에 관한 최신 정보는 Manyika, *AI & Society, Spring 2022 Issue of Daedalus*; Liang and Bommasani, "On the Opportunities and Risks of Foundation Models" 참조.

4 Dean, "A Golden Decade of Deep Learning", p. 69.

5 "BBC 리스 강연: 인공지능과 함께 살아가기"(The Reith Lectures: Living with Artificial Inteligence), BBC, www.bbc.co.uk/programmes/m001216k(검색일: 2022년 6월 27일).

6 Scott, "I Do Not Think It Means What You Think It Means", p. 83.

7 이것은 특히 많은 저자들이 주목하고 내가 *On Justice*에서 서술한 인종주의적 주제를 추가하여 다른 방식으로 보완될 필요성이 있다.

8 Rosen, *Dignity*, p. xvi.

9 현재는 1999년 발표된 재판본이 주로 사용되고 있다. 이에 대해서는 Rawls, *A Theory of Justice* 참조.

10 Rawls, *Restatement*, 58f.

11 *Ibid.*, pp. 41~43. 이는 시민들 사이의 격차를 축소하고자 하는 것이며 소위 '차등의 원칙'이라고 부른다.

12 *Ibid.*, 4부.

13 Rawls, *Political Liberalism*.

14 Risse, *On the Global Justice*; Risse, *On Justice*.

15 McLellan, *Karl Marx: Selected Writing*, pp. 46~70.

16 인공지능이 의식을 만들 수 있는 작업에 대한 중단 요청에 관해서는 Metzinger, "Artificial

Suffering" 참조.

1. 들어가며

1   von Neumann, "Can We Survive Technology?", p. 519.

2   Susskind, *Future Politics*, 1~2장 참조.

3   Zimmerman, *Heidegger's Confrontation with Modernity*, p. 199.

4   이에 대해서는 Wiener, *Cybernetics or Control and Communication in the Animal and the Machine*; Shannon, "A Mathematical Theory of Communication" 참조. 배경에 대해서는 Kline, *The Cybernetics Moment*; Gleick, *The Information*, 8~9장; Conway, *Dark Hero of the Information Age* 참조. 전후 사회에 사이버네틱스와 커뮤니케이션 과학이 사회 및 인간과학, 디자인, 예술, 도시계획에 미친 영향에 대해서는 Halpern, *Beautiful Data* 참조. 정보의 수학적 이론에 대해서는 Cover and Thomas, *Elements of Information Theory* 참조. 섀넌과 관련 연구에 대해서는 Losee, *The Science of Information*; Devlin, *Logic and Information*; Adriaans, "Information" 참조. 위너가 설명하는 사이버네틱스는 본질적으로 아날로그 방식이었으며 디지털화의 속도를 높이기 위한 일들은 사이버네틱스적 접근과는 다른 방식으로 수행되었다. 그럼에도 위너의 아이디어는 인간의 삶에서 컴퓨터 장치의 역할이 증가하는 것에 대한 논의를 다시 시작하게 하였다. 이에 대한 최근 평가에 관해서는 Brockman, *Possible Minds* 참조.

5   Floridi, *The Fourth Revolution*; Kittler, "The Artificial Intelligence of World War: Alan Turing" 참조.

6   Turing, "Computing Machinery and Intelligence"; Bernhardt, *Turing Vision*. 튜링에 대해서는 Agar, *Turing and the Universal Machine* 참조.

7   Nilsson, *Quest for Artficial Intelligence*, 3장 참조.

8   Dyson, "The Third Law", p. 35.

9   Dyson, *Darwin among the Machines*; Dyson, *Turing's Cathedral*; Nilsson, *Quest for Artificial Intelligence*; Ceruzzi, *A History of Modern Computing*; Buchanan, "A (Very) Brief History of Artificial Intelligence" 참조. 추제의 업적에 대한 이해를 위해서는 Bruderer, *Konrad Zuse und die Schweiz;* Rojas, *Die Rechenmaschinen von Konrad Zuse*; Böttiger, *Konrad Zuse* 참조. 물론 인공지능 분야의 선구자들에 대한 다양한 평가가 있고 업적에 대한 의견 차이가 계속되고 있다.

10   von Neumann, "Can We Survive Technology?"

11   모든 인용문은 논문의 마지막 두 단락에서 발췌한 것이다. 이에 대해서는 von Neumann, "Can We Survive Technology?", p. 519 참조. 우리가 기술에 대해 가져야 할 윤리적 덕목에 대해서는

Vallor, *Technology and the Virtues* 참조.

12   Mumford, *Technics and Civilization*.

13   Mumford, *Myth of the Machine*; Mumford, *Pentagon of Power*.

14   '거대 기술의 황무지'라는 용어는 멈퍼드의 *Pentagon of Power*, 11장 제목이다.

15   Orwell, *1984*; Bowker, *Inside George Orwell*, 18장.

16   「세계 인권 선언」에 대해서는 Morsink, *The Universal Declaration of Human Rights*; Lauren, *The Evolution of International Human Rights* 참조.

17   ITO와 GATT에 대해서는 Risse and Wollner, *On Trade Justice*, 2장 참조.

18   이 주제에 대해서는 Julia Angwin, "Machine Bias" 참조. 머신러닝의 공정성에 대해서는 Binns, "Fairness in Machine Learning: Lessons from Political Philosophy"; Mittelstadt et al., "The Ethics of Algorithms"; Osoba and Welser, *An Intelligence in Our Image* 참조. 빅데이터에 대해서는 Mayer-Schönberger and Cukier, *Big Data* 참조. 머신러닝에 대해서는 Domingos, *The Master Algorithm* 참조. 알고리즘이 어떻게 탐욕스러운 방식으로 사용될 수 있는지에 대해서는 O'Neil, *Weapons of Math Destruction* 참조. 알고리즘이 사회와 개인의 삶을 개선할 수 있는 가능성에 대해서는 Trout, *The Empathy Gap* 참조.

19   이 제안서는 1955년 8월 31일에 작성되었으며 McCarthy et al., "A Proposal for the Dartmouth Summer Research Project on Artificial Intelligence"에 일부가 수록되어 있다.

20   Gardner, *Frames of Mind*; Gardner, *Intelligence Reframed*; Gardner, *Multiple Intelligences*. 더 폭넓은 논의에 대해서는 Hunt, *Human Intelligence*; Sternberg and Kaufman, *The Cambridge Handbook of Intelligence* 참조. 'g'에 대해서는 Mackintosh, *IQ and Human Intelligence* 참조.

21   지능과 자연어 처리에 대한 연구에 대해서는 Manning, "Human Language Understanding & Reasoning"; Rees, "Non-Human Words" 참조.

22   최신 인공지능 동향에 대해서는 Chojecki, *Artificial Intelligence Business* 참조. 최신 기술에 대해서는 Mitchell, *Artificial Intelligence*; Taulli, *Artificial Intelligence Basics*; Russell, *Human Compatible* 참조. 또한 Future Today Institute, "Tech Trends Report 2021"도 참조할 만하다. 인공지능의 미래에 대해서는 Brockman, *Possible Minds* 참조.

23   Pinker, "Tech Prophecy", p. 109.

24   특이점에 대한 낙관론적 이론은 Kurzweil, *The Singularity Is Near* 참조. 이에 대한 비관적 이론은 Larson, *The Myth of Artificial Intelligence* 참조. 특이점에 대한 이론은 Bostrom, *Superintelligence*; Tegmark, *Life 3.0*; Eden et al., *Singularity Hypotheses*; Chalmers, "The Singularity: A Philosophical Analysis" 참조. 존 시어(John Sear)와 커트 괴델(Kurt Gödel)의

연구에 기반한 강한 인공지능에 대해서는 Bringsjord and Govindarajulu, "Artificial Intelligence", 8절 참조.

25 이 주제에 대해서는 Schneider, "Alien Minds"; Marino, "The Landscape of Intelligence"; Schneider, *Artificial You* 참조.

26 Schneier, *Data and Goliath*, p. 17.

27 Harari, *Homo Deus* 참조. '데이터주의'라는 용어는 Brooks, "The Philosophy of Data"에서 시작되었다. 이에 대해서는 Lohr, *Data-Ism*; Mayer-Schönberger and Cukier, *Big Data* 참조.

28 나는 여기서 Rosenberg, "Data before the Fact"에 나온 개념을 따르고 있다. 그리고 데이터에 대한 철학적 개념에 대해서는 Lyon, "Data" 참조.

29 나는 여기서 Peters, "Information: Notes toward a Critical History"에 나온 정보에 대한 개념 정의를 따른다. 정보의 개념에 대해서는 Capurro, *Information*; Capurro and Hjørland, "The Concept of Information"; Seiffert, *Information über die Information*; Lenski, "Information: A Conceptual Investigation"; Clarke, "Information" 참조. Kornwachs and Jacoby, *Information*; Rapoport, "What Is Information?"; Peterfreund and Schwartz, "The Concept of Information"; Adriaans, "Information"; Gleick, *The Information*도 참조할 필요가 있다. 아울러 정보를 정의하는 다양한 방법에 대해서는 Braman, "Defining Information" 참조. 최근의 정보에 대한 철학적 논의에 대해서는 Janich, *What Is Information?*; Adriaans and Benthem, *Philosophy of Information*; Floridi, *Information*; Adriaans and Benthem, "Introduction: Information is What Information Does" 참조.

30 Peters, "Information: Notes toward a Critical History", p. 14.

31 Peters, p. 15. 이에 대해서는 Hacking, *The Taming of Chance*; Headrick, *When Information Came of Age* 참조. 헤킹의 책은 통계에 대한 이야기를 다루고 있으며 헤드릭은 린네 분류 체계와 통계의 기원부터 지도, 그래프, 백과사전 그리고 우편 및 통신 시스템에 이르기까지 1700년대에서 1850년 사이에 이루어진 정보 조직의 개선에 대해 이야기한다. 정부의 역량 변화는 새로운 기술의 구현에 달려 있으며, 이 새로운 기술의 채택은 정부의 특정 목표에 달려 있다는 주장에 대해서는 Agar, *The Government Machine* 참조.

32 Peters, "Information: Notes Toward a Critical History", p. 15.

33 Kafka, *The Trial*. '모더니즘'에서 정보의 역할과 정보의 형태에 대해서는 Purdon, *Modernist Informatics*; Solove, *The Digital Person* 참조. 이 단락에서는 디지털 정보와 관련된 프로젝트의 서문으로 자주 사용되는 T. S. 엘리엇의 유명한 다음 구절에 대한 내용도 담겨 있다. "우리가 살면서 잃어버린 삶은 어디에 있는가? 우리가 지식에서 잃어버린 지혜는 어디에

있는가? 정보에서 잃어버린 지식은 어디에 있는가?"(the Opening Stanza of *Choruses from the Rock*, 1934; Eliot, *Complete Poems and Plays*, p. 96). 발터 벤야민의 아케이드 프로젝트에도 다음과 같은 비슷한 생각이 등장한다. "산업화 과정이 수공예와 분리되는 것처럼, 노동 과정에 해당하는 커뮤니케이션(정보)은 스토리텔링이라는 장인적 노동 과정에 해당하는 커뮤니케이션(정보)과 분리된다. 정보에 담긴 폭발적인 힘에 대한 개념을 형성하기 위해서는 이러한 연관성을 고려해야 한다. 이 힘은 감각에서 해방된다. 감각과 함께 지혜, 구전 전통 또는 진리의 서사적 측면을 닮은 것은 무엇이든 파괴된다"(Benjamin, *The Arcades Project*, p. 804).

34 이 내용은 Hartch, *The Prophet of Cuernavaca*, p. 111에 나온 일리치의 연설에서 발췌한 것이다.

35 이 구절은 "The Copper Beeches"에 등장한다. 이에 대해서는 Doyle, *The Adventures of Sherlock Holmes, and Other Stories*, pp. 321~340 참조.

36 Mumford, *Pentagon of Power*, pp. 273~275.

37 Halpern, *Beautiful Data*, 74.

38 Plato, *Theaetetus*. 자세한 내용은 White, *Plato on Knowledge and Reality* 참조.

39 Plato, *Theaetetus*, 201c~201d.

40 이러한 사례에 대해서는 Dreyfus, *Recognizing Reality*, p. 292 참조.

41 Dretske, *Knowledge and the Flow of Information* 참조. 아울러 Dretske, "Précis of Knowledge and the Flow of Information"; Dretske, "Epistemology and Information" 참조. 정보 개념이 철학에 어떻게 더 광범위하게 들어왔는지에 대한 논의는 Adams, "The Informational Turn in Philosophy" 참조.

42 Dretske, *Knowledge and the Flow of Information*, p. 65.

43 Dretske, "Précis of Knowledge and the Flow of Information", p. 58.

44 이에 대해서는 Floridi, *The Fourth Revolution*; Floridi, *The Philosophy of Information*; Floridi, *The Ethics of Information*; Floridi, *The Logic of Information*; Floridi, *Information* 참조. 2010년까지의 플로리디의 연구에 대한 것은 Allo, "Putting Information First"; Bynum, "Philosophy in the Information Age" 참조.

45 Floridi, *The Ethics of Information*, p. 71.

46 앞으로 도래할 심리철학에 대해서는 Heil, *Philosophy of Mind*; Jaworski, *Philosophy of Mind*; Braddon-Mitchell and Jackson, *Philosophy of Mind and Cognition*; Carter, *Minds and Computers* 참조. 의식이 얼마나 중요한지에 대해서는 Levy, "The Value of Consciousness"; Siewert, *The Significance of Consciousness* 참조.

47　Nagel, *Mind & Cosmos*, p. 128. 객관적 관점과 주관적 관점의 차이에 대해서는 네이글의 연구에 잘 나타나 있다. 심리철학 분야에서 네이글은 어떤 것의 중심이 된다는 것이 무엇을 의미하는지 공식화한 인물이다. 이에 대해서는 Nagel, "What Is It Like to Be a Bat?" 참조(로봇이 주관적인 관점을 가질 수 있다는 견해에 대해서는 Kiverstein, "Could a Robot Have a Subjective Point of View?" 참조). 정치적 차원에 대해서는 Nagel, *Equality and Partiality*, 기계가 의식을 가질 수 있는지에 대해서는 Harnad, "Can a Machine Be Conscious? How?" 참조.

48　Schneider, *Artificial You* 참조. 슈나이더의 생각에 대한 비판적 논의는 Chalmers, *Reality+*, 15장 참조.

49　Chalmers, *The Conscious Mind*.

50　Koch, *Consciousness*; Koch, *The Feeling of Life Itself*. 정보통신기술에 대해서는 줄리오 토노니의 연구를 바탕으로 하였다. 이에 대해서는 Massimini and Tononi, *Sizing Up Consciousness*; Seth, *Being You* 참조.

51　Dennett, *From Bacteria to Bach and Back*, 14장 참조.

52　Dennett, p. 400. Dennett, *Consciousness Explained*; Dennett, *Kinds of Minds* 참조. 데닛의 연구에 대한 간략한 소개는 Heil, *Philosophy of Mind*, 8장 참조. 더 자세한 논의는 Brook and Ross, *Daniel Dennett*; Thompson, *Daniel Dennett* 참조.

53　기능주의에 대해서는 Heil, *Philosophy of Mind*, 6장 참조. 기능주의의 초기 입장에 대해서는 Putnam, "Minds and Machines" 참조. 또한 튜링 테스트는 이러한 개발에 영향을 미쳤다. 이에 대해서는 Turing, "Computing Machinery and Intelligence". 이에 대한 논의로는 Block, "Troubles with Functionalism" 참조. 설의 주장에 대해서는 Searle, "Minds, Brains and Programs" 참조. 설, 찰머스, 데닛 사이의 교류에 대해서는 Searle, *The Mystery of Consciousness*; Schneider, *Artificial You*, 2장 참조. 기능주의자들에게 보스트롬과 유드코프스키가 제안한 다음과 같은 원칙은 너무도 당연한 것이다. (1) 소재 비차별 원칙: 두 존재가 동일한 기능과 동일한 의식적 경험을 가지고 있고 그 구현의 소재만 다르다면 두 존재는 동일한 도덕적 지위를 가진다. (2) 기원 비차별 원칙: 두 존재가 동일한 기능과 동일한 의식 경험을 가지고 있고 그들이 존재하게 된 방법이 다르다면 이들은 동일한 도덕적 지위를 갖는다. Bostrom and Yudkowsky, "The Ethics of Artificial Intelligence", pp. 322~323 참조.

54　같은 문제에 대한 동물 관련 논의와 함께 정교한 기계에 대한 의식과 윤리적 처우에 대해서는 Tye, *Tense Bees and Shell-Shocked Crabs*, 특히 10장 참조.

55　Tegmark, *Life 3.0*.

56　*Ibid.*, p. 25.

57 Wiener, *The Human Use of Human Beings*, p. 18.

58 Christian, *Maps of Time*, 3부.

59 Wells, *World Brain*, p. 16.

60 *Ibid.*, p. 30.

61 Foer, *World Without Mind*.

62 트랜스휴머니즘에 대해서는 Livingstone, *Transhumanism*; More and Vita-More, *The Transhumanist Reader* 참조. 포스트휴머니즘의 고전은 도나 해러웨이의 「사이보그 선언문」이라 할 수 있다. 이에 대해서는 Haraway, *Manifestly Haraway* 참조. 그리고 브뤼노 라투르는 해러웨이의 포스트휴머니즘과 많은 유사점을 가지고 있다. 이에 대해서는 Latour, *We Have Never Been Modern;* Latour, *Reassembling the Social* 참조. 이에 대한 논의로는 Coeckelbergh, *Introduction to Philosophy of Technology*, 9장 참조. 인간의 능력을 증강하는 것에 대한 비판적 관점으로는 Habermas, *The Future of Human Nature*; Sandel, *The Case against Perfection* 참조. 덕 윤리적 관점에서 인간 능력의 증강에 대해서는 Vallor, *Technology and the Virtues*, 10장 참조.

63 초지능에 도달하는 경로에 대해서는 Bostrom, *Superintelligence*, 2~3장 참조.

2. 아미시에서 배우기

1 Emerson, *Emerson's Complete Works*, IX(시), p. 73.['에머슨하우스 교육연구소'의 번역을 따랐다. 이에 대해서는 https://cafe.naver.com/emersonlab(검색일: 2023년 7월 2일) 참조—옮긴이]

2 McLuhan, *Counterblast*, p. 5.

3 Kraybill, *What the Amish Teach Us*; Kraybill, Johnson-Weiner and Nolt, *The Amish*. 아미시가 기술 사용을 경계하는 것에 대한 정치이론 연구에 대해서는 Sclove, *Democracy and Technology* 참조.

4 Macrae, *John von Neumann*; Heims, *John von Neumann and Norbert Wiener*.

5 von Neumann, "Can We Survive Technology?" 기술의 실존적 위험에 대한 보다 최근의 논의는 Ord, *The Precipice*; Bostrom, *Superintelligence* 참조. 특히 폰 노이만이 우려하고 있는 기술 발전과 관련하여 우리가 얼마나 위험한 상태인지에 대해서는 Bostrom, "The Vulnerable World Hypothesis" 참조.

6 인용문은 그의 글 마지막 두 단락에서 발췌한 것이다. von Neumann, "Can We Survive Technology?", p. 519 참조.

7   Ćirković, *The Great Silence*; Forgan, *Solving Fermi's Paradox*. 이에 대한 접근 가능한 논의로는 Bostrom, "Where Are They?" 참조.

8   페르미 역설에 대한 해답으로 지적 생명체들이 스스로를 파괴했다는 전제가 맞다고 한다면 우주에서 지능을 운영하는 데 있어 아미시와 같은 접근은 이루어지기 힘들 것이다. 기술을 창조하려는 욕구와 욕망이 사회 체계를 유지하려는 지적 생명체의 능력을 넘어서기 때문이다.

9   기술혁신 시대의 윤리에 대한 영향력 있는 논의에서 철학자 한스 요나스는 첨단 기술의 사용은 집단적 행동을 수반하며, 그 결과 자연과 미래 인류에 미칠 수 있는 피해에 대해 우리가 알 수 있는 것이 많지 않다고 주장했다. 자연과 미래 세대 모두 우리의 행동에 영향을 받기에 우리는 이들에 대한 의무와 책임이 있다. 요나스가 정의한 '책임의 의무'는 "행동의 결과가 진정한 인간 생명의 영속성과 양립할 수 있도록 행동하라"는 것이다. 다른 말로 표현하면 "미래 세대와 그들 삶의 조건 전체를 위해 파괴적으로 행동하지 말라"는 것이다. '진정한 인간 생명'을 보장한다는 것은 미래 인류의 자율성, 존엄성, 완전성, 취약성을 보호하는 것이다. 이에 대해서는 Jonas, *The Imperative of Responsibility* 참조. 최근 헨리 키신저, 에릭 슈미트, 다니엘 후텐로처는 인간 안보와 인공지능에 관계된 연구를 진행하였다. 이들은 여기서 인공지능 시대의 국가적 이익을 위한 끊임없는 연구에는 인간 보존의 윤리가 전제되어야 한다고 주장했다. Kissinger, Schmidt and Huttenlocher, *The Age of AI*, p. 176.

10 이러한 견해에 대해서는 Coeckelbergh, *The Political Philosophy of AI* 참조. 코켈버그는 정치철학과 기술철학의 접목은 학문적 필요이기도 하지만 사회적 필요라고 말한다(*Ibid.* p. 4).

11 롤스의 이론과 현대 정보 기술을 연결하려는 노력은 Hoffmann, "Rawls, Information Technology, and the Sociotechnical Bases of Self-Respect"; Duff, *A Normative Theory of the Information Society* 참조.

12 이에 대해서는 Bijker, "Why and How Technology Matters" 참조. 민주주의가 기근을 제어하는 기술이라는 점에 대해서는 Reich, Sahami, and Weinstein, *System Error*, p. 74 참조. 기근에 대한 센의 설명은 Sen, *Development as Freedom*, 7장 참조.

13 Dahl, "The Concept of Power"; Dowding, *Rational Choice and Political Power*; Lukes, *Power*. 종합적으로 여기서는 Risse, *On Justice*, 14장의 내용을 따른다.

14 Aristotle, *Politics*. 인용문은 프로이센과학아카데미(Prussian Academy of Science)에서 발행한 것을 참조한 것이다. 여기서는 소위 '베커 넘버링'(Bekker numbering)을 기준으로 한다.

15 비교적 최근의 사상가들 중 하나 아렌트와 마이클 오크숏은 다음과 같은 이론을 제시한다. 아렌트에 따르면, 폴리스에서의 삶은 인간이 이전에는 불가능하다고 생각했던 상호작용을 가능하게 해 주었다. 합리적인 논쟁을 통해 갈등을 해결할 수 있다는 생각은 지배와 피지배의

교체를 가능하게 하였으며 이로 인해 시민을 위한 국가가 가능하게 하였다. 이에 대해서는 Arendt, *The Human Condition*, 26f 참조. 오크숏은 정치를 지배자와 피지배자가 폴리스 전체와 그 안에 있는 개인들을 어떻게 통치할 것인지에 대해 숙고하는 활동으로 정의한다. Oakeshott, *On Human Conduct*, p. 159 참조. 정치에 대한 다양한 설명에 대해서는 Alexander, "Notes Towards a Definition of Politics"; Miller, "What Does 'Political' Mean?" 참조.

16   Schmitt, *Begriff des Politischen*.

17   Schmitt, *Verfassungslehre*, 17장.

18   미국적 맥락에서 이 주제에 대해서는 Kahn, "Sacrificial Nation"; Kahn, *Political Theology*; Mouffe, *On the Political* 참조. 나는 슈미트가 생각하는 정치적인 것의 '개념'을 하나의 개념으로 본다.

19   McLellan, *Karl Marx: Selected Writings*, 219f.

20   McLellan, pp. 424~427. 1845년에서 1846년 프리드리히 엥겔스와 공동으로 집필한 『독일 이데올로기』에도 이러한 내용이 잘 나타나 있다. 나는 G. A. 코헨의 해석을 따랐다. 이에 대해서는 Cohen, *Karl Marx's Theory of History*; Cohen, "Forces and Relations of Production"; Shaw, "The Handmill Gives You the Feudal Lord" 참조. 코헨에 대해서는 Wolff, *Why Read Marx Today?*, pp. 52~66 참조. 코헨에 대한 비판적 논의는 Elster, *Making Sense of Marx*, 5장 참조. 현재 일반적인 마르크스 해석에서 코헨은 마르크스를 일종의 기술 결정론으로 간주하는데, 이는 Miller, *Analyzing Marx*에서는 거부된 해석이다. 밀러의 해석은 앤드류 핀버그의 마르크스 사적유물론에 대한 비판이론 발전에 영향을 미쳤다. 이에 대해서는 Feenberg, *Transforming Technology*, pp. 44~48 참조. 밀러가 코헨의 해석을 거부한 것은 코헨이 마르크스에게 귀속시킨 것에 대한 오해에 기인한다는 평가도 있다. 이에 대해서는 Buchanan, "Marx as Kierkegaard: Review of Richard W. Miller, 'Analyzing Marx'" 참조. 사적유물론에 대한 고찰은 마르크스주의의 역사 개념을 해석하는 데 매우 중요한 것이다. 사적유물론에 대한 종합적 고찰은 Kolakowski, *Main Currents of Marxism*; McLellan, *Marxism After Marx* 참조.

21   McLellan, *Karl Marx: Selected Writings*, p. 425.

22   *Ibid.*, p. 425.

23   마르크스가 「공산당 선언」에서 설명하듯 "각 시대의 지배 사상은 항상 그 시대의 지배 계급의 사상이었다"(*Ibid.*, p. 260).

24   *Ibid.*, p. 425.

25   생산력이 경제구조를 설명할 수 있지만 경제구조가 생산력을 '발전'시킬 수도 있다는 주장은 오랫동안 마르크스 설명의 약점이었다. 마르크스의 역사이론의 핵심에는 순환성이 있는

것처럼 보였기 때문에 많은 의문이 제기되었던 것이다. 하지만 이러한 약점을 보완하고 '기능적 설명'의 개념을 명확히 한 것은 G. A. 코헨의 공헌이다. 이에 대해서는 Cohen, *Karl Marx's Theory of History*, pp. 249~296 참조. 실제로 경제구조 혹은 상부구조의 요소는 생산력의 성장을 유지하기 위해 변화하지만, 생산력의 변화가 경제구조나 상부구조의 변화를 초래하지는 않는다. 예를 들어 자본주의가 생산력을 발전시키는 것은 사실이지만, 그렇게 할 수 있는 자본주의의 능력 때문에 자본주의가 출현할 수 있었던 것이다. 그렇지 않았다면 자본주의는 생겨날 수 없었을 것이다. 이러한 이론이 타당성을 유지하기 위해 해결해야 하는 과제의 종류는 조슈아 코헨의 G. A. 코헨에 대한 리뷰에서 명확히 드러난다. 이에 대해서는 Cohen, "Review of 'Karl Marx's Theory of History'" 참조. 조슈아 코헨은 개인들의 상호작용이 총체적으로 생산력의 성장을 지속시킬 수도 있고 그렇지 않을 수도 있다고 주장한다. 그 여부는 상부구조의 성격에 따라 달라진다. 개인의 이익 추구가 일반적으로 생산력 성장을 창출한다는 선험적 이유는 없다. 기술 결정론자들은 이러한 조정 문제를 인정하고 역사적으로 생산력이 대체로 발전한다는 가설을 포기하거나, 아니면 이 이론이 비순환 자원을 제공하지 않는 것처럼 보이는 이유에 대해 설명해야 한다.

26 '생산력 결정론'이라는 용어에 대해서는 Shaw, "The Handmill Gives You the Feudal Lord" 참조. 공허한 설명적 환원주의를 지지하지 않으면서도 충분한 복잡성을 허용하고 조잡한 경제적 환원주의를 피하는 방식으로 이 이론을 이해하는 것이 과제다.

27 한 가지 의문은 마르크스의 이 모든 이론이 어디까지가 사회과학이고 어디까지가 도덕적 논쟁인지에 대한 것이다. 이에 대한 논쟁은 Lukes, *Marxism and Morality*; Geras, "The Controversy about Marx and Justice" 참조. 물론 "수작업은 봉건영주의 사회를, 증기기관은 산업자본가의 사회를 제공한다"는 것은 적절하게 이해될 필요가 있다. 자본주의의 기술은 사회주의 사회에서도 유효하게 사용될 수 있다. 요점은 특정 장치가 정치 질서를 고정시키는 것이 아니라 특정 의미의 사회구조가 생산력 성장에 수반된다는 것이다. 따라서 이 예시는 마르쿠제가 생각한 것처럼 자본주의와 사회주의 모두에서 사용할 수 있는 기술의 중립성에 이의를 제기하는 것은 아니다. 이에 대해서는 Marcuse, *One-Dimensional Man*, p. 154 참조.

28 Benjamin, *The Work of Art in the Age of Its Technological Reproducibility*.

29 Horkheimer, *Dialectic of Enlightenment*. 아도르노의 정치사상에 대해서는 Hammer, *Adorno and the Political*; Gordon, Hammer, and Pensky, *A Companion to Adorno*, VII부 참조.

30 Lukacs, *The Theory of the Novel*, p. 22.

31 Marcuse, *One-Dimensional Man*, p. 1.

32 *Ibid.*, p. 3.

33 *Ibid.*, p. 9.

34 *Ibid.*, p. 154. 마르쿠제는 테크닉과 테크놀로지를 구분한다. 「현대 테크놀로지의 사회적 함의」(Some Social Implications of Modern Technolgy)에서 테크닉은 인간 노동의 도구인 산업, 운송, 통신 등의 장치를 의미한다. 그리고 테크놀로지는 널리 퍼진 사고와 행동 패턴으로 나타나는 기술 자원의 조직이다. 이러한 이해를 통해 기술과 이데올로기 사이의 연결 고리를 쉽게 만들 수 있다.

35 마르쿠제는 Heidegger, *Holzwege*, 266ff에서 이를 인용하며 그는 Heidegger, "Die Frage nach der Technik", p. 22, 29도 참고한다.

36 프랑크푸르트학파와 사회연구소에 대해서는 Wiggershaus, *The Frankfurt School* 참조.

37 Feenberg, *Heidegger and Marcuse*; Marcuse, *Heideggerian Marxism*; Habermas, "ZumGeleit" 참조.

38 Heidegger, *The Question Concerning Technology, and Other Essays*, pp. 3~35. 하이데거에 대해서는 Richardson, *Heidegger*; Zimmerman, *Heidegger's Confrontation with Modernity* 참조.

39 Heidegger, *The Question Concerning Technology, and Other Essays*, p. 17.

40 Young, *Heidegger's Later Philosophy*, p. 46에서 인용.

41 Heidegger, *The Question Concerning Technology, and Other Essays*, p. 16.

42 *Ibid.*, p. 19.

43 *Ibid.*, p. 14.

44 Young, *Heidegger's Later Philosophy*, p. 50에서 인용.

45 하이데거가 기술에 관한 글을 쓰기 몇 년 전인 1947년, 스탠퍼드의 수학자 조지 단치히는 선형 최적화에 관한 중요한 논문을 발표하여 유명한 심플렉스 알고리즘을 소개했다. 수십 년 후 단치히는 1947년 이전의 시대는 최적화에 대한 관심이 부족한 시대라고 말했다. 이에 대해서는 Dantzig, "Linear Programming" 참조. 1947년 이후 시대에는 확실히 최적화에 대한 관심이 많아졌고 하이데거라는 냉혹한 비판자를 만나게 된다.

46 Engels, "On Authority".

47 마르크스에게 소외는 특히 초기 경제 및 철학에 관한 저서에 두드러지게 나타난다. 이에 대해서는 McLellan, *Karl Marx: Selected Writings*, pp. 83~121; Schacht, *Alienation*; Jaeggi, *Alienation* 참조.

48 이러한 우려에 대한 흥미로운 답변이 있지만, 일반적으로 마르크스 자신보다는 이후 학자들이 내놓은 답변이다. 이에 대해서는 Kandiyali, *Reassessing Marx's Social and Political Philosophy* 참조.

49 나는 여기서 핀버그의 『기술 비판 이론』(Critical Theory of Technolosy)을 참고하여 기술에

의문을 제기하고자 한다. 이에 대해서는 Feenberg, *Questioning Technology*; Feenberg, *Transforming Technology*; Feenberg, "Replies to My Critic" 참조.

50 이러한 주제에 대해서는 Anderson, *Private Government* 참조.

51 리처드 스클로브Richard Sclove는 강력한 민주주의에 대한 해석의 일환으로 기술을 논의했다. 사회적 과정은 기술의 발전에 영향을 미치고, 기술은 다시 사회적 과정을 형성한다. 강력한 민주주의가 번성하기 위해서는 민주적 절차가 기술을 형성해야 하며, 기술이 어떤 영향을 미칠지에 대해 끊임없이 경계해야 한다. 이에 대해서는 Sclove, *Democracy and Technology* 참조.

52 여기까지의 인용문은 Feenberg, "Replies to My Critics", p. 176에서 발췌한 것이다. 핀버그는 롤스와 더불어 하버마스에게도 이 말을 동일하게 적용한다.

53 Rawls, *Political Liberalism*.

54 Rawls, p. 374.

55 Rawls, *Law of Peoples*, p. 133, 143.

56 Dworkin, *Sovereign Virtue*; Raz, *The Morality of Freedom*.

57 Wenar, "Political Liberalism".

58 Waldron, *Law and Disagreement*, 7장; Waldron, "Disagreements about Justice"; Enoch, "The Disorder of Public Reason"; Enoch, *Taking Morality Seriously*; Wall, "Is Public Justification Self-Defeating?" 참조.

59 Adorno, *Negative Dialectics*.

60 Risse, *On Justice*, 16장; Quong, *Liberalism without Perfection*.

61 Rawls, *Political Liberalism*, p. xvi.

62 *Ibid.*, p. 55.

63 *Ibid.*, p. 56.

64 *Ibid.*, 18f, pp. 48~54. 여기서 의미하는 합당한 사람은 합리적인 사람과 달리 자유롭고 평등한 시민이자 헌법 체제에 전적으로 협력하는 구성원이 될 수 있을 만큼 도덕적 능력을 충분히 실현한 사람이다. 롤스는 근본적인 문제에 대한 합당한 불일치의 목록을 제공하는데 이는 다음과 같다. (1) 특정 사례와 관련된 경험적 혹은 과학적 증거는 서로 상충되고 복잡하여 판단하고 평가하기가 어렵다. (2) 관련 고려 사항의 종류에 대해 동의하더라도 그 우선순위에 대해서는 의견이 다를 수 있으며, 따라서 다른 판단에 도달할 수 있다. (3) 도덕적·정치적 개념뿐만 아니라 모든 개념은 어느 정도 모호하고 어려운 사례의 적용을 받기 때문에 판단과 해석에 의존한다. (4) 우리가 증거를 평가하고 도덕적·정치적 가치에 무게를 두는 방식은 어느 정도는 우리의 총체적 경험, 지금까지의 삶의 과정에 의해 형성되며, 우리의 총체적인

경험은 늘 다르다. (5) 종종 사안의 양측에 서로 다른 힘을 가진 여러 종류의 규범적 고려
사항이 존재하기에 전반적인 평가가 어렵다. (6) 모든 사회제도는 인정할 수 있는 가치에
한계가 있다. 실현될 수 있는 도덕적·정치적 가치의 범위에서 선택해야 한다.

65 Rawls, *Political Liberalism*, p. 37.

66 서문에서 마르크스의 「유대인 문제에 관하여」에 대한 논의를 다시 한번 상기해 보기 바란다.

67 Mumford, *Technics and Civilization*, 1장.

68 White Jr., *Medieval Technology and Social Change*, 1장.

69 Winner, "Do Artifacts Have Politics?"; Winner, *The Whale and the Reactor*, pp. 19~40. 워너의
글 중에 배타적인 교통 인프라의 사례로 로버트 모세의 공원 도로를 사용한 것은 많은 논란이
되었다. 이에 대해서는 Woolgar and Cooper, "Do Artifacts Have Ambivalence?" 참조. 우려되는
부분 중 하나는 워너가 Caro, *The Power Broker*에 의존한다는 사실이다. 인공물이 정치적인
것이라는 워너의 이해는 기술에 대한 철학적 고찰의 관심에서 비롯된 것이다. 이에 대해서는
Winner, *Autonomous Technology* 참조. 이와 관련된 주제로는 Verbeek, *Moralizing Technology*
참조.

70 (1) Wajcman, *Feminism Confronts Technology*, 3장. 와이즈먼은 20세기 주부의 역할이 기술에
의해 어떻게 형성되었는지에 대해서도 논의한다. 1920년대 이후 미국에서 가사 지원이
크게 감소한 것은 가사의 기계화로 이어졌고 부분적으로 그 원인이 되었다. 세탁기와 같은
기계의 보급으로 인해 청결 및 육아에 대한 기준이 높아졌다. 따라서 가사는 점점 더 가족에
대한 주부의 애정을 표현하는 것으로 해석되기 시작했다. 1인 가구의 독신 주부가 사용할
수 있도록 설계된 가정용 기술이 점점 더 많이 등장했지만 이것은 여성을 해방시키는 것이
아니라 오히려 여성을 가정에 얽매이게 하였고 20세기 주부의 역할을 만들어 내었다. 이에
대해서는 *Ibid.*, 4장; Cockburn and Ormrod, *Gender and Technology in the Making* 참조.
(2) 때때로 혁신은 여성의 역할을 향상시키기도 하였다. 프리드리히 키틀러는 19세기에
시각장애를 가진 사람들을 돕기 위해 발명된 타자기에 대한 이야기를 들려준다. 타자기의
발명으로 여성도 비서 업무를 할 수 있게 되었다. 이는 부분적으로 남성 비서가 기계 작동
기술에 소홀했기에 가능한 일이었다. 이에 대해서는 Kittler, *Gramophone, Film, Typewriter*
참조.

71 Benjamin, *Race after Technology*.

72 O'Neil, *Weapons of Math Destruction*.

73 Eubanks, *Automating Inequality*.

74 Zuboff, *The Age of Surveillance Capitalism*.

75 Noble, *Algorithms of Oppression*.

76 Ellul, *The Technological Society*. 최근의 논의에 대해서는 Greenman, *Understanding Jacques Ellul*; Jerónimo, Garcia, and Mitcham, *Jacques Ellul and the Technological Society in the Twenty-first Century*; Demy, *Jacques Ellul on Violence, Resistance, and War*; Gill and Lovekin, *Political Illusion and Reality*; Prior, *Confronting Technology*; Vleet and Rollison, *Jacques Ellul* 참조.

77 Ellul, *The Technological Society*, p. 4

78 *Ibid.*, p. 133.

79 이에 대한 것은 Cohen, "Review of 'Karl Marx's Theory of History: A Defense,' by G. A. Gohen" 참조. 조슈아 코헨은 개인들의 상호작용이 총체적으로 생산력 성장을 지속시킬 수도 있고 그렇지 않을 수도 있다고 주장한다. 그 여부는 상부구조의 성격에 달려 있다.

3. 인공지능과 민주주의의 과거, 현재 그리고 미래

1 Stasavage, *The Decline and Rise of Democracy*, p. 296. 현대 민주주의를 두 가지 '트랙'으로 보는 정치이론에 대해서는 Habermas, *Between Facts and Norms*, 7장과 8장 참조. 여기서 말하는 첫 번째 트랙은 공식적인 의사 결정 과정을 의미한다(예: 의회, 법원, 기관). 두 번째 트랙은 여론이 형성되는 비공식적 공론화 과정이다.

2 https://api.parliament.uk/historic-hansard/commons/1947/nov/11/parliament-bill.

3 민주주의에 대한 다양한 관점에 대해서는 Gutmann, "Democracy" 참조.

4 Latour, *Reassembling the Social*; Latour, *We Have Never Been Modern*. 라투르는 비인간적 존재의 역할을 강조하기 위해 행위자(actor)보다 행위체들(actants)에 대해 이야기한다.

5 인공지능과 민주주의에 대해서는 Reich, Sahami, and Weinstein, *System Error*, 8장; Coeckelbergh, *The Political Philosophy of AI*, 4장 참조. 공공서비스 제공에 있어 인공지능의 활용 가능성에 대해서는 Margetts, "Rethinking AI for Good Governance" 참조. 디지털 시대의 민주주의에 대한 몇 가지 압력에 관한 최근 논의에 대해서는 Runciman, *How Democracy Ends*; Applebaum, *Twilight of Democracy*; Weale, *The Will of the People*; Susskind, *The Digital Republic* 참조.

6 Stasavage, *The Decline and Rise of Democracy*.

7 *Ibid.*, 2장; Ober, *The Rise and Fall of Classical Greece*, 6장; Thorley, *Athenian Democracy*, 3장.

8 Aristotle, *Politics*, 1281a39~1281b16. 그리고 Risse, "The Virtuous Group" 참조.

9 민주주의 발전을 위한 장비에 관한 것은 Julian Dibbell, "Info Tech of Ancient Democracy" 참조. 이와 더불어 https://www.alamut.com/subj/artiface/deadMedia/agoraMuseum.html#3

및 Dow, "Aristotle, the Kleroteria, and the Courts"; Bishop, "The Cleroterium"도 많은 도움이 된다. 아테네 민주주의의 메커니즘에 대해서는 Hansen, *The Athenian Democracy in the Age of Demosthenes* 참조.

10   Stasavage, *The Decline and Rise of Democracy*, p. 296. 현대 민주주의를 두 가지 '트랙'으로 보는 정치이론적 이상에 대해서는 이 장의 후주 1번 참조.

11   Cooke, *Federalist*, p. 149.

12   Young, *The Washington Community 1800-1828*, p. 32.

13   이에 대해서는 Bimber, *Information and American Democracy*, 3장 참조. 이후 우편 서비스가 미국 서부를 식민지화하는 데 결정적인 역할을 하기도 하였다. 이에 대해서는 Blevins, *Paper Trails* 참조.

14   Cooke, *Federalist*, p. 384.

15   나는 이 부분에 대해 Lepore, "Rock, Paper, Scissors"를 따랐다. 이러한 주제 중 일부는 Lepore, *These Truths*, 특히 9장에 등장한다. 이에 관해서는 Saltman, *History and Politics of Voting Technology* 참조. 미국의 선거권에 대해서는 Keyssar, *The Right to Vote* 참조.

16   나는 여기서도 스타사베이지의 입장을 따르고 있다. Stasavage, *The Decline and Rise of Democracy*.

17   일부 철학자들은 중국 모델의 성공으로 인해 민주주의가 두 가지 정당성 문제로 어려움을 겪어 왔다는 점을 고려하여 이 모델의 특징을 옹호하기도 하였다. 이에 대해서는 Bell, *The China Model*; Bai, *Against Political Equality*; Chan, *Confucian Perfectionism* 참조. 중국 공산당은 결국 중국의 민주화를 강요받는 위기에 직면하게 될 것이라는 견해는 Ci, *Democracy in China* 참조. 서로 다른 거버넌스 모델이 다른 시기에 각각의 이유로 등장하게 된다는 주장에 대해서는 Fukuyama, *The Origins of Political Order*; Fukuyama, *Political Order and Political Decay* 참조.

18   Harari, "Why Technology Favors Tyranny".

19   Hayek, "The Use of Knowledge in Society"; Hayek, *The Road to Serfdom*.

20   Stasavage, *The Decline and Rise of Democracy*, p. 296.

21   Ellul, *The Technological Society*, p. 232.

22   *Ibid.*, p. 258.

23   *Ibid.*, p. 264.

24   *Ibid.*, p. 397.

25   Winner, "Do Artifacts Have Politics?"; Winner, *The Whale and the Reactor*.

26 Fung and Cohen, "Democracy and the Digital Public Sphere", p. 25. 컴퓨터 과학자 나이젤 새드볼트는 기계가 인간을 대신할지도 모른다는 우려에 대해 다음과 같이 말한다. "문제는 기계가 엘리트로부터 우리 삶의 통제권을 빼앗아 갈 수 있다는 것이 아니다. 문제는 우리 대부분의 지휘소를 점령한 사람들로부터 기계의 통제권을 되찾을 수 없을지도 모른다는 것이다." 이에 대해서는 Shadbolt and Hampson, *The Digital Ape*, p. 63 참조.

27 Susskind, *Future Politics*, 13장; Harari, *Homo Deus*, 9장.

28 Lovelock, *Novacene*.

29 Ord, *The Precipice*, 5장.

30 이어지는 내용에서는 확장된 민주주의와 인공지능 유토피아를 위해 다음 글을 참조하여 일종의 '사회기술적 상상력'에 대해 알아볼 것이다. Jasanoff and Kim, *Dreamscapes of Modernity*.

31 정보를 다른 방식으로 처리하는 방법에 관한 맥락에서 다수결 원칙에 대한 논의는 Risse, "Arguing for Majority Rule" 참조.

32 Thaler and Sunstein, *Nudge*.

33 '자동화에 의한 지배'가 공적 업무에 대한 의사 결정을 보다 공평하게 할 수 있기에 민주주의의 자유와 평등이라는 이상을 향상시킬 수 있다는 주장에 대해서는 Sparks and Jayaram, "Rule by Automation" 참조. 알고리즘 커뮤니케이션이 정치적 정교함에 도움이 되지 않는 환경에서 작동될 경우 민주적 참여에 오히려 위협이 될 수 있다는 관점에 대해서는 Christiano, "Algorithms, Manipulation, and Democracy" 참조. 넓은 의미의 '자동화된 영향력'이 정당성의 위기를 초래한다는 주장에 대해서는 Benn and Lazar, "What's Wrong with Automated Influence" 참조. 구조적 불공정의 배경 조건과 관련된 맥락에서 알고리즘 시스템에 의존하는 것이 절차적으로 부당하다는 주장에 대해서는 Zimmermann and Lee-Stronach, "Proceed with Caution" 참조.

34 Gardner, *Frames of Mind* 참조.

35 의사 결정을 지능형 기계에 넘겨 인간이 의사 결정을 연습할 기회를 박탈당하게 되면 인간의 실용적 합리성이 쇠퇴할 것이다. 이에 관한 주장은 Eisikovits and Feldman, "AI and Phronesis" 참조.

36 Helbing et al., "Will Democracy Survive Big Data and Artificial Intelligence?" 참조.

37 공적 영역의 출현에 관한 고전적 연구는 Habermas, *The Structural Transformation of the Public Sphere* 참조. 시대별로 정보가 어떻게 확산되었는지에 대해서는 Blair et al., *Information*. 최근 몇 세기 동안의 미디어 발전에 관해서는 Starr, *The Creation of the Media* 참조. 디지털 시대에 커뮤니케이션이 어떻게 영향을 받는지에 대한 고찰은 O'Neill, *A Philosopher Looks at Digital*

Communication 참조.

38 이 말은 에드먼드 버크가 한 말에 기인한다. 이에 대해서는 Schultz, *Reviving the Fourth Estate*, p. 49 참조.

39 이 생각은 다음에 나온 내용이다. Minow, *Saving the News*, p. 1, 148. 미나우는 이 생각을 책의 맨 처음과 맨 마지막에 언급하면서 그녀의 생각에 관한 논의의 틀을 짜고 있다.

40 McLuhan, *Understanding Media*; Kittler, *Gramophone, Film, Typewriter*.

41 이에 대해서는 다음 기사를 참조. "TV News Icon Walter Cronkite Dies at 92", *Wired*(2009년 7월 17일), www.wired.com/2009/07/tv-news-icon-walter-cronkite-dead-at-92/.

42 미국 미디어의 역사적 맥락에서 소셜 미디어에 대한 평가는 Minow, *Saving the News* 참조.

43 디지털 미디어의 등장과 민주주의에 대한 디지털 미디어의 역할에 대해서는 Fung and Cohen, "Democracy and the Digital Public Sphere" 참조.

44 Jungherr, Rivero, and Gayo-Avello, *Retooling Politics*, 9장; Véliz, *Privacy Is Power*, 3장.

45 Brennan, *Against Democracy*; Caplan, *The Myth of the Rational Voter*; Somin, *Democracy and Political Ignorance*.

46 Achen and Bartels, *Democracy for Realists*.

47 Broussard, *Artificial Unintelligence*. 민주적 관점에서 디지털 미디어의 역할에 대한 비판적 견해는 Foer, *World Without Mind*; McNamee, *Zucked*; Moore, *Democracy Hacked*; Taplin, *Move Fast and Break Things*; Bartlett, *The People vs. Tech* 참조.

48 Rini, "Deepfakes and the Epistemic Backstop"; Kerner and Risse, "Beyond Porn and Discreditation".

49 이에 대해서는 Zuckerman, "What Is Digital Public Infrastructure?"; Zuckerman, "The Case of Digital Public Infrastructure"; Pariser and Allen, "To Thrive Our Democracy Needs Digital Public Infrastructure" 참조.

50 대만과 관련해서는 Leonard, "How Taiwan's Unlikely Digital Minister Hacked the Pandemic" 참조.

51 중국의 최근 사례에 대해서는 Reilly, Lyu and Robertson, "China's Social Credit System: Speculation vs. Reality"; Dickson, *The Party and the People* 참조.

52 Deibert, *Black Code*; Deibert, *Reset*.

53 Fung and Cohen, "Democracy and the Digital Public Sphere". 디지털 미디어의 맥락에서 권력이란 주제에 대해서는 Susskind, *The Digital Republic* 참조.

54 이 연설은 www.ourdocuments.gov/doc.php?flash=false&doc=90&page=transcript 참조.

55 Crawford, *Atlas of AI*, p. 184. 물론 1961년 당시 아이젠하위가 인공지능을 염두에 두고 발언한 것은 아니었다.

56 *Ibid.*, 6장; Véliz, *Privacy Is Power* 참조.

57 Eubanks, *Automating Inequality*.

58 Benjamin, *Race After Technology*; Benjamin, *Captivating Technology*; Noble, *Algorithms of Oppression*; D'Ignazio and Klein, *Data Feminism*; Costanza-Chock, *Design Justice*.

59 Haraway, *Manifestly Haraway*, pp. 3~90. 지배의 정보학에 대해서는 Haraway, p. 28 참조.

60 Pasquale, *The Black Box Society*; Broussard, *Artificial Unintelligence*; O'Neil, *Weapons of Math Destruction*.

61 이에 대해서는 Vredenburgh, "The Right to Explanation" 참조.

62 Bernholz, Landemore and Reich, *Digital Technology and Democratic Theory*.

63 Preville, "How Barcelona Is Leading a New Era of Digital Democracy".

64 "Smart City Observatory."

65 Higgins, *We Are Bellingcat*; Webb, *Coding Democracy*.

66 Bartels, *Unequal Democracy*; Gilens, *Affluence and Influence*.

67 인공지능과 시민 서비스에 대해서는 Mehr, "Artificial Intelligence for Citizen Services and Government" 참조.

68 Piketty, *Capital in the Twenty-First Century*.

69 이 문제에 대해서는 Susskind, *A World Without Work*; West, *The Future of Work* 참조.

70 Zuboff, *The Age of Surveillance Capitalism*; Véliz, *Privacy Is Power*; Hoffman, *Your Data, Their Billions*; Ghosh, *Terms of Disservice*.

71 Arendt, *The Origins of Totalitarianism*.

72 Webb, *The Big Nine*.

73 빅테크 기업들을 통신 회사 및 철도 회사와 같은 기업처럼 공공서비스 기업으로 취급하는 주제에 대해서는 Minow, *Saving the News*, 4장 참조. 이와 관련하여 제기될 수 있는 한 가지 주장은 빅테크 기업이 통신 회사와 동일하게 취급된다면 예외적인 상황에서 전화 통화를 모니터링하는 것과 마찬가지로 (기업 자체 규제나 국가 개입을 통한) 심각한 콘텐츠 규제가 있을 수 있다는 우려이다. 하지만 소셜 미디어에서의 커뮤니케이션에는 다양한 역학 관계(일부 사람들은 엄청난 수의 팔로워를 확보할 수 있다)가 존재하기에 소셜 미디어의 경우 통신 회사보다 더 실질적인 규제가 필요하다.

74 Arendt, *The Human Condition*, p. 324.

4. 진리는 우리를 자유케 하지 않는다: 진리에 대한 권리는 존재하는가?

1   Peirce, "The Fixation of Belief", p. 13.

2   Plato, *Republic*, 517a.

3   「요한복음」 18장 37~38절(킹 제임스 버전).

4   Hohfeld, *Fundamental Legal Conceptions*; Wenar, "Rights".

5   Klinkner and Davis, *The Right to the Truth in International Law*; Vedaschi, "Globalization of Human Rights and Mutual Influence between Courts"; Park, "Truth as Justice".

6   UNESCO, "World Trends in Freedom of Expression and Media Development".

7   유전자 정보에 대해서는 Chadwick, Levitt and Shickle, *The Right to Know and the Right Not to Know* 참조. 정보에 입각한 동의에 대해서는 Faden, Beauchamp and King, *A History and Theory of Informed Consent* 참조. 정보에 입각한 동의가 이루어지려면 환자가 특정 사실을 알고 있어야 한다. 사전 동의가 필요한 경우 환자는 그러한 사실을 알 권리가 있다.

8   Benkler et al., "Mail-in Voter Fraud". 이 글은 허위 정보의 발원지로서 소셜 미디어의 중요성을 경시한다. 하지만 소셜 미디어는 여전히 허위 사실을 반복하는 데 중요한 역할을 하고 있으며 여기서는 그 사실이 매우 중요하다. 허위 정보 캠페인에 대해서는 O'Connor and Weatherall, *The Misinformation Age*; Merlan, *Republic of Lies*; Benkler, Faris and Roberts, *Network Propaganda* 참조.

9   사람들이 뉴스 매체를 선택할 수 있는 환경에서는 일반적으로 확산이 발생하지 않는다는 연구 결과에 대해서는 Dubois and Blank, "The Echo Chamber Is Overstated" 참조. 진리에 대한 권리의 주장은 특정 시간이나 장소에서 실제로 일이 발생하였는지 여부와 상관없이 왜곡된 유형의 반복 가능성이 있기에 디지털 세계에서 큰 힘을 발휘한다.

10   소셜 미디어가 정치에 미치는 영향에 대한 최근 평가는 Jungherr, Rivero and Gayo-Avello, *Retooling Politics* 참조. 인공지능이 보안을 위협할 수 있는 구체적인 방법에 대해서는 Brundage et al., "The Malicious Use of Artificial Intelligence: Forecasting, Prevention, and Mitigation" 참조. 또한 이 주제에 대해서는 Kissinger, Schmidt and Huttenlocher, *The Age of AI* 참조.

11   확대 재생산하는 능력으로서의 기술 개념에 대해서는 Toyama, "Technology as Amplifier in International Development"; Chakrabarti, "Hard Questions: What Effect Does Social Media Have on Democracy?" 참조.

12   Löwenthal and Guterman, *Prophets of Deceit*.

13   Arendt, *The Origins of Totalitarianism*.

14   이는 Dreyfuss, "Want to Make a Lie Seem True? Say It Again. And Again. And Again"에서

인용한 것이다. 심리학자들은 이 현상에 대해 '반복 효과'(reiteration effect)와 '환상적 진리 효과'(illusory truth effect)라는 용어를 만들어 냈다. 이에 대해서는 Hertwig, Gigerenzer and Hoffrage, "The Reiteration Effect in Hindsight Bias"; Hasher, Goldstein and Toppino, "Frequency and the Conference of Referential Validity" 참조. 반복은 뇌졸중 후 뇌가 스스로를 재구성하는 능력을 활용하여 뇌를 재생하는 데 핵심적인 역할을 하기도 한다. 이에 대해서는 Costandi, *Neuroplasticity* 참조.

15   Muirhead and Rosenblum, *A Lot of People Are Saying*. 트럼프의 수사학에 대해서는 Mercieca, *Demagogue for President*; Hart, *Trump and Us* 참조.

16   Ben-Itto, *The Lie That Wouldn't Die*.

17   Lee, *To Kill a Mockingbird*, p. 185.

18   Brashier and Marsh, "Judging Truth"; Kahneman, *Thinking, Fast and Slow*, 5장 참조. 확증 편향에 관한 심리학적 문헌에 대해서는 Rauch, *The Constitution of Knowledge*, 2장 참조.

19   Grofman, Owen and Field, "Thirteen Theorems in Search of the Truth".

20   빅토르 위고는 『레 미제라블』의 서두에서 다음과 같은 말을 한다. "진실이든 거짓이든 누군가에 대해 말하는 것은 종종 그들의 삶에 많은 영향을 미친다. 특히 그들이 하는 일만큼이나 그들의 운명에 영향을 미친다"(Hugo, *Les Misérables*, p. 1). 설득력 있게 보이는 이 말은 '많은 사람들이 말하는 것'이 한 사람에 대한 잘못된 정보를 담고 있을 때 얼마나 큰 피해를 만들 수 있는지 명확히 보여 준다.

21   Kierkegaard, *Fear and Trembling/Repetition*, p. 131. 키르케고르의 텍스트는 많은 지적인 맥락을 담고 있지만 나는 여기서 피상적으로 다룰 뿐이다. Eriksen, *Kierkegaard's Category of Repetition*; Schleifer and Markley, *Kierkegaard and Literature* 참조.

22   Kahneman, *Thinking, Fast and Slow*, 5부.

23   반복을 주제로 하는 비교적 최근 연구로는 Deleuze, *Difference and Repetition*; Pickstock, *Repetition and Identity* 참조.

24   Frankfurt, *On Bullshit*. 우리 주변에 헛소문이 많은 이유에 대해서는 Ball, *Post-Truth* 그리고 헛소문을 퍼뜨리는 사람들에 대해서는 Wu, *The Attention Merchants* 참조.

25   Nietzsche, *Beyond Good and Evil*. 니체 철학에 대한 해석은 다음 책을 따랐다. Clark and Dudrick, *The Soul of Nietzsche's Beyond Good and Evil*.

26   Murdoch, *The Sovereignty of Good*, p. 82.

27   *Ibid.*, p. 89.

28   Nietzsche, *The Gay Science*, 섹션 121.

29 Nietzsche, *On the Genealogy of Morality*, 세 번째 에세이, 섹션 28.

30 *Ibid.*, 세 번째 에세이, 섹션 28.

31 Murdoch, *The Sovereignty of Good*, p. 89.

32 니체로부터 영감을 받은 진리성의 미덕과 본질, 가치 및 범위에 대한 최근 연구에 대해서는 Williams, *Truth and Truthfulness* 참조.

33 Lee, *To Kill a Mockingbird*, p. 185.

34 Origgi, *Reputation*, p. 63.

35 *Ibid.*, p. 243.

36 *Ibid.*

37 많은 예를 들 수 있지만, 가장 유명한 것이 수많은 과장이 있는 북한의 정권에 대한 이야기이다. 이에 대해서는 Martin, *Under the Loving Care of the Fatherly Leader*; Fifield, *The Great Successor* 참조.

38 Larkin, *Collected Poems*, p. 116. 라킨의 시는 14세기 아룬델 백작과 그의 아내가 손을 맞잡고 함께 누워 있는 모습을 담은 기념비에 대한 하나의 묵상이다. 시의 화자는 시간의 흐름이 조각상 속 부부를 실제 상황의 진리를 반영하지 못하는 모습으로 바꾸어 놓았다고 의심한다. 화자는 손을 잡은 것이 부부에게 별 의미가 없다고 생각하지만, 그럼에도 그것이 세상에 남긴 흔적이 되고 말았다.

39 Stasavage, *The Decline and Rise of Democracy*.

40 정치신학적 프로젝트라는 정신에서 대중 주권은 신비로운 신체이며 자기 초월 행위를 희생하는 미국을 해석하는 연구에 대해서는 Kahn, "Sacrificial Nation"; Kahn, *Putting Liberalism in Its Place*; Kahn, *Political Theology* 참조.

41 Arendt, "Truth and Politics", p. 545.

42 Arendt, p. 574.

43 Frank, *Listen, Liberal*; Hochschild, *Strangers in Their Own Land*; Wuthnow, *The Left Behind*.

44 *Washington Post*, "Trump's False or Misleading Claims Total 30,573 over 4 Years".

45 이 말은 Rauch, *The Constitution of Knowledge*, 3장의 부제이다.

46 문학 이론의 관점에서 이에 대한 견해는 Gess, *Halbwahrheiten* 참조. 이에 관한 이론적 배경에 대해서는 Koschorke, *Fact and Fiction* 참조.

47 Horwich, *Truth*; Glanzberg, "Truth".

48 Rawls, *Political Liberalism*, p. 137.

49 여기서 진리와 공적 이성에 관해서는 Cohen, "Truth and Public Reason"의 개념을 따른다.

Quong, *Liberalism without Perfection*, 8장 참조. 롤스 자신은 공적 이성이 "진리라는 개념 없이도 작동한다"고 주장했다. 이에 대해서는 Rawls, *Political Liberalism*, p. 94 참조. 코헨은 이러한 롤스의 입장에 반대하여 정치에서 진리는 제한적이지만 중요한 역할을 한다고 주장한다. 진리 이론에 대해서는 Horwich, *Truth*; Glanzberg, "Truth" 참조.

50 Cohen, "Truth and Public Reason", p. 35. 진리 이론에 대해서는 Horwich, *Truth* 참조.

51 이러한 견해는 인권에 대한 코헨의 '비근본주의적' 견해와 관련이 있다. 이에 대해서는 Cohen, "Minimalism about Human Rights" 참조.

52 Snyder, *On Tyranny*, p. 65.

53 트럼프 행정부가 가져온 변화에 대한 연구와 2020년 미국 민주주의에 대한 평가는 Shattuck, Raman and Risse, *Holding Together* 참조.

54 Schlesinger, "The Challenge of Change".

55 욕구에 대해서는 Wiggins, "Claims of Need" 참조.

5. 알게 되는 것과 알려지는 것

1 DeLillo, *White Noise*, p. 141.

2 이 격언은 베이컨의 1597년 저서 *Meditations Sacrae*의 "단면에 대하여"(On Heresies)라는 절에 잠깐 등장한다. (『스탠퍼드 철학 백과사전』의 베이컨에 대한 부분에는 이 격언이 인용되어 있지 않다. 이에 대해서는 Klein and Giglioni, "Francis Bacon" 참조.) 베이컨에 대해서는 Gaukroger, *Francis Bacon and the Transformation of Early-Modern Philosophy*; Innes, *Francis Bacon*; Henry, *Knowledge Is Power* 참조. 베이컨에 대한 멈퍼드의 견해는 Mumford, *Pentagon of Power*, 5장 참조. 위너의 경우는 Winner, *Autonomous Technology*, 4장 참조.

3 Kuhn, *The Structure of Scientific Revolutions*.

4 Foucault, *Discipline and Punishment*, p. 27. 푸코의 저작에 대한 논의는 다음을 참조. Downing, *The Cambridge Introduction to Michel Foucault*; Han, *Foucault's Critical Project*; May, *Philosophy of Foucault*; McNay, *Foucault*; Watkin, *Michel Foucault*; Gutting, *French Philosophy in the Twentieth Century*, 9장. 정치철학에서 인공지능에 대한 논의와 푸코의 관련성에 대해서는 Coeckelbergh, *The Political Philosophy of AI*, 5장 참조.

5 특히 Foucault, *The Archaeology of Knowledge*; Foucault, *The Order of Things*; Foucault, *Power/Knowledge* 참조. 헬렌 롱기노는 지식의 구조화에는 사회적·문화적 가치가 중요하지만, 그럼에도 객관성 자체를 개인이 아닌 사회적 측면에서 이해하는 한 과학이 객관성을 갖는다고 주장했다. Longino, *Science as Social Knowledge*. 롱기노는 푸코가 지식을 권력과의 관계에서만

고찰하는 '단일한 방식으로' 보는 것에 대해 우려를 표한다(*Ibid.*, pp. 202~204). 하지만 푸코가 실제로 지식과 권력의 관계에서 복잡성을 인정했다는 사실을 알게 된다면 이러한 우려는 사라질 것이다.

6 Foucault, *Discipline and Punishment*, I/II부.

7 Foucault, pp. 195~230. 감시의 모델로서 파놉티콘과 노예선을 비교하려면 Browne, *Dark Matters*, 1장 참조.

8 Foucault, *The History of Sexuality*, vol. 1, p. 140.

9 *Ibid.*, p. 137.

10 개인을 파악하기 쉽게 만들기 위한 노력에 대해서는 Scott, *Seeing Like a State* 참조. 신원 확인에 대해서는 Groebner, *Who Are You?* 참조. 현대 미국의 이야기를 프라이버시에 대한 불안(이 단락에 언급된 모든 문제와 관련하여 발생)에 대해 이야기로 풀어내려는 노력에 대해서는 Igo, *The Known Citizen* 참조.

11 Foucault, *The Use of Pleasure*; Foucault, *The Care of the Self*.

12 Koopman, *How We Became Our Data*. 이와 더불어 Cheney-Lippold, *We Are Data*도 참조. 빅데이터에 대한 보다 낙관적인 견해에 대해서는 Gilbert, *Good Data* 참조. 푸코에 대한 길버트의 견해는 그의 책 6장 참조.

13 Deibert, *Reset*; Deibert, *Black Code*. 또한 Angwin, *Dragnet Nation*; Schneier, *Click Here to Kill Everybody*; Ferguson, *The Rise of Big Data Policing* 참조.

14 Gellman, *Dark Mirror*; Greenwald, *No Place to Hide*. 정부의 역량 변화는 신기술의 구현에 달려 있고 신기술의 채택은 정부의 특정 비전에 달려 있다는 주장에 대해서는 Agar, *The Government Machine* 참조.

15 Zuboff, *The Age of Surveillance Capitalism*.

16 www.eff.org/ 참조(검색일: 2023년 9월 18일).

17 성격 발달과 인간 상호작용을 위한 디지털 장치의 중요성에 대해서는 Turkle, *Alone Together*; Turkle, *Reclaiming Conversation* 참조. 이러한 장치들이 집중력과 사색 능력을 저하시키는 인지 결함을 유발할 수 있다는 주장에 대해서는 Carr, *The Shallows* 참조.

18 Solove, *The Digital Person*.

19 Haraway, *Manifestly Haraway*, p. 28.

20 DeLillo, *White Noise*, p. 141. 이것은 내가 이 장을 시작하며 서두에 인용한 것이다.

21 Koopman, *How We Became Our Data*, p. 155. 현 시대의 글로벌 커뮤니케이션 흐름의 편재성이 비판적 성찰에 필요한 분리된 공간을 붕괴시켰다는 견해(특히 비판이론이라고 할 수 있는 모든

것을 약화시켰다는 견해)에 대해서는 Lash, *Critique of Information* 참조.

22 구글에 대해서는 Redding, *Google It*; Galloway, *The Four*; Vaidhyanathan, *The Googlization of Everything*; Peters, *The Marvelous Clouds*, 7장 참조. 검색엔진 전반에 대해서는 Halavais, *Search Engine Society* 참조. 구글은 또한 Zuboff, *The Age of Surveillance Capitalism*에서 거센 비판을 받고 있다. 주보프는 구글이 감시 자본주의의 배후에 있는 비즈니스 모델을 창안했다고 주장한다.

23 Berners-Lee, *Weaving the Web*; Abbate, *Inventing the Internet*.

24 인터넷을 통한 사회과학의 발전에 대해서는 Jemielniak, *Thick Big Data* 참조. 인문학의 경우는 Balkun and Deyrup, *Transformative Digital Humanities*; Schwandt, *Digital Methods in the Humanities* 참조.

25 "Eighty Moments That Shaped the World."

26 이에 대해서는 2장 참조.

27 Noble, *Algorithms of Oppression*.

28 이에 대해서는 역시 2장 참조. 루하 벤자민이 말했던 '새로운 짐 코드'를 상기해 보자. 이에 대해서는 Benjamin, *Race After Technology* 참조.

29 Noble, *Algorithms of Oppression*, 35f. 역사적 관점에서 흑인에 대한 감시에 관해서는 Browne, *Dark Matters* 참조. 인종적 근거가 아닌 보다 일반적인 사회적 근거로 의심을 불러일으키려는 목적으로 디지털 기술을 사용하는 것에 대해서는 Eubanks, *Automating Inequality*; Zuboff, *The Age of Surveillance Capitalism*; O'Neil, *Weapons of Math Destruction* 참조.

30 Krücken and Drori, *World Society*. 또한 Lechner and Boli, *World Culture*; Albert, *A Theory of World Politics* 참조. 이에 대한 간략한 버전은 Boli, "World Polity Theory"; Boli, Gallo-Cruz and Matt, "World Society, World-Polity Theory, and International Relations" 참조. 세계 사회 이론과 철학의 다양한 질문 사이의 연관성에 대해서는 Meyer and Risse, "Thinking About the World: Philosophy and Sociology" 참조.

31 Anderson, *Imagined Communities*.

32 Wells, *World Brain*.

33 인플루언서가 되는 방법에 대한 조언은 Hennessy, *Influencer* 참조.

34 Hohfeld, *Fundamental Legal Conceptions*; Wenar, "Rights".

35 정보라는 개념에 근거한 인식적 권리에 관한 이 글은 Watson, "Systematic Epistemic Rights Violations in the Media"를 따르고 있다.

36 이에 관해서는 Dretske, "Entitlement: Epistemic Rights Without Epistemic Duties?"; Wenar,

"Epistemic Rights and Legal Rights" 참조.

37 분배정의에 관해서는 Risse, *On Justice* 참조.

38 분배정의에 대한 전반적인 방법론적 접근 방식에 대해서는 *Ibid.*, 7장 참조.

39 '인식적 부정의'(epistemic injustice)라는 용어는 Fricker, *Epistemic Injustice*에서 처음 사용되었다. 그녀의 관심사는 정의에 대한 더 큰 이해에 포함되는 것이 아니라, 알게 되는 자로서의 자격으로 사람들의 잘못을 식별하는 것이었다. (물론 프리커의 연구 이전에도 많은 사람들, 특히 인식론적 불공정의 영향을 주로 받는 공동체 내에서 인식적 정의의 문제로 이해되는 우려를 표명해 왔다는 점을 분명히 해야 한다.) 그러나 인식적 권리와 정의의 차이를 명확히 하기 위해서는 인식적 정의가 정의 관련 담론의 더 넓은 맥락과 어떻게 관련되어 있는지 알아야 한다. 인식적 정의가 다른 유형의 정의와 어떻게 관련되어 있는지에 대해서는 Kerner and Risse, "Beyond Porn and Discreditation" 참조. 분배정의와 관련된 인식적 정의에 대해서는 Coady, "Epistemic Injustice as Distributive Injustice" 참조. 저항 운동에서 인식적 정의의 역할에 대해서는 Medina, *The Epistemology of Resistance* 참조.

40 이 내용이 Fricker, *Epistemic Injustice*의 주요 주제이다. 이에 대해서는 Lackey, *Learning from Words*; Coady, *Testimony*; Goldberg, *Relying on Others* 참조.

41 4.6절에 이러한 내용이 담겨 있다.

42 MacKinnon, *Feminism Unmodified*; Langton, "Speech Acts and Unspeakable Acts"; Langton and Hornsby, "Free Speech and Illocution".

43 Mills, *Black Rights/White Wrongs*; Mills, "White Ignorance".

44 Barocas and Selbst, "Big Data's Disparate Impact"; Benjamin, *Race After Technology*; Noble, *Algorithms of Oppression*.

45 Zuboff, *The Age of Surveillance Capitalism*.

46 Kramm, "When a River Becomes a Person".

47 Donaldson and Kymlicka, *Zoopolis*.

48 Latour, *We Have Never Been Modern*; Latour, *Reassembling the Social*.

6. 포르노와 불신을 넘어

1 2017년 『마더보드』에 실린 기사의 제목이다. Cole, "AI-Assisted Fake Porn Is Here and We're All Fucked".

2 이 장은 Kerner and Risse, "Beyond Porn and Discreditation"의 내용을 바탕으로 작성되었다.

3 가상현실과 증강현실의 맥락에서 딥페이크에 대한 논의는 Chalmers, *Reality+*, 13장 참조.

4　이 기술의 출현에 대해서는 Westerlund, "The Emergence of Deepfake Technology: A Review" 참조.

5　Cole, "AI-Assisted Fake Porn Is Here and We're All Fucked".

6　Paris and Donovan, "Deepfakes and Cheap Fakes".

7　Rothman, "The White House's Video of Jim Acosta Shows How Crude Political Manipulation Can Be".

8　Ayyub, "I Was the Victim of a Deepfake Porn Plot Intended to Silence Me".

9　Kleinman, "Porn Sites Get More Visitors Each Month Than Netflix, Amazon and Twitter Combined".

10　*Statista*, www.statista.com/statistics/1201880/most-visited-websites-worldwide/; last accessed (검색일: 2023년 7월 4일).

11　Engler, "Fighting Deepfakes When Detection Fails".

12　Knight, "The Defense Department Has Produced the First Tools for Catching Deepfakes"에서 인용.

13　Loiperdinger and Elzer, "Lumiere's Arrival of the Train: Cinema's Founding Myth". 1888년 촬영된 「라운드헤이 가든 씬」은 현존하는 가장 오래된 영화이다. 이에 대해서는 Smith, "'Roundhay Garden Scene'" 참조.

14　Walton, "Transparent Pictures". 분석철학은 영화에 늦게 도입되었다. 대륙의 사상에서는 1930년대부터 Benjamin, *The work of Art in the Age of Its Technological Reproducibility*를 중심으로 더 많은 연구가 진행되었다.

15　Cavedon-Taylor, "Photographically Based Knowledge", 288f.

16　Hopkins, "Factive Pictorial Experience".

17　1장에서 지식에 대해 언급한 것을 상기해 보자. 여기서는 1장에서 언급한 복잡성은 중요하지 않다.

18　Savedoff, *Transforming Images*, p. 202.

19　Griffiths, *Wondrous Difference*, 4장.

20　Wrone, *The Zapruder Film*.

21　Holland, "The Truth Behind JFK's Assassination" 참조. 이 주제는 Rini, "Deepfakes and the Epistemic Backstop"에서 자세히 설명하고 있다. 또한 4.6절의 음모론에 대한 논의도 상기해 보자.

22　Friedman, "Defending Assad, Russia Cries 'Fake News'". 러시아의 정보정치에 대해서는 Snyder,

The Road to Unfreedom, 5장 참조.

23 Lee, "Deepfake Salvador Dalí Takes Selfies with Museum Visitors"; Chandler, "Why Deepfakes Are a Net Positive for Humanity".

24 BBC News, "John F Kennedy's Lost Speech Brought to Life".

25 Davies, "David Beckham 'Speaks' Nine Languages for New Campaign to End Malaria".

26 www.projectrevoice.org/ (검색일: 2023년 9월 29일)

27 Amnesty International, "Cameroon: Credible Evidence That Army Personnel Responsible for Shocking Extrajudicial Executions Caught on Video".

28 Gambino, "Denying Accuracy of Access Hollywood Tape Would Be Trump's Biggest Lie".

29 Rini, "Deepfakes and the Epistemic Backstop".

30 인식적 부정의의 대표적 사례인 증언적 부정의에 대해서는 Fricker, *Epistemic Injustice* 참조.

31 Sanders and Illich, *ABC*, p. 85.

32 Stasavage, *The Decline and Rise of Democracy*.

33 Origgi, *Reputation*.

34 *Ibid.*, p. 254.

35 *Ibid.*, 7장.

36 Snow, "Deepfakes for Good: Why Researchers Are Using AI to Fake Health Data".

37 Macaulay, "What Is Synthetic Data and How Can It Help Protect Privacy?"

38 Ellis, "People Can Put Your Face on Porn — and the Law Can't Help You".

39 Cole, "AI-Assisted Fake Porn Is Here and We're All Fucked".

40 Dasgupta, "BJP's Deepfake Videos Trigger New Worry Over AI Use in Political Campaigns".

41 Heilweil, "How Deepfakes Could Actually Do Some Good".

42 클링게만에 대해서는 http://quasimondo.com/ 참조(검색일: 2023년 9월 30일).

43 Globe Newswire, "Global VFX Market Will Reach USD 19,985.64 Million By 2024".

44 Sunny, "An Optimistic View of Deepfakes".

45 Ritman, "James Dean Reborn in CGI for Vietnam War Action-Drama".

7. 4세대 인권

1 Wells, *The War in the Air*, pp. 277~280.

2 인권 운동에 대해서는 Lauren, *The Evolution of International Human Rights*; Forsythe, *Human Rights in International Relations* 참조. 운동의 성공에 대한 평가는 Sikkink, *Evidence for Hope*

참조. 그리고 인권 운동의 역동적인 성격에 대해서는 Schulz and Raman, *The Coming Good Society* 참조.

3 미국이라는 나라가 이 책 전체에서 가장 두드러진 참조 사례이다. 독일의 경우에 대해서는 Jacobi, *Reboot* 참조.

4 웰스의 정치사상에 대해서는 Wagar, *H. G. Wells and the World State*; Partington, *Building Cosmopolis* 참조. 인권에 대한 그의 연구에 대해서는 Partington, "Human Rights and Public Accountability in H. G. Wells' Functional World State"; Dilloway, *Human Rights and World Order*; Ritchie-Calder, *On Human Rights* 참조. 「세계 인권 선언」에 대한 웰스의 영향에 대해서는 Hamano, "H. G. Wells, President Roosevelt, and the Universal Declaration of Human Rights"; Smith and Stone, "Peace and Human Rights: H. G. Wells and the Universal Declaration" 참조.

5 최종 버전은 웰스의 저서 *'42 to '44*에 등장한다. 제목에 '인간의 권리'(rights of human)라는 문구가 포함된 이 기간의 출판물은 Wells, *The Rights of Man, or What Are We Fighting For?*; Wells, *The Rights of Man: An Essay in Collective Definition* 등이 있으며 최근 버전으로는 Wells, *The Rights of Man*이 있다.

6 본 논의는 Wells, *The Common Sense of War and Peace*, 10장을 기반으로 하고 있다. 이것은 광범위한 서문을 포함하고 있으며 지식에 대한 권리를 포괄적으로 공식화하는 내용으로 구성되어 있다.

7 이와 같은 내용은 Wells, *The Rights of Man*, 9장; Wells, *The New World Order*, 10장에서 다루고 있다.

8 Wells, *World Brain*, p. 16.

9 *Ibid.*, p. 30.

10 이는 1941년 에세이 "Wells, Hitler and the World State"에서 발췌한 내용이다. 이에 대해서는 Orwell, *The Collected Essays, Journalism and Letters of George Orwell*, p. 144 참조.

11 사실, 학문적 분야로서 국제관계의 현실주의는 이러한 구조의 가능성에 대한 비판적 관점을 명확히 함으로써 자리 잡았다. 이에 대해서는 Mazower, *Governing the World*, pp. 238~240.

12 Niebuhr, *Moral Man and Immoral Society*, p. 85.

13 Bly, *Charles Proteus Steinmetz*; Hammond, *Charles Proteus Steinmetz*. 수학 및 공학 분야의 천재였던 스타인메츠는 사회주의에 대한 신념으로 인해 고국 독일을 떠나야 했다.

14 이에 대한 내용은 Kelly, *What Technology Wants*, pp. 191~192에 기록되어 있다.

15 Wells, *Mind at the End of Its Tether*, p. 34.

16 Waltz, *Theory of International Politics*, p. 107.

17 Wells, *The War in the Air*, pp. 277~280.

18 von Neumann, "Can We Survive Technology?"

19 Risse, *On Global Justice*, 4장과 11장; Risse, "Human Rights as Membership Rights in World Society". 앞의 글에서는 무엇이 인권을 권리로 인식하게 하는지 그리고 무엇이 다른 행위자들의 의무를 발생시키는지에 대해 논의하였다. 여기서는 이러한 문제를 표면적으로만 다루고자 한다. 세계 사회에 대한 분석은 5.4절 참조.

20 자연권에 대한 이러한 이해를 자연권에 대한 다른 이해(이러한 권리가 인간 외부의 현실에 근거한다는 것이 본질)와 비교 논의하려면 Risse, "On American Values, Unalienable Rights, and Human Rights" 참조.

21 물론 지구를 인류의 서식지로 삼아 이 세상에서 함께 살아간다는 주제를 발전시키는 지구에 대한 인류의 집단적 소유권에 대해서도 많은 작업을 해 왔지만, 이 주제를 현재의 논의에 통합하기는 어려운 것이 사실이다. 이에 대해서는 Risse, *On Global Justice*, 2부 참조. 9장에서는 집단적 소유권이라는 하위 주제에 대해서도 다룰 것이다.

22 Christian, *Maps of Time*, 3부.

23 Hayek, *Law, Legislation, and Liberty*, p. 32.

24 의약품 문제에 대한 논의는 Risse, *On Global Justice*, 12장; Risse, "Is There a Human Right to Essential Pharmaceuticals?" 참조.

25 이러한 구분은 체코계 프랑스 법학자 카렐 바작까지 거슬러 올라간다. 이에 대해서는 Vasak, "Human Rights: A Thirty-Year Struggle" 참조.

26 이에 대한 것은 종합적으로 Thorp, *Climate Justice*, 1장 참조. (마지막 각주에 4세대 인권에 대한 다양한 표현이 나와 있다.) 4세대를 여성의 권리로 선언하려는 영향력 있는 노력에 대해서는 Coomaraswamy, "Reinventing International Law" 참조. 4세대 권리를 유전적 혈통의 완전성과 연결하려는 노력에 대해서는 Bobbio, *The Age of Rights*; Falcón y Tella, *Challenges for Human Rights*, p. 66 참조.

27 '4세대 인권'의 목록에는 '잊혀질 권리'에 대한 내용이 부재하다. 유감스러운 누락이다.

28 Gstrein, "Right to Be Forgotten: European Data Imperialism, National Privilege, or Universal Human Right?"; Rosen, "The Right to Be Forgotten". 기억의 철학적 측면에 대해서는 Michaelian and Sutton, "Memory" 참조. 잊혀질 권리와 관련된 도덕적 고려 사항에 대해서는 Ghezzi, Pereira, and Vesnic-Alujevic, *The Ethics of Memory in a Digital Age*. 잊혀질 권리와 관련된 의무에 대해서는 Matheson, "A Duty of Ignorance" 참조.

29 특히 "The Present Age", Kierkegaard, *Kierkegaard's Writings, XIV*, vol 14, pp. 68~112 참조.

30 컴퓨터의 기본값을 정보 영구 보존에서 일정 시간이 지난 후 삭제하는 것으로 다시 전환해야
   한다는 주장에 대해서는 Mayer-Schönberger, *Delete* 참조.

31 Kahneman, *Thinking, Fast and Slow*, 5부.

32 트랜스휴머니즘에 대해서는 Livingstone, *Transhumanism*; More and Vita-More, *The
   Transhumanist Reader* 참조.

33 라이프 3.0에서 인간과 인공지능 사이의 가능한 배열에 관해서는 Tegmark, *Life 3.0*, 5장 참조.

34 Cellan-Jones, "Stephen Hawking Warns Artificial Intelligence Could End Mankind". 이러한
   우려는 일론 머스크, 마틴 리스, 엘리에저 유드코프스키 등이 공유하고 있다. 이에 대한
   반박으로는 Pinker, "Tech Prophecy"; Bostrom, *Superintelligence* 등이 있다.

35 Dostoevsky, *Demons*.

36 이것을 다른 방식으로 말하자면, 새로운 지능은 Glover, *Humanity*에 기록된 우리에 대한
   정보를 알고 있을 것이라고 말할 수 있다.

37 두 행위자 간의 주장 확립과 관련된 도덕적 관행의 복잡성에 대해서는 Darwall, *The Second-
   Person Standpoint* 참조. 이러한 복잡성은 라이프 3.0의 규범적 관행에서 새로운 형태로 나타날
   수 있다.

38 Russell, "A Free Man's Worship". 10장에서 삶의 의미에 대해 다시 논의하도록 하겠다.

39 이에 관해서는 Lovejoy, *The Great Chain of Being* 참조.

40 Russell, "A Free Man's Worship".

41 Dworkin, *Life's Dominion*, 3장.

8. 감시 자본주의, 도구적 권력 그리고 사회물리학에 대하여

1 McLellan, *Karl Marx: Selected Writings*, p. 100.

2 Kant, *Practical Philosophy*, pp. 16~22. 이후는 칸트 저작의 표준판의 권수와 페이지 번호에 따라
   "Kant, 8:33~8:42"로 표기한다.

3 *Ibid.*, 8:37.

4 *Ibid.*, 8:42.

5 Zuboff, *The Age of Surveillance Capitalism*.

6 Moyn, *Not Enough*.

7 Lukes, "Durkheim's Individualism and the Intellectuals". 뒤르켐 연구의 전반에 대해서는 Lukes,
   Emile Durkheim; Alexander and Smith, *The Cambridge Companion to Durkheim* 참조.

8   영어에서 '개인주의'라는 단어의 역사에 대해서는 Claeys, "Individualism, 'Socialism,' and 'Social Science.'" 참조. 이 용어의 정치적·도덕적 의미는 매우 다양하다. 국가 간 비교의 관점은 Lukes, *Individualism*, 1부 참조.

9   Lukes, "Durkheim's 'Individualism and the Intellectuals'", p. 21.

10 Ibid., p. 21.

11 Ibid., 22f.

12 Ibid., p. 26.

13 Ibid., 27f.

14 Ibid., p. 28, 1f.

15 Ibid., p. 27.

16 Lukes, *Individualism*.

17 *Ibid.*, 2부.

18 Nietzsche, *Beyond Good and Evil*, 섹션 61번.

19 Susskind, *Future Politics*, 1~2장.

20 Warren and Brandeis, "The Right to Privacy".

21 브랜다이스 판사는 정부가 용의자를 불법 도청한 사건인 「올름스테드 대 미국, 277 U.S. 438」(1928)에서 반대 의견의 일부로 이 글을 작성하였다.

22 Igo, *The Known Citizen*. 아이고는 1장에서 워렌과 브랜다이스에 대해 설명한다.

23 *Ibid.*, 6장. 프라이버시에 대한 철학적 문제에 대해서는 DeCrew, "Privacy" 참조. 디지털 시대의 개인 정보 보호에 대한 선구적인 연구에 대해서는 Nissenbaum, *Privacy in Context* 참조. 최근 미국에서 벌어지고 있는 법적 논쟁에 대해서는 Richards, *Why Privacy Matters*; Hartzog, *Privacy's Blueprint* 참조. 디지털 세계 등장 이전부터의 프라이버시에 대한 중요한 논의에 대해서는 Thomson, "The Right to Privacy"; Rachels, "Why Privacy Is Important" 참조. 현재 미국이 직면한 문제에 대해서는 Shattuck, Raman, and Risse, *Holding Together*, 15장 참조.

24 Richards, *Why Privacy Matters*, p. 22.

25 Zuboff, *The Age of Surveillance Capitalism*, p. vii.

26 *Ibid.*, p. vii.

27 덕 윤리의 관점에서 감시에 대해서는 Vallor, *Technology and the Virtues*, 8장 참조.

28 McLellan, *Karl Marx: Selected Writings*, p. 118.

29 Zuboff, *The Age of Surveillance Capitalism*, p. 94.

30 *Ibid.*, p. 88.

31 *Ibid.*, p. 352.

32 *Ibid.*, p. 252.

33 *Ibid.*, p. 352.

34 Arendt, *The Origins of Totalitarianism*.

35 Zuboff, *The Age of Surveillance Capitalism*, 13장.

36 McLellan, *Karl Marx: Selected Writings*, p. 100.

37 Marcuse, *One-Dimensional Man*.

38 Zuboff, *The Age of Surveillance Capitalism*, p. 10, 100, 128, 158.

39 *Ibid.*, p. 492.

40 사유에 대한 지적 저항에 대해서는 Richards, *Why Privacy Matters*, 3장 참조. 개인 정보 보호가 죽어 가고 쇠퇴하고 있다는 주장이 개인 정보 보호 규칙의 내용, 즉 개인 정보를 관리하는 규칙이 매우 중요하다는 진짜 문제를 오히려 가리고 있다는 주장에 대해서는 *Ibid.*, p. 108 참조.

41 Skinner, *Beyond Freedom and Dignity*, p. 10. 스키너가 염두에 둔 것에 대해서는 그의 저서 Skinner, *Walden Two* 참조.

42 Skinner, *Beyond Freedom and Dignity*, p. 61.

43 Skinner, *Walden Two*.

44 Skinner, *Beyond Freedom and Dignity*, p. 196.

45 *Ibid.*, p. 210.

46 *Ibid.*, p. 210.

47 한 가지 예로 스키너의 과학적 전망에 대한 노암 촘스키의 부정적 평가를 들 수 있다. 이에 대해서는 Chomsky, "A Review of B. F. Skinner's 'Verbal Behavior'" 참조.

48 Zuboff, *The Age of Surveillance Capitalism*, p. 431.

49 *Ibid.*, p. 418.

50 Pentland, *Social Physics*, p. 4.

51 *Ibid.*, p. 59.

52 *Ibid.*, 12f.

53 *Ibid.*, p. 191.

54 Pentland, "The Death of Individuality". 빅데이터의 가능성에 대한 또 다른 낙관적인 견해에 대해서는 Gilbert, *Good Data* 참조. 이 책은 주보프에 대한 응답으로 쓰여졌다.

55 Zuboff, *The Age of Surveillance Capitalism*, p. 430.

56 *Ibid.*, pp. 470~472.

57 데이터 포인트가 되지 않기 위한 좋은 전략은 데이터를 수집하려는 업계의 노력을 난독화시키는 것이다. 이에 대해서는 Brunton and Nissenbaum, *Obfuscation* 참조.

58 Ionescu, *The Political Thought of Saint Simon*; Manuel, *The New World of Henri Saint-Simon*. 마르크스는 엘리트 집단 내부의 갈등을 강조한 반면, 생시몽은 생산적인 사람들과 잉여 계급 사이의 공통점을 보았다.

59 von Neumann, "Can We Survive Technology?"

60 주보프의 책에 대한 비평으로는 Cuélla and Huq, "Economies of Surveillance"; Morozov, "Capitalism's New Clothes" 참조.

61 Zuboff, *The Age of Surveillance Capitalism*, p. 347.

62 다시 말하지만, 이러한 태도가 인권의 성공 또는 인권에 대한 정치적 수용을 추동하기도 하였지만 이것으로는 충분치 않다. 이에 대해서는 Moyn, *Not Enough* 참조.

63 McLellan, *Karl Marx: Selected Writings*, pp. 46~70.

64 Horkheimer and Adorno, *Dialectic of Enlightenment*. 이에 대한 배경 지식으로 Held, *Introduction to Critical Theory*; Jarvis, *Adorno* 참조. 프랑크푸르트학파에 대해서는 Wiggershaus, *The Frankfurt School* 참조.

65 Horkheimer and Adorno, *Dialectic of Enlightenment*, p. 3.

66 *Ibid.*, p. xvi.

67 *Ibid.*, p. 4.

68 *Ibid.*, p. 6.

69 *Ibid.*, p. 9.

70 Adorno, *Minima Moralia*, p. 42.

71 다시 말하지만, 마르크스의 저작에서 정의의 역할에 대해서는 Lukes, *Marxism and Morality*; Geras, "The Controversy about Marx and Justice" 참조.

72 이 점에 대한 설명으로는 Derrida, "Force of Law"; Risse, *On Justice*, 1장 참조.

9. 사회적 사실로서의 데이터

1 Durkheim, "What Is a Social Fact?", p. 59.

2 나는 이 정의에 관한 견해를 Risse, *On Justice*에서 자세히 설명하고 있다.

3 Rawls, *Restatement*, 58f.

4 이에 대한 논의, 즉 '데이터', '정보'와 관련된 개념에 대한 자세한 이해는 1장 참조.

5 디지털 세계의 프라이버시에 대한 최근 논의에 대해서는 Richards, *Why Privacy Matters*; Hartzog, *Privacy's Blueprint* 참조.

6 이러한 사례들은 2019년 2월 세미나에서 로렌스 레식이 제기한 것들이다.

7 정보의 전환에 대해서는 Nissenbaum, *Privacy in Context* 참조.

8 프라이버시에 대한 철학적 이슈에 관해서는 DeCrew, "Privacy" 참조.

9 이에 대한 고전적인 논의에 대해서는 Honore, "Ownership" 참조.

10 노동으로서의 데이터에 대해서는 Posner and Weyl, *Radical Markets*, 5장; Arrieta-Ibarra et al., "Should We Treat Data as Labor? Moving beyond 'Free'" 참조.

11 Balkin, "Free Speech in the Algorithmic Society".

12 이러한 논의에 대해서는 Nozick, *Anarchy, State, and Utopia* 참조.

13 헤겔은 기본적으로 이에 동의한다. 이에 대해서는 Hegel, *Philosophy of Right* 참조. 자세한 내용은 Waldron, *The Right to Private Property*, 10장 참조.

14 인격으로서의 데이터에 관한 비판적 관점에 대해서는 Cohen, "Examined Lives" 참조.

15 구호 보상으로서의 데이터에 관해서는 Scholz, "Big Data Is Not Big Oil" 참조.

16 Grosheide, "Database Protection—The European Way".

17 Durkheim, "What Is a Social Fact?", p. 59.

18 Durkheim, *Suicide*.

19 Weber, *Economy and Society*, 1장; Lukes, *Individualism*, 17장.

20 Gilbert, *On Social Facts*; Gilbert, "Durkheim and Social Facts"; List and Pettit, *Group Agency*.

21 Grotius, *The Free Sea*.

22 이에 대해서는 Buckle, *Natural Law and the Theory of Property*; Tuck, *The Rights of War and Peace* 참조.

23 이에 대한 자세한 내용은 Risse, *On Global Justice*, 2부에 나와 있다.

24 Jefferson, "The Invention of Elevators", Shiffrin, "Lockean Arguments for Private Intellectual Property", p. 138에서 재인용.

25 Grotius, *The Free Sea*, p. 10. p. 49와 51도 참조.

26 Grotius, *The Rights of War and Peace*, 2권, 8장, 섹션 6.

27 지식재산권에 대한 철학적 배경에 대한 자세한 내용은 Shiffrin, "Intellectual Property"; Kuflik, "Moral Foundations of Intellectual Property Rights"; Fisher, "Theories of Intellectual Property" 참조. 해양법의 최근 발전에 대해서는 Malanczuk, *Akehurst's Modern Introduction to International Law*, 12장 참조.

28 Locke, *Second Treatise of Government*, 5장.

29 이에 관한 로크의 이론에 대해서는 Waldron, *The Right to Private Property*, 6장; Sreenivasan, *The Limits of Lockean Rights in Property* 참조.

30 Drahos, *A Philosophy of Intellectual Property*, p. 41.

31 Risse, "Is There a Human Right to Essential Pharmaceuticals?"; Risse, *On Global Justice*, 12장.

32 특정 상황에서는 사회적 사실이 하나의 사실을 만드는 데 아무런 지분이 없으며 이러한 것이 문화적 맥락과 관련이 없다고 주장하는 사람들의 논거로 사용될 수도 있다. 이에 대해서는 Risse, "Humanity's Collective Ownership of the Earth and Immigration" 참조.

33 Nissenbaum, *Privacy in Context*.

34 Durkheim, *Suicide*.

35 Risse, *On Global Justice*, 4장.

36 Sherman, "Trusts", p. 15.

10. 신, 골렘 그리고 기계 숭배

1 Haraway, *Manifestly Haraway*, p. 7.

2 행복에 대해서는 Dalai Lama, *The Art of Happiness*; Lyubomirsky, *The How of Happiness*; Ben-Shahar, *Being Happy*; Kahneman, *Thinking, Fast and Slow*, 5부 참조. 내재적 가치에 대해서는 Zimmerman, *The Nature of Intrinsic Value*; Lemos, *Intrinsic Value* 참조.

3 Ihde, *Technology and the Lifeworld*.

4 이러한 생각은 쇼펜하우어와 관련이 있다. 이에 대해서는 Schopenhauer, *Parerga Und Paralipomena* 참조. 짧은 것으로는 버틀러 카슨Bertler Carson의 TV시리즈 「다운튼 애비」가 있다. 이에 대해서는 "우리는 소리 지르고 통곡하고 울지만 결국 모두 죽어야 한다"라는 에피소드 4.2(2013) 참조.

5 Russell, "A Free Man's Worship". 이러한 휴머니즘이 유신론만큼이나 과학적 전망과 양립할 수 없다는 ('과학적') 견해에 대해서는 Rosenberg, *The Atheist's Guide to Reality* 참조.

6 Sartre, *Existentialism Is a Humanism*. 위에서 나는 희곡 「출구 없음」이 삶의 의미에 대해 다른 관점을 제시한다고 말했다. 이 텍스트들 사이의 관계는 여기서 중요하지 않다.

7 Nozick, *Philosophical Explanations*, 6장. 노직의 책과 영화 「몬티 파이튼: 삶의 의미」가 같은 해(1983년)에 나왔다는 것은 흥미로운 사실이다.

8 Wallace, *This Is Water*.

9 Sanders and Illich, *ABC*.

10   가상 세계에서의 의미에 대한 논의(멀지 않은 미래에 인간이 그러한 세계로 '후퇴'해야 할 가능성)에 대해서는 Chalmers, *Reality+*, 17장 참조. 덕 윤리의 관점에서 디지털 시대의 의미를 탐구하려면 Vallor, *Technology and the Virtues*, 3부 참조.

11   Nozick, *Philosophical Explanations*, 6장.

12   *Ibid.*, p. 611.

13   *Ibid.*

14   *Ibid.*, p. 612.

15   Nietzsche, *The Gay Science*, 섹션 299.

16   Nozick, *Philosophical Explanations*, p. 618.

17   Adorno, *Minima Moralia*, p. 42.

18   Ihde, *Technology and the Lifeworld*.

19   Arendt, *The Human Condition*, p. 136.

20   호모 파베르의 개념과 역사에 대해서는 Tönsing, "Homo Faber or Homo Credente?" 참조. 아렌트가 지적하듯이 호모 파베르의 '가장 오래된 확신'은 인간이 모든 것의 척도라는 것이다. Arendt, *The Human Condition*, p. 306.

21   Wiener, *God & Golem*. 위너에 대해서는 Conway, *Dark Hero of the Information Age*, 15장; Kline, *The Cybernetics Moment*, 6장 참조. 『신과 골렘』은 그의 사후에 출간된 것이다. 위너의 생애에 대해서는 그의 자서전 Wiener, *Norbert Wiener: A Life in Cybernetics* 참조. 이와 더불어 Montagnini, *Harmonies of Disorder*; Heims, *John von Neumann and Norbert Wiener*; Conway, *Dark Hero of the Information Age* 참조.

22   위너 자신은 평생 불가지론자였지만 점점 보편적인 영성과 일반적인 인도주의적 신념을 받아들였다. 이에 대해서는 Conway, *Dark Hero of the Information Age*, 15장 참조. 골렘에 대해서는 Idel, *Golem*; Rosenberg, *The Golem and the Wondrous Deeds of the Maharal of Prague* 참조.

23   Good, "Speculations Concerning the First Ultraintelligent Machine". 이 시기는 인공지능에 대한 낙관론이 팽배하던 시기였다. 이에 관해서는 Nilsson, *Quest for Artificial Intelligence*, 2부 참조. 특이점에 관한 최근의 낙관론에 대해서는 Kurzweil, *The Singularity Is Near* 참조. 위너로부터 영감을 받은 전문가들의 인공지능에 대한 최근 생각은 Brockman, *Possible Minds* 참조.

24   Good, "Speculations Concerning the First Ultraintelligent Machine", p. 33.

25   *Ibid.*, p. 31.

26   Wiener, *God & Golem*, p. 72.

27   인간의 이동에 대해서는 *Ibid.*, p. 36 참조. 기계에 대해 다른 것들을 걱정하지 말고 인간이 기계로 무엇을 할 수 있는지에 집중해야 한다는 위너의 견해에 대해서는 Pinker, "Tech Prophecy"; Jones, "The Artistic Use of Cybernetic Beings" 참조.

28   Wiener, *God & Golem*, p. 73.

29   *Ibid.*, p. 53. 이 슬로건은 위너를 기계 숭배자들과 기계 회의론자들 사이에 위치하게 하였다. 기계 회의론자들은 "생각에 어떤 기계적 보조제를 사용하는 것은 신성모독과 인간의 타락일 뿐"이라고 보았다. 이에 대해서는 *Ibid.*, p. 73 참조.

30   *Ibid.*, p. 54.

31   *Ibid.*, p. 63. 1961년 그리고 다음해까지 예루살렘에서 아이히만의 재판이 열렸고 1962년 6월 1일 사형이 집행된 이후 아이히만은 자연스럽게 위너의 머리에 맴돌게 되었다. 아이히만에 대해서는 Arendt, *Eichmann in Jerusalem* 참조.

32   이 이야기는 Jacobs, *The Monkey's Paw*를 참조한 것이다.

33   Lovelock, *Novacene*.

34   Good, "Speculations Concerning the First Ultraintelligent Machine", p. 31.

35   Goethe, *Faust*, 2부, 11936f. 독일어: "Wer immer strebend sich bemüht, den können wir erlösen".

36   Wallace, *This Is Water*.

37   *Ibid.*, pp. 91~93

38   *Ibid.*, pp. 97~123.

39   Sanders and Illich, *ABC*.

40   *Ibid.*, p. 32.

41   *Ibid.*, p. 72.

42   Rousseau, *The Confessions*.

43   Sanders and Illich, *ABC*, 72f.

44   Fanon, *Black Skin, White Masks*, p. 181. 프랑스어 원문은 "Ô mon corps, fais de moi toujours un homme qui interroge!"이다.

11. 도덕적 지위와 정치적 소속감

1   Korsgaard, *Fellow Creatures*, p. 41.

2   Ćirković, *The Great Silence*; Forgan, *Solving Fermi's Paradox*. 이에 대한 유사한 토론으로는 Bostrom, "Where Are They?" 참조.

3   von Neumann, "Can We Survive Technology?". 노이만이 염두에 둔 세계가 직면한 위험에 대한
     평가는 Bostrom, "The Vulnerable World Hypothesis"; Ord, *The Precipice* 참조.

4   Allison, *Destined for War*.

5   Tegmark, *Life 3.0*, p. 42.

6   von Neumann, "Can We Survive Technology?", p. 519.

7   기술이 개입된 예측의 어려움에 대해서는 Bostrom, "Technological Revolutions" 참조.

8   Wallace, "Consider the Lobster". 동물의 의식에 관해서는 Tye, *Tense Bees and Shell-Shocked
     Crabs*; Godfrey-Smith, *Other Minds*; Beshkar, "Animal Consciousness"; Seth, *Being You*, 12장
     참조.

9   도덕적 지위에 관한 최근 연구에 대해서는 Clarke, Zohny and Savulescu, *Rethinking Moral
     Status*; Sinnott-Armstrong and Conitzer, "How Much Moral Status Could Artificial Intelligence
     Ever Achieve?"; Liao, "The Moral Status and Rights of Artificial Intelligence" 참조. 특히 동물의
     도덕적 지위에 대한 논의는 Kagan, *How to Count Animals*, 1장 및 5장 참조.

10   Kant, *Lectures on Ethics*, p. 212(27:459). 칸트주의 철학에 동의하지 않는 동물에 대한 도덕적
     의무에 관한 견해로는 Korsgaard, *Fellow Creatures* 참조.

11   Wallach and Allen, *Moral Machines*, p. 55.

12   예를 들어 Basl, *The Death of the Ethic of Life*에서의 내용과 같이 식물도 주관적인 관점을 가질
     수 있는지에 대한 다른 방식의 추측에 대해서는 Calvo, "What Is It Like to Be a Plant?" 참조.

13   도덕적 지위에 관한 질문은 오랫동안 논란이 되어 왔으며, 특히 의식이 있는 존재가 아닌
     다른 존재에 도덕적 지위를 부여하는 것이 적절한지에 대한 논란이 있었다. 이 절 역시 논란의
     여지가 있는 부분을 많이 다루고 있다. 이에 대해서는 Jaworka and Tannenbaum, "The Grounds
     of Moral Status"; Streiffer, "At the Edge of Humanity" 참조.

14   이 용어는 칼 세이건에서 유래한 것으로 보인다. Sagan, *The Cosmic Connection*, 6장. 하지만
     세이건은 탄소 우월주의에 문제가 있다고 생각하지 않은 것 같다. 이에 관해서는 Bostrom and
     Yudkowsky, "The Ethics of Artificial Intelligence" 참조.

15   기계가 의식을 가질 수 있는지 여부와 비유기체인 사물이 의식을 가지고 있는지에 대한 최근
     논의는 Schneider, *Artificial You*; Tye, *Tense Bees and Shell-Shocked Crabs*, 10장; Seth, *Being
     You*, 13장 참조. '기계'란 것이 무엇이며 이것이 의식을 가질 수 있는지에 대해서는 Harnad,
     "Can a Machine Be Conscious? How?"; Kiverstein, "Could a Robot Have a Subjective Point of
     View?" 참조. 인공지능이 인간적 가치를 구축하려는 노력에도 불구하고 그것은 우리와 매우
     다른 (그리고 존재론적으로 단절된) 존재가 될 것이며, 따라서 우리의 표준적인 윤리적 원칙이

더 이상 적용되지 않는다는 주장에 대해서는 Lorenc, "Artificial Intelligence and the Ethics of Human Extinction" 참조.

16 Moor, "Four Kinds of Ethical Robots".

17 Floridi and Sanders, "On the Morality of Artificial Agents" 참조. 인공적 도덕성과 로봇 행위자에 대한 연구는 Misselhorn, "Artificial Morality. Concepts, Issues and Challenges" 참조.

18 Bryson, "Robots Should Be Slaves"; Schwitzgebel and Gaza, "A Defense of the Rights of Artificial Intelligences".

19 이 주제에 대해서는 Basl and Sandler, "The Good of Non-Sentient Entities" 참조.

20 인간과 기계 사이의 관계에 대한 이해는 Coeckelbergh, *Growing Moral Relations* 참조. 이에 대한 간략한 소개는 Cockelbergh, *Introduction to Philosophy of Technology*, 8장에 잘 나와 있다.

21 Basl, "Machines as Moral Patients We Shouldn't Care About (Yet)"; Schwitzgebel and Gaza, "Designing AI with Rights, Consciousness, Self-Respect, and Freedom".

22 Seth, *Being You*, p. 272. 당분간 인위적인 의식을 만들 수 있는 작업에 유의해야 한다는 것에 대해서는 Metzinger, "Artificial Suffering" 참조.

23 철학적 근거를 바탕으로 이러한 문제를 해결하는 방법은 Schneider, *Artificial You*, 4장; Tye, *Tense Bees and Shell-Shocked Crabs*, 10장 참조.

24 성적 동반자로서의 기계에 대해서는 Levy, *Love and Sex with Robots*; Migotti et al., *Robot Sex*; Richardson, *Sex Robots*; Devlin, "The Ethics of the Artificial Lover" 참조.

25 Heidegger, "Building Dwelling Thinking".

26 Mumford, *Pentagon of Power*, p. 192.

27 흥미롭게도 멈퍼드는 인간의 기술 사용에 관한 부정적인 예측을 제공하면서도, 자신의 이 경고에 주의를 기울이면 세상을 낙관적으로 바꿀 수 있다고 마무리하는 경향이 있다. "기계 신을 버린 우리의 다음 단계는 온전히 우리의 몫이다. 기술주의 감옥의 문은 녹슨 오래된 경첩이다. 우리가 걸어 나가기로 선택하자마자 자동으로 열릴 것이다"(*Ibid.*, p. 435).

28 Verbeek, *Moralizing Technology*.

29 이와 유사하게 우리는 라투르의 행위자-네트워크 이론을 통해 비슷한 지적을 할 수 있다. Latour, *Reassembling the Social*; Latour, *We Have Never Been Modern*.

30 Lovelock, *Novacene*.

31 Wiener, *God & Golem*, p. 69.

32 Livingstone, *Transhumanism*; More and Vita-More, *The Transhumanist Reader*; Bostrom, *Superintelligence*. 덕 윤리적 관점에서 인간 향상에 대한 것은 Vallor, *Technology and the Virtues*,

10장 참조. 일반적인 인간 증강에 대해서는 Habermas, *The Future of Human Nature*; Sandel, *The Case against Perfection*; Buchanan, *Beyond Humanity?* 참조.

33 Haraway, *Simians, Cyborgs, and Women*; Haraway, *Manifestly Haraway*.

34 Arendt, *The Human Condition*, 26f.

35 *On Justice*, 14장에서 나는 정치에 대한 다른 개념을 제안한다. 인간 삶의 틀은 상호 원조를 위한 역량을 조직하고 경쟁과 협력의 경향을 균형 있게 조정하는 일련의 제도와 관행 그리고 그 안에서 이루어지는 활동이다. 아리스토텔레스에게는 폴리스가 바로 그 역할을 하는 존재이다. 오늘날 이러한 역할을 하는 제도와 관행은 세계 사회로 통합된 휴먼 웹에 내재되어 있다. 인간 삶의 틀 개념에 따르면, 정치는 전 지구적 또는 종 전체 수준에서 그 틀을 설계하는 것이다. 나는 전 지구적 맥락에서 공적 이성의 역할에 맞게 설계된 정치의 개념을 개발하였다. 이것은 아렌트의 개념과 다르지만 행위, 말, 기억, 의미에 중점을 둔다는 것에서는 유사하다. 휴먼 웹에 대해서는 McNeill and McNeill, *The Human Web* 참조. 이전 장에서 살펴본 세계 사회에 대해서는 Meyer, *World Society* 참조.

36 Korsgaard, *Fellow Creatures*. 동물의 지위에 대한 다른 견해에 대해서는 Kagan, *How to Count Animals*; Singer, *Animal Liberation*; Donaldson and Kymlicka, *Zoopolis* 참조. 의식에 대해 지나치게 집착하게 되면 동물에 대한 이해와 멀어지게 된다는 주장에 대해서는 Dawkins, *Why Animals Matter* 참조. 도킨스는 인간이 건강하려면 동물도 건강해야 하기에 동물이 중요하다고 생각한다. 동물의 가축화가 인공지능을 인간의 삶에 통합하는 방법에 대한 좋은 모델을 제공할 수 있다는 주장에 대해서는 Müller, "Domesticating Artificial Intelligence" 참조. 최근에는 인간의 신체와 뇌가 인공지능의 모델이 되어 왔지만, 인공지능과 로봇공학은 다른 동물의 신체와 뇌가 작동하는 방식에서 영감을 얻는 데에도 도움이 될 수 있다. 이에 대해서는 Rus, "The Machines from Our Future" 참조.

37 Korsgaard, *Fellow Creatures*, p. 40.

38 *Ibid.*, p. 41.

39 Metz, "In Two Moves, AlphaGo and Lee Sedol Redefined the Future"; Livingston and Risse, "On the Impact of Artificial Intelligence on Human Rights over the Next 20-30 Years".

40 Donaldson and Kymlicka, *Zoopolis*.

41 *Ibid.*, 3장.

42 이에 대해서는 Wrangham and Peterson, *Demonic Males* 참조.

43 현재 동물이 어떤 처지에 놓였는지를 고찰한다면 우리는 피터 싱어가 동물 해방 운동의 사상가가 된 동기를 이해할 수 있다. 이에 대해서는 Singer, *Animal Liberation* 참조.

44 이 예시는 Bostrom, "Ethical Issues in Advanced Artificial Intelligence"를 참고한 것이다. 아울러 Bostrom, *Superintelligence*, 6장과 12장도 참조할 가치가 있다.

45 이 내용에 대한 주요 출처는 칸트의 1785년 『도덕 형이상학의 기초』이다. 이에 대한 더 자세한 내용은 Kant, *Practical Philosophy*, pp. 37~108 참조. 칸트의 도덕철학에 대해서는 Hill, *Dignity and Practical Reason in Kant's Moral Theory*; Wood, *Kant's Ethical Thought* 참조.

46 Petersen, "Superintelligence as Superethical"; Chalmers, "The Singularity: A Philosophical Analysis". 진화론적 맥락에서 인간의 도덕성에 대한 내용은 Kahneman, *Thinking, Fast and Slow*; Greene, *Moral Tribes* 참조.

47 Hobbes, *Leviathan*. 홉스에 대해서는 Kavka, *Hobbesian Moral and Political Theory* 참조. 홉스의 평등에 대한 색다른 해석은 Hoekstra, "Hobbesian Equality" 참조.

48 Scanlon, "What Is Morality?"

49 인간 중심주의에 관한 비판적 성찰에 대해서는 Williams, "Must a Concern for the Environment Be Centred on Human Beings?" 참조.

50 초지능의 도덕성에 대한 논의는 Corabi, "Superintelligence as Moral Philosopher" 참조.

51 Tegmark, *Life 3.0*, 5장. 인공지능과 우리가 사회에서 공유하는 것들에 대해서는 Shulman and Bostrom, "Sharing the World with Digital Minds" 참조.

52 인공지능이 어떻게 결론을 도출하는지 설명되어야 한다는 것에 대해서는 '설명의 권리'라는 주제로 논의되고 있다. 이에 대해서는 Vredenburgh, "The Right to Explanation" 참조.

에필로그

1 Burke, "A Letter to a Member of the National Assembly(1791)", p. 55.

2 Weil, *Pensées sans ordre concernant l'amour de Dieu*, p. 12.

3 이것은 베를린 도로텐슈타트 공동묘지에 있는 마르쿠제의 묘비에 새겨진 글이다.

4 von Neumann, "Can We Survive Technology?", p. 519.

옮긴이 후기

1 니체, 『비극의 탄생, 반시대적 고찰』, 책세상, 2005, 436쪽.

Abbate, Janet, *Inventing the Internet*, Cambridge, MA: MIT Press, 2000.

Achen, Christopher H. and Larry M. Bartels, *Democracy for Realists: Why Elections Do Not Produce Responsive Government*, Princeton: Princeton University Press, 2017.

Adams, Frederick, "The Informational Turn in Philosophy", *Minds and Machines* 13, vol. 4, 2003, pp. 471~501.

Adorno, Theodor W., *Minima Moralia: Reflexionen aus dem beschädigten Leben*, Frankfurt: Suhrkamp, 1980.

_____, *Negative Dialectics*, New York: Continuum, 1981.

Adriaans, Pieter, "Information", *Stanford Encyclopedia of Philosophy*, ed. Edward N. Zalta, Palo Alto: Stanford University, 2020. https://plato.stanford.edu/entries/information/.

Adriaans, Pieter, and Johan van Benthem, "Introduction: Information Is What Information Does", *Philosophy of Information*, eds. Pieter Adriaans and Johan van Benthem, Amsterdam: North Holland, 2008, pp. 3~28.

Adriaans, Pieter, and Johan van Benthem eds., *Philosophy of Information*, Amsterdam: North Holland, 2008.

Agar, Jon, *The Government Machine: A Revolutionary History of the Computer,* Cambridge, MA: MIT Press, 2003.

_____, *Turing and the Universal Machine: The Making of the Modern Computer,* Cambridge: Icon Books, 2017.

Agüera y Arcas, Blaise, "Do Large Language Models Understand Us?", *Daedalus* 151, no. 2, 2022, pp. 183~197.

Albert, Mathias, *A Theory of World Politics,* Cambridge: Cambridge University Press, 2016.

Alexander, James, "Notes towards a Definition of Politics", *Philosophy* 89, no. 2, 2014, pp. 273~300.

Alexander, Jeffrey C. and Philip Smith eds., *The Cambridge Companion to Durkheim*, Cambridge, UK: Cambridge University Press, 2005.

Allison, Graham, *Destined for War: Can America and China Escape Thucydides's Trap?*, Boston, MA: Mariner Books, 2018.

Allo, Patrick, "Putting Information First: Luciano Floridi and the Philosophy of Information", *Metaphilosophy* 41, no. 3, 2010, pp. 247~254.

Amnesty International, "Cameroon: Credible Evidence That Army Personnel Responsible for Shocking Extrajudicial Executions Caught on Video", 2018. 7. 12. https://www.amnestyusa.org/press-releases/cameroon-credible-evidence-that-army-personnel-responsible-for-shocking-extrajudicial-executions-caught-on-video/.

Anderson, Benedict, *Imagined Communities: Reflections on the Origin and Spread of Nationalism,* London: Verso, 1983.

Anderson, Elizabeth, *Private Government: How Employers Rule Our Lives,* Princeton: Princeton University Press, 2017.

Angwin, Julia, *Dragnet Nation: A Quest for Privacy, Security, and Freedom in a World of Relentless Surveillance,* New York: Times Books, 2014.

Angwin, Julia et al., "Machine Bias", *ProPublica*, 2016. 5. 23. https://www.propublica.org/article/machine-bias-risk-assessments-in-criminal-sentencing.

Applebaum, Anne, *Twilight of Democracy: The Seductive Lure of Authoritarianism,* New York: Knopf Doubleday, 2021.

Arendt, Hannah, *Eichmann in Jerusalem: A Report on the Banality of Evil,* New York: Penguin, 2006.

_____, *The Human Condition,* Chicago: University of Chicago Press, 1958.

_____, *The Origins of Totalitarianism,* New York: Harcourt Brace Jovanovich, 1973.

_____, "Truth and Politics", *The Portable Hannah Arendt,* ed. Peter Baehr, London: Penguin, 2003, pp. 545~575.

Aristotle, *Politics,* trans. C. D. C. Reeve, Indianapolis: Hackett, 1998.

Arrieta-Ibarra, Imanol et al., "Should We Treat Data as Labor? Moving beyond 'Free'", *AEA Papers and Proceedings* 108, 2018, pp. 38~42.

Ayyub, Rana, "I Was the Victim of a Deepfake Porn Plot Intended to Silence Me", *Huffington Post,* 2018. 11. 21. https://www.huffingtonpost.co.uk/entry/deepfake-porn_uk_5bf2c126e4b0f32bd58ba316.

Bacon, Francis, *Francis Bacon: The Major Works,* ed. Brian Vickers, New York: Oxford University Press, 2008.

_____, *Sacred Meditations,* Radford: SMK Books, 2018.

Bai, Tongdong, *Against Political Equality: The Confucian Case,* Princeton: Princeton University Press,

2019.

Balkin, Jack M., "Free Speech in the Algorithmic Society: Big Data, Private Governance, and New School Speech Regulation", *UC Davis Law Review* 51, 2018, pp. 1149~1210.

Balkun, Mary McAleer and Marta Mestrovic Deyrup eds., *Transformative Digital Humanities: Challenges and Opportunities*. NewYork: Routledge, 2020.

Ball, James, *Post-Truth: How Bullshit Conquered the World,* London: Biteback, 2018.

Barocas, Solon and Andrew D. Selbst, "Big Data's Disparate Impact", *California Law Review* 104, no. 3, 2016, pp. 671~732.

Bartels, Larry M., *Unequal Democracy: The Political Economy of the New Gilded Age,* Princeton: Princeton University Press, 2018.

Bartlett, Jamie, *The People vs. Tech: How the Internet Is Killing Democracy (and How We Save It),* London: Ebury Press, 2018.

Basl, John, *The Death of the Ethic of Life,* New York: Oxford University Press, 2019.

_____, "Machines as Moral Patients We Shouldn't Care About (Yet): The Interests and Welfare of Current Machines", *Philosophy & Technology* 27, no. 1, 2014, pp. 79~96.

Basl, John and Ron Sandler, "The Good of Non-Sentient Entities: Organisms, Artifacts, and Synthetic Biology", *Studies in the History and Philosophy of Biological and Biomedical Science* 44, no. 4, 2013, pp. 697~705.

BBC News, "John F Kennedy's Lost Speech Brought to Life", 2018. 3. 16. https://www.bbc.com/news/uk-scotland-edinburgh-east-fife-43429554.

Bell, Daniel A., *The China Model: Political Meritocracy and the Limits of Democracy,* Princeton: Princeton University Press, 2016.

Ben-Itto, Hadassa, *The Lie That Wouldn't Die: The Protocols of the Elders of Zion,* Portland: Vallentine Mitchell, 2005.

Ben-Shahar, Tal, *Being Happy: You Don't Have to Be Perfect to Lead a Richer, Happier Life,* New York: McGraw-Hill Education, 2010.

Benatar, David ed., *Life, Death, and Meaning: Key Philosophical Readings on the Big Questions,* Lanham: Rowman & Littlefield, 2016.

Benjamin, Ruha ed., *Captivating Technology: Race, Carceral Technoscience, and Liberatory Imagination in Everyday Life,* Durham, NC: Duke University Press, 2019.

_____, *Race after Technology: Abolitionist Tools for the New Jim Code,* Medford: Polity, 2019.

Benjamin, Walter, *The Arcades Project,* trans. Howard Eiland and Kevin McLaughlin, Cambridge, MA: Harvard University Press, 1999.

_____, *The Work of Art in the Age of Its Technological Reproducibility, and Other Writings on Media*, eds. Michael W. Jennings, Brigid Doherty and Thomas Y. Levin, Cambridge, MA: Harvard University Press, 2008.

Benkler, Yochai, Robert Faris and Hal Roberts, *Network Propaganda: Manipulation, Disinformation, and Radicalization in American Politics,* New York: Oxford University Press, 2018.

Benkler, Yochai, et al., "Mail-in Voter Fraud: Anatomy of a Disinformation Campaign", Berkman Klein Center for Internet & Society at Harvard University, No. 2020~6, 2020. 10. https://cyber.harvard.edu/publication/2020/Mail-in-Voter-Fraud-Disinformation-2020.

Benn, Claire and Seth Lazar, "What's Wrong with Automated Influence", *Canadian Journal of Philosophy* 52, no. 1, 2022, pp. 125~148.

Berners-Lee, Tim, *Weaving the Web: The Original Design and Ultimate Destiny of the World Wide Web,* San Francisco: Harper, 2000.

Bernhardt, Chris, *Turing's Vision: The Birth of Computer Science,* Cambridge, MA: MIT Press, 2017.

Bernholz, Lucy, Hélène Landemore and Rob Reich eds., *Digital Technology and Democratic Theory,* Chicago: University of Chicago Press, 2021.

Beshkar, Majid, "Animal Consciousness", *Journal of Consciousness Studies* 15, no. 3, 2008, pp. 5~33.

Bijker, Wiebe, "Why and How Technology Matters", *The Oxford Handbook of Contextual Political Analysis*, eds. Robert E. Goodin and Charles Tilly, Oxford: Oxford University Press, 2006, pp. 681~707.

Bimber, Bruce, *Information and American Democracy: Technology in the Evolution of Political Power,* Cambridge: Cambridge University Press, 2003.

Binns, Reuben, "Fairness in Machine Learning: Lessons from Political Philosophy", *Proceedings of Machine Learning Research* 81, 2018, pp. 1~11.

Bishop, J., "The Cleroterium", *The Journal of Hellenic Studies* 90, 1970, pp. 1~14.

Blair, Ann, et al. eds., *Information: A Historical Companion,* Princeton: Princeton University Press, 2021.

Blevins, Cameron, *Paper Trails: The US Post and the Making of the American West,* New York: Oxford University Press, 2021.

Block, Ned, "Troubles with Functionalism", *Readings in the Philosophy of Psychology*, vol. 1~2,

Cambridge, MA: Harvard University Press, 1980, pp. 268~305.

Bly, Robert W., *Charles Proteus Steinmetz: The Electrical Wizard of Schenectady*, Fresno: Quill Driver Books, 2018.

Bobbio, Norberto, *The Age of Rights*, Cambridge: Polity, 1996.

Boehm, Christopher, *Hierarchy in the Forest. The Evolution of Egalitarian Behavior*, Cambridge, MA: Harvard University Press, 1999.

Boli, John, "World Polity Theory", *Encyclopedia of Globalization*, eds. Roland Robertson and Jan Aart Scholte, New York: Routledge, 2006, pp. 1299~1302.

Boli, John, Selina Gallo-Cruz and Matthias Matt, "World Society, World-Polity Theory, and International Relations", *The International Studies Encyclopedia*, ed. Robert A. Denemark, Malden: Wiley-Blackwell, 2010.

Bostrom, Nick, "Ethical Issues in Advanced Artificial Intelligence", *Cognitive, Emotive and Ethical Aspects of Decision Making in Humans and in Artificial Intelligence*, eds. Iva Smit and George E. Lasker, vol. 2. Tecumseh, Ontario: International Institute for Advanced Studies in Systems Research and Cybernetics, 2003, pp. 12~17.

_____, *Superintelligence: Paths, Dangers, Strategies*, Oxford: Oxford University Press, 2016.

_____, "Technological Revolutions: Ethics and Policy in the Dark", *Nanoscale: Issues and Perspectives for the Nano Century*, eds. Nigel M. de St. Cameron and M. Ellen Mitchell, Hoboken: Wiley, 2007, pp. 129~152.

_____, "The Vulnerable World Hypothesis", *Global Policy* 10, no. 4, 2019, pp. 455~476.

_____, "Where Are They? Why I Hope the Search for Extraterrestrial Life Finds Nothing", *MIT Technology Review*, 2008. 4. 22. https://www.technologyreview.com/2008/04/22/220999/where-are-they/.

Bostrom, Nick and Eliezer Yudkowsky, "The Ethics of Artificial Intelligence", *The Cambridge Handbook of Artificial Intelligence*, eds. Keith Frankish and William M. Ramsey, Cambridge: Cambridge University Press, 2014, pp. 316~334.

Böttiger, Helmut, *Konrad Zuse: Erfinder, Unternehmer, Philosoph und Künstler*, Petersberg: Imhof, 2011.

Bowker, Gordon, *Inside George Orwell: A Biography*, New York: Palgrave Macmillan, 2003.

Braddon-Mitchell, David and Frank Jackson, *Philosophy of Mind and Cognition: An Introduction*, Malden: Wiley-Blackwell, 2006.

Braman, Sandra, "Defining Information: An Approach for Policy-Makers", *Telecommunications Policy* 13, no. 3, 1989, pp. 233~242.

Brandt, Allan M., *The Cigarette Century: The Rise, Fall, and Deadly Persistence of the Product That Defined America,* New York: Basic Books, 2009.

Brashier, Nadia M. and Elizabeth J. Marsh, "Judging Truth", *Annual Review of Psychology* 71, no. 1, 2020, pp. 499~515.

Brennan, Jason, *Against Democracy,* Princeton: Princeton University Press, 2017.

Bringsjord, Selmer and Naveen Sundar Govindarajulu, "Artificial Intelligence", *Stanford Encyclopedia of Philosophy*, ed. Edward N. Zalta, 2018. https://plato.stanford.edu/entries/artificial-intelligence/.

Brockman, John ed., *Possible Minds: Twenty-Five Ways of Looking at AI,* New York: Penguin, 2019.

Brook, Andrew and Don Ross eds., *Daniel Dennett*, Cambridge: Cambridge University Press, 2002.

Brooks, David, "The Philosophy of Data", *New York Times*, 2013. 2. 4. https://www.nytimes.com/2013/02/05/opinion/brooks-the-philosophy-of-data.html.

Broussard, Meredith, *Artificial Unintelligence: How Computers Misunderstand the World,* Cambridge: MIT Press, 2019.

Browne, Simone, *Dark Matters: On the Surveillance of Blackness,* Durham: Duke University Press, 2015.

Bruderer, Herbert, *Konrad Zuse und die Schweiz: Wer hat den Computer erfunden?,* München: Oldenbourg, 2012.

Brundage, Miles, et al., "The Malicious Use of Artificial Intelligence: Forecasting, Prevention, and Mitigation", *Future of Humanity Institute*, Oxford, 2018. 2. https://arxiv.org/ftp/arxiv/papers/1802/1802.07228.pdf.

Brunton, Finn and Helen Nissenbaum, *Obfuscation: A User's Guide for Privacy and Protest,* Cambridge, MA: MIT Press, 2016.

Bruntrup, Godehard and Ludwig Jaskolla eds., *Panpsychism: Contemporary Perspectives,* New York: Oxford University Press, 2016.

Bryson, Joanna, "Robots Should Be Slaves", *Close Engagements with Artificial Companions*, ed. Yorick Wilks, Amsterdam: John Benjamins, 2010, pp. 63~74.

Buchanan, Allen E., *Beyond Humanity? The Ethics of Biomedical Enhancement,* Oxford: Oxford University Press, 2011.

_____, "Marx as Kierkegaard: Review of Richard W. Miller, 'Analyzing Marx'", *Philosophical Studies* 53, no. 1, 1988, pp. 157~172.

Buchanan, Bruce G., "A (Very) Brief History of Artificial Intelligence", *AI Magazine* 26, no. 4, 2005, pp. 53~60.

Buckle, Stephen, *Natural Law and the Theory of Property: Grotius to Hume,* Oxford: Clarendon, 1991.

Burgess, John P. and Gideon Rosen, *A Subject with No Object: Strategies for Nominalistic Interpretation of Mathematics,* Oxford: Clarendon, 1997.

Burke, Edmund, "A Letter to a Member of the National Assembly"(1791), *The Works of the Right Honorable Edmund Burke in Twelve Volumes,* ed. Peter J. Stanlis, vol. 4, London: John C. Nimmo, 1887, pp. 48~60. ·

Burns, Richard Dean and Philip E. Coyle, *The Challenges of Nuclear Non-Proliferation,* Lanham: Rowman & Littlefield, 2015.

Bynum, Terrell Ward, "Philosophy in the Information Age", *Metaphilosophy* 41, no. 3, 2010, pp. 420~442.

Calvo, Paco, "What Is It Like to Be a Plant?", *Journal of Consciousness Studies* 24, no. 9~10, 2017, pp. 205~227.

Camus, Albert, *The Myth of Sisyphus and Other Essays,* trans. Justin O'Brien, New York: Vintage, 1991.

Caplan, Bryan, *The Myth of the Rational Voter: Why Democracies Choose Bad Policies,* Princeton: Princeton University Press, 2008.

Capurro, Rafael, *Information: Ein Beitrag zur Etymologischen und Ideengeschichtlichen Begründung des Informationsbegriffs,* München: Saur, 1978.

Capurro, Rafael and Birger Hjørland, "The Concept of Information", ed. B. Cronin, *Annual Review of Information Science and Technology, Information Today,* 37, 2003, pp. 343~411.

Caro, Robert A., *The Power Broker: Robert Moses and the Fall of New York,* New York: Vintage, 1975.

Carr, Nicholas G., *The Shallows: How the Internet Is Changing the Way We Think, Read and Remember,* London: Atlantic, 2011.

Carter, Matt, *Minds and Computers: An Introduction to the Philosophy of Artificial Intelligence,* Edinburgh: Edinburgh University Press, 2007.

Cavedon-Taylor, Dan, "Photographically Based Knowledge", *Episteme* 10, no. 3, 2013, pp. 283~297.

Cellan-Jones, Rory, "Stephen Hawking Warns Artificial Intelligence Could End Mankind", BBC News, 2014. 12. 2. https://www.bbc.com/news/technology-30290540.

Ceruzzi, Paul E. A., *History of Modern Computing,* ed. William Aspray, Cambridge, MA: MIT Press, 2003.

Chadwick, Ruth, Mairi Levitt and Darren Shickle eds., *The Right to Know and the Right Not to Know: Genetic Privacy and Responsibility*, Cambridge: Cambridge University Press, 2014.

Chakrabarti, Samidh, "Hard Questions: What Effect Does Social Media Have on Democracy?", *Meta*, 2018. 1. 22. https://about.fb.com/news/2018/01/effect-social-media-democracy/.

Chalmers, David J., *The Conscious Mind: In Search of a Fundamental Theory*, New York:Oxford University Press, 1996.

_____, *Reality+: Virtual Worlds and the Problems of Philosophy*, New York: Norton, 2022.

_____, "The Singularity: A Philosophical Analysis", *Journal of Consciousness Studies* 17, no. 9~10, 2010, pp. 7~65.

Chan, Joseph, *Confucian Perfectionism: A Political Philosophy for Modern Times*, Princeton: Princeton University Press, 2015.

Chandler, Simon, "Why Deepfakes Are a Net Positive for Humanity", *Forbes*, 2020. 5. 9. https://www.forbes.com/sites/simonchandler/2020/03/09/why-deepfakes-are-a-net-positive-for-humanity/?sh=66ce5922f84f.

Cheney-Lippold, John, *We Are Data: Algorithms and the Making of Our Digital Selves*, New York: NYU Press, 2017.

Chojecki, Przemek, *Artificial Intelligence Business: How You Can Profit from AI*, Independently published, 2020.

Chomsky, Noam, "A Review of B. F. Skinner's 'Verbal Behavior'", *The Essential Chomsky*, ed. Anthony Arnove, New York: The New Press, 2008, pp. 1~30.

Christian, David, *Maps of Time: An Introduction to Big History*, Berkeley: University of California Press, 2004.

Christiano, Thomas, "Algorithms, Manipulation, and Democracy", *Canadian Journal of Philosophy* 52, no. 1, 2022, pp. 109~124.

Ci, Jiwei, *Democracy in China: The Coming Crisis*, Cambridge, MA: Harvard University Press, 2019.

Ćirković, Milan M, *The Great Silence: Science and Philosophy of Fermi's Paradox*, Oxford: Oxford University Press, 2018.

Claeys, Gregory, "'Individualism,' 'Socialism,' and 'Social Science': Further Notes on a Process of Conceptual Formation, 1800-1850", *Journal of the History of Ideas* 47, no. 1, 1986, pp. 81~93.

Clark, Maudemarie and David Dudrick, *The Soul of Nietzsche's Beyond Good and Evil*, New York: Cambridge University Press, 2012.

Clarke, Bruce, "Information", *Critical Terms for Media Studies*, eds. W. J. T. Mitchell and Mark B. N. Hansen, Chicago: University of Chicago Press, 2010, pp. 157~171.

Clarke, Steve, Hazem Zohny and Julian Savulescu eds., *Rethinking Moral Status,* New York: Oxford University Press, 2021.

Coady, C. A. J., *Testimony: A Philosophical Study,* Oxford: Clarendon, 1992.

Coady, David, "Epistemic Injustice as Distributive Injustice", *The Routledge Handbook of Epistemic Injustice,* eds. Ian James Kidd, José Medina and Gaile Pohlhaus Jr, London: Routledge, 2017, pp. 61~68.

Cockburn, Cynthia and Susan Ormrod, *Gender and Technology in the Making,* London: Sage Publications, 1993.

Coeckelbergh, Mark, *Growing Moral Relations: Critique of Moral Status Ascription,* Houndmills: Palgrave Macmillan, 2012.

_____, *Introduction to Philosophy of Technology,* New York: Oxford University Press, 2019.

_____, *The Political Philosophy of AI: An Introduction,* Medford: Polity, 2022.

Cohen, G. A., "Forces and Relations of Production", *Analytical Marxism*, ed. John Roemer, New York: Cambridge University Press, 1986, pp. 11~22.

_____, *Karl Marx's Theory of History*, Princeton: Princeton University Press, 1978.

Cohen, Joshua, "Minimalism About Human Rights: The Most We Can Hope For?", *Journal of Political Philosophy* 12, no. 2, 2004. 6. 1, pp. 190~213.

_____, "Review of 'Karl Marx's Theory of History: A Defense,' by G. A. Cohen", *Journal of Philosophy* LXXIX, no. 5, 1982, pp. 266~268.

_____, "Truth and Public Reason", *Philosophy, Politics, Democracy: Selected Essays,* Cambridge, MA: Harvard University Press, 2009.

Cohen, Julie E., "Examined Lives: Informational Privacy and the Subject as Object", *Stanford Law Review* 52, 2000, pp. 1373~1438.

Cohon, Rachel, *Hume's Morality: Feeling and Fabrication*, Oxford: Oxford University Press, 2012.

Cole, Samantha, "AI-Assisted Fake Porn Is Here and We're All Fucked", *Motherboard*, 2017. 12. 11. https://www.vice.com/en/article/gydydm/gal-gadot-fake-ai-porn.

Conway, Flo, *Dark Hero of the Information Age: In Search of Norbert Wiener, the Father of Cybernetics,* New York: Basic Books, 2006.

Cooke, Jacob E. ed., *The Federalist,* Middletown: Wesleyan University Press, 1961.

Coomaraswamy, Radhika, "Reinventing International Law: Women's Rights as Human Rights in the International Community", *Commonwealth Law Bulletin* 23, no. 3~4, 1997, pp. 1249~1262.

Corabi, Joseph, "Superintelligence as Moral Philosopher", *Journal of Consciousness Studies* 24, no. 5, 2017, pp. 128~149.

Costandi, Moheb, *Neuroplasticity,* Cambridge, MA: MIT Press, 2016.

Costanza-Chock, Sasha, *Design Justice: Community-Led Practices to Build the Worlds We Need,* Cambridge, MA: MIT Press, 2020.

Cover, Thomas M. and Joy A. Thomas, *Elements of Information Theory*, Hoboken: Wiley-Interscience, 2006.

Crawford, Kate, *Atlas of AI: Power, Politics, and the Planetary Costs of Artificial Intelligence*, New Haven: Yale University Press, 2021.

Cuélla, Mariano-Florentino and Aziz Z. Huq, "Economies of Surveillance", *Harvard Law Review* 133, 2020, pp. 1280~1336.

Dahl, Robert, "The Concept of Power", *Behavioural Science* 2, no. 3, 1957, pp. 201~215.

Dalai Lama, *The Art of Happiness: A Handbook for Living*, New York: Riverhead Books, 2020.

Dantzig, George B., "Linear Programming", *Operations Research* 50, no. 1, 2002, pp. 42~47.

Darwall, Stephen, *The Second-Person Standpoint: Morality, Respect, and Accountability,* Cambridge, MA: Harvard University Press, 2009.

Dasgupta, Binayak, "BJP's Deepfake Videos Trigger New Worry Over AI Use in Political Campaigns", *Hindustan Times*, 2020. 9. 21. https://www.hindustantimes.com/india-news/bjp-s-deepfake-videos-trigger-new-worry-over-ai-use-in-political-campaigns/story-6WPlFtMAOaepkwdybm8b1O.html.

Davies, Guy, "David Beckham 'Speaks' 9 Languages for New Campaign to End Malaria", ABC News, 2019. 4. 9. https://abcnews.go.com/International/david-beckham-speaks-languages-campaign-end-malaria/story?id=62270227.

Dawkins, Marian Stamp, *Why Animals Matter: Animal Consciousness, Animal Welfare, and Human Well-Being,* New York: Oxford University Press, 2012.

Dean, Jeffrey, "A Golden Decade of Deep Learning: Computing Systems & Applications", *Daedalus* 151, no. 2, 2022, pp. 58~74.

DeCrew, Judith, "Privacy", *Stanford Encyclopedia of Philosophy*, ed. Edward N. Zalta, 2018. https://plato.stanford.edu/entries/truth/.

Deibert, Ronald J., *Black Code: Surveillance, Privacy, and the Dark Side of the Internet,* Toronto: Signal, 2013.

_____, *Reset: Reclaiming the Internet for Civil Society,* Toronto: House of Anansi Press, 2020.

Deleuze, Gilles, *Difference and Repetition*, trans. Paul Patton, New York: Columbia University Press, 1995.

DeLillo, Don, *White Noise*, New York: Penguin, 1986.

Demy, Timothy J., *Jacques Ellul on Violence, Resistance, and War*, ed. Jeffrey M. Shaw, Eugene: Pickwick, 2016.

Dennett, Daniel C., *From Bacteria to Bach and Back: The Evolution of Minds*, New York: Norton, 2018.

_____, *Consciousness Explained*, Boston: Back Bay Books, 1992.

_____, *Kinds of Minds: Toward an Understanding of Consciousness*, New York: Basic Books, 1997

Derrida, Jacques. "Force of Law: The Mystical Foundation of Authority", *Deconstruction and the Possibility of Justice*, New York: Routledge, 1992, pp. 3~67.

Devlin, Kate, "The Ethics of the Artificial Lover", *Ethics of Artificial Intelligence*, ed. S. Matthew Liao, New York: Oxford University Press, 2020, pp. 271~292.

Devlin, Keith, *Logic and Information,* Cambridge: Cambridge University Press, 1991.

Dickson, Bruce, *The Party and the People: Chinese Politics in the Twenty-first Century,* Princeton: Princeton University Press, 2021.

D'Ignazio, Catherine and Lauren F. Klein, *Data Feminism*, Cambridge, MA: MIT Press, 2020.

Dilloway, James, *Human Rights and World Order: Two Discourses to the H.G. Wells Society,* Nottingham: H.G. Wells Society, 1998.

Domingos, Pedro, *The Master Algorithm: How the Quest for the Ultimate Learning Machine Will Remake Our World*, New York: Basic Books, 2018.

Donaldson, Sue and Will Kymlicka, *Zoopolis: A Political Theory of Animal Rights*, Oxford: Oxford University Press, 2013.

Dostoevsky, Fyodor, *Demons*, ed. Ronald Meyer, trans. Robert A. Maguire, London Penguin, 2008.

Dow, Sterling, "Aristotle, the Kleroteria, and the Courts", *Harvard Studies in Classical Philology* 50, 1939, pp. 1~34.

Dowding, Keith, *Rational Choice and Political Power*, Cheltenham: Elgar, 1991.

Downing, Lisa, *The Cambridge Introduction to Michel Foucault,* Cambridge: Cambridge University Press, 2008.

Doyle, Sir Arthur Conan, *The Adventures of Sherlock Holmes, and Other Stories,* ed. Michael A. Cramer, San Diego: Canterbury Classics, 2011.

Drahos, Peter, *A Philosophy of Intellectual Property,* Aldershot: Routledge, 1996.

Dretske, Fred I., "Entitlement: Epistemic Rights without Epistemic Duties?", *Philosophy and Phenomenological Research* LX, no. 3, 2000, pp. 591~606.

_____, "Epistemology and Information", *Philosophy of Information,* eds. Pieter Adriaans and Johan van Benthem. Amsterdam: North Holland, 2008, pp. 29~48.

_____, *Knowledge and the Flow of Information,* Stanford: Center for the Study of Language and Information, 1999.

_____, "Précis of Knowledge and the Flow of Information", *The Behavioral and Brain Sciences* 6, no. 1, 1983, pp. 55~90.

Dreyfus, George B. J., *Recognizing Reality: Dharmakirti's Philosophy and Its Tibetan Interpretations,* Albany: State University of New York Press, 1997.

Dreyfuss, Emily, "Want to Make a Lie Seem True? Say It Again. And Again. And Again", *Wired,* 2017. 2. 11. https://www.wired.com/2017/02/dont-believe-lies-just-people-repeat/.

Dubois, Elizabeth and Grant Blank, "The Echo Chamber Is Overstated: The Moderating Effect of Political Interest and Diverse Media", *Information, Communication & Society* 21, no. 5, 2018, pp. 729~745.

Duff, Alistair S., *A Normative Theory of the Information Society,* New York: Routledge, 2013.

Durkheim, Emile, *Suicide: A Study in Sociology,* ed. George Simpson, trans. A. Spaulding, New York: The Free Press, 1997.

_____, "What Is a Social Fact?", *The Rules of Sociological Method: And Selected Texts on Sociology and Its Method,* ed. Steven Lukes, trans. W. D. Halls, New York: The Free Press, 1982, pp. 50~59.

Dutant, Julien, "The Legend of the Justified True Belief Analysis", *Philosophical Perspectives* 29, no. 1, 2015, pp. 95~145.

Dworkin, Ronald, *Life's Dominion: An Argument about Abortion, Euthanasia, and Individual Freedom,* New York: Knopf, 1993.

_____, *Sovereign Virtue: The Theory and Practice of Equality,* Cambridge, MA: Harvard University Press, 2000.

Dyson, George, *Darwin among the Machines: The Evolution of Global Intelligence,* New York: Basic Books, 2012.

_____, "The Third Law", *Possible Minds: Twenty-Five Ways of Looking at AI*, ed. John Brockman, New York: Penguin, 2019, pp. 33~40.

_____, *Turing's Cathedral: The Origins of the Digital Universe,* New York: Vintage, 2012.

Eagleton, Terry, *The Meaning of Life: A Very Short Introduction*, Oxford: Oxford University Press, 2008.

Eden, Amnon H. et al. eds., *Singularity Hypotheses: A Scientific and Philosophical Assessment*, New York: Springer, 2013.

"Eighty Moments That Shaped the World", The British Council, 2016. 6. 30. https://www.british-council.org/sites/default/files/80-moments-report.pdf.

Eisikovits, Nir and Dan Feldman, "AI and Phronesis", *Moral Philosophy and Politics*, forthcoming.

Eliot, T. S., *The Complete Poems and Plays, 1909-1950*, New York: Harcourt Brace Jovanovich, 1971.

Ellis, Emma Grey, "People Can Put Your Face on Porn—and the Law Can't Help You", *Wired*, 2018. 1. 26. https://www.wired.com/story/face-swap-porn-legal-limbo/.

Ellul, Jacques, *The Technological Society*, trans. John Wilkinson, New York: Vintage, 1964.

Elster, Jon, *Making Sense of Marx*, New York: Cambridge University Press, 1985.

Emerson, Ralph Waldo, *Emerson's Complete Works*, vol. IX(Poems), New York: Houghton, 1894.

Engels, Friedrich, "On Authority", *Marx and Engels: Basic Writings on Politics and Philosophy*, ed. Lewis S. Feuer, Garden City: Doubleday, 1959, pp. 502~505.

Engler, Alex, "Fighting Deepfakes When Detection Fails", *Brookings*, 2019. 11. 14.

Enoch, David, "The Disorder of Public Reason", *Ethics* 124, no. 1, 2013, pp. 141~176.

_____, *Taking Morality Seriously: A Defense of Robust Realism,* Oxford: Oxford University Press, 2011.

Eriksen, Niels Nymann, *Kierkegaard's Category of Repetition,* Berlin: De Gruyter, 2000.

Eubanks, Virginia, *Automating Inequality: How High-Tech Tools Profile, Police, and Punish the Poor,* New York: St. Martin's Press, 2018.

Faden, Ruth R., Tom L. Beauchamp and Nancy M. P. King, *A History and Theory of Informed Consent,* New York: Oxford University Press, 1986.

Falcón y Tella, Fernando, *Challenges for Human Rights,* Leiden: Martinus Nijhoff, 2007.

Fanon, Frantz, *Black Skin, White Masks*, trans. Charles Lam Markmann, London:Pluto Press, 1986.

Feenberg, Andrew, *Critical Theory of Technology,* Oxford: Oxford University Press, 1991.

_____, *Heidegger and Marcuse: The Catastrophe and Redemption of History*, New York: Routledge, 2004.

_____, *Questioning Technology,* London: Routledge, 1999.

_____, "Replies to My Critics", *Democratizing Technology: Andrew Feenberg's Critical Theory of Technology*, ed. Tyler J. Veak, Albany: State University of New York Press, 2006, pp. 175~210.

_____, *Transforming Technology: A Critical Theory Revisited,* New York: Oxford University Press, 2002.

Ferguson, Andrew Guthrie, *The Rise of Big Data Policing: Surveillance, Race, and the Future of Law Enforcement,* New York: NYU Press, 2019.

Fifield, Anna, *The Great Successor: The Divinely Perfect Destiny of Brilliant Comrade Kim Jong Un,* New York: PublicAffairs, 2019.

Fisher, William, "Theories of Intellectual Property", *New Essays in the Legal and Political Theory of Property*, ed. Stephen R. Munzer, New York: Cambridge University Press, 2001, pp. 168~200.

Floridi, Luciano, *The Ethics of Information,* Oxford: Oxford University Press, 2013.

_____, *The Fourth Revolution: How the Infosphere Is Reshaping Human Reality,* Oxford: Oxford University Press, 2014.

_____, *Information: A Very Short Introduction,* Oxford: Oxford University Press, 2010.

_____, *The Logic of Information: A Theory of Philosophy as Conceptual Design,* Oxford: Oxford University Press, 2019.

_____, *The Philosophy of Information,* Oxford: Oxford University Press, 2013.

Floridi, Luciano and J. W. Sanders, "On the Morality of Artificial Agents", *Mind and Machine* 14, no. 3, 2004, PP. 349~379.

Foer, Franklin, *World Without Mind: The Existential Threat of Big Tech,* New York: Penguin, 2017.

Forgan, Duncan H., *Solving Fermi's Paradox,* New York: Cambridge University Press, 2019.

Forsythe, David P., *Human Rights in International Relations,* Cambridge: Cambridge University Press, 2017.

Foucault, Michel, *The Archaeology of Knowledge: And the Discourse on Language*, New York: Vintage, 1982.

_____, *Discipline and Punishment: The Birth of the Prison*, London: Travistock, 1977.

_____, *The History of Sexuality, Vol. 1: An Introduction,* trans. Robert Hurley, New York: Vintage, 1990.

_____, *The History of Sexuality, Vol. 2: The Use of Pleasure*, trans. Robert Hurley, New York: Vintage, 1985.

_____, *The History of Sexuality, Vol. 3: The Care of the Self*, trans. Robert Hurley, New York: Vintage, 1988.

_____, *The Order of Things: An Archaeology of the Human Sciences*, New York: Vintage, 1994.

_____, *Power/Knowledge: Selected Interviews and Other Writings, 1972-1977*, ed. Colin Gordon, New York: Vintage, 1980.

Frank, Thomas, *Listen, Liberal: Or, What Ever Happened to the Party of the People?*, New York: Metropolitan Books, 2016.

Frankfurt, Harry G, *On Bullshit*, Princeton: Princeton University Press, 2005.

Frege, Gottlob, "Der Gedanke. Eine Logische Untersuchung", *Beiträge zur Philosophie des Deutschen Idealismus* 1, no. 2, 1918, pp. 58~77.

Fricker, Miranda, *Epistemic Injustice: Power and the Ethics of Knowing*, New York: Oxford University Press, 2007.

Friedman, Uri, "Defending Assad, Russia Cries 'Fake News'", *The Atlantic*, 2018. 4. 11. https://www.theatlantic.com/international/archive/2018/04/russia-syria-fake-news/557660/.

Fukuyama, Francis, *The Origins of Political Order: From Pre-Human Times to the French Revolution*, New York: Farrar, Straus and Giroux, 2012.

_____, *Political Order and Political Decay: From the Industrial Revolution to the Globalization of Democracy*, New York: Farrar, Straus and Giroux, 2014.

Fung, Archon and Joshua Cohen, "Democracy and the Digital Public Sphere", *Digital Technology and Democratic Theory*, eds. Lucy Bernholz, Hélène Landemore and Rob Reich, Chicago: University of Chicago Press, 2021, pp. 23~61.

Future Today Institute, "Tech Trends Report 2021", 2021. https://futuretodayinstitute.com/trends-stories/.

Gabriel, Iason. "Towards a Theory of Justice for Artificial Intelligence", *Daedalus* 151, no. 2 (2022): pp. 218~231.

Galloway, Scott, *The Four: The Hidden DNA of Amazon, Apple, Facebook, and Google,* New York: Portfolio, 2017.

Gambino, Lauren, "Denying Accuracy of Access Hollywood Tape Would Be Trump's Biggest Lie", *The Guardian*, 2017. 11. 29. https://www.theguardian.com/us-news/2017/nov/29/denying-accuracy-of-access-hollywood-tape-would-be-trumps-biggest-lie.

Gardner, Howard E., *Frames of Mind: The Theory of Multiple Intelligences,* New York: Basic Books,

2011.

_____, *Intelligence Reframed: Multiple Intelligences for the Twenty-first Century,* New York: Basic Books, 2000.

_____, *Multiple Intelligences: New Horizons in Theory and Practice,* New York: Basic Books, 2006.

Garrett, Don, *Hume,* New York: Routledge, 2014.

Gaukroger, Stephen, *Francis Bacon and the Transformation of Early-Modern Philosophy,* New York: Cambridge University Press, 2001.

Gellman, Barton, *Dark Mirror: Edward Snowden and the American Surveillance State,* New York: Penguin, 2020.

Geras, Norman, "The Controversy about Marx and Justice", *Marxist Theory,* ed. Alex Callinicos, Oxford: Oxford University Press, 1989, pp. 211~268.

Gess, Nicola, *Halbwahrheiten: Zur Manipulation von Wirklichkeit,* Berlin: Matthes & Seitz, 2021.

Ghezzi, Alessa, Ángela Guimarães Pereira and Lucia Vesnic-Alujevic eds., *The Ethics of Memory in a Digital Age: Interrogating the Right to Be Forgotten,* Houndmills: Palgrave Macmillan, 2014.

Ghosh, Dipayan, *Terms of Disservice: How Silicon Valley Is Destructive by Design,* Washington, DC: Brookings, 2020.

Gilbert, Margaret, "Durkheim and Social Facts", *Debating Durkheim,* eds. Herminio Martins and William Pickering, New York: Routledge, 1994, pp. 86~109.

_____, *On Social Facts,* Princeton: Princeton University Press, 1992.

Gilbert, Sam, *Good Data: An Optimist's Guide to Our Digital Future,* London: Welbeck, 2022.

Gilens, Martin, *Affluence and Influence: Economic Inequality and Political Power in America,* New York: Princeton University Press, 2014.

Gill, David W. and David Lovekin eds., *Political Illusion and Reality: Engaging the Prophetic Insights of Jacques Ellul,* Eugene: Pickwick, 2018.

Glanzberg, Michael, "Truth", *Stanford Encyclopedia of Philosophy,* ed. Edward N. Zalta, 2018. https://plato.stanford.edu/entries/truth/.

Gleick, James, *The Information: a History, a Theory, a Flood,* New York: Vintage, 2012.

Globe Newswire, "Global VFX Market Will Reach USD 19,985.64 Million by 2024: Zion Market Research", 2018. 9. 27. https://www.globenewswire.com/news-release/2018/09/27/1577156/0/en/Global-VFX-Market-Will-Reach-USD-19-985-64-Million-By-2024-Zion-Market-Research.html.

Glover, Jonathan, *Humanity: A Moral History of the Twentieth Century,* New Haven: Yale University Press, 2012.

Godfrey-Smith, Peter, *Other Minds: The Octopus, the Sea, and the Deep Origins of Consciousness,* New York: Farrar, Straus and Giroux, 2017.

Goethe, Johann Wolfgang von, *Faust: A Tragedy,* ed. Cyrus Hamlin, trans. Walter W. Arndt, New York: Norton, 1998.

Goff, Philip, *Consciousness and Fundamental Reality,* New York: Oxford University Press, 2017.

_____, *Galileo's Error: Foundations for a New Science of Consciousness,* New York: Pantheon, 2019.

Goldberg, Sanford C., *Relying on Others: An Essay in Epistemology,* Oxford: Oxford University Press, 2010.

Goldman, Alvin I. and Matthew McGrath, *Epistemology: A Contemporary Introduction,* New York: Oxford University Press, 2014.

Good, Irving John, "Speculations Concerning the First Ultraintelligent Machine", *Advances in Computers* 6, no. 99, 1965, pp. 31~83.

Gordon, Peter E., Espen Hammer and Max Pensky eds., *A Companion to Adorno,* Oxford: Wiley-Blackwell, 2020.

Greene, Joshua, *Moral Tribes: Emotion, Reason and the Gap Between Us and Them,* New York: Penguin, 2014.

Greenman, Jeffrey P., *Understanding Jacques Ellul,* Eugene: Cascade Books, 2012.

Greenwald, Glenn, *No Place to Hide: Edward Snowden, the NSA, and the U.S. Surveillance State,* New York: Metropolitan Books, 2014.

Griffiths, Alison, *Wondrous Difference,* New York: Columbia University Press, 2001.

Groebner, Valentin, *Who Are You? Identification, Deception, and Surveillance in Early Modern Europe,* trans. Mark Kyburz and John Peck, Brooklyn: Zone Books, 2007.

Grofman, Bernard, Guillermo Owen and Scott L. Feld, "Thirteen Theorems in Search of the Truth", *Theory and Decision* 15, no. 3, 1983, pp. 261~278.

Grosheide, F. W., "Database Protection—The European Way", *Washington University Journal of Law & Policy* 8, no. 1, 2002, pp. 39~77.

Grotius, Hugo, *The Free Sea,* ed. David Armitage, Indianapolis: Liberty Fund, 2004.

_____, *The Rights Of War And Peace: Three Volume Set,* ed. Richard Tuck, Indianapolis, IN: Liberty Fund, 2005.

Gstrein, Oskar Josef, "Right to Be Forgotten: European Data Imperialism, National Privilege, or Universal Human Right?", *Review of European Administrative Law* 13, no. 1, 2020, pp. 125~152.

Gutmann, Amy, "Democracy", *A Companion to Contemporary Political Philosophy*, eds. Robert E. Goodin, Philip Pettit and Thomas W. Pogge, Oxford: Wiley-Blackwell, 2007, pp. 521~531.

Gutting, Gary, *French Philosophy in the Twentieth Century*, Cambridge: Cambridge University Press, 2001.

Habermas, Jürgen, *Between Facts and Norms: Contributions to a Discourse Theory of Law and Democracy*, trans. William Rehg, Cambridge, MA: MIT Press, 1996.

_____, *The Future of Human Nature*, Cambridge: Polity, 2003.

_____, *The Structural Transformation of the Public Sphere: An Inquiry into a Category of Bourgeois Society*, Cambridge, MA: MIT Press, 1991.

_____, "Zum Geleit", *Antworten auf Herbert Marcuse*, ed. Jürgen Habermas, Frankfurt: Suhrkamp, 1968, pp. 9~16.

Hacker, P. M. S., *Human Nature: The Categorial Framework*, Malden: Wiley-Blackwell, 2010.

Hacking, Ian, *The Taming of Chance*, Cambridge: Cambridge University Press, 1990.

Halavais, Alexander, *Search Engine Society*, Cambridge: Polity, 2017.

Halpern, Orit, *Beautiful Data: A History of Vision and Reason since 1945*, Durham: Duke University Press, 2015.

Hamano, Teru, "H. G. Wells, President Roosevelt, and the Universal Declaration of Human Rights", *Life & Human Rights* 9, Autumn Issue, 1998, pp. 6~16.

Hammer, Espen, *Adorno and the Political*, London: Routledge, 2013.

Hammond, J. W., *Charles Proteus Steinmetz: A Biography*, Breinigsville: Merchant Books, 2008.

Han, Hélène Béatrice, *Foucault's Critical Project: Between the Transcendental and the Historical*, trans. Edward Pile, Palo Alto: Stanford University Press, 2002.

Hansen, Mogens Herman, *The Athenian Democracy in the Age of Demosthenes: Structure, Principles, and Ideology*, trans. J. A. Crook, Oxford: Blackwell, 1991.

Harari, Yuval Noah, *Homo Deus: A Brief History of Tomorrow*, New York: Harper, 2017.

_____, "Why Technology Favors Tyranny", *The Atlantic*, 2018. 10. https://www.theatlantic.com/magazine/archive/2018/10/yuval-noah-harari-technology-tyranny/568330/.

Haraway, Donna, *Manifestly Haraway*, Minneapolis: University of Minnesota Press, 2016.

_____, *Simians, Cyborgs, and Women: The Reinvention of Nature*, London: Routledge, 2015.

Harnad, Steve, "Can a Machine Be Conscious? How?", *Journal of Consciousness Studies* 10, no. 4~5, 2003, pp. 67~75.

Hart, Roderick P., *Trump and Us: What He Says and Why People Listen,* Cambridge: Cambridge University Press, 2020.

Hartch, Todd, *The Prophet of Cuernavaca: Ivan Illich and the Crisis of the West*, New York: Oxford University Press, 2015.

Hartzog, Woodrow, *Privacy's Blueprint: The Battle to Control the Design of New Technologies,* Cambridge, MA: Harvard University Press, 2018.

Hasher, Lynn, David Goldstein and Thomas Toppino, "Frequency and the Conference of Referential Validity", *Journal of Verbal Learning and Verbal Behavior* 16, no. 1, 1977, pp. 107~112.

Haugeland, John, "Analog and Analog", *Philosophical Topics* 12, no. 1, 1981, pp. 213~225.

Hayek, F. A., *Law, Legislation, and Liberty,* ed. Jeremy Shearmur, Chicago: University of Chicago Press, 2022.

_____, *The Road to Serfdom*, ed. Bruce Caldwell, Chicago: University of Chicago Press, 2007.

_____, "The Use of Knowledge in Society", *American Economic Review* 35, no. 4 , 1945, pp. 519~530.

Headrick, Daniel R., *When Information Came of Age: Technologies of Knowledge in the Age of Reason and Revolution 1700-1850*, New York: Oxford University Press, 2000.

Hegel, Georg Wilhelm Fredrich, *Hegel: Elements of the Philosophy of Right*, ed. Allen W. Wood, trans. H. B. Nisbet, Cambridge: Cambridge University Press, 1991.

Heidegger, Martin, "Building Dwelling Thinking", *Poetry, Language, Thought*, New York: Harper, 2013, pp. 141~160.

_____, "Die Frage nach der Technik", *Vorträge und Aufsätze*, Pfüllingen: Neske, 1954, pp. 13~44.

_____, *Holzwege*, Frankfurt: Klostermann, 1950.

_____, *The Question Concerning Technology, and Other Essays,* trans. William Lovitt, London: Garland, 1977.

Heil, John, *Philosophy of Mind: A Contemporary Introduction*, New York: Routledge, 2012.

Heilweil, Rebecca, "How Deepfakes Could Actually Do Some Good", *Vox*, 2020. 6. 29. https://www.vox.com/recode/2020/6/29/21303588/deepfakes-anonymous-artificial-intelligence-welcome-to-chechnya.

Heims, Steve Joshua, *John von Neumann and Norbert Wiener: From Mathematics to the Technologies of Life and Death,* Cambridge, MA: MIT Press, 1980.

Helbing, Dirk et al., "Will Democracy Survive Big Data and Artificial Intelligence?", *Scientific American*, 2017. 2. 25. https://www.scientificamerican.com/article/will-democracy-survive-big-data-and-artificial-intelligence/.

Held, David, *Introduction to Critical Theory: Horkheimer to Habermas,* Cambridge: Polity, 1991.

Hennessy, Brittany, *Influencer: Building Your Personal Brand in the Age of Social Media,* New York: Citadel, 2018.

Henry, John, *Knowledge Is Power: How Magic, the Government and an Apocalyptic Vision Helped Francis Bacon to Create Modern Science,* Cambridge: Icon Books, 2017.

Hertwig, Ralph, Gerd Gigerenzer and Ulrich Hoffrage, "The Reiteration Effect in Hindsight Bias", *Psychological Review* 104, no. 1, 1997, pp. 194~202.

Higgins, Eliot, *We Are Bellingcat: Global Crime, Online Sleuths, and the Bold Future of News*, New York: Bloomsbury, 2021.

Hill, Thomas E., *Dignity and Practical Reason in Kant's Moral Theory,* Ithaca: Cornell University Press, 1992.

Hobbes, Thomas, *Leviathan*, ed. Richard Tuck, Cambridge: Cambridge University Press, 1991.

Hochschild, Arlie Russell, *Strangers in Their Own Land: Anger and Mourning on the American Right*, New York: The New Press, 2018.

Hoekstra, Kinch, "Hobbesian Equality", *Hobbes Today: Insights for the 21st Century*, ed. S. A. Lloyd, Cambridge: Cambridge University Press, 2013.

Hoffman, Jane S., *Your Data, Their Billions: Unraveling and Simplifying Big Tech,* New York: Post Hill Press, 2022.

Hoffmann, Anna Lauren, "Rawls, Information Technology, and the Sociotechnical Bases of Self-Respect", *The Oxford Handbook of Philosophy of Technology*, ed. Shannon Vallor, Oxford: Oxford University Press, 2022, pp. 231~249.

Hohfeld, Wesley, *Fundamental Legal Conceptions,* ed. W. Cook, New Haven: Yale University Press, 1919.

Holland, Max, "The Truth Behind JFK's Assassination", *Newsweek Magazine*, 2014. 11. 20. https://www.newsweek.com/2014/11/28/truth-behind-jfks-assassination-285653.html.

Honore, A. M., "Ownership", *Making Law Bind: Essays Legal and Philosophical,* Oxford: Oxford University Press, 1961.

Hopkins, Robert, "Factive Pictorial Experience: What's Special about Photographs?", *Nous* 46, no. 4 ,

2012, pp. 709~731.

Horkheimer, Max, *Dialectic of Enlightenment*, New York: Seabury Press, 1972.

Horkheimer, Max and Theodor W. Adorno, *Dialectic of Enlightenment*, New York: Continuum, 1999.

Horwich, Paul, *Truth*, Oxford: Clarendon, 1999.

Hugo, Victor, "Les Misérables", trans. Lee Fahestock and Norman MacAfee, New York: Signet Classics, 2013.

Hume, David, *A Treatise of Human Nature*, CreateSpace Independent Publishing Platform, 2015.

Hunt, Earl, *Human Intelligence*, New York: Cambridge University Press, 2010.

Idel, Moshe, *Golem: Jewish Magical and Mystical Traditions on the Artificial Anthropoid*, Brooklyn: KTAV Publishing House, 2019.

Igo, Sarah E., *The Known Citizen: A History of Privacy in Modern America*, Cambridge, MA: Harvard University Press, 2018.

Ihde, Don, *Technology and the Lifeworld: From Garden to Earth*, Bloomington: Indiana University Press, 1990.

Innes, David C., *Francis Bacon*, Phillipsburg, NJ: P & R Publishing, 2019.

Ionescu, Gita ed., *The Political Thought of Saint Simon*, Oxford: Oxford University Press, 1976.

Jacobi, Robert, *Reboot: Der Code für eine widerstandsfähige Wirtschaft, Politik und Gesellschaft*. Hamburg: Murmann, 2021.

Jacobs, W. W., *The Monkey's Paw and Other Tales of Mystery and the Macabre*, Chicago: Academy Chicago Publishers, 2005.

Jaeggi, Rahel, *Alienation*, ed. Frederick, New York: Columbia University Press, 2014.

Janich, Peter, *What Is Information?*, trans. Eric Hayot and Lea Pao, Minneapolis: University of Minnesota Press, 2018.

Jarvis, Simon, *Adorno: A Critical Introduction*, Cambridge: Polity, 1998.

Jasanoff, Sheila and Sang-Hyun Kim eds., *Dreamscapes of Modernity: Sociotechnical Imaginaries and the Fabrication of Power*, Chicago: University of Chicago Press, 2015.

Jaworska, Agnieszka and Julie Tannenbaum, "The Grounds of Moral Status", *Stanford Encyclopedia of Philosophy*, ed. Edward N. Zalta, 2021. https://plato.stanford.edu/entries/truth/.

Jaworski, William, *Philosophy of Mind: A Comprehensive Introduction*, Malden, MA: Wiley-Blackwell, 2011.

Jemielniak, Dariusz, *Thick Big Data: Doing Digital Social Sciences*, Oxford: Oxford University Press,

2020.

Jerónimo, Helena M., José Luís Garcia and Carl Mitcham eds., *Jacques Ellul and the Technological Society in the 21st Century,* Dordrecht: Springer, 2013.

Jonas, Hans, *The Imperative of Responsibility: In Search of an Ethics for the Technological Age,* University of Chicago Press, 1985.

Jones, Caroline A., "The Artistic Use of Cybernetic Beings", *Possible Minds: Twenty-Five Ways of Looking at AI,* ed. John Brockman, New York: Penguin, 2019, pp. 254~265.

Jungherr, Andreas, Gonzalo Rivero and Daniel Gayo-Avello, *Retooling Politics: How Digital Media Are Shaping Democracy,* Cambridge: Cambridge University Press, 2020.

Kafka, Franz, *The Trial,* trans. David Wyllie, Mineola: Dover, 2009.

Kagan, Shelly, *How to Count Animals, More or Less,* Oxford: Oxford University Press, 2019.

Kahn, Paul W., *Political Theology: Four New Chapters on the Concept of Sovereignty,* New York: Columbia University Press, 2011.

_____, *Putting Liberalism in Its Place,* Princeton: Princeton University Press, 2008.

_____, "Sacrificial Nation", *Utopian,* 2010. 3. 29. https://www.the-utopian.org/post/2340099709/sac-rificial-nation.

Kahneman, Daniel, *Thinking, Fast and Slow,* New York: Farrar, Straus and Giroux, 2013.

Kandiyali, Jan ed., *Reassessing Marx's Social and Political Philosophy: Freedom, Recognition, and Human Flourishing,* London: Routledge, 2018.

Kant, Immanuel, *Lectures on Ethics,* ed. J. B. Schneewind, trans. Peter Heath, Cambridge: Cambridge University Press, 2001.

_____, *Practical Philosophy,* ed. Mary J. Gregor, New York: Cambridge University Press, 1996.

Kavka, Gregory, *Hobbesian Moral and Political Theory,* Princeton: Princeton University Press, 1986.

Kelly, Kevin, *What Technology Wants,* New York: Viking, 2010.

Kerner, Catherine and Mathias Risse, "Beyond Porn and Discreditation: Promises and Perils of Deepfake Technology in Digital Lifeworlds", *Moral Philosophy and Politics* 8, no. 1, 2021, pp. 81~108.

Keyssar, Alexanderm, *The Right to Vote: The Contested History of Democracy in the United States,* New York: Basic Books, 2009.

Kierkegaard, Søren, *Kierkegaard's Writings, Volume VI: Fear and Trembling/Repetition,* trans. Edna H. Hong and Howard V. Hong. Princeton: Princeton University Press, 1983.

_____, *Kierkegaard's Writings, Volume XIII: The Corsair Affair and Articles Related to the Writings*, trans. Edna H. Hong and Howard V. Hong, Princeton: Princeton University Press, 2009.

_____, *Kierkegaard's Writings, Volume XIV: Two Ages—The Age of Revolution and the Present Age/ A Literary Review*, trans. Howard V. Hong and Edna H. Hong, Princeton: Princeton University Press, 2009.

King, David, *The Commissar Vanishes: The Falsification of Photographs and Art in Stalin's Russia*, London: Tate, 2014.

Kissinger, Henry A., Eric Schmidt and Daniel Huttenlocher, *The Age of AI: And Our Human Future*, New York: Little, Brown and Company, 2021.

Kittler, Friedrich A., "The Artificial Intelligence of World War: Alan Turing", *The Truth of the Technological World: Essays on the Genealogy of Presence*. trans. Erik Butler, pp. 178~194. Palo Alto: Stanford University Press, 2014.

_____, *Gramophone, Film, Typewriter*, Palo Alto: Stanford University Press, 1999.

Kiverstein, Julian, "Could a Robot Have a Subjective Point of View?", *Journal of Consciousness Studies* 14, no. 7, 2007, pp. 127~139.

Klein, Naomi, *This Changes Everything: Capitalism vs. The Climate*, New York: Simon & Schuster, 2014.

Kleinman, Alexis, "Porn Sites Get More Visitors Each Month Than Netflix, Amazon and Twitter Combined", *Huffington Post*, 2017. 12. 6. https://www.huffpost.com/entry/internet-porn-stats_n_3187682.

Klemke, E. D. ed., *The Meaning of Life*, New York: Oxford University Press, 1999.

Kline, Ronald R., *The Cybernetics Moment: Or Why We Call Our Age the Information Age*, Baltimore: Johns Hopkins University Press, 2017.

Klinkner, Melanie and Howard Davis, *The Right to The Truth in International Law*, London: Routledge, 2021.

Knight, Will, "The Defense Department Has Produced the First Tools for Catching Deepfakes", *MIT Technology Review*, 2018. 8. 7.

Koch, Christof, *Consciousness: Confessions of a Romantic Reductionist*, Cambridge, MA: MIT Press, 2012.

_____, *The Feeling of Life Itself: Why Consciousness Is Widespread but Can't Be Computed*, Cambridge, MA: MIT Press, 2020.

Kolakowski, Leszek, *Main Currents of Marxism: The Founders-The Golden Age-The Breakdown*, New York: Norton, 2008.

Koopman, Colin, *How We Became Our Data: A Genealogy of the Informational Person*, Chicago: University of Chicago Press, 2019.

Kornwachs, Klaus and Konstantin Jacoby eds., *Information. New Questions to a Multidisciplinary Concept*, Berlin: Akademie Verlag, 1996.

Korsgaard, Christine M., *Fellow Creatures: Our Obligations to the Other Animals*, Oxford: Oxford University Press, 2018.

Koschorke, Albrecht, *Fact and Fiction: Elements of a General Theory of Narrative*, Berlin: De Gruyter, 2018.

Kramm, Matthias, "When a River Becomes a Person", *Journal of Human Development and Capabilities* 21, no. 4, 2020, pp. 307~319.

Kraybill, Donald B., *What the Amish Teach Us: Plain Living in a Busy World*, Baltimore: Johns Hopkins University Press, 2021.

Kraybill, Donald B., Karen M. Johnson-Weiner and Steven M. Nolt, *The Amish*, Baltimore: Johns Hopkins University Press, 2018.

Krücken, Georg and Gili S. Drori eds., *World Society: The Writings of John W. Meyer*, New York: Oxford University Press, 2009.

Kuflik, Arthur, "Moral Foundations of Intellectual Property Rights", *Owning Scientific and Technical Information: Value and Ethical Issues*, eds. Vivian Weil and John Snapper, New Brunswick: Rutgers University Press, 1989.

Kuhn, Thomas S., *The Structure of Scientific Revolutions*, Chicago: University of Chicago Press, 1970.

Kurzweil, Ray, *The Singularity Is Near: When Humans Transcend Biology*, New York: Penguin, 2006.

Lackey, Jennifer, *Learning from Words: Testimony as a Source of Knowledge*, New York: Oxford University Press, 2010.

Lame Deer, John, *Lame Deer: Seeker of Visions*, ed. Richard Erdoes, New York: Simon & Schuster, 1972.

Landemore, Hélène, "Open Democracy and Digital Technologies", *Digital Technology and Democratic Theory*, eds. Lucy Bernholz, Hélène Landemore and Rob Reich, Chicago: University of Chicago Press, 2021, pp. 62~89.

_____, *Open Democracy: Reinventing Popular Rule for the Twenty-First Century*, Princeton: Princeton

University Press, 2020.

Langton, Rae, "Speech Acts and Unspeakable Acts", *Philosophy & Public Affairs* 22, no. 4, 1993, pp. 293~330.

Langton, Rae and Jennifer Hornsby, "Free Speech and Illocution", *Legal Theory* 4, no. 1, 1998, pp. 21~37.

Larkin, Philip, *Collected Poems*, ed. Anthony Thwaite, New York: Farrar, Straus and Giroux, 1989.

Larson, Erik J., *The Myth of Artificial Intelligence: Why Computers Can't Think the Way We Do*, Cambridge, MA: Harvard University Press, 2021.

Lash, Scott M., *Critique of Information*, London: Sage, 2002.

Latour, Bruno, *Reassembling the Social: An Introduction to Actor-Network-Theory*, Oxford: Oxford University Press, 2007.

_____, *We Have Never Been Modern*, trans. Catherine Porter, Cambridge, MA: Harvard University Press, 1993.

Lauren, Paul Gordon, *The Evolution of International Human Rights: Visions Seen*, Philadelphia: University of Pennsylvania Press, 2011.

Lechner, Frank and John Boli, *World Culture: Origins and Consequences*, Oxford: Blackwell, 2005.

Lee, Dami, "Deepfake Salvador Dalí Takes Selfies with Museum Visitors", *The Verge*, 2019. 5. 10. https://www.theverge.com/2019/5/10/18540953/salvador-dali-lives-deepfake-museum.

Lee, Harper, *To Kill a Mockingbird*, New York: Lippincott, 1960.

Lemos, Noah M., *Intrinsic Value: Concept and Warrant*, Cambridge, MA: Cambridge University Press, 1994.

Lenski, Wolfgang, "Information: A Conceptual Investigation", *Information* 1, no. 2, 2010, pp. 74~118.

Leonard, Andrew, "How Taiwan's Unlikely Digital Minister Hacked the Pandemic", *Wired*, 2020. 7. 23. https://www.wired.com/story/how-taiwans-unlikely-digital-minister-hacked-the-pandemic/.

Lepore, Jill, "Rock, Paper, Scissors: How We Used to Vote", *The New Yorker*, 2008. 10. 13. https://www.ghhsapush.com/uploads/8/0/6/2/80629020/jill_lepore_-_rock_paper_scissors.pdf.

_____, *These Truths: A History of the United States*, New York: Norton, 2019.

Lesne, Annick, "The Discrete vs. Continuous Controversy in Physics", *Mathematical Structures in Computer Science* 17, no. 2, 2007, pp. 1~39.

Levy, David, *Love and Sex with Robots: The Evolution of Human-Robot Relationships*, New York: Harper, 2007.

Levy, Neil, "The Value of Consciousness", *Journal of Consciousness Studies* 21, no. 1~2, 2014, pp. 127~138.

Lewis, David, "Analogue and Digital", *Nous* 5, no. 3, 1971, pp. 321~327.

Liang, Percy and Rishi Bommasani, "On the Opportunities and Risks of Foundation Models", Stanford Institute for Human-Centered Artificial Intelligence, Stanford University, 2021. 8. https://fsi.stanford.edu/publication/opportunities-and-risks-foundation-models.

Liao, S. Matthew, "The Moral Status and Rights of Artificial Intelligence", *Ethics of Artificial Intelligence*, ed. S. Matthew Liao, New York: Oxford University Press, 2020, pp. 271~292.

List, Christian and Philip Pettit, *Group Agency: The Possibility, Design, and Status of Corporate Agents*, Oxford: Oxford University Press, 2013.

Livingston, Steven and Mathias Risse, "On the Impact of Artificial Intelligence on Human Rights Over the Next 20-30 Years", *Ethics and International Affairs* 33, no. 2, 2019, pp. 141~158.

Livingstone, David, *Transhumanism: The History of a Dangerous Idea*, CreateSpace Independent Publishing Platform, 2015.

Locke, John, *Second Treatise of Government*, ed. C. B. Macpherson, Indianapolis: Hackett, 1980.

Lohr, Steve, *Data-Ism: The Revolution Transforming Decision Making, Consumer Behavior, and Almost Everything Else*, New York: Harper, 2015.

Loiperdinger, Martin and Bernd Elzer, "Lumiere's Arrival of the Train: Cinema's Founding Myth", *The Moving Image* 4, no. 1, 2004, pp. 89~118.

Longino, Helen E., *Science as Social Knowledge: Values and Objectivity in Scientific Inquiry*, Princeton: Princeton University Press, 1990.

Lorenc, Theo, "Artificial Intelligence and the Ethics of Human Extinction", *Journal of Consciousness Studies* 22, no. 9~10, 2015, pp. 194~214.

Losee, Robert M., *The Science of Information: Measurement and Applications*, San Diego: Academic Press, 1990.

Lovejoy, Arthur, *The Great Chain of Being: A Study in the History of Ideas*, Cambridge, MA: Harvard University Press, 1936.

Lovelock, James, *Novacene: The Coming Age of Hyperintelligence*, Cambridge, MA: MIT Press, 2020.

Löwenthal, Leo and Norbert Guterman, *Prophets of Deceit: A Study of the Techniques of the American*

Agitator, eds. Alberto Toscano, Max Horkheimer and Herbert Marcuse. New York: Verso, 2021.

Lukacs, Georg, *The Theory of the Novel*, Cambridge, MA: MIT Press, 1974.

Lukes, Steven, "Durkheim's 'Individualism and the Intellectuals'", *Political Studies* XVII, no. 1, 1969, pp. 14~30.

_____, *Emile Durkheim: His Life and Work: A Historical and Critical Study*, Stanford: Stanford University Press, 1985.

_____, *Individualism*, New York: Harper & Row, 1973.

_____, *Marxism and Morality*, Oxford: Oxford University Press, 1985.

_____, *Power: A Radical View*, New York: Palgrave Macmillan, 2005.

Lyon, Aidan, "Data", *Oxford Handbook of Philosophy of Science*, ed. Paul Humphreys, New York: Oxford University Press, 2016, pp. 738~758.

Lyubomirsky, Sonja, *The How of Happiness: A New Approach to Getting the Life You Want*, New York: Penguin, 2008.

Macaulay, Thomas, "What Is Synthetic Data and How Can It Help Protect Privacy?", *Tech Advisor*, 2019.10.01. https://www.techadvisor.com/article/738852/what-is-synthetic-data-and-how-can-it-help-protect-privacy.html.

MacKinnon, Catherine A., *Feminism Unmodified*, Cambridge, MA: Harvard University Press, 1987.

Mackintosh, Nicholas, *IQ and Human Intelligence*, Oxford: Oxford University Press, 2011.

Macrae, Norman, *John von Neumann*, New York: Pantheon, 1992.

Malanczuk, Peter, *Akehurst's Modern Introduction to International Law*, New York: Routledge, 1997.

Manning, Christopher D., "Human Language Understanding & Reasoning", *Daedalus* 151, no. 2, 2022, pp. 127~138.

Manuel, Frank, *The New World of Henri Saint-Simon*, Cambridge, MA: Harvard University Press, 1956.

Manyika, James ed., *AI & Society, Spring 2022 Issue of Daedalus*, Cambridge, MA: American Academy of Arts and Sciences, 2022.

Marcuse, Herbert, *Heideggerian Marxism*, eds. John Abromeit and Richard Wolin, Lincoln: University of Nebraska Press, 2005.

_____, *One-Dimensional Man: Studies in the Ideology of Advanced Industrial Society*, ed. Douglas Kellner, Boston: Beacon Press, 1991.

_____, "Some Social Implications of Modern Technology", *Technology, War and Fascism: Collected*

Papers of Herbert Marcuse, ed. Douglas Kellner, vol. 1, New York: Routledge, 1998, pp. 39~66.

Margetts, Helen, "Rethinking AI for Good Governance", *Daedalus* 151, no. 2, 2022, pp. 360~371.

Marino, Lori, "The Landscape of Intelligence", *The Impact of Discovering Life Beyond Earth*, ed. Steven J. Dick, Cambridge, MA: Cambridge University Press, 2016, pp. 95~112.

Martin, Bradley K., *Under the Loving Care of the Fatherly Leader: North Korea and the Kim Dynasty*, New York: St. Martin's Griffin, 2006.

Massimini, Marcello and Giulio Tononi, *Sizing Up Consciousness: Towards an Objective Measure of the Capacity for Experience*, Oxford: Oxford University Press, 2018.

Matheson, David, "A Duty of Ignorance", *Episteme* 10, no. 2, 2013, pp. 193~205.

May, Todd, *Philosophy of Foucault*, New York: Routledge, 2006.

Mayer-Schönberger, Viktor, *Delete: The Virtue of Forgetting in the Digital Age*, Princeton: Princeton University Press, 2011.

Mayer-Schönberger, Viktor and Kenneth Cukier, *Big Data: A Revolution That Will Transform How We Live, Work, and Think*, Boston: Mariner Books, 2014.

Mazower, Mark, *Governing the World: The History of an Idea, 1815 to the Present*, New York: Penguin, 2013.

McCarthy, John et al., "A Proposal for the Dartmouth Summer Research Project on Artificial Intelligence", *AI Magazine* 27, no. 4, 2006, pp. 12~14.

McLellan, David ed., *Karl Marx: Selected Writings*, Oxford: Oxford University Press, 1977.

_____, *Marxism After Marx*, Basingstoke: Palgrave Macmillan, 2007.

McLuhan, Marshall, *Counterblast*, New York: Harcourt, Brace & World, 1969.

_____, *Understanding Media: The Extensions of Man*, Cambridge, MA: MIT Press, 1994.

McNamee, Roger, *Zucked: Waking Up to the Facebook Catastrophe*, New York: Penguin, 2019.

McNay, Lois, *Foucault: A Critical Introduction*, Cambridge: Polity, 1994.

McNeill, J. R. and William H. McNeill, *The Human Web: A Bird's-Eye View of World History*, New York: Norton, 2003.

Medina, José, *The Epistemology of Resistance: Gender and Racial Oppression, Epistemic Injustice, and Resistant Imaginations*, Oxford: Oxford University Press, 2012.

Mehr, Hila, "Artificial Intelligence for Citizen Services and Government", Ash Center for Democratic Governance and Innovation, Harvard University, 2017. 8. https://ash.harvard.edu/files/ash/files/artificial_intelligence_for_citizen_services.pdf.

Mercieca, Jennifer, *Demagogue for President: The Rhetorical Genius of Donald Trump*, College Station: Texas A&M University Press, 2020.

Merlan, Anna, *Republic of Lies: American Conspiracy Theorists and Their Surprising Rise to Power*, New York: Metropolitan Books, 2020.

Metz, Cade, "In Two Moves, AlphaGo and Lee Sedol Redefined the Future", *Wired*, 2016. 3. 16. https://www.wired.com/2016/03/two-moves-alphago-lee-sedol-redefined-future/.

Metz, Thaddeus, *Meaning in Life*, Oxford: Oxford University Press, 2014.

Metzinger, Thomas, "Artificial Suffering: An Argument for a Global Moratorium on Synthetic Phenomenology", *Journal of Artificial Intelligence and Consciousness* 8, no. 1, 2021, pp. 43~66.

Meyer, John W., *World Society: The Writings of John W. Meyer*, eds. Georg Krücken and Gili Drori, Oxford: Oxford University Press, 2010.

Meyer, John W. and Mathias Risse, "Thinking About the World: Philosophy and Sociology", *Carr Center Discussion Paper Series 2018-005*, 2018. https://carrcenter.hks.harvard.edu/files/cchr/files/ccdp_2018_005_thinkingaboutworld.pdf.

Michaelian, Kourken and John Sutton, "Memory", *Stanford Encyclopedia of Philosophy*, ed. Edward N. Zalta, 2017. https://plato.stanford.edu/entries/truth/.

Migotti, Mark et al. *Robot Sex: Social and Ethical Implications*, eds. John Danaher and Neil McArthur, Cambridge, MA: MIT Press, 2017.

Miller, Eugene, "What Does 'Political' Mean?", *Review of Politics* 42, no. 1, 1980, pp. 56~72.

Miller, Richard W., *Analyzing Marx: Morality, Power and History*, Princeton: Princeton University Press, 1984.

Mills, Charles W., *Black Rights/White Wrongs: The Critique of Racial Liberalism*, New York: Oxford University Press, 2017.

_____, "White Ignorance", *Race and Epistemologies of Ignorance*, eds. Shannon Sullivan and Nancy Tuana, Albany: State University of New York Press, 2007, pp. 13~38.

Minow, Martha, *Saving the News: Why the Constitution Calls for Government Action to Preserve Freedom of Speech*, New York: Oxford University Press, 2021.

Misselhorn, Catrin, "Artificial Morality. Concepts, Issues and Challenges", *Society* 55, no. 2, 2018, pp. 161~169.

Mitchell, Melanie, *Artificial Intelligence: A Guide for Thinking Humans*, New York: Farrar, Straus and Giroux, 2019.

Mittelstadt, Brent Daniel et al., "The Ethics of Algorithms: Mapping the Debate", *Big Data & Society* 3, no. 2, 2016, pp. 1~21

Montagnini, Leone, *Harmonies of Disorder: Norbert Wiener: A Mathematician-Philosopher of Our Time*, Berlin: Springer, 2018.

Moor, James H., "Four Kinds of Ethical Robots", *Philosophy Now* 72, 2009, pp. 12~14.

Moore, Martin, *Democracy Hacked: How Technology Is Destabilising Global Politics*, London: Oneworld, 2020.

Moran, Dermot, *Introduction to Phenomenology*, New York: Routledge, 2000.

More, Max and Natasha Vita-More eds., *The Transhumanist Reader: Classical and Contemporary Essays on the Science, Technology, and Philosophy of the Human Future*, Chichester: Wiley-Blackwell, 2013.

Morozov, Evgeny, "Capitalism's New Clothes", *The Baffler*, 2019. 2. 4. https://thebaffler.com/latest/capitalisms-new-clothes-morozov.

Morsink, Johannes, *The Universal Declaration of Human Rights*, Philadelphia: University of Pennsylvania Press, 1999.

Mouffe, Chantal, *On the Political*, London: Routledge, 2005. https://thebaffler.com/latest/capitalisms-new-clothes-morozov.

Moyn, Samuel, *Not Enough: Human Rights in an Unequal World*, Cambridge, MA: Belknap, 2018.

Muirhead, Russell and Nancy Rosenblum, *A Lot of People Are Saying: The New Conspiracism and the Assault on Democracy*, Princeton: Princeton University Press, 2020.

Müller, Luise, "Domesticating Artificial Intelligence", *Moral Philosophy and Politics*, forthcoming.

Mumford, Lewis, *Myth of the Machine: Technics and Human Development*, New York: Harcourt Brace Jovanovich, 1967.

_____, *Pentagon of Power: The Myth of the Machine*, vol. II, New York: Harcourt Brace Jovanovich, 1974.

_____, *Technics and Civilization*, Chicago: University of Chicago Press, 2010.

Murdoch, Iris, *The Sovereignty of Good*, London: Routledge, 2014.

Nagel, Jennifer, *Knowledge: A Very Short Introduction*, Oxford: Oxford University Press, 2014.

Nagel, Thomas, "The Absurd", *Mortal Questions*, pp. 11~23, Cambridge: Cambridge University Press, 2012.

_____, *Equality and Partiality*, New York: Oxford University Press, 1991.

_____, *Mind & Cosmos: Why the Materialist Neo-Darwinian Conception of Nature Is Almost Certainly False*, New York: Oxford University Press, 2012.

_____, *What Does It All Mean? A Very Short Introduction to Philosophy*, New York: Oxford University Press, 1987.

_____, "What Is It Like to Be a Bat?", *Philosophical Review* 83, no. 4, 1974, pp. 435~450.

Neumann, John von, "Can We Survive Technology?", *John von Neumann: Collected Works*, ed. A. H. Taub, vol. VI, Oxford: Pergamon, 1961, pp. 504~519.

Niebuhr, Reinhold, *Moral Man and Immoral Society: A Study in Ethics and Politics*, Eugene: Wipf and Stock, 2010.

Nietzsche, Friedrich, *Beyond Good and Evil. Prelude to a Philosophy of the Future*, trans. Walter Kaufmann, New York: Vintage, 1966.

_____, *The Gay Science: With a Prelude in Rhymes and an Appendix of Songs*, trans. Walter Kaufmann, New York: Vintage, 1974.

_____, *On the Genealogy of Morality*, trans. Maudemarie Clark and Alan J. Swensen, Indianapolis: Hackett, 1998.

_____, *Nietzsche: The Anti-Christ, Ecce Homo, Twilight of the Idols: And Other Writings*, ed. Aaron Ridley, trans. Judith Norman, New York: Cambridge University Press, 2005.

_____, *Nietzsche: Thus Spoke Zarathustra*, ed. Robert Pippin, trans. Adrian Del Caro, Cambridge: Cambridge University Press, 2006.

Nilsson, Nils J., *Quest for Artificial Intelligence*, New York: Cambridge University Press, 2009.

Nissenbaum, Helen, "Accountability in a Computerized Society", *Science and Engineering Ethics* 2, no. 1, 1996, pp. 25~42.

_____, *Privacy in Context: Technology, Policy, and the Integrity of Social Life*, Stanford: Stanford Law Books, 2009.

Noble, Safiya Umoja, *Algorithms of Oppression: How Search Engines Reinforce Racism*, New York: NYU Press, 2018.

Nozick, Robert, *Anarchy, State, and Utopia*, New York: Basic Books, 1974.

_____, *Philosophical Explanations*, Cambridge, MA: Belknap, 1983.

Nurse, Paul, *What Is Life? Five Great Ideas in Biology*, New York: Norton, 2021.

Oakeshott, Michael, *On Human Conduct*, Oxford: Clarendon, 1975.

Ober, Josiah, *The Rise and Fall of Classical Greece*, Princeton: Princeton University Press, 2015.

O'Connor, Cailin and James Owen Weatherall, *The Misinformation Age: How False Beliefs Spread*, New Haven: Yale University Press, 2020.

O'Neil, Cathy, *Weapons of Math Destruction: How Big Data Increases Inequality and Threatens Democracy*, New York: Broadway Books, 2017.

O'Neill, Onora, *A Philosopher Looks at Digital Communication*, Cambridge: Cambridge University Press, 2022.

Ong, Walter J., ed, *Orality and Literacy: 30th Anniversary Edition*, London: Routledge, 2012.

Ord, Toby, *The Precipice: Existential Risk and the Future of Humanity*, New York: Hachette Books, 2021.

Origgi, Gloria, *Reputation: What It Is and Why It Matters*, trans. Stephen Holmes and Noga Arikha, Princeton: Princeton University Press, 2017.

Orwell, George, *1984*, New York: Signet Classic, 1961.

_____, *The Collected Essays, Journalism, and Letters of George Orwell*, eds. Sonia Orwell and Ian Angus, New York: Harcourt, Brace & World, 1968.

Osoba, Osonde A. and William Welser, *An Intelligence in Our Image: The Risks of Bias and Errors in Artificial Intelligence*, Santa Monica: RAND Corporation, 2017.

Paris, Britt and Joan Donovan, "Deepfakes and Cheap Fakes: The Manipulation of Audio and Visual Evidence", *Data and Society*, 2019. 9. 18. www.readkong.com/page/ deepfakes-and-cheap-fakes-5950741.

Pariser, Eli and Danielle Allen, "To Thrive Our Democracy Needs Digital Public Infrastructure", *Politico*, 2021. 1. 5. www.politico.com/news/agenda/2021/01/05/to-thrive-our-democracy-needs-digital-public-infrastructure-455061

Park, Y. Gloria, "Truth as Justice: Legal and Extralegal Development of the Right to Truth", *Harvard International Review* 31, no. 4, 2010, pp. 24~27.

Partington, John S., *Building Cosmopolis: The Political Thought of H.G. Wells*, Aldershot: Routledge, 2016.

_____, "Human Rights and Public Accountability in H. G. Wells' Functional World State", *Cosmopolitics and the Emergence of a Future*, eds. D. Morgan and G. Banham, Basingstoke: Palgrave Macmillan, 2007, pp. 163~190.

Pasquale, Frank, *The Black Box Society: The Secret Algorithms That Control Money and Information*, Cambridge, MA: Harvard University Press, 2016.

Peirce, Charles S., "The Fixation of Belief", *Philosophical Writings of Peirce*, ed. Justus Buchler, New York: Dover, 2011, pp. 5~22.

Pentland, Alex, *Social Physics: How Social Networks Can Make Us Smarter*, New York: Penguin, 2015.

_____, "The Death of Individuality", *New Scientist* 222, no. 2963, 2014, pp. 30~31.

Peterfreund, Emanuel and Jacob T. Schwartz, "The Concept of Information", *Psychological Issues* 7, 1971, pp. 115~125.

Peters, John Durham, "Information: Notes Toward a Critical History", *Journal of Communication Inquiry* 12, no. 2, 1988, pp. 9~23.

_____, *The Marvelous Clouds: Toward a Philosophy of Elemental Media*, Chicago: University of Chicago Press, 2016.

Petersen, Steve, "Superintelligence as Superethical", *Robot Ethics 2.0: From Autonomous Cars to Artificial Intelligence*, eds. Patrick Lin, Keith Abney and Ryan Jenkins, New York: Oxford University Press, 2017, pp. 322~337.

Pickstock, Catherine, *Repetition and Identity: The Literary Agenda*, Oxford: Oxford University Press, 2014.

Piketty, Thomas, *Capital in the Twenty-First Century*, trans. Arthur Goldhammer, Cambridge, MA: Belknap, 2014.

Pinker, Steven, "Tech Prophecy and the Underappreciated Causal Power of Ideas", *Possible Minds: Twenty-Five Ways of Looking at AI*, ed. John Brockman, New York: Penguin, 2019, pp. 100~112.

Plato, *The Republic of Plato*, trans. Allan Bloom, New York: Basic Books, 2016.

_____, *The Theaetetus of Plato*, ed. Myles Burnyeat, trans. M. J. Levett, Indianapolis: Hackett, 1990.

Popper, Karl R., *Objective Knowledge: An Evolutionary Approach*, Oxford: Oxford University Press, 1972.

Posner, Eric A. and E. Glen Weyl, *Radical Markets: Uprooting Capitalism and Democracy for a Just Society*, Princeton: Princeton University Press, 2018.

Preville, Philip, "How Barcelona Is Leading a New Era of Digital Democracy", *Medium*, 2019. 11. 13. https://medium.com/sidewalk-talk/how-barcelona-is-leading-a-new-era-of-digital-democracy-4a033a98cf32.

Price, Don K., *The Scientific Estate*, Oxford: Oxford University Press, 1968.

Prior, Matthew T., *Confronting Technology: The Theology of Jacques Ellul*, London: Pickwick, 2020.

Purdon, James, *Modernist Informatics: Literature, Information, and the State*, New York: Oxford

University Press, 2015.

Putnam, Hilary, "Minds and Machines", *Mind, Language, and Reality*, pp. 362~385. Cambridge, MA: Cambridge University Press, 1975.

Quong, Jonathan, *Liberalism Without Perfection*, Oxford: Oxford University Press, 2011.

Rachels, James, "Why Privacy Is Important", *Philosophy & Public Affairs* 4, no. 4, 1974, pp. 323~333.

Rapoport, Anatol, "What Is Information?", *Synthese* 11, no. 3, 1953, pp. 157~173.

Rauch, Jonathan, *The Constitution of Knowledge: A Defense of Truth*, Washington: Brookings, 2021.

Rawls, John, *Justice as Fairness: A Restatement*, ed. Erin Kelly, Cambridge, MA: Belknap, 2001.

_____, *The Law of Peoples, with The Idea of Public Reason Revisited*, Cambridge, MA: Harvard University Press, 1999.

_____, *Political Liberalism*, New York: Columbia University Press, 1996.

_____, *A Theory of Justice*, Revised Edition, Cambridge, MA: Harvard University Press, 1999.

Raz, Joseph, *The Morality of Freedom*, Oxford: Oxford University Press, 1986.

Redding, Anna Crowley, *Google It: A History of Google*, New York: Feiwel & Friends, 2018.

Rees, Tobias, "Non-Human Words: On GPT-3 as a Philosophical Laboratory", *Daedalus* 151, no. 2, 2022, pp. 168~182.

Reich, Rob, Mehran Sahami and Jeremy M. Weinstein, *System Error: Where Big Tech Went Wrong and How We Can Reboot*, New York: Harper, 2021.

Reilly, Jessica, Muyao Lyu and Megan Robertson, "China's Social Credit System: Speculation vs. Reality", *The Diplomat*, 2021. 3. 30. https://thediplomat.com/2021/03/chinas-social-credit-system-speculation-vs-reality/.

Richards, Neil, *Why Privacy Matters*, New York: Oxford University Press, 2021.

Richardson, John, *Heidegger*, New York: Routledge, 2012.

Richardson, Kathleen, *Sex Robots: The End of Love*, Cambridge: Polity, 2022.

Rini, Regina, "Deepfakes and the Epistemic Backstop", *Philosopher's Imprint* 20, no. 24, 2020, pp. 1~16.

Risse, Mathias, "On American Values, Unalienable Rights, and Human Rights: Some Reflections on the Pompeo Commission", *Ethics & International Affairs* 34, no. 1, 2020, pp. 13~31.

_____, "Arguing for Majority Rule", *Journal of Political Philosophy* 12, no. 1, 2004, pp. 41~64.

_____, "Data as Collectively Generated Patterns: Making Sense of Data Ownership", *Carr Center Discussion Paper Series*, Cambridge, MA, 2021. 4. 26. https://carrcenter.hks.harvard.edu/files/

cchr/files/210426-data_ownership.pdf.

_____, "The Fourth Generation of Human Rights: Epistemic Rights in Digital Lifeworlds", *Moral Philosophy and Politics* 8, no. 2, 2021, pp. 351~378.

_____, *On Global Justice*, Princeton: Princeton University Press, 2012.

_____, "Human Rights as Membership Rights in World Society", *Human Rights, Democracy, and Legitimacy in a World of Disorder*, eds. Gerald L. Neuman and Silja Vöneky, Cambridge: Cambridge University Press, 2018, pp. 25~50.

_____, "Humanity's Collective Ownership of the Earth and Immigration", *Journal of Practical Ethics* 4, no. 2, 2016, pp. 87~122.

_____, "Is There a Human Right to Essential Pharmaceuticals? The Global Common, the Intellectual Common, and the Possibility of Private Intellectual Property", *Global Justice and Bioethics*, eds. Ezekiel Emanuel and Joseph Millum, Oxford: Oxford University Press, 2012, pp. 43~77.

_____, *On Justice: Philosophy, History, Foundations*, New York: Cambridge University Press, 2020.

_____, "Origins of Ressentiment and Sources of Normativity", *Nietzsche Studien* 32, no. 1, 2003, pp. 142~170.

_____, "The Virtuous Group: Foundations for the 'Argument from the Wisdom of the Multitude'", *Canadian Journal of Philosophy* 31, no. 1, 2001, pp. 53~84.

Risse, Mathias and Gabriel Wollner, *On Trade Justice: A Philosophical Plea for a New Global Deal*, Oxford: Oxford University Press, 2019.

Ritchie-Calder, Lord, *On Human Rights*, London: H. G. Wells Society, 1967.

Ritman, Alex, "James Dean Reborn in CGI for Vietnam War Action-Drama", *The Hollywood Reporter*, 2019. 11. 6. https://www.hollywoodreporter.com/movies/movie-news/afm-james-dean-reborn-cgi-vietnam-war-action-drama-1252703/.

Rojas, Raúl, *Die Rechenmaschinen von Konrad Zuse*, Berlin: Springer, 1998.

Rosen, Gideon, Jose L. Falguerea and Concha Martinez-Vidal, "Abstract Objects", *Stanford Encyclopedia of Philosophy*, ed. Edward N. Zalta, 2021. https://plato.stanford.edu/entries/truth/.

Rosen, Jeffrey, "The Right to Be Forgotten", *Stanford Law Review* 64, 2012, pp. 88~92.

Rosen, Michael, *Dignity: Its History and Meaning*, Cambridge, MA: Harvard University Press, 2012.

Rosenberg, Alex, *The Atheist's Guide to Reality: Enjoying Life without Illusions*, New York: Norton, 2012.

Rosenberg, Daniel, "Data Before the Fact", *"Raw Data" Is an Oxymoron*, ed. Lisa Gitelman, Cambridge,

MA: MIT Press, 2013, pp. 15~40.

Rosenberg, Yudl, *The Golem and the Wondrous Deeds of the Maharal of Prague*, trans. Curt Leviant, New Haven: Yale University Press, 2007.

Rothman, Joshua, "The White House's Video of Jim Acosta Shows How Crude Political Manipulation Can Be", *The New Yorker*, 2018. 11. 8. http://www.newyorker.com/news/current/the-white-houses-video-of-jim-acosta-shows-how-crude-political-manipulation-can-be.

Rousseau, Jean-Jacques, *The Confessions*, trans. J. M. Cohen, London: Penguin, 1953.

Runciman, David, *How Democracy Ends*, London: Profile Books, 2019.

Rus, Daniela, "The Machines from Our Future", *Daedalus* 151, no. 2, 2022, pp. 100~113.

Russell, Bertrand, "A Free Man's Worship", *Mysticism and Logic*, pp. 25~30. London: Allen & Unwin, 1976.

Russell, Stuart, *Human Compatible: Artificial Intelligence and the Problem of Control*, New York: Viking, 2019.

Sagan, Carl, *The Cosmic Connection: An Extraterrestrial Perspective*, Cambridge: Cambridge University Press, 2000.

Saltman, Roy G., *The History and Politics of Voting Technology: In Quest of Integrity and Public Confidence*, New York: Palgrave Macmillan, 2006.

Sandel, Michael J., *The Case against Perfection: Ethics in the Age of Genetic Engineering*, Cambridge, MA: Belknap, 2009.

Sanders, Barry and Ivan Illich, *ABC: Alphabetization of the Popular Mind*, New York: Vintage, 1989.

Sartre, Jean-Paul, *Existentialism Is a Humanism*, eds. Arlette Elkaïm-Sartre and Annie Cohen-Solal, trans. Carol Macomber, New Haven: Yale University Press, 2007.

_____, *No Exit and Three Other Plays*, trans. Stuart Gilbert, New York: Vintage, 1989.

Satter, Raphael, "Experts: Spy Used AI-Generated Face to Connect with Targets", *AP News*, 2019. 6. 13. https://apnews.com/article/ap-top-news-artificial-intelligence-social-platforms-think-tanks-politics-bc2f19097a4c4fffaa00de6770b8a60d.

Savedoff, Barbara E., *Transforming Images: How Photography Complicates the Picture*, Ithaca: NCROL, 2000.

Scanlon, T. M., "Rights, Goals, and Fairness", *The Difficulty of Tolerance: Essays in Political Philosophy*, Cambridge: Cambridge University Press, 2003, pp. 26~42.

_____, "Some Main Points in Rawls' Theory of Justice", *Journal of Ethical Reflection* 1, no. 2, 2020, pp.

35~49.

_____, "What Is Morality?", *The Harvard Sampler: Liberal Education for the Twenty-First Century*, eds. Jennifer M. Shephard, Stephen Michael Kosslyn and Evelynn Maxine Hammonds, Cambridge, MA: Harvard University Press, 2011, pp. 243~266.

Schacht, Richard, *Alienation*, New York: Allen & Unwin, 1971.

Schleifer, Ronald and Robert Markley, *Kierkegaard and Literature: Irony, Repetition, and Criticism*, Norman: University of Oklahoma Press, 1984.

Schlesinger, Arthur M., "The Challenge of Change", *New York Times*, 1986. 7. 27.

Schmitt, Carl, *Der Begriff des Politischen: Text von 1932, mit einem Vorwort und drei Corollarien*, Berlin: Duncker & Humblot, 1963.

_____, *Verfassungslehre*, Berlin: Duncker & Humblot, 1928.

Schneider, Susan, "Alien Minds", *The Impact of Discovering Life Beyond Earth*, ed. Steven J. Dick, Cambridge: Cambridge University Press, 2016, pp. 189~206.

_____, *Artificial You*, Princeton: Princeton University Press, 2019.

Schneier, Bruce, *Click Here to Kill Everybody: Security and Survival in a Hyper-Connected World*, New York: Norton, 2018.

_____, *Data and Goliath: The Hidden Battles to Collect Your Data and Control Your World*, New York: Norton, 2015.

Scholz, Lauren H., "Big Data Is Not Big Oil: The Role of Analogy in the Law of New Technologies", *Tennessee Law Review* 85, 2020, pp. 63~93.

Schopenhauer, Arthur, *Parerga und Paralipomena*, Sämtliche Werke, vol. 4, Frankfurt: Suhrkamp, 1963.

Schultz, Julianne, *Reviving the Fourth Estate: Democracy, Accountability and the Media*, New York: Cambridge University Press, 1998.

Schulz, William F. and Sushma Raman, *The Coming Good Society: Why New Realities Demand New Rights*, Cambridge, MA: Harvard University Press, 2020.

Schwandt, Silke, ed., *Digital Methods in the Humanities: Challenges, Ideas, Perspectives*, Bielefeld: Bielefeld University Press, 2021.

Schwitzgebel, Eric and Mara Gaza, "A Defense of the Rights of Artificial Intelligences", *Midwest Studies in Philosophy* 39, no. 1, 2015, pp. 98~119.

_____, "Designing AI with Rights, Consciousness, Self-Respect, and Freedom", *Ethics of Artificial*

Intelligence, ed. S. Matthew Liao, New York: Oxford University Press, 2020, pp. 459~479.

Sclove, Richard E., *Democracy and Technology*, New York: The Guilford Press, 1995.

Scott, James C., *Seeing Like a State: How Certain Schemes to Improve the Human Condition Have Failed*, New Haven: Yale University Press, 1998.

Scott, Kevin, "I Do Not Think It Means What You Think It Means: Artificial Intelligence, Cognitive Work & Scale", *Daedalus* 151, no. 2, 2022, pp. 75~84.

Searle, John, "Minds, Brains and Programs", *Behavioral and Brain Sciences* 3, no. 3, 1980, pp. 417~457.

Searle, John R., *The Mystery of Consciousness*, New York: The New York Review of Books, 1997.

Seiffert, Helmut, *Information über die Information*, München: Beck, 1968.

Sen, Amartya, *Development as Freedom*, New York: Anchor, 2000.

Seth, Anil, *Being You: A New Science of Consciousness*, New York: Dutton, 2021.

Shadbolt, Nigel and Roger Hampson, *The Digital Ape: How to Live (in Peace) with Smart Machines*, Oxford: Oxford University Press, 2019.

Shannon, Claude E., "A Mathematical Theory of Communication", *Bell System Technical Journal* 27, no. 3, 1948, pp. 379~423.

Shattuck, John, Sushma Raman and Mathias Risse, *Holding Together: The Hijacking of Rights in America and How to Reclaim Them for Everyone*, New York: The New Press, 2022.

Shaw, William H., "'The Handmill Gives You the Feudal Lord': Marx's Technological Determinism", *History and Theory* 18, no. 2, 1979, pp. 155~176.

Sherman, John, "Trusts: Speech of Hon. John Sherman of Ohio, Delivered in the Senate of the United States, Friday, March 21, 1890", *Washington*, DC: Unidentified Publisher, 1890.

Shiffrin, Seana Valentine, "Intellectual Property", *A Companion to Contemporary Political Philosophy*, ed. Robert E. Goodin, Philip Pettit and Thomas W. Pogge, Oxford: Blackwell, 2007, pp. 653~668.

_____, "Lockean Arguments for Private Intellectual Property", *New Essays in the Legal and Political Theory of Property*, ed. Stephen R. Munzer, New York: Cambridge University Press, 2001, pp. 138~167.

Shorey, Paul, *What Plato Said*, Chicago: University of Chicago Press, 1933.

Shulman, Carl and Nick Bostrom, "Sharing the World with Digital Minds", *Rethinking Moral Status*, ed. Steve Clarke, Hazem Zohny and Julian Savulescu, New York: Oxford University Press, 2021, pp. 306~326.

Siewert, Charles, *The Significance of Consciousness*, Princeton: Princeton University Press, 1998.

Sikkink, Kathryn, *Evidence for Hope: Making Human Rights Work in the Twenty-first Century*, Princeton: Princeton University Press, 2017.

Singer, Peter, *Animal Liberation: A New Ethics for Our Treatment of Animals*, New York: Random House, 1975.

Sinnott-Armstrong, Walter and Vincent Conitzer, "How Much Moral Status Could Artifical Intelligence Ever Achieve?", *Rethinking Moral Status*, ed. Steve Clarke, Hazem Zohny and Julian Savulescu, New York: Oxford University Press, 2021, pp. 269~289.

Skinner, B. F., *Beyond Freedom and Dignity*, New York: Bantam Books, 1971.

_____, *Walden Two*, Indianapolis: Hackett, 2005.

"Smart City Observatory", IMD Business School, 2021. http://www.imd.org/smart-city-observatory/home/.

Smith, David C. and William F. Stone, "Peace and Human Rights: H. G. Wells and the Universal Declaration", *Canadian Journal of Peace Research* 21, no. 1, 1989, pp. 21~26, pp. 75~78.

Smith, David Woodruff, *Husserl*, London: Routledge, 2013.

Smith, Ian, "'Roundhay Garden Scene' Recorded in 1888, Is Believed to Be the Oldest Surviving Film in Existence", *The Vintage News*, 2019. 1. 10. http://www.thevintagenews.com/2016/01/10/roundhay-garden-scene-is-believed-to-be-the-oldest-known-video-footage/?firefox=1.

Snow, Jackie, "Deepfakes for Good: Why Researchers Are Using AI to Fake Health Data", *Fast Company*, 2018. 9. 24.

Snyder, Timothy, *The Road to Unfreedom: Russia, Europe, America*, New York: Tim Duggan Books, 2019.

_____, *On Tyranny: Twenty Lessons from the Twentieth Century*, New York: Tim Duggan Books, 2017.

Solove, Daniel J., *The Digital Person: Technology and Privacy in the Information Age*, Fredericksburg: NYU Press, 2006.

Somin, Ilya, *Democracy and Political Ignorance: Why Smaller Government Is Smarter*, Stanford: Stanford University Press, 2016.

Sosa, Ernest, Jaekwon Kim, Jeremy Fantl and Matthew McGrath, eds. *Epistemology: An Anthology*, Malden: Wiley-Blackwell, 2008.

Sparks, Jacob and Athmeya Jayaram. "Rule by Automation: How Automated Decision Systems Promote Freedom and Equality", *Moral Philosophy and Politics*, forthcoming.

Sreenivasan, Gopal, *The Limits of Lockean Rights in Property*, Oxford: Oxford University Press, 1995.

Starr, Paul, *The Creation of the Media: Political Origins of Modern Communications*, New York: Basic Books, 2005.

Stasavage, David, *The Decline and Rise of Democracy: A Global History from Antiquity to Today*, Princeton: Princeton University Press, 2020.

Sternberg, Robert J. and Scott Barry Kaufman eds., *The Cambridge Handbook of Intelligence*, Cambridge: Cambridge University Press, 2011.

Stewart, Rory, "Lord of Misrule: Review of Tom Bower, Boris Johnson: *The Gambler*,W. H. Allen", *Times Literary Supplement*, 2020. 11. 6. https://go.gale.com/ps/i.do?id=GALE%7CA646304358 &sid=googleScholar&v=2.1&it=r&linkaccess=abs&issn=0307661X&p=LitRC&sw=w&userGrou pName=mlin_oweb&isGeoAuthType=true.

Strawson, Galen, Peter Carruthers, Frank Jackson, William G. Lycan, Colin McGinn, David Papineau, Georges Rey, J. J. C. Smart and et al, *Consciousness and Its Place in Nature: Does Physicalism Entail Panpsychism?*, ed. Anthony Freeman, Exeter: Imprint Academic, 2006.

Streiffer, Robert, "At the Edge of Humanity: Human Stem Cells, Chimeras, and Moral Status", *Kennedy Institute of Ethics Journal* 15, no. 4, 2005, pp. 347~370.

Sunny, Dhillon, "An Optimistic View of Deepfakes", *Tech Crunch*, 2019. 7. 4. https:// techcrunch.com/2019/07/04/an-optimistic-view-of-deepfakes/.

Sunstein, Cass R., *The Ethics of Influence: Government in the Age of Behavioral Science*, New York: Cambridge University Press, 2016.

Susskind, Daniel, *A World without Work: Technology, Automation, and How We Should Respond*, New York: Metropolitan Books, 2020.

Susskind, Jamie, *The Digital Republic: On Freedom and Democracy in the 21st Century*, New York: Pegasus, 2022.

_____, *Future Politics: Living Together in a World Transformed by Tech*, Oxford: Oxford University Press, 2018.

Taplin, Jonathan, *Move Fast and Break Things: How Facebook, Google, and Amazon Cornered Culture and Undermined Democracy*, New York: Back Bay Books, 2018.

Taulli, Tom, *Artificial Intelligence Basics: A Non-Technical Introduction*, New York: Apress, 2019.

Tegmark, Max, *Life 3.0: Being Human in the Age of Artificial Intelligence*, New York: Knopf, 2017.

Thaler, Richard H. and Cass R. Sunstein, *Nudge: Improving Decisions About Health, Wealth, and Happiness*, New York: Penguin, 2009.

Theunissen, L. Nandi, *The Value of Humanity*, Oxford: Oxford University Press, 2020.

Thompson, David L., *Daniel Dennett*, New York: Continuum, 2009.

Thomson, Judith Jarvis, "The Right to Privacy", *Philosophy & Public Affairs* 4, no. 4, 1975, pp. 295~314.

Thorley, John, *Athenian Democracy*, New York: Routledge, 2004.

Thorp, Teresa M., *Climate Justice: A Voice for the Future*, Houndmills: Palgrave Macmillan, 2014.

Tönsing, Detlev L, "Homo Faber or Homo Credente? What Defines Humans, and What Could Homo Naledi Contribute to This Debate?", *HTS Teologiese Studies/Theological Studies* 73, no. 3, 2017, pp. 1~4.

Toyama, Kentaro, "Technology as Amplifier in International Development", i conference 2011, 2011. 2. www.kentarotoyama.org/papers/Toyama%202011%20iConference%20-%20 Technology%20as%20Amplifier.pdf.

Trout, J. D, *The Empathy Gap: Building Bridges to the Good Life and the Good Society*, New York: Viking Adult, 2009.

"Trump's False or Misleading Claims Total 30,573 Over 4 Years", *Washington Post*, 2021. 1. 24. www.washingtonpost.com/politics/2021/01/24/trumps-false-or-misleading-claims-total-30573-over-four-years/.

Tuck, Richard, *The Rights of War and Peace: Political Thought and the International Order from Grotius to Kant*, Oxford: Oxford University Press, 1999.

Turing, Alan, "Computing Machinery and Intelligence", *Mind* 59, no. 236, 1950, pp. 433~460.

Turkle, Sherry, *Alone Together: Why We Expect More from Technology and Less from Each Other*, New York: Basic Books, 2017.

_____, *Reclaiming Conversation: The Power of Talk in a Digital Age*, New York: Penguin, 2016.

Tye, Michael, *Tense Bees and Shell-Shocked Crabs: Are Animals Conscious?*, New York: Oxford University Press, 2016.

UNESCO, "World Trends in Freedom of Expression and Media Development: Global Report 2017/2018", UNESCO and University of Oxford, 2018.

Vaidhyanathan, Siva, *The Googlization of Everything*, Berkeley: University of California Press, 2012.

Vallor, Shannon, *Technology and the Virtues: A Philosophical Guide to a Future Worth Wanting*, New York: Oxford University Press, 2016.

Van Gulick, Robert, "Consciousness", *Stanford Encyclopedia of Philosophy*, ed. Edward N. Zalta, 2014.

https://plato.stanford.edu/entries/consciousness.

Vasak, Karel, "Human Rights—A Thirty-Year Struggle: The Sustained Efforts to Give Force of Law to the Universal Declaration of Human Rights", *UNESCO Courier* 30, no. 11, 1977, pp. 29~30.

Vedaschi, Arianna, "Globalization of Human Rights and Mutual Influence between Courts: The Innovative Reverse Path of the Right to the Truth", *The Culture of Judicial Independence: Rule of Law and World Peace*, ed. Shimon Shetreet, Leiden: Martinus Nijhoff, 2014, pp. 107~133.

Véliz, Carissa, *Privacy Is Power: Why and How You Should Take Back Control of Your Data*, London: Bantam, 2021.

Verbeek, Peter-Paul, *Moralizing Technology: Understanding and Designing the Morality of Things*, Chicago: University of Chicago Press, 2011.

Vleet, Jacob E. Van and Jacob Marques Rollison, *Jacques Ellul: A Companion to His Major Works*, Eugene: Cascade Books, 2020.

Vredenburgh, Kate, "The Right to Explanation", *Journal of Political Philosophy* 30, no. 2, 2022, pp. 209~229.

Wagar, W. Warren, *H. G. Wells and the World State*, New Haven: Yale University Press, 1961.

Wajcman, Judy, *Feminism Confronts Technology*, University Park: Penn State University Press, 1991.

Waldron, Jeremy, "Disagreements about Justice", *Pacific Philosophical Quarterly* 75, no. 3~4, 1994, pp. 372~387.

_____, *Law and Disagreement*, Oxford: Oxford University Press, 1999.

_____, *The Right to Private Property*, Oxford: Clarendon, 1988.

Wall, Steven, "Is Public Justification Self-Defeating?", *American Philosophical Quarterly* 39, no. 4, 2002, pp. 385~394.

Wallace, David Foster, "Consider the Lobster", *Consider the Lobster and Other Essays*, pp. 235~254, Boston: Back Bay Books, 2007.

_____, *This Is Water: Some Thoughts, Delivered on a Significant Occasion, about Living a Compassionate Life*, New York: Little, Brown and Company, 2009.

Wallach, Wendell and Colin Allen, *Moral Machines: Teaching Robots Right from Wrong*, Oxford: Oxford University Press, 2010.

Walton, Kendell, "Transparent Pictures: On the Nature of Photographic Realism", *Nous* 18, no. 1, 1984, pp. 67~72.

Waltz, Kenneth, *Theory of International Politics*, New York: McGraw-Hill, 1979.

Warren, Samuel, and Louis Brandeis. "The Right to Privacy." Harvard Law Review 4, no. 5, 1890, pp. 193~220.

Watkin, Christopher, *Michel Foucault*,_____, Phillipsburg, NJ: P & R Publishing, 2018.

Watson, Lani, "Systematic Epistemic Rights Violations in the Media: A Brexit Case Study", *Social Epistemology* 82, no. 2, 2018, pp. 88~102.

Weale, Albert, *The Will of the People: A Modern Myth*, Cambridge: Polity, 2018.

Webb, Amy, *The Big Nine: How the Tech Titans and Their Thinking Machines Could Warp Humanity*, New York: PublicAffairs, 2020.

Webb, Maureen, *Coding Democracy: How Hackers Are Disrupting Power, Surveillance, and Authoritarianism*, Cambridge, MA: MIT Press, 2020.

Weber, Max, *Economy and Society,* trans. Keith Tribe, Cambridge, MA: Harvard University Press, 2019.

Weil, Simone, *Pensées sans ordre concernant l'amour de Dieu*, Paris: Éditions Gallimard, 1962.

Weizenbaum, Joseph, *Computer Power and Human Reason: From Judgment to Calculation,* San Francisco: W. H. Freeman & Co, 1976.

Wells, H. G., *'42 to '44: A Contemporary Memoir upon Human Behaviour during the Crisis of the World Revolution*, London: Secker&Warburg, 1944.

_____, *The Common Sense of War and Peace*, London: Penguin, 1940.

_____, *Mind at the End of Its Tether*, London: Heinemann, 1945.

_____, *The New World Order: Whether It Is Attainable, How It Can Be Attained, and What Sort of World a World at Peace Will Have to Be,* London: Secker&Warburg, 1940.

_____, *The Rights of Man*, New York: Vintage, 2017.

_____, *The Rights of Man: An Essay in Collective Definition*, Brighton: Poynings, 1943.

_____, *The Rights of Man, or What Are We Fighting For?*, London: Penguin, 1940.

_____, *The War in the Air*, London: Penguin, 2007.

_____, *World Brain*, Redditch: Read Books, 2016.

Wenar, Leif, "Epistemic Rights and Legal Rights", *Analysis* 63, no. 2, 2003, pp. 142~146.

_____, "Political Liberalism: An Internal Critique", *Ethics* 106, no. 1, 1995, pp. 32~62.

_____, "Rights", *Stanford Encyclopedia of Philosophy*, ed. Edward N. Zalta, 2015. https://plato.stanford.edu/archives/fall2015/entries/rights/.

West, Darrell M., *The Future of Work: Robots, AI, and Automation*, Washington, DC: Brookings, 2019.

Westerlund, Mika, "The Emergence of Deepfake Technology: A Review", *Technology Innovation Management Review* 9, no. 11, 2019, pp. 39~52.

White Jr., Lynn, *Medieval Technology and Social Change*, Oxford: Oxford University Press, 1966.

White, Nicholas P., *Plato on Knowledge and Reality*, Indianapolis: Hackett, 1976.

Wiener, Norbert, *Cybernetics or Control and Communication in the Animal and the Machine*, Cambridge, MA: MIT Press, 2019.

_____, *God & Golem, Inc.; A Comment on Certain Points Where Cybernetics Impinges on Religion*, Cambridge, MA: MIT Press, 1964.

_____, *The Human Use of Human Beings: Cybernetics and Society*, London: Free Association Books, 1989.

_____, *Norbert Wiener—A Life in Cybernetics*, ed. Ronald R. Kline, Cambridge, MA: MIT Press, 2018.

_____, "A Scientist Rebels", *Bulletin of the Atomic Scientists* 3, no. 1, 1947, p. 31.

Wiggershaus, Rolf, *The Frankfurt School: Its History, Theories, and Political Significance*, trans. Michael Robertson, Cambridge, MA: MIT Press, 1995.

Wiggins, David, "Claims of Need", *Needs, Values, Truth*, pp. 1~57, Oxford: Oxford University Press, 1987.

Williams, Bernard, "Must a Concern for the Environment Be Centred on Human Beings?", *Making Sense of Humanity and Other Philosophical Papers*, Cambridge, MA: Cambridge University Press, 1995, pp. 233~240.

_____, *Truth and Truthfulness: An Essay in Genealogy*, Princeton: Princeton University Press, 2004.

Winner, Langdon, *Autonomous Technology: Technics-out-of-Control as a Theme in Political Thought*, Cambridge, MA: MIT Press, 1977.

_____, "Do Artifacts Have Politics?", *Daedalus* 109, no. 1, 1980, pp. 121~136.

_____, *The Whale and the Reactor: A Search for Limits in an Age of High Technology*, Chicago: University of Chicago Press, 1986.

Wolf, Susan, *Meaning in Life and Why It Matters*, Princeton: Princeton University Press, 2012.

Wolff, Jonathan, *Why Read Marx Today?*, Oxford: Oxford University Press, 2002.

Wood, Allen W., *Kant's Ethical Thought*, New York: Cambridge University Press, 1999.

Woolgar, Steve and Geoff Cooper, "Do Artefacts Have Ambivalence? Moses' Bridges, Winner's Bridges and Other Urban Legends in S&TS", *Social Studies of Science* 29, no. 3, 1999. pp. 433~449.

Wrangham, Richard W. and Dale Peterson, *Demonic Males: Apes and the Origins of Human Violence*,

New York: Houghton Mifflin, 1996.

Wrone, David R., *The Zapruder Film: Reframing JFK's Assassination*, Lawrence: University Press of Kansas, 2003.

Wu, Tim, *The Attention Merchants: The Epic Scramble to Get inside Our Heads*, New York: Vintage, 2017.

Wuthnow, Robert, *The Left Behind: Decline and Rage in Small-Town America*, Princeton: Princeton University Press, 2019.

Young, James Sterling, *The Washington Community 1800–1828*, New York: Columbia University Press, 1966.

Young, Julian, *Heidegger's Later Philosophy*, Cambridge: Cambridge University Press, 2001.

Zimmerman, Michael E, *Heidegger's Confrontation with Modernity: Technology, Politics, and Art*, Bloomington: Indiana University Press, 1990.

Zimmerman, Michael J, *The Nature of Intrinsic Value*, Lanham: Rowman & Littlefield, 2001.

Zimmermann, Annette and Chad Lee-Stronach, "Proceed with Caution", *Canadian Journal of Philosophy Canadian Journal of Philosophy* 52, no. 1, 2022. pp. 6~25.

Zinn, Howard. *A People's History of the United States*, New York: Harper, 2015.

Zuboff, Shoshana, *The Age of Surveillance Capitalism: The Fight for a Human Future at the New Frontier of Power*, New York: PublicAffairs, 2019.

Zuckerman, Ethan, "The Case of Digital Public Infrastructure", Knight First Amendment Institute at Columbia University, 2020. 1. 17. https://knightcolumbia.org/content/ the-case-for-digital-public-infrastructure.

_____, "What Is Digital Public Infrastructure?", Center for Journalism & Liberty, 2020.11.17. www.journalismliberty.org/publications/what-is-digital-public-infrastructure.

찾아보기

인명 찾아보기

트랜스 소시올로지 31

AI 시대의 정치이론—인공지능이 민주주의를 파괴할 것인가?

초판1쇄 펴냄 2024년 02월 29일

지은이 마티아스 리스
옮긴이 박성진
펴낸이 유재건
펴낸곳 (주)그린비출판사
주소 서울시 마포구 와우산로 180, 4층
대표전화 02-702-2717 | **팩스** 02-703-0272
홈페이지 www.greenbee.co.kr
원고투고 및 문의 editor@greenbee.co.kr

편집 이진희, 구세주, 송예진, 김아영, 박선미 | **디자인** 이은솔, 박예은
마케팅 육소연 | **물류유통** 류경희

이 책의 한국어판 저작권은 콜린 에이전시를 통한 Cambridge University Press와의 독점계약으로 (주)그린비출판사에 있습니다.
저작권법에 의하여 한국 내에서 보호를 받는 저작물이므로 무단전재와 무단복제를 금합니다.
책값은 뒤표지에 있습니다. 잘못 만들어진 책은 구입처에서 바꿔 드립니다.
ISBN 978-89-7682-850-7 93340

독자의 학문사변행學問思辨行을 돕는 든든한 가이드 _(주)그린비출판사